金融学译丛
FINANCE

国际金融市场导论 （第六版）

An Introduction to Global Financial Markets **(Sixth Edition)**

斯蒂芬·瓦尔德斯（Stephen Valdez）
菲利普·莫利纽克斯（Philip Molyneux） ／著

郎金焕／译

中国人民大学出版社
·北京·

出版说明

作为世界经济的重要组成部分，金融在经济发展中扮演着越来越重要的角色。为了加速中国金融市场与国际金融市场的顺利接轨，帮助中国金融界相关人士更好、更快地了解西方金融学的最新动态，寻求建立并完善中国金融体系的新思路，促进具有中国特色的现代金融体系的建立，中国人民大学出版社精心策划了这套"金融学译丛"，该套译丛旨在把西方，尤其是美国等金融体系相对完善的国家最权威、最具代表性的金融学著作，被实践证明最有效的金融理论和实用操作方法介绍给中国的广大读者。

该套丛书主要包括以下三个方面：

（1）理论方法。重在介绍金融学的基础知识和基本理论，帮助读者更好地认识和了解金融业，奠定从事深层次学习、研究等的基础。

（2）实务案例。突出金融理论在实践中的应用，重在通过实务案例以及案例讲解等，帮助广大读者将金融学理论的学习与金融学方法的应用结合起来，更加全面地掌握现代金融知识，学会在实际决策中应用具体理论，培养宏观分析和进行实务操作的能力。

（3）学术前沿。重在反映金融学科的最新发展方向，便于广大金融领域的研究人员在系统掌握金融学基础理论的同时，了解金融学科的学术前沿问题和发展现状，帮助中国金融学界更好地认清世界金融的发展趋势和发展前景。

我们衷心地希望这套译丛的推出能够如我们所愿，为中国的金融体系建设和改革贡献出一份力量。

中国人民大学出版社

第六版前言

　　能够与斯蒂芬·瓦尔德斯合作完成本教材第六版的撰写，实在是我的一大荣幸。自2007年中期信贷危机肇始以来，全球金融市场陷入一片混乱。银行间市场以及其他市场的流动性开始枯竭，全球银行业借贷能力的下滑又进一步诱发了全球经济下行。在过去的十多年里，金融市场中银行的参与程度有了空前提高，这既是银行业走向全能银行的一个反映，也源于技术进步后大量复杂金融工具的定价和交易开始变得容易。银行业对金融市场的依赖程度一直在提高，这不仅因为金融市场可作为银行融资的来源，而且因为金融市场可以提供风险管理（对冲）的功能。上述趋势的结果就是银行和金融市场之间形成了一个纵横交错、彼此共生的网络。银行通过银行间市场进行融资（与传统的零售业务和企业存款业务形成互补），通过频繁使用证券化的技巧，一边将信贷业务从资产负债表中移出，一边又为贷款进行融资，这一操作手法在抵押贷款市场尤其多。正如我们所见，自信贷危机以来，当银行间市场和证券化市场崩溃后，银行和其他机构的倒闭便接踵而来。

　　正是由于这些标志性事件的发生，对本教科书第五版进行修改就成了一种挑战，因为那一版里特别包括了很多发生于2005—2006年的事件，也注意到了新世纪前5年中资本市场和货币市场的快速增长，以及银行和金融市场之间不断增强的联系。而且，管制的放松、技术的进步与金融创新结合起来，不断创造出大量具有竞争性的金融市场以及金融产品。这一趋势持续到了2007年中期，当时美国信贷危机开始浮出水面，全球房地产价格泡沫开始破灭，证券化业务开始垮掉，这些事件最终都造成灾难性后果。

　　本书第六版尝试描述最近发生的大量新趋势，特别强调金融危机对财富造成的突然逆转。只要有可能，我们都将金融危机时期的情况纳入图表之中，同时增加第9章关于金融危机及其后果的描述。之前版本中第10章和第16章分别针对贸易融资和保险，在这一版中我们将其移除，不过这两章更新后的版本仍然可在与本书配套的教辅网站上找到，详细信息请见"教辅网站"部分。在本版教材中，我们进行了大量修改，使之既能反映金融市场的发展，也能包含对金融危机的描述。鉴于贝尔斯登银行和雷曼银行的倒闭以及美林等华尔街投资银行遇到的问题，本书对第 5 章有关投资银行的内容进行了彻底修改。由于在第 8 章中讨论了对冲基金和私募基金，所以本版第 6 章和第 7 章也有了重大变化。在之前的版本中，第 11 章强调的是欧盟的历史特征，但是在这一版中我们重点强调了与欧盟单一货币相关的一系列问题。为了凸显近期衍生品市场发生的变化，我们对第 12~14 章进行了更新。在第 15 章中，我们再次强调了中国和印度经济的飞速发展，最后在第 16 章中以金融市场新趋势作为本书结尾。在这一章中，我们关注的是从信贷危机、去杠杆化、场外衍生品监管、贵金属、对冲基金前途以及大量新经济范式中获得的教训。

信贷危机已经从根本上改变了金融市场和全球经济的格局，也改变了未来金融市场和金融企业所面对的监管框架。本版进行的重大修订有助于向读者传递出上述根本性变化，同时也强调了未来几十年中金融市场面对的主要挑战和前景。

菲利普·莫利纽克斯

第五版前言

当还在瓦尔德斯金融教育公司（Valdez Financial Training）工作时，我遇到一个问题：需要向来自欧洲大陆的学生所上的一门课程推荐相关阅读材料。正是这次经历，让我萌生了写一本有关全球金融市场的书的想法。

由于这门课是关于金融市场如何运行的一般性介绍，因此类似于"伦敦城是如何运行的"之类的书还不能很准确地回答课堂中出现的问题。当我发现我面对的是来自前苏联地区加盟共和国以及东欧国家的学生时，这一问题尤为突出。

于是，看上去需要一本更为一般性的书籍，能够将全球金融市场作为一个整体进行介绍，而不是单就美国或英国等某个国家的金融体系进行介绍。而且，金融领域的运行正在变得越来越一体化和全球化。仅就单一国家的区域性金融知识进行介绍将越来越无法令人满意。本书的构思和写作，就是为了满足上述需要。

虽说本书目的是将全球金融体系作为一个整体进行介绍，但并不试图覆盖所有国家的金融市场。如果那么做，那么这本书要厚很多，而且很可能没法读！相反的，我们常常将注意力集中在来自美国、英国、德国、法国和日本的例子，在第五版还独辟一章来介绍亚洲的两个新兴经济体中国和印度。有时，我们也会将荷兰、西班牙、意大利以及瑞士的金融市场作为例子进行论述。这样做的目的是希望既能为读者提供金融市场如何运行的基础知识，也希望能够在一个共同主题下揭示出金融市场的传统以及实践活动的多样性。

本书可为一系列考试（MBA，银行学、金融学、经济学以及商学）参与者提供帮助，也可供银行和金融机构工作人员（技术员工、会计、人事部门、公共关系、后台和清算）参考，最后，为金融市场提供信息和计算机服务的人员（计算机制造商、软件服务商、路透社等等）也能从本书中找到有用的知识。

本书第一版出版于1993年，之后每一版都更新了金融市场最新动态，如果需要，还会加入全新章节。因此，第三版加入了一章有关欧洲经济货币共同体的内容，第五版加入了一章关于中国和印度的内容。鉴于对冲基金和私募基金在全球金融市场中产生的影响越来越大，我们还单独增加了一章内容来介绍这两类机构。

在这些新增添的章节之外，第五版还对一些章节进行了扩充，其中包括信用衍生品、伊斯兰银行、《萨班斯-奥克斯利法案》和混合债券。此外，随着欧盟宪法公投，本书还讨论了欧盟金融市场的近期动向以及欧盟《金融工具市场指令》。在最后一章，本书还讨论了近期金融市场的动向。

最后，本版次书籍除进行了上面介绍的更新之外，还对教辅参考网站进行了更新，请见"教辅网站"部分对此的介绍。

斯蒂芬·瓦尔德斯

教辅网站

www.palgrave.com/business/valdez6

有关金融市场的书籍往往包含大量数学公式。但是本书针对的是那些不熟悉数学的读者，相应的公式只在参考文献中给出，因此本书中没有任何的公式或者希腊字母。不过，那些喜欢看到较多数学的读者可能会觉得本书有一些不足。

正因如此，我们为本书第六版提供了一个教辅网站，在这个网站中针对以下主题给出了一些较有技术性的资料。相关的章列出如下：

第6章　货币市场与债券市场
　　　　收益率曲线理论
　　　　债券价格的计算以及久期
第7章　证券交易所
　　　　资产组合理论
　　　　资本资产定价模型
第12章　交易所交易期权
　　　　　期权定价

这些例子都来自于2010年出版，由Keith Pilbeam编写的优秀教科书《金融与金融市场》(*Finance and Financial Markets*，Palgrave Macmillan，Basingstoke)，我们非常感谢他的合作。事实上，喜欢看到较多数学的读者不如就用这本书来搭配本书。

除了上述提到的数学内容，教辅网站还提供：
- 有关贸易融资和保险的额外章节
- 为老师准备的幻灯片
- 附答案的习题

斯蒂芬·瓦尔德斯
菲利普·莫利纽克斯

致 谢

本书作者以及出版社感谢以下版权的重印许可：

本书中图7—2和图7—3来自于Advfn.com，最初分别在线发表于http://www.advfn.com/Help/the-sets-screen-64.html 以及 http://www.advfn.com/Help/what-does-the-seaq-aim-window-show-59.html。

来自于《银行家》(*The Banker*) 杂志的资料：表2—1中关于2008年欧洲最大的储蓄银行的内容；表2—4中关于以资产计，2008年世界前20大银行的内容；表2—6中关于以资产计，2008年世界前20大银行的内容；表15—1中关于以资产计，2008年中国前20大银行的内容；表15—3中关于以资产计，2008年印度的大型银行的内容。资料来源：《银行家》，2009年7月刊。

表6—1中关于伦敦同业拆借利率的资料来自于英国银行家协会在2009年3月2日的3个月期伦敦同业拆借利率。资料来源：英国银行家协会，http://www.bbalibor.com/bba/jsp/polopoly.jsp?d=1638&a=15682。

来自于《欧洲货币》(*Euromoney*) 杂志的资料：表6—4关于2008年国家债券市场顶级交易员的数据，载于《欧洲货币》杂志2008年2月期；表10—1中按照外汇市场业务占比计算的前10大外汇交易商数据，载于《欧洲货币》杂志2008年5月期。

表8—4中世界上规模最大的私募股权交易、表8—5中欧洲私募股权交易以及在第8章的附录中给出的私募股权最发达国家的数据，都来自于伦敦国际金融服务公司2009年发布的私募股权报告。www.ifsl.org.uk。

表1—2中按资产类别划分的全球金融资产，以及表1—3中按照市场划分的全球金融资产都来自于麦肯锡全球研究院（McKinsey Global Institute）。

表15—2中对中国外资银行各类业务排名的数据来自普华永道（香港）。资料来源：

Foreign banks in China，June 2009，PricewaterhouseCoopers，HK。

表 8—2 中关于在过去 5 年按照募资额计算前 10 大私募股权投资集团的数据来自私募股权国际协会。

表 5—1 中关于 2008 年全球最知名的并购咨询顾问的数据来自于路透社，该数据最初在线发布于 http://www.reuters.com/article/americasMergersNews/idUSHKG16824320081222. Reuters.

表 8—3 中关于被做空数量最多的银行资料来自于英国《每日电讯报》（*The Daily Telegraph*），2008 年 9 月 23 日。

表 7—2 中关于全球养老金资产的数据，以及表 7—4 中关于养老基金资产配置的数据来自于华信惠悦公司 2008 年发布的全球养老资产研究（Global Pension Assets Study）。

为了追踪本书中涉及的各类资料的版权所有人，出版社使用了各种方式，但是如果还有任何遗漏，出版社愿意在第一时间作出必要的安排。

我们发现国际清算银行的资料十分有用，这些资料十分方便地指出了寻找特定答案的方向。其他提供帮助的个人还包括：来自 Thomson Financial 公司的 Steve Kelly，他为我们提供了详细的年度 Thomson Extel Survey 的资料；来自 UBS 全球资产管理部的 Sandie Deane 为我们提供了有关养老金的统计数据；Stuart Drew 为有关保险行业的问题提供了有用的建议；《欧洲对冲基金》杂志的 Ashmita Chhabra 提供了有关对冲基金的数据；泛欧证券交易所的 Ian Tabor 提供了富时 100 指数的计算，来自同一机构的 Richard Stevens 还为我们揭示了掉期票据（swapnotes）；来自金融数据公司 Dealogic 的 John Ward 就多项问题给出了建议，来自瑞士再保险公司的 Lisa Clifton 告诉我们该公司出版的 *Sigma* 杂志中有我们想要的资源。中英论坛的网站上给出了有关中国银行业的一个十分有用的概要。其他的时候我们从杂志上获取数据，其中包括《银行家》、《欧洲货币》、《金融时报》以及《期货行业》等。

对于本书第六版而言，我们通过一系列的数据来源来更新和修改相应章节。由伦敦国际金融服务公司（www.ifsl.org.uk）发布的一系列报告对理解当前资本市场和金融市场现状特别有帮助。为了给出金融危机的起因以及整体的影响范围，我们使用了一系列关键性资源。例如国际清算银行 2009 年发布的第 79 份年报（时间跨度为 2008 年 4 月 1 日至 2009 年 3 月 31 日）对理解金融危机及其影响十分有帮助。其他有用的研究还包括 M. Bailey，D. Elmendorf and R. Litan（2008）发表的 *The Great Credit Squeeze*：*How it Happened*，*How to Prevent Another*（Brooking Institution，Washington DC），以及 M. K. Brunnermeier（2009）发表于杂志 *Journal of Economic Perspective* 第 23 卷，77~100 页的论文 "Deciphering the liquidity and credit crunch 2007—2008"。Wilhelm Buiter 针对金融业监管的论文也很富有洞察力，可见于 www.voxeu.org/index.php?q=node/3232。在本书第六版中，我们还发现 A. Berger，P. Molyneux 和 J. O. Wilson 编辑的《牛津银行业手册》（*Oxford Handbook of Banking*）很有用，因为其中有一系列的评论文章讨论了银行业中的关键问题。在 G. Caprio 和 P. Honohan 的书中，他们关于银行业危机的叙述十分有用。从金融危机的政策应对来看，关键性读物中应该包括 2009 年发布的《德拉罗西埃报告》（*de Larosière Report*），它是欧盟关于金融监管的一个高层集团给出的报告，以及 J. Goddard，P. Molyneux 和 J. O. Wilson 在 2009 年发表于 *Journal of Financial Regulation and Compliance*：17（4）：362-380 上的论文"The Financial Crisis in Europe：evolution, policy responses and lessons for the future"。此外，还有 R. Litan 和 M. Bailey 在 2009 年发表的 *Fixing Finance：A Road Map for Reform*（Brooking Institution，Washington DC）以及 IMF 在 2009 年发布的全球金融稳定性报告（*Global Financial Stability Report：Responding to the Financial Crisis and Measuring Systemic Risks*）（IMF，Washington）。

斯蒂芬·瓦尔德斯
菲利普·莫利纽克斯

名词缩写

ABCP　资产支持商业票据（asset-backed commercial paper）
ABS　资产支持证券（asset-backed security）
ACH　自动清算系统（automated clearing house）［美国］
ADR　美国存托凭证（American depositary receipt）
AIM　另类投资市场（alternative investment market）［英国］
APR　年度利率（annual percentage rate）
ATM　自动取款机（automated teller machine）
BaFin　德国联邦金融监管局（Federal Supervisory Authority）［德国］
BIS　国际清算银行（Bank for International Settlements）
CAD　资本充足率指引（Capital Adequacy Directive）［欧盟］
CBO　债券抵押证券（collateralized bond obligation）
CBOE　芝加哥期权交易所（Chicago Board Options Exchange）
CBOT　芝加哥期货交易所（Chicago Board of Trade）
CD　存单（certificate of deposit）
CDO　担保债务凭证（collateralized debt obligation）
CDS　信用违约掉期（credit default swap）
CGT　资本利得税（capital gains tax）
CHAPS　清算所自动支付系统（Clearing House Automated Payments）［英国］
CHIPS　清算所银行同业支付系统（Clearing House Interbank Payments）［美国］
CLO　贷款抵押证券（collateralized loan obligation）
CMBS　商业抵押贷款支持证券（commercial mortgage-backed security）

CME 芝加哥商品交易所（Chicago Mercantile Exchange）
CP 商业票据（commercial paper）
EBITDA 税息折旧及摊销前利润（earnings before interest, tax, depreciation and amortization）
ECB 欧洲中央银行（European Central Bank）
ECN 电子通讯网络（electronic communications network）
EDR 欧洲存托凭证（European depository receipt）
EFT-POS 销售点电子转账系统（electronic funds transfer at point of sale）
ERM 欧洲汇率机制（Exchange Rate Mechanism）
EU 欧盟（European Union）
Fannie Mae 房利美（Federal National Mortgage Association）［美国］
FDIC 联邦存款保险公司（Federal Deposit Insurance Corporation）［美国］
Freddie Mac 房地美（Federal Home Loan Mortgage Corporation）［美国］
FRN 浮动利率票据（floating rate note）
FSA 金融服务管理局（Financial Services Authority）［英国］
GDP 国内生产总值（gross domestic product）
GDR 全球存托凭证（global depositary receipt）
GSE 政府赞助企业（government-sponsored enterprise）［美国］
IBRD 国际复兴开发银行（International Bank for Reconstruction and Development）［世界银行］
IMF 国际货币基金组织（International Monetary Fund）
IT 信息技术（information technology）
LDC 欠发达国家（less developed country）
LIBOR 伦敦银行同业拆借利率（London Interbank Offered Rate）
LSE 伦敦证券交易所（London Stock Exchange）
M&A 兼并与收购（mergers and acquisitions）
MBS 住房抵押贷款支持证券（mortgage-backed security）
MiFID 欧盟《金融工具市场指令》（Markets in Financial Instruments Directive）［欧盟］
MOF 多选择融资便利（multiple option facility）
MTN 中期票据（medium-term note）
NIF 票据发行便利（note issuance facility）
NPL 不良贷款（non-performing loan）
NYSE 纽约证券交易所（New York Stock Exchange）
OECD 经济合作与发展组织（Organization for Economic Co-operation and Development）
OTC 场外交易市场（over the counter）
PPP 购买力平价（purchasing power parity）
PSBR 公共部门借入需求（public sector borrowing requirement）

RAROC　风险调整资本收益（risk adjusted return on capital）
ROE　股本回报率（return on equity）
RUF　循环包销便利（revolving underwriting facility）
SDRs　特别提款权（special drawing rights）
SEC　美国证券交易委员会（Securities and Exchange Commission）［美国］
S&Ls　美国储贷机构（savings and loans (institutions)）［美国］
SIFI　系统重要性金融机构（systemically important financial institutions）
SIV　特别投资工具（special investment vehicle）
SPV　特殊目的公司（special purpose vehicles）
VAR　在险价值（value at risk）

目 录

第一部分 引言

第1章 资金循环 …… 3
  金融市场存在的理由 …… 3
  募集资金 …… 6
  结论 …… 10
  概要 …… 11
  进一步阅读材料 …… 11

第二部分 银行业

第2章 银行业基础知识 …… 15
  历史 …… 15
  银行监管 …… 19
  银行的类型：定义 …… 20
  其他有关银行的术语 …… 30
  银行的资产负债表 …… 32
  对信用的创造 …… 34
  资本比率 …… 36
  向中央银行报告 …… 42
  《欧盟第二号银行指令》 …… 42
  世界上主要的银行 …… 43

概要 46
　　　参考文献 47
　　　进一步阅读材料 47
　　　　附录1：2008年世界上的主要银行（以一级资本率
　　　　　　水平排序） 48
　　　　附录2：美国主要银行的兼并和收购 51
第3章 中央银行的作用 53
　　　世界主要中央银行的历史 53
　　　中央银行的主要任务 58
　　　中央银行的地位 66
　　　概要 68
　　　参考文献 69
　　　进一步阅读材料 69
第4章 商业银行 70
　　　引言 70
　　　零售银行业务 71
　　　批发银行业务 91
　　　概要 104
　　　参考文献 105
　　　进一步阅读材料 105
第5章 投资银行 106
　　　引言 106
　　　投资银行 106
　　　投资银行与信贷危机 116
　　　监管 117
　　　概要 119
　　　参考文献 119
　　　进一步阅读材料 120

第三部分　证券市场

第6章 货币市场与债券市场 123
　　　利率 123
　　　信用评级 131
　　　国内货币市场 134
　　　中央银行的角色 140
　　　国内债券市场 142
　　　国际债券市场 158
　　　概要 173

参考文献 ··· 174
　　进一步阅读材料 ·· 174
　　附录 ··· 175
第7章　证券交易所 ··· 176
　　证券交易协会的历史 ··· 176
　　证券交易所的作用 ··· 177
　　证券和股票 ·· 178
　　指数 ·· 180
　　上市过程：公司成为公众持股 ···································· 183
　　供股 ·· 185
　　发行红股、股票分拆以及以股代息 ································ 187
　　国际股票 ··· 188
　　中长期的股票交易：谁拥有股票？ ································ 190
　　短期内交易：交易处理系统 ····································· 200
　　交易过程：清算以及结算 ······································ 210
　　二板市场 ··· 211
　　比例分析 ··· 211
　　美国证券市场——新范式、高科技泡沫以及资产证券化泡沫
　　　的破裂 ··· 213
　　欧盟的规则 ··· 214
　　传统交易所面临的挑战 ·· 217
　　概要 ·· 220
　　参考文献 ··· 221
　　进一步阅读材料 ·· 221
第8章　对冲基金与私募股权投资 ································· 222
　　引言 ·· 222
　　对冲基金 ··· 226
　　私募基金 ··· 239
　　概要 ·· 246
　　参考文献 ··· 247
　　进一步阅读材料 ·· 247
　　附录 ··· 248
第9章　金融危机 ··· 249
　　引言 ·· 249
　　何处出错 ··· 250
　　危机的阶段 ··· 253
　　证券化以及它如何助推了金融危机 ································ 256
　　美国的信贷危机 ··· 265

欧洲的信贷危机	268
日本的信贷危机	275
中国和印度的信贷危机	276
我们从危机中得到哪些教训	277
概要	282
参考文献	284
进一步阅读材料	285

第四部分 外汇市场以及欧洲经济货币联盟

第10章 外汇市场 ... 289

引言	289
什么决定了汇率	291
布雷顿森林体系	294
浮动汇率	296
欧洲经济货币联盟	298
企业的外汇风险	299
外汇交易	304
套利	311
中央银行调研	312
为什么是伦敦	313
概要	314
参考文献	315
进一步阅读材料	315
附录	316

第11章 欧洲经济货币联盟 ... 317

引言	317
欧盟历史	318
欧盟的制度框架	326
迈向经济货币联盟的步骤	331
欧洲经济货币联盟	334
概要	348
进一步阅读材料	350

第五部分 衍生品

第12章 交易所交易期权 ... 353

衍生品	353
交易所交易期权：股票类	354
交易所交易期权：其他期权	365

期权策略　368
　　概要　370
　　进一步阅读材料　371
第13章　金融期货　372
　　期货交易　372
　　概要　384
　　参考文献　385
　　进一步阅读材料　385
第14章　其他衍生品　386
　　引言　386
　　远期利率协议　386
　　掉期　389
　　掉期使用者　393
　　货币掉期　396
　　利率上限协议、利率下限协议以及利率上下限协议　397
　　信用衍生工具　400
　　衍生工具市场　404
　　概要　406
　　参考文献　407
　　进一步阅读材料　408

第六部分　新亚洲两小龙

第15章　新亚洲两小龙：中国和印度　411
　　引言　411
　　金融市场　414
　　保险业：中国和印度　425
　　中国和印度：一个比较　427
　　中国和印度：是威胁吗？　430
　　概要　431
　　参考文献　432
　　进一步阅读材料　433

第七部分　全球金融市场的未来趋势

第16章　关键趋势　437
　　来自金融危机的教训　438
　　风险　439
　　去杠杆化　440
　　对场外衍生品交易市场的监管　440

对冲基金	441
黄金以及其他贵金属	442
伊斯兰银行	442
对经济发展模式的再思考	443
参考文献	444
进一步阅读材料	445

第一部分

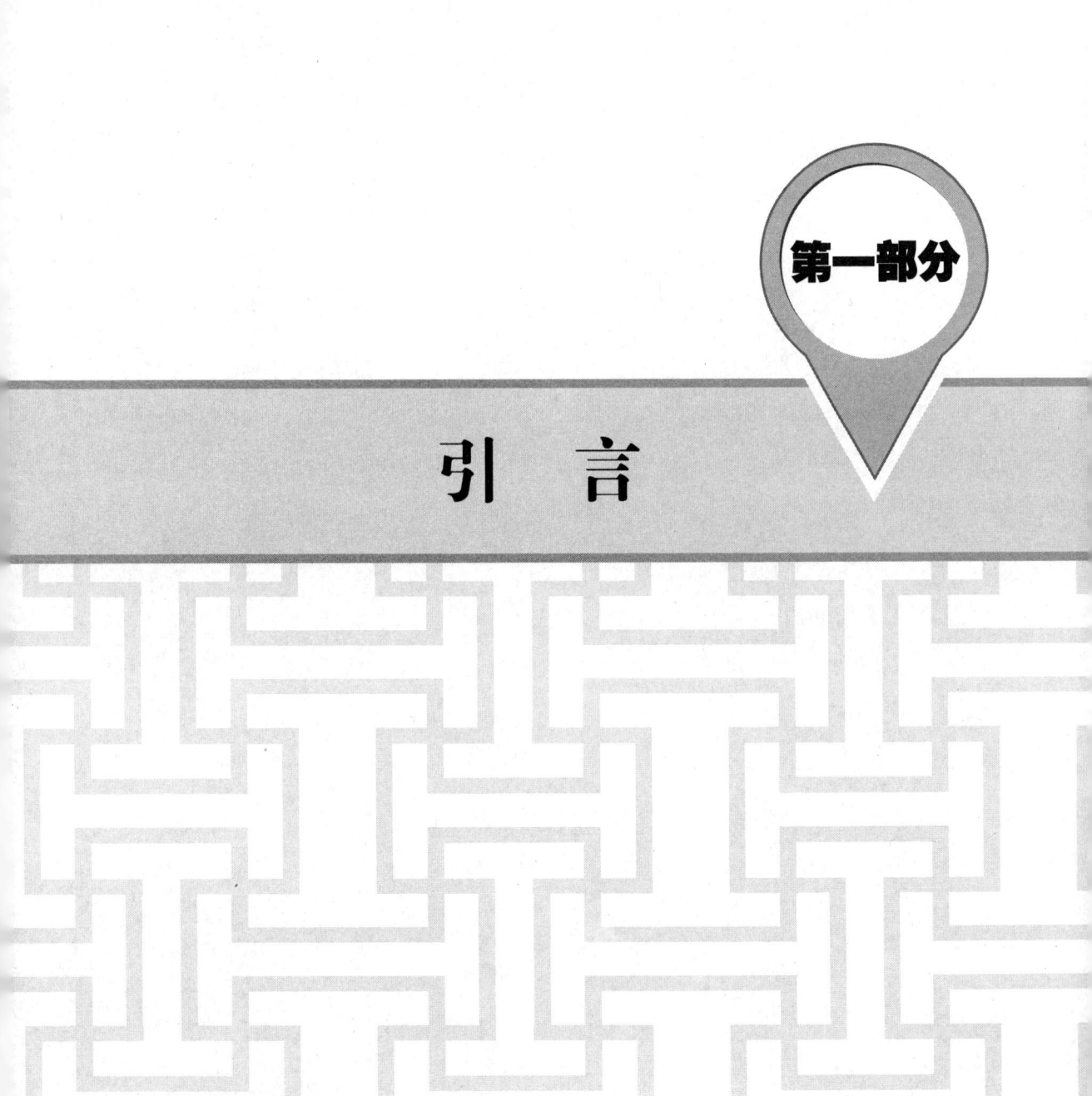

引 言

第 1 章

资金循环

金融市场存在的理由

一本书的开头往往是出发的最好地点。让我们开门见山,回答最基本的问题:金融市场为谁而设?它的目的是什么?存在的意义何在?

金融市场所做的一切都是汇集资金,将需要资金的人(借方)和拥有资金的人(贷方)匹配在一起。

借方如何找到贷方呢?这种匹配是存在困难的,不过很明显,世界上存在银行这样的中介机构。银行从拥有资金且需要储蓄的人那里获得存款,通过多种方式将这些存款整合在一起,以便于借给那些需要资金的人。

如果要进行比银行存款更为复杂的交易,那么就需要一个市场,在这个市场里借方及其经纪人可以与贷方及其经纪人见面,已经存在的各类借贷关系也可以卖给市场上的其他人。证券交易所是个很好的例子。在这里企业可以通过卖出股权来向投资者融资,已存在的股权也可以自由买卖。

于是,资金就这样一轮一轮地循环下去,类似于游乐场里的旋转木马(见表1—1)。

表1—1　　　　　　　　　　　资金循环

贷方	中介	市场	借方
个人	银行	银行间市场	个人
企业	保险公司	股票交易所	企业
	养老基金	货币市场	中央政府
	共同基金	债券市场	地方政府
		外汇交易所	公共机构

贷方

让我们看一下哪些人会成为贷方。

个人

个人可能会以多种方式在银行进行存款。有些人可能觉得从严格意义上看自己并未在银行存款，但他们还是会向保险公司按月支付保险费，并且支付养老金。考虑到养老金，不同国家有不同的传统。在美国、英国、荷兰、瑞士以及日本，人们都有设立养老基金的固有传统。这些国家的居民将资金投向私人养老计划或者雇员养老计划。在法国，大部分的养老金都是国家在运营，所需资金直接从税收收入中支付，而不是以基金的形式设立的。在德国，企业养老金占据重要地位，在这种模式下企业有权决定养老金的投资，这些资金甚至可以投资给公司本身。一旦有养老基金的存在，它们便与保险公司一起积累了大量资金，成为金融市场运行的一个十分关键的决定因素。这些机构必须提前规划长期负债水平，也会通过购买政府债券、企业债、公司股权等方式来为借方提供资金。在早些年，很多新兴经济体的本地证券市场发展缓慢，一个主要的原因就是此类基金的缺乏。

企业

我们可能会将工商企业视为资金的借方。不过，即使一家企业是资金的借方，如果它们在短期之内持有资金，也会通过向短期金融市场——这里叫做货币市场（即交易期限在一年以内的金融市场）——借出资金来谋取收益。

当然，如果工商企业拥有大量现金流，它们自然也会成为贷方而不是借方。

借方

那么，谁会成为资金的借方呢？

个人

个人可能需要从银行获得贷款以满足购物的需要，或者利用长期抵押贷款购买房屋等产品。

企业

企业需要短期资金以便充实现金流。它们也需要期限更长的资金来满足增长和扩张的需要。

中央政府

政府是典型的大规模资金需求者。当政府的花销超过税收收入时，它们就想要借入资金以填补赤字。有时政府也会以市、联邦州、国有行业以及公共部门的名义进行借款。上述借款加总起来可被称为"公共部门借入需求"（public sector borrowing requirement，简写为 PSBR）。每年出现的公共部门借入需求积累起来，就被称为"国债"（national debt）。令很多人惊讶的是，政府不会对国债进行清偿，而是将其规模越做越大。对这些内容的详细解释可见本书第 3 章。

地方政府以及类似实体

除了中央政府能以各级地方政府的名义进行借债之外，地方政府本身也可用自己的名义进行借款。此类机构可能包括市级政府，比如西班牙的巴塞罗那市，也可能是英国的郡一级政府，或者类似于德国的联邦州，如黑森州（Hesse）。

公共机构

在金融市场上作为借方的公共机构可能包括国有行业，比如法国国家铁路公司（简写为 SNCF）以及德国的公路和邮政系统，或者是更为一般的公共部门实体，比如法国地区信托银行（Crédit Local de France）以及德国统一基金（German unity fund）。

在一个经济体中，上述提到的很多实体（如个人、企业以及公共机构）可能并非来自本国，因此需要借入外汇——这就带来了对外汇市场的需要。

证券

当资金被借出时，它可能简单地以储蓄的形式存在银行。不过，在大部分时候借方都要出具一个收款证明，这张证明承诺了对资金的偿还。从最一般的角度出发，上述收款证明就是我们所谓的证券。对初学金融市场的人而言，遗憾的是证券可能存在多个名字——国库券（Treasury bills，简写为 T-bills）、存单（certificates of deposits，简写为 CDs）、商业票据（commercial paper，简写为 CP）、汇票（bills of exchange）、债券（bonds）、可转换证券（convertibles）、信用债（debentures）、优先股（preference shares）、欧洲债券（eurobonds）、浮动利率票据（floating rate notes，简写为 FRNs）等等。不过，值得欣慰的是，上述不同名称的债券在本质上是一样的——对偿还的承诺，这种承诺要包含一些关键信息：

- 欠多少钱。
- 何时偿还。
- 支付贷方的利率是多少。

金融市场的一个主要特征是上述债券可以自由买卖。这使得贷方寻找借方变得更加容易，也有助于借方更方便地融资。

举个例子，一位年轻的美国人想用期限为30年的政府债券来为将来年老时储蓄5 000美元，假设这只债券刚刚发行。在5年之后，他觉得用这种方式为年老时储蓄并不明智，想将这笔钱取出来。他会怎么做？其实把这份债券卖给别人就可以了。上述机制至关重要，因为这意味着他一开始就知道存在此类退出条款，因此才愿意在最初的时候将资金放在这个30年期的政府债券上。这也使得资金循环的速度大为提高，因为同样的债券可能被多次买卖。

让我们进一步对其中涉及的术语进行解释。当资金第一次被借出并且易手，当证券首次得到发行，这一时间的交易被称为**一级市场**（primary market）。

在一级市场之后发生的所有买卖行为都被称为**二级市场**（secondary market）。

二级市场的作用是显著的，它为市场交易提供了灵活性，从而使得一级市场运转得更好——它是帮助市场这只轮子转起来的润滑油。

让我们再来看一下其他术语（见图1—1）。

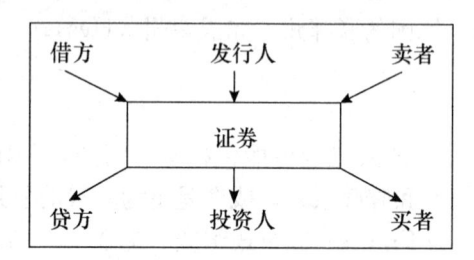

```
借方      发行人     卖者
            ↓
           证券
            ↓
贷方      投资人     买者
```

图1—1 金融市场术语

假设政府宣布了一只新的债券。我们可以说政府正在**发行**（issuing）一只新的债券。我们也可以简单地称政府正在**卖出**（selling）一只新的债券。我们可以将这个行为看作政府需要借入更多资金的信号。

如果你听说了这只债券，然后告诉朋友你决定投资这只债券。或者说，你可能告诉朋友自己准备去买这只新的债券。即使你并不那么认为，但是实际上你就是向政府借钱的那个贷方。

上面提到的这些术语都显而易见，但是它们会在后续论述中用到。有时候我们会对初学金融市场的人提个醒，除非你考虑的证券代表的是股权，否则购买证券就是在借钱出去，无论这种购买是直接的还是间接的。

募集资金

让我们在这里考察一个例子。假设一家工商企业需要融资2亿美元来兴建一个工厂。我们刚才已经解释过，金融市场的目的就在于融资。那么，对这个企业而言，它的选择是什么？

银行贷款

当我们需要钱时,一个显然的资金来源就是银行。如今,当需要大规模资金时,为了分散风险,这种资金往往以银团贷款的方式出现。银行从贷方那里借入资金,然后再将资金借给工商企业。这就是银行作为中间机构的典型作用。在位于伦敦的国际银团贷款市场上,资金借出时要求的利率不是固定的,而是浮动的,这个利率依照市场利率进行波动。这就是**浮动利率**(floating rate)。银行可能以某个基准利率(比如在美国这个利率可能是基准利率,在欧洲这个利率可能是银行间市场的利率)再加一定加价来借出资金,这个加价可能是 0.75%。银行每 3 个月会对这一利率进行调整。在 3 个月内,利率是固定的,但是在之后的 3 个月,利率可能会发生变化。这种波动可能带来风险。如果利率上升,借方需要支付更多利息。不过,在欧洲的很多国内市场,银行业的传统是用固定利率为企业提供贷款。

债券

工商企业面临的另外一个选择是用债券融资。**债券**(bond)实际上就是一张纸,上面写清楚了归还资金的条款。比如,考虑一个 10 年期的债券,每年分两次支付总计为 7% 的利率。"债券"这个词意味着利率是固定的。如果利率是波动的,那么我们可以为此类证券找到另外一个名字,比如浮动利率票据。银行也可能购买债券,这是它们使用储户存款的一种方式,或者投资者也可能直接购买债券,他们在报纸上看到债券发行的信息,然后指示经纪人将其买入。

对债券而言,支付利息是一项十分重要的义务。如果无法完成某次利息支付,债券持有人可以要求主张某项特定权利,甚至可以强行将企业破产清算。

股权

工商企业面临的最后一个选择是通过卖出企业**股份**(shares)来进行融资。此类股份又被称为**股票**(equity)。如果企业是第一次这样做,那么又被称为"首次发行"(new issue)。如果企业已经有了股东,它可能会考虑寻求向这些股东卖出更多股份,这叫做股票**认购权发行**(rights issue)。这是因为在绝大部分的欧盟法律中,如果有新股发行,已经存在的股东拥有优先购买的权利。不过在美国和德国,此类权利的保护没有那么严格。

购买股票的股东获得收益的方式是**股利**(dividend)。不过,这种收益往往小于债券利息,股东们还会寻求获得**资本利得**(capital gains),因为他们相信股票价格会随着时间的推移而上升。

图1—2中给出了我们在上面提到的3类融资方式。表1—2给出了全球各类金融资产相互之间发生转化的状况，表1—3给出了按照市场划分的全球金融资产状况。

我们必须注意到利用股票进行融资的方式与之前提到的其他两类融资方式具有根本性的不同。这里，股东是企业的部分拥有者。因此，股权融资不对本金归还设置期限（股东可以在股票交易所卖出股票来收回本金，不过这与上面两类融资模式下收回本金的方式具有本质差别）。股东要承担风险——当企业经营状况良好时，股东会获得收益；当企业经营状况变差甚至被清算时，股东会因此受到损失，甚至失去部分或者全部的本金。如果企业被清算的事件发生，股东是最后获得清算价值的人。此外，如果企业经营出现问题，股利会被减少甚至会出现完全不支付股利的情况。

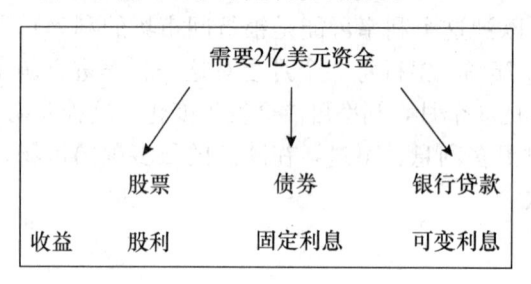

```
         需要2亿美元资金
       ↙       ↓       ↘
     股票     债券    银行贷款
收益  股利   固定利息  可变利息
```

图1—2 募集资金

表1—2　　　　　全球金融资产，按资产类别划分

资产类别	1980年（%）	2007年（%）
银行存款	45	27
股票	23	33
私人部门债券	14	26
公共部门债券	18	14
	100	100

资料来源：McKinsey Global Institute。

表1—3　　　　　全球金融资产，按市场划分

资产类别	2008年（%）
美国	39
欧元区	26
日本	13
英国	7
中国	6
其他	9
	100

资料来源：McKinsey Global Institute。

在债券和银行贷款的例子中，资金最终都要归还，而且支付利息是一项十分重要的义务——因为它们是债而不是股。在资金循环中，股权则是一个例外。

杠杆

总体上看，借来的资金本身并无差别。相比于单独依靠固定的资本，它能让企业从事更多的经营活动。不过，如果借来的资金过多，则可能出现危险，特别是在繁荣过后的衰退期（事情往往就是这样发生的）。由于利润的下降，企业可能无法支付利息，更别说偿付本金了。

因此，股票市场分析人员会关注企业的资产负债表以及长期债务与股东权益之比。不过，这里需要注意的是当我们提到"股东权益"时，并非仅仅指通过股票首次发行或者股票认购权发行筹措的资金。企业还会盈利。盈利需要向政府纳税并向股东支付股利。剩下的利润可以用于企业自身的增长和规模扩大。当然，这部分资金实际上也归股东所有。因此，股东的资金是指股东持有的所有权益：

初始股东权益＋股票认购权发行＋留存利润＝股东权益

于是，分析员要观察企业的长期负债与股东权益之间的比例。这个关系叫做**杠杆**（英文记为 gearing 或者 leverage）。这个概念来自于机械原理。给定一个力，杠杆可以撬起更大的质量。在金融市场里，杠杆也具有同样的原理。还记得阿基米德曾经说过"给我一个杠杆，我可以撬起整个地球"吗？类似的，股东也可以破解股东权益总量对企业经营发展造成的制约，做更多的业务。如何做？通过借入其他人的资金。基于杠杆原理的思想就是让给定的资金做更多的事情。这可以用美国的流行谚语来总结："花小钱，办大事"（more bang for your buck）。在本书中，可以通过借其他人的钱来达到这个目的。我们还会在本书其他地方遇到这个词。

于是，长期负债和股东权益之间的比率就被称为**杠杆率**（gearing ratio）。杠杆率在何种范围内是比较安全的？实际上，这个问题的答案已经成为一些争论的焦点。一般来说，如果杠杆率超过 100%，人们会对企业比较担忧，但这只是一个大致上的规则。比如，如果企业经营业务的周期性较强，那么分析师对杠杆率的关注就会更多。如果企业的资产较容易变现，那么分析师对杠杆率的关注会少一些。在一个低利率的环境下，企业的杠杆率会上升——在 2008 年，我们能看到一些企业资金充裕，无需过多借贷（比如，伦敦金融时报 100 指数中包含的企业在当年拥有 1 800 亿英镑的现金），不过有些企业通过借入大量资金，确实能在低利率的环境中受益，其中尤其以收购和私募股权交易最为显著。到 2008 年末，英国最好的 100 家企业的平均杠杆率为 38%。当然，这里需要注意到，自 2007 年信贷危机出现以来，银行的借贷能力受到显著影响，而且金融市场也深陷泥潭。

在考察过融入新资金的三种主要方式——股权、债券以及银行贷款后——我们还应该注意到：一般而言，西方的金融市场里企业增长和规模扩大所需的资金中有超过 50% 来自于留存利润。"利润"可能是个敏感话题，在某些人眼里这个词略带轻蔑，比如有人会说，"他们只关心利润"。不过，企业赚得的利润不仅为股东提供了收入，为政府提供了税收，还为企业自身的扩张提供了资金，这一行为带来的是工作岗位的创造以及雇员更加稳定的工作。

我们会在第6章考察全球金融市场的概念。简而言之，我们会在那里考察跨国的融资行为；比如，在伦敦以美元的形式发行债券并将其卖给全球投资者；以及全球银行如何一起合作来为一个大型项目贷款。除此之外，还存在只在一国内部进行的融资行为。股票、债券以及大型银团贷款往往针对的是长期资金需求。实际上还存在一些针对短期融资需求的市场，其目的在于满足人们对现金流的需求，而不是为企业的增长和扩张融资。在这种情况下，股权融资显得不是很合适，因为已经存在大量证券和多种类型的银行贷款来满足此类需求。

描述全球金融市场的数据往往具有误导性，因为对一国的金融市场来说，它与全球金融市场可能十分不同。每个国家都有自己的传统。美国拥有容量巨大的企业债以及股票市场。但是，德国的企业却一直保持了与银行密切联系的传统，它们会大量使用来自银行的融资。在英国，股权融资十分流行，相比于其他大多数欧洲国家，英国的上市企业比例要高很多。

结　论

我们已经知道，金融市场存在的意义在于提供融资。我们通过考察融资的不同选择来为大家展示一个实践中的金融市场，同时给出了本书所要研究的论题：

- 银行业：见第2~5章，我们会从各个方面对银行业进行考察。
- 货币与债券市场：在第6章，我们会考察国内和国际金融市场。在那里我们既关注短期融资（货币市场），也关注长期融资（债券市场）。
- 股权：我们会在第7章解释股票市场、经纪人、做市商以及在股票市场中发挥作用的相应机构。
- 对冲基金以及私募基金：如今，大量机构将资金投资于这两个市场，我们会在第8章进行讨论。
- 信贷危机：我们会在第9章详细讨论美国次级贷款市场违约以及雷曼兄弟银行倒闭后加重的信贷危机，此外还有由此造成的政府救助。在这一章，我们勾勒出危机的原因、发生的关键事件以及应对政策。
- 外汇交易：如今，金融市场的国际化趋势与逐渐发生的放松管制结合起来，创造出对国外货币的强烈需求。我们在第10章讨论这部分内容。
- 欧洲经济货币联盟：欧洲经济货币联盟始建于1999年1月1日，由11个成员国组成了单一货币区。我们在第11章讨论这一事件的发展。
- 衍生品：利率、汇率、债券价格以及股票价格都是有涨有跌的，这带来风险。在金融市场上存在一类金融产品，可以用它们利用和控制风险。这些产品被叫做"衍生品"，可能是当今金融市场中发展速度最快的一个分支。我们在第12~14章考察这些复杂但是引人入胜的产品。

- 新兴经济：在第 15 章我们考察了中国和印度这两个新兴经济体。
- 关键趋势：最后，在第 16 章，我们分析了当今金融市场发生的关键趋势。

概　要

　　金融市场的目的在于帮助融资，将需要资金的人（借方）和拥有资金的人（贷方）匹配起来。

　　通常，借方会发行一个借据，以承诺向贷方偿还资金——这类借据又被称为证券，它们可能会被自由地买卖。

　　企业可以通过银行贷款（商业银行）来获得资金，或者通过发行债券和股票（资本市场）来完成融资。前两个融资选择代表债务融资。在资产负债表中，我们可用杠杆率来表示债务融资和股权融资之间的关系。

　　金融市场既可以是一国内部的金融市场，也可以是国际（跨国）金融市场。

进一步阅读材料

Chisholm, A. M. (2009) *An Introduction to International Capital Markets: Products, Strategies, Participants* (2nd edn), Wiley Finance, Chichester.

Howells, P. and Bain, K. (2007) *Financial Markets and Institutions* (5th edn), FT/Prentice Hall, London.

Pilbeam, K. (2010) *Finance and Financial Markets* (3rd edn), Palgrave Macmillan, Basingstoke.

第二部分

银行业

第 2 章

银行业基础知识

历　史

纸币和金属硬币作为通货的历史十分悠久，至少可以追溯到十个世纪之前。不过，从现代的观点来看，银行业的出现则相当晚。

从多个角度看，我们在现在意识到的资本主义出现在 13、14 和 15 世纪意大利商人以及银行团体的经营过程中。一些意大利的城市，比如伦巴第和佛罗伦萨，则是这种经济力量的主要发源地。在这一历史阶段中，意大利商人已经开始建立跨国的贸易关系，同时将自己所拥有的资金用于借贷。

当时，银行家们往往在露天地里开设自己的银行。在意大利语中，此类机构被称为 banco，这正是现代语言中"银行"（bank）一词的来源。（如果你正巧在意大利的普拉托（Prato），不妨去看看 San Francesco 修道院的壁画，其中就有货币兑换商设立的银行，或者说一种银行柜台。）如果一家银行出现破产清算，那么这家银行所拥有的席位就会在公开场合被严肃地打碎，这就带来另外一个词 bancorupto，这正是今天英语中"破产"（bankrupt）一词的来源。由于在公元 1550 年之前，股份制银行尚未在人类历史上出现，所以在银行产生的早期阶段往往采用合伙人制。因此，人们往往将当时意大利最大的银行写为"美第奇及其合伙人（Medici e compagni）"，上述意大利语对应的英文便是"Medici and their partners"。这便是现代英文中"公司"（company）一词的来源。正因如此，意大利人认为世界上最古老的银行是建于 1472 年的锡耶纳银行（Monte dei Paschi of Siena）。

在一段很长的时间里，佛罗伦萨都是银行业的主要中心。因此，很多国家的硬币在取名时都会和佛罗伦萨产生些许关联:比如在1971年货币单位改为十进制之前,英国的一种银币曾被命名为"弗罗林"(florin);在荷兰还使用荷兰盾(Dutch guilder)时,这一货币的缩写就是FL-florin;匈牙利的货币至今还被称为福林(forint)。我们还了解到,在1826年,舒伯特以"120弗罗林"的价格卖掉了他的D大调钢琴曲。正是由于欧洲的多个国家都用florin作为自己国家货币的名称,因此在1996年10月于马德里市举办的欧盟峰会中,约翰·梅杰(John Major,曾于1990—1997年出任英国首相)提议将弗罗林作为欧洲单一货币的名称。不过,这个会议最终决定使用euro,这个名字多少有点乏味。

意大利的银行家一直与英国皇室保持长期关系。因此来自伦巴第的第一代银行家就曾借钱给伦敦,直到20世纪80年代,很多英国银行仍然将总部设立在伦敦的伦巴第大街。当时,意大利的银行家曾向爱德华一世、爱德华二世以及爱德华三世借钱(资助他们完成了多次战争)。到爱德华三世的时候,他在1345年出现贷款违约,这直接导致佛罗伦萨的光荣(Proud)家族、巴尔迪(Bardi)家族以及佩鲁齐(Peruzzi)家族的破产。可以说,这是世界上第一次(但肯定不会是最后一次)全球性银行业危机。

在当时,这些银行家确实十分超前。他们使用汇票(英文名称为bills of exchange,会在本书第5章得到详细解释)、信用证(letter of credit)、账面过账(book entry)等方式来完成资金流转,这种操作既避免了直接的货币运输,还使用了复式记账法。世界上第一本讲述复制记账法的教科书出版于1494年,是一位名叫Luca Pacioli的圣芳济会的修道士完成的。之后意大利人还实验了海运保险,并从中发展出一部商法。当时,巴尔迪家族在意大利境内外总共经营着30个银行分支机构,雇用了超过350位员工。

在1984年出版的《商人银行的崛起》(*The Rise of Merchant Banking*)中,查普曼(Chapman)描绘了美第奇银行使用汇票的过程,当时这家银行要帮助位于意大利威尼斯的一家企业将货物卖给位于伦敦的一家企业。其中,位于伦敦的美第奇银行负责收款以及对外汇的保存和相应的风险管理。在这次交易中,产品标价为97.18镑又五分之二先令。这笔钱换算成意大利货币则是535达克特(ducat)。于是,位于威尼斯的美第奇银行以汇票的方式向出货企业支付500达克特,并在6个月后收到货款的7%作为费用,也就是说,这种交易的年收益是14%。当时这笔交易发生的时间是1463年7月20日。

从现代金融的角度理解,上述交易中发生的汇票金额并不存在折扣,因为这意味着从资金中获取利息,但是当时这种行为被认为是一种剥削,所以受到罗马天主教会的禁止。实际上,上述票据代表的是为方便贸易往来和外汇兑换而提供的一种服务——不存在资金借贷的行为。正是基于这个理由,储蓄方也没有利息可拿。有时,储户也会得到利润的一部分,不过这需要酌情决定,因此在银行资产负债表的负债方存在一个名为"酌情决定"(Discrezione)的会计项目。由于《古兰经》也因为同样的原因反对利息,所以**伊斯兰银行**(Islamic banking)也面临相同的问题。如今,世界上已经有超过500家的伊斯兰银行(总资产规模超过1万亿美元),它们也遵循这相同的规则,即向储户支付的利息是不固定的,而是基于该笔资金赚取的利润而定(在本章后面部分,我们还会对此做进一步的讨论)。

虽然意大利人在银行业的最初发展中有如此多的发明,但是他们并没有发明纸币。

这件事情要归功于英国的金匠。当时，为了安全，商人需要在皇家造币厂持有一定的资金。但是，查尔斯一世所掌管的英国在当时曾经非常缺钱，为此他曾与议会多次讨论资金的问题，最后，他通过军事力量从皇家造币厂偷走130 000英镑的资金。虽然后来这笔钱得到了偿还，但是商人已经失去了对皇家造币厂的信心。这对金匠却是个好消息，因为他们有金和银的安全储备，于是，一个金匠变成银行家的时代开始出现，这一过程持续了150年之久。在1692年成立，至今仍然存在的库斯银行（Coutts Bank）就是一家金匠开办的银行。当时，金匠发现当金币持有人将资金存在自己的库存中时，一个比较方便的办法是向该持有人发放一张收据，比如存10个金币就发放10张收据。通过这种方式，如果该持有人还欠其他人3个金币，那么金匠可将其中的3张收据发放给该相应的债权人。更好玩的是，如果有人想借5个金币，那么金匠只向这个人出具5张收据，而不是5个金币。在这种情况下，发生的交易已经非常类似于现代银行的传统借贷业务了，唯一的不同在于如今的纸币不再对应于具体的金或者银。到17世纪末，金匠发出的收据开始成为真正意义上的纸币，第一张纸币是由瑞典银行（Bank of Sweden）于1661年发出的。

从全球的角度看，银行业的中心一开始出现在佛罗伦萨，随着来自新世界的黄金和白银的流入，这一中心之后转移到了热那亚。在意大利之外，奥格斯堡（Augsburg）的福格尔（Fugger）家族创造了可与意大利银行业相媲美的金融帝国。这个家族最早做的是木材生意，但之后便转向贵金属以及银行业。他们在匈牙利和奥地利都拥有金、银以及铜矿，并且成了德国哈布斯堡王朝、低地国家（指荷兰、比利时、卢森堡三个国家）以及西班牙的主要融资人（见Green，1989）。

在这段历史之后，世界银行业经历了两大挑战者的崛起，荷兰和大英帝国分别将阿姆斯特丹和伦敦作为金融中心，这两个中心之间开始竞争。比如，荷兰的阿姆斯特丹股票交易所就是世界上最古老的股票交易所。

在这一时期，我们还看到了现代意义上的商人银行（Merchant Bank，也可以称为投资银行）。弗朗西斯·巴林（Francis Baring），一位来自埃克塞特（Exeter）的纺织商人在1762年开办了巴林兄弟银行。在1804年，内森·迈耶·罗思柴尔德（Nathan Mayer Rothschild）在曼彻斯特短暂地从事纺织业后，也于伦敦开办了银行业务。在荷兰，米斯霍普（Mees & Hope）银行于1702年建立，之后皮尔逊赫尔德林银行（Pierson, Heldring & Pierson）也得以成立，这两个银行至今还在营业，现在是富通集团（Fortis Group）的子公司并更名为米斯皮尔逊（Mees Pierson）银行。（受信贷危机的影响，富通集团在2008年得到比利时政府以及法国巴黎银行的救助，不过在这场危机中米斯皮尔逊银行安然无恙。要想成为米斯皮尔逊银行的顾客，个人拥有的可投资资产要超过100万欧元。）

商业银行家有两个主要业务——使用汇票为贸易活动融资，通过销售债券为政府融资。巴林兄弟银行就曾帮助法国发行过大规模的国际债券，以此来偿还拿破仑战争后法国面临的巨额战争索赔。正因如此，黎塞留公爵（Duc de Richelieu）曾将巴林兄弟银行称为"欧洲第6个超级大国"。在1818年，罗思柴尔德家族为普鲁士王国筹得大量贷款，这笔贷款可在36年后再偿还。在这次贷款中，他们尝试用本国货币向债券持有人支付利息。这笔债券最终被卖给了商人、私人预购者以及贵族。在普鲁士王国每年支付的7.5%

利息中,有5%支付给债券持有人,剩下的2.5%进入偿债基金(sinking fund),这个偿债基金经过36年的积累便可用于偿还债券本金(见Chapman,1984)。在1803年,荷兰的霍普股份银行(Hope & Co.)与巴林兄弟银行联合起来,为美国向拿破仑帝国购买路易斯安那州提供融资。之后,公司金融开始出现,成为投资银行的另外一项业务。在1886年,巴林兄弟银行在吉尼斯上市,由于该公司的大部分股票都被分配给了巴林兄弟的"朋友"们,结果这次上市变成了一场丑闻——最后不得不出动警察来控制愤怒的人群。

从18世纪50年代到20世纪,欧洲的人口一直在增长,从1800年的1.8亿人增长到了1914年的4.5亿。这一时期同时也经历了大规模的工业化和城市化,这带来的便是银行业的扩张。虽然在这一过程的大部分时间里都是私人拥有的银行在蓬勃发展,但是立法上发生的渐变也为股份制银行(joint stock bank,是指存在股东的银行)的发展开辟了道路,这带来的则是拥有大量分支机构的大规模商业银行的成长,以及这些银行吸储能力的不断增强。

在美国,纽约银行(Bank of New York)和波士顿银行(Bank of Boston,也就是后来的波士顿第一国民银行,英文名称记为First National Bank of Boston)于1800年开张。在同一时期,一开始是水务公司的曼哈顿公司(Manhattan Company)变成了一家银行,并在1955年成为大通曼哈顿银行(Chase Manhattan)。花旗银行开办于1812年,之后变成国民花旗银行(National City Bank),在1955年与第一国民银行(First National Bank)合并形成如今的花旗银行(Citibank)(由于2008年11月的信贷危机,花旗银行也受到美国政府的救助)。

在欧洲,比利时兴业银行(Société Générale of Belgium)建立于1822年;德国裕宝银行(Bayerische Hypotheken und Wechsel Bank)建立于1822年;奥地利信贷银行(Creditanstalt)建立于1856年;瑞士信贷(Crédit Suisse)建立于1856年;瑞银集团(UBS)建立于1862年;里昂信贷银行(Crédit Lyonnais)建立于1863年,法国兴业银行(Société Générale)建立于1864年(到1900年,这两家银行的分支机构数量分别达到了200和350);德意志银行(Deutsch Bank)建立于1870年,意大利商业银行(Banca Commerciale Italiana)建立于1894年(在2001年,这个银行成为意大利联合商业银行(Banca Intesa)的一部分)。

在英国,直到1826年,英格兰银行(Bank of England)在股份制银行中的垄断地位才被打破。在1850年,该银行拥有1 700个分支机构,到1875年,其分支机构达到了1 875个,到1900年更是达到7 000个。米特兰银行(Midland Bank)建立于1836年,国民西敏寺银行(National Westminster Bank)的前身建立于1833—1836年之间。受到新成立的股份制银行所拥有的大量资源的威胁,私人拥有的银行或被收购或被兼并。其中的一桩兼并交易为我们带来了如今耳熟能详的巴克莱银行(Barclays)。在这些并购中包括的历史最悠久的私人银行是柴尔德公司(Child & Co.),该公司自1673年以来的门牌一直都是舰队街(Fleet Street)一号,如今则是苏格兰皇家银行(Royal Bank of Scotland)的一部分。到1884年,伦敦清算所(London Clearing House)正在结算的支票规模已达60亿英镑。

英国的银行业还有一个有趣地方。虽然罗思柴尔德在欧洲大陆参与建立了一些商业银行（比如奥地利信贷银行以及法国兴业银行），但是在英国，**商人银行**（merchant banks）忽略了这一新发展，一直致力于他们了解而且可以做到最好的业务（国际债券以及贸易融资）。因此，英国银行业的传统曾是只有两类银行中的一类，这里两类银行是指"商人"银行以及"商业"银行（在后面的章节我们会讨论二者的区别）。直到1960年之后，最大的商业银行才意识到需要开设商人银行的分支机构或者收购一个（比如米特兰银行对塞缪尔蒙塔古银行（Samuel Montagu）的收购）商人银行。

在欧洲，特别是在德国、奥地利以及瑞士，银行经营模式演化为银行可以做各类业务——既具有商人银行的功能，又具有商业银行的功能。这就是全能银行（universal bank）的传统——类似于德意志银行以及瑞银集团。

伴随着上述发展，人类进入了新的世纪，来到以电脑、通讯、自动取款机、信用卡、银行合并、销售点电子转账系统以及利用互联网甚至移动电话开展银行业务的时代。

银行监管

让我们从这个问题开始：谁管理银行？如果你在荷兰或者意大利，你可能会回答说："中央银行"，这个答案基本正确。但是，情况不总是这样。实际上，我们往往会发现监管主体是分开的。在德国，**联邦银行**（Bundesbank）并非法定的监管者，这个任务是由德国联邦金融监管局（Federal Supervisory Authority，简写为BaFin）完成的，在2002年4月，这一机构将银行、保险和证券的监管职责合并了起来，而之前这三个部门的监管分别由三个机构负责。当然，德国联邦金融监管局肯定会向联邦银行进行咨询，联邦银行也会负责整理国内所有银行的详细报告。不过，要采取的任何监管行动都是由联邦金融监管局完成的。

在法国和比利时则存在一个银行业委员会，在瑞士则是联邦银行委员会。

在日本，对银行进行监管的是日本金融厅（Financial Services Agency）。在美国，银行监管体系则是个大杂烩，美联储、州、联邦存款保险公司（Federal Deposit Insurance Corporation，简写为FDIC）、货币监理署（Office of the Comptroller of Currency）以及向联邦住房贷款银行系统汇报的储贷协会等，都发挥着各自的作用。比如，当1984年芝加哥大陆伊利诺伊银行（Chicago's Continental Illinois Bank）发生问题的时候，对它进行救助的是联邦存款保险公司，而不是美联储系统。虽然美国的银行监管体系相对复杂，但是我们用以下的理解方式可以比较方便地记住这一体系：联邦储备系统负责对美国国内外所有的最大型银行进行监管。（美国最大型的那些银行是指以金融或银行控股公司的形式运行的银行，或者国外银行的分支机构）。在2007年信贷危机之前，虽然美国国会已经同意根据银行的不同类型来降低监管责任的复杂程度，但是自2009年以来，这一体系就没有再变化过了。

在英国，英格兰银行曾是监管部门，但是在1998年年中工党将这一权利转给了英国金融服务管理局（Financial Services Authority，简写为FSA）。由于在最近的信贷危机中英国银行体系几近崩溃，而且还对北岩银行（Northern Rock）、劳埃德集团（Lloyds Group，其中包括哈利法克斯苏格兰银行，简写为 HBOS）和苏格兰皇家银行进行了救助，因此针对银行监管体系是否需要改变的争论开始多起来。保守党曾说，如果当选，它准备将银行体系的监管职责再次还给英格兰银行。

在中国，中国人民银行是中国的中央银行，在印度，印度储备银行（Reserve Bank of India）也发挥着监管者的角色。在巴西（巴西中央银行）和俄罗斯（俄罗斯银行），中央银行也负责对银行的监管。

在指出谁负责对银行进行监管之后，这些机构会采取哪些监管措施呢？一般来说，有以下几种情况：

- 进入条件。
- 资本比率。
- 流动性约束。
- 大额持仓规则。
- 外汇储备控制。
- 进行检查的权利。

在有关银行业的章节中，我们会进一步解释上述较为技术性的术语。

银行的类型：定义

有很多术语可以描述银行的类型，而且这些术语之间并非泾渭分明。让我们考察下面的这些分类：

- 中央银行
- 商业银行
- 商人银行/投资银行
- 储蓄银行
- 合作银行
- 抵押银行
- 汇划银行以及国民储蓄银行
- 信用社
- 伊斯兰银行

中央银行

一般而言，一国只有一个中央银行，比如美国有美联储，德国有联邦银行，英国有英格兰银行。我们会在第 3 章详细解释中央银行的作用。

商业银行

商业银行从事的是典型的银行业务,即获得存款并贷出资金。可以对商业银行业务做进一步划分,分别是零售银行(retail banking)业务以及批发银行(wholesale banking)业务。其中零售银行包括街道支行,它主要服务于公众、小商小贩以及规模很小的交易。在这类业务中,支票和银行卡得到大规模使用;比如,在 2007 年这一年中,英国人总共使用了 16 亿张支票(1991 年时更多,达到了 38 亿张)。与此同时,2007 年还发生了大致 72 亿次的基于银行卡的交易,其中 60% 都是借记卡。这里,零售业务的特点是数量大但价值低,相反的是,批发银行业务的特点则是数量小价值高。此类业务包括与银行、中央银行、企业、养老基金以及其他投资机构的交易。在批发银行业务中,支票和银行卡的作用相对淡化,但是电子结算和清算系统开始变得十分重要。能够完成电子结算和清算的系统包括:位于纽约的清算所银行同业支付系统(Clearing House Interbank Payments,简写为 CHIPS 系统),位于英国的清算所自动支付系统(Clearing House Automated Payments,简写为 CHAPS 系统),位于法国的银行同业拆息远程结算系统(Système Interbancaire de Télécompensation,简写为 SIT 系统),位于德国的法兰克福电子结算系统(即 EAF 2)以及针对欧元的目标系统(即 TARGET)。比如,我们在第 6 章会提到的货币市场交易就是批发银行需要完成的业务。在第 4 章中我们会讨论零售银行以及类似于企业贷款等批发银行业务。对外汇交易而言,如果是一位公民出国旅游所需,那么该笔业务算零售银行业务,如果是一家法国企业希望从瑞士进口货物,那么对应的外汇交易就算批发银行业务。我们会在第 10 章对外汇进行讨论。

零售银行业务中需要特别提及的一个子业务是**私人银行**(private banking)。这类业务旨在处理高净值客户的需求——存款、贷款、资金管理、投资建议等等。私人银行有时又被称为"财富管理",它的主要任务包括向高净值客户提供投资建议。从历史上看,瑞士的银行最擅长此项业务,世界上最好的独立私人银行位于日内瓦,其中包括建立于 1805 年的百达银行(Pictet & Cie)以及建于 1796 年的奥隆银行(Lombard Odier)。在美国,最古老的私人银行是位于纽约的布朗兄弟哈里曼银行(Brown Brothers Harriman)。在英国,建立于 1672 年的胡润百富银行(C. Hoare & Co.)是最具悠久历史的独立私人银行。如今,很多大型银行也在提供私人银行服务,其中最有名的要属瑞银集团、瑞士信贷、汇丰私人银行、花旗私人银行、巴克莱财富(Barclays Wealth)以及德意志银行私人银行(Deutsche Private Bank)。

商人银行/投资银行

商人银行是典型的英国叫法,在美国这一类业务又被称为投资银行业务,后者可能更为一般化,也更具现代感。在之后的论述中,我们将不再区分这两个词语(但是要注意的是，在美国，商人银行指的是使用自有资金，在兼并和收购中发挥广泛作用的一类银行）。如果说商业银行就是将钱贷给别人，那么我们可以将商人银行总结为"帮助别人找到资金"。比如，在第 1 章中，我们考察了融资的三种选择——银行贷款、发行债券或发行股票。有时，对融资方式的选择主要依赖于银行的能力以及市场能够提供的金融工具种类。比如，在 2009 年 7 月，在杂志《投资者编年史》（*Investors Chronicle*）中的一篇文章注意到由于"对股票认购权发行开始感到厌倦"，投资者将公司债看作更好的融资方式。在这种情况下，商人银行或者投资银行将会对如何融资给出建议。如果选择的是债券或者股票，那么它们将会帮助发行人对相应的证券进行定价，为证券的销售提供帮助，并会与其他机构一同认购一部分证券，这就是说如果投资者不购买发行的证券，那么投资银行会与其他机构一起购买。商人银行或者投资银行的其他活动将在第 5 章进行讨论。

储蓄银行

在很多欧洲国家（法国、德国、意大利、奥地利、荷兰以及西班牙）存在一类没有外部股东的银行，这些银行的所有权归于银行储户，因而可以称为是一种相互持有的银行。它们便是储蓄银行以及合作银行。我们在这里需要区分储蓄银行在过去的传统作用和在现代社会中的作用。在现代社会，储蓄银行越来越像一般意义上的商业银行，因为在过去，有自主权的储蓄银行一直在进行合并，而且管制的放松也移除了对储蓄银行业务进行限制的规定，这就给予了储蓄银行按照类似于商业银行的方式进行经营的权利。不过，使得储蓄银行不同于其他银行的地方仍然是其所有制结构——储蓄银行往往是互助性的，银行储户是其拥有者。

在欧洲有着强大的储蓄银行体系，它们的名字主要是：

- Sparkasse   德国/奥地利
- Cassa di Risparmio   意大利
- Caja de Ahorros   西班牙
- Caisses d'Epargne   法国/比利时

在美国，储蓄银行又被称为"储贷协会"或者"节俭会"（thrifts），在英国（在过去，不是现在）则叫"信托储蓄银行"。

在德国大约有 440 家储蓄银行，这些储蓄银行形成了一个拥有 14 000 家分支机构，5 000 万储户的金融体系。由于德国实行联邦共和体制，所以每个联邦州都有一个为储户提供担保的机构，同时还有一个专门为储蓄银行设立的中央银行，德文称为"Landesbank"。在全国层面，还存在一个中央权威来协调各州中央银行的行为，这个中央权威的名字是德国银行（Dekabank），该银行由储蓄银行以及州银行全资拥有。通过储蓄银行的分支机构，德国银行发行各类产品，其自身的业务已经占德国零售储蓄业务的 36%，占消费信贷市场的 33%。德国银行还经营批发银行业务，同时还是德国第二大的基金管理人。

由于德国的储蓄银行拥有联邦担保业务，这使得它们可以相当低廉的成本获取资金。

德国的其他银行则认为这是一种不正当竞争，于是欧盟委员会在 2005 年终结了这一担保责任。

为储蓄银行设立某种形式的中央银行，实际上是一种相当常见的现象。在奥地利，储蓄银行系统的中央银行实际上是 Girozentrale Vienna（后来被称为 GiroCredit Bank，现在是奥地利银行的一部分）。在芬兰，1991 年该国金融体系崩溃之前则是 Skopbank。后来这一银行被重组为芬兰储蓄银行（Savings Bank of Finland）。在西班牙和意大利，储蓄银行系统经历了广泛的兼并，有些储蓄银行甚至还兼并了其他类型的银行。比如，在意大利，Cassa di Risparmio di Roma 银行就和 Banco di Roma 以及 Banco di Santo Spirito 银行合并成为一家名为 Banca di Roma 的大银行。此外，意大利最大的储蓄银行 Cariplo 与 Banco Ambrovenuto 合并，更名为 Banca Intesa。在西班牙，推动这一发展的主要力量来自于 Catalan "la Caixa"，该机构与其他储蓄银行形成了联盟。到现在为止，这一联盟在储蓄银行业进行了大规模投资，其资产组合的总值已经达到 220 亿欧元（大约是西班牙股票市场市值的 2%）。从总体上看，西班牙有 44 家地方性储蓄银行（cajas），约占整个国家零售类银行业务的 40%。（cajas 是自 2007 年以来欧洲储蓄银行中唯一经历了不良资产率上升的一类机构，其中一些为了免于破产，还接受了政府救助。由于 cajas 类储蓄银行机构在商业和房地产领域的风险暴露过多，所以随着西班牙房地产市场下跌带来的经济放缓，此类机构还将会遭受进一步的损失）。

在英国，为了接受小额存款，储蓄银行肇始于 1810 年（在当时，一家正规银行愿意接受的最低存款额度相当高）。在 1817 年政府通过一项法律，要求银行必须以信托的方式经营，以此来保护储户，于是就产生了"信托储蓄银行"（trustee savings banks）。到 1976 年，此类机构经历了进一步的放松管制，国会开始给予其正常的银行业经营权限。于是，英国的储蓄银行体系从大量地区性自治银行转变为一家银行，也就是人们所熟知的"TSB 银行"，到 1986 年，政府将储蓄银行的股份卖给公众，于是英国的储蓄银行系统失去了国有企业的特点。最后，在 1996 年该银行被劳埃德银行收购。

在法国也是如此，在并购、出售以及收购的浪潮下形成了 Caisse Nationale des Caisses d'Epargne et de Prévoyance。这一体系的核心组织是法国第 5 大银行（从资产额来看，也是世界排名第 25 位的银行），该银行负责协调 22 家地方性储蓄银行的活动，拥有 2 500 万名顾客。（在 2008 年 10 月，为了应对信贷危机造成的压力，Caisse d'Epargne 宣布与 Banque Populaire 合并）。如今，法国储蓄银行系统具有正常银行的所有经营权利，并且已经扩张到银行保险业（见第 4 章），它们可以给地方政府贷款，也可以经营租赁、风险投资、房地产投资以及集合投资品的销售。该银行占到法国储蓄额的 22%，并且允许经营特殊的税收减免类账户（与国民储蓄银行类似）。与德国储蓄的情况类似，法国的其他银行也在抱怨这一制度安排带来的不正当竞争。

在美国，1981 年开始的对储贷系统的放松管制带来了灾难，曾导致一系列的丑闻和管理失误。这一放松管制制造了美国最大的银行业危机，该危机在 1986 年储贷系统崩溃以及遭遇改革的过程中达到顶点。

日本也存在一系列含义广泛的互助银行，其中包括信金银行（Shinkinbanks）、互助银行以及一些次一级的地方性银行（sogo）。在日本，互助银行数量众多但都被限制在某一特定的地方性区域中经营业务。这些银行接受小额储蓄，是中小企业非常重要的融资来源。

表2—1列出了欧洲最大的一些储蓄银行。

表2—1　　　　　　　　　欧洲最大的储蓄银行（2008年）

银行名称	一级资本（单位：10亿美元）
"La Caixa"（Barcelona）	20.346
Group Caisse d'Epargne	14.475
Caja de Madrid	13.438
Swedbank	9.503
Grupo Bancaja	7.761
Caixa Geral de Depositos	6.491
Caja de Mediterraneo	5.962
CaixaGalicia	3.653
Caixa Catalunya	3.628

资料来源：*The Banker*，July, 2009。

合作银行

合作银行由其所有的会员共同拥有，其主要的经营目标不是利润最大化，而是为其成员提供低成本贷款。

合作银行的会员关系往往来自于共同的职业或者通过某项贸易活动达成的关系，最常见的就是农业类合作银行，比如法国的Crédit Agricole（以资产规模计，它是法国最大，欧洲第6大银行），荷兰合作银行集团（Rabobank Group）以及日本的Norinchukin银行。表2—2列出了在欧盟国家中合作银行拥有的储蓄额占该国总储蓄的比例。从这张表中我们可以看到在法国、荷兰、芬兰、奥地利以及德国，合作银行的业务占比相当高。

表2—2　　　合作银行储蓄占比（除非特别声明，本表数据为2006年底统计数据）

国家	占比（%）
法国	43.6
荷兰	39.0
芬兰	32.7
奥地利	34.9
意大利	30.3
德国	15.8
波兰	12.3
卢森堡	10.0
匈牙利	9.9
葡萄牙（2004）	5.0
瑞典	2.2
英国	1.0
丹麦（2005）	0.5

资料来源：European Association of Cooperative Banks。

Crédit Agricole 拥有 41 家地区性银行，同时拥有最大的街道支行系统，经营着法国 30% 的按揭贷款项目。在 1996 年，该银行收购了 Banque Indosuez 银行，在 2003 年，它又进一步收购了出现经营困难的 Crédit Lyonnais。在 2008 年初期，Crédit Agricole 经营法国 26% 的储蓄业务，拥有 9 000 个分支机构以及 2 100 万账户。除了在法国的业务之外，该银行有 34% 的收入来自于法国之外的地区。在法国还有其他两个合作银行，分别是 Crédit Mutuel（经营法国储蓄业务的 12.2%）以及 Banque Populaire（经营法国储蓄业务的 6.1%）。

德国也有一个强大的合作银行传统，这一传统同样来自于在各类职业和贸易过程中形成的关系。比如，Chemists and Doctors Bank（Apotheker und Ärztebank）。该银行拥有 1 200 家合作银行和超过 3 000 万的顾客。与此同时，德国也存在一个针对合作银行的中央银行——DZ 银行，该银行被作为合作银行的清算系统，同时使用中央准备金进行批发银行业务和国际合作。DZ 银行可以接触合作银行的储户，也拥有银行类的投资账户。德国的合作银行并不被强制要求以 DZ 银行作为中央银行，但是 90% 的合作银行还是愿意这样做。在德国，合作银行经营了储蓄额的 13.5%。

在荷兰，荷兰合作银行是超过 150 家独立运营的地方性农业合作银行——Rabobanks——的统称。以一级资本数量计（420 亿美元，紧随 ING 440 亿美元之后），它是荷兰第二大的银行机构，拥有 AAA 级信用评级。荷兰合作银行从事的业务范围很广，是储蓄产品市场的领导者，它还经营荷兰大约 20% 的抵押产品（拥有的分支机构也多于其他银行），甚至在美国和奥地利都经营零售类银行业务。该合作银行同时拥有一个位于瑞士的私人银行 Sarasin。

在日本，农业、渔业和林业都存在合作银行。Norinchukin 银行是农业和林业中最主要的合作银行。此外，还存在大量的商业信用类合作银行。

在中国，以资产计，中国农业银行是第 4 大银行，它拥有 33 000 家农村信用合作社，有超过 1 000 家的城市信用合作社，为农民提供融资服务。

印度拥有 1 770 家城市合作银行，有 93 343 家农村合作信用社，负责为农民以及中小企业提供融资。

英国只有一家合作银行，即 Co-operative 银行，它是 Co-operative 集团的一部分。该机构与一般性零售类合作银行密切合作，同时也有自己的银行机构。不过，它只占英国总银行储蓄额的 2.0%。

芬兰有 220 家合作银行，拥有合作银行体系的中央银行 Okobank。为了保险的需要，Okobank 后来与 Pohjola 银行合并。

抵押贷款银行

在世界上，有些国家会专门设立一个机构来提供抵押贷款服务，而有些国家则不会单独设立这样一个机构。作为一个专门机构来处理抵押贷款，最有名的例子要数英国的建筑协会。该协会最初的作用是为让人们联合起来修建房屋，房屋修建好就解体。逐渐的，这一协会变成一个永久性的互助组织，从小商小贩和居民处获得储蓄，然后为国内抵押贷款融资。在1900年的时候，此类机构有2 000个之多，但是在一场由主要的建筑协会发起的运动之后，英国的建筑协会如今只剩下52家。在英国的抵押贷款银行体系中，Nationwide最大，拥有的资产超过2 000亿英镑，第二名是Britannia，拥有370亿英镑的资产（自2009年8月1日之后，该银行成为了Co-operative集团的一部分）。建筑协会有大约2 000家分支机构，超过1 500万的储户（占市场上总储户的21%），但是借款人只有300万（占市场上总借款人数的30%）。在1986年通过的《建筑协会法案》(Building Societies Act 1986)中，抵押贷款银行面对的监管开始放松，国会开始允许抵押贷款银行提供持票类账户以及未担保贷款等服务，同时还包含很多其他业务。不过，此类业务的数量却受到严格限制。同时，该法案还进一步放松了对抵押贷款银行公司治理模式施加的限制，在放松管制之后，只要协会成员同意，抵押贷款银行可以变为公众持有的有限责任公司。此后，Abbey National使用了这一条款，在1989年上市成为公众公司，从资产规模看，该银行也同时变为英国第五大银行。在1995—1996年之间，抵押贷款银行的发展趋势出现根本性转变。劳埃德银行收购了Cheltenham & Gloucester银行，Abbey National银行收购了National & Provincial，并且与Halifax/Leeds协会合并，与此同时，Alliance & Leicester、Woolwich以及北岩银行也公布了上市变为一家标准银行的计划。对于其他的抵押贷款机构，比如像Britannia银行等，它们还是认为互助型治理结构更好，并对长期会员提供忠诚奖励。不过，在1999年4月末，作为英国最大的互助协会之一的布拉德福德-宾利（Bradford & Bingley）宣布，在经过会员投票后它们决定转为一家银行。这重新点燃了抵押贷款机构是否最终会演化为标准银行的争论。不过，直到2009年中期，英国最大的两家抵押贷款机构——Nationwide和Britannia——仍然是互助型的（虽然正如前所述，后者已经成为Co-operative的一个分支机构）。

在德国有35家抵押贷款机构，它们往往是银行的分支机构，也有一些是纯粹的建筑协会。其中最大的抵押贷款银行是Eurohypo，由Commerzbank公司拥有。抵押贷款银行运用一种特殊的债券——Pfandbrief——来为抵押贷款业务融资。荷兰也有几家以银行或保险公司的分支机构身份出现的抵押贷款机构（比如Rabobank）。丹麦有几家抵押信用协会，这些协会在股票交易所卖出债券，将收入借给那些拥有安全房地产的人。

在美国，抵押贷款行业的专家是一些储蓄贷款协会，美国国会在1981年对这些协会放松了管制。与英国在1986年出台的《建筑协会法案》不同的是，美国国会并未提出对抵押贷款体系新进入者的审慎要求，这导致20世纪80年代中期出现严重危机，我们已经在前面提到了这一历史。

划拨银行

让我们开始探讨"划拨"（giro）一词。它来自于希腊语的guros，原意指的是一个轮子或者一个圆圈。在金融学里，圆圈指的是款项在不同对手方之间流转一圈。

我们在早期意大利银行业中找到了参考资料。在中世纪的时候，法国和佛兰德斯的服装业中都存在非常重要的贸易集市。如果一笔交易无法立刻结清，商人可以欠款，他们可将这笔欠款带入下一个集市。逐渐的，行使银行家职能的商人开始提供清算系统。我们可以将债务循环设想为贸易商 A 欠贸易商 B，贸易商 B 欠贸易商 C，贸易商 C 欠贸易商 D，而贸易商 D 又欠贸易商 A（如图 2—1 所示）。

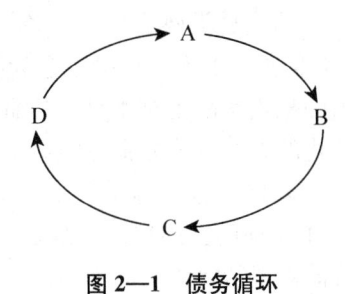

图 2—1　债务循环

具有清算系统的银行被称为 giro di partita——总账条目的划转。在 1619 年，为了加速政府债务人的偿还速度，威尼斯市建立了 Banco del Giro。该银行还向债务人发行附息债券，于是，一个债券二级市场开始逐渐建立。

在现代社会，"giro"一词主要用于两个相互联系的语境中。在第一类语境中，它主要指资金的转移，例如某个人向他自己账户所在的银行寄出一个划拨单，告诉银行向某个机构支付一笔钱，这类机构可以是电力公司或者煤气公司。在德国和荷兰，这一业务与直接给公司寄送支票十分类似。

对"giro"一词的第二类应用主要出现在"giro bank"（划拨银行）中，或者用于邮局帮助没有银行账户的人支付账单的过程中。这个思路出现在 1883 年的奥地利。在当时，没有银行账户的人可以通过邮局支付一系列的账单，这些人支付的资金很快就能转账到收款人那里。在比利时还存在一个邮政划拨系统，英国则于 1968 年设立了划拨银行，该银行在 1990 年被卖给一个建筑协会。现在，已经很难将邮政划拨功能从一般的邮政银行中分离开了，而后者往往又被理解为国民储蓄银行。在英国，建立于 1861 年的邮政储蓄银行在 1969 年变成国民储蓄银行。其基本目的是鼓励小额储蓄，而不是让银行参与到贷款中去。法国有全国储蓄银行（Caisse Nationale d'Epargne）；爱尔兰有邮政储蓄银行；芬兰有重要的芬兰邮政银行（Postipankki），该银行处理大量的政府融资事务；西班牙也有一个邮政储蓄银行。在荷兰，邮政银行与国民储蓄银行合并成为邮政银行，该银行之后又与荷兰密登斯坦银行（Nederlandsche Middenstandsbank，简写为 NMB Bank）合并成立荷兰商业银行（ING Bank）。

比利时银行家协会曾宣称邮政部门的金融活动是受到补贴的，在法国，成立于 2006 年 1 月 1 日的法国邮政银行（Banque Postale）曾饱受其他主要银行的反对。这些银行反对的主要理由是邮政银行拥有对大量储蓄账户的垄断经营权。比如法国有 2 600 万个 A 种储蓄本（livret A），它是一类享受免税待遇的短期储蓄账户。西班牙的邮政储蓄所（Caja Postal）已经开始涉足租赁、资产管理和房地产咨询等业务。如今，这一银行与其他州立金融机构合并成为一家名叫 Argentaria 的单一金融机构，这一机构后来又与其他银行合并成为西班牙毕尔巴鄂比斯开银行（Banco Bilbao Vizcaya Argentaria，简称为 BBVA 银行）。

在德国，2005年之前的德国邮政集团（Deutsche Post）是国有企业，之后进行了部分的私有化。其中，德国复兴信贷银行（KfW）拥有其三分之一的股权。该银行是德国最大的零售类银行，拥有超过9 000家办事机构。

日本的邮政系统是世界上最大的吸收存款类金融机构。它经营养老金，提供政府支持类人寿保险，同时持有三分之一的流通类政府债券。该银行拥有大约29 000亿美元的低收益储蓄账户，还经营着6 000亿美元的人寿保险。它为政府提供便宜、方便的融资途径，但是很多人认为向政府提供的融资实际上被浪费。因此，在2005年日本首相小泉纯一郎宣布了对这一体系进行私有化的方案，该方案在国会中赢得多数赞成。

按储蓄资产额计算，日本的邮政储蓄银行是世界上最大的金融机构，它通过建立在全国的24 700个分支机构（比日本其他的国内法定核准银行的总和还多出11 000个分支机构）来开展业务。日本的邮政储蓄银行完成了整个银行系统25%（约合2.1万亿美元）的储蓄业务。在2008年，其储蓄和人寿保险业务总计达到3.3万亿美元。（邮政储蓄系统还以政府债券的方式持有大约20%的国债）。在2005年7月日本国会投票通过了邮政储蓄银行的私有化决议，同时同意在2017年之前将储蓄和保险业务出售。在2007年中期，经过自由化的新日本邮政银行开始以私人银行的身份在金融体系中参与竞争。

在中国和印度，政府对邮政系统的低效率都不满意。这一体系中收到的储蓄都被上缴给政府，而且也没有卖出某项业务或为中小企业提供贷款的意图。中国目前已经建立了正式的邮政储蓄银行，它于2006年中期成为中国第5大银行。这一银行的储蓄规模大致在10亿人民币左右。印度有超过155 000家的邮政所，其中大部分都在农村。印度对邮政储蓄系统的投资水平很低，但是类似于印度工业信贷投资银行（ICICI）等一些机构还是尝试与邮政系统建立联系，来经营资金转账以及销售其他银行产品等业务。

信用合作社

建立信用社的想法可以追溯到1849年，当时德国的一个地方长官建立了一个旨在帮助人们应对债务和贫困的协会。到20世纪早期，这一想法已经传播到澳大利亚、加拿大、新西兰、爱尔兰以及英国和美国。建立信用合作社的出发点是形成一个可以发行普通债券的地方性信用互助团体——这一团体以教堂会员资格或者在某地共同工作作为建立互助团体的关系纽带。在信用合作社里，成员可以储蓄一定的资金，同时允许成员借出一定的资金，借出的资金额往往是个人储蓄额的某个倍数。此类互助团体往往还享有税收优惠政策。比如，在美国信用合作社就不用支付联邦所得税。目前，美国有7 905家信用合作社，9 050万会员。海军联邦信用合作社（Navy Federal）是美国最大的信用合作社，拥有350亿美元的资产，比美国任何一个地方性银行的规模都大。在美国，商业银行抱怨信用合作社带来的不公平竞争，为此它们在最高法院提起针对信用合作社的诉讼，这些机构指出，在某些情况下信用合作社的行为已经超越了发行普通债券的职责。在英国，有477家信用合作社，它们为总计652 000位会员服务，其中包括英国航空（British Airways）、伦敦出租车司机协会（London Taxi Drivers）以及在类似利物浦的Toxteth、伦敦的 Clerkenwell 和格拉斯哥的 Strathclyde 等贫困地区提供服务的社区信用合作社。在英国，信用合作社的会员数量一直在减少，而且大部分的信用合作社规模都较小，还要为了满足英国金融服务监管局在 2002 年提出的新监管要求而挣扎。英国信用合作社协会希望这一行业在未来能够有进一步的整合。在爱尔兰，508 家信用合作社为占人口 20% 的会员提供服务。在日本，有 438 家信用组织，它们都享有税收方面的优惠。

伊斯兰银行

世界上有超过 550 家金融机构按照伊斯兰教义来管理资金。在这些机构中不允许收取或者支付利息，但是储户可以获得一部分利润，这些利润来自一系列由金融机构完成，受到储户同意的投资（其中不包括在赌博、酒类和烟草生意中获得的利润）。这样做的原因是《古兰经》禁止利息的存在。资金不可用来产生和赚取利息，但是可以用来完成贸易，不过，公平地说，一小部分伊斯兰教专家还将利息解释为高利贷或者超额利率。

在"9·11事件"之后，伊斯兰世界开始觉醒，高石油价格又导致大规模资金流向海湾合作委员会（Gulf Cooperation Council）所在地区，这带来了伊斯兰金融规模的大幅上升，其中主要包括银行业和债券（我们在第 6 章讨论债券）。目前的估计指出伊斯兰金融的增长速度大致在 20% 以上，而且，相比于西方国家，伊斯兰银行业较少受到信贷危机的影响，因为它们并未参与证券化活动，也没去持有抵押支持类证券，当房地产价格下跌，借款人开始违约的时候，上述两类金融工具的价值往往出现崩溃（我们会在后面的章节来讨论信贷危机）。

大部分人都将 1963 年在埃及成立的 Mitshamr 银行视为第一家伊斯兰银行。如今，世界上已经有了大量的伊斯兰银行，汇丰银行、花旗集团、瑞银集团、劳埃德集团、巴克莱资本、德意志银行、法国巴黎银行和渣打银行都开始在这一市场经营业务。

如今，伊斯兰银行开始进行金融产品的销售以及反向租赁业务，以便为国内消费者提供抵押贷款，同时也为购买飞机和设备提供融资，比如，伊斯兰银行就为巴基斯坦购买两架波音 777 飞机提供了 2.4 亿美元的贷款。对抵押贷款而言，银行或者完全购买该房地产并将其租给抵押贷款方，在合同顺利结束后将房屋所有权转移给抵押贷款方，或者它们会以某个固定的加成价格将该房屋卖给抵押贷款方，然后抵押贷款方按月分期付款。分期付款还被用于贸易融资的交易中，比如在 2006 年 4 月，伊斯兰银行为澳大利亚最大的电器零售商 BXP 提供了价值 5 500 万美元的贸易融资。这是伊斯兰银行第一次与澳大利亚的公司完成交易。

很自然，在东亚和东南亚等伊斯兰人口大量聚居的地区，人们对伊斯兰银行的兴趣正在逐渐上升。新加坡正在推动伊斯兰金融，马来西亚应该是世界上推动伊斯兰银行发展最为积极的国家，它们相信到 2010 年，伊斯兰银行可占该国银行业市场份额的 30%。在 2008 年《欧洲货币》（Euromoney）杂志发起的伊斯兰金融奖中，马来西亚的联昌国际银行（CIMB Bank）赢得最佳伊斯兰银行和最佳伊斯兰债券（Sukuk）发行者奖。

在英国，人们对伊斯兰银行的兴趣也在逐渐上升。2006 年 6 月英国伊斯兰协会

(Muslim Council of Britain)组织了一场关于伊斯兰金融和贸易的会议。会议由英国首相戈登·布朗（Gordon Brown）致辞。他在致辞中提出要将伦敦变成伊斯兰金融中心，并指出全世界伊斯兰金融服务的价值大约在 4 000 亿美元（约合 2 400 亿欧元）的规模。英国首相戈登·布朗已经对 2006 年 4 月的金融法案做出修改，允许具有 murabaha 结构的抵押贷款存在。由于具有 murabaha 特点的抵押贷款中包含银行对房地产的购买以及银行向抵押贷款人出售该房屋，因此从理论上讲需要交两次房屋印花税。修改过的金融法案取消了在此类交易中存在的重复征收房屋印花税的规定，同时还解决了 ijara 类租赁交易中存在的税收处理异常的情况。

英国的伊斯兰银行建立于 2004 年，目的在于方便英国的 200 万伊斯兰人口，也是为了利用来自海湾和东南亚地区的伊斯兰金融带来的资金。在英国的伊斯兰银行中，其内部设置有伊斯兰教义稽核员以及由伊斯兰专家组成的监督委员会。伊斯兰金融的流行带来的是对此类法律专家需求的快速上升——这是目前英国的伊斯兰银行发展过程中遇到的瓶颈，因为此类银行无法找到足够的伊斯兰教义专家。如果说 2004 年英国伊斯兰银行的建立只是一个适当的起点的话，那么到 2009 年，英国所有主要银行都开始提供某些形式的伊斯兰金融服务。这些服务不仅针对伊斯兰教徒，也针对贵格会教徒（Quakers）以及其他宗教团体等非伊斯兰教徒。到 2008 年，英国开始和巴黎竞争西欧地区的伊斯兰金融中心地位。在西欧地区，有 23 家银行完全按照伊斯兰教义经营，其中有 3 家是 2000 年中期之后建立的。它们分别是英国伊斯兰银行（The Islamic Bank of Britain）、欧洲伊斯兰投资银行（European Islamic Investment Bank）以及伦敦与中东银行（Bank of London & The Middle East）。在一项按照合乎伊斯兰教义的资产规模进行的全球性排名中，伦敦以 100 亿美元的资产名列第 9，是西方国家唯一上榜的城市，这可以作为伦敦在伊斯兰金融中地位不断攀升的一个证据。一家名叫数据监测者（Datamonitor）的研究集团也预测，英国的伊斯兰式抵押贷款业务将会在 2009 年末达到 14 亿英镑（我们会在第 6 章讨论在伊斯兰教义规定下发行债券）。

其他有关银行的术语

这里还有几个术语需要作出解释。

清算银行

"清算银行"一词主要指的是大规模参与建设支票清算系统的银行。它们可能是有大量零售银行业务的大型国内银行。那些提供支票本但是交易量较小的银行则会安排一家大的清算银行来处理其支票清算任务。一般来说，每家银行都会对自己银行发出的支票进行清算，也就是说由本银行客户开具的支票肯定可以支持向本银行客户的支票支付和结算。但是当本银行客户向其他银行客户开具支票时，则需要一个中央清算系统，在这个系统中各类支票汇集在一起，在各银行账户的总头寸之间进行结算并完成最终的资金转账任务。其中客户账号、银行分支机构代码以及支票编号已经在支票底部的线条中进行了编码。根据编码的那个数字，就可以使用电子分拣机器将支票分类。

如今，在直接划账、定期付款、工资支付、供应商付款等业务中，电子化的清算系统逐渐得到广泛应用，银行也开始为企业用户提供电子化的具有很高价值含量的支付。

州立或者公立银行

州立或者公立银行是指由国家或者地方政府拥有的，并非中央银行但又执行某些公共部门活动的银行。国有的邮政系统或者国民储蓄银行就是这类机构。有时，设立此类银行主要是为了给工业部门或地方政府提供贷款，或者为进出口提供私人信贷。成立于1948年的德国复兴信贷银行其目的就是帮助德国进行战后重建，如今已经是一个服务于中小企业的一般性开发银行。法国的法国地区信托银行也是一家为地方政府提供贷款的银行，法国土地信贷银行（Crédit Foncier）则是为购买房屋以及发展房地产业进行融资的一家银行。意大利信贷银行（Crediop）针对公共设施以及其他工业项目进行贷款。在西班牙，已经发生的一个大变化就是很多州立银行开始合并成为一个单一组织：

- Banco Exterior　　　　　　　为国外贸易进行融资
- Banco Hipotecario　　　　　　为保障性住房提供补贴
- Banco de Crédito Agricola　　　为农业和林业提供贷款
- Banco de Crédito Local　　　　为地方政府提供贷款
- Banco de Crédito Industrial　　为工业提供贷款
- Caja Postal de Ahorros　　　　邮政储蓄银行

上述这些银行在1991年合并成为西班牙银行集团（Corporación Bancaria de España），这家集团以Argentaria的名字对外营业，并在之后与西班牙毕尔巴鄂比斯开银行合并。

自20世纪90年代早期以来，州立或公立银行的地位就在逐渐发生变化，它们大都经历了完全或部分的私有化（比如法国地区信托银行以及Argentaria）。不过在2008年信贷危机期间，由于各类银行系统都接受了政府的救助，所以这一趋势在一定程度上似乎有所扭转。现在属于国有的著名银行有美国花旗集团、苏格兰皇家银行、劳埃德哈利法克斯苏格兰银行（Lloyds HBOS）、英国北岩银行；以及富通银行和比利时德克夏（Dexia）银行（受到比利时、法国和卢森堡政府联合救助）。美国最大的一般保险业务经营商美国国际集团（American International Group，简称AIG，是英国曼彻斯特联队的前赞助商）也同样被美国政府注入850亿美元进行救助。自2007年下半年以来，政府在银行业中的作用得到显著提升。

向特定产业部门进行贷款的银行又被称为产业银行（industrial banks）。

国际银行业务

国际银行业务包含一系列的活动,比如用外汇向本国居民提供存款/贷款服务,或者向外国人提供本国货币。其活动还包括跨境操作、贸易融资、国际汇兑、代理银行(correspondent banking)业务、国际结算服务、银团贷款或者以欧洲市场工具进行的国际金融业务、贵重金属交易、跨国企业咨询、基于国际的企业风险管理业务。

很明显,我们在这里介绍的各类银行业术语之间并不是互斥的——各个术语所对应的业务之间存在一定的交叠。比如,在银团贷款中,国际银行业务就是商业性批发银行业务。发行欧洲债券的国际银行业务则又是投资银行业务,大体上也可归类为批发银行业务,但是其销售的目标对象则是个人投资者,这又具有了零售银行业务的性质。

银行的资产负债表

在本章进行任何进一步讨论之前,我们应该考察一下银行的资产负债表以及其中使用的专业术语。然后我们就可以来解释一些概念,比如"对信用的创造"、"流动性"以及"资本比率"。

在本节以及之后,我们使用"资产"和"负债"两个术语。在会计学中,负债并不具有它在日常生活中具有的贬义。它只是与法律责任有关的一个记录资金的条目,比如,如果资金被借出,那么借款人就有法律义务(liable)来偿还这笔钱,于是它就是一个负债(liability)。

考虑一家商业银行,其**负债**(liabilities)告诉我们的是银行的资金来自何处,商业银行有三个主要的资金来源:
- 股东权益加留存利润。
- 储户的存款(往往是最大的资金来源)。
- 借款(比如发行一个债券)。

因此,负债表示的是人们对银行的所有权。

银行资产负债表的第一类被称为"股东资金",是银行经营中所需资本的主要来源。在负债部分,此类资本是值得银行长期依赖的资本,因为它是银行所有者的资金,无需偿还。银行可以无限期地使用此类资金。如果经济环境不好,市场状况差,那么这部分股份产生的红利都可以留存给银行。但是,来自储户的存款最终要被储户取出,而且大部分取款行为不会提前打招呼,这部分资金最终都要偿还,还要支付利息。

资产(assets)代表的是银行资金是怎样被利用的,比如:
- 纸币、硬币。
- 货币市场基金。

- 证券。
- 贷款（往往是资产条目中最大的那个数字）。
- 固定资产，比如房地产。

因此，银行资产负债表中的资产代表的是银行对其他个人或企业的财产的要求权。资产和负债始终是相等的。

银行会按照流动性大小从高到低来列出其资产：

- 现金。
- 在中央银行的结余。
- 短期放款。
- 国债。
- 证券。
- 预付账款。
- 房地产及设备。

银行还会以如下的方式列出负债：

- 普通股资本。
- 其他类型股份资本。
- 公积金。
- 留存利润。
- 损失拨备。
- 发行债券。
- 储户存款。
- 其他借款。
- 应付账款。
- 税。

在资产负债表中，资产放在左侧，负债放在右侧（见图2—2）。

```
资产负债表概要，某银行（2008年12月31日）
资产                          负债
（即负债是如何得到使用的）     （即资金的来源）
现金                          股东资金
货币市场资金                  存款
其他证券                      借款
贷款
```

图2—2 资产负债表摘要

利润和损失账户告诉我们银行在某段时间内的经营状况，这个时间段可以是1个月、3个月或者是1年，比如可以是："截至2008年12月31日的利润和损失"。注意到资产负债表告诉我们在某个特定时点银行的价值，比如："截至2008年12月31日的资产负债状况"。

将收入减去成本，得到的就是利润或者损失。在支付完股利和各项税之后，剩下的利润就可以转至资产负债表中，加到股东资金那一栏，这会带来银行资本的增加。同样的，如果是收入减去成本得到的是损失，那么最后将会导致资本减少。

在银行资产负债表的资产部分有一个条目是"在中央银行的结余"。世界上大部分中央银行都坚持本国银行要在中央银行保留一定的存款准备金。这些资金的数量往往很大，可供中央银行掌控货币政策，并产生"货币的供给"。我们会在第3章详细讨论这部分内容。

即使在存款准备金数量很少的国家，主要的清算银行也要保持相当高的周转余额，而且这一周转余额不能低于某个标准。保持这些周转余额的目的是为了满足一些日常结算，比如日常的支票结算、国债结算、银行自身对债券的购买以及顾客的转结。此外，由于银行顾客会向政府支付税收，而这部分是净支付额，所以当政府的周转余额上升时——单个银行的周转余额将会降低。

对信用的创造

由于存款中只有一部分以现金的形式存在，所以银行有相当大的能力来**创造信用**（creation of credit）。

考虑现在有一家银行（这家银行不是你自己的），它能为你提供灵活贷款2 000美元。银行为你开户并提供了一个支票簿。你在逛街的过程中开出一张价值2 000美元的支票。支票接受方将支票支付给自己的账户，3天后这笔钱记入支票接受方账户，同时在你的账户中记入借方。于是，银行可以创造价值为2 000美元的消费，而它在一周前完全不存在。支票接受方在其银行账户中有了2 000美元——存款。那这笔钱来自何处呢？由于你实际上并没有这笔钱，所以它不是来自于你。由于银行允许你透支2 000美元，所以这笔钱来自银行——银行创造了资金。银行贷款＝消费，超额消费可能意味着不可接受的通货膨胀，或者进口商品的数量超过国家能够承受的限度。

银行对信用的创造具有下面一些含义：

1. 这提醒人们，银行的存在依赖于人们对银行的信心。
2. 由于创造信用会带来通货膨胀或者不必要的进口，所以政府以及中央银行有必要控制银行对信用的创造。
3. 银行需要内部控制，这叫做"流动资金比率"（liquidity ratios）。
4. 需要由银行监管者施加一个来自外部的监管，这就是"资本比率"（capital ratio）。

银行业依靠的是信心

银行体系创造信用的功能之所以有效，在于我们对银行有信心，愿意以支票的方式接受债务偿还。那么，这种机制背后的真金白银来自何处？当然，资金并不会凭空多出来。在计算机硬盘里，资金就是某个会计科目上的数字，与其他任何类型的数字都一样。经济学家弗雷德里克·贝纳姆（Frederic Benham，1973）在其教科书《经济学：一个一般性引论》（*Economics: A General Introduction*）中指出，可以将纸币看作是一个"巨大的信心把戏"。只有人们相信它时，纸币才能发挥作用。当人们对纸币没有信心时——正如 2007 年 9 月初英国的北岩银行那样——人们会竞相去银行取出存款，最后导致银行破产。在这个例子中，政府必须介入，通过向银行注入资金来提振公众对该银行的信心，不过，即使这样也不一定能够成功，到 2008 年初，北岩银行就不得不被整体国有化了。

货币供给

政府和中央银行家希望控制信用并对货币供给数量进行测量。这个数据是对银行存款的度量，也是银行贷款额的最佳指引。银行的存款额听上去如同公路一样——比如 M3 和 M4，不过具体含义则依赖于不同国家的定义。对银行存款额的另外一个度量指标是 M0——流通中的纸币和硬币加上银行备用现金以及在中央银行的结余。将 M0 加上私人部门在银行的储蓄，你就得到了构成 M3 和 M4 的最基本的那部分货币。通过对这些加总层面的货币数量进行控制，进而控制通货膨胀率，便是"货币主义"经济学的基本主张之一，该理论由美国经济学家米尔顿·弗里德曼提出。在英国，1979 年上台的保守党政府将这一理论当作 20 世纪 80 年代早期政府政策的硬性指导原则。（当时英格兰银行一位名叫查尔斯·古德哈特（Charles Goodhart）的经济顾问创造出"古德哈特定律"——这个定律是说，当经济中的某项指标被用作政府实施政策的工具时，指标本身的行为就会发生变化）。后来英国政府对货币供给数量的解释开始更具灵活性。由于在 20 世纪 80 年代中期的货币增长几乎没有对后来发生在英国和美国的衰退起到任何的警示作用，所以货币供给这一经济指标开始逐渐遭到冷遇。在 2005 年 9 月，英格兰银行宣布从 2006 年开始将不再公布 M0 数据，在 2006 年 4 月，美联储也不再发布 M3 数据，他们说："逐渐地，M3 在政策制定中发挥的作用越来越小"。米尔顿·弗里德曼也在 2003 年 6 月承认："将货币数量当做一个目标来使用，并未获得成功"。不过，也许"女神并未死，她只是睡着了"。在英格兰银行行长默文·金（Mervyn King）的演讲中开始更多地引用货币供给量，欧洲中央银行也仍然在研究货币总量。随着 2007 年信贷危机的爆发以及人们对导致这场危机的银根宽松时期的反思，人们对货币总量开始给予更多关注。在银根宽松时期，各类货币总量指标的年均增长率都超过了 20%。

在控制货币供给水平时，利率是主要的经济学工具，提高利率可以抗击通货膨胀，降低利率则可以刺激经济活动。这种操作的道理在于：如果利率上升，抵押贷款支付的成本会上升，人们借钱买东西的成本也会上升。因此，人们可花费的资金会减少，于是商品价格会降低，以便吸引买者。相反的，正如我们在新千年开始时看到的，当经济下行时，通过降低利率可以刺激经济恢复繁荣。抵押贷款支付的成本会降低，借款购买商品的成本也会降低，因此人们愿意出门消费，这就可以刺激和保持经济活动。在 2007 年信贷危机之前，即使有些人（即使是美联储前主席格林斯潘）说利率过于宽松并导致贷款增长过多，但是使用利率仍然可以很好地应对通货膨胀带来的压力。不过到了2007年，政府为了向衰退的经济注入活力，将利率降低到历史上的低点（英国银行利率在0.5%左右，美联储资金利率在0.25%左右）；这时，作为最主要的货币政策工具，利率的有效性大打折扣，因为利率已经无法进一步降低了。

中央银行有一系列的政策工具可以使用——提高法定准备金率，也就是增加银行必须存放在中央银行的资金数量，提高利率以及大量的"公开市场操作"，比如向市场上卖出大量的政府债券，这样就可以吸收一部分市场上存在的信用，从而保证较紧的货币环境（如果政府的目的是想抑制需求和通胀压力的话）。当然，有时中央银行可会帮助银行保持一定的流动性，也就是说发挥最后贷款人的角色（见第3章）。自2007年信贷危机以来，英国和美国政府遇到的问题恰好相反——它们必须快速向正在崩溃的银行体系注入流动性（以及资本金），以便保持银行体系的稳定性，与此同时，它们还快速降低利率以提振需求。此外，通过向银行系统注入大量公众资金，它们还进一步采用了凯恩斯主义的经济刺激政策，以此来避免衰退和通货紧缩形成的恶性循环（这也是日本在20世纪90年代中期经历过的情况）。

流动性比率

基于**流动性比率**（liquidity ratios），银行可以进行内部控制。它们知道肯定不可以将从公众处获得的储蓄以3年期个人贷款的方式全部贷出。银行在内部有规定，这些规定说明了多少比例的存款应该以现金的方式持有，多少比例的存款应该以短期放款的形式持有，多少比例的储蓄应该以短期证券（国债或者汇票）的方式持有等等。这种控制方式也可能来自外部，比如中央银行，在西班牙，这种控制方式被称为coeficientes。这也正是为何银行在资产负债表中按照流动性从高到低列出所有资产。对银行来说，现金尤其重要，这是因为银行必须持有一定比例的现金来满足现金支取业务。在上面提到的2 000美元现金账户的例子中，如果其中有5%的资金会被储户以现金的方式取出，那么银行就需要为此准备100美元的现金。

资本比率是由银行业监管机构施加的外部控制方式，目的在于谨慎。这是银行业的一个重要现象，我们需要对此进行更进一步的讨论。

资本比率

资本比率（capital ratio）这一概念提出至今有好几百年的历史。银行放出的贷款中有一部分将会违约。这意味着银行将无法偿还储户的存款吗？银行为此而构造的缓冲资金就是其自有资本。于是，自有资本和可借贷资金之间就应该存在一个谨慎制定的比例，这个比例就是资本比率。

资本比率可以有效控制银行风险，但是这个比率起作用是有前提的，这就是银行没有向有限的借款人贷出过多资金。比如在 1984 年，人们发现英国的约翰逊·马塞银行（Johnson Matthey Bank）将价值合自有资本 115% 的资金借给两家机构。这一漏洞在 1987 年通过的银行业法案中得到了修补。如果对单一借款人的贷款金额超过银行自有资本的 10%，那么这笔贷款业务必须上报英格兰银行。如果对单一借款人的贷款金额超过银行自有资本的 25%，那么这笔贷款业务则需得到英格兰银行的批准。银行向特定产业（比如纺织业）或特定国家的贷款也受到了监控。所有的中央银行都实施了"巨额贷款控制"制度。

将银行贷款规模与银行资本联系起来的古老想法还可以进一步拓展到当代的资本资产比（capital to assets）。不过，在这个比例中我们不能将所有类别的资产一视同仁，比如，现金的违约风险是多少？答案是真的没有违约风险吗？因此在计算资产时，我们要使用风险加权资产（risk-weighted assets）的概念。在这个概念下，一笔普通的银行贷款将会得到 100% 的风险加权，也就是说一笔价值 500 000 美元的贷款就等于 500 000 美元的风险资产。但是，现金得到的风险加权为 0%，也就是说在风险加权资产的概念下，价值 1 000 美元的现金余额实际上是价值为 0 的风险资产。此外，得到担保的贷款具有的风险加权为 50%（见表 2—3）。

于是，我们需要使用风险加权资产来确定资本比率。如果监管者同意这一比例为 10%，那么根据表 2—3 中给出的数据，银行需要拥有的资本就是 10%×1 260 000 000 美元=126 000 000 美元。

表 2—3   风险加权资产的例子

资产	价值（百万美元）	风险加权（%）	风险加权后的价值（100 万美元）
现金	50	0	—
国债	100	10	10
抵押贷款	500	50	250
普通贷款	1 000	100	1 000
合计	1 650		1 260

巴塞尔委员会

不过，在资本比率这一概念之下，每个中央银行都有自己不同的规则。G10 国家（见第 3 章）以及卢森堡共同成立了银行监管委员会（Committee on Banking Regulations and Supervisory Practices），以便于在这些国家采取同样的银行监管规则。这一机构依托位于瑞士巴塞尔（Basel）的**国际清算银行**（Bank for International Settlements，简写为 BIS）来举行会晤，因此又被称为巴塞尔委员会。经过数年的讨论，银行监管委员会在 1988 年宣布同意对资本比率执行统一规则。

银行监管委员会成立后遇到的第一个绊脚石就是如何定义"资本"。巴塞尔委员会最后达成一个妥协——"最好的"资本被称为一级资本（tier 1 capital，又被称为核心资本），这一类型的资本至少要占资本总额的50%，它包括：
- 股东权益。
- 留存利润。
- 永久性非积累优先股。

二级资本（tier 2 capital）是银行资本中扣除一级资本后剩下的那部分资本，应该包括：
- 永久性积累优先股。
- 重估储备。
- 非公开储备。
- 期限超过5年的次级长期债券。

对优先股的讨论可见第6章。所谓次级债，是指当银行被清算时，该债券持有人获得清偿的顺序排在其他债权人之后。

目前，最低的资本比率为8%，该标准自1993年1月1日起实施。

此外，巴塞尔委员会还同意了计算风险加权资产时针对不同资产类别使用的风险权重，我们在上一个例子中给出了其中一些资产的权重值。比如，无担保贷款的风险权重为100%，向经济合作与发展组织（OECD）成员政府以及某些政府提供的贷款的风险权重为20%。因此，按照这个原则，在2007年向中国提供的贷款的风险权重是100%，但是向韩国（韩国是经合组织成员国）政府提供的贷款的风险权重则只有20%。

依据风险进行加权的方法不仅适用于资产负债表中的相应项目，也适应于存在风险的资产负债表外项目（off balance sheet items）——贷款担保、备用信用证（standby letters of credit）、跟单信用证（documentary letters of credit）以及类似于期权、期货、掉期、远期利率合约等衍生品（我们会在之后的章节详细解释这里出现的名词）。

在巴塞尔委员会施加上述资本比率监管规则后，银行开始关注资本比率，并进一步将资本回报作为考察利润的标准。在新的规则下，如果一笔交易需要银行的自有资本来支持，那么这笔交易应该满足银行对自有资本设定的利润水平。一些咨询顾问将其称为经过风险调整的资本收益（risk adjusted return on capital，简写为RAROC）。但是，监管者对银行资产负债表外项目也有一个资本要求，而此类项目对资本的要求没有资产负债表内项目那么严格，于是，表外项目开始变得很有吸引力。比如，跟单信用证只需要20%的资本支持。再如，一个一般性的不与任何特定交易相联系的备用信用证需要100%的资本支持，但是与某个特定交易相联系的跟单信用证的风险权重只有50%。因为银行的资本是存在成本的，所以银行肯定要确保特定交易中向顾客收取的费用要超过资本成本以及其他一些成本。

到1996年3月末，正是因为基于上述规则进行了计算，日本银行界最终认识到了其坏账损失的真实状况，开始从银行利润中减记此类损失。于是，3家长期信用银行、7家信托银行以及最大的11家城市银行中的7家都同时报告了经营损失。正因如此，其中一些银行的资本比率已接近极限。再后来，这些银行经历了重建、合并，也再次出现过盈利，但是到2002年，日本4家最大的银行再次出现损失（约合320亿美元）并不得不减少贷款以保持资本比率。不过，通过采取一系列行动来减记不良贷款，到新世纪头10年的中期，虽然不良贷款仍然在不断违约，但是日本银行业的情况有了很大的好转。随着日本经济的持续低迷以及2008年金融危机以来全球银行对资本的需求，按照国际标准计算，日本银行业仍然处于资本不足的状态。

在新主席威廉·麦克多诺（William McDonough，他同时也是纽约联邦储备银行的总裁）的带领下，在1998年9月举办了第一次系列会议来修改最初达成的规则。

总体而言，巴塞尔委员会在最初达成的银行业监管协议中存在某些方面的不足。在1998年3月，国际金融协会（Institute of International Finance）——一家总部设于华盛顿，代表商业银行和投资银行的组织——要求巴塞尔委员会对某些计算公式做出修改。比如，向经合组织国家的银行提供的贷款所对应的资本比率是1.6%（即20%×8%）。因此，向通用电气集团提供的贷款需要的资本比率可据此定为8%（其风险加权因子为100%），但是向韩国银行提供的贷款需要的资本比率却只有1.6%。同样的，向一家AAA信用等级的企业贷款对应的资本比率等于向一家信用等级低很多的企业提供贷款所需的资本比率。而且，虽然银行的资本比率是8%，但是银行用内部用模型计算出的风险要小很多，于是它们不断地将贷款以证券的方式卖到证券市场上，而此类证券对应的风险加权因子却较小（我们会在第6章讨论这个问题）。

于是，巴塞尔委员会讨论了如何通过使用信用评级让风险计量更为科学化的问题，但是很多欧洲企业并没有信用评级。为此，它们还讨论了如何更加科学地对信用风险进行建模，不过人们对此持怀疑态度。在1999年4月，BIS推出了一份题为《信用风险建模》（*Credit Risk Modelling*，BIS，1999）的报告，其中指出监管者目前并不准备接受使用信用评级来对信用风险进行建模的方案。

在1999年6月，BIS发布了一份新报告，建议给出一个为期10个月的讨论期。虽然欧洲在当时并不存在信用评级，但巴塞尔委员会最终还是通过了一项严重依赖风险评级的方案来指导信用风险建模。在这份报告中，监管者对信用评级给出了一个五级标准，其中主权政府的信用评级被评为AAA或AA级的，对应的风险权重因子为0%，信用等级为A的对应于20%的风险权重因子，以此类推，直到信用等级为B及以下所对应的150%的风险权重因子。相应的，针对银行和企业的贷款也按照这一思路给出了风险权重因子赋值方案。对于大型银行而言，它可以使用内部信用评级作为过渡手段，如果监管者认为某个银行的风险过大，它可以要求这一银行增加资本。上述监管规定影响到债券定价以及银团贷款。不过，虽然有人持有保留意见，该新方案还是受到了广泛的欢迎。

上面提到的都是关于信用风险的内容。实际上银行还面对市场风险以及操作风险。金融工具价格的波动可能给银行带来损失。欧盟的《资本充足率指引》（Capital Adequacy Directive，简称为CAD，该指引将巴塞尔协议Ⅰ和巴塞尔协议Ⅱ有效地引入欧盟法律中）解决了这一问题并于1996年1月正式实施。不过，这项指引允许银行在本国中央政府的监督下使用内部统计模型。此类模型往往被称为**在险价值**（value at risk，简写为VAR）模型。其中，操作风险指是银行内部流程和系统可能造成损失的风险。我们可以巴林银行的倒闭为例来解释这一风险，当时，巴林银行没能对一位交易员的行为做出有效控制。

到2004年6月,巴塞尔委员会通过了一份新的资本充足率要求,被称为巴塞尔协议Ⅱ,经过多轮修改后,这一要求在2006年7月4日正式通过并得到实施。在巴塞尔协议Ⅱ中,监管者重新定义了信用风险和市场风险,还对操作风险做出进一步强调——不过这类风险很难测量。巴塞尔协议Ⅰ和巴塞尔协议Ⅱ之间的主要区别在于:巴塞尔协议Ⅱ不仅考虑到了市场风险和操作风险,而且还提供了计算信用风险的三种不同方法:

1. **标准方法**(与原来的评级体系类似,但是对低质量信用给予了150%的风险权重,此外,信用评级结果可以进入对信用风险的计量)。
2. **基本内部评级法**,银行可以使用其内部模型来度量信用风险,但是模型的多个参数须由监管方设定。
3. **高级内部评级法**,银行可以使用其内部模型来度量信用风险,可以自己设定模型中用到的参数,不过这些参数需要得到监管当局的同意。

通常,只有最大的那些国际性银行(主要是一些全球性的商业银行和投资银行)可以使用高级内部评级法。上面提到的这些内容都出现在巴塞尔协议Ⅱ的第一部分。在巴塞尔协议Ⅱ的第二部分中包括了对其他类型风险(比如集中风险、流动性风险、系统性风险以及其他风险)进行披露的一个框架,在第三部分则介绍了银行对承担风险的那些头寸的详细披露。虽然银行界(特别是小银行,它们认为计量信用风险的标准方法会产生不利影响)对巴塞尔协议Ⅱ有相当多的批评,而且美国银行界的权威人士并不同意在2008年4月之前执行这一规则,但是它还是在2007年1月份起开始执行,不过这一规则应该只对美国前20大或者类似准备采用高级内部评级法的大型银行起作用。在执行之前,类似于JP摩根大通等美国的一些最大的银行发现,为了持有高风险金融产品,它们可能需要增加资本,为此这些业务可能会从银行转移到较少受到监管的机构,比如对冲基金,因为对冲基金本身就是可以做这些业务的。不过,巴塞尔协议Ⅱ带来的主要影响则是它有效地降低了世界上主要大型银行需要持有的用以满足监管要求的资本,因为这些银行使用的高级内部评级法模型显示,由于多样化的效果,加上其他一些风险降低措施,它们需要持有的经济资本低于监管要求的数量。事实上,我们很少能发现因为采取巴塞尔协议Ⅱ而导致资本显著增加的银行(见第8章)。(我们不能将最近发生的信贷危机归因于巴塞尔协议Ⅱ,因为它是在信贷危机之后才采用的,而信贷危机则主要是由2006—2007年之间美国次级抵押贷款市场的崩溃造成的。如果我们要批评银行资本监管改变了银行的行为,使得它们更愿意承担风险,那么这个骂名也应该由巴塞尔协议Ⅰ来承担。)

最后,欧盟的《资本充足率指引》引入了三级资本(tier 3 capital)的概念——到期日超过两年的无担保次级债。

提高资本比率

如果银行没有足够的资本来满足监管要求,它能做什么呢?实际上只有两个可能性:寻找更多的资本或者减少资产。

寻找更多资本

寻找更多的资本可以是发行公司股权，降低股利（以此增加留存利润）以及以其他的形式筹措资金（比如"混合型资本工具"）。对银行的一级资本而言，已经存在一个发展良好的混合型一级资本工具交易市场，比如这一市场可以交易永久性非积累优先股或者永久可变利率债券（perpetual variable rate note），此类金融工具接近于股份，（在一定额度内）是可以包含在一级资本中的。自1993年以来，欧洲银行界已经发行了价值为3 500亿美元的一级混合金融工具，在2008年一年，它们就用这一工具募集了550亿美元的资金。当然，一级资本必须等于总资产的4%，而且也不能低于二级资本的规模。银行也是活跃的二级资本工具发行人（在欧洲，这一工具的规模目前已达到7 000亿美元）。有几家德国银行也发行了它们自己的累积优先股（在德语中称之为Genusscheine），以此来充实混合型的二级资本。其他很多银行，其中包括国民西敏寺银行、澳大利亚国民银行（NAB）、西班牙国际银行（Banco Santander）、苏格兰皇家银行、里昂信贷银行等，都发行了永久可变利率债券以充实其二级资本。在2004年，巴克莱银行发行了价值为10亿欧元的非累积永久优先股来充实其资本。由于信贷危机的影响，很多混合型一级资本工具和二级资本工具都遭遇降级，这反映了银行业中不断上升的风险，于是很多银行希望对已发行债券进行回购。

减少资产

减少资产可以包括出售子公司、向其他银行出售贷款或者将资产转换为证券，也就是"证券化"。我们会在第6章提到证券化这一概念。在那里，这个词表示自1982年以来全球金融市场发生的重要变化，即借款人开始通过在资本市场发行债券来筹集资金，而不再通过银行贷款来筹集资金。我们在这里使用的证券化也有类似的意思，但是指的是一种特定的操作——将银行资产负债表上已经存在的贷款转换为证券。这一操作下最成熟也是最常见的就是将抵押贷款打包构造成抵押债券然后卖出（由美国所罗门兄弟公司（Salomon Bros）首先发明，现在这一机构属于花旗集团）。另外一个例子包括将汽车贷款转换为债券和票据，或者将信用卡的应收账款转换为债券（花旗集团经常发售此类债券）。此外，还可能是银行简单地将个人贷款捆绑在一起以债券或短期票据的形式出售，但是在这种证券中的贷款是存在资产支持的。人们很难对证券化的合法性给出一个说明，因为证券化过程中往往需要一个特殊目的公司（Special Purpose Vehicle，简称SPV），由这个公司来发行证券。证券存在的风险则由保险公司或其他金融机构进行担保，这样做的目的是降低证券中贷款和初始放贷机构之间的联系，以便于将银行从资本比率的约束中解放出来。证券化的发行人还会在证券化之后对贷款进行管理，还会从中获得一笔费用。在过去的10年中，证券化业务发展神速，这是因为银行想重新改造其资产负债表，以便于释放资本来介入更有利润的业务。由于美国次级贷款市场本身就是通过证券化活动来融资的——在高峰期，超过80%的次级贷款市场都是证券化的天下，所以当美国次级抵押贷款市场崩溃时，2007年的证券化业务规模锐减。我们会在第6章来讨论证券化业务是如何从繁荣突降谷底的，也会讨论它怎样支撑了美国房地产市场的繁荣和衰退，这种繁荣和衰退又是导致2007年国际金融市场进入危机的祸首。

向中央银行报告

所有国家的银行都要向所在国的中央银行做出详细报告，因为这是中央银行的一种监管义务，如果监管方要采取任何行动，会由另外一个机构来执行。

向中央银行做出的报告具有不同的时间频率——月度、季度、半年度或者年度，一般都会包含以下的内容：
- 资产的久期和流动性。
- 巨额敞口。
- 外汇交易头寸。
- 资本成本。
- 与国外居民存在的资产负债关系。
- 以外币形式存在的资产负债关系。
- 资产负债表。
- 利润或损失。

在一国经营的国外银行或者以分支机构的形式存在，或者以独立的法人实体存在。如果这一银行以分支机构的形式存在，那么它不需要对资本金状况做出汇报，因为资本金由处于国外的母公司持有。

《欧盟第二号银行指令》

《欧盟第二号银行指令》（EU's Second Banking Directive）于1993年1月1日实施。这一指令的最初目的是在欧盟内部推动完全一致的银行业监管。不过该指令如今已被废除。在《欧盟第二号银行指令》中，欧盟的银行将继续在本国监管当局的监督下运行。在将来，很有可能赋予欧盟的银行在全欧盟从事经营活动的自由。因此，这就需要赋予这些银行一个统一的欧盟银行业牌照。《欧盟第二号银行指令》还进一步允许商业银行参与投资银行业务，因为全能银行一直是欧洲的传统。对于那些还没打算这么做的国家，它们的银行可以在全欧盟经营，但是其他国家的银行可以不进入该国家。（我们将会在第11章对《投资服务指令》进行详细讨论。）

如果某个国家和欧盟成员国的银行业达成了互惠待遇（reciprocal treatment），那么该国银行就可以在全欧盟从事经营活动。在一开始，这一规定的意思是指该第三国银行在欧盟经营的业务应该与其母国银行经营的业务相同。但是，这受到美国的反对（在1999年之前，美国的商业银行和投资银行是分离的）。为了应对这一情况，互惠协议被定义为等同于"国民待遇",也即是说在第三国,欧盟银行应该可以被当作本地银行一样对待。但是,在具体的例子中,欧盟仍然会坚持"相同且可比待遇"规则。

有时候,人们也会争论是否需要一个单一的欧盟银行业监管者。在2008年9月比利时、法国以及卢森堡政府联合起来对德克夏银行的救助中,就凸显了当银行具有太多跨国业务时的监管跨国协调问题。比如,西班牙毕尔巴鄂比斯开银行的主席冈萨雷斯(Francisco González)就呼吁建立一个单一的欧盟金融监管者,以方便管理跨国银行业风险。

世界上主要的银行

在2009年7月,英国的《银行家》杂志发布了对世界上主要银行的分析报告。选择主要银行的标准用的是该银行拥有的一级资本数量,此外它也同时披露了这些银行拥有的资产数量。据此,我们可以看看世界上主要的20家银行(见表2—4)。

表2—4中最明显的特征就是2008年时苏格兰皇家银行是世界上最大的银行。其规模的快速扩张主要来自于在2007年对荷兰银行(ABN AMRO)的收购——历史上最大的银行业收购案例,交易价值高达1 010亿美元。(完成这一收购的实际上是一个由苏格兰皇家银行、富通集团和西班牙国际银行组成的财团,但是苏格兰皇家银行占收购后的大部分资产。)这一交易的时点正好处于信贷危机的最坏效应开始释放之前,因此苏格兰皇家银行支付了过高的价格。从2008年到2009年中期,苏格兰皇家银行不得不寻求国家救助,现在有70%的产权归属于英国的纳税人。也就是说,目前世界上最大的银行实际上是一家国有银行。

在1992年,花旗公司排名20,世界前20大银行中还没有除此之外的其他美国银行。但是到2008年,不断扩张的花旗集团已经成为排名第9的银行(不过,如果美国政府在2008年11月不对花旗集团施以援手,那么它也不会出现在这份名单中了),J. P. 摩根与大通银行的合并使得摩根大通银行排名第7,美国银行排名第12。

表2—4　　　按照资产规模排序的世界前20大银行(2008年)

排名	银行	资产(单位:10亿美元)
1	苏格兰皇家银行	3 501
2	德意志银行	3 065
3	巴克莱银行	2 992
4	法国巴黎银行	2 889
5	汇丰控股集团	2 418
6	法国农业信贷银行	2 239
7	摩根大通	2 175
8	三菱UFJ金融集团	2 026
9	花旗集团	1 938

续前表

排名	银行	资产（单位：10亿美元）
10	瑞银集团	1 894
11	荷兰国际集团	1 853
12	美国银行	1 818
13	法国兴业银行	1 573
14	瑞穗金融集团	1 495
15	西班牙国际银行	1 461
16	意大利联合信贷银行	1 455
17	中国工商银行	1 428
18	富国银行	1 310
19	三井住友金融集团	1 220
20	中国建设银行	1 105

资料来源：*The Banker*，July，2009。

从前20大银行的所在国来看，我们发现：

国家	银行数量
美国	4
法国	3
英国	3
日本	3
瑞士	1
中国	2
荷兰	1
德国	1
意大利	1
西班牙	1

虽然日本主要的银行都没有在信贷危机中破产，但是在过去20年间，日本银行在全球顶尖银行中的位置排名出现大幅下滑。在2008年，日本在全球前20名的银行中占据3席。但是在1992年的排名中，日本在全球前20名的银行中占据11席（在前10名银行中占据8席）。随着证券市场崩盘、房地产价格出现一系列下跌、超长的经济衰退期以及高企的银行坏账损失，日本银行业的经营能力（在1992年，全球前4大银行都来自日本）大不如前，有些甚至退出了全球市场。不过公平地说，相比于10年前，2008年之后日本银行在全世界的位置有了提高。按照银行所在国划分的全球银行业份额可见表2—5。

表2—5　　按银行所在国划分的全球银行业份额，数据截至2008年第三季度

国家	份额（%）
德国	15.8
英国	12.1
法国	11.2
瑞士	9.4
美国	9.1

续前表

国家	份额（%）
日本	7.9
其他欧洲银行	22.4
其他银行	12.1
合计	100.0

资料来源：BIS，Basel。

考察表2—4，另外一个令人惊讶的事实是全球前20大银行中只有4家美国银行。我们要知道，这是因为美国的银行业相当分散，有超过7 000家的银行。与欧洲不同的是，在不久前美国还不存在银行分支行制度。在1927年通过的《麦克法登法案》（McFadden Act）禁止银行跨州设立分行；一些州的地方性法案规定，每家银行只能在一个城市设立一家银行。不过，这一法案在1994年被废除，取而代之的是《州际银行与分行效率法》（Interstate Banking and Branching Efficiency Act），到1997年，除非地方性法规明确禁止，否则银行业可以自由地进行跨州经营。很多州甚至没有等国会通过统一的法案便已经开始着手银行业的跨州互惠互认。在1999年，《格拉姆-利奇-布利利法案》（Gramm-Leach-Bliley Act）为金融控股集团的出现提供了可能，在金融控股集团的框架下，企业可以参与证券承销、保险销售以及一系列投资银行业务和其他金融服务。到2009年，美国所有的大银行都隶属于某个金融控股集团，该国金融控股集团数量也达到了588家。自美国放松对银行开办分支机构的监管以及拓宽银行可参与的业务范围后，美国的银行业中出现一个并购浪潮（见本章附录2）。当我们按照一级资本水平来考察全球20大银行时（见表2—6），会发现其中有6家美国银行，而不再是按照资产排序时的4家。

最后，我们看看《银行家》杂志按照资本水平给出的初始排序。

表2—6　　　　　　以资本排序，全球前20大银行（2008年）

排名	银行	一级资本（单位：100万美元）
1	摩根大通	136 104
2	美国银行	120 814
3	花旗集团	118 758
4	苏格兰皇家银行	101 818
5	汇丰控股集团	95 336
6	富国银行	86 397
7	三菱日联金融集团	77 218
8	中国工商银行	74 701
9	法国农业信贷银行	71 681
10	西班牙国际银行	66 267
11	中国银行	64 961
12	中国建设银行	63 113
13	高盛	62 637
14	法国巴黎银行	58 175

续前表

排名	银行	一级资本（单位：100万美元）
15	巴克莱银行	54 300
16	瑞穗金融集团	48 752
17	摩根士丹利	48 085
18	意大利联合信贷银行	47 529
19	三井住友金融集团	46 425
20	荷兰国际集团	44 564

资料来源：*The Banker*，July，2009。

将排序标准从资产更换为资本，世界上最大的20家银行的排序出现大幅变动，这主要是1988年签订的所谓巴塞尔协议造成的。《银行家》杂志认为对未来而言，资本的重要性要大于资产。

如果我们将按照资产得到的排序和按照资本得到的排序做个比较，就会发现排序出现了有趣的改变。现在我们来考察一下银行所在国，可见：

国家	银行数量
美国	6
英国	3
日本	3
中国	3
法国	2
荷兰	1
西班牙	1
意大利	1

可见依照一级资本排序时，没有了瑞士或者德国的银行（德意志银行正好是第21名，瑞银集团和瑞士信贷分别是第27和28名）。以资本水平来看，美国和英国的银行是世界银行业中资本实力最强的，但是在按照资产排序时，法国的银行比较领先。在过去几年里，美国和英国银行进行的大规模并购是导致这两个国家银行业实力大增的主要原因之一，不过具有讽刺意味的是，也正是这两个国家的银行体系在最近的信贷危机中遭受最严重的打击。到2009年中期，很多人都呼吁这些顶级银行进一步加强资本实力——显然，它们的资本实力仍然无法有效地处理2008年以来出现的问题。

概　　要

对银行业的监管可以由中央银行完成（类似于荷兰的情况），或者也可以由其他监管机构完成（类似于法国、德国、日本、美国和英国）。

中央银行、商业银行和投资银行是三种主要的银行类别。此外还有储蓄银行、合作银行和抵押贷款银行，但是随着监管的放松，这些银行之间的区别逐渐模糊。最后，还存在信用社。伊斯兰银行是按照伊斯兰教义来管理资金的银行。

在银行的资产负债表中,负债是股东权益、储户存款以及银行对外的借款。资产是现金、货币市场存款、证券、贷款以及类似于建筑物之类的固定资产。

股东权益(包括留存利润)处于银行资产的核心地位。

银行业监管者已经设立了一个委员会(往往称其为巴塞尔委员会),该委员会制订了一系列规则,这些规则不仅针对银行贷款中存在的信用风险,还针对银行持有的各类金融工具所面对的市场风险以及银行经营过程中存在的操作风险。通过《资本充足率指引》,上述规则已经进入欧盟的法律。

《欧盟第二号银行指令》要求只要能够获得本国中央银行发出的银行业牌照,欧盟的银行可以在欧盟的任何地方开设分行。

在一个货币不再与黄金或白银挂钩的时代,银行可以容易地预付一部分资金,这被称为是"对信用的创造"。银行创造信用的能力受到流动性规则、资本比率和中央银行货币政策的限制。

人们认为过度创造信用以及执行宽松的货币政策是造成最近的信贷危机的罪魁祸首。宽松的政策导致抵押贷款规模迅速发展(特别是由证券化技巧导致的次级抵押贷款),它助推了美国、英国及其他地区的房地产价格泡沫。当在2007—2008年之间房地产价格的泡沫破灭时,大量参与房地产信贷的银行(或者大量投资于抵押贷款支持证券的银行)就发生大规模亏损。这时,银行的资本能力以及流动性头寸已经低于投资者和储户的预期。于是,这场危机带来的第一家破产的银行便是英国以抵押贷款为主要业务的北岩银行。之后一批银行开始破产(如果没有政府救助,破产的最大银行将是苏格兰皇家银行以及花旗集团)。美国、英国以及其他的欧洲政府就被迫为这些银行提供大量金融救助,以避免整个银行业的崩溃。这场危机是自20世纪30年代大萧条以来全球金融体系遭遇到的最大的金融危机,在这场危机里,国家为巩固世界上最大的市场经济发挥了关键性作用。

参考文献

Benham, F. (1973) *Economics: A General Introduction*, Pitman, London.
BIS (Bank for International Settlements) (1999) *Credit Risk Modelling: Current Practices and Applications*, April, Basel Committee on Banking Supervision, BIS, Basel.
Chapman, S. D. (1984) *The Rise of Merchant Banking*, Allen & Unwin, London.
Green, E. (1989) *Banking: An Illustrated History*, Phaidon Press, Oxford.

进一步阅读材料

Berger, A. N., Monlyneux, P. and Wilson, J. D. (2009) *The Oxford Handbook of Banking*, OUP, Oxford.

Casu, B., Girardone, C. and Monlyneux, P. (2010) *Introduction to banking* (2nd edn), FT/Prentice Hall, London.

Mishkin, F. (2009) *Economics of Money, Banking and Financial Markets* (9th edn), Pearson Education, Harlow.

附录1：2008年世界上的主要银行（以一级资本率水平排序）

国家和地区	银行名称
澳大利亚	澳大利亚国民银行（National Australia Bank） 澳新银行集团（ANZ Group） 澳大利亚联邦银行集团（Commonwealth Bank Group） 西太平洋银行（Westpac）
奥地利	奥地利银行（Bank Austria） 奥地利中央合作银行（Raiffeisen Zentralbank） 奥地利第一储蓄银行（Erste Bank） 誉宝-阿尔卑斯-亚德里亚银行（Hypo-Alpe-Adria Bank）
比利时	富通银行（Fortis Bank） 比利时德克夏银行（Dexia） 比利时联合银行（KBC）
巴西	伊塔乌联合银行（Itau Unibanco Banco Multiplo） 巴西布拉德斯科银行（Banco Bradesco） 巴西银行（Banco Do Brasil）
加拿大	加拿大皇家银行（Royal Bank of Canada） 丰业银行（Scotiabank） 多伦多道明银行（Toronto-Dominion Bank） 蒙特利尔银行（Bank of Montreal）
中国	中国工商银行（ICBC） 中国银行（Bank of China） 中国建设银行（China Construction Bank Corp.） 中国农业银行（Agricultural Bank of China）
丹麦	丹斯克银行（Danske Bank） 丹麦房地产抵押集团（Nykredit Realkredit Group）
芬兰	芬兰北陆银行（Nordea Bank Finland） 赫尤拉银行集团（OP-Pohjola Group） 埃克特储蓄银行（Aktia Savings Bank）
法国	法国农业信贷银行（Crédit Agricole） 法国巴黎银行（BNP Paribas） 法国兴业银行（Société Générale） 国民互助信贷银行（Credit Mutuel） 法国大众银行（Groupe Banque Populaire） 法国松鼠储蓄银行（Caisse d'Epargne）

续前表

国家和地区	银行名称
德国	德意志银行（Deutsche Bank） 德国商业银行（Commerzbank）（在2008年8月收购了德累斯顿银行（Dresdner Bank）） 德国联合抵押银行（HypoVereinsbank） 德国巴登-符腾堡州银行（Landesbank Baden-Württemberg）
希腊	希腊国家银行（National Bank of Greece） 阿尔法银行（Alpha Bank） 欧银耳嘎斯银行（EFG Eurobank Ergasias） 希腊比雷埃夫斯银行（Piraeus Bank）
印度	印度国家银行（State Bank of India） 印度工业信贷投资银行（ICICI Bank） 旁遮普国民银行（Punjab National Bank） 印度住房发展银行（HDFC Bank）
爱尔兰	爱尔兰联合银行（Allied Irish） 爱尔兰银行（Bank of Ireland） 盎格鲁爱尔兰银行集团（Anglo Irish Bank Group）
以色列	工人银行（Bank Hapoalim） 以色列国民银行（Bank Leumi） 以色列贴现银行（Israel Discount Bank）
意大利	意大利联合信贷银行（Unicredit） 联合圣保罗银行（Intesa San paolo） 意大利伦巴第银行（UBI Banca） 锡耶纳银行（Banca Monte dei Paschi Siena） 意大利人民银行（Banco Popolare）
日本	三菱日联金融集团（Mitsubishi UFJ Financial Group） 瑞穗金融集团（Mizuho Financial Group） 三井住友金融集团（Sumitomo Mitsui Financial Group）
卢森堡	卢森堡储蓄银行（Caisse d'Epargne Luxembourg）
荷兰	荷兰国际集团（ING Bank） 荷兰合作银行（Rabobank） 荷兰银行（ABNAMRO）
挪威	挪威银行（DnB NOR Group）
葡萄牙	千禧银行（Millennium BCP） 葡萄牙储蓄银行（Caixa Geral de Depósitos） 葡萄牙圣灵银行（Banco Espirito Santo） 葡萄牙投资银行（Banco BPI）
俄罗斯	俄罗斯储蓄银行（Sberbank） 俄罗斯外贸银行（VTB Bank） 天然气工业银行（Gazprom Bank）
新加坡	星展银行（DBS Bank） 大华银行（United Overseas Bank） 华侨银行（Overseas Chinese Bank）

续前表

国家和地区	银行名称
南非	标准银行（Standard Bank） 第一兰德银行（First Rand Banking Group） 南非联合银行集团（ABSA） 南非莱利银行（Nedbank）
韩国	韩国国民银行（Kookmin Bank） 友利金融集团（Woori Financial Group）
西班牙	西班牙国际银行（Santander） 西班牙毕尔巴鄂比斯开银行（BBVA） 西班牙储蓄银行（La Caixa） 马德里储蓄银行（Caja Madrid） 西班牙大众银行（Banco Popular）
瑞典	北欧联合集团（Nordea Group） 瑞典商业银行（Svenska Handelsbanken） 瑞典北欧斯安银行（Skandinaviska Enskilda） 瑞典银行（Swedbank）
瑞士	瑞银集团（UBS） 瑞士瑞信银行（Credit Suisse）
中国台湾	台湾银行（Bank of Taiwan） 兆丰国际商业银行（Mega International Commercial Bank） "中国信托商业银行"（Chinatrust Commercial Bank）
土耳其	土耳其实业银行（Turkiye Is Bankasi） 土耳其AK银行（AKbank） 土耳其担保银行（Turkiye Garanti Bankasi） 土耳其农业银行（TC Ziraat Bankasi）
英国	苏格兰皇家银行（RBS） 汇丰控股（HSBC Holding） 巴克莱银行（Barclays） 哈利法克斯苏格兰银行（HBOS） 劳埃德TSB集团（Lloyds TSB Group） 渣打银行（Standard Chartered）
美国	摩根大通（JP Morgan Chase） 美国银行（Bank of America） 花旗集团（Citigroup） 富国银行（Wells Fargo） 高盛集团（Goldman Sachs） 摩根士丹利（Morgan Stanley）

附录2：美国主要银行的兼并和收购

交易年份	收购方银行	被收购银行	合并后银行名称	交易价值（10亿美元）
2000	大通曼哈顿公司（Chase Manhattan Corporation）	J. P. 摩根公司（JPMorgan & Co. Inc.）	摩根大通（JPMorgan Chase & Co.）	36.3
2000	华盛顿互助银行（Washington Mutual）	储蓄银行（Bank United Corp.）	华盛顿互助银行（Washington Mutual）	1.5
2004	美国银行（Bank of America Corp.）	波士顿舰队金融公司（FleetBoston Financial Corp.）	美国银行（Bank of America Corp.）	42.7
2004	地区金融公司（Regions Financial Corporation）	普兰银行（Union Planters Corporation）	地区金融公司（Regions Financial Corporation）	5.9
2004	太阳信托（SunTrust）	国家商业金融公司（National Commerce Financial）	太阳信托（SunTrust）	7.0
2004	美联银行（Wachovia）	南方信托（SorthTrust）	美联银行（Wachovia）	14.3
2005	第一资本金融公司（Capital One Financial Corporation）	海伯尼亚国民银行（Hibernia National Bank）	第一资本金融公司（Capital One Financial Corporation）	4.9
2005	美国银行（Bank of America）	美信银行（MBNA Corp）	美国银行信用卡服务中心（Bank of America Card Service）	35.0
2006	美联银行（Wachovia）	西部公司（Westcorp. Inc）	美联银行（Wachovia）	3.9
2007	国民银行集团（Citizens Banking Corporation）	共和银行（Republic Bancorp）	国民共和银行集团（Citizens Republic Bancorp）	1.0
2007	美国银行（Bank of America）	拉萨尔银行（LaSalle Bank）	美国银行（Bank of America）	21.1
2007	毕尔巴鄂比斯开银行（美国）（Banco Bilbao Vizcaya Argentaria USA）	康百士银行（Compass Bancshares）	毕尔巴鄂比斯开康百士银行（BBVA Compass）	9.8
2007	道富集团（State Street Corporation）	投资者金融服务公司（Investors Financial Services Corporation）	道富集团（State Street Corporation）	4.2
2007	纽约银行（Bank of New York）	梅隆金融公司（Mellon Financial Corporation）	纽约银行梅隆公司（The Bank of New York Mellon）	18.3
2007	美联银行（Wachovia）	世界储蓄银行（World Savings Bank）	美联银行（Wachovia）	25.0

续前表

交易年份	收购方银行	被收购银行	合并后银行名称	交易价值（10亿美元）
2008	道明银行金融集团（TD Bank Financial Group）	商业银行公司（Commerce Bancorp）	道明银行（TD Bank）	8.5
2008	摩根大通（JPMorgan Chase）	贝尔斯登公司（Bear Stearns）	摩根大通（JPMorgan Chase）	1.1
2008	美国银行（Bank of America）	美林公司（Merrill Lynch）	美国银行（Bank of America）	50.0
2008	摩根大通（JPMorgan Chase）	华盛顿互助银行（Washington Mutual）	摩根大通（JPMorgan Chase）	1.9
2008	富国银行（Wells Fargo）	美联银行（Wachovia）	富国银行（Wells Fargo）	15.1

第 3 章

中央银行的作用

世界主要中央银行的历史

世界上大约有160家中央银行,雇用了350 000人。我们从回顾世界上主要的9家中央银行的历史背景出发来开始对本章的讨论。这9家中央银行分别来自巴西、中国、法国、德国、印度、日本、俄罗斯、英国以及美国。我们还会讨论新近建立的中央银行——欧洲中央银行。

巴西

巴西中央银行建立于1964年12月31日,其西班牙语名称记为Banco Central do Brasil,是该国主要的货币政策制定者。巴西中央银行与巴西财政部也有联系,负责与其他机构共同管理巴西联邦公共债务。

中国

中国的中央银行建于1948年,当时的名字为中华人民共和国人民银行(State Bank of the People's Republic of China)。在1983年9月经全国人大批准,该银行开始独立行使中央银行的职责。到现在,中国中央银行的名称更名为中国人民银行(People's Bank of China)。

法国

法国银行是由拿破仑于1800年建立的，当时法国刚刚经历法国大革命的混乱，需要保持金融体系特别是纸币的稳定。在那时，法国银行采取股份公司的形式。拿破仑本人也是公司的股东之一，由公司股权份额最大的200位股东选出代理人，他们成为银行的首席总监（principal officers）。

在1808年，政府通过购买法国银行的股份来将其置于自己的控制之下，这一过程直到1836年才结束，在同年，法国政府任命了银行议员。到1848年，法国建立了发行纸币的垄断权。1929—1930年的大萧条时期，法国银行出手拯救了巴黎联合银行（Banque de l'Union Parisienne），但是却任由法国信贷银行（Banque Nationale de Crédit）倒闭。到1945年，法国银行被完全地国有化，1973年出台的一部法案则重新定义了该银行的权力和组织结构。

法国银行设一个总裁和两个副总裁，他们都由法国总理任命，任期为6年。这三人管理法国银行理事会（General Council），该理事会由10人组成，任期也是6年。起初，法国银行并不独立，由于考虑到将会设立欧洲中央银行，法国政府于1993年赋予法国银行独立性。现在，法国银行有大约200家分行。但是，在1999年欧洲中央银行建立之后，其大部分权力都被移交。

德国

德国中央银行（German Bundesbank）的前身是德国国家银行（Reichsbank），该银行建立于1876年，目的在于"监管流通中的货币数量，协助交易的清算以及保证经济中资本得到充分利用"。这是一家私人银行，但其控制权掌握在德国总理手中。

在经历了20世纪20年代严重的通货膨胀之后，德国在1924年出台了《银行业法案》（Banking Act of 1924），使得德国国家银行的运营独立于政府。

不幸的是，随着20世纪30年代希特勒政府的上台，他对中央银行的独立性感到非常不满；于是，在1937年，德国政府剥夺了德国国家银行独立运营的资格，并于1939年将其国有化。

在第二次世界大战结束以后，老的德国马克（reichsmark）被新的德国马克（deutschmark）取代。德国的中央银行体系建立出一种双层制度。在德国的11个联邦州（Länder）中，每个州都有一家中央银行（Land Central Bank），这些中央银行又共同拥有一个核心职能部门——德意志国民银行（Bank Deutscher Länder）。该银行负责制造货币以及对政策进行协调。需要强调的是，该银行独立于政府。

1957年7月出台的一项法案废除了这种双层制度的中央银行体系，建立了德国中央银行——一家统一的中央银行。11 家州中央银行都变成该银行的一分子，行使地区代表处的职能。在各自所管辖的区域内，它们可以执行相应的监管。

德国中央银行理事会由 11 位代表组成，分别来自 11 家地方代表处，其董事会由行长、副行长等 8 人组成，这些人都由德国总统和联邦政府任命。其中行长的任期为 8 年。随着民主德国和联邦德国的统一，德国中央银行理事会又增加了 5 名来自地方的代表。因此，中央银行决定在 1992 年 11 月 1 日之后，从 16 家地区代表处中选举 9 名代表进入中央银行理事会。目前，由地区代表处经营的分行已经达到 150 家左右。

德国中央银行不受政府干预，但是要支持政府的政策，除非它认为支持政府政策与控制通货膨胀之间存在矛盾。德国中央银行与多届政府发生过冲突，但它往往能在冲突中获胜。

类似于法国，德国中央银行的一些传统权力也已经移交给欧洲中央银行。

印度

印度储备银行（Reserve Bank of India）建立于 1934 年，在 1948 年被国有化。它的主要任务是指导货币政策并对银行和非银行金融机构的监管进行监督。

日本

日本在 1882 年模仿英格兰银行建立了自己的中央银行，该银行在 1889 年成为日本货币的唯一发行人。日本中央银行的行长和副行长都由日本内阁任命，任期为 5 年。7 名执行董事由财政部任命，目的在于为政府提出建议。这 9 个人共同组成了日本中央银行的董事会。

从技术上讲，日本中央银行不受政府干预。但是考虑到财政部任命了如此多的理事，日本中央银行实际上并非独立。而且，财政部同时还承担银行业监管的主要职责。在 1996 年 4 月，后来成为日本中央银行行长的松下康雄（Yasuo Matsushita）要求对日本中央银行的法律地位进行重新评估，赋予其更大的自主权。因此，在 1998 年，作为日本金融市场改革的一部分，财政部交出了可以要求日本中央银行推迟提高利率的权力，其对银行业进行监管的职能也移交给了金融服务监管局（Financial Services Agency）。

提供支票清算和电子支付的全银数据通信系统（Zengin System）由东京银行家协会运营。

俄罗斯

俄罗斯联邦的中央银行（俄罗斯银行（Bank of Russia））建立于 1990 年 7 月 13 日，

是俄罗斯主要的货币政策制定者。该中央银行同时负责监管银行体系，通过引入存款保险制度以及实施银行业发展战略（Banking Sector Development Strategy，到2008年为止），俄罗斯联邦中央银行在强化银行体系能力中发挥了积极的作用。它实施的银行业发展战略旨在提高银行业稳定性与效率，其中包括：

- 提高储户以及其他类型银行债权人的利率保护水平。
- 积累家庭部门和企业部门的资金并将其转化为贷款和投资，以此来增强银行业务的效率。
- 提高俄罗斯信贷机构的竞争性。
- 防止信贷机构参与不正当的商业活动以及违法行为，特别是资助恐怖主义以及洗钱。
- 推动改革信贷机构的竞争环境并保持这些机构的透明度。
- 增进投资者、债权人和储户对银行业的信心。

上述银行业改革的目的是帮助俄罗斯执行中期社会和经济发展规划，特别要达到的目标是降低俄罗斯经济中利益分配不平衡的现象。上述银行业改革的第二阶段开始于2009年，结束于2015年，由俄罗斯政府和俄罗斯银行推动，该项改革将提高俄罗斯银行业在全球金融市场的地位摆在突出位置。

英国

世界上第一家中央银行是瑞典中央银行（Swedish Riksbank），它成立于1668年。不过，1694年英格兰银行的建立，则更为清楚地表现了什么叫国家的银行。

建立英格兰银行的初衷是帮助威廉和玛丽政府融资，以便让当时的政府和法国作战。伦敦的商人和其他一些人为王室筹措了1 200万英镑的资金，于是英格兰银行就被赋予了皇家银行的地位。这也是国王唯一允许的一家股份制银行。从1715年开始，这家银行就经常通过销售政府债券来为政府筹措资金。随着1826年银行业法案的通过，除了英格兰银行，其他银行也可以改制为股份制银行，这导致银行数量大增。1844年《银行特许条例》（Bank Charter Act of 1844）实际上了给予了英格兰银行发行新货币的垄断权力。巴林银行在1890年出现问题（在向南美作出欠缺考虑的贷款后）时，英格兰银行救助了这家银行，使用的资金便是英格兰银行和其他银行一起提供的。

在1946年之前，英格兰银行还是一家私人银行，它拥有的中央银行的权利并非来自于法律，而是来自于事实。在1946年，英格兰银行被国有化，在1979年和1987年，银行业立法当局在法律中确认了英格兰银行的中央银行地位。在1984年9月，英格兰银行救助了约翰逊·马塞银行，用1英镑的价格购买该银行并使用来自英格兰银行的管理人员进行经营。虽然没有经过立法，但是在第一次世界大战中发生的事情清楚地表明这家银行是政府的一个机构，并非独立于政府。这一状况在1998年最终发生变化。

1998年6月通过的《英格兰银行法案》将该银行的法律地位转变为一个新的货币政策委员会，并将银行业监管的责任转移给英国金融服务监管局（Financial Service Authority 简写为 FSA）。

英格兰银行的管理机构被优雅地称为"法院"（Court）。该组织由一个行长、两个副行长以及 16 位非执行董事组成。其中行长由英国首相任命，任期为 5 年，往往可以得到连任。目前英格兰银行的行长为默文·金，在担任行长之前，他曾任副行长一职。随着银行业危机的爆发，银行开始破产，政府开始对北岩银行、苏格兰皇家银行和劳埃德银行进行救助，这使得人们针对英国银行业监管失败的讨论开始增加。正如第 2 章里提到的，在 2009 年 4 月，保守党宣布如果它在 2010 年普选中获胜，它将会把银行业监管的职责从英国金融服务监管局转给英格兰银行。

美国

在美国，1789 年宪法将管理货币的权力明确赋予了美国财政部，而美国联邦银行建立于 1791 年。因此，虽然美国中央银行的建立早于法国和德国，但是，它作为中央银行的记录却不连续。当时，这家银行负责发行美元货币和管理政府债务。

由于存在反对意见，美国联邦银行没有在 1811 年完成其特许执照的更新，但是它在 1816 年再次开业。我们知道美国是一个联邦制国家，因此很多人对建立美国联邦银行的宪法合法性存在怀疑，这导致在 1836 年很多州要收回建立中央银行的特权，对此联邦政府做出让步，将这一权利转给了地方性的银行。鉴于此，美国联邦银行在 1841 年破产。在 1863 年通过的一项法案对两类银行作出了区分，一类银行由联邦政府发放牌照并进行监管——这就是国民银行，另一类银行由所在地的州政府发放牌照并进行监管。（在某些情况下，银行还可以选择更改监管者。因此，在 2004 年 10 月，摩根大通决定不再接受纽约州的监管，而是接受联邦政府的监管。这是因为在 1994 年之后，美国允许银行跨州开设分行，这时银行发现在各个州进行注册实在是太麻烦了）。州银行逐渐放弃了发行货币的权力，或者选择转换为国民银行。在 1880 年，美国可以发行货币的银行超过 2 000 家。

直到 1913 年，美国才建立了联邦储备系统并由单一中央银行控制货币发行，这一中央银行还负责在 12 个美联储地区进行运营。和今天一样，中央银行董事会成员由总统任命。虽然董事会由总统任命，但是这个董事会不受政府干涉，通过联邦公开市场委员会，他们可对货币政策作出自己的决策。伯南克是现在美联储的主席，他在 2006 年 1 月替代了具有传奇色彩的格林斯潘（他在美联储主席的位置上工作了 18 年）。

作为本章讨论的最重要的中央银行，美联储拥有的权力并不十分明确。正如我们之前注意到的，单个州可以通过并执行法律；联邦存款保险公司也要发挥自己的作用，它对所有储蓄作出最高金额可达 10 万美元的保险；美国货币监理署（Comptroller of the Currency）监管国民银行，联邦住房贷款银行系统（Federal Home Loan Bank System）监管储蓄贷款协会。最后，国家信用社管理局（The National Credit Union Administrator）对信用社实施监管。在美国，经常会出现一些思考如何降低银行与金融业监管复杂性的讨论；比如在 2005 年 10 月，参议院银行委员会（Senate Committee of Banking）就收到了一份详细的报告,这份报告给出了降低监管复杂性的建议但却受到该委员会的冷遇。而且,鉴于2008年美联储在救助银行体系免于崩溃的过程中发挥的作用,人们普遍认为现有的监管框架还会存在一段时间。除了担负货币政策制定任务之外,美联储还对美国国内那些最大的银行实施监管,这些银行或是金融控股集团的一部分,或是外国银行的分行。

欧洲中央银行

欧洲中央银行(European Central Bank,简写为ECB)的建立主要依据的是1991年10月达成的《马斯特里赫特条约》(Maastricht Treaty)。该中央银行自1998年6月1日开始运营,其前身是欧洲货币机构(European Monetary Institute)。欧洲中央银行拥有一个董事会,包括董事长特里谢(Jean-Claude Trichet)、一个副董事长以及四个其他成员,他们通过指导其他国家中央银行的行动来执行各类政策。该银行由一个管理委员会(the Governing Council)执行各类政策,这个委员会的成员是欧洲中央银行董事会成员以及16个成员中央银行行长。上述欧洲中央银行形成的权力体系又被称为欧洲中央银行体系(European System of Central Banks,简写为ESCB)。(从法律上讲,非欧元区中央银行也可以包含到这个体系中,只不过没有决定货币政策的发言权。)

欧洲中央银行的主要职责是保持物价稳定,但是在《马斯特里赫特条约》中指出它还担负着"支持欧洲一般性经济政策"的作用。其中利率由欧盟中央银行按照多数票通过的方式决定。单个国家的中央银行仍然指导着大量的货币市场操作以及外汇干预,但是要在欧盟中央银行的政策内进行。有趣的是,欧洲中央银行行长在2008年的收入是451 903欧元,要高于美联储主席的收入(191 300美元,约合135 032欧元),也高于英格兰银行行长的收入(289 551英镑,约合336 609欧元)。

中央银行的主要任务

我们可以将中央银行的典型业务总结如下:
- 监管银行体系。
- 对政府的货币政策提出建议。
- 发行货币。
- 作为其他银行的银行。
- 作为政府的银行。
- 帮助政府融资。
- 控制国内货币储备。
- 作为最后贷款人。

- 与国际机构开展交流。

监管银行体系

我们在第 2 章知道，从法律上讲，中央银行并不负责银行业监管。各个国家可能会单独设立一个部门来负责这件事，比如德国联邦金融监管局或者英国金融服务管理局（FSA）就是这样的一类机构。但实际上事情往往不是这样的。即使在德国和英国，对银行实际操作的逐日监督以及信息的收集都由中央银行完成。银行需要向中央银行提交的信息（见第 2 章）相当多，可能需要好几个全职银行职员来完成。

一般来说，中央银行负责发放银行业牌照并在银行出现危机时作出是否进行救助的决策。在 1984 年，英格兰银行救助了约翰逊·马塞银行，在最近的 2007 年则救助了北岩银行。之后又在 2008 年 9 月救助了劳埃德哈利法克斯苏格兰银行集团和苏格兰皇家银行。

在 1991 年秋天出现的斯堪的纳维亚地区银行业危机中，作为储蓄银行体系的中央银行，芬兰银行介入了对出现问题的 Skopbank 的救助。在 1992 年 3 月，由于前所未遇的衰退，芬兰银行业进入萧条，这时芬兰银行便宣布了数项举措以提振银行业信心。从另外一个角度看，当挪威银行业在 1991 年遇到问题时，银行保险基金设立了一只国家基金，来支持 3 家最大银行——Christiana, Norske Bank, Fokus Bank——的经营。在 1992 年，瑞典财政部执行了对 Nordbanken 以及 Första Sparbanken 的救助，之后又宣布对 Gota Bank 发生的所有债务进行担保。当 Chicago Bank Continental Illinois 银行在 1984 年遇到危机时，是联邦存款保险公司而非美联储进行了救助。不过在 2008 年对花旗集团的救助则是由美联储介入完成的。

著名的 BCCI 银行救助案例则为我们提供了一个特殊的例子，该银行在 1991 年倒闭。BCCI 银行在多个国家参与了广泛的业务但是其注册地却在卢森堡，这个国家太小以至于它没有足够的资源可以用于合理地监管这家银行。这个问题的意义实际上十分重大，因为欧盟实施了"单一执照"政策。也就是说只要能从总部所在国获得一个银行执照，这家银行可以在任何一个欧盟成员国设立分行，无需其他国家再次发出执照，当然，在国外设立的分行还是要受到相应国家中央银行的监管。正是由于 BCCI 银行倒闭这一案例的启发，G10 银行业监管委员会在巴塞尔的 BIS 举行会谈，以建立新的国际准则。具体而言，这些准则指出：如果一国中央银行觉得某家银行可能不会得到其母国监管机构的合理监管，那么该中央银行有权拒绝这家银行在该国设立分行。

在 BCCI 事件中，英格兰银行起到的作用曾饱受争议，英格兰银行指出在 1992 年之前的 6 年中，它曾悄悄地拒绝了 16 家银行在英国进行经营的执照申请，并曾要求 35 家银行再次充实资本、更换管理层或者合并。但是在 1998 年中期，这一监管权力最终移交给了新成立的金融服务管理局。但是在对北岩银行的救助案例中，这一监管权力的变化最终束缚了英格兰银行，使它无法作出快速反应。当时北岩银行遇到严重的流动性危机，并在 2007 年秋天倒闭。作为新监管体系设立方案的一部分，英格兰银行行长默文·金指出中央银行不应该为任何陷入困境的银行注入流动性。而且在欧盟法律层面，在非竞争性的基础上为出现问题的私人部门提供救助的正当性也引起了争议。因此，2008年对北岩银行进行救助并进一步国有化的措施显然不是危机干预的合适选择。鉴于此，英国出台了新的立法，目的在于让英格兰银行可以在出现银行业危机时更快地作出救助决策，欧盟层面的法律也在调整，以适应对危机银行的救助。

货币政策

如果中央银行不是独立的，那么货币政策的最终制定者实际上是政府；如果中央银行不受政府干预，那么货币政策的最终制定者就是它们。在任何情况下，中央银行都要配合政府提出一般性经济政策，同时对货币政策、经济事件甚至是统计数据给出自己的意见。

"货币政策"指的是利率和货币供给，我们在第2章已经讨论过这一问题。在那里我们注意到中央银行可以用多种方式来控制货币供给——利率、公开市场操作以及改变银行放在中央银行的无息储备资金。中央银行扮演的"最后贷款人"的角色使得它可以控制利率。我们会在第6章讨论这一机制。

如今，中央银行的独立性成为时下人们关注的热点问题之一。其中部分原因来自于欧盟设立单一货币和单一中央银行，在《马斯特里赫特条约》中规定了欧洲中央银行是独立的（比德国中央银行还要独立），因此，欧洲大陆所有11个国家的中央银行也必须是独立的。

那么，争论的焦点在何处呢？那就是中央银行抗击通货膨胀的权力是否应该交给政府，是否应该让政治力量和党派竞争来决定政策的走向。比如在1996年11月1日，《伦敦旗帜晚报》就讨论了利率可能会失效的问题，它说："相比以前，如今由政党通过会议决定降低利率的情况越来越多了"。实际上，降低利率的决策明显受到政党选择何时召开会议的决策。在1997年5月，英国新上台的工党政府决定：政府给出通胀的目标范围，在这个范围内赋予中央银行制定利率的独立性。当然，利率对政党是存在影响的，因为高利率会带来低增长和失业的困扰。因此，虽然德国中央银行在制定政策过程中享有的独立性受到很多人的推崇，但是在1992年8月，IG Metall贸易协会的首脑们开始对德国中央银行不受限制的权力提出批评，他们指出德国中央银行将过多的注意力放在通货膨胀上，但是却忽视了经济增长和增加就业的需要。

发行纸币

中央银行控制纸币的发行，也可能（但不是绝对）控制硬币的发行。如今，大部分支付都不再使用现金，而是以支票、定期付款、直接划账或者信用卡等方式完成。不过现金仍然是重要的，正如我们在第2章所提及的，银行持有现金会限制其创造信用的能力。

一般而言，我们可以说如果一个经济体的年经济增长速度为2%，那么中央银行就应该发行2%或者更多的纸币来帮助经济实现平稳运行。但是从另一方面看，经营不是很稳健的中央银行则可能通过多印一些纸币来帮助政府。因为纸币的发行量不再由黄金支撑，而是以信用来支撑。由于印刷纸币的成本大大低于纸币面额，所以中央银行的信用就可以为政府创造收入。这带来一种特殊利润：**"铸币税"**（seignorage）。这个特殊的利润可能会直接交给财政部，而不会反映在中央银行的账面上。中央银行也会用新钞来替换旧钞。不过这种操作依不同国家而有所不同。似乎英国人比德国人更加不喜欢旧钞。因此德国中央银行替换的旧钞就比英格兰银行少很多。

每年，世界上120个国家的186个货币发行当局会印刷总价值达到750亿的纸币。这其中有50多个货币发行当局拥有国有的货币印刷工厂，剩下的130多个货币发行当局则由14个私人拥有的印刷公司提供货币。

作为其他银行的银行

在一国经济中，中央银行可以作为其他银行的银行，同时它还在**国际货币基金组织**（IMF）和世界银行等国际组织中持有账户。从传统上看，中央银行都要求其他银行将其储蓄额的一定比例以不生息的**准备金**（reserve）的方式存放在中央银行。这笔资金除了不能为银行产生利润之外，还是控制货币供应量的一个工具，见第2章的讨论。

简单起见，我们将准备金看作存款的一部分。实际上，在更一般的情况下银行需要依照负债来提取准备金。比如从准备金要求的角度看，银行需要偿还的债券就是负债而不是储蓄，在计算准备金数量时也需要将这部分包括进去。

在任何情况下，为了满足逐日结算的要求，大银行都需要持有**周转余额**（working balances）。银行在每天都要完成支票结算，计算出欠某个银行的净款额或者某个银行所欠的净款额。国库券和政府债券的交易以及税收的支付则通过中央银行账户进行结算。银行客户支付的总税款将导致其他银行在中央银行的资产负债表中负债下降，同时导致政府资产负债表中负债的上升。

比如，在德国，国内主要银行持有的周转余额被算入准备金。该周转余额等于在某个特定月份该银行在德国中央银行资产负债表中周转余额的平均值，具体的计算过程则基于该银行持有的各类负债的日均值。其结果就是，由于银行知道随着这个月份业务的展开，准备金日均值会逐渐上升并最终达到要求的数量，因此在每个月的开始阶段银行持有的准备金会低于中央银行要求持有的数量。这带来的就是银行间市场中大量的短期拆借行为。

欧盟经济货币联盟（EU's Economic and Monetary Union，简称为EMU）的16个成员国已经建立了完整的准备金系统。欧洲中央银行制订了最低准备金要求（类似于德国中央银行的做法，但是欧洲中央银行为其他银行提供的准备金支付利息）。银行必须将储蓄的2%存放在本国中央银行。一国中央银行可以通过指导公开市场操作来将利率保持在一定范围内。我们会在第6章讨论这些内容。

相比之下，英格兰银行在1979年放弃了存款准备金制度。其原因在于英镑没有兑换限制，它可以与国外货币进行任意兑换，国外货币也可以和英镑进行任意的兑换。由于伦敦是一个大型国际性银行业中心，所以将英镑作为不生息准备金放在中央银行以控制货币供给，这种做法本身是没有效率的。英格兰银行唯一持有的准备金是现金，其数量等于负债的某个比例，这一比例是事先约定好的。现金比率存款（cash ratio deposits）是有资质的机构（银行和建筑协会）存放在英格兰银行的非生息储蓄，这些机构在一定计算期内报告平均价值超过5亿英镑的负债。在2009年，英格兰银行每年对这些机构的现金存款计算两次（5月和11月），每次计算对应的时间期限为半年，对于超过5亿英镑的负债，银行需要向英格兰银行缴纳0.11%的现金储备。这些现金存款不是控制货币政策的工具，而是加入英国银行俱乐部的方式，因为这些储备可以为英格兰银行赚取利润。不过，主要的国内银行仍然需要在英格兰银行保持一定的周转余额。

作为政府的银行

一般来说，中央银行可以作为政府的银行。它获取税收收入和其他收入，并对政府开支进行支付。通常中央银行并不为政府提供贷款，而是会帮助政府通过出售国库券或债券来融资（见下一小节）。

一个例外就是芬兰的中央银行（Postipankki）。也许是因为这家银行归政府所有，所以它还帮助政府管理资金，这一点与其他中央银行不同。

当居民支付税款时，资金从它们所在的银行账户转到该银行在中央银行的账户。于是该银行资产负债表中的负债降低，政府资产负债表中的负债上升。这也是银行必须在中央银行持有周转余额的一个原因。当然，如果出现税收返还，政府资产负债表中的负债将下降，银行资产负债表中的负债将上升。

当居民和机构购买国库券以及政府债券时，资金就流向政府账户。当政府赎回国库券以及政府债券时，资金再次流回居民和机构在其他银行中的账户。当中央银行对汇票进行贴现以帮助商业银行提高流动性时，资金便会再次回到这些商业银行的账户中。因此，对中央银行而言，卖出国库券以及政府债券会带来收入，由此得到的资金记入贷方。因此，会不断有资金从其他银行的账户转到中央政府的账户中，同时也会有资金从中央银行的账户不断转到其他银行的账户。

为政府募资

我们会在第6章对国库券以及政府债券进行详细讨论。虽然财政部有时也发行政府债券，但由于其他银行和金融机构会在中央银行设立账户，因此往往还是由中央银行来控制国库券以及政府债券的发行和结算。这也是银行必须在中央银行保持一定周转余额的原因。

我们已经看到，在 1694 年建立英格兰银行的目的就是帮助政府筹集资金（不过在 1998 年这一任务交给了财政部新设的债务管理办公室（Debt Management Office））。

政府所欠的所有资金的累积额就是**国家债务**（national debt）。随着时间的推移，国家债务会越积越多，但实际上这笔债务却从未偿还过。这会带来问题吗？

第一点需要说明的是，对任何人而言，债务的严重程度都和他的收入相关。政府也一样。经济学家通过比较国家债务与国家收入来考察一国的国家债务状况是变好还是变坏了。在进行这种比较时，国内生产总值（GDP）就成为度量一国收入的指标。

在美国，由于政府在 20 世纪 80 年代曾经大举借债，国家债务和 GDP 的比值从 33% 上升到超过 50% 的水平，然后在 20 世纪 90 年代后期克林顿总统执政时期开始下降，当时政府收入有了盈余，它便可以回购部分债券。不过，由于 2001—2002 年之间的经济减速以及布什政府减税（目的在于刺激经济）导致的收入下降，美国政府再次陷入赤字状态，国家债务再次上升——在信贷危机之后，这一增长趋势进一步加快。到 2008 年末，美国国家债务和 GDP 的比值达到了 90% 左右（如果考虑到美国高达 13 万亿美元的 GDP，你就会发现这笔债务庞大到令人难以置信）。根据英国国家统计局（Office of National Statistics）披露的数据，在 20 世纪 60 年代，英国国家债务和 GDP 之比就已经达到 100%，在 2000 年初这一比例下降到 37%，之后逐步上升，到 2008 年 10 月已达 52%。在 2008 年一年，英国政府有记录的赤字为 780 亿英镑，相当于 GDP 的 5.4%。到 2008 年 10 月，英国政府总的债务积累已经达到 7 503 亿英镑。

当欧洲迅速向单一货币经济共同体转变时，国家债务和 GDP 之间的关系就成为一个问题。在 1991 年 10 月于荷兰马斯特里赫特举行的会议上，参与人员为一国国家债务水平设立了标准，只有达到这个标准，该国才被允许加入单一货币区（我们会在第 11 章详细讨论这一问题）。其中一个标准就是国家债务与 GDP 之比不能超过 60%。

通货膨胀也是一个关键因素。随着时间的推移，通货膨胀会降低债务的价值。1960 年的 1 000 亿美元国家债务与现在的 1 000 亿美元国家债务是完全不可同日而语的。此外，偿债成本（debt servicing cost）也发挥着作用。对利息的支付可能导致债务进一步上升。比如在意大利和比利时，偿债成本占到政府税收收入的 20%（印度也是这样）。

最后，谁是国家债务的债权人？一般来说，政府债券和国库券的所有者是国内金融市场中的金融机构和个人。当然也会存在来自国外的债权人，不过它们拥有的国家债务数量很少，比如可能只有 20%。在这一问题上新兴经济体有自己的特点——它们欠国外投资者大量资金，但这种资金以外币的形式存在（见第 6 章）。

一国的国家债务是否存在一个合适的规模，在此规模之下都是合理且安全的？英国的《经济学人》杂志（1988 年 2 月 27 日至 3 月 4 日刊）上有一篇有趣的文章，下面引用的这段话给出了一个很好的总结：

> 我们无法从经济理论或者历史中找到线索来发现国家债务的临界水平……具有决定性影响的因素是投资者持有国家债务的意愿。如果他们对公共债务没有兴趣，那么就需要提高利率，或者政府只能通过多印刷些钞票来为自己的赤字融资，这又会带来通货膨胀。

控制一国货币储备

每个国家都会在中央银行持有一定数量的黄金和外汇储备。如果中央银行希望以买进本国货币的手段来干预外汇市场,那么它就需要外汇储备。如果它想以卖出本国货币的手段来干预外汇市场,那么它就买入外汇。

我们会在第10章讨论外汇市场。在那里会了解到世界上主要外汇的交易量十分巨大。以英国的英镑交易为例,其数量如此之大,以至于光靠英格兰银行买进和卖出外汇是无法有效干预汇率的。不过它可以通过对时机的仔细选择以及市场机构对中央银行行为的理解来影响汇率。在新的欧洲合作协议下,数家中央银行开始联合行动。类似的,主要国家的中央银行也可以联合起来行动,这就是G7国家合约的一部分(见下面)。

在1992年10月发生的欧洲汇率机制(European Exchange Rate Mechanism,简写为ERM)危机中,法兰西银行被认为使用了其外汇储备的40%——总额合计1 500亿法郎——来保卫法郎。

当一国货币没有在国际市场得到大规模交易时,该国中央银行可以对汇率实施很好的控制。例如,相比于英格兰银行控制英镑汇率,挪威政府控制其货币汇率就会容易得多。

虽然一国中央银行都会将黄金和外汇作为货币储备,但是黄金在其中的作用已经发生了变化。在1999年,欧盟内部的中央银行达成了一个控制黄金出售的协议。在2004年9月,这一协议又得到进一步更新。该协议允许中央银行每年出售不高于500吨的黄金。从总体上看,在1989—2009年这20年中,全世界范围内中央银行的黄金储备数量都在减少,缩减幅度约为六分之一。在2008年信贷危机之后,中央银行发现黄金仍然是世界终极货币,因为它是唯一具有内在价值的货币。在2008年底以及2009年初,全球中央银行的黄金销售速度都大减。不过,尽管如此,英格兰银行还是出售了其大部分的黄金储备。

作为最后贷款人

中央银行作为最后贷款人的角色,不仅是指它可以救助间歇性出现经营困难的银行,还指当银行出现暂时的流动性困难时,它也可以施以援手。为了救助自己国家的银行体系,在2008年,美国、英国以及欧洲所有中央银行都为银行注入流动性(见第9章)。正如我们刚才看到的,有关税收的交易以及政府证券的结算都会导致大量资金流入和流出其他银行设在中央银行的账户。无论何种情况,这些银行都要在中央银行保证最低的周转余额,在大部分情况下,这些银行还必须在中央银行保持一定的准备金,不过,周转余额有可能就是准备金的一部分。

通过做好准备向其他银行提供短期资金帮助,中央银行可以平滑这些机构经营在资产和负债方面出现的高峰和低谷。由于银行最终依赖的还是中央银行,因此中央银行向其他银行收取的利率就决定了这些银行进一步发放贷款的利率。在第6章我们会详细讨论这些银行的业务和行为。

中央银行时刻准备着为遇到短期流动性问题的银行提供流动资金。但有时银行不仅需要帮助，甚至还需要救助。具有讽刺意味的是，巴林银行在100年前就受到英格兰银行和其他银行的救助，但是在1995年2月它还是再次遇到问题，最终只得更换管理层。最近，为美国、英国和世界其他地区的一些重要银行提供的流动性和其他方面的支持，都是为了保障整个银行体系的稳定性，这也是为什么这次救助的规模如此之大，大大超过了之前对困难银行的零星救助。

在《马斯特里赫特条约》中，新成立的欧洲中央银行在救助问题银行时所能发挥的确切作用是比较模糊的。正如第2章所讲，在2008年，法国、比利时和卢森堡的银行监管当局一起协调救助了比利时德克夏银行。这一事件凸显出建立单一欧盟银行业监管者的需要，因为它们可以成为负责跨国银行业务监管的机构。我们在第11章进一步讨论这个问题。

国际组织之间的交流

中央银行还要与IMF或者国际复兴开发银行（International Bank for Reconstruction and Development，又被称为世界银行，见第10章）等国际性金融机构保持联络。中央银行会和位于巴塞尔的BIS进行联络并参与讨论。BIS建立于1930年。在1929年，当时的情况显示德国显然无法支付由第一次世界大战带来的大规模战争赔款，因此需要达成一个新的方案。于是，人们设计出一份名叫"杨计划"（Young Plan）的方案，该计划中的一部分便是设立BIS，以完成战争赔款的支付和其他一些国际债务的结算。这个银行84%的股份由33个中央银行购买，剩下部分为私人持有。不过在1996年9月9日，BIS宣布为另外9家中央银行提供会员身份，其中包括东南亚以及拉美等地区，这些地区的中央银行于1997年6月成为了BIS的新会员。现在，BIS有55个可投票的会员，雇用了大约550名职员。

目前，世界上超过90家的中央银行都在使用BIS提供的服务，可以将其认为是中央银行的中央银行。它负责处理世界范围内银行、捐赠机构之间的支付，对关键议题提出倡议，并在离巴塞尔火车站很近的地方举办两月一次的世界中央银行家会议。该机构同时还负责管理世界主要中央银行的10%的准备金。

相比于20年前的情况，世界上主要国家间在经济事务上的合作变得空前地多。在定期性会议中最重要的要数世界上最重要的7个国家之间举行的会议，人们称之为G7（7国集团）。这7个国家分别是美国、法国、德国、加拿大、意大利、日本、英国。1998年俄罗斯正式加入，从而组成G8。将中国和印度纳入这一会议的呼声也很高。

G7成员国会定期举行会晤来讨论世界经济与金融事务。在会议筹办以及向政治家介绍基本情况的过程中，中央银行行长扮演了重要角色。早在1985年，世界上主要国家就发现外汇市场实在是太大，所以只有协调一致进行干预才能产生一定的效果。由于担心美元不可阻挡的升值趋势,以保罗·沃克尔(Paul Volcker,后来成为美联储主席)为首的中央银行行长们达成了一个秘密协定。在1985年2月27日——一个星期三的早上——这些中央银行一起卖出美元。到这一天结束,美元外汇趋向指标(Directional Movement,简写为DM)从3.50回落到3.30。这一过程可以称为是外汇市场的"大混乱"。

后来,在1985年9月,5国集团(被后来的7国集团取代,将7国集团中的加拿大和意大利除去,便是5国集团)在华盛顿的广场酒店(Plaza Hotel)召开了一次会议。它们再次达成了强迫美元贬值的协议,其操作也再次生效。这个自布雷顿森林体系(Bretton Woods,见第9章)以来第一次全球性的协议又被称为"广场协议"(Plaza Agreement)。在之后的年份里,5国集团(或7国集团)又举行了多次会议(比如在1987年2月达成的"卢浮宫协议"(Louvre Accord))。后来举行的这些会议的主要目的是希望推动美元升值,但是再也没有像之前推动美元贬值的操作那样成功了。

如今,一个称为10国集团(7国集团成员国加上瑞典、比利时、荷兰和瑞士)的覆盖面更广的国际性会议组织已经成立。各位读者可能觉得这里的算术是不是出错了,10国集团里明明有11个国家。这主要是因为瑞士以中立国身份加入:在计算成员国时,瑞士算一个国家,但是从立法的角度看,瑞士又不算一个国家。因此10国集团中实际上有11个国家参与。有时10国集团还会与拉美地区或者东南亚地区的代表举行会晤,在此基础上形成的国际性会议组织就被称为33国集团(比如在1997年,33国集团在一起开会讨论了东南亚金融危机的相关问题)。

目前,世界上还存在20国集团,该组织建立于1999年,代表的是主要的发达国家和发展中国家。其他的国际性会议组织还包括"24国集团",这一会议组织包含了来自亚洲、非洲和拉丁美洲的8个国家,目的是用来与IMF以及世界银行进行联络。

中央银行的地位

过去的15年见证了中央银行权力的提高和影响力的扩大。多年的高通货膨胀使得大众不再相信政治家对货币政策的承诺。逐渐地,中央银行开始变得独立,并以欧洲中央银行的建立为顶点。

在新千年开始的时候,发达工业化国家的通货膨胀率降低到1.5%,是20世纪50年代以来通货膨胀率最低的时期,不过后来通货膨胀率继续攀升,这一趋势一直持续到2008年信贷危机的发生。从2008年开始,发达国家的通货膨胀率开始回落,到2009年底美国通货膨胀率接近于零,英国的通货膨胀率接近于2%。在信贷危机爆发之前,很多政府都认为反通货膨胀政策会对经济增长和就业产生不利影响,因而这种政策具有较高的成本。较低的通货膨胀率必然意味着较低的经济增长和较高失业率吗?在格林斯潘(Alan Greenspan)担任美联储主席时,除了2001—2002年之间的衰退期,他似乎做到了在较低通货膨胀率的同时获得较高的经济增长速度。在2005—2007年之间,由于石油价格和原材料价格上升,美联储提高了利率,但是看上去并没有对经济增长和就业产生负面影响。不过，自那以后经济形势发生了根本性的转变，信贷危机开始对国内经济产生负面影响——失业率螺旋上升，通货膨胀率快速下跌。就这样，制定政策的党派越来越多地讨论如何防止美国（以及英国）进入通货紧缩。相比之下，由于欧洲的社会成本较高，劳动力市场刚性较强，所以虽然欧洲的银行体系较少受到信贷危机的影响，但欧洲的失业率一直都比美国（以及英国）高。于是，欧洲的经济增长和失业率看上去更有前景一些。

如果中央银行的关键任务是抵御通货膨胀，那么这就导致一个问题：如何度量通货膨胀率？比如，如何度量消费物价指数以及工业物价指数。而且，物价指数中往往并不包含类似股票之类的金融资产的价格。在日本，这些资产价格的下跌曾经带来过经济和金融体系的不稳定。在1911年，经济学家费雪（Irving Fisher）就指出，价格指数应该包含股票和房地产价格。供职于德国中央银行纽约分行的经济学家卡森（Joseph Carson）曾构造过这样一个指数，其中股票占整个价格指数的5%。世界上一些主要的股票指数，如道琼斯指数、富时指数（Footsie，来自英国《金融时报》）以及最著名的纳斯达克（NASDAQ）指数曾在1996—1999年之间经历了以往不曾见到过的快速上涨，人们将其称为"新经济"或"新的经济范式"。从1999年底的最高点算起，到2003年，道琼斯指数下跌了30%，富时指数下跌了40%，这次下跌的导火索是2001年春天互联网泡沫的破灭、美国"9·11"事件的影响以及后来对安然（Enron）、世通（WorldCom）和其他大公司财务造假事件中监管不力的担忧。虽然保持股票市场增长并非中央银行的职责，但时任美联储主席的格林斯潘还是在股票价格大跌之前对一些价格过高的股票提出过警告，很明显，股票市场不稳定对经济造成的影响也进入了中央银行行长的思考范畴。幸运的是，从2003年中期开始，股票市场再次开始增长。事实上，直到2007年10月9日，道琼斯指数都一直在上升，那天，道琼斯指数达到破纪录的14 164点。但是到2008年10月，该指数又立刻回落到10 000点以下——此时正是美国政府对银行体系的救助达到高潮的阶段。到2009年3月，道琼斯指数继续下跌至6 763点——这是自1997年（互联网泡沫之前）以来的最低水平。从总体上看，富时指数也保持了相同的趋势，该指数在2006—2007年间达到顶峰，然后在信贷危机发生后开始下跌。

与中央银行有关的另外一个问题是它为谁负责。在所有保持独立性的中央银行中，德国中央银行和美联储基本上是为政府负责的，我们甚至可以将联邦公开市场委员会视为开放的典型。不过很多人对欧洲中央银行对谁负责心存疑虑。《马斯特里赫特条约》禁止欧洲中央银行接受官员的命令，而且欧洲中央银行的董事任职规则也被设计为8年任期、不可连任。欧洲中央银行行长特里谢每年只与欧洲议会见一次面，用以解释其货币政策。在此之外，他还说服欧洲中央银行不发布其会议纪要。因此，相比于美联储或者德国中央银行，欧洲中央银行很难吸引公众支持。

最后，我们还要提出一个看上去有点笨的问题：我们需要中央银行吗？在1900年，只有18个国家拥有中央银行，如今则有160个国家都有中央银行。一些经济学家还认为应该允许私人银行相互竞争发行纸币。这正是1845年之前苏格兰的情况，当时纸币的发行需要由黄金作为支持，但是银行可以在发行纸币时进行竞争。经济学鼻祖亚当·斯密对这种体系欣赏有加。

但是，我们真的需要一个机构来扮演最后贷款人的角色吗？有些人认为中央银行几乎一定会救助银行，这使得银行在经营时无需十分谨慎——这就是人们常说的道德风险。由于在过去的10年中，对大型银行的救助一直没有间断过，所以看上去在西方社会中此类"道德风险"或者说"大而不倒"的情况确实存在。

在沃尔特·白芝浩（Walter Bagehot）的伟大著作《伦巴第街》（*Lombard Street*，1873）中，这位智慧的作者用以下语言来评论道德风险：

> 如果银行经营不良，那么它将会一直经营不良下去，如果政府这时还帮助维持甚至鼓励这个银行的经营，那么它会变得更差。最重要的原则就是：对任何现存银行的救助都阻止了一个好银行的出现。

类似于亚当·斯密，沃尔特·白芝浩也非常喜欢传统的苏格兰体系。不过，他认为废除英格兰银行与废除君主制一样，都是徒劳的。如今，英国废除君主制的事情也不是没有可能了，也许有那么一天，我们对中央银行也能少几分敬畏。

概　　要

巴西中央银行建立于1964年；中国人民银行建立于1948年；法兰西银行建立于1800年；德国中央银行建立于1957年；印度储备银行建立于1934年；日本银行建立于1885年；俄罗斯联邦银行（俄罗斯银行）建立于1990年；英格兰银行建立于1694年；美联储建立于1913年；欧洲中央银行建立于1998年。在全世界，现存的中央银行已经超过160家。

中央银行的活动包括：

- 监管银行体系：即使法律规定有另外的机构负责对银行体系的监管，中央银行也会在其中发挥自己的作用。
- 货币政策：包括控制利率以及货币供给。但是一些国家的中央银行独立于政府，而另外一些国家的中央银行则不独立于政府。不过，从全球中央银行发展的趋势来看，它们在货币政策上的独立性正在提高。
- 印刷纸币以及铸造硬币：这个行为与经济增长或者想要维持的通货膨胀率相关。
- 其他银行的银行：国内银行必须将一部分资金放在中央银行，以便完成各类清算和结算。在一些国家（比如欧元区），中央银行实施最低准备金制度，该制度是货币政策的一部分，但这一制度在英国则不存在。
- 政府的银行：中央银行为政府筹集资金，同时管理政府获得收入的账户。如果政府获得税收，那么它在中央银行账户中的资金就增加，商业银行中的资金就会减少。当政府花钱时则正好相反。
- 为政府融资：这一功能往往包含卖出短期国债或者中长期政府债券。由此积累的未偿还资金就是国家债务。国家债务的数量往往以该国GDP的某个比值来表现，以此考核债务情况是恶化还是好转。不过，随着时间的推移，通货膨胀会降低债务负担。在最近的信贷危机中，对金融体系施加的一系列救助都是有成本的，它增加了国家债务。

- 控制一国储备：中央银行往往会买进或卖出本国货币以影响汇率。如果它们买进本国货币，则需要使用黄金或者外汇来进行这项操作。
- 作为最后贷款人：有时这是指对问题银行的救助，不过更一般地说它指的是中央银行帮助存在流动性困境银行的一种意愿。一般而言，银行出现流动性困境意味着它无法达到中央银行设定的资产负债水平（这也是中央银行政策的直接结果）。由于中央银行可以设定这项交易中使用的利率，因此它们也就有了控制利率的能力。不过，在信贷危机之前，中央银行很少执行最后贷款人的角色。自那以后，由于要将出问题的银行体系拉出泥潭，中央银行不得不向银行体系注入大量资金，于是中央银行开始广泛地执行起最后贷款人的角色，这在美国和英国尤为常见。
- 国际合作：这包括与 IMF、世界银行以及 BIS 等机构的合作。也包括支持 G7 或 G10 等国际性会议。加上俄罗斯，目前的 G7 已经变为 G8。

参考文献

Bagehot, W. (1873) *Lombard Street：A Description of the Money Market*, Henry S. King, London.

进一步阅读材料

Congdon, T. (2009) *Central Banking in a Free Society*, Institute of Economic Affairs, London.

Davies, H. and Green, D. (2010) *Banking on the Future：The Fall and Rise of Central Banking*, Princeton University Press, Princeton, NJ.

Mishkin, F. (2009) *Economics of Money, Banking and Financial Markets* (9th edn), Pearson Education, Harlow.

第 4 章

商业银行

引　言

　　商业银行是最基本的银行类型，它从事接受储蓄和发放贷款一类的经典银行业务。像巴克莱银行以及苏格兰皇家银行等，都是典型的商业银行。类似于德意志银行、瑞银集团以及花旗集团等银行，则称为全能银行，也就是说，这些机构的业务包含了所有类型的银行业务，其中包括商业银行业务和投资银行业务。在英国，如果一家商业银行想要经营投资银行业务，它必须为这一业务设立一个子公司，由该子公司完成投资银行业务。例如巴克莱银行和巴克莱资本之间就是这种关系。在德国和瑞士，以及法国、荷兰和西班牙，商业银行业务和投资银行业务可以放在同一个法律实体当中。

　　正如我们在第 2 章了解到的，商业银行业务可以分为零售银行业务和批发银行业务。本国银行可以在国内经营零售银行业务和批发银行业务。银行在海外的业务则集中于批发银行业务。

　　在本章我们将会仔细考察零售银行业务，同时也会对批发银行业务的某些领域作出解释，不过主要关注银行贷款。批发银行业务的其他一些领域将在后面的章节中提到——如第 6 章的货币市场以及第 10 章的外汇市场。

零售银行业务

服务类型

零售性商业银行为其客户提供多种服务。其中一些与资金处理有关——如多种方式的储蓄账户或贷款。其他一些服务则主要包括为客户提供建议,托管,购买股票、保险等等。基本上,银行可以通过两种方式赚钱:接受存款,也就是说借钱,然后以更高的利率将其贷出,获得存贷利差;或者为收费对象提供有用的服务并从中收取费用。由于银行业利润的降低和竞争的加剧,它们提供的产品变得越来越丰富。我们经常会听到"金融超市"之类的说法。

在零售银行业务所在的市场中,往往会存在一些占据主导地位的国内银行。根据来自欧洲中央银行的数据,在荷兰,排名前5位的银行控制了85%的银行资产;在芬兰,这一数据是81%。作为欧盟最大的国家,法国的零售银行业最为集中,其排名前5的银行拥有整个银行体系50%的资产,德国的零售银行数量最多,行业集中度也最低。一份来自英格兰银行的研究报告显示,在英国,最大的5家银行办理了75%的个人和小企业贷款。

在以前,美国的情况与上述不同,它有数量众多的银行(见第2章),市场集中度很低,不过在过去这些年里,由于美国银行业中出现的并购潮,情况已经发生了变化。在1990年,美国最大的10家银行所占的银行业份额为20%,到2008年这一数据已经变为52%,在同一时期,美国最大的100家银行所占的银行业份额也从50%上升到84%。在很多欧洲国家,合作银行在零售银行业中扮演着重要的角色。在德国和西班牙,零售银行业务主要由储蓄银行来完成。在德国、法国(农业信贷银行)以及荷兰(荷兰合作银行),合作银行在零售银行业中的作用也很重要。在英国,住宅建筑互助会仍然是居民抵押贷款市场的重要一员。

货币银行业务:存款

现金账户

现金账户是零售银行为客户提供的最主要的账户类型,可将其视为与客户建立关系的一种基本方式,该账户也为银行提供了低成本资金,以便于银行进行各类贷款活动。在不同国家,为顾客提供现金账户并收取费用的方式也存在不同。在如今的竞争性商业环境中,有些银行对现金账户收取费用但是用贷方余额(credit balances)中产生的利息进行冲抵,有些银行则不收取费用,但是可以免费使用现金账户中的贷方余额。

在法国，法律不允许银行收取费用，但是很多银行都通过改变支票结算所需的时间来弥补账户发生的费用，因此法国的支票结算时间最长可达 5 天。在英国和西班牙，随着竞争加剧，零售银行已经开始对贷方余额支付利息。为客户提供现金账户的银行实际上负担着为客户提供一系列支付服务的责任——比如支票结算、自动取款机和借记卡等等，提供这些服务的成本相当高，会在一定程度上花费掉低成本存款带来的价值。

储蓄账户

零售银行还提供一系列产生利息的账户，这些账户往往不允许进行支票结算，在储户提款方面也受到诸多限制。银行可能要求储户在需要从储蓄账户中提款时，提前 7 天、1 个月或者 3 个月通知银行。正是由于储户在提款前要提前通知银行，因此银行应该向储户支付利息。还存在另外一种方式，就是储户在固定时间内将资金存放在银行，与之前类似，经过该固定时间后，银行向储户归还资金并支付相应的利息。一般而言，储户准备将资金放在银行的时间越长，资金数目越多，则他获得的利息就越高。银行这样做的原因在于，当资金余额发生波动时，相比于现金账户，银行经营更依赖于固定存款或者说需要提前通知提取的存款。

支付

基于现金账户的服务往往存在一系列支付产品，这些支付产品或者以书面的形式存在，或者以电子化的形式存在。以书面形式存在的支付产品主要是支票和划汇账单，不过一系列的电子支付方式正在兴起，通过电脑以及电脑系统，电子支付可以帮助储户将资金从企业转到企业（business to business，即 B2B），或者从企业转给个人（business to individuals）。比如在英国，超过 80% 的工人都是以电子转账的方式在自己的现金账户中收到雇主发放的工资。同样的，对经常发生的支付，则出现了定期付款和直接划账。发生在现金账户上的各类电子支付也可以用书面交易的方式来完成。个人和企业也可以通过签发支票的方式来结算账务，其中签发支票一方的账户会进行支付，收款账户则会收到一笔资金。此外，通过填写划拨单并将其寄往收款人账户所在的银行，债权人可以得到一笔资金，这是清偿债务一种方式，在荷兰、日本、德国、奥地利和瑞士十分常见。在银行体系中，银行之间发生的支付以及由此引起的金融结算被称为"清算"（clearing），我们会在后面章节进行具体讨论。

现在，人们逐渐开始用银行卡来完成支付活动。账户信息被嵌入到磁条或者芯片中，当磁条或芯片中的信息与自动取款机或者售卖点的支付系统中的信息结合到一起的时候，就可以发生现金账户交易。目前在发达国家有 878 100 台自动取款机，其中美国有 415 300 台。英国有接近 64 400 台，这些机器完成了 70% 的个人现金支取业务。在法国、意大利和德国也存在大量的自动取款机。

在零售商场和卖场，可替代支票支付的另外一种支付方式为借记卡，有时也可能是消费者的自动取款机卡。在售卖点，一台有时会与收银机合为一体的机器可以产生电子支票，这个电子支票中包含银行卡和交易数量的信息。电子支票中的信息可以通过电话线传送到结算系统,然后顾客账户中发生一笔支付,卖家账户中就能收到一笔资金。在售卖点,顾客可能需要以一种或两种方式来确认自己的身份。顾客有时需要在账单上签名,以便于卖家确认签名是否与卡片背后的签名一致,顾客有时需要输入个人密码,这个密码会由自动取款机进行验证。

如果顾客的支付数额很高,卖家的支付设备可能会要求顾客所在地银行进行相应的授权,以便顺利完成交易。虽然与卖家的支付设备相连接的全球银行体系的电子支付网络十分复杂,但是这一支付仍然可以在数秒钟内完成。在英国,正是由于借记卡使用数量不断上升,在1991—2007年之间,英国人使用支票的数量从38亿降低到16亿。在同一时期内借记卡的使用数量则由3亿上升到51亿次。

在德国和法国,借记卡的使用方式存在些许不同,这两个国家的借记卡上发生的交易会在第二个月收取交易费用。不过它与信用卡也不一样,这种收费是针对现金账户的,因此借记卡持有人的账户中必须存有一定资金,以满足收取费用的需要。

当必须用支票进行支付时,银行卡也可以当作"支票保证卡"(cheque guarantee card)。如果消费者持有银行卡,那么卖家可以在一定金额之内接受支票支付,银行卡的作用在于对支票上的签名进行比照。对卖家而言,银行卡的好处在于:即使这笔交易是具有欺骗性的或者消费者根本没有足够的资金,银行也对该交易进行了担保。不过,由于目前的卖家都接受电子支付,所以上述支付手段已经不再常见。在美国则不存在此类支付体系,卖家也不愿意接受支票(他们会问"难道他连张信用卡都没有?")。在法国也没有此类支付体系,不过法国的卖家愿意接受支票,因为签发一张没有资金支持的支票是违法行为。

表4—1中给出了来自BIS的有关自动取款机和售卖终端的有趣数据。注意到平均每个美国人有4张信用卡,但是平均每个英国人只有1张。

表4—1 自动取款机、电子支付终端以及信用卡数量,数据截止日期为2007年末

国家	每100万居民中拥有的自动取款机数量	每100万居民中拥有的电子支付终端数量	每1 000个居民中拥有的信用卡数量
比利时	1 448	11 425	—
加拿大	1 748	18 524	1.95
法国	821	19 546	0.51
德国	831	6 881	0.03
意大利	817	20 710	0.59
日本	1 083	13 169	—
荷兰	521	18 669	—
新加坡	415	15 531	1.23
瑞典	307	20 473	0.54
瑞士	778	16 646	0.57
英国	1 040	17 232	1.10
美国	1 375	17 039	4.39

资料来源:BIS statistics on payment and settlement systems in selected countries, March, 2009。

贷款

在零售银行业务中，常见以下四类贷款：
- 透支。
- 个人贷款。
- 抵押贷款。
- 信用卡。

透支

如果一国法律允许透支，那么透支将会是一种十分流行的借款方式。在一个规定的额度和时间范围内——比如说6个月——银行账户持有人可以透支资金，不过在实际操作中个人可进行多次透支。任何透支都会以可变利率逐日计算和收取利息。

从消费者的角度看，透支是一种可以快速完成的非正式贷款；这种贷款方式具有一定的弹性，也就是说，贷款数量可变；当薪水按月发放时，至少在薪水发放后的一段时间内，个人的透支额度可以得到降低甚至做到无需透支，因此，贷款数量可变的特点就使得透支具有一定的经济性。

从银行的角度看，透支也是一种非正式的贷款行为；在约定的时间内，银行会检查顾客的透支能力，如果必要，银行可以随时要求他们还款——这是一项很多借款人都会忽略掉的条件。

在英国和德国，透支行为十分常见，但是在法国这一行为就不是很常见，在美国则是被禁止的。

个人贷款

个人贷款是一项协议，通过这项协议，个人与银行之间达成借款数额与借款期限等条件，同时规定好每个月偿还的总额。比如一个人可能会借1 000美元，时间为两年。借款的利率固定并且以借款数额为依据进行计算。举个例子，假设借款利率为10%，那么在这个利率下借用1 000美元两年，需要支付的利息就是200美元。其结果就是在24个月里，每个月支付50美元。由于个人在每个月对贷款本金也要进行偿还，因此银行并不是将1 000美元贷给个人两年，平均而言银行的贷款金额要远小于1 000美元。其结果就是10%的利率完全是名义上的数值，个人实际支付的利息（有时这一利息率又被称为"年化百分比利率"）可能是名义利息的两倍。

抵押贷款

虽然银行业中存在专门提供抵押贷款的机构，但是商业银行也可以提供抵押贷款。由于贷款可以用房地产进行担保，风险较小，因此相比于没有担保的透支和个人贷款，银行对抵押贷款收取的利率相当低。在很多国家，一般要求抵押贷款额不能超过抵押物价值的50%~60%，不过在过去的几十年中，由于全世界范围内的抵押贷款市场都比较火爆，竞争激烈，因此这一规则现在已经不是那么流行了。在欧洲，银行可以进行的抵押贷款数额可达抵押物价值的85%~90%（有时甚至可以达到抵押物价值的110%）。随着房地产价格的上升，抵押贷款数量急剧增加，并具有低利率和有担保的特点——后一个特点使得银行可以创造抵押贷款然后以各种方式（住房抵押贷款支持证券（mortgage-backed security）以及担保债务凭证（collateralized debt obligation））将其卖给投资者。这意味着商业银行进行抵押贷款业务时不再依赖于存款。正如我们所了解到的，在2007—2008年，随着美国、英国以及世界其他地区银行体系的崩溃，所有这一切都在泪水中结束。

近期，英国在抵押贷款产品上的新发展主要是各种一本通账户的使用，例如维珍一体化现金账户（Virgin One current mortgage account），这是一个将现金账户和抵押贷款账户结合起来的新产品。该账户实际上通过与现金账户的融合来为顾客提供透支的方便，也就是说一旦客户的工资发放，该客户就可以较低的利率获得抵押贷款。

信用卡

消费者进行借钱的另外一种方式就是利用信用卡账户。主要的国际性信用卡品牌是维萨（Visa）、万事达（MasterCard）以及来自日本的吉士美卡（JCB）。这些信用卡可以由银行零售商以及其他人提供。信用卡是一张塑料卡片，嵌入其中的磁条或者芯片中含有加密信息，在售卖点进行购物时，消费者可以向商家提供这种卡片，销售商便可以从消费者的信用卡账户中收取各类款项，其使用方式与借记卡的使用方式完全一致。在每个月，消费者都可以收到一张信用卡账单，要求消费者在给定的时间内将信用卡中消费的资金补齐，这里给定的时间往往是两周或三周。消费者可以选择一次性将信用卡中消费的资金补齐，也可以选择偿还其中的一部分资金，剩下的留待以后再还。信用卡为消费者提供的灵活性在于消费者可以自己决定借多少钱（但是存在一个事先约定好的借款上限），也可以自己决定以多快的速度将这笔钱还清。一般来说在信用卡账户中借钱的利率是相当高的，但是市场竞争的加剧以及对市场份额的渴求往往使得银行只能向顾客收取余额结转利率（balance transfer rate）或者为他们提供热情的还款引导。当然信用卡持有人也可以选择根本不借钱或者在每个月都全额还款，可能购买与还款之间的时间间隔在7周以内，这笔钱都是无成本的。大部分发行信用卡的银行都希望向顾客收取使用信用卡的年费，但是竞争压力再次要求它们无偿提供信用卡的使用。在最近这些年，我们可以看到信用卡发卡人数量的不断攀升以及卡片种类的不断增加。这些发卡人主要是零售商（如乐购（Tesco）、塞恩思伯里超市（Sainsbury's））以及类似于美国电话电报公司（AT&T）、梅赛德斯-奔驰牌汽车（Mercedes-Benz）、通用电气（General Electric）和共同基金。在英国，有1 400家以上的组织——俱乐部（甚至女王公园巡游者足球俱乐部（Queens Park Rangers）也发行了自己的信用卡）、社团、联合会和各类具有共同兴趣的组织——发行了以自己组织命名的信用卡。这些机构与银行或者其他专业性机构联系，管理并运营这些信用卡，收取入门费以及交易量的一小部分作为运营费用。同时银行还会向这些发卡的零售商收取等于交易价值1%~3%的手续费，以支付对交易进行授权、收集以及清算所需要的成本，不过这些成本并不为持卡人所了解。

我们熟悉的绿色美国运通卡（American Express card）以及大来卡（Diners Club card）都不是信用卡，因为它们不提供信用服务。持有此类银行卡的消费者必须每个月都保证一定的现金余额。它们也往往被称为旅行和娱乐信用卡或者签账卡（charge card）。

一般来说，如今信用卡已经得到了广泛的使用。它在全世界范围内的可接受性使得人们在旅行时可以方便地用它进行外币兑换。

有一个国家，信用卡的使用不是那么广泛，这个国家就是德国，1995年德国只有60万信用卡持有人，相比之下同期英国则有290万信用卡持有人。造成这种情况的主要原因是德国的银行反对使用信用卡。不过事情正在发生着变化，虽然到现在为止变得还没那么彻底。根据德国零售业协会的统计，在2007年年中，6 700万德国人里有2 600万人持有了信用卡，不到4%的商品购买也使用了信用卡。事实上，一些主要的商店和超市仍然不接受信用卡。德国人是相对比较保守的一类消费者。相比之下，美国的2.96亿人口持有了13亿张信用卡。

电子钱包

银行正在经历着的另外一种使用银行卡的方式就是"电子钱包"。它也是基于一张卡片，这张卡片中有一个微芯片，用以记录信息。这些信息主要是利用自动取款机或者其他与电话线相连的适用设备提前储存进去的现金余额水平。开发电子钱包的主要动机是：此类卡片可以被广泛地应用于各类零售交易中，但是这些零售交易对信用卡而言则显得过于琐碎。该类卡片可以由售卖点提供，随着消费者不断完成交易，预先储存进去的现金余额也会随之减少。与使用现钞不同的是，这种交易是无纸化操作。售卖商的机器可以刷此类卡片，并使流入的资金在自己的账户中积累。在打烊之后，通过自动取款机或者电话终端，售卖商可以将一天里积累的资金转至自己的银行账户。

在英国，国民西敏寺银行和米特兰银行（Midland Bank）开发出了Mondex（最早的电子钱包系统名称——译者注），之后在1995年和1998年，电子钱包最先在瑞典进行了实验。该产品的创意得到米特兰银行的新东家——汇丰集团的进一步发展，并在香港和东南亚得到使用，加拿大皇家银行以及加拿大帝国商业银行（Canadian Imperial Bank of Commerce）也在本国进行了实验。现在，Mondex的主要股东是万事达卡，该产品在53个国家获得特许经营。

总体而言，电子钱包的发展较为缓慢，这是由几个因素造成的：发卡成本高、缺少与之适配的销售终端、解码标准之间存在冲突以及消费者对此不感兴趣。其中第一个原因可以通过发行智能卡来解决，也即是说在信用卡或者借记卡中嵌入芯片，将其作为防伪的一种方式，同时，信用卡和借记卡也可以载入电子钱包的用途。与此同时，维萨、万事达以及欧洲卡（Europay）正在联合起来制定电子钱包的国际标准。这就可以解决解码标准之间存在矛盾的问题。不过，解决售卖终端设备上存在的问题则需要花上一定的时间，因为销售商可能不愿意为此支付大量的设备费用，不过，售卖点的收银机开始变得越来越高级，可以接受不同类型的银行卡。消费者能否接受电子钱包的问题可能仍会持续。全世界的人类都是保守的，他们使用现钞的文化根深蒂固。

其他服务

零售银行还提供其他的一系列服务。

证券购买

在德国和瑞士等国家，都有全能银行的传统，这意味着在股票市场上银行也占据主导地位，商业银行的分行可以为其客户提供全方位的金融服务。其他一些国家的传统则是赋予股票经纪商进行股票交易的垄断权力，银行只是客户的一个代理人，帮助客户将其购买指令传递给股票经纪人。但是，自1986年10月英国推行其金融大改革（Big Bang）以来，整个欧洲都将金融领域的放松管制看作一种趋势。基于此，监管者开始允许银行拥有自己的经纪业务，或者设立自己的经营机构以便为分行客户提供证券服务。

证券托管

有些时候，债券和股票是"不计名"（bearer）的，也就是说它们无需注册这一流程。在这种情况下，谁持有股票，谁就是股票的实际拥有人，它们被称为是"持票人"。比如你可以说，持有人持有戴姆勒-克莱斯勒公司的2 000份股票。这带来的问题就是如果遇到失窃事件，那么偷走股票的人就转而变为"持票人"。况且，由于未经过登记，利息支付和红利分配也需要进行确权，此外还存在如何行使投票权等等的问题。因此，为了安全起见，银行往往会持有这部分股票并帮助客户完成利息支付和红利分配等事项，也会从事代理投票、提醒客户参加股东大会（AGMs）、股票认购权发行（rights issues）、红利股发行（scrip issues）和其他的一些公司事务。当然，提供这些服务都是收费的。

共同基金

共同基金是指由专业的投资管理人进行经营的一组股票，目的在于帮助小股东进行多样化投资以分散风险。银行往往会拥有共同基金，它们所提供的证券服务中的一部分内容就是告诉客户：相比于直接进行股票交易操作，购买共同基金的效果会更好。毫不奇怪，我们会发现银行推荐的共同基金往往是它们自己的共同基金。比如在法国，共同基金以可变资本投资公司（SICAVs）或者共同投资基金（FCPs）的形式存在，在英国以投资信托（investment trusts）以及单位信托（unit trusts）的形式存在，美国则是共同基金。设立共同基金的想法也传播到了西班牙，在那里银行可以提供超级基金（Super Fondos）。在欧洲单一市场倡议（European single market initiative）提出之后，欧洲开始制定一系列的法律（如可转让证券集合投资计划（UCITS）），这些法律规定只要获得欧盟成员国中一个国家的允许，共同基金或者其他集合类投资计划就可以在整个欧盟自由经营（见第7章）。于是，只要在某个成员国建立的共同基金符合UCITS的要求并成功建立，那么它就可以在整个欧盟经营。欧盟的集合类投资资产总额约有 7 万亿欧元，其中的 75% 都是可转让证券集合投资计划。

提供建议

银行经理可以为顾客提供建议。这些建议可以是针对投资，也可以关于为子女建立信托基金、遗嘱等事项。事实上，银行经理可以做遗嘱执行人或者是作为客户为子女建立的信托基金的受托人。银行经理可以提供建议的特点为他们推销本银行产品提供了得天独厚的优势。在英国，1986 年通过的《金融服务法案》为银行经理带来了几许苦恼，因为该法案要求银行经理要么做本银行产品的代理人，要么做一个独立的投资顾问。如果他是本银行的产品代理人，那么他需要提前向客户亮明这一身份，同时还不允许他对大量产品给出一系列的建议；如果他是独立的投资顾问，那么他也必须保证顾客知道这一身份。如果银行经理推荐了银行产品，在排除合理怀疑的情况下，该产品应该十分明显地表现出适合客户需要的特点，否则就会被起诉。不过在 2005 年，上述规则被完全改变，目前更为复杂。"多渠道中介人"（multi-tied agent）可以推荐多个银行的一系列产品。一些独立的投资顾问成为多渠道中介人，但是很多银行还是只销售自己的产品。由于银行为顾客提供建议变成一件很复杂的事情，所以目前英国的商业银行不再热衷于为顾客提供建议，购买哪种产品的决策完全由顾客思考并决定——银行为客户改变购买决策预留了一定的时间。

保险箱服务

银行还为顾客提供保险箱服务，以帮助他们储存珠宝、现金和其他有价值的物品。当有外部力量介入要求强行打开保险箱时，在保险箱中存有大量未缴税资产的顾客会遇到很大的问题。

外汇

除了在银行批发业务中存在外汇交易之外，零售银行业务也可以为顾客提供外汇以方便他们出国旅行。此类业务包括提供旅行支票和现金。银行也会帮助顾客将资金转入国外的账户。在售卖点以及自动取款机上得到广泛使用的信用卡和借记卡逐渐蚕食了零售银行的外汇业务，欧元的出现也使得欧洲银行中的外汇交易业务变得无足轻重。

保险

大部分银行都会为客户提供一些保险计划，这些保险计划或者是通过与银行有合作的保险公司完成，或者是由银行自己的分公司完成。在本章后面部分考察零售银行的现存问题时我们再来详细说明这一问题。

销售渠道

银行的各类服务——存款、贷款、支付类产品以及其他服务——是如何销售给客户的？从传统来看，答案只有一个，通过分行网点。自20世纪90年代以来，利用银行网点进行销售的模式逐渐与电话银行、网上银行以及电视和移动电话服务结合起来。

分行网点销售

利用分行网点进行销售仍然在零售银行销售渠道中占据主导地位。在1990年，英国有15 700家银行分行，但是到2007年底则减少至10 423家，这主要是两个原因造成的，一个原因是银行之间的兼并，另一个原因是银行分行的关闭计划。在荷兰（从1995年的6 729家减少到2007年的3 604家）和瑞士（从1995年的3 727家减少到2007年的3 465家），分行网点的数量也在下降，但是在美国则不是这样。如今，很多人认为零售银行新开发出的渠道只是一种附加服务，并不能替代原有的分行网点，一家大型银行曾引用过这样一个事实：有四分之三的顾客仍会定期去银行的分行网点办理业务。所有这一切都说明银行网点仍然会存在，或者说至少还会保持中等规模的数量。对顾客来说，分行网点提供的服务十分方便，而且人们需要面对面沟通，特别是在讨论复杂的金融问题时这一需求更为迫切。分行网点为客户提供了很高的可见性，同时也能很好地吸引客户，还能处理那些日常交易以及更复杂（更有利润）的产品。

分行网点在顾客心目中的形象也出现了相当程度的变化。传统的分行网点将顾客局限在一块公共区域内，用障碍物将顾客与出纳隔开，顾客面对的则是一块安全屏幕。顾客需要办理业务时，需要离开这块公共区域并询问有谁能够帮他开户或者处理某项更为复杂的交易。分行网点的这种运营模式正在被快速兴起的新模式所取代，如今，分行网点的公共区域更为开放，也更加受到顾客的欢迎。在经过一些自助型机器——自动取款机、存款机、问答终端之后，顾客可以在自己的座位上与银行的服务人员见面，这些人可能是个人银行业服务员，也可能是顾问，他们一直在等待为客户提供咨询和办理业务的机会。出纳则不直接与客户见面。所有这一切的设计都是希望鼓励顾客能够自行处理一些日常交易，如果他们有进一步的需求，那么良好的服务带来的则是销售银行产品的机会。为了能为此类开放的服务环境提供更多空间，一些分行网点甚至还进行了搬迁。银行的分支网点还要办理一些支付和函件处理之类的文职性工作，也就是人们常说的后台业务。这些业务仍然是存在的但是也可将其挪到其他的业务单元，处理此类流程的部门开始使用高科技技术，它们能够集中处理多个分行网点的后台业务。

用分行网点进行销售很可能只是当前的一个阶段性现象。比如联合莱斯特银行（Alliance & Leicester，现在属于西班牙国际银行）在2004年中期宣布，由于顾客越来越多地使用电话和互联网，它将会关闭六分之一的分行网点。从另外一方面来看，阿比国民银行（Abbey National Bank，现在属于桑坦德银行）以及苏格兰皇家银行/国民西敏寺银行则重点强调其拥有分行网点，它们甚至将分行网点当作其广告中的一个卖点。在经历了零售银行业务多年以来的平淡利润后，巴克莱银行的罗杰·戴维斯（Roger Davis，此人之后成为巴克莱银行在英国的零售银行业务的主管）宣布他们希望顾客能够重新使用设立在当地的分行网点，并再次将分行网点的管理人员以及工作人员看作是其零售银行业务的核心支柱。巴克莱银行将会对其分行网点进行广泛的翻新，雇用更多人员并使用更多的基于分行网点的技术，同时给予分行网点管理人员更多的自主性。通过上述举措，巴克莱银行更有效地推动了类似于抵押贷款和保险等产品的交叉销售。最后，汇丰银行在2006年3月公开了它的一个年度调查结果，宣称计划花费1亿英镑来建设50家新的分行网点，它还注意到，如果在当地有分行网点，那么它在新开账户的市场中所占据的份额将会加倍。虽然上述提到的计划都有望提振英国银行业的分行网点，但是这并没有改变在过去20年里分行网点数量出现系统性下降的趋势，或者说，这一趋势不太会被逆转。事实上，自信贷危机以来银行业的重构更是加速了分行网点系统性减少的趋势——在2009年6月，劳埃德银行决定关闭Cheltenham & Gloucester分行的决定就清楚地显示出这一趋势。

虽然对分行网点建设的决策更加趋于理性，但毫无疑问的是，雇员能干、设备精良、拥有良好客户体验的分行网点仍然会发挥重要作用。在2005年3月由博思艾伦咨询公司（Booz Allen Hamilton）完成的一项调研结果显示，瑞士和德国的分行网点最人性化，西班牙和英国的分行网点则最不人性化。即使考虑到分行网点向客户解释产品相关知识的能力上的差异，英国和西班牙的分行网点也还是最差的。这项调研在整个欧洲采访了600家分行网点，发现有70%的人仍然会选择到分行网点来购买基本的银行储蓄和存款类产品。

来自英国本土的咨询公司费纳尔塔（Finalta）也得出了相类似的结论。银行对销售渠道关注过多，但成效并不显著。另一家擅长信息技术建设的咨询公司埃森哲（Accenture）则指出通过改善对信息系统的建设，这一问题可以得到解决。在2005年5月它们发布了一系列基于信息技术的新技术——与电脑相连的数字笔、可触摸式液晶屏以及用以监控银行人流状况的摄像头。苏格兰皇家银行以及劳埃德银行都宣称它们使用信息技术来分析分行网点的设计以及人员配备状况，并依照分析结果进行最优配置。

正如上面提到的，在美国，银行分行网点的数量并未下降；事实上，在1994年《里格尔-尼尔法案》（Riegle-Neal Act）通过之后，很多银行都开始建设分行网点，该法案废除了旨在禁止银行跨州设立分行的《麦克法登法案》，允许银行跨州设立网点。在当时，很多新建立的网点类似于精品店，而不是传统意义上有着空旷大厅的那种分行网点。

最后，我们来一点批评。咨询公司共创明天（Shaping Tomorrow）的创始人斯金纳（Chris Skinner）说，银行分行网点的地址大都选错了——如今，消费者聚集数量最多的那些地方已经发生了改变。他建议银行应该集中在卫星城设立分行网点。

电话银行

大多数银行都提供仅用电话线作为沟通方式的服务，这一服务与分行网点提供的服务相互平行。有时电话银行的雇员要为客户提供24小时服务。在2005年10月，汇丰银行宣称在过去的12个月里，从每天晚上11时到早上6时，它们的电话银行顾客总共登录了443 000次。电话银行最繁忙的时段是晚上11点到午夜，此类服务可以满足消费者日常询问，也能支持一些更复杂的事情，比如说账单支付。在电话银行里，顾客需要经常进行交易的机构（比如煤气、电以及电话通信供应商）的名称和银行账户的细节都储存在文件中并使用了特殊的安全密码，通过电话，消费者可以告知银行完成整套交易。利用同样的方式，消费者还可设立新账户，进行新的个人贷款以及抵押贷款，必要时这一过程还需要进行邮政确认。通过银行设立的自动取款机，顾客可以用银行卡来取款。利用电话银行的好处则在于银行可以省下建设分行网点的成本，银行对电话银行中的信用余额也会支付一个高于一般情况的利率。

此类系统的例子有：
- 德国　　　Bank 24（由德意志银行提供）
- 英国　　　First Direct（由汇丰银行提供）
- 西班牙　　Open Bank（由西班牙国际银行提供）
- 法国　　　Banque Direct（由法国巴黎银行提供）

以超市和保险公司为代表的银行业新进入者几乎完全用电话呼叫中心和互联网来开展业务。虽然在商业交易中电话银行得到了广泛的使用，但是对零售类消费者而言电话银行的重要性正在逐渐减弱，这是因为电话银行提供的服务正在被网上银行取代。根据英国支付协会的估计，在2005年使用电话银行的成年人为1 610万人，达到历史高峰，之后由于消费者转向网上银行，所以这一数据开始下降。到2008年使用电话银行的成年人只有1 230万人。

网上银行

从20世纪90年代中后期以来，使用网络获得银行服务的人数经历了一个稳定的增长。在最开始，为了给通过网络使用银行的用户提供足够的安全性，这些用户在连接银行时需要安装具有特定目的的应用程序和拨号软件，但是到今天，标准的网络浏览器已经可以完美地满足家庭银行客户的需求。按照服务的提供方式，网上银行也开始成为银行业务的一个有机组成部分。有些银行还为自己的网上银行业务设立了单独的商标，以显示与母银行的区别，另外一些银行则仅仅把网络列为提供联系的一种方式，与电话银行和分行网点并列。

在英国，以独立品牌运营的网上银行有微笑银行（Smile Internet Bank，隶属于英国的合作集团（Co-operative Group））、合众银行（cahoot，隶属于阿比国民银行，而阿比国民银行又是西班牙国际银行的一部分）以及智能金融（Intelligent Finance，隶属于苏格兰银行，而苏格兰银行又是英国劳埃德银行的一部分）。在1991年，第一网上银行（First-e）建立，这家银行完全基于互联网提供银行服务，其目标是打造一个全球化的网上银行，但在一开始它主要在英国、德国、意大利、法国和西班牙开展业务。不过，由于经营不善，这家企业最后于2001年关门。此后，仍然有一些银行选择进入网上银行业务，其中最著名的就是鸡蛋网（Egg），它是保诚保险公司（Prudential Assurance Company）旗下的一家网上银行。虽然自1998年公司设立以来曾经历了大规模损失，但是到2001年第4季度鸡蛋网开始进入盈利状态。该网站可以为顾客提供一系列的存款和贷款账户、信用卡、保险以及投资产品，同时它还提供一个购物区，在这个购物区中有250家零售商，顾客们使用鸡蛋网的信用卡便可购买此类产品，甚至还可以使用鸡蛋网提供的个人贷款进行支付。不过，由于鸡蛋网的盈利水平低于预期，所以保诚保险公司作出多项努力试图出售这一网站，但可惜一直未能如愿。在2005年10月，保诚保险公司宣布它会继续持有鸡蛋网，并增持了鸡蛋网21%的股份。在2007年，鸡蛋网由花旗银行收购。

在英国，网上银行业务的规模确实开始起飞。英国使用在线银行服务的个人从 2002 年的 790 万人增加到 2008 年的 2 150 万人。

法国也有一家网上银行，它来源于一个叫做可视图文（Videotex）的系统，这个系统的开发要早于互联网的开发。这一系统在法国十分常见，因为法国政府曾经决定通过装在电视机上的免费迷你电话（Minitel）来增强与民众的联系。在一开始，这个系统的主要作用是提供电话号码查询，到后来又逐渐增添了其他各类服务。到现在，法国仍有 500 万的迷你电话使用者。通过一定的程序后，银行也可以利用这一系统来为客户报告账户余额，进行历史数据查询以及向债权人账户进行资金转账。更为先进的软件还能利用这一系统完成资产组合管理以及各类金融计算。

清算系统

所谓清算，是指银行之间对支付信息的传输、交换以及结算。如今的清算系统既可以服务于纸质票据，也可以进行电子化清算。一般来说中央银行也会参与到清算系统中，主要提供银行间结算服务并对整个过程进行监控，不过在不同国家，中央银行介入清算系统的程度有所不同。

在美国，直到最近这些年美联储还经营着 45 个支票清算中心。随着支票交易数量的下降，在 2003 年 2 月，12 家美联储银行共同宣布一项协议，这项协议旨在整合已有的设施来减少美联储的支票清算部门数量。自那以后美联储终止了大部分支票清算中心的运营，希望建立一个为全国的支票清算所会员提供服务的处理中心。在美国，除了美联储的清算中心外还存在私人拥有的清算中心，这些机构通过与银行集团达成双边协议来提供服务。美国大约有 30% 的支票清算发生在开具支票的银行内部，有 35% 的支票清算由私人清算中心处理，剩下的 35% 由美联储完成。

对于工资支付、定期付款、直接划账以及供应商付款等交易而言，交易数据被电子加密后传输到自动清算系统（automated clearing house，简写为 ACH）。比如，通过电脑将工资处理好并给雇员打印出工资单后，企业可以将这一数据传输给自动清算系统。在自动清算系统中这些数据会被电子化分类，然后传输给相关雇员账户所在的银行，之后这些银行便可以将工资发放到雇员账户中。在美国，美联储一共经营着 33 个自动清算系统，有几个自动清算系统由私人经营。正是由于 2000 年来自动清算系统以及借记卡交易的大量出现，导致支票结算方式的衰落。

美联储的所有部门都可以通过联邦电子资金转账系统（Fedwire）连接起来，这就方便了会员银行之间的资金转账。纽约清算协会（New York Clearing Houses Association）运营着清算所银行同业支付系统（Clearing House Interbank Payments，简写为 CHIPS），它是位于纽约的一个服务于银行间资金转账的系统，主要为国际间的大额资金清算提供服务，并不对美国国内的美元清算提供服务。

法国有超过 100 家的地方性清算中心，这些中心主要设立在法兰西银行的各个地方性分行中。一旦某个地区的银行开出支票，这些机构就提供支票清算服务，该服务往往在支票开出后的第 2 天完成。但是如果支票是跨地区开出的，那么在支票开据后的第 5 天才能完成支票清算。法国有 6 家银行拥有自己的双边清算合约，通过银行间交易系统（Système Interbancaire Télécompensation，简写为 SIT）还可完成电子化清算。这一系统由法兰西银行运营，共有 9 家清算中心，但该系统的运营政策则由法国银行家协会决定。

在英国，自 1985 年以来所有的支付都由支付清算服务协会（APACS）控制。自 2009 年 7 月 6 日以来，支付清算服务协会不再运营，代之以英国支付管理有限公司（UK Payments Administration Ltd）。支付管理有限公司的作用是为英国支付服务业中所有的部门提供接入端口，这些部门包括银行自动清算业务（Bankers Automated Clearing Services，简写为 BACS）、支票与信用清算公司（Cheque and Credit Clearing Company）、清算所自动支付系统以及新建立的支付委员会（Payments Council），其中，支付委员会起到的作用是为行业发展制定战略。我们之前已经提到过，三类主要的支付系统包括：

- 支票与信用清算公司，提供一般性的支票清算业务。
- 清算所自动支付系统。
- 银行自动清算业务，通过一个名为 Bacstel-IP 的数据通道进行接入。

清算所自动支付系统是针对大额英镑电子化交易的当日银行间清算系统。在 1999 年 1 月欧元自动支付清算系统（CHAPS-Euro）上线，这是一个与清算所自动支付系统平行的清算系统，主要针对以欧元为主的支付和清算。

银行自动清算业务系统主要针对的是工资支付、定期付款、直接划账以及直接付款等服务，类似于美国的自动清算系统。到目前为止，它在同类清算系统中规模最大，2008 年一年内完成的清算业务就达 57 亿次，总金额达到 38 500 亿美元。该系统是当日结算制，其中直接划款交易超过 30 亿次。

跨国清算

跨国清算是一项吸引了大量关注的话题。在 1990 年 9 月欧盟委员会发布了一份有关跨国现金和电子支付的报告。这份报告中注意到如果缺乏统一的，而且与各国情况相适应的清算体系，那么欧盟一体化进程中将存在重大缺陷。在欧洲中央银行于 1999 年发布的一份报告中这一观点得到了进一步强化。

一些欧洲合作银行建立了银行间自动转账支付系统（Transferts Interbancaires de Paiements Automatisés，简称为 TIPANET），用于完成非紧急性的资金转结。使用这一系统转结资金会被收取一个固定费用——目前，通过英国互助银行完成的资金支付收取 8 英镑。

欧盟 14 个国家的划拨业务清算机构联合设立了一家跨国资金转结系统，被称为欧元直接转账系统（Eurogiro），这一机构设立于 1992 年 11 月。欧盟的储蓄银行也设立了它们自己的清算网络，被称为储蓄银行支付系统（S InterPay），该系统将 10 个国家的清算系统联系在一起。

最后，还存在一种可能性，就是将各个国家的自动清算系统联合在一起，比如将英国的清算所自动支付系统、法国的银行间交易系统（SIT）、瑞士的交易支付系统（SIS）、德国的金融支付系统（EAF）等等联系在一起。

正是由于各个国家之间存在相互独立且互不兼容的清算体系，这样让我们对建设一个有效的跨国支付系统的前景产生怀疑，而且在欧洲新的货币一体化组织中，人们已经对跨国支付表现出不满情绪，因为此类支付既不方便，也不便宜。在2003年7月欧盟通过了一项监管法案，要求当资金额在12 500欧元以内时，银行要对跨境支付和国内支付同等对待，收取相同费用，而不能对跨境支付收费更高。欧洲曾经非常乐观地预测，它们可以在2010年之前建立一个可容纳整个欧洲的跨境交易的单一资金转结系统，不过看上去这一目标不太可能实现。上述目标实际上是建立单一欧元支付区（Single Euro Payments Area，简写为SEPA）的一揽子计划中的一部分。在2008年1月，来自31个国家的超过4 300家银行一起迈出了历史性的第一步，它们达成了单一欧元支付区资金转结计划，这些银行总计占整个欧洲大约95%的支付价值。欧洲人还在讨论如何为信用卡交易流程制定一个标准化框架。

零售银行业的关键性问题

在所有的西方国家金融市场中，商业银行面对一系列的关键性挑战，它们分别是：
1. 资本实力——它们有足够的资本来支撑其业务吗？
2. 流动性——它们能否满足可预见的或者不可预见的现金需求？
3. 风险管理——它们能够正确地管理风险吗？
4. 高管薪酬——高管的薪酬是不是太高了？
5. 竞争——它们能够给出有竞争性的价格吗？
6. 成本控制——它们是否有效率？
7. 非银行类产品的销售——可以提供哪些产品？
8. 对信息技术的利用——如何利用信息技术来降低前台和后台运营体系中的成本？

资本实力

由于信贷危机的出现，很多西方金融市场中的银行都经历了整个体系近乎崩溃的历史。我们在第2章以及在本章早些时候的讨论中提到，国家必须救助那些主要的金融机构，例如苏格兰皇家银行、劳埃德集团以及花旗集团，同时还要为整个金融体系提供大量的资本和流动性支持。即使政府推出了这些不同寻常的举措，但是看上去很多银行的资本还是相当不足。这是因为投资者以及大额存款人要求银行"比安全还安全"，这样他们才愿意考虑对银行进行投资或者将大额资金存放在银行。在整个2008年，英国和美国所有的主要银行都试图筹集大量新的资本，但是这笔资金中的大部分都被用于贷款和投资的减记。在2009年，美国和英国的银行资本实力要比上一年度强一些，但是市场仍然要求注入更多资本。于是，银行只好被迫卖出非核心业务，比如它们在海外的业务以及非银行类金融服务，以此来筹集急需的资本。在当时，收缩和风险厌恶是这些银行的主要经营策略，业务的扩张只能被搁置。

流动性

将金融危机中发生的问题联系起来，我们会发现一些银行没有足够的流动性来满足客户对资金的支取。为了增加流动性，高盛集团在 2008 年 9 月决定转变其法律地位，将集团公司变为银行控股公司，这样它就可以获得更多的担保储蓄以及更多的流动性。银行监管者几乎一定会引入一些新的规则，来强迫银行持有比以往更多的流动性。

风险管理

金融危机使得监管者、银行客户、高级银行管理人员、分析师以及其他人明白，很多机构承担风险但是这些风险并没有得到合理的管理。风险被严重低估并且错误定价。在信用评级机构和专业保险公司给出评级和担保之后，这种错误定价被进一步强化，当时信用评级机构和专业保险公司宣传风险得到了正确的衡量，但事实并非如此。在 2006 年发布的一项运用 10 种不同方式度量银行风险的研究报告指出，美国和欧洲主要银行面临的风险比以往都小。当时银行家们似乎都同意这个观点，因此他们给出了史上最低的不良贷款计提率，同时也在当年获得了接近历史最好水平的利润（在英国和美国）。但是我们知道接下来发生了什么——银行体系崩溃了。这是一场大规模的骗局吗？虽然时下有不少反思，但是这个问题还是很难回答。很明显，银行业应该联合起来行动，应该更精确地度量风险。如果银行业做不到这一点，那么其结果就是需要持有更多的资本和流动性。（见《经济学人》杂志（2010）对当下金融危机所做的一个精彩的综述。）

高管薪酬

人们认为银行业高管的薪水和奖金助长了他们对贷款和证券化行为的狂热追求，这些行为在银行业崩溃中结束。在英国，Walker 报告[①]关注了英国银行和其他金融机构的公司治理问题。该报告特别强调了较弱的公司治理结构可能应该为银行高管的风险冒进行为负责，因此是金融危机的一个元凶。它建议对银行的董事会组成和职责进行更严格的监督，特别要关注高管薪酬、风险管理以及其他战略性问题。机构投资者也要求在对银行和其他金融机构的监管中发挥更积极的作用。

不断加剧的竞争

银行面临的不断加剧的竞争主要来自以下一些方面：
- 其他金融机构。
- 零售商。
- 保险公司。
- 公司内部机构。

其他金融机构

不断出现的放松管制意味着银行面对着来自其他金融机构的竞争，而这些机构在以

---

① 2009 年 2 月，英国首相布朗曾委托 David Walker 对英国银行业的公司治理进行考核和审查，以确定次贷危机在公司治理层面上对英国产生的影响。这项研究的最终报告在当年 11 月发布，简称 Walker 报告。——译者注

前都是不允许提供全面银行服务的。这些机构包括美国的储蓄贷款协会；英国的建筑协会；一般意义上的储蓄银行；某些行业的邮政银行；以及提供储蓄账户的共同基金。这些机构之间争夺储蓄的行为到了白热化阶段，我们见到英国和西班牙的银行第一次为贷方余额提供利息。而且，还存在一些外资银行，比如西班牙国际银行以及英国的联合莱斯特银行，它们都是银行业中强有力的竞争对手。

美国的银行和储蓄贷款协会大约占金融服务业市场的28%——只及20年前的一半。

零售商

零售商在零售银行业务中发挥的角色也逐渐广泛起来。在意大利，贝纳通（Benetton）[①] 公司已经是一家重要金融集团 Euromobiliare 的一部分。在瑞典，家具制造商宜家（IKEA）可以为顾客提供现金账户服务。在英国，零售商马莎百货（Marks & Spencer）公司可以提供非担保贷款、共同基金以及生命保险。一些主要的超市，比如乐购（Tesco）和森宝利（Sainsbury's）等就可以为客户提供银行账户。不过零售商并不提供支票记账功能，以避免零售银行需要面对的关键成本。这些零售商还宣称，如果需要对金融危机中出问题的英国银行进行分拆以便融资，那么它们可以购买其中的大部分。在美国，沃尔玛金融服务集团已经在提供转账、汇款、支票支付以及信用卡服务。它们每周要完成100万次的金融交易。沃尔玛金融服务集团还尝试获得联邦存款保险公司的支持，以便建立一个贷款公司来为产业工人提供小额贷款，同时还提交了在犹他州建立银行的申请。后一举动遭到银行团体的强烈反对，至今尚未成功。

保险公司

通过提供一款将保险产品与储蓄产品相结合的保险计划，保险公司也开始竞争储蓄。这种方式往往还包括利用共同基金来提高资金回报率。虽然这种方式并不是一种很新颖的业务，但是最近的竞争压力剧增。因为其中的一些保险公司正在组建银行。瑞典的保险公司 Trygg-Hansa 就在1995年10月中旬设立了一家银行，并在1999年与丹麦第二大银行合并。英国最大的寿险和投资公司保诚保险公司也开设了自己的银行，之后由于利率环境不景气，这家银行在1998年后期出现大规模亏损，在6个月内被转移到鸡蛋网的业务中，当时它已经拥有了500 000名客户和50亿英镑的存款——但是亏损额为1.75亿英镑。当初设立这家银行的目的就是向同一个客户出售多种类型的金融产品。随着利率环境的好转，鸡蛋网失去了一部分旨在套利的"热钱"和客户，但通过提供多种金融产品，这项业务开始产生一种能够自我持续的经营模式并最终在2001年最后一个季度扭亏为盈。后来保诚保险公司在2007年将鸡蛋网业务出售给花旗集团。

公司内部机构

如今，在公司内部设立银行的现象已经十分常见——福特汽车信贷、雷诺信用国际

[①] 意大利知名服饰品牌。——译者注

银行、美国投资协会金融公司（ICI Finance）、菲亚特金融服务集团、通用金融服务公司以及在德国出现的作为奥迪、宝马、克莱斯勒和大众汽车公司附属机构的银行。虽然公司内部银行机构往往在批发银行业务中产生巨大影响，但是这些机构在零售银行业务方面也在发挥着积极的作用。比如通用汽车的附属机构在进行租赁、房地产和公司金融的同时，还经营着消费贷款和信用卡业务。

成本控制

不断上升的竞争压力使得银行业中成本控制变得更为重要。逐渐地，银行在其年报中将削减成本在收入中的占比以及新增股权的资本回报视为衡量经营是否成功的指标。

美国银行的平均成本收入比为57%，但是法国、德国和意大利银行的成本收入比较高，大致在65%以上。在过去的5年中，英国银行的成本大致占其收入的55%～60%。我们可以毫不惊讶地发现，（在金融危机之前）美国银行的股东权益收益率平均为15%（在2006年和2007年分别回落到12%和9.7%，在2008年信贷危机中则突然降至0.8%）。在法国、德国和意大利，银行回报率基本在10%以下。在2000—2007年之间，英国主要银行的回报率为20%～25%。但是在2008年的时候一切都发生了变化。比如：巴克莱银行在2007年宣布其税后股东权益收益率为20.5%，但是在2008年这一数值回落到14.6%；劳埃德集团在2007年宣布其股东权益收益率为34%，但是在2008年这一数值回落到8%；最令人惊讶的是苏格兰皇家银行的股东权益收益率从2007年的18.6%下跌到2008年的−43.7%，于是政府只好对其进行救助。分析家们预测英国银行业的盈利水平会在2009年和2010年出现进一步下跌，但是他们没有预料到苏格兰皇家银行的亏损会如此严重——预计2009年股东权益收益率会达到−10%。

在零售银行业中发生的一类主要成本是分行网点建设。在最近这些年我们看到分行网点建设正在出现理性回归，所提供的服务也越来越趋于自动化。分行网点建设的理性回归是指将分行网点划分为多种类型，区别建设，比如集中处理公司业务的分行网点，主要提供完整服务的分行网点（提供全系列的银行产品），主要负责现金的支付以及存取的分行网点等。"自动化经营的分行"则包括取款机以及区域处理中心，它将分行网点变为一个与客户打交道的前台业务。其他与分行相关的议题已经在本章早些时候提及了。

零售银行业务中发生的另一类主要成本来自和纸质支付交易活动相关的处理过程。随着人们不再热衷于使用支票——在2007年，英国大约发生了440万次的支票交易，但是在1990年的顶峰时期这一数据达到了1 100万，负责支票清算业务的英国支付管理公司注意到在2008年这一数据进一步回落到360万。如今，在零售交易中只有不到3%的份额仍然属于支票交易，相比之下超过65%的份额已经让渡给了信用卡或者借记卡。在2009年9月16日，英国支付协会宣布了它的决议，将2018年10月31日设定为关闭英国中央支票清算中心的日期，这是我们所知的有效结束支票交易的确切信息。早期人们对纸质交易将会衰落的预言很显然已经实现——我们在前面就提到了零售银行向网上银行业务的转移——比如可见图4—1。

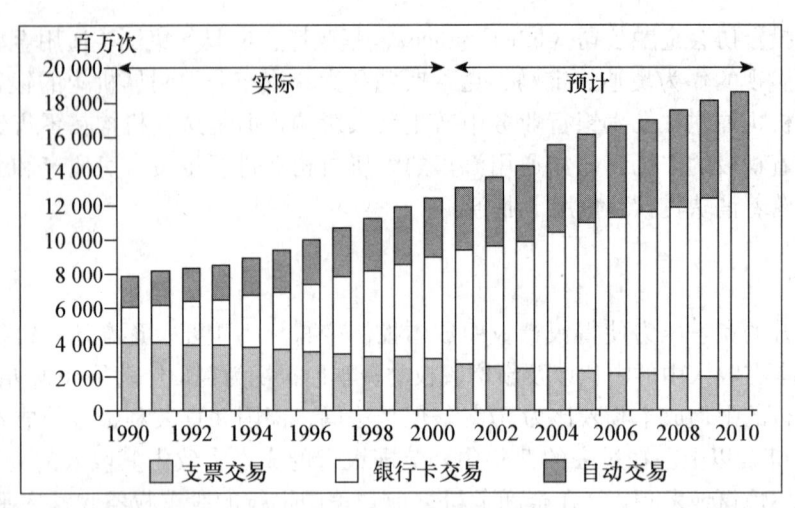

图4—1 在1990—2010年之间，英国的支票交易、银行卡交易以及自动交易的数量

资料来源：Association for Payment Clearing Services, UK, July, 1999。

一类经常被资深银行家提及的降低成本的方式就是与其他银行进行合并或者合作。第2章附录2列出了最近美国银行界发生的大型合并事件。在美国之外还存在一些规模很大的交易，其中包括：三井与住友；三菱东京与日联银行；西班牙国际银行与智利银行；西班牙毕尔巴鄂比斯开银行与西班牙对外银行；巴伐利亚联合银行与德国裕宝联合银行；苏格兰皇家银行与国民西敏寺银行以及后来的荷兰银行；苏格兰银行与哈利法克斯银行合并后成立了哈利法克斯苏格兰银行，后来由于2008年的金融危机，这一银行又被劳埃德TSB集团收购。上述合并中有很多都是基于危机进行的并购交易，或者是由政府强迫进行的合并。在此之前，银行业大量的早期并购交易的主要目的在于降低成本。银行业进行兼并与收购的主要动机在于提振经营绩效——提高利润，通过股价的上升带来更高的市场估值。参与兼并和收购交易的高级管理人员要说服银行拥有者（股东），让他们认为这项交易会通过提高盈利或者降低成本的方式来提高经营绩效。但是，即使银行拥有者认为兼并和收购将会降低经营绩效，他们也不太会对这项交易作出处罚。正因如此，银行的首席执行官会将他们希望发生的可以改进经营绩效的并购交易做大。这样，由并购带来的绩效改进或者来自于成本下降，或者来自于盈利上升——也就是市场力量。并购带来的市场力量指的是大银行会在某些特定领域形成市场主导地位，从而可以在高于完全竞争的价格水平之上进行定价。有大量研究（来自学术界、分析师以及顾问）检验了银行合并带来的绩效改进水平。具体而言，这些研究希望回答银行合并之后是否会出现成本下降或者利润改进。从20世纪80年代到90年代中期，主要针对银行并购进行的研究形成的一致意见指出：很难找到成本或盈利得到改进的证据，但是自2000年以来（至少对欧洲银行的并购来说）人们发现的证据表明银行合并后对业务的重新构建确实有用，而且可以在很大程度上带来成本的降低。其他证据也显示出成本下降的幅度确实很大——比如人们认为美国大通银行和Manny Hanny的合并案例带来的成本节省可能高达20亿美元。

当然，合并并不一定都是好的。富国银行曾是一家受到相当好评的银行，在收购了第一洲际银行后其服务质量出现问题，很多顾客因此而离开，其股价也受到重创。在 2009 年 7 月 12 日的《金融时报》中，John Plender 这样描述了人们所谓的"赢者的诅咒"：

> 美国银行在收购美林银行后出现了困境。苏格兰皇家银行在收购荷兰银行后也出现了相同困境；在多年稳健经营和稳定表现后，劳埃德 TSB 集团对哈利法克斯苏格兰银行进行收购后出现的问题更是有过之而无不及。

除了这些银行之间进行的合并之外，我们还看到不断出现的银行间合作。有些银行与其他银行进行合作，以便于当客户出国后在其他国家向其提供服务。有个叫做优尼科（Unico）的集团在荷兰、法国、德国、芬兰、奥地利、西班牙、意大利和瑞士 8 个国家建立了银行间合作机制，为 8 000 万客户提供服务。数家银行在某些特殊领域签署合作协议也是十分常见的现象，比如法国巴黎证券服务公司（BNP Paribas Securities Services）在 2009 年宣布与摩洛哥银行进行合作，在摩洛哥为国际客户提供本地清算、托管和全球性的商业信托服务。

对非银行类产品的销售

银行分支机构降低成本的另外一个方法就是销售更多的服务，以此来提升分支机构的产出能力。其中包括保险以及共同基金等产品，它们可能并不算典型的银行产品。其他的服务还包括旅行代理以及房地产代理。如今，银行雇员会为非银行类产品设定一个销售目标，此类产品销售的佣金在银行雇员收入中的占比也越来越高。

如果类似于当前出现的情况，银行也开始利润下降，成本上升，那么银行必须提高销售和营销的技巧并提供比以往更多的服务。分支机构自动化的一个目的就是使用终端设施为客户提供有关银行各类业务的所有信息。比如很多大银行安装的终端设施都能让客户全方位审视其与银行产生的联系，这些设施可以为客户提供有关产品细节的详尽说明并根据客户特点为他们推荐最适合的产品，有时还能直接给出购买相应服务的申请表格。

如今，银行开始对客户群进行细分，主要是按照社会阶层进行划分，每个阶层都有其特定的消费趋势：

- 进入青少年期之前——能否使用印有小猪图案的存钱罐来让他们对银行商标有个初步认识？
- 青少年期——高消费。银行为此类客户提供储蓄账户、自动取款机卡以及商品折扣。
- 年轻的已婚人士——还没有生育孩子，收入较高，由于可能将来会生育孩子，所以消费习惯正在改变。
- 高净值客户——拥有高收入的年轻专业人士——值得使用特殊方法进行营销。
- 超过 50 岁的人士——孩子已经长大，妻子也开始再次工作，房贷也已还清——但是退休养老的问题开始显现。
- 退休人士——往往会从养老金计划中获得高收入并具有高储蓄水平。这个群体有特殊需求。

上面提出的对消费者的分类方法已经在多个国家开始流行，带来的是银行对新型账户的设计以及利用邮件进行的营销,在以往,这些手段都和特定消费产品相联系,但是到如今这些手段则与特定消费人群相联系。在私人银行业务中对消费者进行细分的问题显得更为复杂,因为需要向富有经验的客户提供专业化的投资建议。

为了让银行实现对客户进行细分的目的,需要有一个关于消费者行为特征的大型数据库,这个数据库不仅要包含客户的会计信息,还应该包含一些有关客户的背景细节,这些信息可以让银行立刻或者在以后为客户提供针对性的新服务。在零售银行业务中,"交叉销售"成为这个行业的一个关键特征——英国主要的银行从非生息服务中赚取的收入占其总收入的40%,法国的银行在这些业务中的收入占比更高,达到了50%。

对细分客户进行精准营销的一个明显例子就是保险——例如人身保险、人寿保单、按揭支持类保险、住户保单、建筑保险、大病保险等等。我们在这里可以看到三类主要的趋势。要么是银行与保险公司完全合并,要么是银行与保险进行深度合作,相互交叉销售对方的产品,要么就是银行成立全资保险子公司。

在荷兰,荷兰国际集团就与荷兰邮政银行集团(NMB Postbank)合并,并在后来收购了比利时 BBL 银行以及巴林银行;在丹麦,Tryg-Baltica 保险公司与丹麦联合银行以及 SEB 集团完成了合并;在英国,哈利法克斯苏格兰银行收购了 Clerical 和 Medical;在比利时,比利时信贷银行(Kredietbank)、席拉银行(Cera Bank)与 ABB 保险公司合并。

银行与保险公司之间达成交叉销售协议的包括:瑞士银行集团与苏黎世保险;德累斯顿银行与安联集团;意大利人民银行与安联集团;法国巴黎银行与法国保险商 UAP;西班牙国际银行与大都会人寿。

已建立了功能完备的保险业子公司的银行包括:劳埃德银行、国民西敏寺银行、德意志银行、巴克莱银行、里昂信贷、西班牙毕尔巴鄂比斯开银行、意大利锡耶纳银行和法国农业信贷银行。自 1987 年成立以来,法国农业信贷银行的子公司 Predica 已经跃升至法国保险公司前三甲之列。

我们不应该低估银行在保险业中的参与规模。在 2009 年初,苏格兰皇家银行试图出售其主要的保险业务线,其中包括 Direct Line、Churchill 和 Privilege 三家公司,价值总计 70 亿欧元,但是没能找到买家。

对于不同企业之间的合作而言,一种怀疑态度正在悄悄露头,有证据表明,相较于保险公司销售银行类产品,银行在销售保险产品方面要成功得多。于是,在法语单词中出现了 bancassurance,在德语单词中出现了 allfinanz,这两个单词都是指银行业和保险业之间存在的联系,也就是银保。一些人甚至暗示,鉴于花旗集团卖掉了旅行家集团(Travlers),银保业务呈下降趋势。不过,当经济放缓、人们对传统贷款产品的需求减弱时,银行会设法从非传统领域创造收入,这里提到的银保业务正符合此类趋势。

在销售共同基金、保险、证券、股票和其它产品上进行的不断努力提高了利息收入之外的手续费和佣金收入。提高利润和控制成本的诉求也使得银行越来越多地针对贷款安排/透支、银行经理电话访问、发送额外的声明复制品等服务收取费用。

对信息技术的利用

无法想象现代银行可以不使用 IT 技术。如果不使用 IT 技术,那么过去 30 年中银行需要雇用的员工数量将会大增,这将使得银行无法完成如今我们看到的这种扩张。在之前讨论的很多内容里,IT技术都占据核心地位。分行自动化设施、新的银行账户数据库、电话以及家庭银行服务、电子支付终端、自动电子清算系统——所有这些在银行采取的新战略中都占据重要地位,并且得到大量投资。如果要在中欧和东欧的新兴经济体以及前苏联地区国家建立现代化的银行体系,也需要对计算机以及通讯设施进行大规模投资。正如花旗集团前董事长约翰·瑞德(John Reed)所言:"在变革的潮流中,信息就是金钱"。

当然,在信息技术中居于核心地位的是互联网。在互联网出现的早期,人们希望将大量银行业务转移到互联网上,并由此带来银行分行网点的大规模关闭以及成本的大幅下降,不过这种希望落空了。目前互联网与银行分支机构、电话中心一起,变成一种重要的产品分销渠道,这些分销渠道又构成大部分银行多渠道销售体系的一部分。这种趋势看上去更有利于大银行,因为它们拥有更多的金融资源和客户分布,建设多渠道分销体制的成本可以很好地得到分摊。

博思艾伦咨询公司通过调研研究了美国银行不同类型交易的相对成本后得到如下数据:

网上银行　　　　13美分
电话　　　　　　26美分
分行网点　　　　1.08美元

英国建筑协会给出的针对英国的数据也很类似:

互联网　　　　　8便士
电话　　　　　　35便士
分行网点　　　　70便士

互联网对分行网点系统造成的威胁是不是有些夸大了?网上银行的时代正在来临,而且这种业务还可由非银行机构(比如计算机和通讯公司)提供,在过去这些年这一趋势得到了进一步加强。给定信贷危机以来很多国家银行业所处的危险地位,考虑到分行网点的建设成本,它们中的很多都会继续推动低成本分销网络的建设。这可能意味着相比电子化的分销渠道,银行会对网点交易收取更高的费用。从某个时点开始,这种定价策略就开始在斯堪的纳维亚的银行体系中流行,由此导致的就是分行网点数目的剧减以及在整个欧洲(甚至是全世界)开始推动网上银行的快速建设。有关商业银行的其他问题主要集中在批发银行业务,这是我们接下来要讨论的主题。

批发银行业务

批发银行业务主要指银行的批发贷款,我们会在本节中进行讨论,此外,批发银行业务还包括其他一些活动,我们会在之后章节涉及此类内容,这其中包括:第6章货币市场以及第10章外汇市场。我们可以将银行的批发贷款进一步划分为非承诺授信(uncommitted facilities)和承诺授信(committed facilities)。

非承诺授信

银行在进行非承诺授信时只完成很少的正式文件,也不需要向银行的各个机构支付费用。在非承诺授信过程中,银行往往以短期贷款的形式借出资金,但并不承诺在未来会更新这笔贷款的条件。因此,此类授信的典型特征就是可以还后再贷(revolving),也就是说客户可以先偿还贷款,然后再次取出这笔资金。此类授信模式存在 3 种类型。

透支

这是英国很多中小企业最喜欢的贷款方式。在这种方式下,银行允许客户在一个给定的最大数额之内进行透支。利息则依照贷款透支金额逐日计算,在绝大多数情况下利息率等于银行基准利率(而不是 LIBOR[①],可见下面的解释)外加一个给定的利润率。这种贷款合同的期限一般是 6 个月。银行不一定会去更新这份合同,不过它们很愿意这样做。和正式的贷款相比,以这种方式进行贷款的特点是不存在还款合同。此外,法律规定如果银行要求客户还贷,那么客户就得偿还。

额度授信

在这种方式下,银行可以在一个最大额度之下向客户贷出 1 个月、3 个月和半年期贷款。利息则依照银行间市场的利率来确定。当贷款到期时,客户还可以偿还后再进行贷款。

银行承兑汇票

在银行承兑汇票业务中,在一个给定数额——承兑信用(acceptance credits)——之内,银行同意接受汇票。银行接受汇票时候有可能会对其贴现,或者顾客在和其他银行进行交易时会对自己持有的汇票进行贴现。比如,考虑期限为 1 个月的银行承兑汇票,本来在 1 个月后顾客应该对这个汇票进行偿付,但是它也可以选择将自己拥有的另外一张汇票贴现后交给银行以完成偿付责任。如果银行对汇票进行贴现,那么它会将这个汇票计入本行资产负债表的相应科目中,或者在贴现市场进行出售。目前,最好的汇票是**银行汇票**(bank bills)或者说**合格票据**(eligible bills)。这些票据具有的特点是:

1. 可被中央银行认定为最高质量的票据。
2. 必须代表一项真实发生的交易行为,但是房地产以及保险类交易也可算在其中。

当中央银行行使最后贷款人角色时,银行可以将合格票据卖给中央银行。因此,此类票据具有很高的流动性。

在合格票据之外,银行也可以签发一些其他类型的票据,这些票据不在中央银行的可接受名单中,因此被称为**不合格银行票据**(ineligible bank bills)。有时交易商也可以签发一些票据,它们被称为**商业汇票**(trade bills)。而且有时交易商的信用可能要比一些银

---

① LIBOR 是指伦敦银行同业拆借利率。——译者注

行还高,但是中央银行不会对这类汇票进行再贴现。

上面给出的3类批发贷款行为都属于非承诺授信。有时候也称这些业务具有"自我偿付"(self-liquidating)的能力。比如某个票据将要在1个月后到期并向银行偿还借款。此类贷款往往用于增加偿付债务所需的资金。例如一家制造泳衣的企业会在时令季节之前进行大规模生产,这带来库存增加以及对工资的支付。随着泳衣在市场上卖出,现金流入,贷款便可得到偿还。

承诺授信

此类贷款授信往往是一年期以上的。银行向顾客做出贷款承诺,与客户达成正式的贷款合同并在合同里订立一个费率结构。可以将承诺授信划分为3类方式,此外还有一种特殊的承诺授信——项目融资。

定期贷款

定期贷款的期限往往在5年以内,有些情况下也可能是7年。此类贷款是分期偿还的,也就是说借款人会分步偿还借贷资金,不过在借款后的开头几年可能存在一个宽限期。有时贷款人也可以在期末一次性付清(bullet repayment)。在定期贷款中支付的利息与银行间市场利率相关。当客户偿还部分借款后,该部分借款不能再次贷出。

备用信用

这里,贷款可以分阶段获得,同时未获得的那部分贷款也不会失去其可得性。不过一旦贷款得到偿还,这部分资金便不可再次贷出。备用信用的时间期限要比定期贷款短很多,主要用于一些存在支付预期的资金需求,比如商业票据。如果正式的借款方式能够行得通,可能就不会发生备用信用这样的交易。

我们可以将备用信用的执行计划分为3部分,分别是总承诺额度、已使用数量和未使用数量。考虑一笔总额为2亿美元,可分期获得但偿还后不可再次借出的备用信用计划,银行家针对备用信用计划的安排可以是表4—2所示的那样。

表 4—2   分批获得银行家的承诺贷款

日期		总承诺数额	已经使用的	尚未使用的
1/1	达成协议	2亿美元	—	2亿美元
2/1	借入7 500万美元	2亿美元	7 500万美元	1.25亿美元
31/1	借入2 500万美元	2亿美元	1亿美元	1亿美元
12/2	偿还5 000万美元	2亿美元	1亿美元	1亿美元
1/5	借入1亿美元	2亿美元	2亿美元	—
1/7	偿还1亿美元	2亿美元	2亿美元	—
1/10	偿还5 000万美元	2亿美元	2亿美元	—
1/1	到期	—	—	—

注:利息是浮动的,与银行间利率相联系——LIBOR、EURIBOR,或者是美国的"基准利率"(prime rate)。

循环信用

循环信用（revolving credit）的特点是这笔贷款不但可以分批支取，而且一旦客户偿还部分贷款，银行可以在给定的限额内继续向顾客贷出这笔钱，也就是说循环信用中的资金额度可以重复使用。因此我们称这种承诺授信为循环信用——只要借款金额没有超过承诺总额，借款人就可以继续要求贷款。顾客向银行提供合适的通知，然后就可以在合同规定的时期内再次贷款。假设银行的承诺授信额度为2亿美元，我们可以在表4—3中考察循环信用和备用信用之间的区别。

一般来说，此类贷款都是无担保的。如果银行需要担保，那么往往是用以下财产进行担保：房地产、应收账款、工厂/设备、债券/股票、提货单以及存货。

如果客户是在伦敦市场得到的资金，那么这笔贷款会以和**伦敦银行同业拆借利率**（LIBOR）相联系的浮动利率计算利息。但什么是LIBOR？首先，LIBOR每天都会变化。在达成贷款合同时，LIBOR就是参考银行在早上11点整给出的利率。如果贷款具有双边性，那么LIBOR就是借款银行在早上11点整给出的利率，这个利率是银行将一个季度或者半年内的利率展期后计算得到的一个新利率。如果贷款属于银团贷款，那么会提名3家参考银行，LIBOR就是这3家银行提出的LIBOR值的平均值。LIBOR利率有时也被称为英国银行家协会利率（BBA LIBOR，其中BBA指British Bankers' Association），或者还被称为"显示利率"（screen rate）。英国银行家协会为美元、欧元、英镑等主要货币列出了16家参考银行。路透社在计算LIBOR时会去掉最高的4家银行和最低的4家银行，然后对剩下的8家银行取平均值。在每天上午11点整，路透社都会将这个利率显示在交易屏幕上，因此人们称其为显示利率。当然，LIBOR也可能是英镑、美元或者日元以及其他任何货币的。如果货币是欧元，那就称之为**欧元 LIBOR**（Euro LIBOR），但是请不要将它和**欧元同业拆借利率**（EURIBOR）混淆，后者指的是欧盟16个国家组成的货币体的银行间市场所形成的利率。

表 4—3　　　　　　　　　　借入/偿还明细表

日期		总承诺数额	已经使用的	尚未使用的
1/1	达成协议	2亿美元	—	2亿美元
2/1	借入7 500万美元	2亿美元	7 500万美元	1.25亿美元
31/1	借入2 500万美元	2亿美元	1亿美元	1亿美元
12/2	偿还5 000万美元	2亿美元	5 000万美元	1.5亿美元
1/5	借入1亿美元	2亿美元	1.5亿美元	5 000万美元
1/7	偿还1亿美元	2亿美元	5 000万美元	1.5亿美元
1/9	借入7 500万美元	2亿美元	1.25亿美元	7 500万美元
1/10	偿还1亿美元	2亿美元	2 500万美元	1.75亿美元

注：利息是浮动的，与银行间利率相联系。

在备用信用和循环信用的贷款文件中，经常会出现一个词"回转授信"（swingline facility）。有时借款人需要在某一天向投资人以美元偿还一笔贷款，但是之后他发现自己无法完成这次还款。回转授信就是由纽约的银行发出的，以当天美元（并不一定以美元为基础，不过通常都是美元）为基础的一项担保，以此来应对这种应急需要。一位银行家曾经这样描述道，回转授信是一个双保险，它可以确保一个公司或组织的信用评级看上去像贷款发售时那样好。

一旦银行承诺贷款，由于存在一个正式的合同，所以无论贷款使用者是否完全运用这笔资金，都要支付相应的费用。

签订循环信用合同时可能需要花费一项前期费用或者是授信费用。此外还存在一个承诺费用。比如，一家银行支持一项3年期的备用信用，但是其中有5 000万美元的额度一直没有使用。由于银行已经承诺了这一贷款额度，因此在资本率规则下使用了自己的资本金，所以银行往往按照承诺额度收取承诺费。这笔费用往往占到贷款**利润**（margin）的50%。这里，贷款利润是指银行向客户实际使用的信用额度所收取的超过LIBOR的那部分利率，比如，利率可以定为LIBOR+50个**基点**（basis points），于是这50个基点就是贷款利润。

银行可以通过多种方式收取承诺费，比如按照整个信用额度进行收费，也可能按照已用信用额度和未使用信用额度进行收费（这两个额度上的利率有所不同）。最近，在沙特欧洲石化公司（Saudi-European Petrochemical Corporation）获得的一笔贷款中，已用信用额度的贷款利润是25个基点，未用信用额度的贷款利润是12.5个基点。

正如我们在第3章看到的，中央银行可能要求所有银行将一部分银行之间形成的合格负债（eligible liabilities）存入中央银行，但是不支付利息。由于银行家本来可以将这部分资金再次贷出以获得收入，因此他们认为这也是贷款的成本来源之一，需要得到补充。

项目融资

项目融资（project finance）是一种特殊的定期贷款，它的特殊性在于项目贷款的期限可能会远长于普通的定期贷款，而且其结构往往会更加复杂。项目贷款所针对的项目往往是一些大规模的勘探或者建筑项目（比如欧洲隧道、横跨博斯普鲁斯海峡的桥梁以及其他类似项目），这些项目需要一类更为复杂而且更为耗时的贷款合同。特别的，在对这些项目进行贷款时，往往无法得到来自政府或者母公司实体的担保（银行的资源就是来自于项目的现金流，即有限追索权），在这种情况下银行需要了解项目所有盈利状况的全貌，以此来确保该项目确实可以完成未来的债务偿还责任。它们可能还需要检查建筑项目与其他企业签订的合同，如果可能，还会考察与其他企业签订的用以出售服务的合同。

最近发生的项目融资包括：为耐思特石油公司（Neste Petroleum）提供的10年期4亿美元贷款，该公司是芬兰国有石油公司的全资子公司；为英国石油公司BP在挪威的石油勘探项目提供的11亿美元授信；为Agip（英国）进行北海石油开发提供的6亿美元授信，该公司是一家意大利国有石油集团的一部分；以及为蒂赛德（Teesside）发电厂提供的7.95亿美元授信。在耐思特石油公司的案例中，虽然没有确切的担保，但是银行默认耐思特石油公司的母公司会对这家公司进行全力支持。对Agip提供的贷款则会在前两年由其母公司担保，之后转为具有优先追索权的项目。

在信贷危机之前，以项目融资方式进行的承诺授信一直处于方兴未艾的状态，到

2008年秋季这一融资模式达到顶峰，然后开始回落，到2009年中期几乎消失。不过在目前看，这一模式又在逐渐兴起，但是相比过去几年的状况，目前项目融资表现出数量小、成本高以及贷款期限更短的特点。在信贷危机之前，一个典型的银团式项目融资的贷款期限往往达到15~20年，支付的利息只是在LIBOR之上再加100个基点。在2009年6月，卡塔尔天然气运输公司（Nakilat）获得9.49亿美元的贷款，它要用这笔资金支付购买天然气运输船的款项。到2009年夏末，预计还会有另外三项大型项目融资达成协议，它们分别是为巴林Addur电力和水利设施提供的17亿美元贷款以及其他两个在阿联酋阿布扎比的价值数十亿美元的项目。为巴林Addur电力和水利设施提供的17亿美元贷款的期限是8年，利率是LIBOR加350个基点。很多评论家指出在当前的经济形势下，很多国际性银行不会考虑借出期限超过10年，利率低于LOBOR加250个基点的项目融资。而且以往银行提供的项目融资额往往等于项目成本的90%，但如今这一比例降至70%。

银团贷款

由于一家银行可能不愿承担一笔贷款所需的所有资金，于是出现银团贷款。对于那些没能够和主要企业形成紧密关系的银行，以及没有足够资源和大银行竞争贷款项目的银行来说，银团贷款能让它们在此类贷款市场占据一定的份额，因此这些银行也会感到满意。

在20世纪70年代，银团贷款十分常见，当时我们看到的是"石油美元"以贷款的方式在主权债务国和跨国公司之间来回流动。这带来的是以1982年8月墨西哥债务违约为代表的欠发达国家债务危机（见第6章）。自那以后的很多年里，大型国际银团贷款的数量一直下降，不过在最近这一模式又开始有所恢复。很多银行发现由于资产负债表受到削弱，而且资本约束还会带来限制，银团贷款项目的操作正变得越来越难。造成这种现象的一个主要原因就是自1982年以来新的银团贷款形式的兴起——票据发行便利和循环包销便利。

票据发行便利和循环包销便利

20世纪80年代是票据发行便利（NIFs）、循环包销便利（RUFs）以及多选择融资便利（MOFs）等很多其他形式贷款快速发展的时期。这也是一个充满竞争的年代，当时来自日本的银行在这一领域具有很强的竞争力。在1986年，后来的巴克莱集团主席指控日本银行"倾销资金"，这有点类似于上个世纪20—30年代人们指控企业倾销商品。票据发行便利的英文名字是note issuance facility，循环包销便利的英文名称是revolving underwriting facility（不过，你要是去向6位银行家询问二者之间的区别，你会得到6个不同的答案）。

在上个世纪80年代同样还出现了利用招标组的形式来获取银行贷款的方式，在这种模式下银行在争取贷款业务和承兑汇票方面体现出充分竞争的业态。比如，一家经常使用汇票进行融资的企业会定期利用招标组的形式接受一些银行的汇票。这带给我们另一个缩写——RAFT（revolving acceptance facility by tender）——即竞标式周转汇票。

票据发行便利和循环包销便利都是企业利用票据向银行融资的方式。这种票据又被称为欧洲票据（Euronote），它们的期限往往是1个月、3个月和半年。实际上它们是一类短期欧洲债券。票据发行便利和循环包销便利都是一类循环信用，准备做这项业务的银行需要组成一个招标组来购买顾客的票据。如果在给定的贷款利率下企业不愿卖出该项票据，那么就需要由承销银行组成的团体来提供备用信用以方便资金的借出。这就完成了一笔贷款的包销业务。因此，票据发行便利和循环包销便利都是一种混合形式的贷款，其中既包括了商业银行业务，也包括了投资银行业务。在这个过程中银行可获得一定的费用，在不违反1933年《格拉斯-斯蒂格尔法案》（Glass-Steagall Act）的前提下，美国银行也可以参与其中。在1982—1986年之间，票据发行便利、循环包销便利以及欧洲票据都成为美国银行业监管者不安的来源。

如今，正式的1个月、3个月和半年期的欧洲债券已经消失，在现代社会能够发挥相同特点的同类金融产品是欧洲商业票据（Eurocommercial paper，简称为ECP）或者中期票据。（英格兰银行将欧洲汇票当做短期欧元货币的通用名称，它可以是欧元存款凭证或者欧洲商业票据。）

多选择融资便利

在1986—1987年间，一种更为灵活的授信模式——**多选择融资便利**（multiple option facility）——开始出现。与承销银行只承诺使用一种借款方式（比如欧洲票据）不同，在这种模式下银行向企业的贷款承诺是多样化的。这种多样化的贷款可以是下面的几种类型：

- 银行贷款（多国货币形式）。
- 承兑汇票。
- 商业票据——针对国内。
- 欧洲商业票据。

在一个可周转的基础上，计划提供贷款的银行会组成一个招标组，然后对银行提供的贷款或者银行承兑汇票提出价格，以此来满足客户的需要。比如3个月期1 000万美元的贷款。与此同时，计划提供贷款的银行还会为这笔交易签订一个商业票据交易合同。之后，银行需要和客户进行沟通以便使用最具吸引力的方式为企业提供贷款。不过，如果最有吸引力的那种贷款方式的利率仍然在某个借款利率之上，那么该组承销银行就得同意借款给企业或者按照已经达成的数额签订汇票。在一开始，这种方法看上去更为灵活地向市场提供了多种客户需要的授信方式，多选择融资便利也经历了多年的发展，但之后开始出现问题。

在一开始，银行监管者认为多选择融资便利具有明显的表外风险，要求银行的资本金准备要覆盖到此类贷款业务。比如，假设承销组一致同意可以提供的保证利率是LIBOR外加50个基点。银行监管者认为如果市场要求一个更高的利率，那么这反过来说明客户的信用水平没有那么好。于是承销组被迫以一致同意的利率向顾客借出资金，而顾客的信用水平正在下降。英格兰银行决定对信用额度中没有使用的资金，要假设其中的50％已经使用，以此来确定银行用以支持此项贷款的资本金数量。德国中央银行对这类贷款的看法要宽容一些。后来，在巴塞尔协议的框架下，英格兰银行提出的规则得到进一步放宽。因此，多选择融资便利的一个劣势就是银行必须为此类贷款提供资本金支持，但在这类贷款一开始流行的时候并无此类要求。

经济的衰退还会带来其他一些问题。起初，很多客户的信用评级水平确实出现了恶化，这使得承销银行承担相应的问题。后来，由于交易量萎缩，很多顾客取消贷款约定（见后面的讨论）。如果贷款约定被取消，整个贷款合同都要重新进行谈判但是所有银行都必须同意修改后的合同。有时做出最少量贷款承诺的一到两家银行可能不同意修改后的合同。在1989年发生的一件相当有名的案例中，罗兰爱思（Laura Ashley）公司差点因此而破产。

最后，贷款市场也变得不像以往那样具有竞争性——贷款市场开始变成一个贷方市场而不是借方市场。其中的一部分原因是日本银行离开国际贷款市场。1990年1月，日本股票市场暴跌，房地产价值严重缩水。日本人开始在国际贷款市场收缩业务。在1989年，日本银行占据了以外币进行交易的国际银行贷款市场37％的份额（来自BIS的数据）。到2008年12月份，这一数字降至5％。日本银行离开国际贷款市场，再加上资本约束的实行以及如今发生的经济衰退，使得银行在市场中再次拥有主导权。如今它们不再愿意被强行拉入招标组来从事原本没有吸引力的业务。在伦敦，这还使得银行在LIBOR之上的利润空间增大。企业也发现了相同的问题。它们一方面想促使银行降低放贷过程中的利润水平，另一方面还希望在市场行情不好的时候银行能够联合起来发放贷款。对后者而言，就开始出现越来越多的关系型贷款。经合组织在1992年6月发表的金融市场发展趋势中对银团贷款市场的变化和不断降低的银团贷款数量作出如下评论："很多潜在借款人信用程度的不确定性使得金融机构在利润改进和提高资产质量的要求下提高了警惕性"。

随着20世纪90年代早期西方世界衰退的结束，银行在1995年开始再次出现现金充裕的情况，虽然多选择融资便利的概念已几近消失，但银行利润率开始再次下降。之后1997—1998年的全球性危机导致银行利润率再次上升。比如，英国的鲍尔根（Powergen）公司在1998年中期获得一笔5年期24亿英镑的贷款用以收购英国中东部地区的电力系统，当时的利率是LIBOR外加50个基点，但是该公司之前获得的银团贷款的利率只是LIBOR外加22.5个基点。同样的，巴斯（Bass）集团在对洲际酒店进行收购时获得了来自银行的30亿英镑的银团贷款，利率为LIBOR外加22.5~27.5个基点（不同基点对应于不同的贷款期限），但是这家公司之前获得的贷款利率只有LIBOR外加15个基点。

为了让贷款更具灵活性，银行还成立了一个正式的二级市场，在这个市场中银行可以将贷款承诺出售给其他银行。银行贷款往往在美国进行交易，但是到现在欧洲贷款也开始多了起来。这些贷款主要是一些不良债务。

在1996年12月份，伦敦的7家银行成立了贷款市场委员会（Loan Market Association）。到现在为止，该委员会已经拥有380位企业会员，其中包括银行、机构投资者、律师事务所、评级机构以及系统供应商,这些机构都在参与国际银团贷款市场中的业务。

英国的帝国化学工业集团（Imperial Chemical Industries,简写为 ICI）在 1997 年获得的 85 亿英镑贷款是银团贷款市场发展历史上的分水岭,因为其中的 10 亿英镑贷款可在市场上进行 6 个月内的交易。

在 1999 年 3 月,监管当局出台了不良贷款在二级市场进行交易的行为规则。比如,其中完成的交易就包括巴黎迪士尼乐园和欧洲隧道项目涉及的贷款。于是,有风险的贷款变成了另外一种产品。

银团贷款往往比债券发行具有更大的灵活性,因为在银团贷款中企业可以根据自身需要来支取资金,贷款协议的达成也较为迅速。不过,发行债券的好处在于它能在并购交易中发挥重要作用。

在信贷危机之前,全球银团贷款市场经历了显著增长。在 2007 年这一市场的贷款资金总量达到 4.5 万亿美元,比 2006 年增长 13%,比 2005 年增长 32%。根据 Dealogic 公司——一家提供全球投资银行分析和系统的研究机构——提供的研究数据,相比于 2007 年上半年 2.6 万亿美元的市场规模,在 2008 年上半年,全球银团贷款市场萎缩了 42%,只剩下 1.5 万亿美元的规模。银团贷款交易达成数量也在减少。在 2007 年上半年全世界完成了超过 5 000 项的银团贷款协议,但是到 2008 年上半年这一数字只剩下 3 500。在整个 2008 年,由于金融市场融资环境的恶化以及对全球经济的担忧,银团贷款的交易量和新达成协议数量都下降了三分之二。在 2009 年,银团贷款主要被用于以下 3 项业务：为企业的并购行为融资、对已有的贷款进行再融资以及对不良贷款进行再融资。比如,西班牙天然气公司通过获得 183 亿美元的贷款来完成对公用设施公司诺萨联合集团（Union Fenosa）进行收购。意大利国家电力公司（Enel）也获得了 80 亿美元的贷款,用以完成对西班牙思德萨电力公司（Endesa）25% 股权的收购,该公司是西班牙的公用事业公司。

术语

我们在之前提到了如下的贷款业务——定期贷款、备用信用和循环信用——这些贷款往往都以银团贷款的形式出现,在其中会涉及对下面这些术语的运用：

1. 主导银行/主要经办银行（Arranger/lead manager）：在贷款协议开始协商的初期,主导银行或者主要经办银行需要和顾客达成协议,讨论在安排贷款时可能出现的问题。它们就贷款结构、到期时间以及借款合同等方面向借款人提出建议。主导银行会对项目中的其他贷款人的参与进行协调。虽然在此过程中会任命一家银行做账簿管理人（book-runner）,但是账薄管理人的任务主要是负责将银团贷款整合在一起的一些跑腿性质的工作。一旦银团贷款整合完毕,账薄管理人的使命就完成。一旦与顾客的商谈结束,就会对联席经办银行（co-managers）发出邀请。

2. 联席经办银行：联席经办银行和主导银行一起签订向企业提供银团贷款的协议,这时顾客想要获得的资金已经得到担保。每个联席经办银行都可以在银团贷款中获得一定份额,比如 2 亿美元。

3. 参与银行（Participating banks）：每个联席经办银行可以邀请 4 家银行来参与银

团贷款，比如每家占 2 500 万美元的份额。

4. 代理人银行（The agent）：代理人银行扮演的角色十分重要，而且也会在银团贷款的创建过程中获得一笔费用。在这里代理人银行起到一个管理人的角色。代理人银行从每个参与银行中收集贷款，然后将其支付给借款人。类似的，当借款人开始偿还贷款时，代理人银行又需要按照每个参与银行在银团贷款中所占的份额完成还款行为。此外每隔 3 个月或者半年，代理人银行都要通知借款人用以计算利息的利率值，这个利率值和银行间市场利率相联系。代理人银行对有关银团贷款的一切文件负有责任，还需要向借款人和贷款人通知所有与贷款合同相关的信息。代理人银行虽然不面对信贷风险，但是会承担其他风险。如果代理人银行在操作过程中出现错误，损失了银团成员的资金，那么它就要负责解决这个问题。

正如在双边贷款中看到的那样，银团贷款中还存在多种类型的费用：

1. 授信或者说前端费用（Facility or front end fee）：如果客户已经同意了银团贷款的安排，那么所有参与其中的银行都会获得一笔前端费用或者授信费用。这笔费用可能是一笔固定费用，也可能是贷款金额的某个比例。鉴于主导银行在组织银团贷款中发挥的特殊作用，它还会获得额外的一笔费用，称为额外酬金（praecipium）。

2. 承销费用（Underwriting fees）：这笔费用支付给承销银行组成的团体，承销银行在拓展银团贷款成员之前就已经对顾客承诺了贷款。这种承诺是存在风险的。比如，在 Magnet Joinery 公司进行管理层收购的案例中，美国信孚银行（Bankers Trust）率领一小部分主导银行做承销团队，它们发现潜在的银团贷款成员觉得它们无法承受这笔交易的风险，因而收回了对银团贷款的支持，只有承销团队里的银行愿意进行贷款——确实，事实证明收回对这笔银团贷款的决策是非常明智的。

3. 代理人费用（Agent's fee）：这笔费用是支付给代理人的，用以补偿它在银团贷款中所担负的职责，我们在前面已经提到了这些职责。

4. 承诺费用（Commitment fee）：在双边贷款中我们已经提到了这个概念。这是以承诺贷款数目的某个基点进行计算的费用，因为承诺贷款需要银行用自有资本来支持。正如我们看到的，承诺费用的计算可能会按照总贷款额，也可能按照已用授信额度或未用授信额度（或者二者的混合）来计算。一般来说，这笔费用是按照未用授信额度计算的，往往占到银团贷款利润的 50%。

5. 贷款利润（Loan margin）：它等于银团贷款中超过银行同业拆借利率的那部分利率，比如假设银团贷款的利率是 LIBOR 之上再加 50 个基点，那么这 50 个基点就是贷款利润。贷款利润可能不是一个固定的数值，它依赖于顾客分多少批支取资金。

虽然承诺费用往往占贷款利润的 50%，但是这个数字存在各种变化的可能。比如德国蒂森克虏伯集团（German Thyssen Group）获得了一笔 12 亿美元、为期 7 年的循环信用。在这笔贷款中前端费用占 8 个基点，超过 LIBOR 的那部分利润依赖于蒂森克虏伯集团对这笔贷款的使用方式，例如如果这笔贷款的使用量只有 33%，那么贷款利润为 10 个基点，如果这笔贷款使用数量超过 66%，那么贷款利润为 20 个基点。

票据发行便利、循环包销便利以及多选择融资便利都是不同类型的循环信用。一般来说，除非贷款金额适中，否则贷款、备用信用、循环信用以及项目融资都可能表现为银团贷款的形式。

在上个世纪80年代发生于银团贷款市场中的激烈竞争让很多人开始讨论关系型银行业务（relationship banking）以及双边贷款协议（bilateral agreements）。

关系型银行业务

关系型银行业务意味着企业愿意和少数银行结成密切联系，在达成贷款协议时进行双边协商。

不过，除非银团贷款牵涉到的银行数量很少，否则双边合同往往只在企业和拥有大量资源的资深银行财务部门之间达成。代理人银行在组织银团贷款时完成的工作不可低估。如果一个银团贷款涉及30家银行，那么对企业来说，只与代理人银行交流就方便得多——由代理人银行再与其余的银行进行交流，如果不这样做，那么企业就需要同时和30家银行进行协商。

贷款协议

如果是贷款采取银团贷款的模式，那么就会存在一个贷款协议和一组条款，同时客户在不同银行的欠债数目要分别计算。

一般来说，贷款协议由下面四个部分组成：

1. 引言：这部分包括贷款数额、贷款用途、分批支取贷款的条件，特别的，还要列出参与贷款的银行。

2. 授信额度：银团贷款可能会被客户分批支取，而不同批次面临的利息和偿付方式也不一样。因此，这部分还要对分批支取的详细条款进行说明。

3. 偿付方式：这部分内容包括如何计算利息、如何计算银行间市场利率，还包括偿付合约、费用以及其他类似的收费。

4. 预备性条款：这部分主要是针对双方的保护性条款，比如银行给予授信的承诺合约、企业违约时的操作以及企业基本面发生变化后的处理程序。

最终，在顾客从银行支取资金之前，包含上述四部分内容的文件被寄给代理银行。代理银行必须确保文件上所有涉及的内容都得到了双方的同意。

承诺授信合约

在贷款协议中，存在一个承诺授信合约，当借款人的"健康"状况发生变化时这一合约可被用来保护银行。如果借款人违反承诺授信合约，那么银行可以收回对企业做出的授信承诺。在这种情况下银团贷款中前期达成的整个贷款安排都需要重新进行协商。一般情况下的承诺授信合约包括以下内容：

● 利息覆盖率（Interest cover）：这个比率表示的是公司利润（息税前利润）和它需要支付的利息之间的关系。设置这个比率的目的在于保障借款人在支付贷款利息之后还能有一个较为宽松的利润水平。如果借款人做不到这一点，那么这意味着它在未来很难偿还贷款本金。有时候在计算这个比率时也会用现金流代替利润。不过，需要知道的是利润和现金流是两码事。

- 净资产：假设借款人将所有资产卖出并偿还所有负债，它还剩下什么？一般来说这样做后剩下的是股本金和公积金，同时加上（减去）当期利润（当期损失），再减去声誉资本以及应该支付的税收和股利。在承诺授信合约中往往会设定一个最低的净资产额。
- 总借款数：总借款数必须小于某个值，而且这个数值中必须包括分期付款、金融租赁以及可赎回金融工具（见第 6 章）。
- 杠杆率：杠杆率等于长期负债和资本之间的比例，这里资本是指借款人的净资产。在承诺授信合约中会对企业的杠杆率设定一个最高值。
- 流动比率：这个比率等于流动资产和流动负债之比，在承诺授信合约中会对这个值设定一个最小值。

与违约相关的事项

与违约相关的事项是指一系列可能发生的情况，当这些情况发生则会认定借款人正在违约，比如，借款人破产、企业所有权发生变化以及类似情形。在贷款协议中还存在一个十分重要的交叉违约条款。这个条款的意思是如果借款人在其他贷款或者债务上出现违约，那么这也会导致它在协议所约定的这笔贷款中违约。

消极担保

客户没有从任何第三方那里获得对所贷款项的担保。

转让

银团贷款的参与银行可以与另外一家银行签署协议，将它对客户承诺的部分授信转至该银行。不过这个协议的达成必须要有借款人的同意，但是在贷款协议中可能会这样写道："该项协议不可被无理由终止"。不过，在银行卖出任何贷款之前，这项协议都可能造成卖出不顺利。

从属参与

从属参与是指银团贷款的参与银行可以将一部分贷款额度借给另外一家银行，同时利率转至这家银行。在这种安排下，原来与客户达成的银团贷款协议不受影响。

转移或转让

在转移或者转让操作中需要对贷款文件进行修改，借款人也会对由此产生的变化提高警惕，对于受让人而言，它从法律上已经是负责相应授信份额的贷款人。不过借款人可能会担心他们与受让人没有形成紧密的联系，从而在自己遇到问题时无法解决。

为什么银团贷款成员要将它所拥有的授信份额卖出？资本比率的约束可能会使银行很难提供新的贷款。这样将一部分授信份额转让可能会让银行将资金用在其他更有利润的地方。此外为了改善资本比率，资金可能无法进一步借出。如果银行的资本金不存在问题，那么转让授信份额主要是为了将资金解放出来投入到更有利润的地方。通过转让授信份额，银行可能获得 LIBOR 外加 22 个基点的利率，而不是 LIBOR 外加 20 个基点的利率，从而在一定程度上提高利润。

在英国，即使是转让或者从属参与，也要面对详尽的监管（英格兰银行，1989）。

批发银行的其他事项

商业银行面临的关键问题就是对公贷款变得不再具有吸引力，市场也在萎缩。竞争压力导致对贷款收取的费用降低到几乎无利润可言的水平。在过去 10 年中，全球资本市场上股票和债券的发行经历了显著的增长，它们在金融市场上份额的增长带来的是银行贷款规模的下降。随着欧元的到来，这一趋势得到进一步加强。在欧元区 16 个国家中，一个统一的公司债市场开始出现并占据主导地位，这进一步加速了欧洲大陆中用债券代替银行贷款的趋势，而在以前，欧洲大陆中银行贷款占据主流融资渠道，债券并不流行。

上述趋势的一个结果就是银行倾向于做出更具风险同时利润也更加丰厚的贷款。现如今，很多贷款都流向信用评级在投资级以下的公司、对冲基金以及私募基金（见第 8 章的内容），这些机构愿意大量吸收风险。事实上，2005 年 10 月由 Close Bros Corporate Finance——一家来自欧洲的独立公司金融顾问公司完成的调研报告就控诉了银行鼓励私募股权机构举借过多的债务。从大体上看，公司债的规模在增加。受到低利率的吸引，一些公司开始借钱回购股份。银行贷款利润中存在的竞争压力带来的另一个后果就是将高质量、低利润的贷款从银行的资产负债表中拿走，将其打包形成证券后再次卖出——我们在第 6 章会进一步解释这一操作的过程。

批发银行业务领域的竞争正在加剧，而且来自资本市场的竞争尤为显著，这使得很多大型商业银行开始通过收购来进入投资银行业务。在早期，此类交易的例子有：德意志银行（Deutsche Bank）和美国信孚银行的合并；瑞士银行公司（Swiss Bank Corporation）与华宝德威（Warburg Dillon Read）的合并；荷兰国际集团对巴林银行的收购。不过这些并购行为并不总是成功的。在英国，正是由于投资银行子公司带来的亏损，巴克莱银行和国民西敏寺银行的合并就曾带来过重大损失，还进一步导致巴克莱银行缩减业务经营范围。巴克莱银行将其经营的投资银行业务进行拆分，只留下了属于巴克莱资本的债券市场业务。这种业务收缩出奇地成功。在巴克莱银行 2008 年的年报中，巴克莱资本带来的利润占整个银行利润的 40% 以上，不过零售银行业务的利润较为平稳——也许这是在预料之中的事情。商业银行业务和投资银行业务有着不同的文化基因，将这两项业务合并可能会导致严重后果。在推动这种合并时，银行的初衷在于为顾客提供全方位服务，但是客户真的关心这种全方位服务吗？顾客往往使用一家银行来完成债券发行事项，但是又从另一家银行获取贷款，这时合并的优势并没有显现出来。

行文至此，需要提及的是在过去几十年中，银行通过投资银行业务来参与市场活动的程度有了显著增加，这种趋势一部分反映出全能银行的发展潮流，同时也源于技术进步，这种进步使得对一系列高度复杂、高利润性的金融工具的定价和交易变得更为简单。银行对资本市场的依赖程度在增加，这既是因为资本市场是银行资金的来源，也是因为银行需要利用资本市场进行风险控制（对冲）以及完成各种不同类型的交易，其中包括对银团贷款以及其他信用产品、证券化产品的交易。其结果就是银行和资本市场互动后形成一张相互依赖的复杂的金融网络。银行越来越多地使用证券化技巧，通过这种方式将信贷从资产负债表中拿走，同时还能获得一笔资金来支持进一步的贷款扩张。自这次信贷危机以来，当银行间借贷市场和证券化市场崩溃时，投资银行和商业银行的破产便接踵而至。这导致的是银行家和政策制定者重新评估银行参与的批发贷款业务和资本市场业务，我们会在第5章对这部分内容进行讨论。

概　　要

　　商业银行经营的是传统的银行业务，它们接受存款，放出贷款。这种业务既可能是零售型的（针对大众、商铺和小公司），也可能是批发型的（针对其他银行、企业以及一些机构）。

　　零售银行业务包括现金账户、支票授信、储蓄账户、信用卡以及贷款授信业务，比如透支、个人贷款以及抵押贷款。在最近，互联网的发展引领着家庭银行业务的兴起。

　　支付清算包括支票清算系统和电子清算系统。支票清算系统的运营成本高昂，因此银行正在尝试削减此类业务并推动网上银行和借记卡的广泛使用。

　　如今，零售银行业务发展的关键要点在于如何通过融资来保证流动性、如何控制高管薪酬、如何更好地管理风险、如何面对不断加剧的竞争，以及对成本控制、对非银行金融产品的销售和思考如何利用好信息技术。银行和保险公司之间的联系不断加强，甚至带来一个新的名词：银保（bancassurance）。

　　批发银行业务是指银行向大的经营实体发放贷款，满足批发银行业务条件的经营实体的体量巨大，它们需要的业务无法由零售银行进行处理。此外批发银行业务还包括在其他章节将会涉及的内容——货币市场和外汇交易。

　　贷款可以是承诺的，也可以是非承诺的。

　　非承诺授信包括透支、信用额度控制和银行承兑汇票。

　　承诺授信包括定期贷款、备用信用、循环信用以及项目融资。

　　在大型国内项目以及跨国项目中，银团贷款模式十分常见。在银团贷款中有主导银行、联席经办银行、参与银行和代理人银行。

　　银团贷款中存在多项费用，比如——与授信或者前端工作相联系的费用、承销费用、代理费用和承诺费用。最后，还存在一个贷款利润。

　　贷款协议中包括贷款金额、贷款的用途、分批支取的条件、利率的计算方式以及其他事项。

　　在其他事项中包括一个承诺授信合约。这个合约的设计是为了在借款人的财务状况变差的时候保护银行。这个合约中包含的内容有利息偿付比率、净资产、总借款数、杠杆率和流动比率。

其他事项中还包括与违约相关的一些事项。其中还会有消极担保——即客户在获得贷款时没能从任何第三方处获得担保的情况。

一家银行可能会签署一个贷款转移或转让的协议，将原本承诺的授信转给其他银行，或者直接和其他银行签署一个从属参与的合约。

在对公贷款业务中，不断下降的利润边际导致很多商业银行开始从事风险性更大的贷款。而且，随着资本市场上贷款可以进行交易以及越来越多的证券化产品，批发贷款和资本市场活动之间的交叉性越来越大，这导致2007年银团贷款规模达到历史高峰，然后在信贷危机开始时立刻锐减。当时银团贷款的价格开始上浮，但是贷款期限却在下降。随着银行和资本市场之间交叉性的增大，它们提供的服务范围逐渐扩张，最大的那些商业银行开始逐渐参与到投资银行的业务中来，但这又导致灾难性后果。

参考文献

Bank of England (1989) *Notice to Institutions Authorised Under the Banking Act 1987*, *Loan Transfers and Securitisation*, No. BSD/1981/1.

Economist, The (2010) Special Report on Financial Risk: The Gods Strike Back, 13–19 February: 1–14.

Walker Review (2009) *A Review of Corporate Governance in UK Banks and Other Financial Industry Entities: Final Recommendations*, Walker Review Secretariat, London.

进一步阅读材料

Casu, B., Girardone, C. and Molyneux, P. (2010) *Introduction to Banking* (2nd edn) FT/Prentice Hall, London.

Howells, P. and Bain, K. (2008) *The Economics of Money, Banking and Finance: A European Text* (4th edn), FT/Prentice Hall, London.

Matthews, K. and Thompson, J. (2008) *The Economics of Banking* (2nd edn) Wiley Finance, Chichester.

第 5 章

投资银行

引　言

在第 4 章中我们指出商业银行业务和投资银行业务之间的交叉领域越来越多，但是在信贷危机中这两类银行都受到了冲击。不过我们必须要认识到的是"商业"银行和"投资"银行之间的区别并非泾渭分明。两类银行可能又会参与相同的业务，比如承兑业务（accepting）、汇票贴现（discounting bills of exchange）、银行间市场上的借贷、外汇交易以及某些类型的贸易融资。不过也还是存在一些业务，它们可以被清晰地归类为"投资"银行业务，比如股票发行过程中的承销等，我们会在本章讨论此类业务，同时也会讨论一些投资银行和商业银行都会参与的业务。（在英国历史上一直将投资银行称为"商人银行"，不过在美国，商人银行指代的含义小很多）。

投资银行

投资银行或者说商人银行的业务可以总结如下：
- 承兑业务。
- 公司金融。
- 证券交易。
- 投资管理。

- 贷款安排。
- 外汇交易。

承兑业务

虽然如今的商业银行也接受汇票，但是从历史上看这一业务却是一项投资银行业务。第2章提到的美第奇银行就在1463年用汇票帮助一家威尼斯企业和伦敦的商人进行交易。在英国的工业革命中，来自世界各地的企业都需要汇票业务。通过使用汇票来支持世界各地的贸易，英国（以及德国）的商人银行在英国的工业革命中发挥了重要作用。事实上，直到1987年12月，英国最著名的商人银行所在的俱乐部都还被称为承兑行委员会（Accepting Houses Committee）。

虽然汇票可以并且实际上也确实应用于内陆的商业活动，但是它的主要用途是方便进出口贸易。比如，一位出口商向一位进口商卖出价值100 000美元的货物。它们的协议安排是3个月后付款，不妨假设付款日为2009年2月2日。于是，进口商起草一份汇票，将其寄给出口商签字。这份汇票上的实质性内容可见图5—1。

```
2008年11月2日
你欠我100 000美元的货款。请在2009年2月2日支付。
签名：某某出口商
是的，我同意。
签名：某某进口商
```

图5—1　汇票的基本构成

正如你所设想的，实际上的汇票文件要比图5—1所示的内容正式得多。不过图5—1表达出了基本的内容。注意到汇票是由出口商起草的。（在国际贸易中，还存在一类相似的文件叫本票（promissory notes）。本票是由进口商起草的，出口商在措辞方面很少进行控制。）

在支付货款之前，进口商有3个月的时间来使用商品。出口商拥有世界各国都接受的债务记录形式。确实，出口商允许进口商用3个月时间进行支付（不一定是3个月，不过在汇票中较为常见的是3个月的支付期），但是出口商也可以有另外的选择，它可以寄给进口商一张发票，在发票上写清楚"支付期限——30天"，不过这种方式无法真正地保证出口商会按时支付货款。

如果进口商无法等到3个月后再获得货款，而是希望尽早收回这笔资金，它该怎么做？出口商可以去银行申请一笔贷款，同时带上一叠汇票来证明资金确实在路上。或者出口商可以将汇票卖给银行。出口商立刻能从银行获得资金，银行在3个月内再向进口商收取货款。在这种情况下，相当于银行向出口商贷出一笔3个月的价值为100 000美元的贷款，因为这笔交易存在一定的风险，所以银行不会向出口商支付100 000美元，而是低于100 000美元的某个数额，比如97 000美元，以此来反映风险和资金成本。于是，汇票贴现后卖出，这一过程又被称为汇票贴现。图5—2以图形的方式绘出了这一流程。

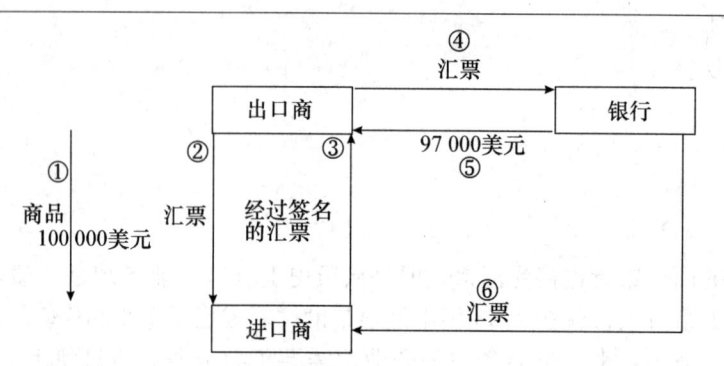

```
                              ④
                              汇票
              出口商 ─────────────→ 银行
                 ②      ③    97 000美元
     ①                         ⑤
   商品        汇票   经过签名
 100 000美元          的汇票
                              ⑥
              进口商 ←───────────── 
                             汇票
```

1. 出口商向进口商运送价值 100 000 美元的商品。
2. 出口商要求进口商在汇票上签字，比如答应在 3 个月内完成支付。
3. 进口商在汇票上签字并寄回给出口商。
4. 出口商将汇票交给银行，要求银行进行贴现。
5. 银行对汇票进行贴现，比如贴现值为 97 000 美元。
6. 3 个月后，银行拿着汇票要求进口商完成支付。

问题：进口商是否值得信任？

图 5—2　汇票：Ⅰ

问题在于，银行可能对贸易商的信用情况不是很确定，因而不愿意对汇票进行贴现。因此，一个现实的选择就是要求贸易商找到一家商人银行来为发出的汇票签名。在 19 世纪，如果是巴林兄弟、罗斯柴尔德银行或者希望集团在汇票上签字，那么它们必须对汇票进行贴现。自然的，这些银行会对此项服务收费，这项业务就被称为承兑业务。（无论谁在汇票上签名，都等于说这个人承诺支付，这就叫做汇票承兑。当人们使用承兑一词时，则往往指的是银行在汇票上的签字。）在实际中，银行赋予汇票等同于签字银行的信用等级，而不再是贸易商的信用等级，因此在工业革命时期商人银行发挥了重要作用。（在 1890 年，汇票承兑业务最大的银行是巴林兄弟银行，在次年，由于该银行在拉丁美洲的不明智投资，英格兰银行不得不对其进行救助。不过在 1995 年，英格兰银行没有再次救助巴林兄弟银行。）

我们可以从 1769 年乔赛亚·韦奇伍德（Josiah Wedgwood）写给一位意大利顾客的信中读到下面的内容：

> 我的海外特派员为我在伦敦的一幢新房取了名字，这座房子将用来接受我对大量商品绘制的草图。

或者在 1795 年写给博尔顿（Boulton）和瓦特（Watt）的信中提到：

> 如果没有工程师（而不是商人）的担保，我们不会承诺任何国外订单。（上述两段内容都来自于 Chapman，1984）

当出现银行介入汇票业务时，我们之前给出的图形要做一些小改变了（见图 5—3）。

如今，贸易融资的整个过程都由进口商所在银行和出口商所在银行完成。一般来说，这一过程还会涉及跟单信用证。

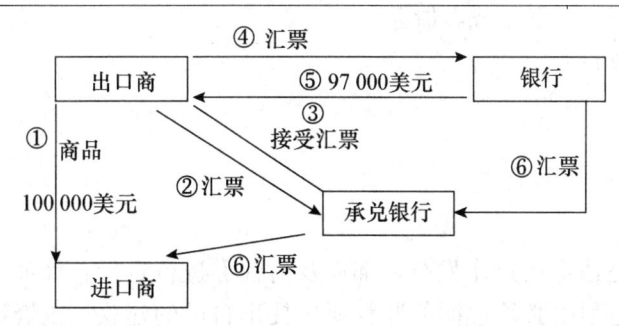

```
                    ④汇票
        ┌─────┐ ─────────────→ ┌─────┐
        │出口商│   ⑤ 97 000美元  │ 银行 │
        └─────┘ ←───────────── └─────┘
       ①│   ╲      ③                ↑
   商品  │    ╲ 接受汇票             │
100 000 │ ②汇票╲                    │⑥汇票
  美元  │       ↘  ┌──────┐         │
        │          │承兑银行│ ←──────┘
        ↓     ⑥汇票└──────┘
        ┌─────┐ ←────────
        │进口商│
        └─────┘
```

1. 出口商向进口商运送价值 100 000 美元的商品。
2. 出口商要求银行承兑汇票，保证在 3 个月内支付 100 000 美元。
3. 银行承兑汇票并将其还给出口商。
4. 出口商将汇票拿给另外一家银行，要求这个银行进行汇票贴现。
5. 银行对汇票进行贴现，比如贴现值为 97 000 美元。
6. 3 个月后，对汇票进行贴现的银行拿着汇票要求对汇票进行承兑的银行支付 100 000 美元。后者会从进口商或者进口商所在的银行获得补偿。

附注：贸易商签名的汇票是商业汇票。由银行承兑的汇票可以被中央银行认为是银行汇票或者说合格汇票。中央银行将会对这种汇票进行贴现，并将其视为最后贷款人需要管辖的范围。

图 5—3　汇票：Ⅱ

到现在为止，我们在一个十分清晰的贸易交易的情境下讨论了汇票的使用流程。如今，银行承兑汇票业务已经达到一个新的复杂程度，在伦敦市场尤为如此。拥有良好信用水平的大型企业可以要求它们的银行（可以是投资银行，也可以是商业银行）承兑汇票，承诺在未来的一个时间段内支付给定数额的资金。企业在当地的贴现市场完成汇票贴现并将其作为贸易融资的一种方式，但是不再参与到具体的贸易交易中去。实际上，对于坐落于伦敦的类似于哈罗德百货（Harrods）或者马莎百货这样的企业而言，即便其业务是通过零售获取现金，与出售信用的银行业务根本不搭界，但是它们也可以进行汇票承兑。

商业银行深度介入汇票承兑业务，这也是为什么英国的承兑行委员会会在 1987 年终止其使命。因为当时的承兑行委员会中既不包括商业银行，也不包括外国银行。这种构成看上去完全落后于时代。无论如何，对英国的商人银行而言，承兑业务都不再是其主打业务。

在英国，汇票得到广泛的应用，它在欧洲大陆的使用也较为普及，但是在美国却十分少见。在美国，汇票主要用于向中东、东亚、东南亚、印度大陆、澳大利亚和新西兰的出口贸易。

公司金融

在任何一家投资银行，**公司金融**（Corporate finance）都会是一个至关重要的部门。这个部门主要管理以下事项：

- 新证券的发行——股票或者债券。
- 股票认购权发行。
- 并购。
- 研究。

新证券发行

无论是股票还是债券的首次发行，都涉及对证券进行定价、将证券卖给投资者、承销证券以及对发行过程中必须遵循的监管要求提出自己的建议。投资银行在新证券发行过程中还必须和律师事务所/会计师事务所进行密切联系，这两类机构以及投资银行在新证券发行中收取了相当数量的费用。

承销（Underwriting）是指投资银行向准备发行证券的企业做出承诺，答应将没有说服投资者购买的那部分证券全部买下。当然，这一过程是收费的，这种风险也会在其他商人银行和投资银行之间传播。在当代历史上最富戏剧性的一幕发生于1987年，当时英国政府希望将它在英国石油公司中所持股份卖给公众。不幸的是在股份价格确定但发行尚未结束之时，发生了1987年10月的股市大崩盘。于是这次发行失败，**承销商**（underwriters）必须在亏损相当多钱的情况下买入所有未发行出去的股份。

当发行的证券是股票时，一旦承销商明确意识到投资者不会认购所有的发行份额，那么他就会购买股票。不过，在欧洲债券（eurobond）市场又是另外一套做法，承销商银行组成的团队从发行人那里购买债券，然后再试图将债券卖给投资者。

股票认购权发行

如果市场价格低于认购权发行价格，那么股票认购权发行（我们会在第7章进行讨论）也需要定价和承销。从技术上看，由于已经有一部分股份在公开市场发行并且还要创造出新的股份，所以上面提及的英国石油公司案例实际上是一种股票认购权发行。政府允许公众购买新创造出的股份。

在中欧和东欧、前苏联地区国家以及印度等新兴自由市场经济体中涌现出的很多私有化案例为美国和欧洲的投资银行创造了用武之地。在一个几乎不存在先例的环境下，这些投资银行为私有化提供建议和帮助。这其中最有名的当属来自美国的投资银行——美林、摩根士丹利、高盛以及摩根大通。

并购

如果某家企业计划进行一项收购，它也会向投资银行寻求关于定价、时点把握、策略等方面的帮助和意见。同样的，那些被收购的目标公司也会向投资银行求助如何击退收购者。在此类交易中，投资银行收取不菲的费用，如果一项并购交易足够大，那么并购方和目标公司方都会有3个甚至更多的投资银行参与其中。平均而言，投资银行在并购交易中收取的费用会占到目标公司价值的0.125%～0.5%。其中有些费用和并购（反并购）是否成功有关，另外一些费用则与投资银行进行辅导的公司在并购中出现的股票溢价有关。对于并购失败方的投资银行而言，还可获得成功费（success fees）和协议终止费（break fees）。当并购市场竞争激烈时，一些公司可能会要求投资银行对费用设置一个上限。在2006年，印度钢铁制造巨人米塔尔（Mittal）公司使用186亿欧元对欧洲钢铁制造商阿赛洛（Arcelor）公司进行敌意收购，参与其中的14家投资银行一共获得总计1亿美元的费用收入。在林德（Linde）集团（德国的气体和工程供应商）成功收购英国布林氏氧气公司（BOC）的过程中，参与其中提供建议的4家投资银行一共获得了7 000万美元的费用收入。在2007年投资银行的费用收入中，来自并购的费用收入占到44%，而且自2000年以来这个占比从来没有低于过三分之一；不过到2009年中期，并购活动暴跌，在当年上半年，并购费用收入只占到投资银行总费用收入的22%。

当然，很多收购或者并购交易都是跨国的——比如墨西哥水泥制造商西麦斯（Cemex）对英国RMC集团的收购；法国酒业公司佩尔诺（Pernod）对英国联合多美（Allied Domecq）公司的收购；西班牙国家银行对英国阿比国民银行的收购；意大利联合信贷银行对德国裕宝银行的收购以及米塔尔集团对阿赛洛公司的收购。

在2008年，世界上最好的并购业务由高盛、花旗集团、摩根大通以及德意志银行提供（可见表5—1）。

表5—1　　　　　　　　　　　最知名的并购咨询顾问，2008年

名称	并购交易价值（单位：亿美元）
高盛	7 420
花旗集团	5 620
摩根大通	5 480
德意志银行	4 170
瑞士信贷	4 040
瑞银集团	4 020
摩根士丹利	3 990
美林集团	3 700
森特尔维尤公司（Centerviews）	1 880
法国巴黎银行	1 690

数据来源：Reuters。

在美国，上个世纪80年代曾经是著名的"垃圾债券"时代（见第6章），当时很多小公司通过发行债券筹措到大笔资金，然后用这笔资金收购更大的公司。（据说在电影《华尔街》（1987）中，金融大鳄Gordon Gecko向一家目标收购公司的股东所发表的演讲就是来自于一个真实的演讲，这份演讲原本是伊万·伯斯基（Ivan Boesky）做出的——伊万·伯斯基曾被判入狱三年半，在20世纪80年代后期被美国证券交易委员会指控内幕交易后他支付了1亿美元的罚款。据说他还是谚语"贪婪即美德"（greed is good）的发明人。）在"垃圾债券"时代，德崇证券（Drexel Burnham Lambert）在债券发行和并购中赚取的费用使这家公司快速跻身华尔街利润最高的企业之一（直到1990年这家公司破产）。

在并购战中还存在一些行话。如果一项并购看上去不可避免，那么投资银行会去寻找一家竞争性并购方，被并购企业会优先选择被这家竞争性并购方并购，而不是一开始发起并购战的那家并购方。这一更受被并购企业欢迎的企业又被称为**白衣骑士**（white knight)。比如在 1999 年 4 月,意大利电信(Telecom Italia)公司就面对来自 Olivetti 的敌意收购,这时意大利电信公司希望德国电信(Deutsche Telecom)公司成为白衣骑士(这是一种策略性的安排,实际上德国电信公司并未收购意大利电信公司)。有时我们会发现一到两个人会支持有某公司相当多的非控股股权,然后他们会去阻止某项收购交易。这种角色被称为**白色护卫**(white squires)。当劳埃德银行在 1986 年试图收购渣打银行时,这项交易最后被劳埃德银行的来自于东南亚和澳大利亚的少数股东叫停。从事后来看,这种做法最终帮了劳埃德银行一个大忙,因为此后的渣打银行出现过一系列问题,如果当时并购交易成功,那么这些问题可能会严重削弱劳埃德银行获得的高盈利美誉。(到现在,渣打银行已经成为世界上主要的大银行之一且在信贷危机中几乎未受影响,它现在同时也是世界上利润水平最好的银行之一)。

有时候白衣护卫可能会变成特洛伊木马(Trojan horse)。当 Britannia Arrow 在 1985 年面对一项敌意收购时,该公司发现了一个来自 Robert Maxwell 的白衣护卫。最后的结果是这位白衣护卫驱逐了董事会,最后投靠敌意收购方。

对电脑游戏感兴趣的人可能很乐于听到**反噬防御**(Pacman defense)这个词,在并购中这个词的意思是目标企业通过收购并购方公司的股票来对敌意收购进行反击。在 1999 年 7 月,道达尔菲纳(TotalFina)公司——一家法国和比利时合资公司提出了对法国石油公司埃尔夫阿奎坦(Elf Aquitaine)的收购要约。两周后埃尔夫阿奎坦公司开始反收购道达尔菲纳公司的股票。

有时通过高价回购股票,目标公司可能说服收购方放弃收购。这叫做绿票讹诈(greenmail)。在 1986 年,当时在英国和法国生意的詹姆斯·戈德史密斯爵士(Sir James Goldsmith)向美国制造轮胎的固特异轮胎公司(Goodyear Tyre & Rubber Company)发起了收购要约。最终经过艰辛的争夺后,固特异轮胎公司将戈德史密斯爵士及其合伙人的股权全部回购。在短短一周多的时间内固特异轮胎公司花去 9 300 万美元。不过,虽然后来固特异轮胎公司否认有绿票讹诈一事,但这一事件最后还是破坏了这家公司在美国的声誉。

在美国,一种流行的用以抵御敌意收购的方式被称为**毒丸计划**(poison pill)。这种并购方式由马丁·利普顿(Martin Lipton)——一位顶尖的并购法律专家——在 1980 年发明,在标准普尔 500 指数所包含企业中,已经有三分之二的企业采取了毒丸计划。在毒丸计划中,一旦单一股东的持股比例超过某一给定比例(一般是 20%),那么毒丸计划就会被触发。这个计划允许为所有持股比例低于 20% 的股东进行股票增发,增发价格往往会打折(一般是 50% 的折扣)。这种做法使并购变得十分昂贵。

在 2004 年 11 月,自由媒体(Liberty Media)公司将其在新闻国际公司(News International,是英国新闻集团(News Corporation)的主要子公司)的投票权提高至 17%。这导致新闻国际公司采取了毒丸计划。如果毒丸计划被触发,除了并购方之外,所有的股东都可以半价购买新闻集团的股票,从而摊薄并购方在公司中所持有的股份。在 2005 年的股东大会上,公司再次保证向反对并购的股东提供毒丸计划。在这一事件中,鲁珀特·默多克(Rupert Murdoch,当时任新闻集团董事长)宣布自 2005 年 10 月之后,毒丸计划继续保持两年的有效期。机构投资者面对这种情况感到非常愤怒,它们宣称要通过法律手段解决问题。最近,雅虎公司也宣布了自己的毒丸计划,以此来抵挡2008年来自微软公司的报价430亿美元的收购要约。

很多政府机构都希望企业引入毒丸计划,以此限制敌意收购行为。比如在2006年2月,法国政府宣称它计划允许法国企业使用毒丸计划,以此来阻吓国外并购方——这种行为和欧盟市场一体化的精神不是十分符合。在2009年6月,韩国政府也宣布了类似法规。

到2007年年中之前,随着产业生产和商业行为中持续出现的全球化趋势,并购行为一直得到鼓励,并在某些特定行业得以巩固。不过正如上文提到的,为了应对信贷危机导致的经济下行,并购行为剧减。

研究能力

如果投资银行能够为客户提供建议并且在募集新资本的过程中起到主要作用,那么公司金融部门的研究能力就显得十分关键。投资银行应该具有很强的创新能力,在拥有满足投资银行业务的标准技能之上不断做出改进,比如创设并运用各种创新的金融工具,例如可转为资本的债券(convertible capital bonds)、可变利率永久债券(perpetual variable rate notes)以及证券市场可交易型优先股(perpetual auction market preferred stock)等等。通过研究,投资银行还可以为并购交易发现潜在的目标企业,或者较早地确定目标企业的潜在买家。

研究业务特别看重能否赢得一个好声誉。市面上经常都会出现面向基金经理的调研,在调研中基金经理可以提名它们觉得研究能力最好的公司。在这些调研中,比较有名的是由汤森路透公司完成的调研(Thomson Reuters Extel Survey),这项调研每年都会在英国举办。在2008年的调研中,研究能力最好的5家公司分别是瑞银集团、美林银行、花旗银行、法国兴业银行和德意志银行。在这项调研中也会涉及单个分析师,该分析师及其所在团队往往成为其他投资银行追逐的目标。

总体建议

对于大型企业的财务部而言,它们还需要一些一般性的建议。此类机构可能会定期与投资银行进行接触,讨论汇率、利率的未来变动前景以及风险管理的趋势,有时投资银行也会帮助它们进一步认清与之有关的政策。有时此类客户有可能是政府部门或者类似政府部门的机构,比如沙特阿拉伯货币管理局(Saudi Arabian Monetary Agency)就曾向投资银行征询过意见。

证券交易

在公司金融业务中,我们可以看到一级市场活动——新证券的发行以及股票认购权发行。证券交易则带领我们进入二级市场活动,这个市场仍然交易相同的股票和债券。二级市场的交易往往发生在某个现代化的交易室里,此类交易室中布满了计算机终端,全世界的投资者和经纪人之间相互联系并交流着最新的价格。在二级市场发生的交易可能针对国内股票和债券，也可能针对国际股票和债券。我们会在第6章讨论国际债券。国际股票是指由投资银行完成国内发行，但是企业在国外的股票。

在很多国家（比如法国、比利时、英国、西班牙以及意大利）都有在证券交易所为本国债券和股票保留席位的传统，也就是说，这些国家不允许投资银行拥有交易室。在1986年伦敦金融大改革之后这一传统得到改变，之后上面提到的这些国家的相应传统也相继发生变化。其结果就是允许银行直接连通二级市场，破除证券交易所的垄断地位。在这场变革中，无论是单纯的投资银行、商业银行的分行还是全能银行（见第2章），都被允许连通二级市场。

在被称为衍生品——指期权、期货、远期利率协定（forward rate agreements）等金融工具的市场中，交易员是真正的专家。我们会在之后的章节中讨论衍生品的问题。相比于真正购买衍生品所对应的基础金融工具，衍生品帮助交易员和顾客在使用更少资金的前提下实现对价格的提前预判或者对风险对冲。如果某家商业银行拥有一家分公司做投资银行业务，那么我们就可以在这家分公司找到熟悉各类衍生品的交易员。

在这部分业务中，交易员起到两个作用。有时，他们代表顾客完成交易，其中一些交易员可能属于公司业务部，有时他们还为自己公司设置头寸，完成此类业务的部门往往被称为自营交易（proprietary trading）。

投资管理

在投资管理业务中，投资经理管理的资金有时是银行的自有资金，有时是别人的资金。这些人可能是：
- 高净值个人。
- 企业。
- 养老基金。
- 共同基金。

高净值个人

高净值个人可能会通过商业银行来处理自己的所有事务，其中包括投资。在第2章中我们称此类部门为"私人银行部"。高净值个人也可以通过投资银行来管理其多余资金，但是此类服务有一个最低的资金门槛。有时股票经纪人公司也经营此类业务，但是相比于投资银行，它们的最低资金门槛要低很多。

企业

企业可能拥有良好的现金流，希望通过支付一定的报酬来让专业人士帮它打理资金，也有可能企业正在储备一笔"战争基金"（war chest），准备在未来完成一些收购交易，但是在收购之前，这笔资金可以暂时由投资银行进行管理，同样也会向投资银行支付一笔费用。

其实，投资管理的服务对象未必完全是上面提及的常见企业。比如，沙特阿拉伯货币管理局也需要投资管理服务。

养老基金

如果一个国家拥有养老基金，比如类似于美国、英国、荷兰、瑞士和日本，那么这些机构往往觉得自己缺乏管理此类资金的能力，因此它们选择通过付费购买服务的方式来解决这一问题。这些国家的养老基金往往成为投资管理业务的最大客户。

共同基金

我们在第 7 章讨论共同基金的有关内容。共同基金是指对货币市场工具、债券和股票集合投资的方式。投资银行可能会以这种方式经营自己的资金，然后向中小投资者发布广告，宣讲其基金投资方式吸引人的地方。此外，投资银行也可能帮助其他人管理共同基金。独立的第三方机构也会对有关基金绩效的日常统计数据进行公布，如果基金经理对某只基金的管理绩效低于可比基金，那么这位基金经理就面临着被解雇的危险。这种现象带来的结果就是基金经理在作出投资决策时往往充满了短视主义（short-termism）。不过正如一家著名基金的董事对作者亲口说的那样："长期是无数个短期加总的结果。如果我们在短期内是正确的，那么在长期也应该是正确的。"

一般来说，基金经理在管理基金的时候都要收取很小比例的费用，顾客还要为经纪人支付一笔佣金。目前，投资银行的投资管理业务受到独立的基金经理公司的竞争，这些公司完全专业化地从事基金管理，此外对大型养老基金来说，它们也会自己经营一些小型基金。

在投资机构基金经理的行为会对股票市场活动产生影响，我们在第 7 章讨论这些内容。

贷款筹划

当特定项目需要复杂的银团贷款时，往往会发现主导银行是一家投资银行。投资银行可以运用自身所具有的特独技术来设计贷款的期限以及可以用最低成本找到这笔钱的方式。比如，在银团贷款时可能会使用掉期市场，我们会在第 14 章对这一概念进行解释。有时还会看到有好几组潜在的团队在竞争这些银团贷款项目，比如欧洲隧道、新的香港机场以及博斯普鲁斯海峡大桥等项目。

在完成大型、复杂的贷款筹划之外，投资银行也会为国际贸易进行融资。这项业务与主要的商业银行业务存在重叠。对进口商或者出口商而言，它们可能很难知道更加便宜的融资来源（比如说某个国家的开发银行）在何处，这时投资银行就可以作为一个中介或者说中间人，起到出口公司或者保付公司（confirming house）的作用（出口公司或者保付公司是指一类专门的机构，主要业务是以跨国买家的身份采购进口商品并对其进行安排）。

外汇

我们会在第 10 章讨论外汇市场。一般来说，可以将外汇市场活动看作一类商业银行业务。不过，如果监管允许投资银行也开设商业银行的功能，那么它们也会为其客户和自营业务设置一个外汇交易部门，这类业务还可能成为一个重要的利润来源。我们在上面提到"如果监管允许投资银行也开设商业银行的功能"，主要是因为在不同国家有不同的监管要求，我们会在本章最后部分讨论这部分内容。

美国和日本的投资银行往往会设置一个规模适中的外汇交易部门，但是也有例外：比如高盛就成为了外汇市场交易的主要参与方。对于拥有全牌照的英国商人银行而言，外汇交易往往是这些银行的主要业务之一，它们会为此专门设立一个银行部门，这部分业务也会为顾客提供吸收存款的功能。

其他业务

投资银行往往会通过另外一个子公司来完成一系列其他类型的业务获得。比如花旗集团就通过 Phibro 经营商品交易（包括衍生品交易）业务，高盛也是如此，它们拥有一个完成商品交易的分支机构。投资银行进行的其他业务包括保险经纪（insurance broking）、人寿保险、租赁、**保理**（factoring）、房地产开发、私募基金和风险投资等。其中后两项业务主要是为新设立或正处于成长期，无法通过股权、债权或者传统的银行贷款获得资金的公司提供融资。风险投资公司往往混合使用股权和债权，然后通过企业在本地股票市场上市来退出投资并获得大规模资本收益。

上述提及的很多其他类业务与商业银行业务有重叠，比如租赁、保理、风险投资以及商品交易。

投资银行与信贷危机

正如我们在表 5—1 中所列的那样，世界上最大的投资银行都来自美国——其中包括高盛、美林。我们在前文中已经解释过，这些投资银行的主要业务是通过发行股票和债券来帮助企业和政府在资本市场融资，投资银行在这些业务中都代表客户。它们也会在并购交易和其他类型的企业重组过程中提供建议。投资银行既为自己进行证券交易，也代表客户进行证券交易，同时还为机构和个人（共同基金）客户管理投资。自 1999 年以来，随着《格拉斯-斯蒂格尔法案》的取消，美国的很多商业银行都开始收购投资银行——如今，花旗集团旗下包括投资银行所罗门兄弟以及从事经纪业务的美邦（Smith

Barney）公司；原本只是商业银行的大通银行（Chase Bank）如今与 JP 摩根合并在一起。这意味着类似于花旗集团和摩根大通这样的集团既可以提供商业银行服务，也可以提供投资银行服务。

与大型商业银行类似，主要的投资银行也深度介入证券化业务，其中包括对房地产支持类证券（其中既有优质住房抵押支持证券（prime mortgage-backed securities），也存在次级住房抵押支持证券（subprime mortgage-backed securities）以及多种类型的 CDO 的交易和投资）。自 2006 年以来，次级住房抵押市场上的违约现象开始加速，美国房价开始下跌。在 2007 年上述两股力量开始合二为一，当时商业银行和投资银行都持有大量的抵押类证券组合，但是抵押物资产质量开始恶化，而且这些抵押类证券组合大都是资产负债表外资产。于是，由于结构复杂，银行无法将这些资产变现，同时这些资产的抵押物的未来前景也不甚明朗，于是很难对此类证券进行定价。鉴于此，银行之间开始停止借贷，因为它们知道所有主要的投资银行和商业银行都大量持有此类证券，但是它们不知道这种投资将会遭遇何种损失，也不知道不同银行具体的头寸持有数量。所有的这一切综合起来，导致银行间市场上借贷行为冻结，银行体系内的流动性突然下降；同时银行又需要流动性来为其持有的中、长期证券化资产融资。所有这一切都在高潮中跌落。因此，虽然有着悠久而且成功的历史，美国的投资银行业还是受到危机的沉重打击。在 2008 年，贝尔斯登和雷曼兄弟倒闭，美林银行与美国银行合并，高盛和摩根士丹利变成商业银行（通过银行控股集团的方式），这些主流的投资银行通过这种方式来分散化其融资来源。在 2009 年中期，所有在 2007 年初曾经存在过的投资银行都没有保持其原有的公司形式，美国投资银行业既遭受危机的沉重打击，又受到很多人的抨击，这些人认为正是投资银行导致了这场危机。从 2007 年第三季度到 2009 年年中，最大的那些投资银行发生的资产减记和信用损失如下：美林银行：559 亿美元；摩根大通：412 亿美元；摩根士丹利：227 亿美元；雷曼兄弟：162 亿美元。

我们注意到，从 2008 年早期到 2009 年，全球投资银行业务出现显著放缓，不过现在已经显示出一些复苏的迹象——高盛报告它们在第二个季度的利润是 34 亿美元，主要来自强劲的证券交易利润，当然这也是缺乏竞争的一种表现，因为这一市场中原先存在的主要竞争者消失了。

监　管

我们已经看到很多商业银行都拥有投资银行子公司，全能银行则可以同时经营上述两类业务。我们也看到商业银行和投资银行很多相互重合的业务，正是基于此，我们往往很难将商业银行业务和投资银行业务作出一个明确的划分。因此大家可能会总结如下：两类银行业务之间没有明显区别。不过人们往往用投资银行和商业银行这两个词语来表征一家银行的业务和文化，还会用来和其他银行作比较，或者来说明一家银行的优点、和某个业务的相关性以及这家银行是否适合某项并购交易。更进一步，在世界上最大的两个市场美国和日本，上述两类银行在法律地位上存在不同。

当1929年华尔街发生危机后，美国监管当局认为在参与股票市场活动后，商业银行可能会拿储户的资金去冒险。于是监管当局决定移除这个风险，从而在1933年通过了《格拉斯-斯蒂格尔法案》——这一法案以当时美国参议院和众议院主席的名字命名。这项法案提出了存款保险制度，赋予美联储更大的权力，并且将商业银行和投资银行分开。一家商业银行可以吸收存款，但是不可以承销任何证券。一家投资银行可以经营承销业务，但是不能吸收存款。因此，我们看到的就是美国既有商业银行（如花旗银行、大通银行、化学银行和JP摩根银行），又有投资银行（如所罗门兄弟、高盛、美林）。对JP摩根银行而言，它保留了商业银行业务，将投资银行业务分拆出去成立了摩根士丹利银行，现在这家银行已经是一家独立的银行。在伦敦，JP摩根与摩根建富（Morgan Grenfell）公司之间的微弱联系也被切除。

不过，上述所有事实可能都基于一个错误的认识。来自美国亚特兰大埃默里大学（Emory University）的金融学教授George Bentson发现对证券交易会削弱商业银行经营能力的指责"几乎毫无根据"。

随着第二次世界大战后美国（作为盟军的一部分）对日本的占领，日本也通过了与《格拉斯-斯蒂格尔法案》相类似的法案，被称为日本证券交易法第65条（Article 65）。因此我们在日本可以看到商业银行（比如第一劝业银行（Dai-Ichi Kangyo Bank）、三菱银行、住友银行以及樱花银行（Sakura Bank））和证券公司（比如野村证券（Nomura）、大和证券（Daiwa）以及日兴证券（Nikko））。

在20世纪30年代早期，意大利也通过了相似的法案，其结果是意大利只有唯一一家大型投资银行，名叫米兰投资银行（Mediobanca），该银行部分属于国有。后来在1988年，要求商业银行和投资银行分业经营的法律被废除。

自1987年以来，人们曾多次尝试废除《格拉斯-斯蒂格尔法案》但是都未成功。到1999年，经过国会的艰苦讨论，最终形成一份新的银行业法案，于是《格拉斯-斯蒂格尔法案》最终在1999年11月被《格拉姆-利奇-布利利法案》替代。

日本也经历了类似的过程，自1993年以来已经有过多次有限度的修改，到1997年7月，财务省（Ministry of Finance）宣布在2001年之前解除所有的银行分业经营限制。

正是因为上述的管制放松，世界上最大的那些商业银行开始向全能型金融集团转型，旨在为客户提供全系列投资银行服务。如今大家都认为商业银行和投资银行的不断融合以及它们在市场中不断提高的重要性会带来过多风险——事实上这是一种系统性崩溃（看上去没人认为这种系统性崩溃会发生）的风险。显然，监管应该采取行动以限制此类风险的再次发生。不过，人们并不知道哪种监管框架可以最好地适用于商业银行和投资银行混合经营的模式。但是确定的是，在未来银行将会受到更为严格的监管，它再也无法像以前那样自由经营。银行需要持有更多的资本和流动性，以支持证券化行为和其他市场活动。新的金融创新将会面临更为严格的监管审查，同时需要更高的透明度。在证券活动中与银行联系紧密的其他机构，如对冲基金、私募基金和评级机构也面临着更严格的监管。

概　要

投资银行的业务可以总结如下：
- 承兑业务：即在汇票上签上银行的名字，以此给予该汇票较高的信用等级。汇票是一项旨在偿付贸易货款的承诺。如果从事该项业务的银行被列入中央银行的名单，那么此类汇票就是银行汇票。否则就只是一般的贸易汇票。汇票往往可以进行贴现。商业银行也接受汇票，不过从历史的角度看，承兑汇票是一项投资银行业务。
- 公司金融：这项业务包括股票和债券的首次发行、股票认购权发行、并购交易以及研究。
- 证券交易：证券交易业务中包括的金融工具有货币市场工具、股票、债券以及衍生品。
- 投资管理：投资管理针对的是高净值个人、企业、共同基金以及（特别是）养老基金。
- 贷款安排：虽然投资银行可能不会借钱给客户，但是它可以帮助客户安排多家金融机构协同提供大规模金融产品。
- 外汇交易：世界上主要的外汇交易经纪商是商业银行，但是投资银行也需要设置外汇交易部门。

在美国，《格拉斯-斯蒂格尔法案》导致商业银行和投资银行的分业经营，但是美联储的行为弱化了这项规定，在1999年该法案被取消。

在日本，证券交易法第65条中规定商业银行、投资银行以及保险公司要分业经营，不过如今这一规定已被取消。

在欧洲，既从事商业银行业务又从事投资银行业务的银行被称为全能银行。

随着监管的放松，商业银行开始更多地参与投资银行业务。银行开始越来越依赖于证券市场业务并利用这类业务产生收入，这一趋势带来证券化潮流——特别是那些按揭支持类证券产品。这一过程又助推了房地产价格并进一步为市场带来更多住房贷款产品的供给，这些住房贷款产品的资金主要来自于按揭支持类证券（其中包括债务抵押债券）的发行。当次级抵押贷款市场出现的危机产生影响，同时房地产市场价格开始下跌时，银行和证券化之间的蜜月开始结束。

在2008年，贝尔斯登银行和雷曼兄弟银行倒闭，美林银行与美国银行合并（从而避免了美林银行的倒闭），为了实现资金来源的多元化，高盛和摩根士丹利转型为商业银行。在这段历史中，投资银行业经历了史无前例的巨大损失，在未来还会面对严厉得多的监管。

参考文献

Chapman, D. (1984) *The Rise of Merchant Banking*, Allen & Unwin, London.

进一步阅读材料

Coggan, P. (2009) *The Money Machine: How the City Works* (6th edn), Penguin, London.

Fleuriet, M. (2008) *Investment Banking Explained: An Insider's Guide to the Industry*, McGraw-Hill, New York.

Morrison, A. D. and Wilhelm, Jnr W. J. (2008) *Investment Banking: Institutions, Politics, and Law* (2nd edn), OUP, Oxford.

第三部分

证券市场

第 6 章

货币市场与债券市场

利　率

在本章之前，本文还没有对借贷过程中出现的利率加以解释。现在，我们可以更加详细地讨论这一概念了。

利率是资金的价格。通常我们会笼统地将各种不同类型的利率当做一类事物，但实际上现实中并不存在单一利率。不同的借款人和不同的借款期限下的利率往往不一样。比如一个中等规模的机器零件制造商想要贷款，它所支付的利率就会高于政府贷款。当然，政府的 3 个月期和 10 年期贷款支付的利率也不一样。

哪些因素会影响利率？这里我们只关注两个关键因素——风险和期限。

风险

让我们首先来考察风险。简单地说，如果贷款人向一家制造机器零部件的厂商借款，它要求的回报会高于向政府的借款，因为这家厂商破产清算的可能性会更大，但是我们几乎看不到政府破产的可能性。不过在 20 世纪 80 年代的时候，墨西哥政府以及好几个拉丁美洲国家曾出现贷款违约，这一事件还引起国际金融市场的恐慌。在 1998 年 8 月，俄罗斯对其发行的国债违约，该事件也造成了深远而广泛的影响。

如果我们考虑的是经合组织国家或者美国，那么这些经济体的政府往往能得到最低利率的资金，因为人们认为它们是最安全的。于是在这些国家，政府贷款利率成为计算其他类型利率的基准。比如一家美国公司想要借入一笔期限为 3 个月的贷款，别人要求它支付的利率可能是"国债利率＋1％"，也就是说在美国政府国债现行利率的基础上上浮 1％。比起给出一个绝对的利率值来，这种方式要方便得多，因此批发贷款市场的利率每天都在变化。例如，如果我们说期限为 3 个月的国债支付的利率是 3.875％。那么这家借款的美国公司支付的利率就是 4.875％。但是，如果明天美国期限为 3 个月的国债的利率变为 3.75％，那么该美国公司的贷款利率就变为 4.75％。因此，可以发现用国债利率加 1％的表达方式会带来相当的方便。当然，如果这家公司的利润在不断上升，资产负债表也得到进一步改善，那么贷款的安全性会得到进一步提高。这时投资银行家会认为适合这家公司的利率应该是"国债利率上浮 90 个基点"。这意味着什么？在表达利率的微小变动时，用基点作单位会更加方便，它指的是 1％的 1％。也就是说，50 个基点就等于 0.5％，100 个基点就等于 1％。任何给定利率和美国国债利率之间的差额就被定义为"超过国债的债券息差"。在上面例子中提到的这家美国公司会发现，它所支付的超过国债的债券息差从 1％降到了 0.9％。随着这家公司信用风险的变化，它支付的息差也在发生变化，影响公司信用风险的因素主要是其经营绩效以及经济状况。自信贷危机开始以来，各种类型借款人面对的息差都在上升——比如在第 5 章我们就注意到，在 2009 年中期，由于经济环境恶化，银团贷款利率中超过 LIBOR 的息差部分就从不到 100 个基点上升到至少 250 个基点。

期限

期限是另外一个重要的方面，但是在实际中则往往含义不大。经济学理论告诉我们贷款人向 5 年期贷款收取的利率会高于向 3 个月期贷款收取的利率。这种利率和期限之间的关系被称为**收益率曲线**（yield curve）。如果长期贷款的利率高于短期贷款的利率，那么收益率曲线的形状大致如图 6—1 所示。

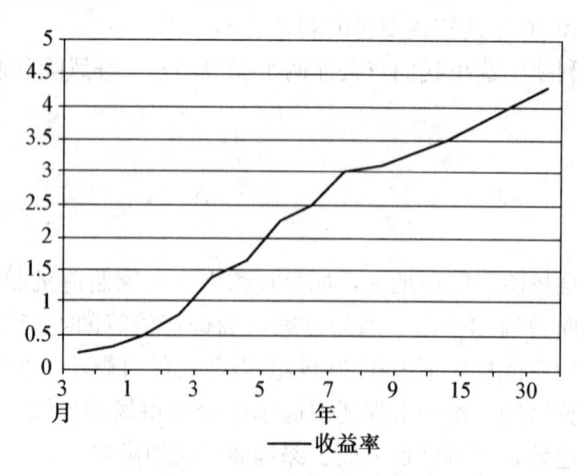

图 6—1 收益率曲线

收益率曲线向上倾斜则斜率为正。遗憾的是，虽然图6—1中给出的这种收益率曲线传达的信息十分完整，但在实际生活中出现的收益率曲线却并非一直如此。有时候短期贷款利率会高于长期贷款利率，这时我们称收益率曲线为向下倾斜或者说斜率为负。这种情况可能是政府政策造成的，因为政府可以通过改变短期贷款利率来刺激经济或者让经济减速。比如在1989年10月到1990年10月之间，英国的短期贷款利率就高达15%，当时政府的意图是让超过10%的通货膨胀率降下来。但是那一时期10年期政府债券利率却只有11%。相反的，在1992年中期，美国政府为让经济再次启动而拼尽全力。当时短期贷款利率只略高于3%，但是30年期政府债券的利率为7.5%。

随着2007—2009年之间美国和英国利率的下降，长期债券的收益率开始远高于短期债券收益率。从2009年8月开始，英国短期债券利率达到创历史纪录的0.5%，25年期的债券利率大约为4.5%（15年期债券利率为5%）。在美国和欧洲也出现相应趋势。这反映出的就是西方经济的衰退特征——为了提振衰退的经济，大幅降低短期债券利率，但是长期债券的利率则反映出正常的经济环境。金融分析师们往往花费大量的时间来研究收益率曲线的特征，这主要是因为收益率会经常变化，而且政府债券利率是标志最低风险的基准利率，它会影响短期和长期证券的定价。但是也有很多人对收益率曲线作为预测工具的作用持怀疑态度。比如诺德安博特公司（Lord Abbett）的经济学家兼基金经理 Milton Ezrati 曾打趣道："在过去的7次衰退中，收益率曲线预测出了12次！"

预期

市场也会受到预期的影响。假设每个人都确信总体利率水平会下降，那么大部分人都会选择借钱给长期债券以期获得更高的利率。但实际上不是很多人会愿意借钱给长期债券，因为他们可以等到利率下跌后再进行此类操作。于是长期债券的利率立刻开始下跌。相反的，如果人们预期利率会上升，则每个人都希望借钱给短期债券以期获得高的利率收入。借款人会选择借入长期资金以锁定低利率。但是为了吸引资金来满足借款人的需求，长期利率开始上升。

流动性

流动性也会影响利率，所谓流动性，是指借款人可以以多快的速度收回它的资金。流动性和期限还不是一回事。比如，也许期限为3个月的资金对应的利率都是相同的，期限为5年的资金对应的利率也都相同，但是当人们面对5年期资金的时候可能会考虑：如果贷款人改变主意，他能够轻易地拿回这笔钱吗？

储蓄银行会对活期存款支付一个较低的利率。因为我们获得了可以随时取钱的灵活性，所以要为此付出代价（表现为更低的利率）。

在批发银行市场，如果用一只证券来代表我们借出去的资金，那么在名义偿付日之前拿回这笔钱的方式就是将这只证券卖给其他人。

供给与需求

当然，我们也不能忽略不同市场的供求状况。比如在1988—1990年之间，英国政府财政收入是盈余的，因此无需以发债的方式来借钱。但是来自英国和其他国家的养老基金、保险公司以及其他投资人还是对债券存在需求。这带来的就是英国国债利率的降低。2009年8月英国国债的收益率曲线可能是用来阐述供给/需求因素对债券利率产生影响的最好例子（可见图6—2）。我们也可以给出不同年份之间收益率曲线的变化。

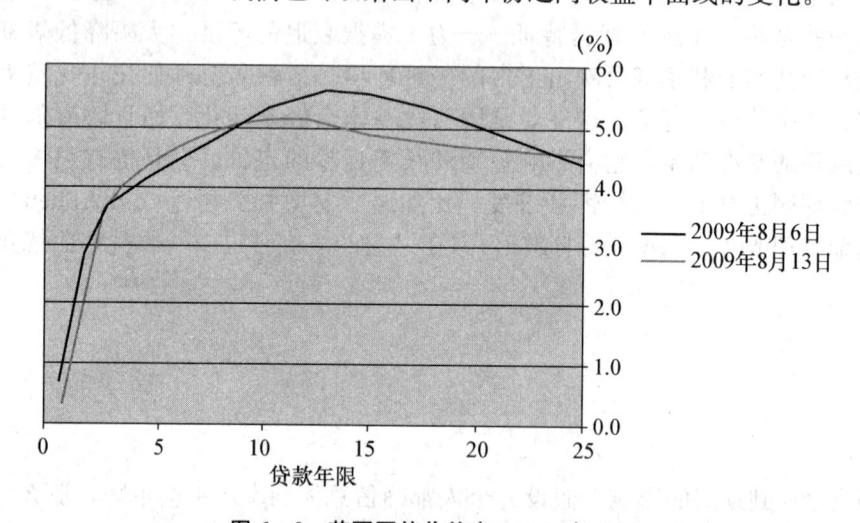

图6—2 英国国债收益率，2009年8月

在2009年8月，5年期英国国债收益率曲线的陡峭部分意味着此类债券缺乏需求，因为当时长期贷款利率在4%~5%之间浮动，从5年期贷款到25年期贷款的利率都落在这个区间。当然，我们也可以给出一个内凹的收益率曲线，这是英国在1996年经历过的真实情况，当时短期利率超过了长期利率。不过这种情况十分少见，主要反映出下面的事实：如果长期投资者认为在未来的利率以及经济形势会继续下行，那么他们会选择在当下就买入低收益率债券。但是相比于长期债券，短期商业票据的需求十分旺盛。长期投资者打赌说这是他们最后一次在长期利率下降之前锁定利率的机会。

可以表达十分少见的市场因素在发挥作用的另一个例子出现在2006年早期，当时英国的养老基金需要在未来为其基金持有人提供一定的收入，于是它们一窝蜂地去购买政府推出的50年期指数联结债券（50-year index-linked gilt）。但是在剔除通胀之后此类债券的收益率只有0.5%，这种收益率就是一种明显的供需影响效应。在2009年3月，英国政府没能卖出价值为17.5亿英镑的40年期债券，当时投资者只认购了16.3亿英镑。这种弱的需求因素反映出的是人们对英国政府公共财政能力的担忧，因为在银行业救助计划之后英国政府的债务水平急剧上升。

通货膨胀

最后，利率代表的是正的价值还是负的价值还依赖于通货膨胀水平。经济学家考虑的是实际利率，也就是名义利率减去通货膨胀率。

在1989—1990年的英国，名义利率达到15%，当时通货膨胀率达到11%，为此英国政府想尽一切办法来抑制通货膨胀。在1992年，利率降至10%以下，通货膨胀率也降到不足4%。因此，虽然名义利率从15%降至10%，但实际利率从4%上升至6%。在2009年8月，名义利率只有0.5%。通货膨胀率达到1.8%，实际利率达到创纪录的-1.3%。英国（以及美国）在2008年出现的负实际利率是一种极端的政策措施，目的在于刺激衰退中的需求——当然也是为了推迟储蓄。

收益率

在金融市场中收益率无疑是最重要的术语。收益率指的是用百分比形式表示的投资者回报。由于金融市场的目的是融得资金，因此收益率极端重要。遗憾的是，收益率的计算并不像看上去那样容易。

假设我们持有一个发行于1996年的25年期债券，也就是说这只债券会在2021年到期。该债券支付的利率是10%，每年支付一次。那么这个债券的收益率是多少？粗看上去，答案应该是10%。你可能会这样解释："如果我购买了这个债券，那么我每年都会得到债券面值的10%——难道会有什么问题？"这里的问题是，只有当你按照债券面值购买时，收益率才是10%。

面值

所有的债券都有面值。面值往往被记做1 000美元、100英镑、1 000欧元等等。面值的主要作用是用来计算利息，它也是债券到期后偿还的资金数量。你可以通过支付1 000美元来购买一只25年期，票面利率10%的债券。不过，随着这只债券在二级市场开始交易，投资者对它的支付可能高于1 000美元，也可能低于1 000美元，但是这只债券的面值仍然是1 000美元——二级市场的价格影响的是收益率。这时债券的价格不再是面值，而是用实际价格占面值的百分比来表示。比如，如果现在的价格是90，那么面值为1 000美元的债券的实际价值就是900美元。在英国人们往往用100英镑作为债券的面值。这时债券价格就变为90，意味着面值为100英镑的债券的当前价格为90英镑。

假设上面提到的那个25年期债券是英国国债，在国债发行时你购买了价值5 000英镑的此类债券：毕竟，英国国债是最安全的，不是吗？两年后你需要资金，于是选择将这些债券卖出。但是现在利率发生了变化。长期国债的收益率是 12.5%。这时即使你仅仅希望将手上持有的利率为 10% 的债券按照原价卖出也没有人愿意接手。因为当人们可以花费 100 英镑购买一只每年可获得 12.50 英镑的新债券时，没有理由让他们花费 100 英镑去购买一只每年只能获得 10 英镑的债券。由于你持有的债券每年只能获得 10 英镑，而投资 80 英镑每年获得 10 英镑所对应的利率是 12.5%，于是其他人可能会以 80 英镑的价格购买你手中持有的债券。因此随着利率的上升，你手中的债券价格会下跌。虽然债券的票面利率是 10%，但是由于人们以低于面值的价格购买到这个债券，所以它的收益率上升到 12.5%，因为在 80 英镑的投资下每年获得 10 英镑时，对应的利率是 12.5%。

让我们假设你最终拒绝卖出持有的债券。两年以后你失去工作生活变得困苦。这时你必须卖出这些债券，可能会出现什么情况呢？考虑这时情况又发生变化。长期政府债券的收益率只有 8%。当你尝试卖出一只收益率为 10% 的债券时，你会发现很多卖家都愿意支付超过面值的价格，因为在当前利率只有 8% 的时候，10% 的收益率显得非常具有吸引力。因此随着利率的下降，你手里的债券价格会上升。从理论上看，买家应该支付 125 英镑，因为在利率只有 8% 的时候，获得 10 英镑的收益需要投资 125 英镑。

当期收益率（Interest Yield）

为了介绍更多的金融市场术语，我们还可以将债券票面利率称为债息（coupon），本文会在后面解释为什么叫这个名字。上面我们计算收益率的方式是：

$$\frac{债息}{价格}=收益率$$

例如 $\quad \dfrac{10 \text{ 英镑}}{80 \text{ 英镑}}=12.5\%$

或者 $\quad \dfrac{10 \text{ 英镑}}{125 \text{ 英镑}}=8\%$

上面计算出的收益率被称为**当期收益率**（interest yield）（人们往往还会使用**水平收益率**（flat yield）、**连续收益率**（running yield）以及**年度收益率**（annual yield）等名词表示当期收益率）。对当期收益率的计算不难，但这个变量的用处并不大。

赎回毛收益率（Gross Redemption Yield）

让我们回到之前用来说明收益率上升到 12.5% 的那个例子。在该例子中我们暗示别人愿意出 80 英镑来购买你的债券。我们是这样解释的：

1. 花 100 英镑购买新发行的利率为 12.5% 的债券——收益率为 12.5%。
2. 花 80 英镑购买已存在的利率为 10% 的债券——收益率为 12.5%。

遗憾的是我们忽略了一个关键的影响因素——**赎回**（redemption）。当债券被赎回时政府会支付 100 英镑。在例 1 中不存在资本利得。在例 2 中资本利得是 20 英镑。因此如果我们在卖出债券时不考虑赎回这一因素，那么这只债券提供的收益率会超过 12.5%。相应的，如果有人愿意支付 125 英镑来获得你手中的债券，那么他在赎回时面对的将是 25 英镑的损失。市场在计算收益率的时候假设了人们会一直持有债券直到赎回期。

因此我们需要一个兼容并包的计算公式，这个公式既能包含收益率，又能考虑到债券被赎回时的资本利得或资本损失。这样的要求下得到的就是**赎回毛收益率**（gross redemption yield，或者说到期收益率，英文记为 yield to maturity）。在赎回毛收益率中的"毛"字，是指对收益率的计算忽略了税收的影响。这样做的原因是我们不知道投资人的纳税状况，因而无从考虑投资人对利息或者资本利得缴纳的税收）。由于在考虑赎回时对收益率的计算以现金流折现为基础，所以其计算公式相当复杂。在这种计算中我们首先计算未来的收益流——利息收入和赎回价值，然后计算令现金流总现值等于当前债券价格的收益率。或者我们对计算现金流的公式赋予一个合意的收益率，然后计算为了达到这个收益率债券必须具有的价格。这就是为什么赎回收益率如此重要，因为它是债券交易员计算债券价格的基础。

假设一只债券支付的票面利率是 10%，市场收益率为 12.5%，不过这只债券不是在 2021 年被赎回，而是在两个月后被赎回。这会有任何区别吗？这只债券还会以 80 英镑的价格被出售吗？当然不是——这里有一张纸，两个月后值 100 英镑。那么为什么在我们一开始的计算中如此便宜？这是因为在一开始计算时债券提供的票面利率为 10%，但是市场需要 12.5% 的利率，不过如果上述利率差别只存在两个月，那么这种差别对债券价格几乎不起作用。起作用的因素是债券以 100 英镑价格获得赎回的日期已经很近了。

上述分析的结论就是，债券离赎回期越近，则其在二级市场的价格就越接近赎回价格，利率变化对二级市场债券价格的影响会越来越弱。因此远期债券价格对利率变动会十分敏感（利率上升，债券价格下跌；利率下跌，债券价格上升），但是短期债券对利率变动的敏感程度小得多。

考虑两个票面利率都等于 10% 的债券。对债券买家来说它能得到的就是利息支付以及赎回价值。假设一只债券还有 1 年到期，另一只债券则还有 20 年才能到期。

例子序号		利息支付（英镑）	赎回价格（英镑）	总计收益（英镑）
1	1 年到期的债券	10	100	110
2	20 年到期的债券	200	100	300

在例 1 中，购买债券的回报中大部分来自于赎回价值，因此几乎不受利率变化的影响。在例 2 中，购买债券的回报中大部分来自利息收入。如果这只债券提供的利率与市场收益率不匹配，那么会对价格产生严重影响。这个效果以图形的方式表现在图 6—3 中。

让我们用一些实际的价格数据来证明这一结论。这些价格是 2009 年 6 月英国政府债券的价格。

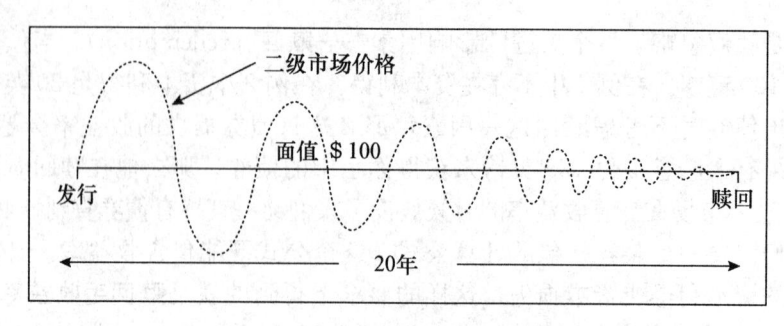

图 6—3　长期债券的价格波动性

例子序号		票面利率	到期年份	价格（英镑）
1	国债	8%	2009	100.78
	国债	5.75%	2009	101.67
2	国债	8%	2021	140.31
	国债	5%	2025	110.86

注意到在例1中我们有两只债券，一只支付8%的票面利率，另一只支付5.75%的票面利率。我们可能认为8%的利率要远高于5.75%的利率，但事实上这两只债券的价格几乎可以视为相同——因为它们都已经接近赎回日（在2009年底）。在例2中，一只债券支付8%的票面利率，另一只支付5%的票面利率，这种利率的差别完全反映在债券价格上。这里例2中的两只债券都还有12~15年才能得以赎回。

在美国债券市场中你会发现它们使用的价格最小变动幅度是1/32，但是在欧洲则是十分位。于是美国的债券价格的最小变动幅度是1/32，在其他国家则是0.01，也被称为**一个刻度**（tick）。因此，在美国如果人们说国债价格上升了5个刻度，指的是5/32，但在德国则是指0.05。

通过上面的讨论，你会知道如果债券交易员持有大量长期债券，他将面临极大的利率波动风险。他们可能因此而使用期货来对冲风险，本文会在第13章介绍此类内容。相应的，如果你将购买债券作为短期投资，那么最好购买短期债券，因为市场利率波动带来的风险会很小。

如果想进一步了解上述风险，可参阅迈克尔·刘易斯（Michael Lewis）的精彩著作《说谎者的扑克牌》（1989）。他在该书中告诉我们美林银行的交易员豪伊·鲁宾（Howie Rubin）如何在一次发生于1987年的重要长期债券交易中损失了2.5亿美元。

应计利息

在我们结束这些有关债券的技术性知识之前还要讨论一个影响债券价格的因素。这就是债券利息进行支付的时点选择。假设某个债券的利息每年支付两次，分别在1月16日和7月16日。你在1月16日按照90英镑的价格从二级市场购买了一只票面利率为10%的债券。那么你刚好错过了利息支付，只能再等6个月后的下一次利息支付。假设你必须在 3 个月后将这只债券卖出而其价格并未发生变化。如果你仍然以 90 英镑的价格将这只债券卖出，那么这对你来说很不公平，因为你持有这只债券 3 个月但是没有从这笔投资中获得任何收益。相应的，从你手中购买债券的那个人只要持有 3 个月便可获得利息收入。

自然地，事情不会像上面描述的那样发生。当你卖出债券时可以获得到卖出那天截止的**应计利息**（accrued interest）。如果你持有票面价值 100 英镑，利率 10% 的债券 3 个月，你可以得到半年利息的一半，也就是 2.5 英镑。（计算方法很简单，将半年利率乘以票面价值 100 英镑，可得 5 英镑，然后计算出你持有债券的时间占半年的多少比例，将这个比例乘以 5 英镑。）虽然在可转债市场等某些债券市场存在例外，但是在绝大多数市场中应计利息是和债券分开报价的。不加应计利息的债券价格被称为**净价**（clean price）。你在电脑屏幕或者报纸上看到的报价往往是净价。如果你将债券卖出，那么会在净价之外额外获得一笔应计利息。如果你购买一只债券，需要支付的就是净价和应计利息之和。要将应计利息单独考虑的一个原因是：在很多国家，债券领域获得的任何收入都要缴纳个人所得税。在净价上获得的收益算作资本利得。

这里还有更加复杂的事情。存在一个时间节点，在这个节点上所有注册过的债券持有人都获得利息。在此之后债券会被标记上"XD"，意思是**除息**（ex dividend）。假设债券的半年支付日期是 6 月 10 日。在 6 月 3 日这只债券就会被除息。但是计算应计利息的时间跨度却是上年的 12 月 10 日到今年的 6 月 10 日。任何在 6 月 3 日卖出这只债券的人都可以获得截至 6 月 10 日的利息，虽然他实际上并没有在半年中的最后 7 天持有这只债券。任何在 6 月 3 日购买债券的人将无法获得 6 月 3 日到 6 月 10 日这 7 天之间的利息，虽然他在这 7 天内对债券进行了投资。因此，当债券在除息期间被卖出时，卖方（获得 7 天的额外投资收益的人）向买方（损失 7 天的投资收益的人）支付在此期间的应计利息。这是计算应计利息时的例外情况。

信用评级

我们已经知道借款人的信用等级越高，它支付的利息就越低。一些市场（比如美国）会要求给出有关借款人信用水平的官方评级，以此来指导投资者对风险的考量和对利率适宜性的认识。在信用评级市场上存在很多家公司，不过最重要的公司有三家，它们分别是标准普尔（Standard & Poor's，其母公司是麦格劳·希尔（McGraw-Hill））、穆迪投资者服务（Moody's Investors Service，其母公司是邓白氏公司（Dun & Bradstreet））以及惠誉评级（Fitch Ratings）。信用评级业务是由约翰·穆迪在 1909 年开创的，当时他发布了第一个针对企业债——美国铁路公司发行的债券——的信用评级报告。

评级机构考察债券和商业票据（我们会在后面提到这个概念）的发行，根据发行人的风险进行评级。标准普尔进行评级时会主要针对以下因素进行考虑（虽然在不同情况下各个因素的权重不同）。

1. 违约的可能性——借款人可以依照合同规定，按时、足量支付利息和本金的能力以及意愿。
2. 合同的性质和条款。
3. 当发生破产、重组或其他需要在破产法下解决的公司安排时，或者出现影响债权人权利的事件时，债权人所处的位置以及自身利益可在多大程度上受到保护。

在标准普尔的评级下，风险水平最为良好的债券等级为AAA，在穆迪的评级标准下，风险水平最好的债券等级为Aaa。标准普尔的完整评级分类是：

AAA
AA
A
BBB
BB
B
CCC
CC
C
C1
D

如果一只债券的等级是D，说明它已经违约或者将要违约。

为了进一步区分不同的信用水平，有些评级还会附加一个加号（＋）或者减号（－），比如AA＋或者AA。一只在一开始得到AAA评级水平的债券可能会因为发行人状况恶化而被降级为A。这会导致该发行人的融资成本上升。假设评级水平为AAA的时候融资成本为10%，那么评级水平为A时债券的融资成本可能会是10.75%。

如果一只债券的评级水平在BBB以下，那么这相当于给这只债券设定了一条无形的界限。因为只有评级在BBB以上的债券才达到投资级别。很多投资基金只投资于评级在BBB以上的债券。对于评级在BBB以下的债券，我们还是引用标准普尔的说法吧：

考虑到发行人支付利息和偿还本金的能力，评级水平在"BB"、"B"、"CCC"、"CC"、"C"的债券被视为存在显著的投机性。"BB"的评级水平表示投机性最小的一类债券，"C"类评级水平表示投机性最高的一类债券。虽然此类债券仍然有一定的质量，也具有一定的保护投资者的特征，但是它们大体上看具有着相当大的不确定性，或者说较大程度地暴露在负面环境中。

垃圾债券是对投资级以下债券的一种统称。这类债券的历史说来话长，我们在之后再行讨论。

穆迪也建立了类似的评级体系，不过在符号使用上存在一些差异。

考察 3 个月期贷款具有的风险时所持有的态度,应该和考察 5 年期债券具有的风险时所持有的态度完全不同。因此,无论是标准普尔还是穆迪,都针对短期商业票据给出了更为简单的评级体系。对标准普尔来说,这个体系如下:

A1
A2
A3
B
C
D

债券的违约事件可能是指忘记某次利息的支付,也可能是指发行人破产。到 2007 年末为止,在标准普尔给予 AAA 评级的债券中,有 0.6% 的债券曾经出现过违约,在穆迪的企业债中有 0.5% 曾经出现过违约。对于评级水平在 CCC(对应于穆迪的评级水平是 Caa)的债券,违约比例是 69%。在 2000 年左右由于不当行为而导致的大企业破产事件中,很多高评级水平的债券出现违约,其中包括安然、世通、马可尼(Marconi)、帕玛拉特(Parmalat)和一些银行。在 2009 年和 2010 年,鉴于经济形势恶化,标准普尔和穆迪公司都对投资者提出警告,告诫它们高收益债券的违约可能性在上升。

很明显,非投资级债券必然要支付比投资级债券更高的成本,以此来补偿其自身具有的风险。在 1997 年,投资级债券的利差大约在 300 个基点,但是当 1998 年俄罗斯出现经济危机时这一利差扩大了很多。自 2007 信贷危机以来,投资级债券的利差超过 500 个基点——在债券市场,企业为了能够偿还银行贷款,会进一步通过债券市场进行融资。比如美高梅集团(MGM Mirage,一家美国的赌场运营商)就在 2009 年 5 月中旬发行了一只价值为 8.27 亿美元的 5 年期高级债券(senior note),发行利率为 11.125%。

为了说明一家机构会在何种情况下失去较高的信用评级,我们在这里仅以银行业为例。在 1990 年,有 8 家银行(非国有)的债券同时被标准普尔和穆迪评价为 AAA,它们分别是荷兰合作银行、德意志银行、摩根担保信托银行、巴克莱银行、瑞士银行公司、瑞银集团、瑞士信贷以及日本兴业银行。由于经济衰退导致商业票据质量下降,到 1992 年中期,上面 8 家著名的银行便只剩下 4 家——荷兰合作银行、德意志银行、摩根担保信托银行以及瑞银集团,此后,到 1997 年 1 月,只剩下荷兰合作银行一家机构仍然保持了 AAA 的评级(标准普尔和穆迪两家机构都给予 AAA 评级)。随着 2002 年康力斯集团(Corus)和大东电报局(Cable & Wireless)被降至垃圾级,在工业界和商业界中开始出现**蓝筹股**(blue-chip)被降级的现象。最后,在 2005 年对福特和通用汽车的降级曾导致巨大的冲击波,这一行为使衍生品市场受到的影响尤为严重。到 2009 年中期,标准普尔对福特和通用汽车的评级都已经是 CCC+。

标准普尔和穆迪也不总是对债券评级作出相同的判断。比如在 1992 年,穆迪下调了瑞士银行公司 AAA 级的信用评级,但是标准普尔直到 1995 年早期才开始降低瑞士银行公司的信用评级水平。

在美国国内以及欧洲市场①（英文为 euromarket，我们在之后会进行解释），信用评级得到了广泛的应用，但是在欧洲本土市场并没有这个传统，直到 1990 年英国波力派克（Polly Peck）公司发行的商业票据出现违约事件，才带来了市场上对信用评级的广泛使用。到目前欧洲已经开始广泛使用针对企业的评级。评级不仅可以针对企业做出，还可以针对政府做出（主权债券发行人，sovereign issues）。在 2008 年 10 月，穆迪将冰岛债务的信用评级降至 Baa1，在 2009 年 7 月该公司将爱尔兰的主权债务信用评级降至 Aa1（之后标准普尔和惠誉也做出相同决定）。评级机构对这两个主权国家债务信用评级的调整，反映出 2008 年这两国家银行业崩溃后整个经济体系出现的漏洞和问题。

在最近发生的信贷危机中，评级机构受到了人们的批评，因为很多人认为它们在证券化交易中给出的评级过于仁慈，也就是说为了让复杂的金融产品更容易地推销给投资者，评级机构故意给予这些产品以较低的风险评估水平。还有一些人指出，评级机构既为证券化产品提供咨询服务，又为这些资产进行评级，并且上述两项业务成为其主要的收益来源，但是这两项业务之间本身是存在利益冲突的，这种利益冲突影响了它们为证券的信用水平作出准确评级的内在动机。在第 9 章讨论信贷危机的时候我们会回头仔细讨论这一问题。

国内货币市场

我们之前提到的一些市场就是国内市场，所谓国内市场，是指以本国货币交易，并且在本国中央银行的控制范围内运行的债券市场，与国内市场对应的是国际市场，比如在伦敦由国际银行联合发行的以日元计价的债券等。

货币市场（money markets）中的债券拥有的期限都比较短，往往是一年以内的借/贷资金，债券市场处理的是中/长期资金的借贷。

在本章我们首先考察国内市场，其中的内容包括了各类货币市场工具以及实务操作，然后会针对债券讨论相同的内容。

之后，本文会考察国际市场，将这部分内容划分为短期债券和长期债券。

当考察国内货币市场时，我们会发现这一市场并不存在类似于证券交易所那样的单一交易地点。在整个西方世界的金融市场里，很多人整天做的事情就是以一种形式买入货币然后以另外一种形式卖出。大量资金通过这种方式完成买进和卖出，有时我们将其简单地成为"隔夜"。

债券市场的参与者由普通大众和中小企业（类似商铺）组成的那一类市场被称为零售市场。

债券市场的参与者以大型机构为主的那一类市场被称为批发市场。这个市场里发生的交易主要由中央银行、其他银行、金融机构、企业和一些专门组织（如货币经纪以及

---

① 欧洲市场泛指以欧洲货币为资金来源的国际货币和资本市场，而非地理上所指的欧洲市场。——译者注

对冲基金）完成。

在本章，大部分内容都将与批发市场相关。

同业拆借

有一类货币市场从事的是非常短期的借贷行为，并不需要可市场化交易的证券工具来代表此类交易。银行家们将这个市场称为**同业拆借**（call money）或者说同业拆借市场（call money market）。在这个市场中货币由一家银行借给另外一家银行而且可以在任何时候收回这笔资金。也存在银行之间隔夜拆借的行为。"隔夜"一词往往指的是晚上12点到次日晚上12点。有时候资金在借出的时候还会附加一定的权利，比如在收回资金的时候提前3天或者7天通知对方。正是因为此类交易的存在，使得银行资产负债表上出现了一项名为"短期放款"（money at call and short notice）的会计科目。在大部分市场里，经过加权平均后的隔夜拆借利率有多种用途。比如在法国加入欧盟货币区之前，巴黎就存在加权平均利率（taux moyen pondéré，简写为 TMP）。如今，16个欧元区成员国使用的是**欧元隔夜平均利率指数**（Euro Overnight Index Average，简写为 EONIA）。例如，法国不动产信贷银行（Credit Immobilier de France）————家法国的公共部门——发行了一只两年期债券，那么这个债券每天的利率就会按照 EONIA 进行设定。在伦敦，和 EONIA 作用相同的隔夜拆借利率是**欧元隔夜平均指数**（EURONIA），这个指数是指在伦敦用欧元与欧盟16国进行隔夜拆借时的利率指数。在伦敦，英镑的隔夜拆借利率指数被称为**英镑银行间隔夜平均拆借利率**（SONIA）。

银行间市场

除了上面提及的时间间隔非常短的一类资金拆借之外，各个国家中一般还存在一个强大的**银行间市场**（interbank market），在这个市场中银行相互之间拆借资金，拆借期限可以从一周到一年不等。注意到我们刚才使用了"一般"一词，主要是因为有时候这个市场里对流动性的需求会大于供给，从而造成市场僵局。2007年在英国就发生过这种情况，当时信贷危机的爆发导致银行开始担心交易对手的信用水平，于是银行之间停止相互借贷，在那段时间里伦敦银行间市场的借贷利率达到了20年期债券的利率水平。最终货币当局不得不向银行间市场注入流动性以重新开启这一市场。

在本书针对商业银行的讨论中，我们主要集中讨论了银行从储户手中收集存款并将其借给其他人的经营模式。银行也会通过借入其他银行的闲置资金来补足自己的资金缺口。由于这种操作对应的是银行筹集新资金的边际成本，所以批发贷款市场的利率就是依照银行间市场发生的借贷利率来设定的。

在证券市场中我们经常会看到**买入价格**（bid rate）和**卖出价格**（offer rate）。买入价格是指经纪人买入证券时的价格，卖出价格是指经纪人卖出证券时的价格。显然，经纪人总会选择低买高卖，所以卖出价格总会高于买入价格。二者之间的差值就是利差。

奇怪的是，在**批发货币市场**（wholesale money）中，由银行提供的储蓄利率被称为是买入价格（又叫拆进利率），而贷款利率则被称为卖出价格（又叫拆放利率）。因此伦敦的银行间市场利率就被称为伦敦银行同业拆借利率（LIBOR）和伦敦银行同业拆进利率（London Interbank Bid Rate，简称为 LIBID）。我们还能找到东京银行同业拆借利率（Tokyo Interbank Offered Rate，简称为 TIBOR）以及欧元银行同业拆借利率（Euro Interbank Offered Rate，简写为 EURIBOR）。但是美国是个例外，其银行间市场利率被称为美联储联邦基金利率（Federal Funds Rate）。

我们已经知道，利率会随着时间的不同而发生变化，因此1个月、3个月、6个月以及1年期的银行间市场利率会不一样。在银行间市场里最常用的期限是3个月。如果有人要问："今天的伦敦银行同业拆借利率是多少？"，它往往指的是3个月期的LIBOR。当然，虽然LIBOR指的是伦敦的银行间市场利率，但是其中的利率不仅针对英镑，还针对美元、日元、瑞士法郎和其他一些货币。需要再次强调的是，银行间市场的批发利率经常发生变化，而且不同银行之间也不一样。如果我们说LIBOR是5.0625%，我们指的是伦敦银行间市场中主要银行的LIBOR的平均值。

表6—1中给出了2009年3月时伦敦银行间市场3个月拆借利率。

表6—1　　　　　　　　　　LIBOR——3个月——02/03/2009

美元	1.27
欧元	1.81
英镑	2.03
人民币	0.64

资料来源：British Bankers Association, www.bbalibor.com/bba/jsp/polopoly.jsp?d=1638&a=15682。

由于伦敦的银行间市场规模巨大，所以我们听到的银行间利率以LIBOR为主。在前文中已经提到过，LIBOR是银行募集新资金所花费的边际成本，因此在批发市场的贷款利率就可以设定为"LIBOR+1/4"、"LIBOR+35个基点"或者"LIBOR+0.5%"。相同的，在伦敦发行的浮动利率债券（floating rate notes）也是用LIBOR来定期重设利率（往往是3个月或6个月重设一次），一般是LIBOR外加一个差额。如果贷款利率或者浮动利率债券的利率被每3个月设定一次，但是LIBOR的利率即使在一天之内也会出现变化，这时我们需要对利率进行更为精确的定义。在实际中，往往以提名银行在相应日期中早上11点整的LIBOR利率为准。

随着欧洲货币联盟的建立，现在欧盟的银行间市场由16个欧元国家组成，该市场将EURIBOR当做参考利率，伦敦的银行间市场的欧元参考汇率为欧元LIBOR。由于LIBOR一直是债券、衍生品和其他金融工具进行交易时主要用到的一种利率参考指标，所以就出现了问题——上述两个利率指标中哪个会得到广泛的应用？答案是EURIBOR。即使原本就在伦敦的衍生品交易所（现在是伦敦国际金融期权期货交易所 NYSE Euronext 的一部分），也在1999年2月服从了EURIBOR，将其作为其衍生品合约的参考利率。

货币市场证券

在刚才描述的市场中,同业拆借市场和一般的银行间市场主要处理的是银行和金融机构之间的借贷交易。这种交易不与任何证券相联系,因此也就无法进行买卖和流通。我们现在开始考虑货币市场交易,这个市场是可流通的证券进行交易的市场。

典型的货币市场证券包括:
- 国库券(Treasury bills)。
- 地方政府/公用事业债券(Local authority/public utility bills)。
- 存单(Certificates of deposit)。
- 商业票据(Commercial paper)。
- 汇票(Bills of exchange)。

国库券

政府在运营过程中往往出现税收收入和支出的不稳定。因此,除了使用中长期政府票据来筹集资金之外,它们还需要借入短期资金以平衡其现金流。政府选择的借款工具就是国库券(在英国和美国);短期国库券(法国对此类证券的名称,法语记为 bon du Trésor),在德国和奥地利,国库券被称为 Schatzwechsel;在俄罗斯被称为 GKO 或者其他类似的名称。

国库券不一定会提供给购买政府债券的那一类机构。在美国,每周都会对3个月到半年或一年期的国库券进行例行拍卖,这些国库券会卖给一级交易商,这些一级交易商同时也是购买联邦票据及债券的那些交易商。在英国,每周五都会进行3个月或半年期国库券的拍卖,它们使用这种方式将国库券卖给银行。在法国,只要在中央银行有账户,即可购买3个月到半年或一年期的国库券。这些国库券每周都进行买卖,货币市场交易商被称为主要市场经营商(法语为 opérateurs principaux du marché,简写为 OPMs)。在德国,德国中央银行(Bundesbank)每个季度都会出售6个月期国库券,此类金融工具又被称为德国折价债券(Bubills)。

对一个只持续3个月的金融工具支付利息并不是一件方便的事情。最通常的情况下货币市场工具往往会以折扣价出售。例如,假设我们考虑一只一年期的美国国库券,价值为100美元,以拍卖的方式出售。一位交易商可能出价94美元。如果交易达成,那么交易商支付94美元并在一年后得到政府支付的100美元。于是这只债券的打折幅度为6%,投资94美元在一年后获得6美元,收益率为6.38%。因此,市场通过对货币市场工具进行打折来实现投资收益率。

从上文中可知,国库券可能会以"拍卖"(或称"招标")的方式出售。对国库券的拍卖主要有两种类型。在第一种类型下,每个人支付的价格就是其投标价格(也称"报价拍卖",price bid auction)。在第二种类型下,所有人支付的价格都相同(也称"单一价格拍卖",uniform price auction,这里的单一价格是指那个触发价格)。任何竞标人的投标价格只要大于触发价格，便可在触发价格的水平上获得一定的购买配额，不一定要支付竞标价格。

上述两种类型的拍卖在金融市场中得到广泛的使用。例如，英格兰银行在每周例行的国库券销售中就采用了投标制，投标价格最高者有权按投标价格购入国库券。政府债券有时候也以投标制的方式出售，不过那些和股票指数连结从而必然出现触发价格的政府债券则除外。

但是让事情变得复杂的情况是，我见过一位德国出版商，他告诉我们以报价拍卖出售货币市场工具的方式，又被称为"美国式拍卖"，而使用触发价格的单一价格拍卖被称为"荷兰式拍卖"。但是一位法国出版商却告诉我们，以投标价销售货币市场工具的方式被称为是"荷兰式拍卖"。也许德国人是对的吧，但是为了清楚起见，我们就不再用"荷兰式拍卖"之类的名称，只要在拍卖中每个人支付的价格都是其投标价格，就称其为报价拍卖；如果每个人支付的价格都一样，那就是一种单一价格拍卖。在市场上这两种拍卖方式都很常见，不过总体而言，尽管美联储对国库券进行的拍卖使用了单一价格拍卖制度，报价拍卖仍然是最常见的拍卖方式。

地方当局/公用事业债券

地方当局/公用事业债券可能提供给市政、地方性部门，联邦各个州或类似于铁路、电力、燃气之类的公共机构。在法国和德国，公共部门票据/债券的市场规模很大。在法国，这些货币市场工具由法国国营铁路公司（SNCF）、法国电力公司（EDF）发行，在德国则由铁路和邮政系统所属的企业发行，如联邦铁路（Bundesbahn）以及联邦邮政（Bundespost），有时也会由联邦州政府发行。英国的地方当局/公用事业债券发行市场规模不大，但是美国的这个市场规模较大。截至2009年，仅美国市政债券市场就为超过50 000个市政债券发行人提供了150万次的发行，而且发行人的信用等级分布广泛，市场中还有超过2 000家的证券中介机构来为市政债券的发行提供交易和承销服务。相比之下，仅仅考虑美国的市政债券市场，其债券发行数量就已经是英国市场发行数量的数倍之多了。

存单

存单（Certificates of deposit）是指银行在招揽大额存款时发出的一种收据。向银行借出这笔资金的机构可能是其他银行、公司或者投资机构。对资金借入方而言，存单的好处是这笔借款的期限是给定的，比如3个月。对资金借出方来说，存单的优点是如果他们要提前支取这笔钱，那么该存单可以很容易地卖给别人。在美国和欧洲市场都存在一个规模很大的存单交易市场，但是德国没有此类市场。

一些经济体往往拥有活跃且高效的存单市场。由于存单具有较高的流动性，所以其收益率会略低于活期存款，这是人们为存单具有的流动性优势所支付的价格。

商业票据

到目前为止，本文已经考察过政府、地方当局、公共部门机构和银行的短期借款行为。显然我们还没有讨论企业的短期借款行为。商业企业可以在批发市场进行借款，为了保险起见会同时提供一个**商业票据**（commercial paper）。商业票据是另一种答应偿还资金的承诺。在发行商业票据时必须征得中央银行的同意，因为这是一种揽储行为，因此必须受到控制。各个国家中都存在很多规则来约束企业可以或者不可以通过商业票据来完成借款行为。比如在英国，能够发行商业票据的公司，其资产负债表上的资产不得低于2 500万英镑，同时还必须在证券交易所公开交易。发行商业票据的最低面额是10万英镑。

在美国，商业票据市场的历史更为久远，这是个容量巨大的市场，目前未偿付的商业票据总额超过了1万亿美元。在过去15年中，美国商业票据市场的繁荣也打动了欧洲。在1991年1月，德国成为最后一个允许发行商业票据的国家。在此之前，由于德国的证券税制要求在发行商业票据之前告知德国财政部，所以从操作上看当时在德国发行商业票据是不实际的。在欧洲之外，中国在2005年底开启了商业票据市场。让我们在表6—2中考察一下有关商业票据市场的一些数据，这些数据主要针对国际商业票据发行，也就是指那些在本国之外或者以国外货币融资的商业票据，这些数据均来自BIS。在表6—2的最下面一行，我们会发现国内商业票据市场的规模是2.4万亿美元，是国际商业票据市场的4倍。路透社在2008年中期的报道指出美国商业票据市场的未偿付商业票据总规模是1.7万亿美元，因此我们可知美国是世界上最大的商业票据市场，至少到现在为止，这个市场中的主要借方是银行。

表6—2　　　　　　　　　　　　　国际商业票据发行规模，2009年3月

市场	发行量（单位：10亿美元）
总计	657.7
按发行货币类型计算	
美元	185.3
欧元	332.3
日元	6.2
英镑	97.6
瑞士法郎	17.2
爱尔兰镑	50.1
加拿大元	0.5
其他货币	18.6
按发行人类型计算	
金融机构	528.6
政府	66.8
葡萄牙	14.9
国际组织	12.9
公司	49.3
总国内发行量	2 424.1

资料来源：BIS locational and consolidated international banking statistics，2009。

发行商业票据是另一种借钱的方式，它可能是银行贷款的一种替代品。早在1990年的时候，西班牙中央银行努力控制信贷的急剧膨胀并限制银行的放贷能力，其结果就是

带来商业票据（在西班牙，商业票据被称为 pagares de empresa）发行量的巨大增长，因为企业开始通过发售商业票据的方式来完成借款——有时候企业会向原本准备去贷款的银行发行商业票据以完成融资。

在其他的一些市场上还出现了管制的放松。法国现在允许非法国企业在本国发行商业票据，自1992年8月之后德国也开始这样做。到1995年底，德国未偿付的国外商业票据规模超过了本国未偿付商业票据规模。

商业票据发行人是如何找到贷款人的呢？它们会建立一个计划（可能是一个5年期计划）并宣布将某家银行或某几家银行作为中介商。如果计划发行的商业票据规模是5亿美元，那么发行人可能并不打算筹集5亿美元，因为这种情况属于债券发行。因此，商业票据发行人会在最大限额内不断地借钱并不断进行偿还。如果发行人希望借用期限为两个月的5 000万美元资金，那么它会通知中介银行，中介银行会随后通知特定贷款人有这样一笔商业票据交易（比如其他企业、银行或投资机构）并从中进行撮合，中介银行会在整个过程中收取很小比例的费用。但是在这一撮合交易的过程中，银行并不向商业票据发行人做出一定找到贷款人的承诺。但是如果贷款人确实比较少，那么为了表示一种善意或者说对银行声誉的珍惜，中介银行会购买一定数量的商业票据。从特定贷款人那里获得资金，而不是从银行获得资金，意味着商业票据的利率会低于银行间市场利率。

汇票

企业筹集短期资金的另一种方式是卖出短期贸易债务（我们在第5章遇到过这个概念）。销售商向供货商提供一张汇票，承诺在货到3个月以内支付货款并在其上签名，这就是所谓的汇票。在这时销售商可以按照某个折扣水平将该汇票卖给银行或者广义的货币市场运营商。我们在第5章已经看到，银行对支付的承诺要优于贸易商对支付的承诺，而且贸易票据和汇票之间存在区别。汇票在其短短的续存期内可以多次转手，但是贸易票据则未必能够这样。而且，对贸易票据的交易类型存在诸多限制，因此不是所有企业都可以使用贸易票据。在美国汇票不是很流行，但是在欧洲却得到广泛应用，尤其是在英国。在法国，汇票被称为 lettre de change，在德国被称为是 Wechsel。

我们现在已经知道了企业筹措短期资金的多种方式，比如银行透支、一般意义上的无担保银行授信额度、循环授信计划、发行商业票据以及使用汇票进行融资。

中央银行的角色

中央银行在国内货币市场发挥着关键作用。它可以提供最后贷款人的功能，我们在第3章已经遇到过这个概念。它可以对遇到流动性危机的银行实施救助。正如本文之前提到的，自2007年秋天以来美国和英国的中央银行当局一直积极向出现问题的银行体系注入流动性。

为什么银行会出现流动性问题？首先，主要的商业银行必须在中央银行维持一定的营运资金。在这笔营运资金中,中央银行会要求银行保存一部分特别准备金(见第3章),这类准备金的额度有时候会比较合意,但有时候则不然。银行在中央银行存放的准备金往往基于一个月的平均营运资金计算得出。对于某个银行来说,在某月月底来临之前,它可能都不确定准备金的数额具体是多少。于是在月底,出现准备金盈余的银行可以将这笔资金借给准备金不足的银行,有时可能所有银行都会出问题。比如政府课以重税时就是这样。出现这种情况时政府在中央银行的账户中出现结余上升,但是银行在中央银行的账户中出现结余下降。于是中央银行会将资金再次借出以实现账面平衡,避免货币市场利率的大幅度波动。中央银行可以在这个过程中设置利率,这就赋予了中央银行控制利率的能力。当利率发生变化时,往往是因为中央银行为帮助其他银行而改变利率。

中央银行通常使用两种方法来对银行进行帮助:通过设定特别利率来帮助银行,比如折扣利率或伦巴德利率(Lombard rate);或者,通过所谓的公开市场操作。

上面提到的两种利率是什么意思?折扣利率是指银行将合格的汇票(即高质量汇票)打折出售给其他银行。此类票据的到期日不会超过3个月。因为对此类资金收取的利率会低于其他资金对应的利率,所以每家银行都只能在某个配额范围内获取一定数量的此类汇票,否则赚钱就太容易了。比如,如果我们能以9.5%的折扣水平获得汇票,但是在中央银行能以8.75%的折扣水平获得汇票,那我们就赚大了。

伦巴德利率是指在缺乏高质量证券时的应急借贷利率(高质量证券以合格票据、汇票或政府/联邦债券为主)。通常情况下,因为它的利率会高于货币市场利率,所以不会对需求设置数量限制。然而在特定时期内也还是会设定一定的数量限制,因为有时伦巴德利率是会低于货币市场利率的。

中央银行的公开市场操作意味着它可能会准备购买汇票、国库券或类似的证券以帮助银行提高流动性,或者出售票据,以回笼多余的流动性。

目前中央银行常用的公开市场操作方式是"出售和回购协议"(sale and repurchase agreement,俗称回购(repo))。中央银行向其他银行购买指定期限的证券,此类证券的期限可能是7天、14天或28天。在期末,银行必须按照包括资金成本在内的一个利率将这些证券购买回来。银行向中央银行出售证券,然后在某个时间回购。在欧洲大陆这是种十分常见的操作。在英国,比较常见的方法是英格兰银行的购买只限于合格证券。到后来,回购操作开始变得更为常见。

现存的这些中央银行公开市场操作不仅是为了帮助商业银行改变流动性,还可用于影响货币供应量和市场状况。中央银行可以通过收紧银行流动性来维持信贷紧缩、提高利率。

例如,当第一个回购协议到期时,中央银行往往会推出第二个回购计划,以此来维持银行的流动性,但是第二个回购协议的总量可能会少于第一个回购协议。

随着欧洲货币联盟的到来,以前各自分散在16个国家的独立货币体系开始统一为一个总体系。在这个体系中欧洲中央银行负责制定政策,但在政策的操作上还是一种分散模式,政策由各会员国的中央银行各自操作。在2009年8月16日,欧洲中央银行将利率重新设定为:

- 固定利率:1.00%。

- 边际贷款利率：1.75%。
- 存款利率：0.25%。

主要的再融资操作是指每周进行的资金招标，此类资金的期限是两周。有时也推出月度资金招标，这种资金的期限为3个月。这些资金招标的本质就是回购。

相比之下，英格兰银行混合使用回购和买断交易（outright purchase），逐日进行公开市场操作。（记性好的人可能还记得银行通过专门的贴现行（discount houses）来完成其再融资操作，但是目前这种方式已被废除。）然而，在2006年5月，公开市场操作的整个系统发生了改变。在此之前，只有一小部分银行必须每天晚上和另外一些银行结清账目，但是在此之后，大约有40家银行和建筑协会——实际上包括英国几乎全部的银行体系中的英镑结算——需要在货币政策委员会（Monetary Policy Committee）的两次例行会议之间的一个月内和中央银行维持一个目标余额（target balance）。为了鼓励这种操作，第一次按照货币委员会利率维持目标余额的利息由英格兰银行支付。

在这个体系刚开始运作的时候，英国的银行在英格兰银行保持的储备超过200亿英镑。此外，银行和建筑协会还可以使用经常性融资工具（standing facilities）来替代其他银行的存款，或者通过经常性融资工具来获得借款，但是无需使用高质量抵押物——这种操作没有数量限制但是会出现一个惩罚性利率，这就使得该利率和市场利率之间出现一个剪刀差。上述提及的公开市场操作有助于稳定短期利率，能够让银行体系拥有管理流动性的更大便利而且使得英镑货币市场变得更加亲近客户，因为非专业人士也可以进入这个市场。

在打造中央银行公开市场操作的新体系时，英国向一些国家和地区——比如美国和欧元区——借鉴了它们最好的那部分特点。在美国和欧元区，中央银行的公开市场操作按月进行，而不是逐日进行。其目的在于让隔夜拆借利率更稳定——相比于其他货币，英镑的隔夜拆借利率的波动性更大。

在英国，使用中央银行公开市场操作新体系的决定由货币委员会做出，这个委员会的成员包括英格兰银行行长、两位副行长和四位外部人士。

在美国，美联储进行公开市场操作的主要方式是影响银行间隔夜联邦基金利率，同时也通过影响储蓄利率来帮助银行。这个利率由联邦公开市场委员会宣布，这个委员会包括美联储的7位董事联席会成员，同时还包括12位来自各个地区联邦储备银行的成员。

国内债券市场

引言

"债券"（bond）一词适用于那些期限从中期到长期的金融工具。在某些市场上也使用"券"（note）一词。例如在美国，2年期、5年期和10年期的国债被称为国库券

(Treasury notes)，30 年期的国债则被称为国债（Treasury bond）。在英国，5 年期的金融工具已经可以被称为债券（bond）。

在这里会发现语言是个问题，因为每个国家都有自己的习惯称谓。例如，法国将所有 5 年期以内的金融工具称为国库券（bons du Trésor）（在 1992 年之前，它将 7 年期以内的金融工具称为国库券），在 7 年期以上的则称为国债（obligations du Trésor）。在西班牙，人们将 5 年期以内的债券称为政府债券（bonos del estado），其他的则称为国家债券（obligaciones del estado）。但是，意大利的 10 年期债券又被称为意大利国库券（buoni del Tesoro）。

让我们先看一下债券的一般性特征。正如本书在第 1 章中提到的，债券就是借出款项并许诺在一定时间后偿还所借资金的收据。不过在这里我们讨论的不是短期资金的拆借，而是中期和长期借款——期限超过 1 年，最长可以达到 30 年或者更长。

债券的一般特征有：
- 债券的名称。
- 票面价值的货币单位。
- 赎回价值——通常是票面价值，但也存在其他可能性（例如指数联结型）。
- 按照票面价值的百分比记载的利率；这就是所谓的"息票"（coupon），支付的频率也要进行说明。
- 赎回日期。

债券的利率又被称为息票，这是因为债券的持有人可能是非注册的。债券是发行人表示欠债券持有人一笔钱的声明，但是不对债券持有人是谁作出规定。因此，债券就将它在偿还本金之前做出的支付称为**息票**（coupons），以便于债券持有人将债息和债券分离并索取利息。有时即使债券实行注册制，其利息支付可以通过邮局寄送至债券持有人，但市场也还是将利息收入称为息票，相应的利率就是**息票利率**（coupon rate）。

如果息票利率按照市场利率设定，那么随着市场利率的变化，息票利率也会发生变化。由于"息票"一词意味着固定利率，所以息票利率可变的债券又被称为**浮动利率债券**（floating rate notes）。如果此类债券是在伦敦发行的，那么其利率可能会定为"LIBOR+45 个基点"，每半年支付一次。

有些债券不设赎回日，这种债券被称为**无期限**（undated）债券或者**永久**（perpetual）债券。如果债券持有人需要资金，它可以选择在二级市场将这个债券卖给其他人。

通常情况下，根据剩余到期时间分类，债券可划分为：
- 短期——续存期在 5 年以内。
- 中期——续存期在 5 年以上，15 年以内。
- 长期——续存期在 15 年以上。

需要强调的是，这里的续存期都指的是剩余到期时间。对于一只 20 年期的债券来说，在它一开始发行的时候是长期债券，但是 10 年后会变成一只中期债券，再过 6 年就会变为短期债券。

在一开始发行时，债券可以在公开市场上进行**发售**（offer for sale），也可以针对一小部分专业投资人进行发售，这种方式被称为**直接销售**（private placing）。

在公开市场进行发售的时候，需要一家银行作为牵头经办银行，这家银行和其他多家银行一起组成银团，将从债券发行人处购买的债券再次出售给投资者。在这种方式下如果投资者没有完全认购，那么银团就必须购入没有卖出的债券，这意味着银团对债券发行进行了承销。当然，银团会收取一定费用来补偿这一风险。

如果牵头银行购买所有债券，再将其卖给银团其他成员，这种债券发行方式往往被称为包销（bought deal）。银团成员可能会在不同价格下出售该只债券。如今，在债券发行过程中更常见的方式是牵头银行和银团成员同时购买债券，并同意在某个固定时期内以相同价格出售该债券——这就是所谓的固定价格再发行（fixed price reoffering）。这种做法在美国和欧元市场中十分常见。有时（政府债券除外），债券可能不通过银团的方式发售，而是以竞争性拍卖的方式发售。

根据债券发行人的不同，可将债券划分为以下几种类型：
- 政府债券。
- 地方政府/公共事业债券。
- 抵押贷款和其他资产抵押债券。
- 企业债券。
- 外国债券。
- 垃圾债券。

企业债可以是纯债券，也可以是可转债，还有一种混合型金融工具如优先股（preference share）或者参与股（participation stock）。

政府债

从某种意义上讲，政府债券主导着债券市场。大多数现代政府都在担负着财政赤字的情况下进行运营，这导致政府大规模发行债券。有时候政府债券的二级市场和证券交易所（法国，德国，英国）结合在一起，有时则会在证券交易所之外另立市场（美国）。

按照债券的种类和发行方式进行划分，政府债券可以有多种类型：
- 债券可以由中央银行发行（美国，德国，法国），也可以由财政部（荷兰，日本）发行，或更一般性的由债务管理办公室（英国，爱尔兰，新西兰，葡萄牙，瑞典）发行。
- 可能会在每个月的某些固定日期进行发售。
- 可能由专业承销商负责发售（美国，英国，法国，德国，意大利），或者在约定比例内（瑞士）由银行组成的银团负责发售。
- 债券可能是无记名制，也可能是注册制。例如在英国，政府债券实行注册制，由政府债券登记部门负责每年处理 500 万次的利息支付和上百万次的所有权变更。在德国，主要的政府债券市场是不记名的批发市场。在这个市场中没有注册证书，买卖过程通过德国联邦借贷登记局（Bundeschuldenbuch）的电脑进行。
- 某些市场每年支付两次利息（美国，英国，意大利，日本），另外一些国家的市场则每年支付一次利息（法国，德国，荷兰，西班牙，比利时）。

● 美国政府债券的价格单位是分位数（最小单位是1/32）。在其他国家，债券定价的最小位数是0.01。

让我们来看看一些例子：

在美国，2年期国债的发行频率是每月发售，而5年期和10年期国债的发行频率则是按季度出售。这些债券都会在规定好的时间以拍卖的方式出售给40个一级交易商。在2001年11月美国政府停止了30年期国债的发行，但后来又在2006年听从债券市场协会的请求重新恢复发售。一般来说市场喜欢锁定低利率。在2008年下半年，有传闻说美国政府计划发行期限为50年（甚至是100年）的债券，以此来减轻政府的融资压力，不过这件事情最终并未发生。

在法国，政府债券被称为OATS（是法文obligations assimilables du Trésor的缩写，意指法国财政部发行的可替代债券），在每月的固定日期（每月的第一个星期四）以拍卖的方式出售。此类债券主要卖给一级交易商，它们有责任对拍卖提供支持。这些一级交易商必须持有每次发行数量的3%和二级市场交易额的3%。在法国，一级交易商被称为国债价值专家（法文为spécialistes en valeurs du Trésor）。不过在每次拍卖中提供的债券往往是已经存在的债券而不是新发行的债券。要注意的一点是法国政府还经常发行2年期和5年期的国库券。人们称其为BTAN（法语为bons du Trésor à intérêt annuel）。（短期国库券被称为BTF，对应的法语为bons du Trésor à taux fixe。）BTAN在每个月的第3个周四发行。

为了迎合债券期限越来越长的趋势，法国财政部于2005年2月发行了一只期限为50年的债券。

在德国存在2年期和4年期的中期票据——联邦国库票据（对应的德语为Bundesschatzanweisungen），但是在1996年中期，德国政府将这些债券的期限降低到两年，将其改名为"Schätze"。在德国还存在5年期政府债券——德国中期公债（对应的德语为Bundesobligationen）以及10～30年期的债券——联邦债券（对应的德语为Bundesanleihen）。在这些债券中，10年期国债十分畅销（而不是那些期限更长的债券），它们大部分都是固定利率债券，不过也偶尔存在浮动利率债券。这些债券可以由联邦政府、州政府（Länder）发行，也可以由铁路公司和邮局发行。德国统一基金（Fonds Deutsche Einheit）也曾发行过债券。在德国，所有国债的发行都由德国中央银行操作。德国政府债券的交易所是联邦贷款竞价集团（Federal Loan Bidding Group），这个集团大约有70家经销商。德国中期公债是按照级别分别发行的。其中A级中期公债可以在4～6周内连续发行。由于此类国债是财政部的融资票据（对应的德语为Finanzierungschätze），所以其目标客户是零售买家。在每次发售期末，未售出的债券都会进行公开拍卖。主要的零售债券为储蓄类国债（对应的德语为Bundesschatzbriefe）。这些债券可以由所有的银行和金融机构持续发售6～7年。在任何时候，此类债券都可以票面价格出售，不过持有人持有的时间越长，则获得的利率越高。

现在，法国和德国发行的所有债券都使用新的货币单位——欧元，所有未偿付债券都已转换为欧元计价。

在日本，该国财政部以拍卖的方式出售政府债券。其中大约有40%的份额出售给银团，银团内部按照事先商议好的份额再作进一步分配，剩下的60%以拍卖的方式出售。在这一过程中，在每个月都会对2年期、4年期、5年期、6年期和10年期国债进行发售，20年期国债则是每季度发售一次。日本的国债每半年一次支付利息。在日本，政府、市政和公共部门债券占总发行量的60%，是其国债市场的主导力量。在2009年5月，日本财政部第5次发行40年期国债，筹得21亿美元资金——这是迄今为止日本固定收益市场上期限最长的债券。

在英国，政府债券被称为"**金边债券**"（gilts）或"金边"，意思是一种非常安全的投资（这个术语在20世纪30年代得到广泛使用）。此类债券在固定的日期进行发行，卖给13家专业销售商，这些专业销售商被称为"金边债券做市商"。没有在拍卖中卖出的债券都由债务管理办公室购买，当销售商希望直接购买金边债券时再将这些债券卖给经销商。金边债券的期限一般在5~25年之间，但最近也出现了50年期债券的发行。2005年9月英国政府发行的金边债券特别有趣，它是世界上第一个指数挂钩型的50年期债券。这只债券并没有像往常一样以拍卖的方式出售，而是出售给了由投资银行组成的银团；利用这种方式，可以在市场对债券有较高需求时提高发行规模。事实上，这只债券的发行规模从10亿英镑增加到12.5亿英镑。对养老基金和保险公司来说，它们对指数挂钩型长期债券有巨大的需求，因为这些机构需要利用此类债券来构造可以和它们担负的长期负债相匹配的资产。

金边债券可以分为以下3大类：

1. 有期限型。
2. 无期限型。
3. 指数挂钩型。

现在，无期限型金边债券已经不再发售，但是市场上仍然有6只此类债券一直存在。这种债券没有赎回期。在债券市场，没有赎回期的债券往往被称为无期限型、永久型或者不可赎回型债券。在批发市场中无期限型债券几乎没有交易量。

指数挂钩型金边债券的利率和赎回价格是基于同期商品零售价格指数的变化而变化的。在2009年7月，英国政府发行了价值为50亿英镑，期限为33年的指数挂钩型金边债券，财政部提供0.625%的债息，如果持有到赎回期2042年，则收益率为商品零售价值指数上浮0.886%，如果持有期到2037年，则可获得比可比证券到期收益低7个基点的收益。其他提供指数挂钩型债券的国家还有澳大利亚、加拿大、冰岛、以色列、新西兰、瑞典，在最近则是美国、法国、日本（2004年引入10年期通胀联结型债券）和德国。在1998年，中国也首次发行了指数挂钩型国库券，指数挂钩型债券的首次发行则是在1997年。1996年5月，美国财政部长宣布美国将在1997年1月首次发行指数挂钩型国库券和债券。在美国，指数挂钩型债券又被称为通货膨胀保值债券（Treasury inflation-protected securities，简写为TIPS），此类债券的本金会按照消费物价指数进行调整。2008年10月至2009年6月之间，在美国政府发行的6.7万亿美元债券中，大约有440亿美元是通货膨胀保值债券，因此此类债券只是整个国债市场中规模很小的一类债券。在1998年9月法国政府首次发行了通胀挂钩型债券，之后很多其他国家也开始效仿。

在 1973 年，法国政府发行的债券——吉斯卡尔债券（Giscard bonds）——将债券价格和 1973—1988 年之间的黄金价格相挂钩。随着黄金价格上升，这让法国政府面临极大的窘境。这只吉斯卡尔债券的故事在后来被汤姆·沃尔夫（Tom Wolfe）改编成一本小说叫《虚荣的篝火》(The Bonfire of the Vanities，1987)，以此来表现华尔街投资银行家的不择手段（不过有些人说这本小说的原型来自于所罗门兄弟公司的一桩真实交易）。

在 2009 年，政府发行指数挂钩型债券的兴趣重新燃起。比如，澳洲金融管理办公室（Australian Office of Financial Management）宣布会在同年 8 月份发行它的第 6 只指数挂钩型债券，因为人们认为在应对信贷危机过程中推出的大规模财政刺激政策会带来价格水平的上升。日本和泰国政府也在最近宣布它们正在考虑发行此类债券。在本书截稿的前一个月，英国政府又发行了长期指数挂钩型债券，这个内容我们在上文中已经提及。

为什么政府要发行指数挂钩型债券呢？原因有三：

- 对于风险厌恶的投资者，比如养老基金和退休人员，他们的需求主要在于抵御通货膨胀对资产的侵蚀。
- 使货币政策可以更可信——可以让政府有保持低通货膨胀率的激励。
- 指数挂钩型债券的收益率可帮助政府和其他机构估计市场对未来通货膨胀率的看法。指数挂钩型债券和普通债券之间的收益率差异应该等于预期的通货膨胀率。

构造指数挂钩型债券的想法并非一个全新概念。在 1780 年，马萨诸塞州就发行过一只债券，它支付的利息及本金偿还与一篮子玉米、牛肉、羊毛和皮革挂钩！

西班牙政府债券被称为政府债券（bonos del estado），这种债券的期限在 3～5 年之间，期限为 10 年期的债券被称为 obligaciones del estado。西班牙的中央银行每月定期出售这些债券。

意大利政府发行的固定利息债券被称为 **BTP**（意为长期国债，意大利语记做 buoni del Tesoro poliennali）。此类债券的期限为 2～10 年。不过还存在相同期限的一类浮动利率债券，被称为 CCT（国库信用证书，意大利语记做 certificati credito del Tesoro）。上述两类债券都是由意大利中央银行在每月的固定日期向 20 个一级交易商出售。意大利债券市场上还存在一类 6 年期的债券，被称为 CTO（可选择国债证书，意大利语记做 certificati del Tesoro con opzione），买者可以在 3 年后将其卖出。

相比于过去，目前似乎出现一种趋势，即一些国家的政府倾向于发行期限更长的债券。早在 1999 年，日本和希腊政府就首次发行了 30 年期债券，瑞士也发行了 50 年期国债（瑞士自 1909 年以来的第一次）。在整个欧元区，自 2000 年中期以来期限超过 15 年的债券发行数量稳步上升。

在本章前面的解释中我们已经提到，有些政府债券在拍卖中实行的是竞价拍卖，但是另外一些则实行的是平价拍卖。实行竞价拍卖的理由比较明显。实行平价拍卖的理由在于避免赢者的诅咒（winner's curse），这是指一些竞标者可能会为了竞得债券而付出一个过高的价格，以至于在这个价格下他们无法将债券卖出。平价竞价的思路就是鼓励跟更多的竞标者加入拍卖。不过，实际上两类拍卖方式的优势和劣势表现得并不是那么明显，因为美国一开始使用的是竞价拍卖，后来改为平价拍卖；但是英国正好相反，一开始使用的是平价拍卖，后来使用的是竞价拍卖（对指数挂钩型债券则没有使用竞价拍卖）。（在本章附录中，我们对竞价拍卖的结果给出了一个例子。）

大多数政府债券市场都允许在拍卖开始前的一段时间里进行交易撮合——也就是所谓的**发行前交易**（when issued）或者说**灰色市场**（grey market）。机构投资者可以和一级交易商按照约定价格进行交易，从而降低一级交易商购入债券后无法卖出的风险。

地方债以及公共部门债券

我们已经提到德国的铁路、邮局、联邦以及德国统一基金发行债券的问题。在法国，公共部门发行债券的现象也很常见。比如，法国国营铁路公司、法国电力公司和法国燃气公司就可以发行债券。此外，一些公共部门的机构也可以发债，比如地产信贷银行（主要经营住房信贷）和法国地区信贷银行（地方性融资部门）。当然，类似于纽约这样的城市也可以发债，或者类似于巴斯克自治区（Basque Country）之类的地区也可以发债。

在英国，地方政府和公共部门极少发行债券，但也有一些在20世纪70年代发行的长期债券在当前仍进行着交易。在美国市场，市政债券占有的份额很大。

抵押以及证券支持类债券

在某些国家，抵押贷款债券市场规模较大。例如在美国，多年以来的习惯是将抵押贷款打包并将其作为支持押贷款债券的保障。抵押贷款可能由某些机构进行打包，这些机构的名称可能是吉利美、房利美和美国学生贷款营销协会（Sallie Mae）。（自然，这些机构代表的是一类更为正式的东西，比如美国政府国民抵押贷款协会。）美国抵押贷款债券市场规模巨大，在2007年这一市场发行的债券规模达到两万亿美元，不过随着信贷危机的冲击，在2008年则跌至1.3万亿美元。这个市场的增长速度很快，从2000年的3.6万亿美元增长至2008年的8.9万亿美元——这一数字应该是表示市场规模的最新数据，美国的抵押贷款债券市场规模甚至超过了国债市场（6.1万亿美元）和企业债市场（6.2万亿美元）。随着房地产价格上升以及温和的货币政策环境和银行不断完成的结构化证券发行，各个因素都推动了抵押贷款支持债券市场的发展——当然这一市场也成为信贷危机的主要诱因之一。

在德国，潘德布雷夫银行协会（Association of German Pfandbrief Banks）有35家成员银行，发行了德国抵押贷款支持类证券中的97%。在2008年，德国未偿付抵押贷款债券总额达到2 170亿欧元。潘德布雷夫银行协会的成员银行还在类似于丹麦、芬兰、法国和西班牙等国家发行抵押贷款债券。不过德国发行的抵押贷款债券不同于美国的抵押贷款债券。后者的发行步骤包括将一开始的抵押贷款从银行的资产负债表中剥离，然后将其放在一个独立的特殊目的公司，然后将抵押贷款的利息支付和本金支付作为现金流，以此来构造和发行债券（见图6—4）。由于德国的抵押贷款债券只是一种银行通过融资来提供抵押贷款的方式，所以这是一种非常安全的投资。

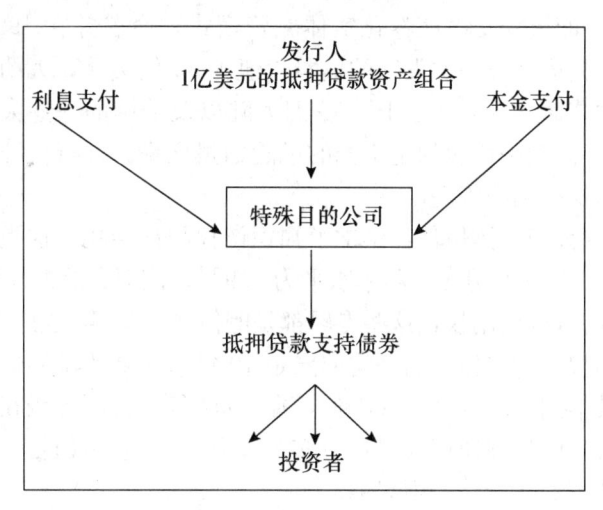

```
                    发行人
              1亿美元的抵押贷款资产组合
    利息支付     ↓              本金支付
         ↘                   ↙
              特殊目的公司
                  ↓
             抵押贷款支持债券
              ↓    ↓    ↓
                投资者
```

图6—4 资产支持债券的发行

在美国的抵押贷款支持债券的发展中涉及到的技术被称为资产证券化，因此我们也将此类债券称为资产支持证券（ABS）。也许你还在一些参考读物中看到过担保抵押证券（CMO）或商业抵押贷款支持证券（CMBS）。但是到现在为止我们只提到了美国的情况，这种资产证券化技术实际上在英国也得到了广泛的应用，在日本和欧洲也有出现。我们在第9章中会概要讨论资产证券化活动的大规模增长以及它如何导致房地产泡沫，并最后导致美国、英国和其他一些国家银行体系的崩溃。

到目前为止，我们只提到针对抵押贷款的证券化，实际上证券化技术可以并且已经被用来对任意种类的收入支付流（或者说收入和本金支付）进行证券化，人们用这种技术为资产支持类证券进行融资。（我们会在后面简短介绍为什么银行和其他机构存在进行资产证券化的意愿。）资产支持债券市场的发展速度是惊人的，从下面的列表中我们可以看到各类收入流都被用来为资产支持类证券进行融资：

- 汽车贷款　　　　　　　大众，通用汽车，宝马和其他
- 唱片版税　　　　　　　大卫·鲍伊，罗德·斯图尔特，詹姆斯·布郎
- 电话通话　　　　　　　Telemex，墨西哥
- 未来的出口收入　　　　巴西铁矿石
- 足球季票　　　　　　　皇马，拉齐奥，佛罗伦萨
- 物业租金　　　　　　　英国土地（British Land）和其他
- 机动车辆租赁　　　　　英国野村公司
- 信用卡应收账款　　　　花旗银行，MBNA
- 企业贷款　　　　　　　国民西敏寺银行，德国联合抵押银行
- 不良贷款　　　　　　　罗马银行
- 欠税　　　　　　　　　葡萄牙
- 寿险保费　　　　　　　瑞士再保险

让我们来看一些例子。国民西敏寺银行发行的证券曾经引起过人们很大的兴趣。这种证券在1996年11月第一次发售，后来用首字母组合"ROSE"（repeat offering securitized entity funding，即重复发售证券化实体融资模式）命名并在1997年再次进行了发售。国民西敏寺银行完成的第一次发行的债券价值为50亿美元，大约占其贷款总额的三分之一，这家银行的贷款主要面向英国、欧洲大陆以及美国的一些大型企业。这批债券划分为11个类别，不同类别代表的是不同的风险回报比率。银行保证对这笔债券的匿名性，并为原有贷款提供持续的管理。

在1997发行的（大卫）鲍伊债券带来了知识产权的证券化。这类债券由保诚保险公司购买，总计支付了5 500万美元，利率水平为7.9%，该债券的抵押品是来自25个专辑（超过280首歌曲）的特许使用权，这些专辑都是鲍伊在1990年之前录制的——他拥有这些专辑的版权和录制权。这些债券的平均期限是10年。遗憾的是鲍伊债券在管理方面存在一些问题，因此其信用评级曾被多次降低，在2003年5月其评级仅高于垃圾债券——这主要是由于鲍伊音乐的特许使用权出现过多次变化。不过，最近苹果公司iTunes的出现让人们对特许权的证券化行为产生兴趣。

为了让这种证券化行为可行，我们需要一个同质化资产组成的资产池，资产池中的资产可以是抵押贷款、应收账款、汽车贷款等。这些资产被汇集在一个特殊目的公司中，这样做的目的是起到"防火墙"的作用，将债券和发行人相互分开以避免破产责任的相互牵连。为了避免破产，有时债券给出的支付（但不总是）可以获得担保，以便于使债券拥有一个更高的信用评级。那么，这种技术对发行人是否也有吸引力呢？

到目前为止，作为银行来说，资产证券化的方式确实能够减轻资产负债表中存在的压力，而且还可以让银行可以更好地利用资本。巴塞尔委员会推出的《资本充足率指引》使银行资产负债表上低利润项目的成本变得很高。如果这些资金可以得到释放，那么就可用在更有利润的投资项目上。这也是国民西敏寺银行发行ROSE债券的一个重要动机——将低收益贷款从资产负债表中移除，同时不损害与客户的关系。

在上面列表给出的例子中，"欠税"指的是2004年4月葡萄牙发行的一只价值17亿欧元（20亿美元）的债券，这只债券由欠缴的税收和社保费用作支撑。当时，葡萄牙的预算赤字超过6%，大幅超过欧元区3%的限制。这只债券的目的就是尝试提高政府的现金流。遗憾的是，到2005年8月，葡萄牙政府收回的未缴税收和社保费用只达到原先发行债券时估计额的56%，于是这只债券被穆迪和惠誉降级。鉴于此，希腊和比利时希望发行此类债券的计划被搁置。

而且，在上面列表中还有一个例子是由瑞士再保险公司对未来的寿险保费进行的证券化。在未来，这些保险债券很可能变得越来越流行。瑞士再保险公司在2005年1月首先发行了此类债券，后来巴克莱人寿和友诚人寿也相继进行了发行。

CMBS是ABS或者说CMO的一类具体例子。此类证券的构造以商业地产为支持，因此当商业地产的价值下降时，这些债券就会面临风险。例如，飓风卡特里娜（Katrina）曾对美国CMBS产生重大影响。最近，自2008年中期以来英国商业地产价值下跌约40%，这也严重影响了英国的银行所发行的CMBS。2009年初，在欧洲的CMBS市场中，英国占到未清偿CMBS总额中的不到50%（大约为1 480亿欧元），但在同期美国CMBS

市场未清偿商业抵押贷款支持证券总额为 4 710 亿欧元。

资产担保债券（covered bonds）是另一类资产支持类证券。在资产支持类证券的交易中，债券由一个特殊目的公司发行，然后此类资产就可以从发行人的资产负债表中移除。在资产担保债券中，证券化后的资产仍然保留在发行人的资产负债表中，当发行人破产时投资者有追索权。在这种设计下投资者面对的风险降低，所以发行人发行此类证券时承担的成本也比较小。英国的金融监管机构——金融服务管理局——已经裁定，在有额外资本进入之前，银行或建筑协会可用其资产的 20% 来发行资产担保债券。我们已经看到一大批欧洲的银行和其他金融机构都在发行债券，其中包括巴克莱银行（它在 2008 年 7 月第一次发行了资产担保债券，是两只价值为 10 亿英镑的浮动利率债券），法国汇丰（在 2008 年 9 月发行了价值为 80 亿欧元的债券），此外还包括欧洲抵押银行公司（Eurohypo AG）以及法国巴黎银行和葡萄牙储蓄银行。德国（丹麦）的资产担保债券市场也很大，因为德国抵押债券（Pfandbriefe）就是不使用特殊目的公司的资产担保债券。同样的，巴塞尔协议 II 中做出的监管规定也使发行人感到此类产品变得更具吸引力。据欧洲中央银行的统计，在 2007 年底欧洲资本市场中的未清偿资产担保债券总额已经超过 2 万亿欧元。在这个市场中丹麦和德国的发行人占比约为 50%，其他主要发行人则来自法国、西班牙和英国。

结构化债券或者说**结构性融资**（structured finance）等名词也经常用于资产支持类证券的发行，不过会以不同的形式出现。作为资产支持类证券发行过程中的一部分资产，它可能会被放入一个资产池然后进一步转变为特殊目的公司，这和之前提到的资产证券化过程是一样的。与抵押贷款或汽车贷款支持类证券不同的是，存在一系列的资产来支持资产支持类证券的发行。然而，关键区别在于资产，资产支持类证券的资产池按照信用风险分类——一些类别中的信用风险小一些，而另外一些类别中的信用风险大一些。投资者出售不同类别的资产支持证券，其中一些低风险，另外一些高风险。这是一类更加复杂的将信用风险转移给投资者的方式。其中最常见（而且复杂）的结构性金融工具被称为 CDO，在这种金融工具中，"高级"分卷的 CDO 由高信用评级的抵押贷款支持证券（MBS）和其他 ABS 支持，而"夹层"分卷则将大部分"初级"的、质量较差的分卷混合在一起。对 MBS 来说，其资产池由实实在在的抵押贷款组成的，但是对于 CDO 而言，其基础资产池是获得按揭贷款支付的证券和其他的 ABS、CDO，因此可以将 CDO 看做经过证券化的证券。一旦 ABS 和 MBS 的资产池构造好后，就可对它们进行分卷，CDO 可以由特殊目的公司按照不同的风险/回报和到期日进行发行。人们可以用各种资产来构造 CDO，因而不同的 CDO 具有不同的名称，其中包括：

- 公司债券——债券抵押证券（CBOs）
- 公司债券——贷款抵押证券（CLOs）
- BBB ABS——夹层 CDO
- 其他类别 CDO 的分卷——双层担保债务凭证

信用评级机构会对 CDO 和一些类似证券的不同分卷评估信用风险，发行人也会用信用增级技术来降低与不同分卷相联系的信用风险，以增加它们对投资者的吸引力。在美国，2007 年 CDO 的发行规模达 3 000 亿美元。

创造 CDO——或者对已存证券化产品（如 ABS 和 MBS）做进一步的证券化——都会使这些金融工具变得越来越复杂。CDO 中的很大一部分都是由次级抵押贷款支持的，当这个市场崩溃的时候，那些在此类金融工具上"投资"数十亿美元的银行面对的就是资产几乎完全丧失价值以及其他的巨大损失。在 2009 年第一季度由欧洲证券化论坛出版的《证券数据报告》指出，美国的 ABS（包括 CDO）总额达到 19 612 亿欧元，欧洲达到 5 091 亿欧元。为了让这些数据能够带来一个直观感受，我们在此进行一个类比，已知美国住宅抵押贷款支持证券的市场规模为 47 803 亿欧元，欧洲住宅抵押贷款支持证券的市场规模为 10 886 亿欧元。在欧洲市场中英国占了最大的份额，为 41.2%。

公司债

当然，在债券的类别中还有私营机构发行的债券。在美国这是一个规模庞大的市场。在欧洲，从一般意义上讲公司债券市场规模较小，这主要是因为政府和公共部门的债券市场遮挡了公司债市场的光芒。在德国，由于该国金融体系形成了一种依赖于银行融资的强大传统，所以这也阻碍了德国债券或股票市场的发展。不过，在任何情况下，欧洲大型企业都可以在伦敦发行欧洲债券，不一定要发行国内债券（请参阅本章后面部分的内容）。

不过，公司债的期限可以相当长。在英国，一家物业公司 MEPC 在 1988 年发行了将在 2032 年赎回的债券——这只债券的期限为 44 年，英国的地产商英国土地公司也在 1995 年 9 月发行了期限为 40 年的公司债。因为物业公司从事的是长期租赁，所以它可以为此类长期债券提供较好的承诺。除此之外我们还见到过由沃尔特·迪士尼、可口可乐、IBM 等公司发行的 100 年期债券，不过这些债券的发行人都有权利在 30 年后选择赎回债券。这些债券的期限如此之长，几乎可以将其视为股权，但是要知道债券支付的利息是可以用来抵税的。IBM 公司发行的 100 年期债券的利率只比 30 年期国债高 10 个基点。谁会愿意购买如此长期限的债券？答案是养老基金和人寿保险公司，因为它们需要相应的资产来和其长期负债相匹配。

公司债有很多类型。

信用债券

信用债券（debentures）是一类公司债，它的安全性由公司的土地和建筑等支持。如果发行人出现破产清算，那么这些资产必须出售以偿还债券持有人。因为安全性较高，所以信用债支付的利率较低。一些投资基金只投资于公司债中的信用债券。这里需要再次声明的是，语言习惯的不同会引发一些问题。这里对信用债券给出的定义沿用英国的用法。在美国和加拿大，"信用债券"可用来指代任何类型债券。不过读者只要记住下面的区别即可：公司债可能是无抵押的（大多数），也可能是由特定资产作抵押的。虽然对公司债进行担保可以帮助企业更便宜地完成融资，但是以这种方式将资产联系在一起也会造成一定的不便。如果资产用作抵押和担保，那么这些资产在出售和更换之前要经历冗长的法定程序。MEPC 公司和英国土地公司（上面提到的）发行的公司债券都是无抵押债券。在 MEPC 公司的例子中，相比于有抵押物的公司债券，无抵押债券要多支付 1.1% 的利息，在英国土地公司的例子中，其无抵押公司债券多支付的利息是 70 个基点。

可转债

可转债是一类可在将来进行转换的债券，可以转换为债券（如可转换金边债券），也可以转换为股权。可转债转换成股票后的价格和先行市场价格之间的差异被称为"溢价"。例如，可以对可转债赋予一个权利，3 年后将 100 美元的债券转换成 50 股。于是可转债的转换价格是每股 2 美元；如果可转债当前的市场价格在 1.60 美元，那么最初的溢价为 25%。如果转换价格仍高于市场价格，那么债券会以正常方式被赎回。

可转债吸引投资者的地方在于它的风险和回报组合——债券的特性是能够带给我们稳定的收入流，可以转换为股权又为获取资本收益提供了可能性。对发行人而言，由于可转债对投资者的吸引力较大，所以它的利率较低，这就可以在较低廉的利率下获取融资。如果投资者想将可转债转换为股票，那么这些股票来自于何方？可转债发行人可以发行新的股份。假设可转债价值 5 亿美元。发行人可能不希望为了赎回债券而融资 5 亿美元，而是希望通过发行新股来筹得这 5 亿美元。

诚然，在这一过程中发行人的股权将被稀释，但可能不会造成太大影响。在欧洲（但不如美国那么明显），公司发行可转债时必须要得到股东的批准，因为一般来说任何为获取现金而发行的新股份都必须首先提供给现有股东。

有时可转债会遇到一些不可预见的问题。自 1990 年以来日本股市的普遍下跌意味着许多股票的市场价格低于可转债的转换价格。由于人们认为日本经济具有较大风险，所以为了回购这些可转换债券而进行的再融资的成本就比较昂贵。穆迪公司研究了 1970—2000 年之间可转债的违约率，发现在 280 例违约事件中，投资者最终可以收回的投资价值要显著低于非可转债，在公司债违约案例中，可转债投资者可以从每 100 美元投资中收回 29 美元，但是非可转债投资者可以从每 100 美元投资中收回 43 美元。穆迪公司还发现可转债的损失率（可转债的违约比例）超过 1%，这个结果高于标准债券，这反映出可转债作为附属负债的特性。

可交换债券

有时，债券允许转换成发行人拥有的另一家公司的股份，这种债券称为"可交换债券"。例如，德意志银行在 1999 年初发行过价值 15 亿欧元的可转债，以帮助其收购美国信孚银行。不过这个可转债可以兑换成安联集团的股份，这是因为安联集团属于德意志银行所有。在这种方式下，德意志银行既可以避免直接出售安联集团股份而对其股价造成不利影响，同时又能达到减少其持有安联股份的目的。这只可转债的溢价为 30%。在此之前，德意志银行就曾将可转债转换成戴姆勒-奔驰公司（当时还叫这个名字）的股份，这个公司当时也属于德意志银行所有。（在过去的 10 年左右，德国的银行已逐渐降低了它们对国内大型企业的持股数量。）法国兴业银行于 2005 年发行了一只可交换债券，这只债券可以转换为意大利石油公司 ENI 的股份。在 2009 年 7 月，德国复兴信贷银行（德国的州立银行）成功地将价值 7.5 亿欧元的可交换债券转换为德国邮政股份公司的普通股。

认股权证

可转债的另一种表现形式是发行一种附带认股权利的债券，这个附带的认股权允许债券持有人在未来以某个给定价格购买债券发行人的股份，这个认股权包含在一个独立的**认股权证**（warrant）中。这种方式比可转债更灵活，因为债券持有人可以使用认股权证以更低的价格购买股票，但不影响对债券的持有。认股权证往往会从债券分离出来单独出售。

有时候发行认股权证的实体可以不是发行相应股份的公司，例如，花旗集团曾发行过英法海底隧道的认股权证。这种操作通常被称为备兑权证，因为花旗集团必须首先购买认股权证对应的股份，以避免认股权证转换成股票时出现无股票可转的风险。如果英法海底隧道发行带有认股权证的债券，那么如果需要，它们就有发行新股票的权利。自然，花旗集团是没有发行英法海底隧道公司股票的权利的，所以它必须首先拥有合适数量的英法海底隧道公司的股票。认股权证还可以（而且经常是这样）针对一篮子不同股票而提供。此类认股权证（如今很受欢迎）是交易所交易的期权中的一部分，并依此进行定价（见第 12 章）。

优先股

优先股（preference shares）往往会按照一个固定的比率派付股息。如果企业出现任何的资金短缺，那么对优先股的股息派付要优先于其他类型股票的股息。在企业破产清算时，优先股股东有优先于普通股股东的求偿权。优先股股东通常没有投票权。如果公司无法支付优先股股息，那么从法律上讲就是公司欠优先股股东一笔钱。因此往往将优先股股息称为是"**积累制的（正常情况下）**"（cumulative）。在欧洲大陆，人们往往将优先股称为参与证书，在德国和瑞士，人们则将其称为 Genusscheine 或 Participationsscheine。

美国人用 preferred stock 来表示优先股，法国的优先股还存在一些变化：

- 投资凭证（Certificats d'investissement）。
- 参与型证券（Titres participatifs）——是指公共部门发行的优先股，股息可能由两部分组成，一部分是固定股息，另一部分与公共部门的利润相联系。
- 优先股（Actions à dividende prioritaire）——股息由两部分组成，一部分是普通股股息，另一部分是优先股的一个固定股息率。

优先股的一般性特点是它无投票权，在破产清算时具有优先求偿权并且股息可积累。优先股是混合型金融工具，既具有债券的一些特点，又具有股票的一些特点。很多银行都通过发行优先股来筹措资本以补充其核心资本（比如苏格兰皇家银行在 2004 年 9 月发行的优先股以及汇丰银行在 2005 年 10 月发行的优先股）或附属资本。作为核心资本的资金必须是无期限且非积累性的。2008 年 6 月，来自澳大利亚的西太平洋银行宣布它已通过发行5年期可转债筹集了约6亿美元的核心资本，这个5年期可转债的利率为90天票据利率上浮2.3%~2.8%。这是继麦格理银行（Macquarie Bank）在同年5月发行6亿美元可转债之后的又一次尝试，其中麦格理银行发行的可转债在2013年可选择转换成股票或者现金。由于从某些方面看优先股转换为股权具有强制性，所以此类发行筹集的资金都可算作核心资本。

混合债券

虽然上面我们提到优先股是一种混合工具，但是还有一类债券被称为**混合债券**（hybrid bonds），此类债券的特点是它们具有更加具体的债券和股票特征。混合债券是永久性的次级债务，而且可以推迟利息支付（非积累性）。评级机构倾向于将此类债券视为准股票（quasiequity），因此可以不考虑信用风险而直接用此类工具进行融资。早在2005年穆迪就认为可将此类债券视为70%的股权。对债券发行人而言用混合债券融资的成本比较昂贵，但是在会计处理的时候它们被视为债务并因此可以获得扣税。正是因为穆迪的决定，自2005年下半年以来，随着汤姆森（Thomson）、斯堪的纳维亚地区的能源集团Dong和Vattenfall以及德国拜耳（Bayer）和Südzucker公司发行混合债券，这一市场开始起飞。这里我们将拜耳公司发行的混合债券作为一个例子，它支付的利率是同类债券（相当于德国政府债券）利率上浮175个基点。最后一点，如果混合债券发行人的信用等级低于投资级，那么债券将被按面值召回。

混合债券似乎能够以更便宜的成本（相比于股票或普通股）向企业提供融资，而且还可被视为银行资本的一部分，所以此类工具在银行类债券发行人之间开始流行。目前全球范围内已经发行了超过8000亿美元的混合债券，根据Dealogic的数据显示，在2007年混合债券的发行量达到1750亿美元的高峰，其中大部分由银行发行。混合债券为提高银行资产负债表的实力发挥了重要作用，在信贷危机期间，2008年一年中混合债券的交易规模达到1370亿美元，其重要性可见一斑。最近出现的关于混合债券的争议主要针对德意志银行，该银行在2008年12月宣布不会在2009年1月赎回一笔价值10亿欧元的混合债券。这些混合债券通常会在不可赎回期之后的一段时间内获得偿还。假如发行人选择不赎回，则必须支付一个较高的罚款性利率。德意志银行认为相比于在资金昂贵的市场环境下做出赎回，支付惩罚性利率更加合算。（其实，对于需要做出息票支付和资本性支付的类似于永久债券、高次级债券及优先股之类的混合工具而言，如果银行出现亏损或资本不足，那么就可以选择推迟甚至取消支付）。通常情况下当不可赎回期结束后银行决定不赎回债券时，此类工具的市场价值会下降。不过，德意志银行导致的这一事件似乎并没有阻止印度的银行在2009年进行大型混合债券的发行。印度国家银行和印度工业信贷投资银行（印度最大的银行）通过混合债券筹措了超过120亿卢比（每次发行的价值约合2.4亿美元）的资金，而且印度政府也一直在使用这些工具向某些国营银行注入资金。混合债券的灵活性以及可部分作为资本的特性，再加上印度市场普遍较低的溢价水平，使得它成为印度银行增加资本金时常用的金融工具。

外国债券

外国债券(foreign bonds)是指由非本国居民在本国发行的债券——在英国发行的外国债券被称为"猛犬债券"(bulldog bonds),在美国发行的外国债券被称为"扬基债券"(yankee bonds),在西班牙发行的外国债券被称为"斗牛士债券"(matador bonds),在日本发行的外国债券被称为"武士债券"(samurai bonds),在澳大利亚发行的外国债券被称为"袋鼠债券"(kangaroo bonds)。2005年11月,作为世界银行从事金融业务的一个私人部门,世界金融集团在香港发行了第一只人民币债券——被称为"熊猫债券"(panda bonds)。在2009年年中,中国人民银行宣布它会允许更多的外国公司在中国发行以人民币计价的债券,自那时起渣打银行、汇丰银行和日本瑞穗企业银行表示它们计划在当年末为市场提供熊猫债券。

注意到如果债券按照发行国货币发行,那么它就是国内债券,只不过发行人可能是国外机构。我们还要注意的是不要将外国债券和国际债券(也称为欧洲债券)这两个概念相混淆,国际债券是指在本地债券市场之外的市场发行的债券。

例如,如果一家非美国公司想寻求美元资金,它可以有两个选择。在伦敦以欧洲债券的形式发行债券或者在美国发行扬基债券。这两个市场的投资界是不同的。虽然在美国的最终投资者可能会对欧洲公司持有一个稍显狭隘的态度,但是美国本土的投资机构拥有相当先进的信用风险辨识团队。在缺乏正规的信用评级机构的情况下,美国的投资机构团队可以弥补此类不足。欧洲债券市场可能会按照信用评级(或者它们会缺乏对信用风险的考虑)来思考投资项目,从而具有一定的盲目性。不论在何种情况下,市场条件总会不时发生变化。有时在纽约更容易筹集美元,有时则是在伦敦。

外国债券可能会受到不同的税收制度或其他因素的限制。例如,扬基债券在发行后的前两年内只能出售给合格机构投资者。

垃圾债券

垃圾债券(Junk bonds)是一种在20世纪70年代到80年代之间发生在美国国内市场的现象。我们在本章前面的"信用评级"部分已经提到,债券信用评级低于BBB级就具有投机属性。因此此类债券的发行人必须要为投资者提供一个高得多的利率。

在20世纪70年代初,德崇证券的一位聪明的研究员迈克尔·米尔肯(Michael Milken)做了一项考察投机级债券行为特征的研究。他证明即使扣除大量违约导致的损失,投资于此类债券也能得到一个比购买投资级债券更高的收益率。他不是第一个发现这一特点的人——其他的学术研究也得出了同样的结论——但他是第一个将这一特征付诸实践的人。起初,米尔肯的公司在二级市场购买价格被低估的投机级债券。后来,德崇证券开始寻求直接帮助企业发行垃圾债券。在当时如果能实现这一想法,那么90%的美国公司债都不是投资级的。德崇证券（以及迈克尔·米尔肯）开始主要做垃圾债券的发行，他们认为评级机构对这些证券的判断过于苛刻。

之后，人们开始用投机级债券来筹集用于收购出价的大量资金。市场开始将此类债券称为"垃圾债券"，而德崇证券将其称为"高收益债券"，一个可获得更多敬意的名称。

垃圾债券慢慢开始变得臭名昭著，因为很多企业家通过垃圾债券来筹措资金并用其收购比自己公司大得多的公司——即所谓的杠杆收购——比如，纳尔逊·佩尔茨（Nelson Peltz）对国民罐头厂（National Can）的收购、罗纳德·佩雷尔曼（Ronald Perelman）对露华浓（Revlon）的收购以及卡尔·伊坎（Carl Icahn）对环球航空公司（Trans World Airlines，简写为TWA）的收购。

当时，德崇证券每年都会在比佛利山庄举行"高收益债券研讨会"，在会上各种精明的中介商和投资者会坐在"垃圾债券大王"迈克尔·米尔肯的边上享受豪华娱乐。这个会议的不那么正式的名称是强人的聚会（Predators' Ball）。（在康妮·布鲁克的大作《强人的聚会》（*The Predators' Ball*）中对这段故事有着完整且令人着迷的叙述。）

后来，美国证券交易委员会认定德崇证券和迈克尔·米尔肯在其商业活动中以多种方式违反法律。此外，银行和其他投资者也意识到德崇证券和迈克尔·米尔肯已经走得太远，特别是在经济衰退时期来临的时候。垃圾债券吹起的泡沫终于破灭。德崇证券于1990年初倒闭，由于各种违法行为，迈克尔·米尔肯也被判处10年有期徒刑，不过后来他获得了减刑。至今为止，人们对米尔肯的看法仍然存在很大的分歧，一部分人认为米尔肯再次振兴了美国企业，另一部分人则认为米尔肯的判刑时间还不够长。

在很长一段时间里，伦敦的欧洲债券市场不发行垃圾债券。然而在1997年4月，一家英国的风险投资公司道蒂-汉森（Doughty Hanson）为一家瑞士公司发行了价值为1.57亿德国马克，期限为10年的非投资级债券，以帮助这家公司对其准备进行的收购活动提供融资。之后其他的垃圾债券发行接踵而至。在组成货币联盟之后，欧洲许多国家的利率开始下降，在这种情况下，即使面对更高风险，投资者也还是急于寻找更高的收益率。1997年发生的东南亚金融危机和1998年发生的俄罗斯违约事件曾对垃圾债券市场造成严重打击，因为投资者对风险的喜好急剧冷却。然而记忆总是短暂的，随着市场在2004年中期全面复苏，投资者再次寻求更高的利息和更高的风险。欧洲高收益债券协会的报告指出，在2005—2007年之间，高收益债券的发行价值大约在300～400亿欧元之间，但是在2008年由于信贷危机造成的市场不利局面，当年没有垃圾债券发行。在2006—2007年之间，欧洲垃圾债券的平均发行规模大约在3亿欧元左右，在2009年，高收益债券市场似乎有了一点点起色，欧洲发行了价值约为61亿欧元，以欧元计价的垃圾债券，其中包括意大利电信公司Wind（欧洲有史以来规模最大的无抵押垃圾债券）发行的价值为27亿欧元的垃圾债券以及由菲亚特发行的价值为12.5亿欧元的垃圾债券。在2006年，美国高收益债券发行量达到顶峰，约为1 470亿美元，在2007年回落到1 360亿美元——并在2008年进一步下跌至445亿美元。

伊斯兰债券

在第 2 章中我们提到为了符合伊斯兰法（伊斯兰教），伊斯兰银行业有自己的业务模式。伊斯兰债券的发行也遵循类似的原则，此类债券被称为 sukuks。例如，为了资助迪拜环球港务集团（DP World）对 P&O 港口的收购交易，该公司发行了迄今为止最大规模的伊斯兰债券——价值为 35 亿美元（约合 21 亿英镑）的两年期债券。为了符合伊斯兰法，伊斯兰债券不可支付利息。这只债券会在两年内偿还，同时还拥有转换为迪拜环球港务集团股份的权利。在 2007 年 8 月受信贷危机冲击之前，伊斯兰债券是世界上增长最快的金融工具，在 2009 年初，这一类型的债券总发行额已经达到 800 亿美元——自 2000 年伊斯兰债券创立以来在 9 年间便剧增到这一水平，在一开始的时候这个市场只存在极少数交易。与其他投资市场一样，由于信贷危机的影响，伊斯兰债券的发行已经停滞，甚至开始出现违约现象。在 2009 年 6 月，一只由沙特集团的离岸分支机构发行于 2007 年的伊斯兰债券出现违约，这个沙特集团由亿万富翁曼恩·奥赛尼（Maan Al-Sanea）拥有。在 2009 年 11 月，政府支持的房地产企业集团迪拜世界（Dubai World）也出现问题，人们发现它无法在 12 月 14 日（到期日）为其附属公司（Nakheel 公司）发行的伊斯兰债券做出价值为 32 亿美元的偿付。在将要违约的最后一分钟，阿布扎比政府向迪拜金融支持基金提供了一笔 100 亿美元的贷款以帮助该公司避免破产。然而，尽管存在这些困难，穆迪还是预计伊斯兰债券业务可在 2012 年增长到 1 200 亿美元的规模。

国际债券市场

背景：欧洲货币

一些债券市场被称为国际债券市场，或者会用一个稍具误导性的称谓，将其称为欧洲债券市场。这里，我们所说的国际债券市场指的是在固有的市场之外处理的债券交易。例如，1996 年 12 月出现了有史以来的第二大私有化事件——对德国电信的私有化（当时第一大私有化事件是日本的 NTT 公司）。当时，德国电信公司的股票被分卷打包后提供给德国、英国、其他欧洲国家、美洲以及亚洲的投资者。

在 1991 年底的伦敦，科威特从一个银团组织中获得一笔数额巨大的美元贷款——总额达到 55 亿美元——来修复在海湾战争期间对该国造成的损害。这是一个"国际贷款"。

在伦敦，债券往往由一个银团来发行，这个银团的成员可能是来自世界各地的银行，而且债券发行的计价货币可以是美元、日元、欧元及其他主要国家的货币。我们将其称为"欧洲债券"，或者更准确地说是"国际债券"。比如，法国国家铁路公司（SNCF）可能决定在伦敦发行以美元计价的债券,而不会在巴黎发行以法郎计价的债券。

国际债券市场是怎样发展起来的呢?它起源于第二次世界大战后的时期。当时,苏联和持有美元的所谓"铁幕"国家一直担心美国政府当局可能因为某种政治原因而收回它们手中的美元。苏联在法国拥有一家名叫北欧商业银行(Banque Commerciale pour l'Europe du Nord)的银行,在这个银行中集中了上述国家所持有的美元。在当时,这家银行将美元借给在欧洲的非美国银行。有人说当时"欧洲美元"这一名词得到广泛使用的原因是北欧商业银行的电报代码是"欧洲银行"(Eurobank)。另一些人则认为这是针对在美国以外的美元交易的一个自然而然的名称。

在战后的岁月里,世界上出现大量由非美国人持有的美元。美国人通过"马歇尔计划"在欧洲的花费也是欧洲美元的一个来源。在1957年,随着"罗马条约"的签订以及美国跨国公司达到欧洲,出现了赚取美元并使用美元进行支付的情况。也就是说,一家欧洲公司通过向美国公司销售货物,可能会赚得2 000万美元。这笔美元可能会记在这家欧洲公司在巴黎国民银行的账户中。于是,就出现了欧洲美元,可以将这笔资金借给欧洲的各类机构。这些美元就是不受美国当局控制的美元。例如曾经在很多年中,美国都通过"条例Q"来对利率实行严格控制。它对提供给储户的利率设定一个上限水平。如果我们虚构的那家欧洲公司选择不将美元换成法郎,但仍将手中持有的美元借给巴黎国民银行,成为该银行的存款,由于法国巴黎国民银行不受"条例Q"的约束——于是非美国居民用美元完成交易的数量开始增长。

(1972年的《牛津英语词典》指出书面记录中第一次使用"欧洲美元"这个词的是1960年10月24日《时代》杂志的金融评论。)

在1963年7月,美国总统肯尼迪决定对扬基债券——非美国居民在美国发行的美元债券——征税。对扬基债券征税的理由是这些债券原本可以在欧洲发行并在持有美元资产的非美国居民中寻找投资者。在1963年,华宝集团(SG Warburgs)在伦敦帮助意大利高速公路局Autostrade公司发行了一只价值为1 500万美元的债券,一般认为这是第一只欧洲债券——一只在欧洲不是在美国发行的美元债券。伦敦实行的非保护主义政策和其悠久的传统,逐渐使得伦敦成为办理这项业务的一个自然形成的市场。这里我们引用艾尔·阿里日豪泽(Al Alletzhauser)在其有趣的历史书籍《股市战争:野村金融帝国纵横全球股市的内幕》(The House of Nomura,1990)中的一段话:

> 几乎是在一夜之间,世界金融中心转移到了伦敦。日本四大股票经纪商不敢浪费时间,立刻在那里设立办事处。如果它们不能将日本股票出售给美国人,它们就将其出售给欧洲人。多年来,事实证明它是日本股票经纪商在国外做过的最有利可图的事情之一。

在1950年,伦敦已经有了140家外国银行;到1973年,这个数字已经上升到340,到20世纪80年代中期,这个数字超过500。在战后,由于英国身受重创,当时它已经无力扮演一个主要经济大国角色,但是伦敦金融市场的发展则为其打了一剂强心针。然而到2009年,伦敦的国外银行数目已经下降到300家左右,这主要是银行业中发生的合并和收购所致。

前面我们说过,"欧洲市场"是一个具有误导性的名称。例如,债券交易可能发生在东京,再次贷出的美元则可能由亚洲机构持有。虽然"欧洲市场"和"欧元债券"两个词都得到了广泛的使用,但是"国际债券市场"一词更为准确地传达出一个处理本国市场之外(也就是说不受到国内市场的控制)的金融交易的概念。

现在,在欧洲债券和以欧元计价的债券之间又出现另外一个混乱。**欧洲货币**(Euro-currencies)是一个含义广泛的术语,需要提醒的是它所指的货币可能不是美元,而是日元、欧元、德拉克马等等。

基于我们在后面将会看到的原因,欧洲货币交易量曾经经历过飞速增长,在1959年估计出的交易额大致为10亿美元,到2008年这一数字变成15万亿美元(数据来自汤普森金融和BIS)。具有讽刺意味的是,这一市场是在美国对其国内金融市场施加限制后出现的产物,但是当这些限制被取消后,国际债券市场并未消失。

银团贷款市场

在1973—1974年之间,欧佩克国家的石油价格上涨,导致非美国居民持有的美元增多。石油价格从1973年10月的每桶3美元上涨至1974年1月的每桶10.5美元。这让欧佩克国家持有的美元资产数量大幅上升,同时也导致许多主权国家的美元资产大幅减少。为此人们要求国际银行提供服务以便于从美元盈余国回收美元并将其投放给美元亏空国,美国亏空国中有很多是欠发达国家——大部分都是在非洲和南美洲的国家。

最先使用欧洲美元的是银行同业拆借市场中的短期融资。后来我们看到银团联合起来向墨西哥发放了一笔7年期的贷款,其中有一部分就是美元。由于欧洲美元依赖的是短期结余,所以贷款利率都是浮动利率,这时这一浮动利率开始依照LIBOR进行调整。银行可能会说(当我们回顾这一时期时),出于对全球金融体系中可能出现的瓶颈的担忧,全世界的金融和政治当局都在鼓励它们发放贷款。

为了分担风险,各个银行通过银团贷款的方式来分摊业务,有时一个银团贷款可能会有上百家银行的参与。为了有案可查,这些贷款的公告都会出现在伦敦《金融时报》和其他相关出版物中。什么是贷款公告?这是一个银行关心的广告——在贸易的行话中,它表示一种纪念品式的公告(tombstone notice)(有人说是因为上个世纪的金融公告和出生、死亡公告放在一起)。

银行是否得到了放贷的鼓励?在拥有大量美元、拥有充足的借款人和有利的利率环境下,它们确实这样做了。为了公平起见,银行必须考核类似于墨西哥或者尼日利亚这样的借款人并且会想:"它们拥有如此珍贵的商品,例如石油等,我们怎会出错?"

当时,国际债券市场中的最大贷款人是花旗银行,其董事长沃尔特·里斯顿(Walter Wriston)用以下著名语言来鼓励其他机构发放贷款——"主权借款人是不会破产的"。他的意思是说虽然有些国家的政府会经常出现更迭,但国家将始终屹立不倒,如果有必要,我们总是可以获得它们的资产。

国际债务危机

沃尔特·里斯顿已经错到不能再错了。正如诗人拜伦曾经说过的，"大家欢欣鼓舞，就像结婚打钟"。但是，拜伦紧接着就写到："可是听！听啊！什么声音像丧钟的轰隆！"在我们的例子里，这个丧钟就是墨西哥财政部长于1982年8月20日在纽约告诉银行家们的事实，墨西哥要将贷款本金的偿还推迟3个月。之后，巴西、阿根廷及其他国家也迅速跟进。

石油价格下跌、大宗商品价格下跌以及美元利率的大幅上升（要记得，贷款利率为浮动利率），都对上述国家造成严重损害。在墨西哥宣布推迟3个月偿还贷款后，它开始对外汇实施完全的控制，并将所有银行国有化。

要了解银行对此的反应，我们必须认识到这3个南美洲最大的债务国欠下的商业银行贷款额达到1 500亿美元，其中墨西哥所占的债务就达美国9家最大银行资本金的44%。因此，这种债务违约问题牵涉到的是世界上那些最大型银行的生存问题，也意味着整个国际金融体系正处于危险之中。

在1982年9月，这些银行在恐惧和惊慌中参加了由IMF和世界银行在多伦多组织的年会。人们十分打趣地将这个会议描述为"在泰坦尼克号上重新安排躺椅"。IMF总裁雅克·德·拉罗西埃尔（Jacques de Larosière）、美国联邦储备委员会主席保罗·沃克尔（Paul Volcker）、英格兰银行行长戈登·理查森（Gordon Richardson）以及BIS主席弗里茨·鲁特威勒（Fritz Leutwiler）这4个关键人物聚集在一起找到了一个解决方案。该解决方案的本质是争取时间——要求债务人实施一定的经济政策来减少造成债务违约的赤字问题，同时要求银行为新经济政策的实施给予一定的时间宽限。银行和债券商们重新安排了贷款的偿还日期以及因此而带来的利息支付。

从某种意义上说这是一个猫捉老鼠的游戏。凯恩斯曾经说过："如果你欠银行1 000英镑，你可能有麻烦；如果你欠银行100万英镑，那可能是银行出现麻烦。"银行面临的风险不比债务人小。如果切断向南美国家提供的资金，那么这些国家可以会不再购买西方的商品。但是如果这样做，这些国家的政府就会面临严峻的经济形势并有可能引发政变。美国几乎不希望墨西哥出现政变，因为墨西哥就在它的家门口。

不过，事情进行得并不容易。在1985年，IMF暂停向巴西和阿根廷贷款，因为这两个国家没能实现其经济目标。秘鲁也宣布偿还债务存在一个限度。到12月份，石油价格减半，从每桶30美元跌至每桶15美元——墨西哥的局势进一步恶化。大家都称它为"欠发达国家的债务危机"。1987年是个危机年，因为当时巴西暂停了利息支付，并用整年时间来和银行进行争辩。

到1987年，银行只有约5%的坏账准备。沃尔特·里斯顿在花旗银行的继任者约翰·里德（John Reed）决定在1987年5月迎难而上，将利润中的坏账准备增加至30亿美元（约占其利润的30%），这导致花旗银行出现亏损。其他银行也纷纷效仿这种做法。在英国的前四大银行中，美联银行和劳埃德银行是两家最小的银行，但是在这场债务危机中这两家银行暴露的风险头寸却最大，它们在 1987 年宣布了 20 世纪以来的第一次亏损。由于所有银行都增加了坏账计提，所以在 1989 年的时候这两家银行又遇到了 20 世纪以来的第二次亏损，其中花旗银行将其持有的欠发达国家中长期债务减记 40%，JP 摩根则减记了 100%。

欠发达国家的债务危机也成为这些国家普通公民的噩耗。如果说从发达国家借来的那些钱（总计约 3 000 亿美元）被用于加强基础设施建设，那么结果也还是不错的，但是其中大部分资金实际上被浪费在了宏伟的面子工程中。更糟的是，还有大部分资金被转移到海外的银行账户中。但是，发生债务危机的欠发达国家的贫困人口饱尝恶果。

发达国家曾多次尝试解决欠发达国家面临的问题：
- 银行以很大的折扣来出售欠发达国家债务，主要目的是分散风险。
- 债转股——一些欠发达国家的债务被（以一定的折扣）转换为相应国家的股权。比如，美国运通银行就将其持有的 1 亿美元墨西哥债务以一个折扣价格转换为墨西哥酒店的股权。在此期间还出现了奇异的事件，一些巴西的债务被用来帮助一支荷兰的足球队——埃因霍温——来购买巴西中锋。巴西所欠的其他债务则以一个折扣价购入，投资于对雨林的保护。
- 在 1985 年，新任美国财政部长詹姆斯·贝克（James Baker）推出一项名为"贝克计划"的经济改革政策，将商业银行提高贷款数量和推进欠发达国家经济增长结合起来。
- 在 1989 年，美国新任财政部长尼古拉斯·布雷迪（Nicholas Brady）推出"布雷迪计划"。基于在"贝克计划"中获得的经验，该项计划意在鼓励债权银行允许债务减记。例如，在一个较大折扣下用欠发达国家的债务交换这些国家的 30 年期政府债券，而这些债券由 30 年期的美国零息国债支持，从而保证它们最终对本金的偿还。或者，准备借出新资金的银行可以获得奖励，这种奖励就是不对现存债务进行减记。

第一个案例发生于 1989—1990 年之间的墨西哥。当时，90% 的债权银行在 35% 的折扣下用债券来交换价值 420 亿美元的债务。剩下约 10% 的债权银行则选择借出新资金。后来，在菲律宾、乌拉圭、委内瑞拉、哥斯达黎加、秘鲁、巴西以及阿根廷等国推动的"布雷迪计划"则均被套牢。这些仍然在二级市场进行交易的债券又被称为**"布雷迪债券"**（Brady bonds）。随着拉丁美洲经济的复苏，许多政府开始回购它们的布雷迪债券，在高峰期，IMF 估计总回购数量为 1 560 亿美元（约合 936 亿英镑）。当这一阶段的回购完成后，JP 摩根估计剩余的未清偿债务将只有 100 亿美元（约合 60 亿英镑）。

后来，拉丁美洲又重新出现在世界金融市场，新的资本也开始快速流入。不幸的是历史再次重演。在 1997 年和 1998 年，过多的银行贷款导致这一地区出现新的危机。

无论最终结果如何，欠发达国家出现的经济（金融）危机都是银行业的一场灾难。标准普尔公司和穆迪公司不喜欢它们所看到这一切，于是降低了这些国家的信用评级。这不仅意味着来自银行的新借入资金的成本开始上升，还意味着优质客户可以得到比以往更高的信用评级。在 1982 年，如大通银行、美国银行以及制造业企业汉诺威等都获得了 AAA 级信用评级。到 1990 年，只有当这些企业运气好的时候才能获得 A 级信用评级。当时，曼尼锦兴（Manny Hanny）获得的信用评级为 BBB——几乎沦为垃圾债券。然而在 1986 年 6 月，英国著名零售商马莎百货发行 1.5 亿美元欧洲债券时，主要评级机构都给予 AAA 级信用评级。既然在 1986 年马莎百货的信用评级要高于劳埃德银行以及美联银行，那为什么马莎百货还要向这两家机构借钱？

由于坏账准备金的计提以及变化了的形势，银行的资本金也受到冲击。由于资本充足率的限制，银行发现很难在扩大贷款规模的同时获得盈利。在第 4 章中我们看到为了解决这个问题，出现了很多新的技巧——NIFs、RUFs、RAFTs 以及后来的 MOF。然而，遗憾的是许多企业原本可以借助于证券市场，根本无需通过银行来向其他贷款人借款。例如，高质量的借款人能够通过向贷款人出售商业票据来筹集资金，在这个过程中银行的作用仅限于获得一笔中介交易的佣金。银行的典型作用是资金的中介。它从存款人那里获得资金然后将其借给借款人。如果能够摆脱银行，使得借款人和贷款人直接见面，这就成为**金融脱媒**（disintermediation）。该过程的另一种说法就是证券化，即借款人通过向贷款人销售证券来筹措资金，不再需要向银行借款。可用以佐证金融脱媒或者说证券化过程的最好例子就是从 1982 年起发行的欧元债券。

在任何情况下，曾在债务危机中遭受巨大损失的银行开始采用更先进的风险定价机制来为银团贷款定价——这种技术部分依赖于企业债券市场的发展。在这一市场中，人们开始更广泛地利用契约作为触发条件，将债券价格与企业发生的事件联系起来，此类事件包括评级和债务服务。此外，银行开始使用担保和各种风险转移技术，例如合成资产证券化（synthetic securitization）等，这种技术允许银行在防范信用风险的同时将贷款保留在资产负债表中。BIS 指出，这些新的风险管理技术的发展使更大范围内的金融机构可以在金融市场上进行贷款，其中包括信贷额度受到限制、贷款计划不允许其继续参与贷款的机构。一定程度上，贷款人将银团贷款视为为招徕顾客而亏本销售的商品，它们介入此项业务的目的是为了销售更多的投资银行产品及其他服务。更重要的是，除了来自新兴市场的借款人，工业化国家的公司对银团贷款也很感兴趣。它们将其视为一个有用、灵活的融资模式，这种融资模式可以重新安排资本金，同时也可以获得外部的融资资源。

这些形式各异的借贷的主要优点有：
- 安排银团贷款的成本很低，与发行债券相比，它只付出一个固定费用。
- 如果借款人准备向一系列的银行以双边贷款的方式进行借款，那么相比于向单一银行贷款，借款人可以实现较低的利差。
- 银团贷款还能提供一个更灵活的融资结构整合，它保证资金会以借款人想要的货币形式出现。
- 如果资金提供者数量的增多能够为借款人提供一个稳定的融资来源，那么当其他资本市场（如债券市场）发生波动时，这种安排对借款人的价值就很大。
- 通过银团贷款，借款人可以募集数额较大的资金，这是他们在一定的时间限制下无法从债券或股票市场中获得的。
- 银团贷款的安排可以十分迅速和严谨，对某些并购交易而言，具有相当的价值。
- 相比于通过证券市场进行的资金融通，向一家企业做出的银团贷款承诺可以相对容易地取消，如果在证券市场出现这种情况，则可能对投资者信心产生不利影响。

到 2003 年，数据显示当年在国际债券市场上的新增贷款总额达到 1.6 万亿美元，到 2008 年这一数据则增加至 2.3 万亿美元。来自新兴市场和工业化国家的借款人都开始开拓这一市场。事实上，针对银团贷款的交易也逐渐变得多起来，根据 2009 年欧洲中央银行的研究，银团贷款已经变得越来越像企业债券，而且具有明显的替代性。通常情况下只有大企业才能进入银团贷款市场，因为平均而言银团贷款的最小规模是 5 000 万美元，最常见的期限为 5 年。对于信用状况良好的企业而言，银团贷款的利率徘徊在 LIBOR 加 100 个基点的水平上，自信贷危机以来，此类银团贷款利率上升至 LIBOR 加上 250 个基点的水平，这反映了更加严格的信贷条件。

欧洲债券市场

从 1982 年开始，国际银团贷款市场的规模开始下降，欧元债券发行规模开始上升。由于资本充足率的约束，一些不能扩大贷款规模的银行开始从债券承销中赚钱。借款人发现，那些持有欧洲货币原本提供短期存款的人，都被银行说服开始购买以相同货币计价但是期限更长的债券。像以前一样，伦敦成为发行这些债券的主要市场。

典型的欧洲债券期限在 3~25 年（至今为止，期限最长的是 50 年，由英国燃气公司在 1994 年发行）。一个由数家银行组成的银团负责这只债券的承销，向投资者的销售以及二级市场经营。

欧洲债券专业人士（在二级市场）之间的交割在 3 个工作日内完成：比如在星期一买债券，星期四完成支付；在星期二买债券，星期五完成支付，以此类推。欧洲债券有两个结算和清算机构——世达国际结算系统（Cedel）及欧洲结算系统（Euroclear）。前者在卢森堡，由德意志交易所股份公司拥有，后者在布鲁塞尔，由一些银行拥有。这两个机构所做的事情就是确保债券所有权已经转移至买方那里，同时确保购买债券的资金从买方账户划拨至卖方账户。使用另外一些外人看上去比较神奇的技术，这两个机构还可以安排债券出借业务，以方便市场上的其他投资人对此类债券进行卖空。欧洲债券的买方使用这些借出来的债券完成交易，过一段时间后再将其买回来以偿还原来出借的债券。这就是证券借贷行为，如今在债券市场上已经司空见惯。证券出借人由此获得一小笔费用，它也帮了卖方的忙。

国际一级市场协会（International Primary Markets Association，简写为 IPMA）和国际证券市场协会（International Securities Markets Association）负责协调二级市场的相关事项。

出售这些债券是投资银行擅长的业务，但是银团贷款则是商业银行擅长的业务。在 1982 年以后欧洲债券市场的崛起，带来的是投资银行国际性业务的剧增，但是商业银行则为此付出巨大代价。

在国际债券市场上，借款人是政府、准政府（例如欧盟）、国际金融组织（如世界银行）、银行和大型企业。贷款人则是个人投资者（也就是具有良好财务状况的个人）、银行和投资机构。

对债券利息的支付是按照总额进行的，因此，向本地税务机关缴纳此类收入对应的税收的责任由个人投资者承担。另一方面，债券为不记名债券（即没有人知道谁拥有它们）。因此，个人投资者有不支付任何税的强烈动机，目的在于通过逃税提高债券收益率。人们又将这个市场中的零售买家称为是"比利时牙医"。之所以起这样的名字，是因为比利时牙医会穿越国境进入卢森堡（支付债券利息的银行往往设立在这里），出示息票并将资金打入本地银行账户。（卢森堡银行有一个伟大的传统就是替客户保密，瑞士也是如此。）欧盟下定决心要杜绝这一问题，为此在2005年7月1日实施了储蓄指导法案。当人们在一个欧盟国家生活但是在另一个欧盟国家获得储蓄收入时，往往存在逃税的机会，该项法案的出台就是为了降低此类逃税行为。一些国家已经同意相互之间交换居民的收入信息，其他一些国家（奥地利、比利时、摩纳哥和瑞士）则会出台征收15%的预扣税，到2011年，这一比例将逐步增加至35%。在卢森堡，客户自己可以决定是否交换信息或支付预扣税。这项法案适用于企业和银行存款、政府债券和一些投资基金，但不适用于分红或养老金收入。

不过，在卢森堡的可变资本投资基金（SICAV funds）则可得到豁免，因为这些基金很少提供给个人投资者，其客户主要是机构投资者或私人客户。因此，在2005年10月，瑞士银行中流出大量资金进入卢森堡的此类基金。人们用这种方式移动资金的目的是在逃避储蓄指导法案吗？（也许是吧。）

对于专业投资者而言他们不会醉心于逃税，但是由于利息是总体支付的，因此具有现金流优势。当年底机构投资者接受审计并与税务机关核定缴税数目后，还要有18个月才实际支付这笔税收。

正是这种税收上的好处，欧洲债券提供的收益率可能低于一般的市场利率。

欧洲债券的一种早期变形是浮动利率债券（FRN）。这种债券支付的是可变而非固定利率。这种特点对金融机构来说具有吸引力，因为它们是以浮动利率进行贷款的，因此用浮动利率借入资金会更好。如果利率下跌，那么这些金融机构的收入会下降，但是其成本也会下降。资产和负债得到了很好的匹配。

让我们看一些欧洲债券发行实例，以此来获得一些实际感受，其中既给出了发行人类型，也给出了使用的货币类型（见表6—3）。

表6—3　　　　　　　　　　欧洲债券发行人一览

发行人	货币
阿比国民银行（也即现在的西班牙国际集团）	瑞士法郎
越南	美元
壳牌国际金融公司	美元
雀巢公司	澳大利亚元
魁北克省	新西兰元
德国复兴信贷银行	冰岛克朗
德国复兴信贷银行	墨西哥比索
欧洲投资银行	土耳其里拉
通用资本	英镑

续前表

发行人	货币
毕尔巴鄂比斯开银行	英镑
空气化工产品公司	欧元
富通银行	欧元
欧洲抵押银行	瑞士法郎
汽车租赁公司 Leaseplan 金融	斯洛文尼亚托拉

你可能会想为什么一些债券发行人需要特定的货币,为什么类似于阿比国民银行这样的机构要以固定利率借入资金。答案的有趣之处在于它们可能根本不需要此类货币,阿比国民银行也不是要承诺一个固定利率。所有这一切都和掉期有关,我们会在第 14 章详细讨论此类内容。投资银行家会告诉你在当前的市场环境下以哪种货币进行融资比较容易,然后他们就会用这种货币和你真正需要的货币进行掉期。投资银行家告诉你市场上最易接受的是固定利率债券还是浮动利率债券,然后他们就用你实际希望设置的利率类型进行掉期。

让我们以阿比国民银行为例。首先我们看一下货币掉期:

```
        阿比国民银行                    掉期银行
瑞士法郎 ──────────────────────→
         ←────────────────────── 英镑
```

与此同时,它们会在到期时再次进行掉期,以便于阿比国民银行可以赎回这只债券。

当我们要对利率进行利率掉期时:

```
         阿比国民银行                    掉期银行
浮动英镑利率 ──────────────────────→
          ←────────────────────── 4.875%的瑞士法郎利率
```

掉期银行以瑞士法郎向阿比国民银行提供一个资金流,以此来支付利率。阿比国民银行按照浮动利率向掉期银行支付英镑。阿比国民银行对债券持有人的义务则没有发生变化。

注意到在上面的例子中,我们不仅仅做的是固定利率和浮动利率之间的掉期,而且是以英镑计价的浮动利率和以瑞士法郎计价的固定利率之间的掉期,也即是说我们在这里提到的例子是利率和货币的联合掉期(CIRCUS)。

这样做的结果就是发行人募集得到的是最容易获得、最便宜的资金,然后投资银行通过掉期,将此类资金转化为发行人真正想要的资金。

在 2005 年 11 月,意大利通讯公司 Wind 募集了价值 5 000 万美元的 10 年期债券,通过掉期将其转换为欧元,相比借入欧元,掉期安排为它节省了 40 个基点的利息支出。

我们对掉期的讨论会集中在第 14 章,但是又无法在这里回避这一主题,因为欧洲债券发行中有 70%都是用某种方式进行掉期交易。

欧洲债券市场具有很强的创新性和高度的精巧性。在这个市场的早期发展阶段,一些专业投资者开始剥离债券的票息,让债券剩下的那部分不能支付利息。从税收的角度看,也许这些投资者的目的是获得资本收益而非债券带来的利息收益。因此,欧洲债券市场就开始在一级市场开发零息债券。

如果债券不支付利息,那为什么还要去买它?答案在于投资者会以一个很大的折扣买到这只债券。假设5年期债券的市场收益率是10%。一个投资者可以按照票面利率来购买一只年利率10%的债券。换言之,这位投资者用62.09美元购买到了一只票面价值为100美元的债券。他投资62.09美元,5年后获得100美元——收益率也是10%。

比如,英国燃气公司以美元计价发行了一只30年期的零息债券。在发售时,每张面值为100美元的债券的价格为8.77美元。

从税收的角度看,零息债券的好处是将利息收入转变成资本利得。比如在日本和意大利,债券价格的上升被看做资本利得而被征税,但是对债券利息收入则不征税(但是英国则不是这样)。此外,如果债券按照外币计价,那么本金的汇率风险可以避免但是利息收入的汇率风险则无法避免。因此,零息债券对利率变动的敏感性甚至高于普通债券,可能更适合认为利率将会下跌的市场投机者。记住——利率下跌,则债券价格上升。

考虑一个传统的年利息为10%的10年期债券。市场收益率跌至9%时这只债券的价格上升至106.4美元(也即上升6.4%)。如果一位投资者没有购买这只传统的债券,而是去购买了一只10年期的零息债券。那么,这位投资者可以在38.55美元的价格下购买到票面价值为100美元的零息债券,于是收益率是10%。不过,当市场收益率降至9%时该债券的价格也会上升至42.24美元(上升幅度为9.6%)。这就是因为杠杆效应。用38.55美元而非100美元购买一个10年期债券,投资者提高了它在市场的暴露程度。这是杠杆效应的另外一面,我们在第1章已经见到过。

当然,如果债券收益率上升而不是下降,那么零息债券上发生的损失也会更大。(在今年早些时候披露的信息显示,美林银行的交易员不仅持有零息债券,还通过剥离票息为自己制造零息债券。)

在1992年早期,人们意识到欧洲债券市场(特别是西班牙、葡萄牙和意大利)的收益率可能会缓慢下降到德意志银行债券的利率水平。因此出现了很多零息债券的发行,其目的是为了利用利率下跌后带来的债券价格上升。

票息剥离

我们在前面提到过,具有创新精神的投资银行会在购买传统债券后将票息剥离,使债券变成一个零息债券。这一过程就被叫做**票息剥离**(coupon stripping),在美国国库券中十分常见(见图6—5)。

例如,考虑一个总值为1亿美元,期限5年,票面利率10%的债券,市场收益率是10%,债券按照100美元的价格销售。这只债券的利息支付被剥离,由此得到在1~5年内每年都会到期,总值为1 000万美元的零息债券。1亿美元的本金现在也是零息债券。如果有人在3年后需要1 000万美元,那么他可以在3年后用751万美元的价格购买3年期零息债券。这使得投资机构可以让未来的资产和负债实现更好的匹配。

	正常债券	剥离债券得到的债息					本金	总额
		1	2	3	4	5		
支付	100	9.09	8.26	7.51	6.83	6.21	62.1	100
第1年	10	10						10
第2年	10		10					10
第3年	10			10				10
第4年	10				10			10
第5年	10					10		10
第5年	100						100	100
总计	150	10	10	10	10	10	100	150

图6—5 票息剥离

第一例对美国政府债券实行票息剥离的案例发生在1982年。加拿大的票息剥离开始于1987年,法国是1991年,英国和德国是1997年,意大利和西班牙是1998年。如今,几乎所有的债券市场都存在票息剥离操作。

其他变化

欧洲债券市场中还有很多其他的变化——在其他变化中可以讲述的内容实在太多,所以在这里就不再一一列举。让我们考察其中的一些变化,来对欧洲债券市场的各种可能性产生一些感受。

可赎回/可回售债券

如果债券是可赎回的,那么发行人可在提前规定好的日期赎回债券。债券发行人需要为得到这一权利而向投资者提供补偿,因此投资者可以获得更高的票面利率。如果债券是可回售的,那么投资者可以在提前约定好的日期将债券卖还给发行人。持有可回售债券的投资者拥有更多的权利,因此他们获得的票面利率将会比较低。英国政府在1986年发行的价值高达40亿美元的浮动利率债券,就是可赎回而且可回售的。

可转股票据

类似于国内债券市场,欧洲债券市场中的公司债往往也可以转换为股本。不过这种转换可能是固定利率到浮动利率,也可能是浮动利率到固定利率。

认股权证

同样,作为可转股票据的一种替代,赋予投资者购买股票权利的认股权证也可能附带在债券上。在1990年之前日本的日经指数强劲上升时,日本的可转股票据以及带有认股权证的债券曾经大受欢迎,大约占其市场20%的份额。当泡沫破灭,日经指数下跌时,欧洲债券的发行随即下降。

双货币

存在一种债券，支付利息时使用一种货币，但是在赎回时使用另一种货币。

上升/下降票息

一只10年期债券在前5年支付的票息率可能是3%，在后5年支付的票息率可能是10%。

在意大利国民劳动银行（Banca Nazionale del Lavoro）发行债券的过程中，上述两个变化得到了结合。债券发行时60%的债券可用日元赎回，40%的债券可用美元赎回并支付163日元利息。而且，在前5年，债券的票息率为4.7%，在剩下的年份为7.5%。

具有利率上下限的债券

在1992年年中，由基德尔皮博迪（Kidder Peabody）公司率领多家银行发行了一只浮动利率债券，其利率支付存在上下限。在1985年这一概念就曾经得到使用，当时被称为"最小—最大"（mini-max）。在1992年年中，由于美国利率空前低迷，具有利率上下限的债券发行开始复苏。在当时，虽然对债券利率给出了最高限制，但是为利率设置的最低限制让这种债券很受欢迎。

反向浮动利率债券

当利率上升时，反向浮动利率债券的利息会下降，反之亦然。在1997年12月份，世界银行发行了一只期限为12年的复杂反向浮动利率债券。这只债券发行前4年支付的利率的下降比例是固定的，最多能从12%下降到7%。在接下来的7年里，利率的计算公式为：15.5%−2×LIBOR。因此，当LIBOR上升时，此类债券的利率下降。这反映出人们认为随着欧元的到来，意大利的利率会下降。作为浮动利率债券的进一步变形，荷兰保险公司Aegon于1992年发行了一只12年期的债券，这只债券在头两年是反向浮动利率债券，之后则支付固定利率8.25%。

全球债券

首创于1989年，由世界银行发行的**全球债券**（global bonds）的目的是同时在欧元债券市场和美国债券同时进行发售，以此提高债券的流动性。但是在欧元债券市场和美国债券市场中存在不同的传统——欧元债券是不记名的，每年支付总利息，美国债券则是记名的，每半年支付一次利息。不过，欧洲债券发行时会在美国证券交易委员会注册，从而可以出售给所有美国投资者。只有按照美国证券交易委员会第114a规则进行注册，欧元债券才能在美国销售，而且只能出售给合格机构投资者。在2005年9月，巴西发行了一只10年期的以本国货币计价的全球债券。

龙债券

龙债券（dragon bond）与欧洲债券类似，只不过它在亚洲发行上市（通常是香港或新加坡），其目标投资者是处在亚洲或者在东亚时区的投资者。亚洲开发银行在1991年底完成了第一只龙债券的发行。随着中国在东亚的重要性日益增加，龙债券的发行已经变得非常频繁。

龙债券的市场竞争非常激烈，各家投资银行都在设法通过一些新的创新来超过对手。这个市场中出现越来越多的火箭科学家——高级交易员发明出更多、更复杂的工具。

中期票据

在1991—1992年间，**中期票据**（MTN）一度走红，其流行程度保持至今。中期票据是非常灵活的融资方案。在同样的程序和法律文件下，发行人可以发行不同数量、不同到期日和不同计价货币的债券，而且债券既可以是固定利率，也可以是浮动利率。设计中期票据的目的是为了满足投资者完成交易的需要。换句话说，一位投资者可能需要已经发行在市场上的价值超过1 000万美元的债券，为了满足这种需求，发行人必须发行更多债券。于是，发行人就可以发行新的、数量超过现有数量的债券，或者依照投资者的特定需求来创造债券。对于发行小批票据/债券的发行人而言，中期票据的结构特别有用。事实上，一位投资银行家认为发行价值在50万美元的中期票据都已经可以做了。

对于借款人来说，中期票据能帮助他们避免发行独立债券时出现的高成本以及费时费力的发行文案准备过程。对于独立债券而言，如果发行时间延迟，那么可能会延迟好几天，但是中期票据则不然。因此，发行人可以迅速反应，抓住市场出现的机会。

在中期票据市场中，发行债券最多最常见的发行人是IBM国际、阿比国民银行、欧洲重建和发展银行（European Bank for Reconstruction and Development，简写为EBRD）、GMAC欧洲（通用汽车的金融子公司）、意大利锡耶纳银行、芬兰出口信贷和通用资本。

有时，发行中期票据的计划也会像发行债券那样出现承销，有时则不然。

货币市场

我们一直在考察银团贷款和欧元债券。欧洲货币的短期交易并不是简单的存款或贷款，而是表现为更加复杂的证券形式，例如欧洲可转让定期存单（eurocertificates of deposit，简称为ECDs）以及欧洲商业本票（Eurocommercial paper，简写为ECP）。短期交易的固有名称则是欧洲票据。我们在第4章中提到的承诺贷款（类似于NIFs、RUFs以及MOFs）基本上都消失了。

强大的伦敦银行同业市场中的欧洲货币开始成为欧洲美元LIBOR、欧洲日元LIBOR及类似指标的参考。

回购

在本章的前面，我们提到中央银行可能会使用"回购"工具来帮助其他银行，同时还可以履行最后贷款人的角色。回购就是一种出售并再次购回的协议。甲方可将证券卖给乙方同时获得乙方支付的抵押品。在以后的某个时间（可能是固定或可变的），甲方必须将证券购买回来同时返还抵押物以及相应的利息给乙方（见图6—6）。

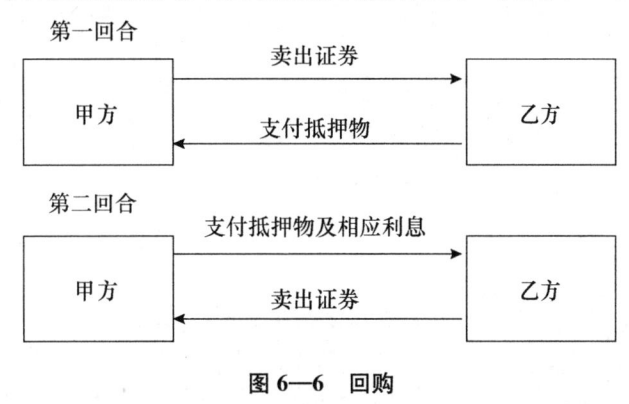

```
第一回合
        卖出证券
甲方 ──────────────→ 乙方
        ←────────────
        支付抵押物

第二回合
        支付抵押物及相应利息
甲方 ──────────────→ 乙方
        ←────────────
        卖出证券
```

图6—6 回购

除了中央银行使用回购以履行其最后贷款人的角色，回购还有其他的广泛用途。所有的证券经纪商都会发现它们可能在某个证券上持有空头，也就是说卖出了原本不曾买入过的证券。作为购买证券的一种替代性方案，经纪商可以使用回购技术暂时持有这个证券。使用回购方式持有证券的原因是为了完成交易，在不久之后购回证券以完成回购协议中第二轮的偿付证券行为。为什么要这样一来一去地交换证券呢？可能是因为经纪商发现很难在比较合适的价位买到这只证券。也许经纪商认为在未来一段时间证券价格会下降。有时候证券经纪商实际上发生了买卖，但是证券的买方没能完成证券交割，于是负责证券交割的部门就使用回购来满足银行对头寸的需要。当然，这种行为让证券市场拥有了更大的灵活性，同时也提高了证券流动性。因此回购往往又被称为是**"股票借贷"**（stock borrowing and lending）。（经典的回购协议和股票借贷还不太一样。）

通常情况下，使用回购是基于相反的原因，也就是回购的目的不是为了持有证券，而是为了持有抵押物。经纪商必须找到自己的仓位。如果已经买到的证券一开始并不需要，那么就可以通过回购的方式将其卖出，以此来获得现金方便对其他证券的购买。由于证券借贷行为得到了抵押物的保障，所以其成本较低。这里回购仅仅是一种借钱的方式。

因此，回购适合于所有市场参与者。债券经纪商既可以使用回购来经营空头，也可以使用回购在最优惠的利率下借钱。一家选择将股票借出的机构可以获得一小笔费用，这样可以改善整个资产组合的回报率，由于这一过程中该机构会获得抵押物，所以这笔交易十分安全。

在美国国债市场中，回购得到了广泛使用；在1996年，英格兰银行开始允许英国金边债券的回购交易；当1994年6月日本出台新的监管方案，将旧有问题（不可对附加抵押物做强制执行）解决后，日本的回购市场也开始活跃起来。

参与者以及顶级交易商

正如我们已经看到的那样，国际债券市场是一个大型的批发融资市场，其中的交易包括了以下主体：
- 各国政府。
- 市政。
- 公共部门机构。
- 国际金融机构。
- 商业银行。
- 投资银行。
- 投资机构：
  1. 养老保险基金。
  2. 保险公司。
  3. 共同基金。
  4. 对冲基金。
- 大型企业。

也有经纪公司作为中介的，在电脑上匿名显示市场中的最优价格，并且通过收取少量佣金（最少的时候只有两个基点）来将市场主体撮合在一起。

国际债券的顶级交易商如表6—4所示。

表6—4　　　　　　　　　　国际债券的顶级交易商，2008

排序	
1	摩根大通
2	德意志银行
3	高盛集团
4	瑞银集团
5	巴克莱资本
6	雷曼兄弟
7	美林
8	法国兴业银行
9	摩根士丹利
10	花旗银行
11	荷兰银行
12	法国巴黎银行
13	汇丰集团
14	瑞士信贷
15	苏格兰皇家银行

数据来源：*Euromoney*, February, 2008。

在过去30年中，国际债券市场是欧洲金融市场发生的最为重要的发展。它创造了一个巨大的、在最佳地点寻求最好投资机会的国际资金池，同时还不用向任何特定市场表达忠诚。

看上去我们可以用花旗集团在 1970—1984 年间的董事长沃尔特·里斯顿的一个问题（引自 Hamilton，1986）来结束本章讨论。

> 信息本位已经取代了黄金本位制，开始成为世界金融的基础。类似于金本位制中基于政府建立的规则，在新的体系下，交流和沟通便可引领资金流向世界的任何一个角落，这是对最新信息或者虚假情报的一种回应。政府已经无法再抱有降低货币质量或控制资金流动的侥幸心理。这里存在一个新的秩序，一个观念、资金和服务都已经不再有国界的全球市场。

概　要

利率是资金的价格。随着风险、期限和流动性的不同，利率也会发生变化。当然，最终决定利率的是资金的供给和需求。

债券有面值或名义价值。债券可能会以低于或高于票面价值的价格卖出，由此得到的回报就是投资收益率。如果我们不考虑债券赎回时发生的盈利或亏损，那么投资收益率等于债券实际利率。如果考虑到赎回时发生的盈利或亏损，那么投资收益率就等于毛赎回收益率。当利率上升时，债券价格下跌，反之亦然。长期债券的价格波动最为显著。如果债券在除息之前被出售，那么买家应该支付相应累计下来的利息。

评级机构为债券作出信用等级（如 AAA 或 BB）的划分，以此来引导投资者注意相应的风险及寻求必要的收益率。

货币市场包含的交易主要是一年期及更短期限的债券。它们包括：

- 短期放款：在短期内借出的流动资金。
- 银行间市场：一家银行将资金借给另一家银行时收取的利率叫做资金的拆出利率，由此就有了 LIBOR 或 TIBOR。
- 国库券，地方政府当局和公共部门发行的票据：这类证券代表这些机构短期的借款行为，比如说 3 个月、6 个月或 12 个月。
- 定期存单：银行的短期借款。
- 商业票据：公司的短期借款，在美国这个市场的规模非常大。
- 汇票：我们在第 5 章中已经讨论过。

中央银行使用抵押贷款利率、贴现率、回购利率和类似指标来控制短期利率。

债券是指超过一年的债权交易。票面利率又被称为息票利率，其期限可以是短期、中期或长期。债券可以在公开市场上进行发售，也可以针对一小部分专业投资人进行发售。

在债券市场中，政府和公共部门债券通常是最重要的。通常情况下它们以拍卖的方式在每月的特定日期出售给专业经纪商。

抵押贷款和其他资产抵押类债券使用利息和相应的资产来构造资产支持债券。还有其他术语可以用来描述 ABS、CMO、CMBS、资产担保债券及结构性债券。自 2000 年以来，结构性产品以及其他证券化工具一直平稳增长并在2006—2007年之间达到顶峰，然后此类金融业务开始崩溃。此类金融工具的增长被广泛地认为是引起房地产价格上涨的原因，之后则出现了信贷危机。

债券（英国）是指存在抵押资产的公司债券。

可转换债券是指可以转换为其他债券或股票的债券。有时，认股权证赋予债券持有人以一个固定价格购买股票的权利。

优先股通常可以获得一个固定利率。当公司清算时，优先股的清偿顺序优先于股东，但是优先股没有投票权。

混合债券具有债券的特点，也具有股票的特征，此类证券是永久性的次级债务，而且是非积累的。目前，这类金融工具正在快速流行。

外国债券是指那些国外居民在国内市场发行的债券。

垃圾债券是指信用等级低于投资级别的债券，它们往往提供高收益率。

伊斯兰债券的发行要符合伊斯兰法，按照传统，伊斯兰债券不能支付利息。

国际或欧洲债券市场是指用国外市场货币进行的一级市场活动（如贷款、债券或货币市场工具），例如，在伦敦筹集的美元贷款，或在新加坡发行的美元债券。伦敦是此类活动的主要中心。

票息剥离是指将债券所带的息票从债券中剥离，将本金和票息分别出售。在这种剥离方式下，债券和息票都是零息债券。

中期票据是一类比较灵活的融资方式，可以任何国家的货币、以任意期限、任意数量发行，计算利率的方式可以是固定利率也可以是浮动利率。

回购表示出售和购回合同。回购主要用于为空头借入债券或者为多头进行融资。

参考文献

Alletzhauser, A. (1990) *The House of Nomura: The Rise to Supremacy of the World's Most Powerful Company: The Inside Story of the Legendary Japanese Dynasty*, Bloomsbury, London.

Burch, C. (1988) *The Predators' Ball: The Inside Story of Drexel Burnham and the Rise of the Junk Bond*, Simon & Schuster, New York.

Hanilton, A. (1986) *The Financial Revolution: The Big Bang Worldwide*, Penguin, Harmondsworth.

Lewis, M. (1989) *Liar's Poker: Two Cities, True Greed*, Hodder & Stoughton, London.

进一步阅读材料

Fabozzi, F. (2010) *Bond Markets, Analysis and Strategies* (7th edn), Pearson Education, Harlow.

Mishkin, F. (2009) *Economics of Money, Banking and Financial Markets* (9th edn), Pearson Education, Harlow.

Thau, A. (2000) *The Bond Book: Everything Investors Need to Know About Bonds—Treasuries, Municipals, GNMAs, Corporates, Zeros, Bond Funds, Money Market Funds, and More* (2nd edn), McGraw-Hill, New York.

Walsh, C. (2010) *Monetary Theory and Policy* (3rd rev. edn), MIT Press, Cambridge, MA.

附录：

附录1 对政府债券进行英式拍卖后的价格结果公示

United Kingdom Debt Management Office

Eastcheap Court
11 Philpot Lane
London EC3M 8UD

Tel. 020 7862 6500
Fax. 020 7862 6509

DMO-TAS041/404

46/05   27 September 2005

PRESS NOTICE

RESULT OF THE SALE BY AUCTION OF £2,750 MILLION OF 4 3/4% TREASURY STOCK 2020

The United Kingdom Debt Management Office ("DMO") announces that the auction of £2,750 million of 4 3/4% Treasury Stock 2020 has been allotted in full.

(Note: all prices in this notice are quoted in pounds and pence)

1. All bids which have been accepted at the lowest accepted price have been allotted approximately 78.0% of the amount bid for.

   Competitive bids made at prices above the lowest accepted price have been allotted in full.
   Competitive bids made at prices below the lowest accepted price have been rejected.

2. The range of bids accepted was as follows:

	Price	Yield
Highest Accepted	£104.61	4.32%
Non-competitive allotment price (i.e. the rounded average accepted price)	£104.59	4.32%
Lowest Accepted	£104.57	4.32%
Tail in basis points		0*

3. The total amounts allotted and bids received were as follows:

Amount allotted to competitive bids	£2,471.300 million
Amount allotted to non-competitive bids	
Gilt-edged market makers	£275.200 million
Others	£3.500 million
Total	£2,750.000 million
Total bids received	£5,194.674 million
Times covered	1.89 times

4. Cheques may be presented for payment. Refund cheques, where appropriate, will be sent as soon as possible by post. Stock allotted to members of CREST will be credited to their accounts by member-to-member deliveries on the relevant settlement date if they so requested.

*Tail is calculated as the yield at the lowest accepted price less the yield at the average accepted price (using unrounded yields). This figure is then multiplied by 100 to convert it into basis points.

注：在非竞争性拍卖中，竞标价格不会成为成交价格，最终的成交价格是各个竞标价格的平均值。

第 7 章

证券交易所

证券交易协会的历史

早期的证券交易协会或者是唯一业主制,或者是合伙人制。人们公认的第一个现代股份制企业是由塞巴斯蒂安·卡伯特(Sebastian Cabot)——一位英国探险家——设立的,当时这家企业的业务是在北亚寻找欧洲和中国贸易的路线。

现代证券交易所的起源一般都归结于 13 世纪在比利时布鲁基出现的大宗商品交易商,这些交易所在一个名叫范德金库(Van der Burse)的地方会见,到 1309 年,这个地方开始成为"布鲁基交易所"。与此同时,在热那亚、佛罗伦萨和维罗纳的意大利商人开始买卖政府债券。

在 1553 年,250 位商家凑在一起,通过每人支付 25 英镑来为三艘船舶的航行提供装备。通过这种方式,这些商家之间相互分担成本、共享利润。最后,两艘船沉没,但有一艘到达阿尔汉格尔港,其船员被带到所谓的伊凡雷帝(Ivan the Terrible)法庭。于是,英格兰和俄国之间的贸易开始兴起,这家公司的名字缩写就是"莫斯科公司"(Muscovy Company)。由于这家公司的股份由很多人共同持有,所以它就是"股份制公司"。在 1600 年,著名的东印度公司成立,该公司主导了 1850 年以前的世界贸易。在这些早期的贸易公司中有几家一直持续经营到现在,其中最著名的是成立于 1670 年的哈得逊湾公司(Hudson's Bay Company)。由于荷兰帝国曾经在世界上占据重要地位,所以我们在现在还能看到成立于 1602 年的荷兰联合东印度公司以及成立于 1621 年的荷兰西印度公司。

这些公司的股份开始交易。在 1611 年,阿姆斯特丹开设了一家证券交易所。1771 年奥地利证券交易所在维也纳开张,该交易所主要从事用以资助战争的政府债券买卖。到

19世纪末，这家交易所已经有2 500只上市股票，成为欧洲最重要的金融中心之一。

在伦敦，经纪人和证券批发商们在咖啡馆会面：

> Affery先生要去计算的东西有——房屋、货运码头、船坞，还要去海关以及加拉威（Garraway）和耶路撒冷（Jerusalem）咖啡馆。
>
> （狄更斯，《小杜丽》(*Little Dorrit*)，第24章）

为了规范市场，人们在1773年将新乔纳森咖啡馆（New Jonathan's Coffee House）转换成"证券交易所"。奇怪的是有些人怀疑真正的证券交易开始于纽约。一家名叫《日报》(*The Diary*)的报纸曾经记载在1792年3月发行过一只股票，当时股票经纪人每天中午都聚集在华尔街22号（华尔街22号这个名称的来历是：首先发现纽约的荷兰商人建造了一堵墙，以便于将牲畜和印第安人隔开）。当时大多数证券交易都是政府债券和银行股份。受到费城股票经纪人组织交易机构的成功经验的启发，人们在1817年成立了纽约证券交易所及董事会（这段历史引自 F. L. Eames and Thomas G. Hall, 1987）。在1850年，美国实际上有250家证券交易所，但是到1900年，随着电报和股票交易显示带（tickertape）的引进，纽约证券交易所开始占据完全的主导地位。

在法国，我们可以追溯到一家早期股份制企业 Société des Moulins du Bazacle，这家公司设立于图卢兹，有96手股份可供买卖。很自然，这家公司在19世纪成为当地的一家电力公司，但是直到1946年才在图卢兹联交所上市公开发售。当然，这是一个比莫斯科公司还早的股份制公司的例子，但是它还不是唯一的例子。一类被经纪人称为"bourse"的证券交易所在1540年出现在里昂，在1639年出台的一项法令之后，它更名为"证券经纪人"（agents de change）。在1724年，巴黎成立了一家交易所，但这家交易所看上去并不十分活跃。随着法国大革命的爆发，1791年法国取消了证券经纪人这一职业，到1793年证券交易所也已关闭。在拿破仑统治下，证券交易所于1801年再次正式开业，并给予其交易证券的垄断地位，但是该交易所不可交易有限责任公司的股份。

证券交易所的作用

我们或许应该开始考虑证券交易所的作用。它提供了公司上市的监管、价格形成机制、对证券交易的监督、对市场参与成员的授权、交易的结算以及对交易数据和价格的公布。

但是，有时上市规则由政府资助机构制定，比如美国**证券交易委员会**（SEC）以及中国证券监督管理委员会。在英国和欧洲，结算及托管业务交由其他机构完成，比如在英国，欧洲清算机构就执行伦敦证券交易所的结算功能。有些人质疑证券交易所在未来的作用，因为强制要求证券在交易所进行交易的规则（所谓的"集中交易"规则）正在受到侵蚀，在交易所之外建立的电脑匹配系统（computerized matching systems）不断地抢走原本属于证券交易所的业务（类似于 Posit Match、纽约的 INET 和 NYSE Arca，以及

Turquoisel这家公司在2009年被伦敦证券交易所收购，还有欧洲的Chi-X），或者，证券经纪人也可以直接在Instinet上进行交易。随着互联网时代的到来以及网上交易的增长，电子通讯网络（ECNs）可以通过降低成本来获得竞争优势，也许在未来微软公司也会变成一个交易所。

证券和股票

这一节的标题使用的是"stocks and shares"（证券和股票），是因为我们认为这两个词之间存在明显区别。严格意义上讲，股票（shares）指的是一个公司的份额，一般它支付的是可变的股利。证券（stocks）是一种支付利息的金融工具，例如我们在上一节讨论的债券及类似产品。遗憾的是，"股票"往往指代一个公司的股份，而在日常用语中，"证券"是个非常含糊的术语。在美国，股票（shares）是指普通股（common stock），公司股东（shareholders）往往还和stockholders通用。在英国，"stocks"泛指股票或债券，我们在这里遵循这种约定俗成。

但是，总体而言证券交易所往往将营业范围划分为固定利率类和股票类。虽然证券交易所发生的大部分交易都是股票，但是债券交易的数额也很高，因为能够执行大额交易的专业投资者对证券交易所十分重要。例如，在英国，国内股票交易的平均数额约为70 000英镑，但是债券交易的平均数额约为500万英镑。一般来说在伦敦证券交易所的交易额中，约有58%是债券，这一比例在西班牙是69%，欧洲的证券交易所交易的债券数量更多，在德国这一比例是24%，不过在纽约的证券交易所，几乎所有的交易都涉及股票，债券交易只占极少数。

表7—1给出了世界上最大的证券交易所的相关数据。纳斯达克的全称是"全国证券交易商自动报价系统协会"，OMX是瑞典的公司，它在斯堪的纳维亚地区的证券交易所中占据主导地位。2001年，OMX出价收购伦敦证券交易所，它试图收购比自身更大的竞争对手，以失败告终。2007年，NASDAQ同意以37亿美元的价格收购OMX，但是后来又出现了与其竞争收购OMX的迪拜证券交易所。通过一项复杂的交易，纳斯达克最终在2008年2月将OMX纳入麾下。

表7—1　按照股票交易额、市值以及上市公司数量计算，对证券交易所进行的国际比较，时间截至2008年底

交易所名称	股票总交易额（单位：10亿欧元）	国内股票市场市值（单位：10亿欧元）	上市公司数量 国内	上市公司数量 国外
纳斯达克-OMX集团	36 446	396	2 616	336
纽约泛欧交易所集团（美国）	33 639	9 209	3 011	2 596
伦敦证券交易所	6 272	1 868	2 486	351
东京证券交易所	5 607	3 116	2 374	16
德国证券交易所	4 679	1 111	742	90

续前表

交易所名称	股票总交易额（单位：10亿欧元）	国内股票市场市值（单位：10亿欧元）	上市公司数量 国内	上市公司数量 国外
纽约泛欧交易所集团（欧洲）	4 411	2 102	1 002	0
上海证券交易所	2 600	1 425	864	0
西班牙证券交易所	2 410	948	3 536	40
多伦多证券交易所	1 716	1 033	3 755	86
香港证券交易所	1 630	1 329	1 251	10

资料来源：World Federation of Exchanges, *Annual Statistics*, 2008, www.world-exchanges.org。

考察表7—1，可以看到哪家证券交易所是世界上最大的证券交易所这个问题并无一定的答案。"最大"的含义是什么？可以是市值、总营业额，或者仅仅是股票交易量（总交易额除以流通在外的股本数量），也可以是股票交易总额或者只是上市公司数量。

证券交易所中股票的市场价值是指证券交易所上市的股份数量乘以股价。它也被称为"资本化总额"（但是要小心，它和资产负债表中的资产没什么关系）。

股票价格会上下波动，但是资本化总额是指在当前股票价格下计算出的。这里面存在问题。如果有人计算东京证券交易所在1989年底崩溃前的资本化总额，它可能是当时最大的证券交易所。

在表7—1中，伦敦证券交易所的股票交易额为62 720亿美元，其中外国股权大约占22%左右，是世界上最高的，高于纽约证交所国外股权交易比例（8%）、纳斯达克国外股权交易比例（12%）及东京证交所股权交易比例（1.2%）之和。这个事实再次凸显了伦敦证券市场的国际性。

以2008年市值计算，世界上最大的证券交易所排名是：
1. 纽约泛欧交易所集团（美国）。
2. 东京证券交易所。
3. 纽约泛欧交易所集团（欧洲）。
4. 伦敦证券交易所。
5. 上海证券交易所。
6. 香港证券交易所。

从证券交易额来看，我们遇到的问题就是用股票交易额进行计算还是用包括债券在内的证券交易额进行计算。如果采取后者，那么对那些不进行债券交易的交易所就显得不公平。如果我们只考虑股票交易额，世界前6大证券交易所是：
1. 纳斯达克-OMX集团。
2. 纽约泛欧交易所集团（美国）。
3. 伦敦证券交易所。
4. 东京证券交易所。
5. 德国证券交易所。
6. 纽约泛欧交易所集团（欧洲）。

通过上面的讨论，你会发现想要回答"哪家交易所是世界上最大的证券交易所"这个问题会出现一些更复杂的问题。因为上面给出的不同统计值之间存在一定的不一致性。一些证券交易所坚持认为，基于监管方面的原因，由本地代理商完成的交易被计入地方性交易所，这种交易有时甚至会被归入国外证券交易所。出于这个原因，很多人都认为伦敦证券交易所中出现的大量国外股票交易实际上有夸张之嫌。

指 数

股票指数通常是基于市值计算得到的。如果该指数是关于排名前50位的公司，那么这里的排名就是按照市值计算的。有时股票指数还以"加权"的方式计算。这就意味着如果市值最大的公司的股票价格变动1％，那么对指数造成的影响会大于小公司股价变动1％。由于股价总是在不断变化，所以最大公司的名单不总是固定的。通过在每季度加入一些新股票并剔除一些原有的股票，指数就可以一直保持对最大公司市值的追踪能力。当然这种行为也是有规则可循的，以此来避免当企业市值在99～101之间徘徊时不断进入或退出指数的情况。

在当今社会，人们将股票指数用作期权和期货（见第12和13章）交易，行业演化带来的被动投资需求（如交易所买卖基金，即ETF）以及为度量投资绩效设置基准的需求，推动人们创造出一系列新的指数，他们在每天的每分钟都对这些指数进行计算。

指数就是某种形式的加权平均。例如，在1884年查尔斯·道（Charles Dow，《华尔街日报》的出版商）开始发布基于11个铁路股票计算得出的指数。现代的道琼斯工业平均指数的计算开始于1896年，但是该指数只包括12只股票，到1928年，该指数包括的股票已经上升至30只。当时的道琼斯指数只是简单地计算股票的平均价格，或者（对拆股而言）将30只股票的总价格除以30。这是一个对价格进行加权的指数，这样做的好处是一只股票价值变动对总体指数的影响，就等于单只股票价格与其他所有股票价格之比。但是，如果股票分拆导致其价格从100美元下降到50美元，那么就需要做特殊处理。他们所使用的方法被称为"常数除数"。在过去，人们在每个小时都要计算道琼斯指数，但到现在已经是每分钟都要计算道琼斯指数了。

在伦敦，金融时报普通股指数的计算开始于1935年。计算这个指数的平均化过程更为复杂。要将30只股票的价格相乘后开30次方，就可得到该指数。

现代的指数计算是将股份数与价格相乘。这就为资本化规模最大的企业赋予了一个合适的权重。例如，在1957年，标准普尔公司推出的S&P 500指数就是这样计算的。在1983年，芝加哥期权交易所开始交易基于100只股票指数的期权，并在同年7月将这个指数更名为S&P 100。这两个指数都是根据公司市值计算得到的。

在1966年，纽约证券交易也根据公司市值推出了纽交所指数，现在这一指数已经包括1 500只股票。在1973年全美证券交易所也推出了全美证券交易指数，后来这一指数更名为AMEX综合指数（AMEX Composite）。它是另外一个基于800多家公司市值计算出的指数。（请注意，在2009年1月的时候全美证券交易所被纽约泛欧交易所集团收购，不再以独立交易所的身份进行运营。）AMEX 综合指数的一个有趣特点就是它将股息也纳入了指数的计算。因此，该指数可度量股票市场的总回报（德国法兰克福股价指数（the German DAX）类似，我们会在后面的部分介绍这一指数）。其他的美国市场重要指数是 S&P 100 和 S&P 500。

在日本，主要的股票指数是日经道琼斯 225 指数，该指数包括 225 只股票。但是这一指数是根据平均价格而不是市值进行计算的。其结果就是 1984 年又推出了日经 300 指数。日本还有另外一个基于市值计算的指数，即东京证券交易所价格指数（Tokyo Stock Exchange Price Index，简写为 TOPIX），这个指数包含了所有的东京证券交易所第一档上市企业。其他指标包括 TOPIX 核心 30（针对 30 只最具流动性和市值最高的股票计算得出的指数）、TOPIX 100、TOPIX 500、TOPIX 中小企业指数（TOPIX 500 没有包含的股票以及不合格股票）。

在伦敦，人们需要一个所选股票超过 30 只的普通股指数，于是在 1984 年 1 月《金融时报》就推出了伦敦金融时报 100 指数（Financial Times Stock Exchange 100 Index）。这就是富时指数，在英国本土也被称为 "Footsie"。这一指数也是基于市值构造的，而且只针对流通股——也就是说可自由买卖，不是由股票发行人或其他类似机构持有的股票（这个规则在 2001 年 6 月作出了调整）。上午 8 点到下午 4 时 30 分，每隔 15 秒钟就要对这个指数进行计算（在早上 8 点整会计算出一个前指数水平）。这个指数从 1 000 开始计算。它代表了整个市场中股票市值的 81%。富时 100 指数指按市值排名的前 100 名，与行业无关。

在 1992 年 10 月，人们决定扩充该类指数，要新增加两个指数。这就是富时 100 指数之后推出的富时 250 指数，以及作为这两个指数的补充的富时精算 350 指数。这个指标在每分钟都要进行计算，并且还会包括来自市场的数据。一个历史更久、包含范围更大的指数是开始于 1962 年的金融时报精算指数，在 1992 年 12 月，这一指数所包含的股票数量扩大到 800 只。现在，这一指数被称为富时全股指数（FTSE All-Share Index），它占市场市值的 98%~99%。

在法国，巴黎 CAC 40 指数的编制始于 1987 年。这个指数根据市值计算得出，每 30 秒计算一次。巴黎 CAC 40 指数包含了巴黎证交所 60% 的市值，但是最大的 7 只证券的市值就占巴黎 CAC 40 指数的 43%。一个有趣的事情是人们在构造巴黎 CAC 40 指数时要让该指数可以代表所有的主要行业。（其他的法国股票市场指数还包括 CAC Next 20 和 CAC Mid 100。）在巴黎，更加古老的股票市场指数是 SBF 240，它基于开盘价进行计算，因此每天只计算一次。在 1993 年 9 月，这个指数被 SBF 250 指数所取代，该指数可以每分钟进行计算，而且在计算过程中还包括了股息。于此同时，还出现一个新的指数——SBF 120。计算这个指数时使用的股票就是 CAC 40 指数中的 40 只股票，再加上其他的 80 只股票。这一指标可以每分钟都进行计算。在 1995 年 5 月中旬，人们还推出了计算中等市值股票的指数——CAC Mid 100。

更古老的德国指数是 FAZ 100（它是商业报纸《法兰克福汇报》进行计算的），德国商业银行（Commerzbank）60 指数是来自杜塞尔多夫证交所的指数。这些指数都是从 20 世纪 50 年代开始计算的，其计算频率为每天一次。然而，在 1987 年 12 月推出的德国法兰克福股价指数 DAX 30（Deutscher Aktienindex 30）则更为流行。这些指数可以进行连续计算（自 2006 年起每秒计算一次），由于其包含股息，所以计算出的是总回报。这使得它特别适合某些"掉期"交易，我们会在第 14 章讨论这个概念。这个指数代表了德国所有交易所 80% 的股票市值。剩下的 70 只股票的指数则包含在 MDAX 中。还存在一个 L-DAX 指数，用以计算电子交易结束后数小时之内的指数。

我们在上面提到的指数中，有一些会按行业构造（比如巴黎 CAC 40 指数），有一些则只依据股票市值进行构造（比如富时 100 指数）。自 2008 年开始，石油和天然气行业占该指数的 23.21%，其次是金融股（17.93%）、消费股（13.25%）和医疗保健（10.77%）。在美国，S&P 100 中包括信息技术行业（17.35%）、能源行业（15.96%）、医疗保健行业（15.4%）、消费品行业（15.32%）以及金融保险业（11.06%）。巴黎 CAC 40 指数更加多样化，包括零售业、承包商、土木工程业、媒体公司以及时装和美容业（如 LVMH 集团以及欧莱雅公司）。在 DAX 30 指数股中，其中 18 只股票来自大型制造业企业以及大型金融机构，如银行和安联保险。

其他的一些知名股票市场指标是：

阿姆斯特丹	AEX 指数
巴西	Bovespa 指数
	IBrX 指数
	IBrX50 指数
布鲁塞尔	Bel 20 指数
中国	上证综合指数（上海）
	深证成份指数（上海）
	恒生指数（香港）
印度	孟买 SENSEX 30 指数
	（孟买/孟买交易所指数）
马德里	IBEX 35 指数
	MADX 指数
米兰	S&P MIB 指数
	MIBTel 指数
俄罗斯	RTSI 指数
瑞士	SMI 指数

随着投资者投资组合中国际股票的持续增长，以及对用来度量投资绩效的基准指标的需求，我们还看到了国际指数的出现。这些世界指数包括摩根士丹利资本国际（Morgan Stanley Capital International，简写为 MSCI）指数，它由花旗集团和罗素基金共同编制，同时还有金融时报/标准普尔世界精算指数（Financial Times/Standard & Poor's Actuaries World Indices）。还存在标准普尔全球 100、700 和 1 200 三种指数以及富时全球指数（包括 2 700 种股票）、富时全球股票指数（包括来自 48 个国家的 8 000 只股票）、富时全球小型股票指数和其他多种类型的指数。

在欧洲，有富时欧洲 100 指数，其中包含了欧元区市值最高的 100 家企业。还有富时

Eurotop 100 指数，它代表 100 家高度资本化的蓝筹股公司（既有来自欧元区的企业，也有欧元区之外的企业）。此外，还有富时 Eurofirst 80 指数——该指数包含了按照市值计算在富时欧元区指数中的前 60 大公司，同时加上了按照规模和行业代表性遴选出的 20 家企业。与这一指数进行竞争的是标准普尔 Euro Plus 指数（欧元区企业以及来自丹麦、挪威、瑞典和瑞士的企业）以及标准普尔欧洲指数（S&P Euro Index，来自欧元区的企业）。道琼斯股票指数（见 stoxx.com）也推出了追踪欧洲市场的一系列指数。

正如前面罗列的各类标准普尔指数所暗示的，针对欧洲编制国际指数带来的一个问题就是欧洲具体指的是什么？欧洲的 16 个国家形成了欧洲经济货币联盟，这个联盟没能将重要的英国市场纳入其中，欧盟 27 国又将重要的瑞士市场排除在外，此外还有一些更为广阔的地理概念。正是上述原因，导致针对欧洲的股票指数编制出现膨胀。

上述指标实际上可以作为**交易所交易基金**（ETFs）进行买卖。可以将这些指数看做是上市证券，它们模仿了证券市场指数以及其他基准指数的变动——例如，这些指数可以是道琼斯指数、标准普尔 500 指数、富时 100 指数或任何其他的流行指数。交易所交易基金可以连续买卖，也可以在证券交易所的投资者之间进行交易。交易所交易基金在美国非常流行，其他地区对它的兴趣也在增加。到 2008 年底，根据世界证券交易所联合会年度统计数据（www.world-exchange.org）显示，全球已经有 3 017 只交易所交易基金，掌控全球 99 880 亿美元的资产。到 2008 年底，伦敦证券交易共有 305 只交易所交易基金正在进行交易。利用这些资金，投资者可以用较低的价格买到某个市场/行业/地区的股票表现。只有当投资者买入的基金份额带来"阿尔法"回报时（即超出市场平均回报的表现），它们才会向资产管理方支付费用。在截至 2007 年之前股票市场兴旺之际，此类指数跟踪类产品一直增长。

上市过程：公司成为公众持股

处理新公司股份发行事项开始成为证券交易所的根本任务。也许我们首先要问的是——为什么公司需要上市？这里有多种原因。

首先，为了满足公司未来的扩张计划，它可能需要寻求新的资本。相比于银行贷款或者试图吸引私人股东，上市发行股票可能是一个更有吸引力的融资方式。如果一家公司觉得尚未准备好上市，但又需要资金，它可能会委托一家擅长融资的银行来寻找新股东，此类银行往往又被称为风险投资公司。此后，如果公司需要更多的资金，就可以向股东配售一部分股权（我们稍后即将讨论这一概念）。

其次，上市可以为公司股份定价，并产生一个股份交易的市场。如果不上市，当原来的私人股东有意出售股份并退休时，他可能会遇到问题。我们会为股票定一个什么样的价格呢？谁能买得起股票？通过一系列的股票购买计划来赋予员工购买公司股票的权利，就能够产生购买激励。对企业来说这也是一笔便宜的买卖。将股票卖给员工还能创造出新的股票。但创造出的股票数量是如此之小，以至于它对股票价格的影响可忽略不计。

最后，当公司想要进行收购时，它可以用自己公司的股票进行支付，无需向被收购公司的股东支付现金。这在收购时十分有用而且也很常见。如果被并购公司的股东更愿意接受现金，那么可以找到愿意购买那部分股份的机构，我们通常将这种行为称为卖方配售（vendor placing）。

在一般情况下，企业上市有两种方式，一是公开发售，二是配售，或者说私人配售。

当企业股票选择公开发售时（在美国被称为是**首次公开募股**（initial public offering）或首次公开招股），要对发售要约进行广泛的宣传，同时邀请投资者提交购买申请。如果超额认购，就必须采取某种形式的配额或者分配机制。通常情况下该上市公司必须出示详细的招股说明书来介绍公司历史，还要给出公司的会计核算数据。股票市场公开发行的事项则由银行或股票经纪商完成。这些机构会就定价问题给出自己的意见，也会试图告诉市场该股票的可取之处并安排承销。这意味着如果大众投资者不购买所承销的股票，那么承销商就要自己购买这部分股票。投资银行通过这项服务获得一笔费用，大约是承销价值的1.5%~2%。投资机构往往希望参与这一过程，以便广泛地分散风险，达到既能赚得手续费又能睡个好觉的目的。在1987年，当英国政府对英国石油公司实施私有化的时候，发生了"黑色星期一"事件。当时承销商必须按照发售价购买股份，由此产生一个相当大的损失。有时，如果市场疲软，公开发售计划可能被撤回。

当采用**配售**（placing）方式时，股票经纪商会向投资客户详细介绍企业的信息，在卖出股份时没有任何公开发售环节。本地证券交易所往往会对给定募集金额下的最小股东数作出限制。

从管理的角度来看，配售更加容易，还能节省承销费用。其他条件不变时，企业可能更喜欢配售。不过，本地证券交易往往会对这种股份发售行为给出规则约束。例如，在英国，配售募集到的资金总和不能超过300万英镑。在1986年，这一限额提高到1 500万英镑，到1991年，则引入更为复杂的规则，这些规则对新股发行带来的启示就是部分发行用公开发售的方式，部分发行则使用配售的方式，因为交易所不允许募集金额超过5 000万英镑的配售。在1992年出现的一些新股发行就是50%公开发售，50%配售。然而，从1996年1月1日起这些规则被废除，现在对配售的募资额度没有任何限制。

有时候，我们会听说一个未上市公司收购了一个"壳"公司。壳公司指只有少量资产、利润在下滑或者已经不存在利润同时股价也很低的公司。收购公司将名称换上自己的名字。这是一种不用通过任何正式的上市程序即可获得上市的方式。

另一种可能性是企业已经在某个证券交易所上市交易，然后它被另一家证券交易所认可，进而在这家证券交易所上市交易。典型的情况就是一家在境外证券交易所上市的企业寻求本国证券交易所接受其上市。通常情况下这一过程可能不会有新资金募集。在20世纪80年代"国际股票"（我们在前面已经提及）的概念大行其道的时候，这种上市方式很常见。例如，日本东芝公司就同时在9家欧洲证券交易所上市。在1990年4月，大和集团同时在7个欧洲证券市场开始交易。在1990年6月，大众汽车在西班牙的全部4个证券交易所上市，同一年中，大众汽车公司和拜耳公司成为第一个在米兰证券交易所上市的外国公司。在1993年，戴姆勒-奔驰公司成为了第一个在纽约证券交易所上市的德国公司。在1999年中期，希腊国家银行在纽约证券交易所上市。然而，正如本章前面所提到的，《萨班斯-奥克斯利法案》开始成为一些美国上市公司的威慑。事实上，一些美国公司正在考虑到伦敦完成公司股份的公开发售。

在美国上市的外资股票将有一个缺点，就是无法用本国货币进行报价和交易。当投资者为了获得股票而购买外资股及其认股权证（在某些例子中）时也会发生较高的成本。因此许多外国公司都使用**美国存托凭证**（American depositary receipts，简写为ADRs）来完成股票交易。一个或多个外国公司的存托凭证由一个受托人（通常是摩根信托公司）持有，然后是用此类存托凭证进行交易，而不是交易股票。例如，一张英国石油公司的存托凭证等于该公司的12股普通股。通过这种方式美国投资者就避免了收取股息并将其兑换成美元的麻烦。第一张存托凭证由英美烟草公司在1927年发行。到1999年，通过美国存托凭证募集的资金达到创纪录的220亿美元，33家企业和政府在美国资本市场上找到了资金。从那时起，存托凭证的数量——登记在册的项目就从176个上升到532个，是原来的3倍还多。通常情况下，只有世界上最大的那些公司才能使用美国存托凭证上市，其中的银行包括巴克莱银行、劳埃德银行、汇丰银行以及瑞穗金融集团。

一类适用范围更广的存托凭证是**全球存托凭证**（global depository receipt，简写为GDR），它指的是将美国存托凭证的概念用在非美国证交所的上市股票上。第一只全球存托凭证发行于1990年，人们发现这种融资方式对新兴市场特别有用。例如，在2005年11月就有144家公司以全球存托凭证的方式在伦敦上市交易。这其中包括Sistema公司、Investcom公司（黎巴嫩）和Kumho Types（韩国）。虽然由于信贷危机的影响，全球存托凭证的发行有所下降，但是由于蓬勃发展的新兴市场，全球存托凭证的发行将会继续增加。在2009年年中对外公布的全球存托凭证发行案例中包括希望从股票市场提高融资数量的印度公司，其中包括塔塔钢铁（Tata Steel）和苏司兰能源（Suzlon Energy），它们向来自亚洲、欧洲以及离岸美国投资者发行了超过6亿美元的全球存托凭证。

现在市场上还出现了欧洲存托凭证，它是巴黎证券交易所和花旗银行在1998年推出的。欧洲存托凭证市场可以和欧洲市场连通，但是尚不能和美国市场连通。这个市场通过欧洲市场的清算系统（Euroclear和Clearstream）完成交易和结算，可以在欧洲证券交易所上市，通常是在伦敦或卢森堡。欧洲存托凭证和全球存托凭证一般都以美元计价，但理论上则可以用任何货币计价。

供　　股

一家公司上市后它可能决定给现有股东按照其持股比例购买新股份的权利。这种操作被称为"供股"。在大多数欧洲国家，法律要求现有股东以现金购买公司发行的任何股票时都有优先权。发行新股的目的不一定是获取现金——通过发行新股，公司可能会用这部分股票来为并购活动进行支付。

在美国，股东购买公司新股的权利则不那么强大。现有股东具有新股认购优先权这件事情是个存在争议性的问题。经常会有文章为此进行争辩，这些文章指出企业应该用拍卖的方式发行新股，而不是将新股首先提供给已有股东。

虽然优先认购权在欧洲十分常见，但德国是个例外。在1998年3月，工业企业集团曼内斯曼（Mannesman）发行了价值为30亿德国马克的新股，但没有将这些新股提供给老股东。在1999年3月，德意志银行筹集资金完成对美国信孚银行的收购。德意志银行以供股的方式向老股东发行了价值为40亿德国马克的新股，但是还进一步在世界范围内发售了价值为20亿德国马克的不带有供股权的新股。

当然，老股东可以放弃自己认购新股的权利。当美联银行在1987年用出售新股的方式向香港上海汇丰银行出售其14.9%的股份时，它首先征得了老股东的同意。

向老股东提供的新股可能会打折出售，例如，老股东每持有3股，即可以90美元的价格获得一只新股，而该股票的市场价格可能是110美元。这种折扣行为只是表面上如此，实际则并非如此。企业发行新股会将原有发行的老股价值摊薄，所以要向老股东以折扣价发行新股。通过发新股摊薄老股价值的过程可如下分析：

		美元
3份老股	@ $110	=330
1份新股	@ $90	=90
于是，4份股票合计价值		=420
于是，现在每份股票的价值是		=105

如果这只股票的市场价格是110美元，那么当公司宣布股票已经被**除权**（ex rights，简写为XR）后，其价格将会是105美元。"除权"是指购买股票但没有享受到购买新股的权利。现在看来，如果老股东不行使供股权利，那么在任何情况下他都不可能从公司发新股的过程中获益。他们可能原本持有价值为110美元每股的股票，但是新股发行之后，所持股票价值跌至105美元每股。

老股东可能没有足够的资金来购买新股。因此一些股东可能会出售其现有股份，换取资金后再来购买新股，或者将获得的供股权以某个溢价卖给其他人。在上面的例子中卖出供股权可获得15美元的溢价。购买供股权的人会向老股东支付15美元，然后再向公司支付90美元用以购买股份，总计花费105美元。老股东当前持有的股份为每3份价值330美元，在公司发行新股后这3份股票的价值会降至315美元——但是他通过卖出供股权又获得了15美元。

不过，在股东做出如何使用供股权的决策时市场价格并不会保持稳定。因此，使用供股权购买股票的溢价会出现上升和下降。更为严重的是还可能出现供股权下设定的价格低于股票市场价格的情况。假设在刚才提到的例子中股票的市场价格下降到80美元。如果股票现在的市场价格为80美元，那么有多少人会愿意支付90美元获得股票的供股权？这件事情告诉我们，供股权的发行也需要和新股发行那样设立一个承销机制。

在1991年，英国航空航天公司宣布以每股3.80英镑的价格发行供股权，但是该公司股票的市场价格为5.00英镑。不过，由于该公司公布的盈利前景不佳，市场对航空航天行业也失去了信心，其股票的市场价格暴跌至每股3.60英镑，于是待发行的供股权失去了市场，本次发行的承销商最终不得不购入待发行供股权的95％。

市场会对供股问题进行仔细检查。如果公司的每股利润和每股股利尚未为患的话，那么这笔钱就要用在刀刃上。有时，市场会对供股作出一个积极的评价。有时则是消极评价甚至是公司经营出现问题的标志，这会进一步导致公司股价受挫。

在2008—2009年期间，银行的供股发行占市场上供股发行的绝大部分，这是因为在危机时期银行资产负债表中表内和表外资产均受到影响，为此需要进一步提高其资本实力。例如，劳埃德银行集团在2009年12月通过供股成功筹集了135亿英镑资金，从而没有求助于英国政府的资产保护计划（Asset Protection Scheme，简写为APS）。在这之前英国所有主要银行在2008年都进行了供股权发行。然而，2009年年中出现的问题在于许多银行都进行供股权发行，如此之大的发行量不可能获得投资者认可，因为这将显著拉低股票的估值——虽然劳埃德集团的供股发行是成功的，但是之后阿森纳足球俱乐部的董事会便同意在2009/10赛季开始前不再进行供股权发行，因为它认为有足够资金来支付价值3 200万英镑的债务。作为阿森纳足球俱乐部的第二大股东，同时也是由俄罗斯商人乌斯马诺夫（Alisher Usmanov）及其生意伙伴法哈德莫西礼（Farhad Moshiri）拥有的投资工具，Red & White控股有限公司（Red and White Holdings）并不同意俱乐部的这项决定，但是他们又说看看俱乐部是不是能在不考虑供股权发行的情况下解决偿债问题。

发行红股、股票分拆以及以股代息

有时，公司会按照股东所持股份的某个比例来向股东免费提供股份。例如，它们可能会为股东拥有的每一股提供一份新股。这就是**发行红股**（scrip issue）。另外股票还可以进行**分拆**（split）。例如，考虑面值为1美元的股票，它可以用两股来代替，这时每股的面值就是50美分。

无论是一股送一股的红股发行，还是将一股拆为两股的股票分拆，其结果都是股票的市场价格下跌一半。这是因为市场认识到可交易的股份数量变多了（但是企业价值并未出现明显变化）。当利润和股息不断上升时股价会上涨。有时候，市场会觉得股票的现行价格太高以至于不方便中小股民进行购买。其中的理由就是对相同的股票来说，相比于按照每股500美元的价格购得10股，股民可能更喜欢用每股50美元的价格购得100股。这种事情不大符合逻辑，事实上它确实不是很符合逻辑——这只是纯粹的投资者心理。

例如，英国股票市场喜欢价格在1～10英镑范围内的股票。高于这个水平时公司便会通过发行红股或者股票分拆的方式让股票价格降到一个合理的交易价格，人们认为这样做可以让股票拥有更多的持有人，从而提高了流动性。因此在1998年秋天，Logica公司的股票市场价格为每股20英镑。该公司用1股送4股的方式将股票价格降至每股4英镑。

在美国，同样的想法也很流行，但是要在股票价格高很多的时候才会行动。在欧洲大陆，股票交易价格通常比英国高得多。例如，当法国巴黎银行被私有化时，有380万人争购该公司股票但是最终每人只获得4股——每股价格为450法国法郎。在瑞士，传统上看，银行、制药公司以及雀巢公司的股票价格都在几千美元的水平。当时，曾经要求每股价值最低为100瑞士法郎的法律得到了修改，这个标准被降低至每股10瑞士法郎。在1992年5月，雀巢利用这一法律将每股的法定价值除以10，从100瑞士法郎降至10瑞士法郎。其效果就是将股票的市场价格从每股9 600瑞士法郎降至每股960瑞士法郎。其他的瑞士大型公司也纷纷效仿。

在美国，即使股票价格超过100美元人们也不会觉得奇怪。但是有些价格快速增长的股票则会进行多次拆股。在1999年1月，英特尔宣布其第12次拆股，当时股价为每股137美元。在美国，人们按照100的整数倍购买股票，从而降低股票交易中缴纳的费用——拆股使人们更容易按照100的整数倍来购买股票。在同一周，IBM和微软也对其股票进行了分拆。

从上面的讨论中我们已经看出，股票往往会存在一个"面值"或法律价值，但是这个价值可能和股票的市场价格没有任何关系，比如AT&T公司的股价为1美元，而IBM公司的股价为10.25美元。无论在美国或英国，股票的法律价值都不设下限。但是在德国，股票的法律价值的下限是50德国马克，不过后来这一标准被降至5德国马克，这主要是因为当时德国股票的平均价格开始下降。面值较低或法律价值较低，会让公司在首次发行股票时发行更多数量的股票，为它在今后的经营提供了更大的灵活性。

发行红股不会改变股票的面值，但是会多出来很多股票。这么做的结果就是让公司资产负债表上的股票票面价值加倍，这部分钱来自于公司的留存利润。但是，股票拆分不会改变股东拥有的股票的总面值，比如1份股票价格75美元，如果用3份股票来代替这1份股票，则价格会降至25美元——资产负债表上股票的总面值并不会发生改变，发生改变的只是每股的票面价值。因此，巴克莱银行在2002年将1股拆为4股，就将每股的票面价值从1英镑降至25便士。

最后，让我们考察一下反向分拆（reverse split）以及股票**合并**（consolidation）。在这里，我们说的股票反向分拆是指每5股合并为一个新股，其面值就是原有股票的5倍。这种情况往往出现在一个公司的股价低到表现出它陷入严重困境的时候。在此要说明的是，这也是简单的心理学特点。例如，在1992年6月，英国广告集团上奇广告（Saatchi & Saatchi）将每10股合并为1股，因为当时公司股价已经低于每股15便士。

在许多证券市场上都常见的一种做法是公司为股东提供现金股利和更多股份——这就是**以股代息**（scrip dividend）。从企业的角度来看，以股代息可以节省现金，因为相比于支付现金股利，创造出一些新股票则更容易得多。从投资者的角度来看，如果他们不需要将股息作为收入，那么以股代息的好处是无需支付股利税，也无需为此向证券经纪人缴费。

国际股票

在20世纪八九十年代，跨国公司谋求在多个外国证券交易所上市已经变得十分常见。这样做可能会吸引更多的投资者，或者是因为公司所在国的证券交易所规模太小无法满足公司发展的需要（比如斯德哥尔摩证券交易所和伊莱克斯公司就是这样的例子）。其结果就是此类跨国公司大量参与国外的一级市场发行和二级市场交易。

例如，尽管德国的会计规则不如美国那样严格，但是戴姆勒-奔驰公司还是选择在纽约上市，愿意接受更大的会计透明度对公司带来的影响。在1996年中期，法国保险集团安盛（AXA）成为第一个在美国证券交易所上市的法国金融服务公司。但是问题仍然存在，因为美国证券交易委员会的规则要求企业进行供股权发行时需要获得该委员会的批准。当爱立信公司发行供股权时，它必须为此等待3个月，在此期间其股价下跌了56%。在安然和其他一些公司的会计丑闻发生后，新的立法也带来了新的限制。迈克尔·奥克斯利——美国众议院金融服务代表委员会主席——和参议员保罗·萨班斯带来了《萨班斯-奥克斯利法案》（Sarbanes-Oxley legislation，简写为SOX）。这想法案规定对财务保持"适当的内部控制结构和程序"的职责完全在于公司管理人。这项法案还对审计和会计的新规则作出了规定并建立了一个公共公司监督与会计委员会（Public Company Oversight Accounting Board）。同时，这项法案还对违法行为作出了新的惩罚规定。

《萨班斯-奥克斯利法案》不仅仅带来巨大成本（这将成为会计师事务所的一座富矿），而且该法案的出台本身就具有相当的争议性。因此一些公司已经撤回了它在美国证券交易所的上市，比如Rank集团。然而，《萨班斯-奥克斯利法案》看上去也并不那么容易执行。该法案要求公司必须证明其美国股东少于300名——当如此多的股票被存放在代持账户中时，这个要求很难满足。当时，在美国上市的英国公司总计有113家。根据英国石油公司的计算，为了满足《萨班斯-奥克斯利法案》的要求，这些公司大约要多花费6 700万美元的成本。这真的管用吗？同样，也有人对《萨班斯-奥克斯利法案》的作用表示怀疑，也许更好的预防措施就是将各种欺诈者投入监狱——伯尼·埃伯斯（Bernie Ebbers，来自世通集团），25年；约翰·里加斯（John Rigas，Adelphi通讯公司），15年；丹尼斯·科兹洛夫斯基（Dennis Kozlowski，泰科（Tyco）公司），8～25年。说了这么多，我们要注意的是《萨班斯-奥克斯利法案》还鼓励中国、印度和其他公司在美国上市，因为该法案表现出对新兴市场企业的渴望，以便于为投资提供更大的，也是那些公司在国内所无法提供的股东权利。

现在，很多新的大型企业都在全球市场上为投资者提供股票，其中很多都是电信公司。有史以来第二大私有化的案例是德国电信，自1996年底开始这家公司就向全世界提供股票。全世界对该公司的持股比例是：

- 德国　　　　　　　　　4.62亿股
- 美洲　　　　　　　　　9 800万股
- 英国　　　　　　　　　5 700万股
- 欧洲其他地区　　　　　3 800万股
- 世界其他地区　　　　　3 400万股

在1999年6月，德国电信再次在全球范围内向投资者提供更多的股票，这导致德国电信宣称它拥有的国外股东数量多于国内股东数量，而且国外股东数量也超过当时任何企业。造成这一现象的一个关键因素是，美国共同基金和养老基金逐渐变得不那么狭隘，愿意做更多的海外投资。

中长期的股票交易：谁拥有股票？

中小投资者以及机构

在世界上不同的证券市场里，股票的所有权模式有所不同。在美国，私人投资者对一家公司的持股不能高于50%，这仍然是个强大的传统。

在德国，这个数字是16%，法国则是29%。在英国，随着许多公司的私有化，私人投资者对公司的持股比例曾经出现过上升，到现在这一比例已经下降到13%。另一方面，国外投资者大概持有英国股票价值的40%左右。

人们往往将私人持股和投资机构持股做比较，我们在这里说的机构是指养老基金、保险基金以及共同基金。在一些市场上私人养老基金帮助个人照看其养老资产，这些资产可能是企业帮助职工缴纳的，也可能是个人缴纳的。人寿保险公司会持续多年收取保费，以便于在投保人死亡时为其支付一笔费用。一般性的保险公司也会对提前支付的保费进行投资，但是由于将来还要进行偿付因此面临较大的不确定性。暴风雨，飓风或是石油泄漏灾害可能让保险公司面临无法预知的巨大保费支出。我们会在后面来解释共同基金。

有时，人们会比较证券市场市值与GDP之比。下面给出了世界上主要证券中心的相应数据（这个数字由世界银行在《世界发展指标2007》中给出）：

- 伦敦　　　　139%
- 纽约　　　　145%
- 东京　　　　102%
- 巴黎　　　　107%
- 法兰克福　　63%

养老基金：筹资与不筹资

股票市场的活跃程度通常取决于投资机构的活跃程度，其中养老基金起到的作用特别重要。养老基金对股票市场所起到的具体作用可能要依赖于它的投资策略中对股票和债券的配置水平。

这就带来一个根本性问题：养老基金是如何筹资的？这个问题的第一层意思是养老基金中的资金主要来自于私人资金还是国家。这个问题的第二层意思是向养老基金提供的资金是否来自于税前收入。世界银行将养老保障体系划分为三个层次：

- 第一层次提供安全性，目的在于防止老年人陷入贫困。第一层次的养老金体系是强制性的，通常为政府拥有——在英国它就是国家养老金，只要达到一定退休年龄，每个人都可以从这个基金中领取养老金，无论他们是穷光蛋还是亿万富豪。

● 第二层次的目的是平滑个人在其一生中的消费支出。这些基金往往由私人管理，不过有时也会是公共机构管理的，而且它们倾向于和第一层次联系起来，美国和英国就是这样的例子，在这两个国家，向第二层次的养老体系缴费时会享受税收优惠，因为政府鼓励个人为退休储蓄。

● 第三层次养老金的目的是为长寿个人提供保险。这些基金是完全的私人缴费的，旨在提高个人的可选择性。

个人向养老基金缴纳的费用被用来进行投资以产生养老金，其最大的市场是美国、日本、英国、加拿大、澳大利亚、荷兰和瑞士。由华信惠悦公司提供的数据展示在表7—2，这些数字给出了世界上主要国家和地区的养老金规模。表7—2同时也给出了这些国家和地区养老金中缴费确定型（defined contribution）和收益确定型（defined benefit）两类养老金各自的比例。收益确定型养老金计划是指养老金收益和最终的工资水平相联系——在这种养老金计划下，你可以在退休之前很多年就知道自己未来的养老金数量，因为它支付的养老金和缴费年限相关，也和退休前工资相联系。缴费确定型养老金计划和其他的长期投资相同——退休后对个人的养老金支付水平和养老金续存期的投资绩效相关。自2007年以来，由于金融市场的崩溃，许多人在缴费确定型养老金计划中的资产已经缩水40%，这意味着他们退休后的养老金将大大减少，对那些刚刚退休的人来说这种情况尤为严重。由于收益确定型养老金的运行成本开始变得越来越昂贵（因为人们活的时间越来越长了），很多公司都在关闭其原先设立的收益确定型养老计划，只保留缴费确定型养老金计划。在英国，特易购（Tesco）、英国航空公司和其他一些领先的公司已经决定不再向员工提供与工资相联系的养老金，因为这样做的成本十分高昂，最近出台的一个会计规则要求将此类养老基金视作或有负债并披露其成本。这进一步加剧了人们对如何提供养老金的普遍关注。

表7—2　　　　　　　　　　　　　　全球养老金资产

国家和地区	养老金资产（单位：10亿美元）	养老金资产占GDP份额（单位：%）	养老金类型（单位：%）收益确定型	养老金类型（单位：%）缴费确定型
澳大利亚	934	105	13	87
加拿大	1 030	73	85	15
法国	170	7	75	25
德国	364	11	65	35
中国香港	73	36	20	80
爱尔兰	124	49	82	19
日本	2 973	68	99	1
荷兰	993	131	99	1
瑞士	600	145	45	55
英国	2 646	96	66	34
美国	15 026	109	45	55
总计	24 932	82	57	43

资料来源：Watson Wyatt Worldwide, 2008 Global Pension Assets Study, www.watsonwyatt.com。

同样重要的是要注意到筹资型和现收现付制养老基金之间的区别。像英国的国民保险和美国的社会保障体系等国家养老金计划都用当期税收为公民支付养老金——不是将资金积累起来为未来的退休人员支付养老金——这种模式又被称为是现收现付制（pay-as-you-go）养老体系。筹资型养老金计划则是指积累资金以满足未来养老金需求的那类养老金计划。

在法国、德国和意大利，养老金的支付主要依赖于国家。比如在法国，虽然国家通过养老金体系（Caisse de Retraite）来解决大部分的养老金支付问题，但是这个体系不是筹资型的，而是从国家的当期税收收入中进行支付。在法国，私人养老金的支付大部分都局限在高净值个人，在2007年，此类养老基金只占法国GDP的7%。瑞典则拥有一个完全融资型的国家养老金体系。

在过去的几十年中，政策界对养老金危机的担忧一直在增加，由于很多国家和个人都参与到收益确定型养老金计划，所以终究会遇到一场养老金危机，因为养老金计划可能最终无法完成初期承诺的养老金支付。这一问题还可能被人口老龄化问题加剧，因为在整个欧洲（包括日本），人口在不断地变老。在整个社会有6~7个人支撑一位领取养老金的老人时，这个体系还是可以正常运转的；但是，未来的情况是2~3个人支撑一位领取养老金的老人。图7—1给出了人口老龄化的趋势。

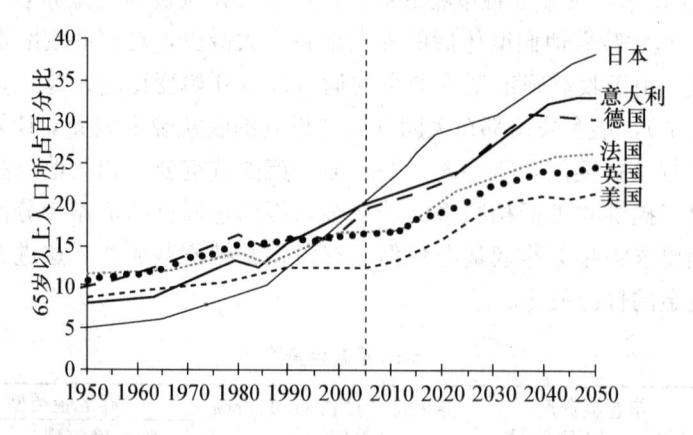

图7—1　老龄化人口，65岁及以上人口占总人口的比重

资料来源：UN, World Population Prospects, The 2006 Revision.

据世界银行估计，到2030年全世界60岁以上的人口数量将会是现在的三倍，总数达到14亿。一家名为联邦信托的英国智库发表了一份报告——题名为《欧洲养老金定时炸弹》（*The Pensions Time Bomb in Europe*）。这份报告计算了抚养比，也就是65岁及以上的人口数量和15~64岁之间人口数量之比。在12个欧盟国家中（在1995年之前），意大利和荷兰的抚养比将会分别从1990年的21%上升到2040年的43%和48%。在荷兰，该国的养老金体系还是筹资型的；但意大利则不是。在德国，到2030年时个人向养老金缴纳的费用将会是总收入的30%，那时每个工人就要供养一位退休人员。中国的情况将会更糟糕。"一胎"政策意味着流入社会的年轻劳动力将无法足够地代替退休人员的空缺。到2040年，今天的年轻工人将会退休，那时超过80岁的人将达到1亿。目前，无论是筹资型养老金还是缴费型养老金都不足以帮助中国解决这个问题。

表 7—3 老年抚养比（age dependency ratio）、年龄超过 65 岁的人口与年龄低于 65 岁的人口数量之比

国家	1990	2040
比利时	21.9	41.5
丹麦	22.2	43.4
法国	21.9	39.2
德国	23.7	47.1
希腊	20.5	41.7
爱尔兰	18.4	27.2
意大利	20.4	48.4
卢森堡	20.4	41.2
荷兰	17.4	48.5
葡萄牙	16.4	38.9
西班牙	17.0	41.7
英国	23.5	39.1
全欧盟国家	21.4	42.8

资料来源：Taverne，1995。

国家在解决养老金问题上一直裹足不前。我们怎么可能在说服人们通过缴税为今天的退休人员提供退休金的同时，又让他们进行额外的储蓄来应对自己的退休生活？在法国，政府将私人部门中个人可以获得全部养老金的工作年限从 37.5 年提高到 40 年。如果政府尝试在公共部门推动这项政策那么它将遇到罢工，政策也会被撤销！但是事实则指出，到 2040 年，100 个年龄在 20~59 岁的人对应的就是 70 个年龄在 60 岁以上的人。英国政府宣布将公共部门工作人员的退休年龄从 60 岁提高至 65 岁，但是这项政策被工会的反对意见击溃。德国人在 1992 年通过一项法律，如果人们在 65 岁前退休，那么获得的养老金收入将大大减少。

在日本，养老金的规模很大，但过去的保护主义规则削弱了养老金之间的竞争，导致其表现一直不佳。从 1996 年 4 月开始日本对养老基金放松管制，在很大程度上开放了国外投资。如表 7—2 所示，日本拥有目前世界上第二大的养老资金池——其中 99% 都是收益确定型养老金计划。

欧洲单一市场会推动取消很多限制养老基金投资的规则。例如意大利的养老基金持有私人公司超过 20% 的股份；葡萄牙和丹麦的养老基金不能投资于其他国家的证券；德国的养老基金不能持有 5% 以上的外国债券；在比利时，养老基金中的 15% 必须用以持有国内政府债券。

欧盟正在考察有关养老基金的法案，其目的在于废除这些限制，或者至少对这些限制做出修改。不过在激烈的争论之后，这项法案在 1995 年被撤回。最后修订后的养老保险基金法案于 2003 年生效，在 2005 年进入成员国法律。通过这项法案人们移除了多个投资限制，但是该指令并未解决养老基金中棘手的税务处理问题，因为尝试改变税收规则需要国会全票通过。

在欧洲，养老金目前仍是一个国内性产业，在整个欧洲的层面上几乎不存在什么活动。它是欧洲一体化水平最差的金融行业。

股权投资

当然，养老基金带来的影响取决于它对资产配置所持有的态度。在对股票和债券之间的配置比例做出关键性的选择之后，养老基金还要进一步做出国内和国际的配置。英国零售商 Boots 在 2001 年秋天宣布，在未来它们将只投资债券并会收回在股票投资上使用的资金。在某些市场，固定资产是一类流行的投资标的，很显然，也会有流动资金投资于储蓄并投资于货币市场工具，比如存单等。

表 7—4 显示了各国和地区养老基金的资产配置。可见养老基金通常是证券交易所的主要客户，它们对股票和债券市场的重要性是显而易见的。在本书上一个版本中我们将其称为"股票之死"（cult of equity）。通过对 1989 年和 2007 年的情况进行比较，我们发现美国养老基金在股票上的投资从 62％下降到 59％，日本从 67％下降到 46％，荷兰从 46％下降到 11％。英国的养老基金一直保持较高比例的股票配置，部分原因是由于该国在那段时间中的通货膨胀较高。普遍的看法是，股票能够比债券提供更好的保障——也就是说，企业可以让股票价格上升，从而赚取更多的名义收入。然而股票市场在 2001—2002 年之间的持续下跌，加上较低的通货膨胀和一些养老基金的问题，上面提出的看法正在发生改变。在英国，人们已经通过立法迫使养老基金在完成未来的资产负债匹配时更加谨慎。于是到 2007 年，英国养老基金在股票上的配置已经从 2000 年的 71％下降到 64％。

表 7—4　养老基金资产配置

国家和地区	养老基金资产（单位：10 亿美元）	资产配置（％）股票	资产配置（％）债券
澳大利亚	934	58	16
加拿大	1 030	52	33
法国	170	30	52
德国	364	28	65
中国香港	73	64	23
爱尔兰	124	62	20
日本	2 973	46	47
荷兰	993	41	43
瑞士	600	33	38
英国	2 646	64	24
美国	15 026	59	23
总计	24 932	56	28

资料来源：Watson Wyatt Worldwide, 2008 Global Pension Assets Study, www.watsonwyatt.com.

许多人已经注意到养老基金的资产配置出现向债券倾斜的动向，这将会为养老基金的投资带来更多确定性，不过具有讽刺意味的是这也可能导致养老基金的投资绩效变差。人们认为随着技术、生产率和世界贸易的复苏，养老基金最终还是会向股票增加配置。然而，鉴于全球资本市场中发生的危机，那些超配债券的养老基金的投资绩效将好于主要投资于股票的养老基金。

股份回购

一个有趣的问题是公司会回购自己的股票。这种现象在英国和美国十分常见。在2002年,葛兰素史克公司(GlaxoSmithKline)分两次回购了价值420亿英镑的股份。这样做的目的是消除股份,从而提高剩余股票能够得到的利润和股息。然而在法国,公司回购股票往往是一种防御性的举动,其目的在于维持股票价格或者防止企业被收购。在1998年通过的一项新法律中规定,股东大会有权授予公司在未来18个月内回购不超过10%份额股票的权利。一旦公司回购了股票,这部分股票就要销毁,或者分配给雇员。

批评者指出,如果一家公司无法利用盈余资本实现盈利,那么这反映出公司管理层缺乏必要的企业愿景,而且对企业的发展也不是好兆头。因此,股份回购实际上可能导致股价下降(在葛兰素史克公司回购股票时,就发生了这样的情况,同样的事情也发生在路透社身上)。

在德国,股份回购是非法的,直到1998年3月才通过一项新法律,允许公司在18个月内回购最多不超过10%的股份。BHF银行正是利用这一机会购回了其3.4%的股份。

股份回购在日本并不常见,传统上人们将其视为一种操纵股价的方式。不过随着信贷危机带来的市场疲软,日本公司对股票回购变得积极起来。在2008年,587家上市公司都进行了股票回购,比2007年上升了33%,几乎达到史上最高水平。在2008年11月,佳能(Canon)公司花费500亿日元(折合美元为5.44亿)回购了其流通股中超过1%的份额,在那一年发生的最大额度回购是三菱UFJ金融集团,该集团在同年6月从其子公司那里回购了价值为2 390亿日元(合25亿美元)的股票。这些数字说明日本企业的管理者开始倾听投资者,因为投资者批评他们持有现金但是不将其还给股东。此外也有一些企业管理层认为公司的股票价格过低了。

我们前面已经说过,公司回购股票的目的在于通过消除一部分股票来提高利润和股息。然而根据一国法律规定,公司回购股票后可能不一定负有消除股份的责任。例如在英国,法律一直规定回购后消除股份是强制性的,直到2003年通过的一项法律才允许公司可以继续持有回购得到的股票,将其作为库存股(Treasury stock)。为什么公司会这样做呢?通过发行供股权,或者通过一项并购交易,都可以让库存股获得再次发行的机会。比如英国石油公司就持有自己发行的7%的股份,瑞银集团持有10%。通常情况下,10%是回购比例的上限。

共同基金

如果一位中小投资者要花3 000美元购买股票,他有两种选择。第一种选择是用这些钱购买一家或两家公司的股票,第二种选择是进行广泛投资,用这些钱购买10家以上公司的股票。在第一种情况下,一家公司表现不好会带来很大的风险。在第二种情况下,在每个公司上花费300美元导致的交易成本又会特别高。问题的解决方法是,他可以把资金投入**共同基金**(mutual funds)。共同基金是一种集合投资,这种集合投资由基金经理进行运营。共同基金可能投资于货币市场工具、股票或债券。事实上,现在已经出现了投资于金融期货(见第13章)的共同基金。

如果共同基金投资于股票,那么它会对各类股票进行广泛投资,因此3 000美元可能会用来购买一系列股票,但是没有过多的风险。共同基金由经验丰富的管理人掌管,为此要向基金管理人支付一笔费用。共同基金可分为两类:

1. 开放式基金(在英国又叫做**单位信托基金**(unit trusts))。比如说这种基金会得到5 000万美元的认购额,然后它投资于一系列股票。简单起见,这只基金被划分为5 000万份,每份价值1美元。投资者可以从基金管理人那里购买基金份额,投资者也可以将购买的基金份额卖还给基金管理人。如果投资者花费500万美元来购买基金份额,那么基金管理人就可以购买更多的股票,这时基金价值为5 500万美元。如果投资者不愿继续持有价值1 000万美元的基金份额,现在他就可以将这些份额卖还给基金管理人,为了筹集这笔资金,原先购买的股票要再次卖出,现在基金只有4 500万美元。正因如此,我们将其称为"开放式基金"。随着股票价格的上升,基金份额的价值也在上升,投资者通过这种方式赚钱。在实践中,投资者要向基金管理人支付费用和基本成本。因此基金单位和股票一样,都存在一个买入和卖出价。

2. 封闭式基金(在英国被称为**投资信托基金**(investment trusts))是一种股份有限公司,和其他的股份有限公司并无二样。它募资5 000万美元不是用于购买机械和货物,而是投资于一个股票组合中。之后如果某个投资者希望花费500万美元加入到这个基金,那么它需要在公开市场上向他人购买。也就是说,这个基金本身并没有得到这500万美元,募资额仍然是5 000万美元——正因如此,我们将其称为"封闭式基金"。比如,封闭式基金的目的就是让股票在3年时间内翻一番,于是整个基金本身的价值也会翻一番。然后投资者就可以将其出售并回笼资金、实现利润。很多分析师已经开始研究在什么范围内股票价格可能不会翻倍,而是保持每股资产价值被低估。这是因为封闭式基金的股价既反映了供给和需求的关系,也反映了相关资产的价值。

在美国、英国、荷兰、法国、德国、意大利和西班牙,上述两类共同基金的运行都比较良好。在法国,共同基金特别流行,部分原因是由于税收优惠。其中开放式基金的名称是SICAV(société d'investissement à capital variable),封闭式基金的名称是FCP(fonds communs de placement)。这两类共同基金都可以投资股权,对货币市场工具的投资也比较多。

正如我们所看到的,英国和德国的共同基金在股权投资上的比例比较高。在1983年,意大利也允许该国共同基金投资于股权,但是在1987年10月的股票市场崩溃之后,投资于股票的共同基金失去了人气。今天,意大利的共同基金大约将资产的55%投资于国库券。

美国有一个巨大的共同基金投资市场。到1999年底,总共有7 791只共同基金,投资了6.85万亿美元,45%的美国家庭都是共同基金持有人。到2008年,美国共同基金的数量上升到了8 022只,一共投资了9.6万亿美元。我们注意到一件有趣的事情,在1999年,59%的共同基金是股权类投资基金,23.6%的共同基金投资于货币市场工具,11%的共同基金投资于债券市场,剩下5.6%的共同基金是混合型的(在股票、债券和其他金融工具上都进行投资)。到2008年末,货币市场基金成为共同基金的主流,大约占这个行业中39.9%的份额。在2007年,美国共同基金行业的规模达到顶峰,总计拥有12万亿美元资产,但是信贷危机造成金融市场整体下跌,这也显著影响了股权类共同基金的价值,到2008年末,此类共同基金的价值从6.5万亿美元降至3.7万亿美元。而且,虽然2009年股票市场有所好转,但在这一时期还是有不少资金流向更为安全的货币市场。在美国,最大的四家经营共同基金的公司分别是先锋集团(Vanguard,9 570亿美元资产)、美国基金投资公司(Amerian Funds Investment Company,9 320亿美元资产)、富达投资(Fidelity,7 170亿美元资产)、巴克莱全球投资(Barclays Global Investors,2 870亿美元资产)——其中巴克莱全球投资以其指数跟踪型基金(tracker fund)著称。

表7—5给出了全球共同基金行业的概要数据,需要指出的是,在欧洲的共同基金行业中,卢森堡和法国占据重要地位。

表7—5　　　　　　　　世界范围内共同基金净资产　　　　　　　（单位:100万美元)

	2006	2007	2008
世界	21 807 505	26 129 564	18 974 521
美洲	11 469 062	13 421 149	10 579 430
阿根廷	6 153	6 789	3 867
巴西	418 711	615 365	479 321
加拿大	566 298	698 397	416 031
智利	17 700	24 444	17 587
哥斯达黎加	1 018	1 203	1 098
墨西哥	62 614	75 428	60 435
美国	10 396 508	11 999 523	9 601 090
欧洲	7 803 906	8 934 864	6 288 138
奥地利	128 236	138 709	93 269
比利时	137 291	149 842	105 057
捷克共和国	6 490	7 595	5 260
丹麦	95 620	104 082	65 182
芬兰	67 804	81 136	48 750
法国	1 769 258	1 989 690	1 591 082
德国	340 325	372 072	237 986
希腊	27 604	29 807	12 189
匈牙利	8 523	12 577	9 188
爱尔兰	855 011	951 371	720 486
意大利	452 798	419 687	263 588
列支敦士登	17 315	25 103	16 781
卢森堡	17 315	25 103	16 781
荷兰	2 188 278	2 685 065	1 860 763

续前表

	2006	2007	2008
挪威	108 560	113 759	84 568
波兰	54 065	74 709	41 157
葡萄牙	28 957	45 542	17 782
罗马尼亚	31 214	29 732	14 180
俄罗斯	247	390	326
斯洛伐克	5 659	7 175	2 026
斯洛文尼亚	3 171	4 762	3 841
西班牙	376 918	396 534	270 983
瑞典	176 943	194 955	113 331
瑞士	159 515	176 282	165 709
土耳其	15 463	22 609	15 404
英国	755 156	897 460	526 957
亚洲和太平洋地区	2 456 511	3 678 330	2 037 536
澳大利亚	864 254	1 192 992	841 133
中国大陆	N/A	434 063	276 303
中国香港	631 055	818 421	N/A
印度	58 219	108 582	62 805
日本	578 883	713 998	575 327
韩国	251 930	329 979	211 992
新西兰	12 892	14 924	10 612
巴基斯坦	2 164	4 956	1 985
菲律宾	1 544	2 090	1 263
中国台湾	55 571	58 323	46 116
非洲	78 026	95 221	69 417
南非	78 026	95 221	69 417

资料来源：Investment Company Instutute, www. ici. org。

1989年10月出现的欧盟指令（EC Directive）带来了可转让证券集合投资计划（Undertakings for Collective Investment in Transferable Securities，简写为 UCITS）。这个计划为开放式基金（而不是封闭式基金）设定了最低标准。比如，开放式基金中投资于证券的份额不得超过10%。但是商品、房地产和货币市场工具不在此限制范围内。可转让证券集合投资计划只要得到该国当局的许可便可在欧盟所有国家发售此类基金。但是如果此类基金要在某个国家进行营销，那么还需获得该国监管当局的同意。虽然共同基金的营销行为要受到当地政府的管辖，但是如果投资者向共同基金索赔，那么这笔钱还是来自于共同基金所在的国家。

在2002年2月，对可转让证券集合投资计划的修改得到通过并最终在2007年2月得以实施。新的可转让证券集合投资计划Ⅲ具有更大的灵活性，其中包括对衍生品的使用。

正如表7—5所示，在整个欧洲，卢森堡开始成为可转让证券集合投资计划的一个十分活跃的中心。因为在卢森堡，公司可以向投资者支付总股利。比如，对于一个英国的可转让证券集合投资计划，通过支付总股利可以实现税收减免。类似法国人或者德国人等外国投资者可以申请退税，但是这些投资者是不会喜欢填写来自英国皇家税收与关税局（HM Revenue & Customs）的税务表格的。

主动管理与被动管理

解释各种现存的资产配置和证券定价理论的内容已经超越了这本入门性质的书。然而其中有个问题应该涉及，那就是对基金的主动管理与被动管理。主动管理可以概括为"挑选好证券"，也就是积极地选择具有某种特点的证券并频繁调整投资组合。这一过程通常取决于好的选择能力和对投资时机的把握能力。（有些公司利用先进的计算机模型来实现这一过程，又被称为**程序化交易**（program trading），不过比较常见的是股票指数套利和动态投资组合保险策略。）被动管理是指对包含所有股票的一种众所周知的指数进行投资，比如S&P 100指数，然后让基金随S&P 100的变化而变化。进行被动管理的原因是统计数据显示，能跑赢指数的基金不到50%，而且这种"跟踪指数"的投资方式带来的交易成本更少。自然，主动管理和被动管理孰优孰劣的话题是很有争议性的。在美国，大约50%的养老基金是跟踪指数型，但是在英国这一类基金的比例约为15%~20%。

第一只指数跟踪型基金由富国银行（Wells Fargo）在1973年推出，但是直到20世纪80年代中期，这一创新才得到大家的公认。到现在，美国公共部门养老基金中大约有53%都是指数跟踪型。对英国养老金投资绩效进行测量的公司CAPS指出，在1998年，英国富时100指数上涨了约14%，但主动管理型基金的平均涨幅只有10.4%——这是过去十多年中主动管理和被动管理型基金绩效差别最大的一次。只有21%的主动管理型基金战胜了富时100指数。英国国家养老基金协会估计，英国私人养老基金中至少有39%的基金将部分资产组合与某个指数挂钩，公司养老基金中则至少有49%将部分资产组合与某个指数挂钩。从成本的角度看，主动管理型基金收取的费用通常约为50个基点，而指数跟踪型基金收取的费用在5~10个基点左右。

正如人们所看到的，主动管理与被动管理这两类基金管理风格之间的关系并非是完全的非此即彼。许多所谓的"被动管理型"基金也使用定量模型来小幅提高其投资绩效，并不是纯粹的指数跟踪。

在一些大型公司之间的并购——沃达丰（Vodafone）和空中通讯（AirTouch）的合并、英国石油与阿莫科（Amoco）的合并以及阿斯特拉（Astra）与捷利康（Zeneca）的合并——事件发生后，指数跟踪基金的行为开始扭曲一些指数的涨跌行为。

当一家公司从某个指数中退出时，指数跟踪型基金会立即将其卖掉；当一家公司进入某个指数时，指数跟踪型基金又会立即将其买入。在1999年初，当荷兰全球保险集团Aegon进入MSCI泛欧指数时，它的股票价格上涨了10%；在2002年6月，当壳牌离开了S&P 500指数时，其股票价格出现大幅下跌。

如前所述,在过去10年左右的时间里,随着投资者选择投资于这些收费较低并模拟市场走势的基金,指数跟踪类基金的数量大幅出现增长。在英国,指数跟踪型基金的最近发展是先锋集团推出的一系列基金,该公司在2009年6月推出了11款新的指数跟踪型基金。英国《金融时报》报道说,低成本的来自美国的基金供应商提供了一只富时全股指数追踪基金(FTSE All-Share Index tracking fund),收取的年费只有0.15%——仅为市场上其他指数跟踪型基金收费的1/10(相比于市场上收取1%管理费同时外加其他比例主动管理费用的基金)。这家公司还提供了来自美国、欧洲、日本和新兴市场的指数跟踪基金,收取的年费在0.25%~0.55%之间,另外还有3只债券跟踪基金。收取的费用在0.15%~0.25%之间。

托管

我们在这里应该提到的一个名词是**托管**(custodian)。托管可为养老基金、共同基金和其他类似投资基金提供证券保管、执行结算、处理证券借贷(如果基金规则允许)的业务,也可以为基金提供供股、股息分配以及股东周年大会等信息服务。它们还可以执行收集和汇出股息并对相应收入执行预扣税。

如今,托管已经成为一项庞大的业务,在这个行业中占据主导地位的是纽约银行、摩根大通、道富银行(State Street)、德意志银行、花旗集团、梅隆信托(Mellon Trust)和北方信托(Northern Trust)。为了向全世界提供托管服务,这些银行需要在全世界设立自己的办事处或使用次级托管人。

短期内交易:交易处理系统

证券交易所中为证券买卖提供服务的系统可以划分为3种模式:
- 指令驱动系统(order-driven systems)。
- 报价驱动系统(quote-driven systems)。
- 二者的混合系统

指令驱动系统

欧洲大陆上的大多数交易处理系统都是指令驱动型的。也就是说,中介(往往是证券经纪商)在给定的价格下完成买卖指令的匹配。在这种系统下证券经纪商不承担风险,因为除非出现数量相同的买卖双方,否则它将不会进行证券买卖。证券经纪商赚钱的方式就是从这种交易中收取费用。法国、德国、比利时、意大利、西班牙和瑞士的系统都属于这种类型。

在古老的指令驱动型交易系统中,人们站在交易大厅的地上围绕经纪商叫喊各种买进和卖出的指令。经纪商随后在某个官方价格的水平上完成买卖指令的匹配,这个过程会一直持续到下一次股票发售。今天人们大量使用计算机系统,至少对大部分股票而言是这样的。在欧洲,有一种十分流行的交易处理系统,它来自于多伦多证券交易所,被称为 CATS (Computer Assisted Trading System,电脑辅助交易系统)。有时,根据使用它的地方不同,也会赋予不同名称,如在巴黎就被称为 CAC (连续辅助报价 (Cotation Assistée en Continu)。法国人用新的评分系统(被称为 Nouveau Système de Cotation,简写为 NSC,有时也成为超级 CAC)重新改写了这一交易处理系统,并再次卖回给多伦多证券交易所。这一系统在圣保罗、布鲁塞尔、里斯本和华沙也得到了使用。

让我们以巴黎的订单驱动型系统为例子进行讲解。订单可以直接输入到系统中,然后传输给成员公司,或者传输给加入 CAC 系统的成员公司。输入系统的订单存在一个价格限制,例如,买方准备以最高 154 欧元的价格购买 500 股,或者卖方准备以最低 151 欧元的价格售出 400 股。有时,也有人会在价值限制处填上"市场价格"。从上午 9 时至上午 10 时,这些指令被送入交易处理系统。到上午 10 时,证券市场开市。然后计算机开始计算能够匹配最大交易量的市场价格(见表 7—6)。

表 7—6   开盘价

证券 XYZ

买方		卖方	
数量	价格限制	价格限制	数量
500	市场价格(欧元)	市场价格(欧元)	400
200	156	150	250
250	155	151	400
500	154	152	500
750	153	153	600
1 000	152	154	1 250
3 000	151	155	1 700

在这个例子中,市场在 153 欧元处达到均衡,这时买方愿意购买 1 700 股(也就是说,200+250+500+750——所有支付价格低于 153 欧元的指令),卖方希望卖出 1 750 股(也就是说,250+400+500+600——所有接受价格高于 153 欧元的指令)。所有按照此时市场价格给出的交易指令就要得到尽量满足。按照当前市场价格未能完成的交易指令则会赋予 153 欧元的价格限制。从上午 10 时至下午 5 时,上述交易可以得到连续执行,如果匹配指令存在于中央结算账户,那么一旦交易处理系统得到一个新的交易指令,就会触发一次匹配行为。与此同时,给定证券的详细交易数据也会提供给交易双方。

伦敦证券交易所的 SETS 系统(即联交所电子交易系统,Stock Exchange Electronic Trading System,简写为 SETS)还会被用来处理富时 100 指数、富时 250 指数、富时小型股指数以及其他具有流通性的证券。证券交易所还使用一种对SETS系统改进过的交易系统,人们称之为SETSqx（联交所电子交易服务——报价和交叉盘），来为流动性低于SETS系统的证券提供交易服务。此类系统是类似于法国NSC的指令匹配系统。交易指令可以搭配一个价格限制或者最优价格后提交给系统。进一步的选项允许用户决定是否接受部分匹配以及是否任何没有得到匹配的指令都留在指令簿中。

在发生连续的指令输入后显示在屏幕上的信息如图7—2所示。在左侧，我们可以看到，葛兰素史克给出的最优"买入"价格是17.46英镑，最优"卖出"价格是17.47英镑。买入指令总计为9 661，卖出指令总计为62 492。但是，证券交易所的成员也可以在SETS系统之外进行交易，它们只要通过系统进行声明即可。这就是为什么有些价格会在AT（自动交易，automatic trading）处给出，而有些则不是。

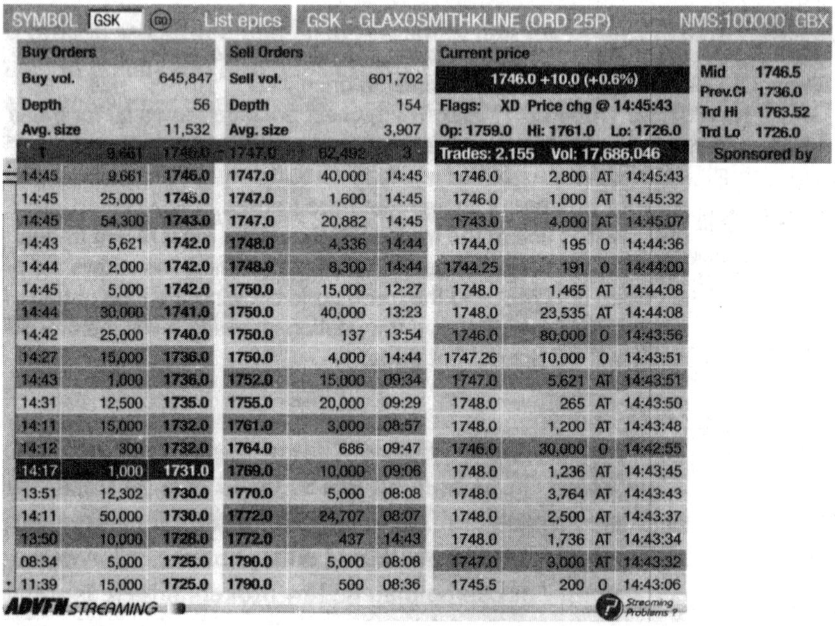

图7—2 SETS系统的屏幕

关键信息：

GSK：用来标示股票的符号（是股票名称的缩写符——这里要注意的是，您使用的交易平台不同，则这个符号有可能也不一样；不过，国际证券识别编码（the international securities identification number，简写为ISIN）则不会发生变化）。这是个3位或者4位字符组成的记号，往往是股票全称的缩写。

GlaxoSmithkline：股票的名称。

Type of share quoted：在这个例子中是普通股（在图中简写为ORD），发行数量是普通股总股本数的25%。

NMS 100,000：这个数字告诉我们，这只股票的正常市场交易规模（normal market size，简写为NMS）为100 000股。交易系统要为股票市场中的每只股票计算这个数字，计算依据则是上一年度该只股票平均日交易量的一个百分比。这个百分比要可以代表正常的机构交易量。这个比例被设定为2.5%。不过，任何股票的正常市场交易规模都可以在未经预先提示的情况下改变。如果你买入或卖出的股票数量超过了正常市场交易规模，那么你买入或卖出的价格可能会差于交易屏幕上给出的价格。

Current price 1746：这个标示告诉我们当前的股票价格。它与SEAQ系统的计算方法不同，那个系统使用中点公式计算。SETS 系统使用最近一次完成的交易体现出的价格，在这个例子中是在 17.46 英镑的价格下完成 2 600 股的交易（发生时间是 14：45：43）。数字的颜色用来表示当前价格与前一天的收盘价的差距——蓝色表示价格上涨，红色表示价格下跌，绿色表示价格不变。

+10（+0.6%）：这是对特定股票的当前价格和前一天的收盘价格进行的比较。当前价格上涨了 10 便士，或者是上涨了 0.6%。

Price Chg：股票价格最近一次变动的时间，是在 14：45：43。

Flags：

A：如果 Flags 后面出现 A，表示该只股票发布了新闻，不久后会在交易系统的新闻服务中出现。在这例子中还没有通知出现。

X：如果 Flags 后面出现 X，表示这只股票将会除息。在这个例子中显示的是 XD，这意味着现在该只股票已经除息。

Op：1759.0，Hi：1761.0，Lo：1726.0：今天的开盘价，它可能与昨天的收盘价相同，也有可能高于或低于昨天的收盘价。在这个例子中，开盘价比昨天的收盘价低 5 个便士。今天的最高价是 1 761 便士。到今天的这个时间，最低价是 1 726 便士。

Mid：基于买入和卖出的中间价计算股票价格。

Prev. CI 1736.0：昨天的收盘价。

Trade Hi 1763.52，Trade Lo 1726.0：到今天的这个时间最高交易价是 1 763.52 便士，最低交易价是 1 726.0 便士。

Trades：2,155：到今天的这个时间，完成的交易笔数。

Vol：7,686,046：到今天的这个时间，完成交易的股份数。

Trades column：交易列表最上面的那些线表示交易所最近宣布发生的交易。例如，第一条线表示股票的交易价格（是 1 746 便士），交易代码显示的是交易类型（AT）。这笔交易发生在 14：45. 这是一笔规模为 2 600 股的交易。这笔交易将会确定当前价格。

资料来源：advfn.com。

当交易系统中出现数量巨大的订单时往往会出现问题。可能需要等待相当长的时间才能为这些订单完成交易匹配，而且它们的存在往往会提高或降低价格。如果存在可匹配价格，那么机构之间进行的大宗交易可以通过经纪商进行匹配，不过，印花税（以及其他一些因素）阻止了巴黎的做市商（庄家）在不存在对手方的情况下提交大宗买入指令以及在需要卖出时提交大宗卖出指令。大宗交易中的流动性吸引了巴黎、法兰克福、米兰、布鲁塞尔和马德里的企业到伦敦进行证券交易。

在德国，官方市场上有官方的价格稳定机制（Amtliche Kursmakler），在二级市场上则有独立的经纪商制度（Freimakler）。整个系统主要由银行来处理它自己和客户的指令。由于存在一定的利益冲突，市场上已经出现相互之间进行竞争的交易处理系统，如银行使用的 IBIS、Kursmakler 使用的 MATIS 及 Freimakler 使用的 MIDAS。不过，IBIS 最终成为处理最大份额交易指令的唯一系统，在 1997 年 12 月，这一系统被 Xetra 取代。维也纳证券交易所也将交易处理系统更换为 Xetra。

在日本有 8 个证券交易所：它们分别是东京证券交易所、大阪证券交易所以及其他 6 所。其中东京证券交易所为大约 1 800 家公司的股票提供交易，交易量占整个日本的 70%，大阪证券交易所占 18%。（不过，大阪证券交易所在衍生工具交易方面的实力很强。）投资者把他们的交易指令传递给证券交易所成员。通过公开叫价系统完成交易指令的匹配。有关交易的细节信息则显示在计算机屏幕上。

报价驱动系统

在报价驱动系统中，有人会充当**做市商**（market maker）的角色。它们会连续地给出买入和卖出报价，并在这些价格上买进或卖出证券。所不同的是利差，也就是说利润边际。因此，做市商会在不知道向谁卖出证券的情况下以买入价买入证券。有时它们还得同意进行卖空，也就是卖出原本并不属于自己但是未来一定会购买的证券。这显然包含风险，而且也需要资金。

因此，该系统的运行是由报价驱动的。价格，尤其是早晨开市后的第一个价格，并不必然反映交易发生时的价格，因为只要有必要，做市商就可以改变报价。通常情况下，对于给定数量的证券而言，做市商给出的报价是稳定的，可能会显示为：

股票 XYZ	买进价	卖出价	买进数量	卖出数量
	100	102	50	50

如果你在英国的电脑屏幕上看到这些数字，这表明在5万股的数量之内，做市商愿意以1.00英镑的价格购买任意数量的股份，以及愿意以1.02英镑出售任意数量的股份。如果交易数量高于5万股，那么经纪商将会代表客户进行谈判。

目前，主流的报价驱动系统是纳斯达克（美国）和伦敦证券交易所自动报价系统（Stock Exchange Automated Quotations，简写为SEAQ），后者的构建大量仿照了纳斯达克。虽然伦敦证券交易所的最大100只股票是在我们在前面提到的SETS系统中进行交易的，但是其他的股票则还是由SEAQ系统进行交易，在1997年之前所有股票的交易都使用这一系统。既然伦敦证券交易所有了两类交易处理系统，所以这个市场上就有分别服务于这两个系统的经纪人和做市商。

证券经纪人代表客户和做市商进行联系，从做市商那里替客户购买证券或者将证券卖给做市商。证券经纪商赚取利润的方式是收取佣金，它们不承担风险。在伦敦，证券经纪商也可能在给定价格上为客户完成买卖指令的匹配，而且可以比市场上现有的做市商做得更好。这会导致一点小复杂：因为这使得证券经纪商又被称为经纪做市商。然而，一般来说，证券经纪商只是一个代理人，主要针对小客户。

类似于投资机构这类大客户则无需使用证券经纪商，因为它们可以直接联系做市商。如果它们使用证券经纪商，那么后者往往会提供一些额外服务，例如免费的股票研究报告。因此，对于证券经纪商来说，提供高品质股票研究报告是必不可少的招揽生意之道。

做市商市场的竞争非常激烈，有可能是15~20家做市商在一个价格众所周知的市场上争夺特定的市场份额。对大型交易来说，做市商承担风险的能力很有用，因为做市商可以通过证券的买进和卖出来保持流动性。在指令驱动系统下，规模非常大的交易往往会遇到一些问题。另一方面，做市商也会不愿意处理小公司的股票，因为这些股票的交易量很少。由于此类业务的利差变化很大，所以进一步降低了它在做市商业务中的重要性。

纳斯达克和SEAQ系统非常相似。让我们来看看SEAQ类交易处理系统对高科技股票——Imagine Technologies——显示出的信息，见图7—3。

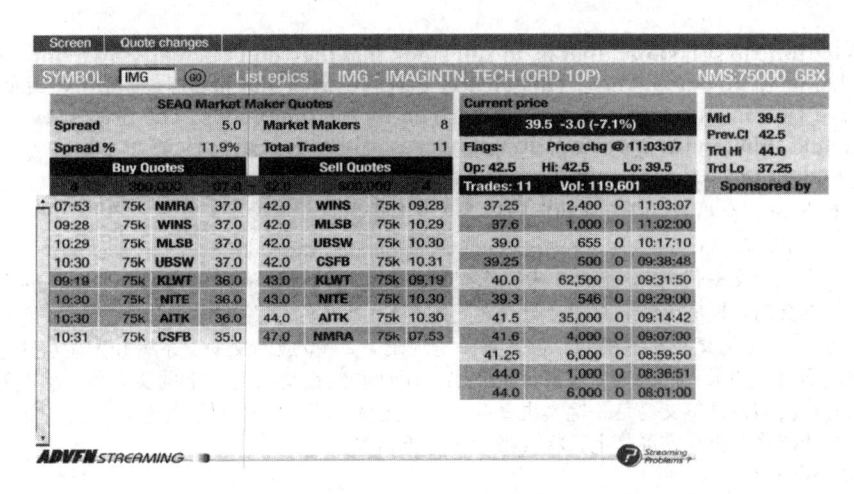

图 7—3 SEAQ 的屏幕

关键信息：

IMG：用来标示股票的符号（是股票名称的缩写符）。这是个 3 位或者 4 位字符组成的记号，往往是股票全称的缩写。

IMAGINTH. TECH：股票的名称。

Type of Share Quoted：在这个例子中是普通股（在图中简写为 ORD），发行数量是普通股总股本数的 10%。

NMS 75,000：这个数字告诉我们，这只股票的正常市场交易规模（NMS）为 75 000 股。交易系统要为股票市场中的每只股票计算这个数字，计算依据则是上一年度该只股票平均日交易量的一个百分比。这个百分比要可以代表正常的机构交易量，它被设定为 2.5%。不过，任何股票的正常市场交易规模都可以在未经预先提示的情况下改变。如果你买入或卖出的股票数量超过了正常市场交易规模，那么买入或卖出的价格可能会差于交易屏幕上给出的价格。

Segment：SEAQ：它用来显示股票所属的类别，在伦敦市场上，一些股票被选择放入某些类别。在这个例子中是 SEAQ——它是伦敦市场上股票所属的主要类别。它是一个不断更新的计算机数据库，其中包含了在英国发行的证券的报价和交易报告。SEAQ 国际（SEAQ International）是指 SEAQ 为国际股票提供的系统。

Spread：买入价和卖出价之间的差别，在这个例子中是 5 便士。

Spread %：基于当前价格，价差所占的比例。在这个例子中是 11.9%。

Market Makers：提供了为这只股票给出报价的做市商数量。

Total Trades：到今天为止完成的交易数量，在这个例子中是 11。

Current price 39.5：这个标示告诉我们当前的股票价格。它是根据买入价和卖出价的中间价给出的。这个数字的颜色给出了当前中间价与前一天收盘价之间的差别。蓝色表示价格上涨，红色表示价格下跌，绿色表示价格不变。

−3.0（−7.1%）：这是对特定股票的当前中间价和前一天收盘价进行的比较。当前中间价下跌了 3 个便士，或者是到目前为止今天下跌了 7.1%。

Price Chg：股票价格最近一次变动的时间，是在 11：03：07。

Flags：

A：如果 Flags 后面出现 A，表示该只股票发布了新闻，不久后会在交易系统的新闻服务中出现。在这例子中还没有通知出现。

X：如果 Flags 后面出现 X，表示这只股票将会除息。在这个例子中没有显示 X。

Open：42.5，Hi：42.5，Lo：39.5：今天的开盘价，它可能与昨天的收盘价相同，也有可能高于或低于昨天的收盘价。在这个例子中，开盘价与昨天的收盘价相同。今天最高的中间价是 42.5 便士。今天的最低价是 39.5 便士，实际上最低价要比昨天的收盘价低 3 个便士。

第 7 章 证券交易所 **205**

Prev. CI 67.5：昨天的收盘价。

Trade Hi 44.0，Trade Lo 37.25：到今天的这个时间，最高交易价是44.0便士，最低交易价是37.25便士。

Trades：11：到今天为止完成的交易笔数。

Vol：到今天的这个时间为止，完成交易的股份数。

Trades Column：交易列表最上面的那些线表示交易所最近宣布发生的交易。

Last Trade 37.25，Vol 2,400，Type of trade O，Time of Trade 11:03:07：这是指已经完成的最近一笔交易，它也有一个交易代码——O——来标示交易的类型（O是指通过做市商，在正常的交易时间内完成的一个标准交易；B是指经纪商和经纪商之间的交易；K是指大宗交易；M是指做市商和做市商之间的交易，等等）。这笔交易发生在11:03，是一笔规模为2 400股的交易。系统并未显示这笔交易是买入还是卖出。不过，如果我们一直在观察特定股票，而且看到在交易时点上的买入价/卖出价是37/42，那么我们很有理由假设这笔交易是一笔卖出2 400股的交易。不过，如果你点击该页面顶部的Trade按钮，交易分析功能将会出现在屏幕上，将会帮助你分析相关信息。

资料来源：advfn.com。

正常市场交易规模（normal market size）是指可以向一个公司股票提供报价的最低股票数量。（规模较小的做市商可以用小型做市商的名字进行注册。）我们可以看到，Imagine Technologies有8个做市商在进行业务竞争。主要的内容显示出制造商名称的缩写、买入/卖出价和买入/卖出数量。例如，我们可以看到瑞士信贷第一波士顿（CSFB）为300 000股给出的买入价和卖出价分别是35便士和40便士。

从显示内容的中间开始读起，我们甚至无需寻找最优价格就知道最佳的买进和卖出价格在37~42之间。这个价格被称为"**询价区间**"（touch prices）。在询价阶段出现的价差分布往往得到记录，并成为市场有效性的一个指标。以上这些数字给出了到目前为止累计的股票交易数量以及最新的价格和交易历史。所有价格都必须在交易结束后3分钟内进入系统。

请注意，交易本身还没有实现自动化。如果证券经纪商想要进行交易，它还得通过电话来进行安排。只有SETS系统是全自动化的。

混合型交易处理系统

在过去的十多年左右出现一种趋势，即报价驱动系统和指令驱动系统之间开始相互融合。在纽约证券交易所，混合型交易系统已经运行了一段时间，在那里，混合型交易系统和指令驱动型全自动交易系统共存于同一个交易市场。我们也亲眼目睹了报价驱动系统向混合型交易处理系统的演进——在伦敦证券交易所中的SETS系统以及在美国的NASDAQ都是此类例子。欧洲主要的证券交易所也开始从指令驱动型交易体系向混合型交易体系转变，比如米兰的STAR系统和SeDex系统。

在纽约，每只股票都会分配给专门机构。这些专门机构作为证券经纪商，执行其他证券经纪商提交的指令，同时收取一定费用。但是它们也可能在自己的账户（类似于做市商）中进行操作，当市场上不存在买家时，这些机构从公众处买入一定数量的证券，当市场上没有卖家时，它们又向公众卖出一定数量的证券，这种操作所依据的价格则是最近一次的交易价格。换句话说，当市场上存在众多买家和卖家时，专门机构的作用是撮合交易，当市场买家和卖家数量很少时，专门机构通过在自己账户上买进和卖出股票来保持市场的正常运转。在纽约证券交易所，行使这种专门职能的机构大约有60个，这一系统可以追溯到第一次世界大战前。

对于一只给定证券，在专门机构那里可能既有出价45.25美元的买家，也有出价45.50美元的卖家——这种情况下存在最优价格，也就是说出价最高者得到证券，出价最低者出售证券。于是，会出现一位证券经纪商，它给出"45.25美元/45.50美元"的报价。这位证券经纪商的客户希望购买100股。他用"45.375美元"的价格进行尝试，希望能够与专门机构周围那些想卖出证券的人得到匹配。如果这种尝试失败，它会进一步出价45.50美元，专门机构发布"卖出"的指令，在这个价格下告诉经纪商可以进行买卖匹配的卖家名字。

在每天开始的时候，专门机构会面对很多交易指令——有些是以上一个交易日的收盘价为基础给出的，有些则是以某个价格限制为基础给出的。专门机构的职责就是设定一个价格尽可能接近收盘价（为了维持有秩序的市场），但也要尽可能匹配更多订单。有时候这种交易系统可以抵抗危机，但有时候则不能。在1955年9月26日星期一，艾森豪威尔总统心脏病发作的前一天，市场上出现了疯狂的交易。专门机构在已经持有价值5 000万美元股票的情况下再次买入价值5 000万美元的股票，以此保证市场稳定。然而在1987年10月19日的"黑色星期一"，专门机构被指令淹没，在长达数小时之内两只重要股票IBM和通用汽车无法进行交易。在伦敦，做市商还能保持运作，但不断有人投诉说电话无人接听。

在纽约，有一种名叫DOT（Designated Order Turnaround，即指定指令运转系统）的重要自动电子指令执行服务，这一系统在1976年推出，其作用是传输给定规模的交易指令并返回指令完成的信号。在1984年这一系统被超级DOT所取代，超级DOT系统可以完成更大规模的交易指令。超级DOT系统后来又集成在OARS系统（Opening Order Automated Report Service，即处理指令自动报告服务）中，这个系统可以在每天收集和存储正在处理中的交易指令。该系统可以将买卖指令进行配对，于是市场中的专门机构可以快速看出买卖双方的不平衡之处并决定当天的开盘价。

市场上还引入了一个名叫Direct Plus的指令匹配系统。这个系统直接对买卖指令进行匹配，大约执行了纽约证券交易所10%的交易。

在阿姆斯特丹，证券交易处理系统被划分为零售型和批发型。零售指令是通过一个名叫hoekman的系统得以执行的，这个系统可以进行买卖匹配，其作用实际上类似于做市商。批发指令由一个名叫AIDA的指令匹配系统进行处理。通过一个名叫ASSET的系统，银行和证券经纪公司也可以向客户宣传它们的买进和卖出计划。

虽然伦敦证券交易所的SETS系统在本质上是指令驱动型的，但是在实际中它更多表现出一种混合交易处理系统的特征。用户不一定非要通过这个系统来发出交易指令。多年来，伦敦证券交易所的传统就是使用做市商制度。因此许多机构仍然想要证券交易所成员打电话来询问它们是否要买进或卖出以及是否愿意承担风险。有时证券经纪商会接到一个有价格保护的大型交易指令，通过将这个交易指令拆分成小批次进入交易系统，或者将这个交易指令提供给其他机构，证券经纪商会尝试让交易价格变得更加优惠。这类大型交易指令又被称为在处理的主要指令，其交易细节会延迟披露。由于现在只有不到一半的交易指令是通过指令驱动系统自动执行的，所以我们可将 SETS 系统称为是一种混合型交易处理系统，因为它既具有指令驱动的特征，又具有报价驱动的特征。一个名叫 SETSqx 的新型交易处理系统已经很明确地将做市商的报价制度纳入 SETS 系统。

SETSqx 的另外一个对手是 Plus 系统，它由 Plus Markets 进行运营，其所有人是 OFEX 市场，我们会在本章后面部分进行介绍。该系统为 220 家存在报价的公司和 400 家上市公司提供服务。通常情况下，这一系统进行交易的企业市值都低于 5 000 万英镑。

在危机时刻（例如纽约"9·11事件"）证券交易出现疯狂局面时，上述所有系统都会被暂停。在伦敦，这种情况被称为"**快市**"（fast market）。在 2005 年 7 月 7 日，当伦敦出现炸弹爆炸袭击时，伦敦证券交易所宣布在一段时间内施行"快市"制度。

交易商经纪人

在一些市场（如伦敦证券交易所），交易商之间的交易是由**交易商经纪人**（interdealer brokers，简写为 IDBs）制度来支持的。此类机构的功能类似于货币市场或外汇市场中的经纪人。它们在某个买入价和卖出价下，（在电脑屏幕上）匿名发布一些大型的潜在交易。也许另一名交易商会看到这个报价并决定与之进行交易。本次交易会由一个经纪商来完成，但是真正的买卖双方并不知道交易对手方的身份。发现这一交易机会并表达愿意交易的那一方会向交易商经纪人支付费用，这被称为是"侵略者"（很奇怪的一个名字）。匿名交易指令匹配系统对市场产生的影响并不像很多人想得那么深远。交易商经纪人广泛存在于股票、债券、外汇和衍生工具交易中。世界上最大的交易商经纪系统名叫 ICAP，它在利率、信贷、商品、外汇、新兴市场、股票和股票衍生品等批发市场都有活跃表现。该系统平均每天的交易量超过 2.3 万亿美元。其他的顶尖公司包括 Tullet Prebon、BGC/eSpeed、Tradition 和 GFI。这 5 家公司加起来大约占交易商经纪业务的 70%。

证券借贷

交易商可以出售它们不曾拥有的股票或债券，也就是说做空头。另外一种做空的方式就是支付一笔费用后向投资机构借相应的证券并支付一定额度的现金（或者其他证券）作为抵押物。通常情况下，当交易商从市场上购入证券并偿还时，它们原先支付的抵押物会得到偿还。这一机制极大地提高了市场的流动性。

另一方面，交易商又必须为它们的多头提供资金。一种方式就是将自己暂时不需要交易的证券借出，以此换取现金来为其他地方的头寸提供资金。因此，有些机构做证券借贷业务的目的纯属提高收入，而另外一些机构进行证券借贷业务的目的则是为自己在其他证券上的头寸进行融资。

问题的复杂之处在于，虽然大家都将上述行为称为股票借贷，但实际上证券是临时卖出。换言之，证券借贷过程实际是一个出售并回购的协议，我们已经在第6章遇到过这一概念。在那里，我们用银行向中央银行卖出证券以获得流动性为例来说明出售并回购协议。

对于债券来说，其借贷市场规模特别巨大，当然也存在一定的股票借贷行为。不过，有时候语言的表达往往会带来混乱。一般来说，证券借贷的目的是为了让交易所做平空头头寸，其需求来自于证券借入方。"回购"则被用于存在资金需求的情况。而且，证券借贷和回购的法律协议也是不同的。

正如我们将在第8章中看到的，对冲基金广泛使用证券借贷来为它们的空头补仓。

大宗交易

偶尔地，市场上也会发生数额非常大的股票交易指令，它们被称为包销（bought deals）或者是大宗交易（block trades）。在这个过程中投资银行使用自有资金购买股份，通过将其出售给投资者来获得利润。这种操作可能是非常有利可图的，但也可能带来很大的风险。

包销和大宗交易通常是一个充满竞争的过程。例如在1995年12月，英国投资银行洛希尔（NM Rothschild）举行了一场拍卖会，希望出售英国政府持有的英国石油公司剩余股权。瑞银华宝以每股5.08英镑的价格获得上述股权，然后以每股5.13英镑的价格将其卖出，大约赚了500万英镑。这项交易的销售总额是5亿英镑。

在1999年3月，德国能源集团Veba要出售它持有的英国大东电报局10.2%的股权——这是欧洲证券市场最大规模的大宗交易。其中，德国能源集团向荷兰银行以每股7.35英镑的价格配售了2.46亿股，募得18亿英镑，相比最新的股票价格，这笔交易的折扣为11.5%。人们认为荷兰银行最终为这些股份支付的价格是每股7.24英镑，获得2600万英镑的利润，约占销售额的1.5%。在2004年2月，瑞银集团代表投资者——一家瑞典的投资公司——出售了阿斯利康公司（AstraZeneca）2120万股。在30分钟内，这项大宗交易的股份就换得5.5亿英镑，比市场价格折让1.51%。

当然，报销和大宗交易并不总是顺利的。《银行家》杂志在2005年5月的报道给出了两例亏损的大宗交易，分别是花旗集团对3500万欧元股票的包销以及高盛对4000万欧元股票的包销。

近年来，"暗池"（dark pool）交易系统出现了快速的发展，它允许在私下进行股票的大宗交易，也允许在交易平台中提交对公开上市股票的大规模交易。在交易完成之前交易价格不会进行披露。在美国、欧洲和一些新兴市场此类交易系统得到了快速发展——在2009年初，新加坡宣布推出Chi-X交易系统。例如，在2009年7月，《金融时报》报道说，欧洲的暗池交易系统SmartPool（纽约泛欧交易所集团也在当年年初推出）已经和14家银行及独立证券经纪商签署协议，在其交易平台Chi-X——一般被人称为多边交易系统——上进行交易，这样的平台还有建于美国的Liquidnet。

交易过程：清算以及结算

清算涉及从作出承诺进行交易直到完成支付（交割）的所有活动。现在，大多数证券交易都使用由清算所运营的强制清算系统进行，以此来降低对手方可能存在的结算风险（交易无法完成支付的风险）。在过去，清算所主要适用于衍生产品市场，但是现在则在所有的交易所广泛存在。（自信贷危机以来，很多人都推动场外衍生工具合约的交割向具有清算所的证券交易所转移，以此来降低风险。）

结算主要是指支付资金获得证券，或者获得资金交割证券。如果没有完成资金支付，则证券不进行交割，这就是所谓的"货银两讫"（delivery versus payment，简写为DVP），它是理想的结算方式。它也是G30出版的关于结算报告给出的建议。

有时结算系统是"滚动结算"型的，例如，在5个工作日内进行滚动结算。这意味着，在周二达成的交易必须在下周二得到结算，周三达成的交易则必须在下周三得到结算。这就是所谓的"T+5"，也就是"交易日+5"。G30针对结算系统给出的建议是使用滚动结算系统，并尽可能使用"T+3"进行结算。在世界各国的结算系统中，美国是T+3，德国是T+2，法国使用"RELIT"系（règlement livraison de titres），是T+3的。

另一种结算方式是"账期"（account period）系统。例如，如果需要，巴黎的règlement mensuel系统仍然可以用来进行结算。在这个结算系统中，每"月"是指当月最后5个工作日和下个月前5个工作日之间的时间。在一个月之内发生的所有交易都会在本月最后一个交易日完成结算。现在还出现了一个现货市场（marché au comptant）。这个市场用来对所有二级市场、场外市场以及债券市场中交易不太活跃的证券进行交易。

在纽约，美国存管信托公司（Depository Trust Corporation，简写为DTC）持有大规模以自己名字注册的股票并对这些股票进行安全托管。在纽约证券交易所和美国存管信托公司之间是全国证券登记结算公司（National Securities Clearing Corporation），这家公司的作用是为证券交易所行使清算功能，并将清算后的结果转移至美国存管信托公司。证券经纪商在证券交易中的净资金交割则逐日完成，只要每天完成一次净资金的支付即可。

英国则有一个半月结算账户系统（fortnightly account system）。**结算日**（Settlement day）是从星期一开始的一周，然后在两周后的星期五结束。所有成员企业的交易都会被算成一个净值进行结算。它的继任者对专业机构取消了股票证明的要求，并实行T+2滚动结算。如果私人投资者愿意，那么他们仍然可以使用股票证明。该系统被称为CREST，由Euroclear UK & Lreland公司运营，它是英国核准的证券集中保管与结算机构。在这个系统中，纸质股票凭证不复存在，所有权转让只在电脑上进行注册，这就是所谓的去纸化（dematerialization）。法国的RELIT也属于此类系统。

意大利放弃了其按月结算系统，并在1996年2月转向T+5滚动结算。

总的来说，结算系统的发展趋势是向着滚动结算和无纸化的方向发展的。

二板市场

为不满足官方所有上市要求的企业开辟一个"二板市场"以方便其融资和交易,在世界各国都是常见的操作方式。比如英国就有另类投资市场(alternative investment market, AIM),德国也曾有个创业板(Neuer Market),不过在 2007 年 11 月,这些市场都变成官方证券市场的一部分。同样,在巴黎和荷兰设立的二板市场也已经并入泛欧交易所。

在一些国家,也许还有活跃的"**场外交易市场**"(over the counter market)。比如,巴黎就有"Hors Cote",美国有规模庞大的纳斯达克市场,英国的场外交易市场被称为"PLUS Markets",有 200 家公司参与其中,包括阿森纳足球俱乐部。还有 4 个使用报价驱动系统市场的做市商,我们在本章前面已经提到过。

在通常情况下,二板或三板市场中的公司无法满足的条件主要是数年的交易记录以及流通在外的股份比例。根据"上市公告相互认可"(Mutual Recognition of Listing Particulars)协议,欧洲的一般性规则指出,满足上市要求或者可以在欧盟证券交易所相互认可上市资格的基本要求是公司股票已经有 3 年的交易记录。

在伦敦的证券交易所,达到正式上市要求的企业至少要有 25% 的股份流通在外。在 2009 年初,伦敦另类投资市场中的上市企业达到了 1 385 家,总市值达 480 亿欧元,交由 SETSqx 以及 Plus 系统处理。

由美国和欧洲银行组成的财团开始仿照美国纳斯达克市场,准备组建一个名为 EASDAQ 的泛欧洲证券交易市场。其目的是吸引高成长型企业。在这个市场里,上市规则要求公司的在外流通股比例必须达到 20%。这个市场是从 1996 年底开始运行的,但是截至 1999 年年中,只有 43 家上市企业,总市值为 210 亿欧元。到 2001 年,这个市场被纳斯达克接管——这就是现在的纳斯达克 OMX 欧洲市场。

比例分析

当一家公司首次公开发行股票时,它是如何决定每股价格的?一个简单的答案似乎是"公司价值除以股份数量"。但问题是,该公司的价值本身就是股价。

有些人建议用"资产价值"作为公司价值的一个可能的参考。但是,在 1987 年 10 月 1 日,也就是在黑色星期一市场暴跌之前,企业的股价远高于市场暴跌之后的 1987 年 10 月 31 日的股价,可是企业的资产价值并未因此而发生变化。在很多情况下,一些企业很有价值,但是它们拥有的资产并不多。比如,类似于"People"这样的计算机软件公司或者证券经纪商就是这样的情况。

事实上,股票价格仅仅是市场愿意为之支付的价格。因此,我们必须考察一下市场为类似公司支付的价格。这些公司的股票价格肯定会有所不同，所以简单地比较股票价格是帮不了忙的。购买股票可以得到两个收获——一是来自股票的股利，二是股票价格的上升。这两个收益都依赖于利润，因此我们需要做的就是在可比公司之间比较每股价格和每股盈利。我们可能会发现一个一般性的关系，比方说这个比例等于10。也就是说，如果利润是每股4美元，股价通常是40美元。如果每股盈利是3美元，那么这意味着股价是30美元。这时我们给出每股28美元的价格，然后可以说服别人认为这确实是个好价钱。

股价和每股盈利之间的关系就被人们称为P/E——股价/盈利之比，这是最有名的比例之一。我们已经看到其主要作用是为股票设定一个初始价格。每次公司宣布新的盈利状况时，人们就可以计算出一个新的P/E值，然后来看与行业中其他股票相比其股价是高了还是低了。

有时分析师会考虑整个股市的P/E值，通过和历史数据相比来看市场是否被整体高估。分析师会评估首次公开发行时的股票价格，也会定期提供对公司股价的预测并对较为公平的证券价格给出自己的看法。但事实上是，他们往往会建议股东买进或者持有，但是很少建议股东卖出股票（对于分析师所在机构资产负债表中持有的证券则尤其如此）。

有时候，我们很难为一家公司找到它所对应的行业。当作曲家安德鲁·劳埃德·韦伯（Andrew Lloyd Webber）的 Really Useful Group 上市的时候，人们就很难找到可与之进行比较的公司。在这种情况下起作用的就是按招标方式确定出的股票价格。投资者们给出他们的报价，然后根据出价高低来决定相应的份额分配。在这种情况下有时会出现平价招标的规则，就是获得股票的所有人都支付同样的价格。

由于股息是持有股份获得的一种收益，因此市场往往用股息在股价中的占比来度量股息多寡。为了避免复杂，假设股息支付已经得到加总。

$$\frac{总股息}{股价}=\frac{2.5美元}{50美元}=5\%$$

这个比例是总股息收益率，或者可以简单地称为收益率。该指标可以用来和其他股票的收益率进行比较，也可以用来和债券的收益率进行比较。分析师们还会考察收益率之比——也就是政府债券收益率和股票收益率之比。由于股票可能还会存在资本利得，所以其收益率往往会小于中期债券（不过并不总是如此）。表7—7给出了世界上主要的证券交易所中典型的P/E比率和收益率。

考察一下支付的股息，我们可能想要知道企业愿意从利润中拿出多少进行股利支付。它们会将所有的利润都支付成股利吗？为了企业未来的增长，需要留存多少利润？例如，我们比较了每股盈利和每股净股息：

$$\frac{每股盈利}{净股息}=\frac{5美元}{2美元}=2.5$$

如果公司利润很少但是公司觉得有必要维持一定的股息，那么净股息可能会超过每股利润。这时我们可以说股息是一种表象。显然，为了支付股利把资金从企业储备（即上一年度的利润）中抽走，企业的资本实力会被削弱。

表7—7　　　　　　　　　　　P/E比率以及收益率，2008年12月

交易所	指数	收益率（%）	P/E
美国	S&P Index	3.4	11
德国	DAX 30	5.8	10
英国	FTSE 100	6.4	7
法国	CAC 40	6.0	8
日本	TOPIX	2.8	15

资料来源：Bespoke Investment Group。

在经济衰退的时候人们对企业在盈利降低的情况下应该保持多少股息这一问题存在激烈争论。当股票不支付股息时，类似于退休基金或保险公司等需要用收入来实现客户承诺的机构就开始担心起来。一些投资基金的受托人将不被允许投资于给定时间内不曾发放过股息的公司。

最后，分析师通过每股收益来度量公司的业绩。当会计准则（合法的）允许对利润数字进行一定的变动时，这种方法会产生问题。是不是企业会出于这个目的而将不可预见的极端事件（例如，并购中发生的成本）做进利润呢？最近，分析师们开始关注一个新的指标——息税和折旧摊销前盈利，这个指标为度量现金流给出了更加有用的信息。

对于欧盟来说，强加一个共同的国家会计准则的企图会带来一个名副其实的雷区。然而，在2005年1月1日国际会计准则委员会（International Accounting Standards Board，简写为IASB）针对上市公司的新会计准则开始生效。国际会计准则委员会的目的是建立一套"高质量、可理解的，在总体层面推动财务报表发展的国际性财报标准"。欧盟已经采取了来自这个委员会的很多意见，这种变化对8 000家公司产生影响，其中包括对研发活动、商誉股票期权和资产负债表外工具的会计处理。这样做的目的是为了让企业之间的对比更加容易。2009年提出的一项最新建议考虑的就是对银行和保险公司的金融投资进行估值时，应该将其视为一项长期持有的投资，还是将其视为一种交易仓位。如果一家银行的投资可以产生类似于如政府债券等可预见的现金流，那么就可以使用能对市场波动进行平滑处理的会计准则来对该项投资进行估值。如果这项投资的现金流是不可预测的，例如一些衍生工具，那么就应该按照当期的市场价格对其进行估值。这些建议可能使得更多的投资要用当期市场价值进行估值，这就改进了会计准则的透明度，但是也会提高公司利润的波动性。到2009年年中，欧盟似乎热衷于实施这些新规则，但是美国则希望淡化这类建议，因为它认为这将会导致盈利的大幅波动。这后一种观点的依据是，当大量金融工具要按照市场价格来估计其会计"公允价值"（fair value）时，会导致银行资产的缩水，这是引起信贷危机的一部分原因。

美国证券市场——新范式、高科技泡沫以及资产证券化泡沫的破裂

在新千年前后美国经济的发展看上去打破了所有正常的经济规律。其证券市场也经

历了一段前所未有的扩张。

在三年中，美国国内生产总值每年增长4%，而且没有显示出通货膨胀的压力。在1998年底，消费物价指数上升1.7%，是20年来最低水平，失业率为4.2%，是30年来最低水平。在当时（按照正常的经济规律）应该出现劳动力短缺，对劳动力的竞争还会导致工资和通货膨胀率的上升。如果为了解决劳动力短缺问题而雇用一些低质量的劳动力，那么生产率应该下降才对，但是在1997和1998年，生产率水平加倍。人们将这一现象称为"新范式"——一个旧规律不再适用的时代。人们指出，大宗商品价格下降，美元走强后进口商品变得更加便宜，技术带来的高生产率，以及全球竞争的加剧，都使得企业因为市场份额而不愿提高价格。

在1996—1998年这3年中，道琼斯指数也回应了这种经济现象，该指数在这期间上涨两倍半，并在1999年继续上升——唯一的一次下跌就是1998年8月俄罗斯债务危机时期。投资于共同基金的美国家庭数也从1 000万上升到了4 000万。在其中一个时点，联邦储备委员会的主席艾伦·格林斯潘向市场提出了"非理性繁荣"的警告，但是不久之后他就对这种情况变得很满意，指出股票价格反映出市场对企业利润强劲增长的信心。

最终，旧的规律是否再次证明了自己的正确性？那些想破坏气氛的人往往会指出，在1925—1929年之间，美国股票市场上涨3倍，每个人都在谈论一个"新时代"的到来。但是到1932年（大萧条时期），美国股票市场从最高点跌至最低点，整个市场下跌89%。

随着2001年高科技泡沫的破灭以及发生在2002年的会计丑闻，美国股票市场下跌了40%左右，道琼斯指数曾攀上过12 000点但是在2002年10月则下跌至7 528点。富时100指数在1999年12月曾达到高峰6 930点，不过在2001年9月下跌到最低的4 122点，在2002年该指数曾有所恢复，但是2003年3月伊拉克战争的不确定性让这一指数创下新低，跌至3 281点。从那时起市场稳步复苏，在2007年7月达到6 716点，虽然在8月份出现下跌，但是在2007年10月又上升至6 661点。在2009年2月之后，富时指数普遍下跌，最低触及3 530点，不过在8月份又恢复到4 700点以上。在2007年10月，道琼斯指数也开始复苏，从低点上升至14 900点以上。不过，随后发生的信贷紧缩使道琼斯指数在2009年3月下跌至6 263点，不过它在8月份又反弹至9 300点（大致和1998年中期高科技泡沫破灭前的指数水平相同）——或许这是一种经济复苏的信号。

欧盟的规则

《投资服务指令》

在1992年6月末，欧盟财政部长就《投资服务指令》（Investment Services Directive，简写为ISD）达成一致意见，这项法案拓展了在第二部银行业法规中出现的"单一护照"思想。在欧盟某个国家的股票经纪商有权在欧盟其他国家进行相同股票的交易，无需在东道国再设立一个办事处或证券经纪公司。《投资服务指令》于1996年1月1日起生效。从那天起在欧盟任何一个成员国中运营的企业都被视为是在整个欧盟中运营并因此而接受相同的监管。但是监管的具体操作则由欧盟成员国各自确定。

此外，所有欧盟成员国内部的证券交易所以及期货和期权交易所都可以在全欧盟进行交易。这样做的结果就是提高了欧盟内部证券市场和衍生品市场之间的竞争激烈程度。因此从1996年1月1日起，NatWest Markets公司在瑞典股票交易所开始交易，但是它的办公室在伦敦，因此就无需为任何瑞典本地的证券经纪商支付费用。相同的，德国的DTB公司——一家从事衍生品交易的公司——在伦敦开设了接待点，便可以直接为伦敦的本地客户办理法兰克福证券交易所的相关交易。

《金融工具市场指令》

在2007年11月1日，《金融工具市场指令》（Markets in Financial Instruments Directive，简写为MiFID）代替了原有的《投资服务指令》。正如我们在前面注意到的，《投资服务指令》的目的是为从事投资业务的企业设立对组织结构的监管以及商业行为的准则。这项指令还要将导致不同国家对证券市场实行差异化监管的外部条件进行统一。《金融工具市场指令》与《投资服务指令》具有相同的基本目的，但是对投资公司的监管要求则做出了重大改革，《金融工具市场指令》要求：

- 扩大在整个欧盟范围内投资公司可以从事的投资活动和服务范围。
- 为投资公司组织结构和商业行为建立更加详细的监管要求并对市场运行实施监管。
- 对股票市场在交易前和交易后的透明度提出新的要求；对流动性股票的散户交易提出新的监管框架；要求在更广范围内报告交易行为。
- 通过为母国和东道国各自职责给出一个更加清晰的划分来提高投资公司所拥有的护照的针对性。
- 要求所有投资公司都要遵守新资本要求。

总体而言，《金融工具市场指令》将原本受《投资服务指令》管辖的绝大部分企业纳入自己的监管，当然也有一些归《投资服务指令》监管但不归《金融工具市场指令》监管的企业。现在这一法规针对的企业已经包括投资银行、资产管理人、股票经纪人和交易商经纪人、财务公司、很多的期货期权类企业以及一些大宗商品交易商。对《金融工具市场指令》的主要批评之一是它要求大多数企业大量使用计算机系统并对合规性提出更高的要求。银行和投资集团都在为新的监管要求——巴塞尔协议Ⅱ、《萨班斯-奥克斯利法案》以及《金融工具市场指令》——而苦恼。在信贷危机之后，随着新一轮要求收紧银行业务的监管措施的出现，这些机构还将继续苦恼下去。由于证券交易所也受《金融工具市场指令》的管理，所以该法规的关键性创新之处在于对证券交易所需要集中交易这一原则的抛弃，于是各类交易通道得以出现。最与之相关的两项内容是（从《金融工具市场指令》的初始定义看）：

- 互动式交易系统（mutualized trading facilities，简写为MTFs）：多边交易系统，有一家投资公司或者市场经营者负责运营，根据无条件原则，将大量对金融工具感兴趣的第三方买家和卖家集合起来。
- 内部化交易系统：在受监管的交易系统或者互动式交易系统之外的一个有组织性的、长期的、系统化的交易系统，在这个系统中投资公司可以在自己的账户上执行客户的指令。

《资本充足率指引》

在《金融工具市场指令》之外还有《资本充足率指引》（Capital Adequacy Directive，简写为 CAD）。这项指引也招致激烈的争论。比如，在类似于德国这样存在全能银行传统的国家，投资银行十分愿意在商业银行的资本金比率要求下进行业务活动。但是在美国和英国则遭到强烈反对。《资本充足率指引》对证券经纪商提出了最低资本要求并以此来支撑它们的交易行为，但是基于对风险属性的仔细考量，这项指引同意证券经纪商进行对冲交易。

在 1996 年 1 月 1 日，《资本充足率指引》开始生效。投资银行必须要分配一部分资本金来补偿资产市场价格变化造成的损失。在第 2 章我们曾经讨论过 BIS 比例，但是这个比例只能补偿贷款违约损失。大型银行实际上已经建立了上述补偿机制，但是为了满足新的监管要求以及对风险暴露水平的持久监测，必须花费成本来重新构建 IT 系统。由于大部分国家都对资本金充足率设定了本国要求，所以很多银行并不会支付额外的资本金。

并购

在 1989 年，欧盟通过了并购条例。在这项条例中定义了在何种情况下由单一国家决定的并购行为具有全欧洲性，以及何种情况下的并购适合欧盟规则。在一个特殊案例中，欧盟委员会否决了意大利阿莱尼亚宇航公司和法国宇航公司对加拿大飞机制造商 De Havilland 公司的收购（这让所有相关方感到愤怒）。另一方面，反对雀巢（Nestlé）收购毕雷（Perrier）的呼声则收效甚微，现在，雀巢和法国 BSN 公司控制了法国矿泉水市场 75% 的份额。在英国，天旅（Airtours）公司在 1999 年 6 月放弃了对 First Choice 公司的并购要约，因为当时在布鲁塞尔的监管当局反对这项并购。

欧盟已经放弃了对并购要约进行详细监管的做法，转而支持一种框架性的管理方法，这样欧盟内部的地方政府就不得不遵循——比如，对所有股东一视同仁。然而，虽然明显需要用一种一般原则来规范欧盟内部的并购行为，但是这一问题一拖再拖，一直拖了 13 年。在法国，BNP 银行向巴黎国民银行和巴黎银行提出了并购要约。巴黎国民银行和巴黎银行可以接受 BNP 银行的股票支付，但 BNP 银行则无法和它们进行股票交易。古驰（Gucci）也面临着来自酩悦·轩尼诗-路易·威登集团（LVMH）的敌意收购，于是它们将 40% 的新股出售给盟友弗朗索瓦·皮诺特（Francois Pinault）。这件事情只可能在阿姆斯特丹发生，因为古驰是那里的上市公司，而且阿姆斯特丹对企业并购设定的规则比较宽松。当前的一个妥协之策就是推动"共同管辖"的理念，主要针对那种在一个国家上市，但在另一个国家注册的公司（类似于古驰）。

在2002年，欧盟议员同意通过一项新的并购规则。该规则限制企业在反并购过程中使用毒丸计划（见第5章）并要求并购方和被并购方对所有股东一视同仁。此外，当并购方在被并购方公司持有的股份数量达到一定份额时，就要求它们提供一个正式的并购要约。欧盟国家现在应该已经实施了这项规则，但是如往常那样，还存在一些国家没有实施这项规则。然而在2006年初，各个国家都找到了利用该规则的漏洞，出现多起通过毒丸计划阻挠外国公司收购的案例，其中尤以法国为最。

到2005年7月，欧盟委员会还在调查金融行业中存在的可能阻碍并购的地方——法律、税务、经济、态度以及是否需要主管批复。当意大利银行采取行动挫败西班牙BBVA银行对其提出的收购，以及荷兰银行希望进行的收购失败后，很多人开始对此产生愤怒。即使意大利当局也批评意大利银行在其中扮演的角色，后来荷兰银行推动的收购得以完成。

欧盟委员会对泛欧洲监管的想法沾沾自喜，但是它还没想清楚是否应该以某种方式和地方监管当局进行沟通。

传统交易所面临的挑战

正如我们已经提到的，证券交易所未必具有证券交易的垄断地位。如今，能够和证券交易所进行竞争的指令匹配系统已经十分常见，而且它们的发展还受益于电子网络的成长，如图7—4所示。传统的证券经纪公司也面临着来自于嘉信理财（Charles Schwab）这样的公司的竞争，这家公司可以提供更加便宜的网上交易。

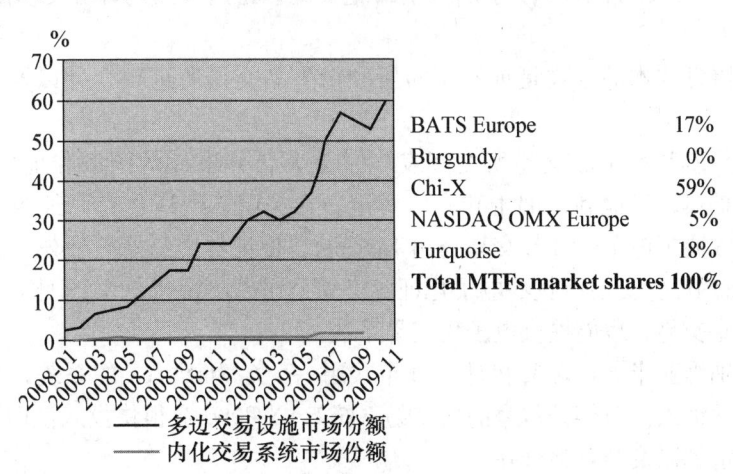

BATS Europe	17%
Burgundy	0%
Chi-X	59%
NASDAQ OMX Europe	5%
Turquoise	18%
Total MTFs market shares	**100%**

—— 多边交易设施市场份额
—— 内化交易系统市场份额

图7—4　新出现的证券交易市场份额与证券交易所完成的证券交易份额

资料来源：FESE and Markit, 2009。

在英国，1995年开业的Tradepoint公司开始了它与伦敦证券交易所之间的竞争。最初这种竞争以失败告终，还造成3 000万英镑的亏损。然而在1999年5月的一项拯救计划中，这家公司新的合作伙伴购入其55%的股权，通过将自己的交易放在这个公司中执行，Tradepoint公司的合作伙伴让这家公司重新复苏。这些新的合作伙伴包括Instinet公司、摩根士丹利、迪恩威特（Dean Witter）、摩根大通以及华宝德威。此外，Tradepoint公司成为可以在美国证券交易委员会管辖下进行清算服务的国外企业。在2001年，它被瑞士证券交易所（前身为苏黎世证券交易所）收购，更名为Virt-X，开始用于蓝筹股的跨境交易。不过，这家公司的总部仍然设于伦敦。

在美国，电子通讯网络（ECNs）开始成为小型交易所。它们包括Posit Match、IN-ET、纽交所高增长板市场、Turquoise以及Chi-X。对传统证券交易所更加不利的情况是，美国证券交易委员会正在考虑将电子通讯网络当做官方的交易所。

一些证券经纪人已经与此类公司建立了联系——其中包括高盛、雷曼兄弟和贝尔斯登。在1999年6月，Eyebrows公司得以成立，当时美林披露它准备使用互联网进入在线证券经纪业务的计划，目的是和嘉信理财形成直接的竞争。美林提供的在线证券经济业务的收费标准为每笔业务29.95美元，远低于它正常的标准，但仍然超过其他的在线证券经纪商收费水平。互联网正在成为决定证券经纪业务发展的一个主要因素。据估计，嘉信理财有三分之二的证券交易业务是通过互联网完成的。在英国，巴克莱股票经纪是头号零售型股票经纪商，管理资产超过100亿英镑。

为了应对在线证券经济业务带来的冲击，证券交易所的应对措施是提供晚间服务。在纳斯达克、纽约证券交易所和其他主要的证券交易所，可以在一段时间内进行闭市后的交易活动。

为了在筹集资金方面有更大的灵活性，伦敦证券交易所于2000年6月上市，纳斯达克在2003年初也成为上市企业。芝加哥商品期货交易所是美国第一个上市的主要证券交易所，它在2002年12月上市时的市值约10亿美元。最后，纽约证券交易所在2006年上市。

其他一些降低成本的方式是证券交易所和衍生品交易所进行合并以及证券交易所之间的合并。

在证券交易所和衍生品交易所之间发生过重大合并事件的国家和地区包括：德国、法国、荷兰、瑞典、奥地利、瑞士和中国香港。在美国，纳斯达克已经与美国证券交易所合并，它还收购了电子化证券交易公司Instinet，但证券交易所行业发生的最大新闻还是2005年底纽约证券交易所收购电子化证券交易公司Archipelago，至此，纽约证券交易所既能提供大堂交易，也能提供电子化交易系统。

在斯堪的纳维亚半岛，瑞典和丹麦宣布共用一个名为Norex的系统，希望在未来还能将挪威和芬兰纳入。斯德哥尔摩的新交易系统SAX-2000会很快投入使用，这个系统将交易、监管、清算以及结算整合在一起。

在欧洲，人们谈论的焦点是如何构造一个囊括欧洲货币共同体的泛欧洲证券交易所。他们完成的第一步是在1998年中期宣布伦敦证券交易所和法兰克福证券交易的合并。面对这种情况，巴黎证券交易所的沮丧心情可以得到理解，为此法国考虑建立一个能够与之竞争的另外一家欧洲证券交易所。然而在 1998 年 12 月举行的一次会议中,来自伦敦、法兰克福、巴黎、布鲁塞尔、马德里、米兰、苏黎世以及阿姆斯特丹的证券交易所的代表们进行了会晤。在 1999 年 5 月举行的进一步会议中,另外 6 个证券交易所和伦敦及法兰克福证券交易所签署了谅解备忘录。其长期目标是建设一个单一的电子化交易平台,使用共同的证券交易监管规则,而且将证券交易时间统一。伦敦和法兰克福证券交易所已经宣布遵循共同的交易时间,并在其他一两个交易细节上达成统一。现在,所有针对德国企业的交易都放在法兰克福的证券交易所,而针对英国企业的交易则放在伦敦证券交易所。

然而,要形成一个全欧洲统一的泛欧证券交易体系还有很多关键性问题需要跨越。英国选用哪个交易系统——伦敦的还是法兰克福的?应该使用哪个结算系统?(在 1999 年 5 月,伦敦证券交易所的 CREST 结算系统已经和德意志交易所的结算系统达成联盟。)应该对证券交易使用哪些指数?证券交易所的所有制结构该如何设定?这些证券交易所的所有权份额应该按照交易规模确定,还是应该按照它们的市值确定?例如,德国的股票中有 15% 左右是基于公司市值确定价格的,但还有 20% 左右的股票价格基于公司营业额确定。鉴于各个证券交易所之间存在如此严峻的问题,在 1999 年 9 月这些证券交易所宣布结成联盟时,它们希望让所有交易所的交易终端都能在同一电脑屏幕上得到显示,同时使用一个共同的中央结算对手(central counterparty)系统,但是没有进一步推进共建泛欧证券交易所的事项。在 2001 年,法兰克福证券交易所和伦敦证券交易所之间的合并计划被废止,到 2002 年,伦敦证券交易所宣布它已经购入瑞典证券交易所 OM(该交易所之前曾尝试并购伦敦证券交易所,但是未能成功)76% 的股权。

虽然上述行动的目的在于有意减少竞争,但是竞争并未就此停止。在 2000 年 9 月,布鲁塞尔、阿姆斯特丹以及巴黎证券交易所合并后形成的泛欧交易所集团成立,其目的是形成一个完全整合的面向欧洲股票、债券、衍生品和大宗商品的跨境交易所。实现这一目标的一个重要步骤是在 2002 年 1 月对伦敦金融衍生品交易所以及伦敦国际金融期货交易所(LIFFE)的收购。后来,里斯本证券交易所也加入进来。瑞士证券交易所和德意志证券交易所又一起推出了欧洲期货交易所(Eurex),以提供衍生品交易。

在 2005 年和 2006 年初,市场上盛传德意志交易所、泛欧交易所、澳大利亚麦格理集团以及纳斯达克联合向伦敦证券交易所提出收购要约。英国主管竞争的机构担心如果交易所也控制结算过程,则会对市场竞争带来威胁。对于欧盟(以及大量使用者)来说,它们更希望构造一个泛欧清算和结算系统。当时上述市场传闻并未得到市场行为的印证,但是在 2006 年 5 月 NASDAQ 开始逐步持有伦敦证券交易所的股份,并最终将持股比例提高至 25%。然而,在打过一场硬仗之后,纳斯达克在 2007 年 8 月 20 日宣布它可能会放弃收购伦敦证券交易所的计划,转而将所持股份出让给迪拜证券交易所。在当年 10 月,伦敦证券交易所宣布收购意大利证券交易所。

在大致相同的时间,纽约证券交易所向泛欧交易所(阿姆斯特丹、布鲁塞尔、巴黎和葡萄牙的证券交易所以及伦敦国际金融期货交易所形成的联合体)提出对等合并的动议。在 2006 年 6 月初,泛欧交易所集团宣布其董事会建议股东接受这项动议。新建立的证券交易所(我们前面已经提到过)被称为纽约泛欧证券交易所集团,这个集团汇集了 6

家现金股票交易所和 8 家衍生品交易所。

概　要

　　严格来说，单词 stock 是指固定产生利息的证券，share 是指公司股票。

　　股票指数通常根据市值构造，而且每分钟都要计算。

　　在大多数经济体中，股票市场的主要投资者是投资机构（养老基金、保险公司以及共同基金）而不是私人投资者。全球人口老龄化将带来养老基金规模的增长。

　　流行的投资方式是将不同的股票混合在一起。这种投资方式可能表现为封闭式基金（例如英国投资信托基金），也可能表现为开放式基金（如美国的共同基金）。

　　指令驱动型交易处理系统将买家和卖家的交易指令进行匹配。报价驱动型交易系统则存在一个做市商制度，由做市商来给出卖出价和买进价。混合型交易处理系统则包含上述两类系统的特性，如纽约证券交易所。

　　在某个证券上持有多头的证券交易商可以借出证券获得抵押物，用抵押物来为自己在其他头寸上的交易提供资金，在某个证券上持有空头的证券交易商则可以借入证券（提供抵押物）来匹配自己的出售行为。这就是证券借贷。如果证券交易规模很大，则被称为是大宗交易。

　　有时，公司会回购自己公司的股票并将这些股票销毁，以此来提高股息和每股收益。

　　结算系统通常是滚动结算制的，不过市场上仍然存在（例如法国）一类系统，它在一个给定的交易期内完成所有交易的结算。

　　当企业首次发行股票时，它可以用公开发售股份的方式出售（首次公开募股）股票。也可以用私人配售的方式，不过有时是两者混合使用。

　　向现有股东提供更多股票的行为被称为供股。

　　以股代息是指为股东提供免费的股票，股票分拆是指对现存股票的面值进行分割。上述两种操作的目的都是降低股票价格，改善其流动性。缩股是指将多股转化为一股，其目的是提高股票价格。以股代息是指用股票而不是现金来实现股利发放。

　　除了一般意义上的股票市场之外还可能存在针对不满足上市要求的新公司所设立的二板市场。还可能存在不在证券交易所的交易市场——场外交易。

　　当一家公司要上市时，我们会考察同类股的每股价格和每股盈利之间的关系，以此来对新股的价格作出正确估计。这就是价格/收益比率（P/E）。我们也会计算股利占股票价格的百分比，以此来计算总的股利收益率。为了研究后者是否完全占用了利润，我们还要计算每股盈利和净股利之间的比率。最后，股票分析师还会考察每股盈利。

　　《金融工具市场指令》自 2007 年 11 月 1 日起生效，它正在逐步取代现有的《投资服务指令》，该法规为涵盖范围更广的欧盟投资公司给出了新的法规要求，其中包括提高交易的透明度并且提高财务报表的质量。投资公司也必须遵守欧盟《资本充足指引》。

　　在美国，纽约证券交易所收购了 Archipelago 公司，这家公司是一家从事电子化交易的公司，后来纽约证券交易所又收购了泛欧交易所集团，形成纽约泛欧交易所集团，这个集团为纽约以及多个欧洲国家提供资本市场以及衍生产品市场的交易。纳斯达克已经与美国证券交易所合并，还收购了 Instinet 公司，这家公司从事电子交易业务。

近年来，暗池交易系统出现快速发展，该系统允许在私下进行股票的大宗交易，也允许对证券交易所中某只股票进行预先订购，或者还可以作为其他类型公开交易股票的交易平台。在欧洲，早期的证券交易所总共经营着 13 个暗池交易系统，其中比较小的交易平台是 Chi-X，也存在独立的暗池交易系统运营商，比如美国的 Liquidnet。

总体而言，传统证券交易所正在受到网上交易和电子通讯网络的威胁。

参考文献

Taverne, D. (1995) *The Pensions Time Bomb in Europe*, Federal Trust for Education and Research, London.

进一步阅读材料

Burrough, B. and Helyar, J. (1990) *Barbarians at the Gate: The Fall of RJR Nabisco*, Harper & Row, New York.

Cuthbertson, K. and Nitzshe, D. (2008) *Investments*, John Wiley & Sons, Chichester.

Elton, E., Gruber, M., Brown, S. and Goetzman, W. (2010) *Modern Portfolio Theory and Investment Analysis* (8th edn), Wiley, New York.

Malkiel, B. G. (2003) *A Random Walk Down Wall Street: The Time-tested Strategy for Successful Investing*, WW Norton, New York.

Mobius, M. (2007) *Equities: An Introduction to the Core Concepts*, John Wiley & Sons, New York.

Roberts, R. (2003) *Wall St: The Markets, Mechanisms and Players*, Profile Books/The Economist, London.

Rutterford, J. (2007) *An Introduction to Stock Exchange Investment*, Palgrave Macmillan, Basingstoke.

第 8 章

对冲基金与私募股权投资

引 言

自 1998 年 8 月长期资本管理公司（Long Term Capital Management，简称为 LTCM）发生戏剧性的破产以来，**对冲基金**（hedge fund）行业走过了一条漫长的路。私募股权投资则往往伴随着特定的交易而浮出水面，例如 1980 年中后期科尔伯格-克拉维斯-罗伯茨公司（Kohlberg Kravis Roberts，简称为 KKR）以 250 亿美元的价格对雷诺兹-纳贝斯克（RJR Nabisco）公司的收购案例，这段历史后来被记录进一本名为《门口的野蛮人》的畅销书中。到现在，我们在金融媒体上经常可以看到对冲基金和私募股权投资公司的出现，也经常会看到这些机构正在进行的大规模活动，不过，由于这两类机构都助推了导致信贷危机的资产过剩，而且往往通过"抄底"问题银行和其他公司来从中获利，所以对冲基金和私募股权基金也受到人们的大量指责。

由于对冲基金在很大程度上没有受到监管，而私募股权公司的活动具有私密性，所以对这两类公司在市场中的行为规模只能通过估计得出。据伦敦国际金融服务公司（International Financial Services London，简写为 IFSL）——一家旨在促进英国金融服务部门发展的非营利性组织——估计，在 1999 年对冲基金的规模是 4 000 家，总资产为 3 240 亿美元，在 2007 年达到历史顶峰时大约有 11 000 家，总资产为 21 500 亿美元，在 2009 年开始出现对冲基金丑闻和信贷危机之后，其规模降至 10 000 家，资产约 15 000 亿美元。《欧洲货币》杂志对市场规模给出的估计则指出，对冲基金行业在 2008 年年中达到顶峰，当时总资产规模是 19 500 亿美元，到 2009 年初降至 13 500 亿美元。市场上还有投资于对冲基金的基金，此类机构也经历了类似的崩溃。另一个可以提供对冲基金行业市场新闻的优秀渠道是《欧洲对冲基金》(Eurohedge)出版的《对冲基金情报》(Hedge Fund Intelligence),它们给出的数据也大致类似。需要注意的是,对冲基金资产规模下降集中来源于信贷危机后的交易损失,也来自于投资者从这些基金中撤资。

相比于对冲基金,私募股权市场经历了一个稍微不太一样的趋势。对于对冲基金而言,它兴起于2000年早期,虽然不久之后就遇到高科技泡沫的破灭,但对冲基金还是为其投资者带来了相当的正收益。这使得在2000年早期资本市场活动还不甚活跃的时候,很多投资人都还是选择涌向对冲基金。相比而言私募股权投资业务的发展则与股票市场息息相关。伦敦国际金融服务公司在2009年8月出版的一份报告中指出,在2000年全球私募股权投资数量达到顶峰,其规模为1766亿美元,到2002年规模跌至822亿美元,之后再次攀升,到2007年达到3176亿美元。之后全球私募股权投资市场就遭到信贷危机的打击,投资规模降至1890亿美元。私募股权投资的最大市场在美国、英国、法国、中国、印度和日本(见本章末尾的附录)。

随着对冲基金和私募股权投资行业的发展,著名咨询公司麦肯锡将它们列为全球市场的新兴金融力量——另外两支新兴力量是石油产出国以及亚洲的中央银行。

鉴于其重要性,现在是时候来考察这两类机构是如何运营的了。下面部分我们将做一个详细讨论。

对冲基金

对冲基金是一种执行积极投资管理的基金,目标在于寻求有吸引力的绝对回报,也就是说寻求与市场整体走势无关的回报率。例如,对冲基金与指数跟踪类投资者不同,因为后者会在指数上升期获利但是在指数下跌期受损。为了获得绝对回报,对冲基金使用各种投资策略,其中的许多策略相当复杂。对冲基金的目标客户不是散户投资者,而是高净值个人或投资机构。与共同基金不同,对冲基金通常使用有限合伙人制。对冲基金的规模可能很小,从1亿美元到10亿美元都有可能,但是一家对冲基金管理公司可能会管理多只对冲基金,各个对冲基金依其采取的策略不同而表现出差异。对冲基金管理公司认为这样可以做到小而灵活。因为对冲基金的兴趣在绝对收益,所以它们不像传统的基金经理那样对相对收益感兴趣。对传统的基金经理而言,如果一只给定的指数增长7%,而它的投资组合增长9%,那么它可以宣称自己的投资策略是成功的——但是在对冲基金的世界里绝不会是这样。我们会在后面详细讨论对冲基金执行的策略,但是它们使用的各种投资策略的一个共同点就是卖空,也就是说卖出基金原本不拥有的证券。通过借入证券就可以完成卖空,这是我们在第6章已经提及的内容。对冲基金还会借入大量资金,因此往往会用杠杆一词——我们在前面章节也提到过这个概念。如果卖空的证券价格出现下跌,那么对冲基金会将其买回以偿还当初借入的证券,然后关闭交易获得利润。(虽然这是一种常见的对冲基金投资策略,但它并非对冲基金所独有的投资方式——多年以来,投资银行的自营交易部门也在使用此类的投资方法。)表8—1给出了一些世界上最大规模的对冲基金管理人。

表 8—1　　　　　　　世界上最大的对冲基金管理人（2009 年 1 月）

基金	管理资产规模（单位：10 亿美元）
桥水联合基金（Bridgewater Associates）	38.9
摩根大通	32.9
保尔森公司（Paulson & Co）	29.0
大卫·肖公司（DE Shaw）	28.6
布勒旺·霍华德公司（Brevan Howard）	26.8
奥氏资本资产管理公司（Och Ziff Capital Management）	22.1
英仕曼 AHL 投资管理公司（Man AHL）	22.0
索罗斯基金管理公司（Soros Fund Management）	21.0
高盛资产管理（Goldman Sachs Asset Management）	20.6
法拉龙资本管理公司（Farallon Capital Management）	20.0
文艺复兴科技公司（Renaissance Technologies）	20.0

资料来源：IFSL, 2009a, Table 2, p.5。

对冲基金起源于何时？一般情况下人们都将艾尔弗雷德·温斯洛·琼斯（Alfred Winslow Jones）1949 年在美国成立的合伙制企业 AW 琼斯公司（AW Jones & Co.）视作对冲基金的起源。这家公司对处于相同产业的类似企业分别执行做多和做空的策略，以此来对冲投资组合中存在的风险。如果琼斯公司偏好的企业经营绩效良好，那么对冲基金可以从中赚到钱。如果由于行业的原因而造成股价下跌，那么琼斯公司做空的那部分证券又会赚钱。这就是对冲基金中"对冲"二字的起源，这个词也会让人们感到困惑，因为很多人会因此认为对冲基金的头寸设计具有相当的投机性。在琼斯公司成立之初，他从朋友那里筹集了 10 万美元，然后通过借入更多的钱来提高头寸的杠杆水平并因此产生超额利润。他当时经营对冲基金的目的是收取 2% 的管理费并拿走 20% 的利润。不过随着业务的开展，琼斯不再是唯一做这门生意的人。《财富》杂志在 1966 年无意中报道了这种生意模式，于是一系列的模仿行为开始出现。即使是谨慎的沃伦·巴菲特也在 20 世纪 50 年代成立了对冲基金并获得 24% 的年化收益率。他在 1966 年使用来自管理对冲基金的利润购买了伯克希尔哈撒韦公司（Berkshire Hathaway），并在 1969 年解散了对冲基金。乔治·索罗斯（George Soros）是另一个众人皆知的名字。他在 1974 年离开华尔街的证券经纪公司开始独立创建量子基金。

私募股权投资

私募股权投资（private equity）是对两类投资模式的一种统称，其中一类是投资于初创期公司的风险投资，另一类是管理层收购——将一家上市公司私有化并持有几年后，通过将其卖给私人买家或者再次上市来退出投资并获利。欧洲私募股权投资与风险投资协会（European Private Equity and Venture Capital Association）估计，2004 年风险投资和并购分别占私募股权投资规模的 72% 和 28%；自那时起直到 2007 年，专注于并购的私募股权投资机构的数量一直在增加，根据 IFSL 的估计，2007 年全球私募股权投资中

89%是并购。因此，具有高杠杆性的并购交易是私募股权投资行业的中流砥柱。然而在 2008 年，私募股权投资中并购交易所占的份额急剧下降，只占总投资额的 41%，因为当时市场上流动性稀缺，私募股权投资公司很难利用银行贷款来为交易项目融资。表 8—2 显示了按照 5 年内募集资金规模排序的顶级私募股权投资公司（截至 2008 年）。

表 8—2　按照 5 年内募集资金规模排序的前 10 大私募股权投资公司（2009 年 1 月）

集团名称	过去五年募集资金规模（单位：10 亿美元）
1. 得克萨斯太平洋集团（TPG，位于得克萨斯州沃斯堡）	52.4
2. 高盛私募股权投资公司（Goldman Sachs Principal Investment Area，位于纽约）	49.0
3. 凯雷集团（The Carlyle Group，位于华盛顿特区）	47.8
4. 科尔伯格-克拉维斯-罗伯茨公司（Kohlberg Kravis Roberts，总部位于纽约）	40.5
5. 阿波罗全球管理公司（Apollo Global Management，位于纽约）	35.2
6. 贝恩资本（Bain Capital，位于波士顿）	35.0
7. CVC 资本合伙人公司（CVC Capital Partners，位于伦敦）	33.7
8. 黑石集团（Blackstone Group，位于纽约）	30.8
9. 华平投资集团（Warburg Pincus，位于纽约）	23.0
10. 安佰深合伙公司（Apax Partners，位于伦敦）	21.3

资料来源：IFSL, 2009b, Table 5, p. 6.

导致并购交易的原因有很多。也许公司正处于困难时期，希望出售一家子公司。或者一家公司已经完成某项重大并购，不想继续持有一些非核心资产。有时也可能是企业原持有人退休或者基于某种原因希望卖出其所持有的公司股份。私募股权投资公司往往愿意保留被并购公司的原有管理团队，因为这些人对业务十分了解，它们可能会给予这些管理团队 20% 的股份以激励管理团队保持忠诚，也为业务的改进提供激励。私募股权投资的基本特征是它的投资期限要远长于正常的对冲基金——私募股权投资可能要在三到五年内才能实现投资收益。这一特征会对私募股权投资公司的投资者产生影响，因为选择这种投资意味着资产的流动性受到限制。尽管我们往往会提及"管理层收购"，但有时并购交易想买入的也许就是一种管理能力。例如当英国著名风险投资公司 Legal & General Ventures 从保柏集团（BUPA）（是一家英国私人拥有的提供医疗保健服务的公司）处购买 9 家医院时，它还需要为这些医院带入新的管理团队以便于经营。通常情况下私募股权投资交易涉及的资金规模都比较大，在市场上，低于 1 亿美元的并购交易很少见，但是资金规模超过 10 亿美元的并购交易则能经常看到。概括地说，私募股权投资公司寻求丰厚回报的方式是买入上市公司，在好的价格水平上卖出该上市公司的子公司，然后将上市公司的剩余业务打造得更具吸引力。通常情况下在并购价格中被并购公司的债务会占很大比例，可能至少是私募股权投资向公司注入的资本金的两倍。

和对冲基金类似，私募股权投资活动的起源也很晚。在 20 世纪 70 年代和 80 年代，人们在英国的斯莱特沃克（Slater Walker）和汉森（Hanson）看到这种投资模式。我们在前面已经提到过，当市场低迷时，这两类投资业务会戛然而止。随着市场环境从 2000—2002 年的衰退中恢复，对冲基金和私募股权投资活动也迎来了强劲复苏期，这一时期一直持续到 2007 年，然后便开始崩溃。在本章后面部分我们将会讨论关于私募股权投资行业的更多最新趋势。

对冲基金

我们千万别把普通基金的基金经理和对冲基金的基金经理相混淆。除了刚才提到的相对收益和绝对收益之间的区别外，对冲基金经理还拥有绝大部分普通基金经理都享受不到的自由。共同基金（单位信托基金）在对借贷、卖空和衍生工具的使用上是受到限制的。信托投资不受借贷的约束，但其他两个限制仍然存在。养老基金也有很大的局限性，不过新鲜的是现在它们也会向对冲基金进行投资，我们将在后面看到这一点。共同基金及信托投资面临的另一个问题是它们必须为投资者提供日常流动性——对于将月或季度作为投资周期进行操作的对冲基金而言这将是一个很大的障碍。最后，对冲基金经理会对企业进行重大的个人投资，而普通基金的基金经理则无需这么做。对冲基金的投资者更加小众，其经验也更为老道。

不考察投资策略就不可能理解对冲基金。简化起见，我们可以说对冲基金的投资方式是一种典型的投资银行自营交易操作，但是对冲基金可以在更大范围内进行操作，而且对盈利波动性的约束也更少。到目前为止，对冲基金尚不受类似于投资银行所接受的监管约束，不过很多人呼吁应该对此有所加强。例如，2008年的G8会议结束时，意大利总理西尔维奥·贝卢斯科尼（Silvio Berlusconi）在新闻发布会上说要向对冲基金炒作大宗商品（特别是石油）市场开战，而且这个政策取向应该在G8会议中占有一定的优先级。在2009年年中，国际证监会组织（International Organization of Securities Commissions，简称IOSCO）要求对冲基金进行注册并接受对其仓位和运营过程的监督。监管者还认为各国的监管机构应该分享更多的信息，以便于增强对冲基金跨国活动的监督。欧盟也提出了一些建议，它认为对冲基金和银行具有相同点，因此要向对冲基金施加最低资本要求——不过这项建议没能在行业内获得很好的反响。在本书写作之时，美国仍然在辩论对冲基金行业是否应该受到更严格的监管。在2009年6月由美国财政部长蒂姆·盖特纳（Tim Geithner）宣布，对冲基金不受美联储监督（美联储对美国主要银行和外资银行进行监督），此举曾招致严重的公众批评。实际上，虽然监管界争论了这么多，但对冲基金行业受到的监管实际上远不如银行多。

杠杆与卖空

在详细考察对冲基金交易策略之前，我们首先要了解对冲基金使用的两类重要工具。

我们将在第12章遇到"杠杆"一词——它指使用投资人的少量资金便可执行交易的能力。实现杠杆的一种方法是通过缴纳一定的保证金来完成交易。另一种方法则是借入执行交易所需的其他资金。这两种杠杆操作方式下得到的效果是相同的——当某类证券的价格发生给定百分比的变动时，杠杆可以为投资者产生更大的利润或亏损。例如，假设一位投资者购买了价值10万美元的IBM股份。其中的2万美元来自投资者自有资金，另外8万美元是借来的。在3个月后IBM的股票价格上涨了20%，当时购买的股票现在价值12万美元。投资者出售这些股票并偿还原来借入的8万美元以及一些利息，比如说记利息为2 000美元。将这些钱扣除后，投资者现在有3.8万美元，这是他用初始的2万美元赚到的，利润率达到了90%。可见，股价仅上升了20%但却能够为投资者带来90%的利润——这就是杠杆如此吸引人的本质所在。不过，问题在于这种操作是存在风险的。假设IBM股票价格下跌20%，于是现在投资者持有的股票价值为8万美元。如果将这些股票出售，同时向贷款人偿还8.2万美元，则投资者会失去原来自己拥有的2万美元，同时还出现2 000美元的亏损。这时虽然股价仅下跌20%，但造成的损失却是110%。杠杆可能带来超比例的利润，但也可能遭受出现高比例损失甚至失去原始资本的风险。然而，杠杆的吸引力是如此之大，以至于它在对冲基金交易甚至私募股权投资中得到非常频繁的使用——因此，又出现了"杠杆收购"这个词。（为了简单起见，我们在上面的例子中忽略了交易成本。）

　　卖空是一种在价格下跌的过程中赚钱的方式。卖空的第一步是出售原本不属于自己的证券，比方说，价值10万美元的IBM股票。由于我们希望在所需的时间范围内交割股票，所以第二步就是从一个或多个贷方借入这只股票来完成交割。（有时可以在没有股票的情况下进行卖空——这就是所谓的裸卖空。）股票贷方会要求借方支付等于或略多于出借证券价值的抵押物（请参阅在第6章和第7章提及的回购协议及证券借贷）。借方提供的抵押物可能是现金但也可能是证券。如有必要，用作抵押物的现金也可以是借来的，不过，由于我们会很快卖出股票并获得10万美元，所以以上过程都会在短时间内完成。在这一过程中，如果对冲基金提供的抵押物是证券，那么证券上获得的利息也归对冲基金所有。最后，假设IBM的股票价格下跌20%，于是当初卖出的股票现在价值为8万美元。现在我们可以用一开始卖出IBM股票后获得的现金来再次购回这只股票并向贷方偿还借出的股票，然后贷方返回抵押物。假设不考虑利息以及发生在证券经纪商身上的成本，那么我们买股票花了8万美元，卖股票则花了10万美元——赚得2万美元的毛利润。很显然，如果股票价格并未下跌而是出现上升，那么卖空者的股票仓位就面临重大损失。对于寻求实现绝对回报的对冲基金来说，卖空是一个重要的武器，往往被用来为交易提供"对冲"。卖空行为可能必须遵循交易所提出的限制规则，例如纽约证券交易所可能会禁止卖空——因为在2008年9月金融市场出现大规模动荡，数家银行开始倒闭的时候，在纽约证券交易所出现了卖空行为的身影。在这个月中，美国、英国、法国、德国和澳大利亚都禁止卖空银行股及其他金融公司股票（该禁令的持续时间约3个月左右），因为人们担心对冲基金对银行股的做空会进一步压低银行股价格，进而导致银行倒闭。《每日电讯报》报道，由于担心伦敦城的恐惧情绪对哈利法克斯苏格兰银行——这家银行后来迅速同意了劳埃德集团对其提出的收购要约——的股票价格造成更大的下跌冲击，英国金融服务管理局（FSA）禁止卖空。在2009年9月23日，英国金融服务管理局禁止了32家公司进一步扩充其在银行和保险股上的空头头寸，并迫使投资者在9月22日下午3时30分之前披露持有数量超过目标公司股本0.25%的空头头寸。在这个过程中得到披露的空头头寸见表8—3。

表8—3 被做空数量最多的银行

银行	空头	数量（%）
盎格鲁爱尔兰银行	兰斯唐恩对冲基金（Lansdowne Partners）	1.63
	卡利普索资产管理公司（Calypso Capital Management）	0.487 7
劳埃德TSB集团	保尔森公司	1.76
巴克莱集团	兰斯唐恩对冲基金	0.51
	保尔森公司	1.18
布拉德福德-宾利银行	Steadfast公司	0.904 7
	Samlyn资本	0.41
英国联合莱斯特银行	蓝山资本（Blue Ridge Capital）	0.95
哈利法克斯苏格兰银行	保尔森公司	0.95
苏格兰皇家银行	保尔森公司	0.87

资料来源：*Telegraph*, 23 September, 2008。

人们估计，约翰·保尔森——一位总部在纽约的对冲基金经理——通过做空陷于美国次级抵押贷款危机的公司，赚取了大约19亿美元的利润，他告诉证券交易所自己曾卖空过劳埃德集团1.76%的股票以及苏格兰皇家银行0.87%的股票。在哈利法克斯苏格兰银行的例子中，保尔森卖空了该银行0.95%的股票，此外他还卖空了巴克莱银行1.18%的股票。《每日电讯报》（2008年9月23日）对此进行了报道，但是保尔森公司对它持有的空头进行了辩解：

> 保尔森公司从自身是金融公司的属性出发来解释为什么它会从事很多人认为不应该做的事情。我们公司的主要目标是为公司的投资者持有资本并在任何市场状况下都获取正的收益。为了达到这个目的，我们对自己认为股价将会上涨的股票进行做多，对预计股价将要下跌的股票进行做空——我们完成的所有投资案例都基于对公司及其基本面进行的广泛研究，而不是为了从市场的短期波动中获利。

策略

对冲基金可以使用很多投资策略，一家名叫"对冲基金研究"（Hedge Fund Research）的研究机构曾总结出39种投资策略。不过在这里我们集中讨论5个主要的策略，在每一类策略中又会针对更为具体的投资方式讨论子策略：

- 股票对冲基金。
- 全球资产管理。
- 相对价值套利。

- 事件驱动型投资。
- 卖空。

股票对冲基金

股票对冲基金的管理人会选择卖空策略并使用杠杆。他们会分析单个公司和单只股票。有些人会专注于某个地理区域，其他人则或者关注高市值公司，或者关注小市值公司。我们会发现一些股票对冲基金的管理人偏好于做多，在他管理的对冲基金中可能超过50%的交易都是多头，但是有些股票对冲基金的管理人则正好相反。股票对冲基金的管理人倾向于寻找良好的长期增长机会，但有些人则更愿意寻找低估值股票，他们看重的是这只股票价格上升的潜力。也许某位股票对冲基金的管理人会认为某个行业目前估值过高，例如在互联网泡沫破裂之前的高科技股就是这种情况。然而，对时机的把握也至关重要，很多股票对冲基金过早卖出持有的股票——但是后来发现该行业的估值还在不断上升。有些股票对冲基金的管理人愿意成为股价表现不好的公司的大股东，通过驱逐管理人员或推动其他方面的一系列变化来促使公司的股价发生积极变化。在2005年下半年，这种事情就发生时代华纳公司身上，当时以卡尔·伊坎（Carl Icahn）为首的3家对冲基金开始对时代华纳公司进行大刀阔斧的改革。最近，在2009年，先驱资本伙伴（Harbinger Capital Partners）联合Firebrand Partners公司一起持有了《纽约时报》5%的股份，以此来撼动其董事会并重新打造公司的表现。

股票做多和做空的策略通常与股票借贷策略有关。根据基金盘点（Eurekahedge）——一家市场研究和数据商——提供的数据，在2008年发生证券借贷行为的对冲基金为33%，显著低于2007年41%的水平。

全球资产管理

股票对冲基金的管理人专注于特定股票，而全球资产管理则会赋予对冲基金一个更加广阔的视野。它们从全球的角度出发考察股票、债券、货币及实物商品。比方说，如果使用全球资产管理策略的对冲基金认为英国的经济前景会比意大利更好，那么它们就会做多英国，做空意大利——一般来说对冲基金会使用股票指数而非单只股票来完成这种操作。从事此类交易的对冲基金可能被称为宏观投资人，因为它们用一个更为宏观的视野看待投资，和专注于特定股票的微观投资者存在显著差别。与传统的基金经理和分析师类似，从事全球资产管理的对冲基金也使用**技术分析**（technical analysis）手段。技术分析员或者系统管理员要通过使用基本的工具或者复杂的算法来分析趋势，主要是指利用过去的价格变动趋势来确定未来的价格走势。和技术分析相对应的是**基本面分析**（fundamental analysis），其中包括宏观经济分析、产业分析和公司分析，主要被用来确定未来股票价格的变动及相关投资策略。

相对价值套利

相对价值套利关注的是单只股票、债券、货币以及其他投资工具的相对价值。进行相对价值投资的对冲基金会广泛地使用各种对冲手段。它们关注的是同类别两只证券之间的绩效差异。例如，如果它们认为英国石油公司可以比石油行业中的其他公司做得更好，那么对冲基金经理就对英国石油公司的股票做多，对其他公司的股票做空。因此，只要英国石油公司的经营绩效比石油行业中的其他公司好，那么不管价格如何变动，对冲基金都可从中获利。这种方式同样也适用于债券。例如，监管规定很多投资基金不得持有非投资级债券。因此当某只债券的信用等级低于投资级时，投资基金发生的被迫抛售可能会夸大此类债券价格下跌的幅度。于是对冲基金便以较为便宜的价格买入此类债券，然后对类似发行人发行的债券进行做空，以防止整个市场下跌带来的不利影响——这是对冲基金的另一种对冲实例。

相对价值套利中常见的一种策略是针对可转债筑仓。正如我们在第6章中所看到的，可转债赋予持有人将债券转换为股票的权利，但不要求持有人一定要将债券转换为股票。因此它是一类特殊的期权，有关期权的内容我们会在第12章中作进一步解释。由于可转债可以在以后转化为股票，所以支付的利率要低于同类型发行人为债券支付的正常利率。假设将债券转化为股票的权利可以在每股价格为9美元的时候执行，而当前股票价格为每股7美元。如果股票价格上升至8美元，那么可转债在未来获得利润的可能性就得到了提高，其价格也会上升。另一方面，如果股票价格下降至6美元，那么可转债转换为股票的可能性会大大降低，因此可转债的价格就会下跌。如果市场坚定地认为可转债最终会完成可以获利的债转股，那么对冲基金经理就会购入此类可转债。然而，为了对冲股价下跌导致的可转债价格下跌，对冲基金经理会卖空股票。如果股票价格在不断变化，那么相应的对冲头寸也要做出调整，二者之间的关系可以相当复杂。因此，为了保持论述的简洁，假设可转债转化为股票的价格为9美元，当前股价是2美元，然后股价上升到2.30美元。在这种情况下可转债几乎不可能完成可获利的债转股，因此可转债价格可能不会发生变化。于是，为了对冲风险而卖空的股票数量也无需改变。不过假设现在股价从11美元涨至11.30美元，那么可转债执行债转股的权利后可多获得30美分，于是，保持其他条件不变，可转债的价格也应该上升30美分，于是用来对冲风险的股票数量也要相应上升。可见，随着股票价格的变动，为了对冲而卖空的股票份额要不断调整——从技术的角度看，人们将这种行为称为"动态风险对冲"。

其他需要考虑的因素是指在可转债上获得的利息以及卖空所耗资金的成本。当然，在股价下跌之外还存在其他风险。如果市场利率上升，那么可转债的价格会下降。如果可转债发行公司的信用状况下降，那么可转债会因此面临更大的违约风险，所以其价格也会下降。

不过，对冲基金已成为可转债首次发行中的大型买家——对可转债发行公司来说这是件好事。但是对冲基金还会卖空可转债发行公司的股票，对这些公司来说又是个坏消息。

事件驱动型投资

事件驱动型投资关注的是特殊情形，对冲基金希望在特殊情形中发掘投资获利的机会。其中的一类策略和要约收购有关。在要约收购中，由于存在不确定性，被并购方的股票价格可能并不会上涨到要约收购中给出的价格水平。在这里，不确定性来源于要约收购可能会被撤回以及被并购方可能会向主管市场竞争的当局寻求帮助。不过，按照通常情况，由于并购存在成本而且并购之后产生利润还需要一段时间，所以并购方的股票价格会下跌。于是，对冲基金会购买被并购方的股票同时卖空并购方的股票。这样的操作下，最坏的情况是并购要约确实得到主管市场竞争的当局的干预，或者根本没能完成。在2005年秋，英国HMV媒体集团（该集团拥有一个连锁书店）要出价收购Ottakars公司——另外一家连锁书店。所有人都认为这笔并购交易会顺利进行，但最后的结果则令人大吃一惊，因为这笔交易受到书籍作者的激烈游说，在这种情况下这笔交易被呈交给主管市场竞争的当局来决定是否执行。在2000年10月美国发生了一个更为奇特的事件，当时通用电气公司准备出价并购霍尼韦尔（Honeywell）公司。这令霍尼韦尔的股票价格从35美元上升至52美元——当时美国当局已经批准了这笔并购交易。但是紧接着传来重磅炸弹——欧洲的监管当局否决了这项交易（置美国人的愤怒于不顾），于是霍尼韦尔的股票价格应声而落。

每隔一段时间，富时100指数的成分股就会发生变化，因为这一指数的计算主要依据公司的市值，而各个成分股对应公司的市值往往会出现变化。于是跟踪指数的投资者必须卖出被剔除的成分股，同时买进新添加到指数中的成分股，但是，在成分股的变动被确认之前，投资者还不能这样做。这就为对冲基金进行提前行动提供了机会，它们对可能进入指数的股票做多，对可能移出指数的股票做空。当然，需要再次说明这种操作具有风险，因为预期进入指数的股票可能并未进入，而预期剔出指数的股票可能并未被剔出。下面的这个看法适用于对冲基金的很多策略，即如果所有对冲基金都做同样的投资行为，那么它们几乎无法获得利润。

事件驱动型投资的另一个重要策略与"不良债务"相关。它主要是指可能会破产的公司的股票和债券。对此类公司真实价值进行分析后可能会发现购买其发行的股票和债券是有利可图的，特别是对于那些存在资本重组可能性的企业。例如，当德尔福（Delphi）——一家美国的零部件供应商——在申请破产时，对冲基金阿帕卢萨马（Appaloosa）购买了这家公司9.3%的股份。由于一项资本重组可能需要花费很长时间，所以这家公司的银行债权人和贸易商都选择将它们持有的德尔福公司的债权卖给对冲基金。对冲基金可能会购买此类高收益债券，最后用于公司重组的过程中，它们也可能将股权和债权结合起来使用。共同基金和养老基金可出售违约债券以获取资金。当然，如果利率上升或者经济形势恶化，那么都会使得违约人情况变得更糟，因此这种操作也具有风险性。

卖空者

卖空者是一类专项对冲基金，其目的是专门寻找被高估的资产——债券、股票、货币或商品都可。如表8—3所示，在2008年金融危机期间对冲基金是银行股的主要卖空者，不过即使对冲基金重点关注是做空（例如保尔森），但它们仍然会使用做多的策略——保尔森在2009年夏购买了大量美国银行（成为其第4大股东）、高盛和黄金地（Gold Fields，一家南非企业）的股票。这显示出保尔森在对银行和黄金做多。在实践中，很少有对冲基金只使用做空策略。

在上面提到的所有策略中都会出现大量使用衍生品的情况（我们会在第 12、13 和 14 章讨论这些金融工具）。一些对冲基金甚至专注于利用衍生工具进行投资。除了使用衍生工具可以得到种种好处之外，它还能提供一种为交易加杠杆的方法，这种方法无需投资所有的资本，只要缴纳一定量的保证金就可以对证券构造仓位。由于信用风险是对冲基金面对的主要风险，所以它们会广泛地使用信用衍生品来对冲风险，我们会在第 14 章讨论这类内容。实际上，根据评级机构惠誉给出的估计，在对冲基金的交易中有 30% 的交易量是通过使用信用衍生品完成的。

对冲基金的存在范围

对冲基金的存在范围相当广泛。世界上既有类似于英仕曼集团（The Man Group）这样运营着一系列基金的大机构，也存在一些关注特定策略，在利基市场（niche market）进行经营的机构。例如，克拉克森（Clarksons）——世界上最大的船舶经纪商——先后推出过数只投资于航运证券及其衍生工具的对冲基金，它们对运费衍生品有着特别的关注。但是，英仕曼集团则在英国《金融时报》的适当页面列出过不少于 100 只基金。

一些关于对冲基金业务的例子

- 2005 年 5 月，戴姆勒-克莱斯勒公司披露其 15% 的股份由对冲基金拥有。
- 总部设在英国的对冲基金 Toscafund 和 Lansdowne 合伙人曾大量买入德国商业银行（Commerzbank）的股份，关于这些股份最终会作何用途的传闻不绝于耳。
- 2005 年 8 月，法国集团圣戈班（Saint-Gobain）以每股 7.32 英镑的价格提出对英国塑料制造商（British Plaster Board）的并购要约——在预感到圣戈班会在不久后出更高价格后，对冲基金购买了这家公司 15% 的股份，最后结果显示对冲基金是对的。
- 在 2005 年秋，总部位于迪拜的迪拜环球港务集团（DP World）向英国 P＆O 港口和渡轮运营商提出每股 4.43 英镑的并购要约。虽有市场上有传言说新加坡的国有航运公司 PSA 也对此有意，但是当另外一家公司在 2006 年 1 月 10 日给出每股 4.70 英镑的并购价格后，市场还是为之一震。在竞购英国 P＆O 港口和渡轮运营商的众多买家中，对冲基金大卫·肖公司（DE Shaw）以每股 4.59 英镑的价格购入 45 万股，该公司这样做的原因是它预计竞购 P＆O 港口和渡轮运营商的两个国有企业有足够的现金来打这场并购战。到次年 1 月 11 日这场并购交易即将结束时，英国 P＆O 港口和渡轮运营商的股票价格已经超过了 4.90 英镑。

高盛集团在 2005 年底做的一项研究表明，当年石油价格上涨中有 20% 是对冲基金不断购买石油造成的。事实上，对冲基金所进行的投资可以部分解释 2005—2008 年出现的大宗商品价格上升现象。2009 年 8 月出现了有史以来最高的白糖价格，并不仅仅是因为当年其主要产地——巴西和印度（印度也是白糖消费的最大国家）——的收成不好，而且也源于对冲基金的投机行为。当然，如果人们的预期趋于规避风险，或者说大宗商品价格将要上升，那么对冲基金将会对此进行做多，当人们预期大宗商品价格要下跌时，对冲基金会对此进行做空。当存在更多的不确定性，也就是说价格波动较大时，对冲基金会混合使用做空和做多策略。

我们之前讨论过的所有对冲基金都依赖于一件事情——流动性。也就是说当认为必要时，它们可以完成任何想要完成的交易。如果对冲基金想卖出某类证券或商品，那么会有买家愿意购买。如果对冲基金想购买某类证券或商品，会有卖家愿意出售。长期资本管理公司（LTCM）的经典案例就说明了上述条件不满足时带来的陷阱。在1998年，长期资本管理公司对以美元计价的俄罗斯政府债券做多。如果美元利率上升，此类债券的违约可能性将增大，但其他美元债券的价格将下跌。因此，做空美国国债似乎是一个合乎逻辑的对冲行为。不幸的是，在1998年8月俄罗斯政府出现违约。这就造成一场恐慌——人们争先恐后地去购买国债。由于长期资本管理公司已经做空了此类债券，所以接下来的事情就是它也要去购买国债——但是，其他人和长期资本管理公司的想法也一样，都想购买国债。正是因为没有人想卖出国债，所以长期资本管理公司被爆仓。除了在其持有的俄罗斯债券上发生的损失之外，它还遭遇了国债投资的损失。更糟糕的是，长期资本管理公司的杠杆率极高；它以23亿美元的资本为基础借入了1 250亿美元，无论使用什么标准，都无法解释这么高的杠杆水平。美国联邦储备委员会发现这种行为可能对金融市场的稳定运行构成威胁。于是它说服华尔街各大公司参与进来共同采取行动。长期资本管理公司的债权人在获得该公司全部的投资组合后，一起制订了一个逐步平仓的计划。没有参与过这一历史事件的人可能已经发现了其中值得嘲讽的一面，因为长期资本管理公司的董事会中有两位曾荣获诺贝尔奖的学者，他们因为对风险理论的贡献而获奖。

2005年春，当通用汽车公司的信用等级被大幅调低至非投资级时，很多对冲基金开始购买该公司的债券并卖出股票，人们将这一对冲案例视为经典之作。然而，当通用汽车公司的一位股东柯克·克科里安（Kirk Kerkorian）开始购买公司股票时——通用汽车公司的股价开始突然上升，这破坏了很多对冲基金在做对冲交易时的最初设想。

2005年，德意志交易所向伦敦证券交易所提出并购要约。不少股东认为这份并购要约质量不高，于是德意志交易所的一位股东——位于伦敦的儿童投资基金（Children's Investment Fund，这是一家对冲基金）——开始强迫要求德意志交易所的董事长兼CEO辞职。这种做法在德国招致很多人的厌恶，并且促使德国自2006年1月起修改法律以加强公司的信息披露水平，将股东披露标准从原来的持股5%降至持股3%。

Energis是英国第三大固定电话运营商。在2002年，由于损失惨重导致无力偿债，这家公司被由银行组成的财团接管。在2005年8月，英国大东电报局向这家企业提出收购要约。但是，控制了Energis公司大部分次级债务的一个对冲基金共同体试图阻止这笔交易，因为它们要持有这家公司并寻找更高的价格。由Close Bros带领由这9家对冲基金组成的共同体声称它们控制了这家公司25%的次级债务。但是为了使并购交易能够完成，需要75%的次级债持有人同意交易。到最后，这9家对冲基金无力阻止这笔并购交易，于是在适当的时候英国大东电报局接手了Energis公司。

在其他的一些例子中，对冲基金则获得了成功并受到他人的赞誉。美国的几家对冲基金持有一家名叫 Medidep 的法国养老运营机构的股份，这时一个经营类似业务的名为 Suren 的公司希望安排一个并购 Medidep 的交易，它给出的价格比 6 个月前的并购要约高出 15%。法国小股东协会认为，在这项并购交易中对冲基金的行为应该受到表扬。

有些市场观察者说在纽约证券交易所并购伦敦证券交易所的案例中，对冲基金大致贡献了三分之一的交易，在所有的国外证券交易所交易中，对冲基金提供的交易也占总交易量的 30%。因此，对冲基金为投资银行的经纪业务提供了大量收入，这些从事经纪业务的机构被称为机构经纪人（prime brokers）。机构经纪人为对冲基金和其他大型机构客户提供证券经纪和其他的专业化服务，其服务范围广泛而多样，包括融资、交易的清算和结算、托管服务、风险管理以及操作系统支持。机构经纪人的主要收入来源于对冲基金为了加杠杆而借出的资金以及在帮助对冲基金进行做空的过程中提供的证券借贷。根据对冲基金网对对冲基金管理人的调研（可见 www.hedgefund.net），2008 年最大的机构经纪商是思高方达金融服务公司（Citco Fund Services）、道富另类投资公司（State Street Alternative Investment Solutions）、高盛管理服务、花旗银行、纽约梅隆银行以及汇丰银行的证券服务。

当然，相比于传统的基金管理，由于对冲基金经常做多、做空并使用衍生工具，所以机构经纪人收取的费用也会更高。对冲基金要加杠杆也意味着机构经纪人可以从提供的银行贷款中进一步收取费用。在 2005 年 12 月 4 日的《星期日电讯报》中，一位欧洲最大的传统基金管理业务负责人在一篇文章中说，他们已经沦为伦敦城内的二等公民。他举了两只基金做例子来佐证自己的观点，这两只基金的初始投资都是 10 亿美元，其中一个是传统基金，另个一个则是对冲基金。他指出对冲基金为机构经纪人创造了 16 个收费的机会，但是传统基金只为机构经纪人创造出 2 个收费机会。此外，对冲基金还要向机构经纪人支付贷款利息和费用。这位负责人估计，在大型投资银行的收入中，大约有 30%~40% 来自于对冲基金，但是在十年前这笔收入几乎为零。虽然这里对对冲基金为投资银行提供的收入存在些许高估，但毫无疑问，相比于传统基金，对冲基金为机构经纪人提供了更好的费用收入结构。对于对冲基金管理人来说，他们的收入基本上由两部分构成，一部分是管理费，另一部分是来自基金的绩效费（人们也将其称为"奖励费"）。管理费大致等于基金净资产价值的 2% 左右，但是收费较低的可能会是 1%，收费较高的可能是 5%，绩效费往往是投资利润的 20%，高的时候也可能达到 40%~50%。在 2008 年之前的对冲基金繁荣期，由于投资者对明星基金管理人的追捧，他们收取的费用被《华尔街时报》称为"离谱费"（outrageous fees）。比如，SAC 资本合伙人曾收取 35%~50% 的绩效费，大奖章基金（Medallion Fund）收取的绩效费则达到 50%。于是，一只收取 2% 的管理费和 50% 绩效费的对冲基金又被称为二百五（"2 and 50"）。不过，对冲基金的绩效费和最低回报业绩相关，只有当业绩达到最低回报业绩时，对冲基金才能收取绩效费。有些对冲基金还会收取赎回费（redemption fees）——也就是说针对投资者收回投资而收取的费用。虽然有些对冲基金收取不菲的赎回费，但是在 2008—2009 年之间金融市场下跌时，这些基金还是遭遇了大量的赎回事件——特别是 2008 年末麦道夫基金（Madoff fund）出现的欺诈案，更是让人们对对冲基金的信用产生了顾虑。

投资者

那么,谁是对冲基金的投资者?从源头上看,对冲基金的目标客户主要是高净值人士,但是发展到现在,各类机构投资者开始成为对冲基金的大客户,其中包括保险公司、养老基金、银行、捐赠基金和各类基金会。

为了降低投资对冲基金的门槛,一家名叫 Rydex Investments 的美国共同基金在 2005 年 9 月推出一款基金,这款基金可以让投资者在 2 500 美元的最低投资金额下获得类似于对冲基金那样的投资服务。不过其中的问题在于此类基金收取的费用要高于共同基金,而且对冲基金还不能为私人投资者提供他们所期望的资产流动性。更为现实的情况可能是,能够拿出 100 万~500 万美元的个人才应该考虑投资于对冲基金。不过还存在另外一种帮助散户投资者退出投资的可能性——在互联网上已经出现对冲基金的二级交易市场。一家名为 Hedgebay 的网站列出了 600 多只对冲基金,这家网站为这些基金提供二级交易市场。

中小投资者分散风险的另一种方式是购买"母基金"(fund of funds)。正如它的名字所暗示的,这是一个投资于各类基金以分散风险的对冲基金。遗憾的是投资此类基金的人要为基金管理付两次费用。

不同研究机构对机构投资者在对冲基金中的活跃身影给出了不同的估计。特里蒙特资本(Tremont Capital)——美国的一家研究公司——估计,在流入对冲基金的新资金中,机构投资者所占的比例超过 50%。格林威治公司(Greenwich Associates)——另一家研究机构——发现,2004 年欧洲所有的机构投资者中有 32%投资于对冲基金,后来的研究表明到 2007 年这一比例超过了 45%。Kinetic 投资管理咨询公司对 70 家对冲基金进行调研后发现,向对冲基金进行投资的投资者正快速转变为机构投资者。Kinetic 的创始成员之一——戴维·巴特勒(David Butler)——评论道:"随着机构投资者成为投资对冲基金的主流,高净值个人投资者对对冲基金的重要性正在消退。"

在 2006 年,对冲基金的发展出现一些有趣的现象,即一些对冲基金开始在股票市场上上市。这些对冲基金的一个特点是它们可以尽量公开地进行操作。而且在 2006 年 5 月,Close Brothers 公司通过发行一只封闭式的基金 AllBlue 募得 1.45 亿英镑的资金(约合 2.4 亿美元)。高盛动态机遇公司(Goldman Sachs Dynamic Opportunities Ltd.)是一家在根西岛(Guernsey)注册的,由高盛用来投资对冲基金的封闭式基金,在伦敦证券交易所挂牌上市,类似的例子还有很多。

对投资者来说,能够提供流动性确实具有很大的吸引力。我们在上面已经提到对冲基金无法为私人投资者提供他们想要的流动性。然而,对冲基金发行的股票总会得到报价,而且投资者进入和退出也比较容易。

回报

对冲基金的利润有多高?对冲基金数量曾一直增加,而且在 2007 年之前投资者对其趋之若鹜，这表明它确实可以产生高回报。一般来说对冲基金的目标是产生20%以上的利润率，但是有多少对冲基金可以做到这一点呢？坦白地讲数据给出的结论并不一致，有些甚至相互矛盾——世界上有上万只对冲基金，其中一些可以产生让人眩目的回报，另外一些则不然。而且，目前市面上还有一系列用指数来跟踪对冲基金投资业绩的机构，比如格林威治另类投资公司推出的全球对冲基金指数、基金盘点公司给出的对冲基金指数、瑞士信贷/特里蒙特对冲基金指数（Credit Suisse/Tremont Hedge Fund Index）以及道琼斯公司给出的一系列对冲基金指数，这些不同指数之间的区别在于它们统计对冲基金的覆盖面有所不同。不过所有这些指数给出的回报估计都不一样。比如，经历过2008年这样的灾难性年份后，对冲基金在2009年的绩效看上去有了改进。在《金融时报》（2009年6月19日）给出的一份报告中就强调了这一事实：

> 对冲基金网（HedgeFund.net）给出的对冲基金回报率为9.23%，但是标准普尔500的回报率为3.16%。这意味着对冲基金的绩效表现要远好于股票，在9年时间内，只要股票市场上涨，对冲基金就能将回报率做到股票市场回报率的两倍。对冲基金的绝对收益是6.3%，但是基金盘点公司给出的估计是9.4%，芝加哥大学的对冲基金研究所也给出了和基金盘点公司相同的估计。

根据格林威治另类投资公司的全球对冲基金指数，在2008年之前的5年中，全球产业的年化回报率是4.2%（比之前三年高1.7%），虽然这种增长率看上去并不高，但是和标准普尔500指数相比已经好了很多，在2003—2008年之间，标准普尔500指数每年下跌2.2%，在2008年之前的三年中总计下跌接近9%，因此对冲基金的表现至少要好于股票。不过在相同的时期内，债券能够给出4%~5%的回报，给定所要承担的风险，债券无疑提供了最好的风险调整后收益率。

在过去的几年里，对冲基金收益率受到信贷危机广泛而深刻的影响。在2008年，格林威治另类投资公司给出的全球对冲基金指数下跌15.7%（同一时期标准普尔500指数下跌38%），这是有史以来对冲基金行业表现最差的一年。在2008年，接近75%的对冲基金和接近85%的母基金都出现亏损——大部分发生于2008年9月和11月。一系列因素造成这种亏损：

- 在欧洲和美国，很多银行开始倒闭——对冲基金提供机构经纪服务的银行。
- 股票市场的下跌。
- 对卖空行为的禁止。
- 由于要追加保证金，所以对对冲基金投资头寸所具有的流动性提出了更高的要求。
- 投资者赎回行为的增加。

如前所述，在2009年，对冲基金行业已经开始从2008年的低潮中复苏，投资绩效也出现上升。这个行业中投资绩效往往根据所使用的不同策略来体现。在《金融时报》（2009年8月19日）的一篇报道中总结了2009年表现最好的对冲基金所使用的投资策略：

> 对冲基金行业已经显示出一种回到未来的迹象，随着传统的对冲基金投资策略——如套利和股票多/空操作——开始复出，很多大的投资人开始寻找对冲基金以

完成资产配置。在今年,可转债套利——即针对可转债的无效定价进行的操作——再次成为对冲基金的最优策略,根据瑞士信贷/特里蒙特对冲基金指数的披露,在 7 月份这一策略的平均收益达到 5.4%,从年初到本报道写就之时,这一策略累积产生的收益已经达到 30.7%。今年 GLG 可转债套利基金上升幅度已经超过了 20%。新兴市场和固定收益套利策略做得也很好。一位在伦敦的信用类对冲基金管理人说:"信贷危机在很大程度上削弱了这个市场上的参与者——基金和银行。其结果就是,市场上很少出现挤破头式的交易,任何套利策略几乎都能奏效。"但是到现在为止,表现最差的对冲基金策略却是最为大众所熟悉的对冲基金投资策略:卖空。根据 HFN 的报道,由于股票市场反弹,这一策略在 7 月份的表现很糟糕。以做空为主的对冲基金亏损了 8.32%。虽然经典的做空型对冲基金只占市场中很小的份额,但它们正受制于全球股票市场的有力反弹。

监管

一般来说,对冲基金都会被描述为一种"不受监管的基金"。但是如今这种情况正在发生变化。美国证券交易委员会要求自 2006 年以后,所有持有资金超过 2 500 万美元的对冲基金都必须通过它向全社会发布投资状况报告。在英国,金融服务管理局花了 12 个月时间来研究对冲基金行业并在 2000 年中期推出对冲基金监管计划,该计划给出 25 类(后来扩大到 35 类)需要仔细跟踪观察的对冲基金类型。国际证监会组织也宣布它正在推动对对冲基金的考察,希望最终给出能够在更大范围内实施的针对对冲基金监管的政策建议(我们已经在之前提到过这一点)。随着 2005—2008 年之间石油和大宗商品价格暴涨,各类组织——其中包括 G8——也开始要求为对冲基金施加更多的监管。因为人们批评说对冲基金将石油、大宗商品和其他证券的价格推到一个过分高的水平(从多头中获利),然后再从价格的大幅下跌中进行投机(从做空中获利)。

从历史上看,与作为交易对手方的投资银行相比,美国的对冲基金管理人从未曾面对过美国证券交易委员会的例行监管。在美国,为了能够免除直接监管,对冲基金只能向数量有限的经过认可的投资者开放。经过认可的投资者是指可投资资产超过 100 万美元的富裕个人,此类人群被认为是专业的投资者,可不受监管保护。美国证监会在 2006 年 2 月改变了多项规则,要求对冲基金顾问要对其活动进行注册并获得监管当局的同意,但是最终联邦法院推翻了这项规定。

2007 年信贷危机浮出水面以来,要求对对冲基金行业进行监管的声音越来越强。虽然对冲基金并不是造成信贷危机的主要原因(它们在抵押支持证券上的投资额不足 5%),但是很多评论家认为,2008 年对冲基金对银行股和其他证券进行卖空,同时自身也经历了去杠杆化和投资者的大量赎回,上述因素均加剧了金融市场的波动性。而且,更加糟糕的是这个行业受到金融欺诈——价值 500 亿美元(约合 330 亿英镑)的伯纳德·麦道夫(Bernard Madoff)基金的倒闭——的重大打击。伦敦国际金融公司(www.ifsl.org.uk/upload/CBS_Hedge%20Funds%202009(1).pdf)对这场丑闻进行了细致的总结：

当人们发现纳斯达克前主席伯纳德·麦道夫的资产管理业务事实上是一个巨大的庞氏骗局时，麦道夫的投资丑闻才开始公诸于众。[庞氏骗局的名称源自一位名叫查尔斯·庞齐（Charles Ponzi）的诈骗犯，他在20世纪20年代的时候就开始了这种骗局，其主要操作手段是向投资项目承诺高收益，然后用来自当前或者新加入的投资者的资金来支付这种高收益，但是没有从投资中获得任何利润。这种骗局可以维持很长时间，因为它会吸引大量新投资者，而且还能做到无人知晓发生了什么。]在被自己的儿子举报后，联邦当局在2008年12月11日逮捕了麦道夫。在2009年3月12日，麦道夫为其11项罪名进行辩护并承认操纵了史上最大的投资人丑闻案。根据联邦调查局给出的说法，麦道夫的顾客指出麦道夫在价值650亿美元的股票上进行的投资都是伪造的，没有任何迹象可以表明自20世纪90年代中期以来麦道夫购买过任何股票。虽然麦道夫不曾运营过任何的对冲基金，但是他通过多只母基金来运营对冲基金。这导致对冲基金行业出现巨大的声誉损失，还降低了投资人对对冲基金行业的信心，其中母基金受到的打击尤为严重，而且对冲基金资产中的40%都来源于母基金。

麦道夫丑闻的出现，与之相关的监管缺位，再加上信贷危机后对冲基金对经济下行的影响，上述种种因素均导致对对冲基金行业进行监管的压力越来越大。下面列出了很多即将到来的监管动向：

● 在2009年初，美国国会提出了一系列新式金融监管法案，其中包括很多对对冲基金进行管理的规则。如果这些法案得以通过，那么成立对冲基金时可能要进行注册，这就使得对冲基金每年都需要进行审计并且披露收费状况。不过美联储并不打算对这个行业进行监管。

● 在欧洲，不同国家对对冲基金的国内监管措施存在差异，不过一般而言对冲基金管理人对对冲基金的管理要得到监管当局的同意，而且传统的基金管理人和对冲基金管理人都面对相同监管规则的监管。欧盟提出要对这个行业进行直接的监管和监督，其中包括对卖空提出限制、引入资本金要求以及规定使用衍生品时的杠杆水平。

● 在英国，对冲基金管理人和对冲基金顾问都需要获得金融服务管理局的认证，适用于对冲基金管理人的认证条件与其他投资经理类似。在《投资服务指令》的监管下，对冲基金管理人可以为整个欧洲提供对冲基金服务——在整个欧洲的对冲基金业务中，有80%的对冲基金来自英国。英国金融服务管理局用一个特别团队来对最大的35家对冲基金进行监督。此外英国还存在限制对冲基金向散户投资者进行营销和销售的法规，不过，利用离岸基金，此类投资者也可以获得投资对冲基金的机会。

● 世界上大约一半的对冲基金都注册在离岸中心，因为这样可以享受低税率的好处。而且，与在岸运营的对冲基金不同，离岸基金对投资者数量不设限制。因此在岸基金往往会设立一个与之搭配的离岸基金，以便在不超过投资者人数限制的同时吸引更多资金。大量的离岸基金都注册在开曼群岛（Cayman Islands，约67%），排在开曼群岛之后的是英属维尔京群岛（British Virgin Islands，约11%）和百慕大（Bermuda，约占4%）。对冲基金在这些离岸中心受到的监管最松。

在国际层面，要求对对冲基金进行协调监管的呼声也空前地强烈。最重要的事件就是 2009 年 G20 计划将金融监管拓展至所有对全球金融稳定性存在重大影响的金融企业，其中就包括对冲基金。这些金融机构可能会受到一个名为金融稳定委员会的监管，这个委员会的成员会包括 G20 成员国以及欧盟委员会成员国。而且，美国和欧洲的三大对冲基金组织——另类投资管理协会（Alternative Investment Management Association）、总统的金融市场工作组（President's Working Group on Financial Markets）以及管理基金协会（Managed Funds Association）——都已宣布它们会为行业内的最佳监管实践提供咨询意见，其中包括信息披露要求、风险管理和其他的一些事项。国际证监会组织也宣布了对对冲基金行业进行监管的提议。毫无疑问，对冲基金行业在未来将会面临更加严格的监管，但是这些监管方式如何实施则仍有待观察。

私募基金

正如我们在本章引言中了解到的，私募股权投资是不同于对冲基金的另外一种业务，不过两者都因涉及较高的杠杆率而饱受批评。

总结一下：一家私募股权投资公司获取丰厚回报的方式是购买上市公司，将其子公司以更好的价格卖出，然后将公司剩下的业务变得更具吸引力。如果私募股权投资机构不希望冒风险，那么它会用债权的方式来实现被投资公司的加速发展（正常情况下私募股权投资会使上市公司变成非上市公司）。在这种方式下，虽然公司积累的债务可能会很高，但是其优点在于为债务支付的利息可以抵扣税收。这对保持公司现金流的良好、稳定运营十分关键。私募股权投资公司在介入公司业务的时候也会带入自己的专长和管理人员，并对现有管理层提供更大的激励，以促使他们改善公司经营状况。私募股权投资公司会设法降低被投资公司的成本、挤压供应商并出售不想要的资产。此外它们也会出售物业并将其回租。正如我们将在后面看到的，私募股权投资公司通过上述措施改进企业经营绩效的例子有很多。在有些情况下，私募股权投资机构也会购买一部分私人公司中看上去被低估的股权，然后等待它上市（参见后面会提到的 QinetiQ 的例子）。作为私人公司，股权投资机构可以避免履行一些上市公司必须履行的义务——对股价的关心、任命董事会需要遵循的规则等等，当然还有对财务信息的披露。私募股权投资机构也会收取 1%～2% 的费用和利润的 20%，后者将作为"附带权益"（carried interest）。

私募股权投资机构可利用多种方式实现其利润。其中一种方式是对公司进行重塑。第二种方式是把公司卖给从事相同业务的另外一家公司。一种获得早期回报的流行方式是再融资。一旦私募股权投资机构对公司的某些改进被证明是可行的，那么它们就向银行借更多的钱，将这些资金转为股权后享受相当数量的股利收入。在 2005 年这种方式特别常见，标准普尔在 2005 年 10 月给出的报告中指出，截至 9 月份，在过去的 9 个月中私募股权投资公司从欧洲拿走的资金超过了它们带入欧洲的资金——这一差额为 114 亿欧元,但是在2004年整一年这一差额只有50亿欧元。有时再融资可以带来巨大收益。在2003年12月,一批私募股权投资公司——得克萨斯太平洋(Texas Pacific)、CVC和美林全球私募股权——使用17亿英镑买下了英国百货公司德贝纳姆(Debenhams)百货,其中只有6亿英镑是它们的自有资本。在2004年和2005年的两个再融资案例中,私募股权投资企业在18个月内用新借入的资金和自有资本对公司的资产负债表进行重整——这笔资金是该公司原始资本的两倍。2006年5月,德贝纳姆百货公司再次上市,但在一年内其股价下跌了24%。

事实上,2005年和2006年出现过一些史上最大规模的私募股权投资交易,如表8—4所示。最早的大型交易是纳贝斯克公司(Nabisco),该公司在1989年被KKR收购。

有时公司债务会以不良债权的方式卖给对冲基金。美国有两只基金专门擅长于此道,它们分别是阿波罗管理公司(Apollo Management)和瑟伯勒斯资本管理公司(Cerberus Capital Management)。

表8—4　　　　　　　　　　　　规模最大的私募股权投资交易

交易年份	交易额(单位:10亿美元)
TXU公司(2007)	43.8
办公物业投资信托公司(2006)(Equity Office Properties Trust)	38.9
美国医院集团公司(2006)(Hospital Corporation of America)	32.7
雷诺兹-纳贝斯克(1989)(RJR Nabisco)	31.1
美国哈拉斯娱乐公司(2006)(Harrah's Entertainment)	27.4
美国清晰频道通信公司(2006)(Clear Channel Comm.)	25.7
金德尔-摩根(2006)(Kinder Morgan)	21.6
飞思卡尔半导体(2006)(Freescale Semiconductors)	17.6
美国艾伯森公司(2006)(Albertsons)	17.4
赫兹租车公司(2005)(Hertz)	15.0

资料来源:IFSL,2009b,Table 3,p.5。

在2005年出现的另外一个趋势是当交易机会出现时,来自实体经济的买方不再甘愿成为私募股权投资机构的附庸。例如,当西班牙电信运营商阿梅纳(Amena)要被出售的信号变得清晰的时候,法国电信(France Telecom)与两个强大的私募股权投资财团争夺购买并最终获胜。

私募股权投资行业已经渗透到经济的方方面面,逐渐成为一个有影响力的行业。在英国,当前一些非常著名的公司的所有者都已经变为私募股权投资集团——这些公司包括德贝纳姆、AA公司、Saga公司、Odeon and UCI Cinemas公司、Kwik-Fit公司和国民停车公司。毕马威会计师事务所的私募股权小组一直在追踪英国发生的价值超过千万英镑的并购交易,它们指出在2005年一共完成了162项并购交易,总价值为240亿英镑,比2004年的交易价值高出27%。在对成功募资后的投资数量进行记录后(此类募资往往还借助债券市场以提供流动性),该私募股权小组下调了对私募股权投资机构业务的乐观程度。

投资者

把资金投给私募股权投资机构的投资者是谁呢？它们包括类似于保险公司、养老基金等渴求高收益的机构，也包括投资银行的子公司，在美国，此类机构还包括类似于耶鲁大学这样的公共机构。对私募股权基金的投资人而言，私募股权投资的最大缺点就是无法迅速回笼资金，而且参与私募股权投资还有一个最低门槛的要求。于是对它们来说最好的办法就是通过私募股权投资信托、私募股权母基金以及风险投资信托的方式来参与私募股权投资。

在不同年份，私募股权投资机构的投资绩效会产生很大的差异，这基本上反映了股权市场的绩效表现。根据英国风险投资协会（British Venture Capital Assoiation）的统计，在2004年整个行业募集到33亿美元资金（10年内最低的募资水平），但是后一年的募资额就达到了273亿美元，并在2006年达到最高峰343亿美元。在2007年，投资者对私募股权的投资额降至293亿美元，在2008年则进一步降至231亿美元。在英国的私募股权投资机构的募资额中，典型的资金来源是其中四分之三来自于海外投资者，其中尤以美国投资者居多，占到一半以上的份额。

案例

在本节中我们给出一些私募股权交易的案例。这里既会提及失败的私募股权交易案例，也会考察成功的案例。成功案例包括：

- 在前面我们提到再融资时曾将德贝纳姆公司的并购作为一个例子。这个案例中德贝纳姆公司扭亏为盈的计划令人印象深刻。此次收购发生在2003年12月。在收购之前，德贝纳姆的利润是1.536亿英镑，营业收入为17亿英镑。到2005年9月，该公司的利润已经上升至2.123亿英镑，营业额则达到20亿英镑。
- 在2005年发生的大型交易包括对Wind Telecoms的价值121亿欧元的收购以及对SunGard的价值113亿美元的收购。三家私募股权投资机构组成的集团以150亿美元的价格购买了位于新泽西州的赫兹汽车租赁公司，这是自KKR在1989年收购雷诺兹-纳贝斯克公司以来发生的最大规模并购交易。
- 同样在2005年，7家私募股权投资机构组成的集团向胜科金仕达数据系统公司（SunGard Data Systems）提出报价113亿欧元的并购要约。从金融学的角度看，用来完成这项并购的资金中有一部分来自于资产支持类债券（见第6章的内容），其中支持证券的资产是未来的租金收入。
- 在2005年11月，包括KKR在内的5家私募股权投资集团宣布向丹麦领先的电信集团TDC提出收购要约。它们在收购要约中出价120亿美元，这是欧洲有史以来最大的私募股权投资案例。这项交易得到了TDC董事会的同意，但是在2006年1月初的时候却碰到钉子,当时丹麦养老基金ATP是TDC的第一大股东,它们持有TDC 5.5%的股份但是却声称不接受报价。只有90%的股东同意这笔并购交易的报价,该交易才能得到执行。不知怎的,TDC将接受这项交易的股东比例成功降低至85%,并最后得到88.2%的股东的同意。

- 在2006年,HCA公司的联合创始人托马斯·弗里斯特(Thomas Frist)、贝恩资本、KKR以及美林集团联合起来向HCA公司——一家美国的连锁医院经营机构——提出了报价高达创纪录的330亿美元的并购要约(超过了KKR对雷诺兹-纳贝斯克公司提出的313亿美元并购要约,不过实际上并没有发生这么多)。
- CVC Capital合伙人公司用3亿英镑从福特公司手中买下了Kwik-Fit公司,之后将其以8亿英镑的价格卖出。在3年之间,它还实现了将Hartford的估价翻倍。
- 能源业一直是私募股权投资青睐的投资领域,这一市场在2005年开始兴旺发达。有些公司在价格低的时候收购能源公司。特里亚纳能源控股公司(Triana Energy Holdings)——美林集团的一个子公司——在2003年以3.3亿美元买下哥伦比亚自然资源公司(Columbia Natural Resources),然后在2005年下半年以超过22亿美元的价格将其卖出。在2004年,一个包括KKR、得克萨斯太平洋和黑石集团在内的私募股权投资集团以9亿美元的价格收购了得克萨斯电力公司(Texas Genco)公司,在2005年底以58亿美元的价格将其卖给NGR。
- 在2006年初,英国政府发现自己处在一个尴尬的处境中。英国国防部的高级研究实验室在2003年曾被部分地私有化。美国凯雷集团抓住机会投资4 240万英镑并获得31.1%的股份。在2005年下半年到2006年初,英国政府决定将其完整上市,这家实验室看上去价值11亿英镑,这使得凯雷集团拥有的股权价值3.4亿英镑,即使不算投资后支付的2 850万英镑,凯雷集团获得的利润也已经是其初始投资的8倍。2006年6月这家实验室最终上市,价值13亿英镑。对于一个工党当政的政府来说,这件事情相当难于接受。
- 私募股权投资企业会在全球范围内运作。虽然中国对外资有些抵触,但是它还是没能免于受到影响。凯雷集团接手徐工集团——一家工程机械制造商——获得了原本属于国家的85%的股份。不过中国政府说它希望鼓励本国的私人企业和风险投资基金。

当然,不是所有的私募股权投资都能做到艳阳高照。也有表现不好的交易:

- Cinven于2001年收购了邓洛普史莱辛格(Dunlop Slazenger),但是最终价值7 000万英镑的股权投资损失殆尽。
- 凯雷集团收购了一家德国汽车零部件制造商Edocha,不幸的是这家公司经历了严重的绩效下滑,最终凯雷集团只能对其进行资产重组以便从中收回8 000万欧元,但是它在一开始的股权投资价值1.85亿欧元。
- 2005年英国的Gate Gourmet公司发生了一次很有名的罢工。由于这家公司的业务是为英国航空以及其他公司提供餐饮服务,所以这次罢工让英国航空损失惨重。在这次罢工事件之前,该公司已经被得克萨斯太平洋集团收购,在同年早些时候,这家公司还拒绝支付其价值7.6亿瑞士法郎的债务。随后;得克萨斯太平洋集团开始退出对这家公司的投资,这又招致业界的不满以及其他股东的抱怨。

● 私募股权投资机构持有的公司也出现过倒闭的情况——其中包括 Gateway Supermarkets、Le Meridien Hotels、Allsports、Furnitureland、Unwins（一家葡萄酒/烈酒零售商）以及 MVC（一家音乐零售商）。在许多情况下，公司倒闭都是源于债务负担过重。

我们在之前的内容中注意到，在 2008 年，私募股权投资中用于并购交易的份额在下降，这主要是因为当时出现了融资难的问题。根据伦敦国际金融公司的研究，在 2008 年，规模最大的并购交易是 NBC Universal、贝恩资本和黑石集团对 Weather Channel 的收购，当时交易金额为 25 亿美元，还有就是凯雷集团用 25 亿美元对博思艾伦咨询公司的收购。在 2009 年上半年，规模最大的私募股权交易是 KKR 用 18 亿美元对韩国啤酒制造公司 Oriental Brewery 的收购，以及 Chaterhouse Capital Partners 对能源研究公司 Wood Mackenzie 的价值 5.53 亿英镑的收购。不过，相比于信贷危机之前发生的那些大型交易（如表 8—4 所示），这里提到的这些交易规模相对较小。

杠杆

在前面部分本书已经多次提及对冲基金和私募股权投资机构进行大量借贷的相关问题。杠杆会是种威胁吗？抑或使用杠杆本身就是多余的？我们往往用盈利的某个倍数来度量债务规模（严格地说，这里的盈利指的是息税和折旧摊销前盈利——一个用来表示公司现金流的指标，往往被缩写为 EBITDA）。比如，某个财团以 37 亿欧元的价格购买了巴黎春天集团（Pinault-Printemps-Redoute）旗下的一家子公司 Rexel——该公司持有的债务是息税和折旧摊销前盈利的 7 倍。在 2004 年，当时标准普尔经过研究后发现在超过 60％的私募股权交易中，这一比例都超过了 5。Close Brothers Corporate Finance 在 2005 年 10 月估计出该比值的平均水平是 5.6，但是在 2002 年这一比例只有 4.2。在 2005 年底，黑石集团和利安资本（Lion Capital）以 18.5 亿欧元的价格收购了吉百利史威士公司（Cadbury Schweppes）在欧洲的饮料生产部门，当时的负债和盈利之比为 7。

在 2005 年 8 月，国际评级机构惠誉发出警告指出，并购集团在欧洲募集了杠杆倍数空前高的资金。在 2005 年上半年并购集团就向自己提供了 100 亿美元的资金，这使得这些公司对利率变动和经济下行十分敏感。不过在 2005 年 10 月对市场的回顾中，Close Brothers Corporate Finance 对银行进行了指控，指出银行鼓励私募股权投资机构承担过高的债务水平。但是对中等规模私募股权投资机构的调研则指出，此类机构中 90％认为它们不会将债务水平提高到银行希望的水平。在同一时间，摩根大通发布的一份报告指出商业银行为私募股权投资机构提供的杠杆实在太高了。

虽然出现了这样一些警告，但是私募股权投资行业的杠杆率依然在攀升，特别是在 2005—2007 年之间，杠杆率曾达到很高的水平。然后就迎来去杠杆化的趋势。市场评论人员说债务比率开始快速下降，甚至有人开始讨论在欧洲设置一个最高杠杆比例。

在第 14 章中会对信用衍生品进行解释，在这个市场中债权人可以购买一种保险，以此来降低债务对手方破产对自己造成的影响，然后按照基点数支付保费。自然地，风险越高则保费越高。当有公司提出对德国传媒集团 VNU 的并购要约时，有关 VNU 的信用衍生品保费价格出现大幅上升。在对 TDC 公司提出并购要约的时候也发生过类似事件。

最后，2006 年 1 月，KKR 的创始人之一乔治·罗伯茨（George Roberts）捍卫了私募股权投资机构保持高杠杆率的理由。他并不认为私募股权投资机构在完成并购交易时无限度地使用债务："我们不会草率地做出投资决策。"虽然我们必须尊重这位成功的市场先行者的观点，但还是要记得曼迪·赖斯·戴维斯（Mandy Rice-Davies）的话："好吧，既然能这么做，那为什么不这么做呢。"

对冲基金与私募基金走得越来越近

现在有越来越多的证据表明对冲基金和私募股权投资基金都开始涉足对方的业务领域。许多私募股权投资基金开始设立对冲基金，这一特点在美国尤其明显，例如黑石集团的对冲基金业务就包括对不良债务的处理、对股票进行做空和做多以及多策略的投资业务。在英国，Active 集团同时建立了对冲基金和私募股权投资集团。

这种趋势确实会造成利益冲突和内幕交易的问题。对冲基金和私募股权投资基金联合起来的好处是两类机构可以共享有关市场趋势的信息，同时吸引投资者在投资一类基金的时候顺便考虑另外一类基金。对冲基金和私募股权投资基金联合起来的坏处是存在内幕交易的可能性。私募股权投资机构要求获得它们所投资公司的私密信息。虽然其中大部分公司将不会上市，但是当其中一些可以上市的企业处于接近上市的时候，则会出现一些问题。例如对冲基金得到来自私募股权投资机构的信息，那么它就触犯了美国的监管要求。

有时对冲基金界的巨人也会倒下。在 2000 年，一个强有力的私人财团组成的对冲基金对得克萨斯电力公司提出了收购要约，同时希望收购这家公司的还包括 KKR 以及 Hellman & Friedman。很多人可能会说一家对冲基金是没有经验来经营公司并最终完成收购的。不过在那段时间里每个人口中的词语都是"趋同"（convergence）。《金融时报》（2007 年 6 月）也指出这两个行业确实可以形成某种合作关系：

> 通过提供高收益债券，对冲基金投资者可以为热情高涨的并购买方提供助推并购交易的燃料——让这项交易更便宜并更富有成果。今年到现在为止，在并购交易中用作杠杆的贷款中，对冲基金和类似的投资者大约已经贡献了其中的 20%。

私募股权投资的利润

大家都知道私募股权投资中的某些交易确实带来了相当可观的利润，我们在之前也提到过其中的一部分——但是这个行业的平均利润和亏损是多少呢？KKR 公司的乔治·罗伯茨说他的公司能够持续提供高于标准普尔 500 指数 5%~7% 的回报率，当然，对于一家最大也最成功的公司而言是这样的。

来自芝加哥大学商学院和麻省理工学院斯隆管理学院的一项学术研究中,研究人员针对700家私募股权投资基金进行调查后发现,自1980—2001年以来,减去收取的费用,这些基金的回报率要略低于标准普尔500指数。这项学术研究还怀疑那些表现最差的基金可能根本不会报告其回报率。这项研究使用的数据来自有过完整交易的基金,所谓完整交易,是指基金已经通过基金清盘向投资者支付了收益,但是该研究并未包括尚未退出的投资项目。这项研究同时总结到,在繁荣年份(如2005年)募集的基金,其绩效表现会更差一些。而且,很显然不同基金之间的回报率差别极大。事情确实是这样的,我们往往能够听到私募股权投资基金的成功案例,但是很少能够听到私募股权投资基金的失败案例。

私募股权投资是一种更为高级的所有制形式吗?是不是就如同John Lovering所说的那样:"它为英国的商业氛围带来了一丝自由的味道,因为它与传统的拥有并经营一家公司的商业模式完全不同。"

确实,只有一小部分企业的效率会相对较低并面临彻底的改造。由于企业上市后需要提交季报、发放股利并且提高流动性,所以上市后成为公众持有的公司是不是会造成公司处于一种劣势?私募股权投资机构对债务的理解会好于上市企业吗?实际上,私募股权投资机构能够比上市公司借到更多的钱,因此上市公司在这方面会处于劣势——理论是怎么讲的?莫迪利安尼(Modigliani)和米勒(Miller)在1958年针对资本成本的研究总结道:如果不考虑税收因素,借钱不会增加一家企业的价值。

私募股权投资的劣势在于难以为其投资人提供必要的流动性,因为它们要用这笔钱来支付获得企业控制权所必需的费用,而且有些时候还很难看到行业里的协同行动。正如我们看到的,大部分研究指出私募股权投资的总体回报并未高过标准普尔500指数,更别说私募股权投资所蕴涵的更高风险了。当然,对于最好的那些私募股权投资机构来说,它们雇用有天赋的人,确实做得很好,不过这个行业的平均值则不那么好看。表8—5给出了欧洲私募股权投资行业自1985年以来的回报率,特别强调了税后收益在5年内的滚动回报率。

表 8—5　　　　　　　　　欧洲的私募股权投资回报

年份	五年期的滚动净回报(%)
	−0.5
	−2.0
1985	2.5
	7.0
	10.5
	9.5
	7.5
1990	3.0
	4.5
	7.0

续前表

年份	五年期的滚动净回报（%）
	8.0
	12.0
1995	18.5
	19.0
	23.0
	25.5
	18.0
	11.0
2000	7.2
	2.8
	2.0
	4.3
	11.0
2008	10.5

资料来源：Thomson Reuters；EVCA。

概　要

对冲基金是一种从事积极管理型投资的机构，其目的是寻求有吸引力的绝对回报，也就是说无论市场总体是上升还是下降，它都要获得回报。为了实现这一目标，对冲基金使用各种各样的策略，特别是证券卖空策略——将借来的资产卖出，然后希望在未来以较低的价格将其买回。

私募股权投资是指对早期公司的风险投资以及管理层收购。私募股权投资机构可能通过将买来的公司重新上市来获得收益，也可能将其卖给另外一个买家。

上述两类业务都要通过大规模借贷的方式来提高利润，这就是杠杆。

对冲基金使用一系列的策略，其中很多策略非常复杂。它们使用的策略与投资银行自营交易部类似，由于对冲基金不受类似于投资银行那样的监管，因此它们对风险有更大的容忍度，也会有更高的杠杆水平。有人说对冲基金占到债券、股票、外汇及信贷衍生工具交易量的30%。

由于2008年经济增长减速，而且特别是那年秋天银行体系出现的崩溃，大约9%的对冲基金关闭了业务。麦道夫投资管理公司进行庞氏骗局并造成客户500亿美元损失的事件，更是让对冲基金行业的声誉饱受丑闻的折磨。

在2009年初，美国国会提出一系列法案，旨在对对冲基金行业采取新的监管措施。如果这些法案得以通过，那么监管方将会要求对冲基金进行注册，这就会让对冲基金披露其年度财务审计报告和收费状况。不过，美联储并不打算对这一行业进行监管。

在欧洲，对冲基金的国内监管状况因不同国家而异。欧盟正在提出更加严格的直接监管措施，并推动对整个行业的监督，其中的措施包括对卖空给出规则限制，引入资本金要求以及对衍生品交易中的杠杆水平进行管制。

对冲基金的投资者原本是高净值人士，但现在的情况是各类机构投资者成为了对冲基金主要的投资方——保险公司、养老基金、银行、捐赠基金和基金会。

机构投资者也是私募股权投资公司的重要投资方。相比于私人投资，机构投资者的一个劣势是它们无法快速回笼资金，因为私募股权投资往往要持有企业三到五年才能获得回报。不过市场上还存在一些私募股权投资信托基金、私募股权母基金以及风险投资信托基金。私募股权投资公司之所以叫这个名字，是因为它们通常都是私人公司，这可以赋予它们更大的行动自由。

私募股权投资集团对高杠杆的使用也引起了人们的关注——它们在交易中使用的杠杆水平可能是息税和折旧摊销前利润的 7 倍。

由于声称可以带来每年 20% 的回报，所以对冲基金和私募股权投资集团产生的巨额利润吸引了大量投资。然而，尚无任何学术研究能够证明这两类机构在其整个业务范围内能够达到上述的高利润率。不过毫无疑问的是，这两类投资既出现过令人炫目的成功案例，也出现过很多失败的案例。

参考文献

Burrough, B. and Helyar, J. (1990) *Barbarians at the Gate: The Fall of RJR Nabisco*, Harper & Row, New York.

IFSL (International Financial Services London) (2009a) *Hedge Funds*, IFSL, London.

IFSL (International Financial Services London) (2009b) *Private Funds*, IFSL, London.

进一步阅读材料

Coggan, P. (2008) *Guide to Hedge Funds: What They Are, What They Do, Their Risks, Their Advantages*, Profile Books/The Economist, London.

Jaeger, R. A. (2002) *All About Hedge Funds*, McGraw-Hill, New York.

Lo, A. W. (2010) *Hedge Funds: An Analytic Perspective (Advances in Financial Engineering)*, Princeton University Press, Princeton, NJ.

附录：

主要的私募股权投资国家，按募资额排序　　　　　　　　　单位：10亿美元

国家	2007年 投资额	2007年 资金募集额	2008年 投资额	2008年 资金募集额
美国	106	302	48	288
英国	50	61	32	65
法国	18	10	12	15
中国	11	11	13	13
印度	18	6	11	8
日本	15	5	10	3
澳大利亚	15	6	2	3
其他国家	85	89	61	55
总计	318	490	189	450

资料来源：IFSL，2009b，Table 1，p.1.

第 9 章

金融危机

引　言

　　从 2007 年到 2009 年中期，全球金融市场和金融体系被上世纪 20 年代以来最严重的金融危机所控制。美国、英国以及欧洲最主要的银行相继倒闭，或者在国家的救助下才能摆脱困境。作为美国最大的保险公司，AIG 也没能逃脱这一命运。投资银行界则出现了以雷曼兄弟、贝尔斯登为代表的破产事件，美国华尔街所有的领头企业——美林、摩根士丹利和高盛——或者被商业银行收购，或者转制成为银行控股公司。分别作为英国和美国金融体系支柱型企业的苏格兰皇家银行以及花旗集团都成为了国家控股企业。自 2007 年美国房地产市场开始恶化以及次级贷款违约开始，各类金融资产市场就开始崩溃，不过到 2009 年中期则开始出现一丝触底反弹的迹象。美国和英国政府及其中央银行对这场危机的反应也十分剧烈，而且也是史无前例的。得到议会同意的解决问题的措施包括：对问题银行资产进行交易、对问题银行进行再次注资以及（或者）对其进行财务重建，此外还有很多旨在向银行注入流动性的救助行为。政府也向各自的实体经济注入大量货币并将利率降至史上最低，其目的在于提供财政和货币刺激政策，以避免经济衰退。

　　危机对全球银行体系带来大规模负面影响。IMF 的全球金融稳定性报告（IMF，2009）指出，在 2007—2010 年之间，源自美国的账面资产贬值数目达到 2.7 万亿美元。在这一时期所有成熟市场资产账面贬值额估计值约为 4 万亿美元。这份报告还计算了这种账面资产减值对银行重组造成的影响。为了使银行的资本资产比达到危机前 4% 的水平，需要向美国的银行注入 2 750 亿美元，欧元区则需要 3 250 亿美元，英国需要 1 250 亿美元，欧洲的其他成熟市场需要 1 000 亿美元。如果希望将资本资产比做到 20 世纪 90 年代中期的6%，那么上述需要注资的数目就分别变成5 000亿美元、7 250亿美元、2 500亿美元以及2 250亿美元。面对如此巨大的损失，很多银行开始缩减开支，出售非核心业务，以此来增强其核心资本能力（有些银行在政府的帮助下完成此举，有些银行则自行解决）。

本章考察的是这次金融危机的起因以及关键事件，特别关注证券化业务、次级贷款活动以及上述业务如何引发了这次金融危机。之后我们会考察这次危机对美国、英国、欧洲以及世界其他地区的影响，最后用得到的教训以及政策反应作为结束。由于自2007年以来对全球银行体系产生影响的大部分主要事件都是由美国引起的，所以本章的很大一部分将会对此进行描述。

何处出错

BIS（2009）的第79份年度报告为我们提供了关于金融危机的起源、影响和后果的最为全面的内容，此份报告还对金融体系中哪里出错给出了最精彩的分析。BIS确认了导致这次金融危机的关键性宏观经济和微观经济因素。

宏观经济因素

- 全球金融的不平衡：这是指由于资本从新兴经济体流向工业化国家所造成的大规模且持续性的经常账户赤字与盈余。具体而言，这种资本流动主要与新兴经济体的高利率和美国的低利率有关。BIS注意到从1999年至2007年中期，美国经常账户上积累的赤字达到了4.6万亿美元，其积累的外债达到13.4万亿美元（是1998年的4倍）。有一系列原因可以解释为何这种全球不平衡得以发生，这些原因既包括新兴经济体的投资者希望在更加稳定的货币体系下持有资产，也包括新的贸易流量产生的变化。不论这些原因是什么，来自新兴经济体的经常账户盈余国——中国以及海湾地区国家——正在为西方国家的债务付出代价。
- 实际利率长期低迷：对通货紧缩的担心导致西方的政策制定者给出了一个以低利率为特征的货币政策。比如在美国，从2001—2005年之间联邦基金利率一直低于1%，在大部分时期实际利率都是负的。在欧元区，同一时期的实际利率大致在1%之间，在日本这一利率则更低。相比于其他国家和地区，美国推行低利率政策产生的影响更大，因为绝大部分的国际合同都以美元结算，大部分固定汇率或者近似于固定汇率的国家都用美元作为参考货币。低利率的经济环境会带来以下的影响：

它导致大部分工业化国家信贷激增，从2003年至2007年中期，美国和英国的年度信贷增速分别是7%和10%。这些激增的信贷中大部分是住房抵押贷款，从而助推了房地产价格。

低利率提高了生息资产的折现价值，从而推高了资产价格（记得回顾债券价格和利率之间的负相关关系）。BIS 报告指出在 2003—2007 年之间，美国和英国的房地产价格上升了 30%。同一时期全球股票市场则上升了 90%。

低利率环境鼓励银行以及其他机构承担更大的风险，以此来满足它们许诺给多种长期金融合约的高名义回报。比如，资产管理人可能通过投资共同基金或进行其他类别的投资来满足高的名义收益，如果他们坚持持有普通的资产组合，那么这类收益可能很难达到，于是他们倾向于进入回报更高（同时风险也更大）的投资领域以满足客户需求。于是低利率带来了更大的风险承担。

上述这些因素——信贷猛增助推房地产市场价格和消费行为，同时也促使人们期望获得更高回报——"扭曲了一些国家的宏观经济结构"，其中最主要的国家就是英国和美国。

微观经济因素

从 2007 年年中的信贷危机开始，一系列微观经济因素导致接踵而来的金融危机变得越来越清晰。从大体上看，虽然家庭通过银行以及投资公司来处理各项商业事务，但是它们并没有注意到这些机构承担了过多的风险以及这种行为对这些机构的偿付能力所构成的威胁。受到为股东提供更高回报的激励，银行以及投资机构的管理人员开始承担更大的风险，但是他们对自己所担风险的实质并不清楚。为了能够在评级市场获得更大的市场份额，评级机构也犯了错误，它们对一些机构给予较高的评级，认为一些投资项目的风险较低，但事后发现这些机构的风险以及相应投资项目的风险很大。对保险公司而言，它们为一系列以证券化产品为主的金融工具中存在的信用风险进行承保，在承保之初，这些保险公司认为此类金融工具的风险很小，但是后来发现其风险大到足以让保险公司破产。投资银行和商业银行也开始进行越来越复杂的金融创新活动，限于人类对风险进行度量的手段有限，此类创新活动中得到的产品可能根本无法得到准确定价。BIS 对上述活动中所包含的激励错配给出了如下的简洁总结：

● 消费者自己没能保护好自己：人们对高级金融工具中具有的复杂性认识不足，消费者认为他们的投资和储蓄是安全的。"消费者深度介入的体系被认为是高级并且安全的，但事实上却是相当的复杂和不透明。"如果是由金融专家、监管者以及有经验的银行家在照看我们的钱财，那么这种方式必然是安全的吗？显然，事实证明并不安全。

● 金融机构的管理人员可以通过提高杠杆来获取更高回报：由于金融机构高管为股东们提供高回报的压力不断增加，导致这些高管愿意承担更多风险。在企业绩效评价中使用的基本标准是净资产回报率（ROE），这个指标是指为股东产生的净收益。净资产回报率等于资产回报率（ROA）乘以股东权益和资产的比值。于是，如果你持有的股东权益较少（也就是说在经营中更多使用了债务或者杠杆），那么净资产回报率就会变大。正如 BIS 指出的："这种由私人部门带来的提高金融机构杠杆水平的激励，不仅导致金融机构防范风险的能力下降，而且导致整个金融体系的不稳定。"

- 金融机构管理人员的薪酬安排进一步鼓励了冒险行为：对银行以及其他金融机构的高管而言，存在一种让他们承担大量短期风险的激励，这种激励还让他们不顾大量短期风险可能在长期中酿成的灾难性后果，因为这种做法可以提高公司回报，由于他们的收入与净资产收益率或者说股票价格相联系，所以更高的公司回报意味着更高的薪酬水平。对资产管理机构的人员而言，他们的薪酬与资产组合能否跑赢各种基准相联系，为了跨越这些标准，即使他们可能知道资产存在泡沫并有崩盘的可能性，但还是承担了过多风险。因为只要在短期内资产组合的绩效能够跑赢某些基准指标，那么他们就能获得相当数量的奖励。"在最后，由于很难从资产管理人的业绩中区分有多少来自于运气，有多少来自自身技巧，再加上确定薪酬的过程中对资产管理收入以及交易量的依赖，资产管理人和交易员会主动选择积累大量风险。"

- 评级机构的激励被扭曲：新型证券化金融产品的快速发展带来对信用评级机构的大量需求。市场上证券支持类抵押贷款（见后面一节对证券化的介绍）和其他债务工具的数量也开始激增。但是，为了让这些证券具有吸引力，投资者需要知道与抵押贷款或者其他债务支持类证券相联系的资产所具有的风险。特别的，传统的低风险（评级为AAA级）债券能够带来的收益也比较小，但是投资人希望获得高收益、低风险的投资。于是，在证券化市场中人们设计出复杂而且不透明的结构化证券，对于这种债券，评级机构往往给出较高的评级（也就是表明这些证券是低风险的）。在这一过程中，评级机构能从此类业务中赚取丰厚的利润，所以它们对这种状况十分满意，对银行来说，它们可以将得到评级的金融工具卖给投资者，所以也感到满意；对投资者而言，相比于具有相同风险等级的债券，他们可以从证券化市场中获得具有更高收益的投资工具，因而也对此感到满意。这所有的一切看上去似乎好得有点不真实，其实事实上也确实如此。

- 对风险进行度量、管理和监督的手段有限：正如我们已经了解到的，金融市场中的一系列参与者都具有承担更多风险以获取更大收益的激励，达到这一目的的一个主要方式就是利用证券化业务。银行向居民（其中包括风险较大的居民——次级贷款）提供贷款，在资产负债表之外构造新的法律结构并依赖这种结构将贷款打包成更加复杂的证券，然后对证券进行评级并通过发行其他金融工具（如短期商业票据）来为此类活动融资，由于证券已经得到评级，所以随后就可以将此类证券卖给投资者，当然银行也会选择自己持有一部分。这种相互交叠的复杂网络意味着上述活动的风险需要得到准确和有效的度量以及管理。但是，其中存在问题。很多证券化产品都是全新的，支持这类证券的资产（例如次级按揭贷款）只经历了一个很短的生命周期。于是，由穿梭于金融市场的行家操控的风险度量模型只能用经济上升期的数据来预测损失和违约状况。这就使得证券化资产的低风险性被过度夸张。风险管理专家的职责在于在更大范围内考察证券化活动的风险，但是由于此类风险基本无法得到精确量化，而且风险管理专家采取的这些行为也不产生利润，因此即使风险管理专家能够看到此类风险，他们也极少能有改变情况的有效方式："如果我们能够带来利润和奖金，凭什么还要改变做事的方式？"最后，监管者和市场往往存在一定的距离，这使得他们更加难以在这个过程中起到应有的作用，因此对金融机构承担的风险只有有限认识。而且，为了参与证券化业务，银行在资产负债表之外创设的各种法律结构都让监管者无法看清楚其活动的本质。

回过头来看，这是一个长期积累而且超越好坏之分的事件，在 Gillian Tett（2009）对金融危机作出精彩描述的一本书中，他在标题中总结道："虚幻的摇钱树：不受约束的贪婪是如何毁掉了梦想、震动了全球市场并且带来一场灾难"（Fool's Gold：How Unrestrained Greed Corrupted a Dream, Shattered Global Markets and Unleashed a Catastrophe）。

危机的阶段

在 2007 年 6 月美国次级住房抵押贷款市场出现损失之后，金融危机开始逐步袭来。BIS 指出了金融危机发展过程中的五个主要阶段：

- 第一阶段：从 2007 年夏天美国次级住房抵押贷款市场出现损失开始——2007 年 6 月到 2008 年 3 月中旬。
- 第二阶段：导致雷曼兄弟银行倒闭的事件——从 2008 年 3 月中旬到 2008 年 9 月。
- 第三阶段：全球失去信心——从 2008 年 9 月 15 日到 2008 年 10 月。
- 第四阶段：投资者开始高度关注全球经济的下行——从 2008 年 10 月底到 2009 年 3 月中旬。
- 第五阶段：出现全球经济企稳的迹象——从 2009 年 3 月中旬开始。

表 9—1 列出了上述各个阶段表现出的特征，表 9—2 则给出了信贷危机中关键性事件的大事表。在本章后半部分，我们会讨论大事表中列出的大部分事件。

表 9—1　　　　　　　　　　　　　　　危机的阶段

危机的阶段	市场和机构	发达国家		发展中国家	
		宏观条件	政策应对	宏观条件	政策应对
1. 2008 年 3 月之前：危机的前奏。	次级抵押贷款违约造成广泛的金融压力。人们不确定损失的大小和分布。在 2007 年 8 月银行间市场受到冲击时，危机开始显现；在 2008 年 3 月前，市场中出现各种紧张情绪。	增长乏力。	中央银行降低利率。在货币市场完成一系列旨在提高流动性的有目的操作。	增长稳健但是通货膨胀率攀升。很多通胀指标已经超过目标水平。	为了应对高通货膨胀，中央银行开始提高利率。
2. 2008 年 3 月中旬到 2008 年 9 月中旬：危机开始朝着造成雷曼兄弟银行倒闭的方向发展。	2008 年 3 月对贝尔斯登的并购降低了金融市场的下行风险，但是由于资产价格下跌，银行损失和资产减记的规模在扩大。更多国家受到影响。流动性危机揭示出潜在的偿付危机，这对金融机构造成进一步的压力。	虽然石油价格出现快速下跌，但是 8 月份后 G3 国家的经济还是出现了快速收缩的情况。	开始进一步降低利率。进一步加大对市场中流动性的支持。在 2008 年 9 月初，政府资助机构（Government Sponsored Enterprises，简写为 GSE）开始派人进驻一些金融机构。	在 2008 年 6 月之后，GDP 增长率进一步回落，但还是正的。中欧地区的出口开始下降。	由于高通货膨胀，利率进一步下调。

续前表

危机的阶段	市场和机构	发达国家 宏观条件	发达国家 政策应对	发展中国家 宏观条件	发展中国家 政策应对
3. 2008年9月15日到2008年10月底：全球性信心丧失。	雷曼兄弟银行在2008年9月15日破产，这导致主要国家的融资市场出现更大规模的挤兑现象。更多的金融机构出现破产苗头，开始接受国家救助。在全球范围内，信心丧失都开始对市场和国家产生影响。在史无前例的大规模政策干预之后，市场出现一些缓和迹象。	由于信心丧失，融资条件开始收紧，对宏观经济走向的预测出现大幅下调。	大幅降低利率，中央银行扩大掉期交易额度，中央银行资产负债表快速膨胀。对大型银行、存款和债务担保机构开始实施救助。	信心开始下挫，融资环境恶化。货币快速贬值。	利率下调，中央银行以更加灵活的方式提供流动性。向存款和债务担保机构注入资本。
4. 从2008年10月份底开始，到2009年3月中旬：全球经济下行。	市场充满波动性，随之而来的是显示经济形势严峻的数据被不断披露。企业盈利正在下降，人们对正在发生的政府干预存在不确定态度。经济下行意味着信贷市场的损失进一步上升。	消费下跌，随之而来的是商品贸易和GDP的下跌。通货膨胀水平下降，一些国家经历了价格下跌。	利率降低到接近于零，为非银行机构提供流动性。买断公共债务，推出大规模财政刺激政策。	由于出口不振，2008年第四季度出现GDP的大幅下跌。资本流入趋势开始逆转。	进一步降低利率，进一步降低存款准备金率。对外汇市场进行干预，扩大中央银行掉期交易额度。在一些新兴市场经济体出现大规模财政刺激政策。
5. 从2009年3月开始：全球经济下行幅度进一步加深，但是下跌速度开始放缓。	在主要国家实施政策措施之后，资产价格开始回升。但是市场信号失灵的情况仍然存在，政府为全面提振全球金融市场信心所作出的干预措施没有收到预期效果。信贷市场的损失进一步增大。	消费和生产继续下降，经济表现出一丝触底回升的迹象。	一些国家进一步降低利率。为缓解银行困境设定各种规则。	股票市场开始恢复，汇率得到稳定。	为了支持新兴经济体，来自外部的融资不断增加。

资料来源：BIS Annual Report 2008/09, Table 1.1, p.15, www.bis.org/publ/arpdf/ar2009e.pdf。

表9—2　　　　　　　　　　　金融危机大事记

	2007年
8月9日	在抵押贷款和信用贷款市场出现的问题开始影响到银行间货币市场，当时，资产支持类商业票据发行人对未偿还票据进行期展时遇到问题，由于其持有的证券估值不稳定，所以大量投资资金被冻结而无法赎回。
12月12日	5个主要货币区的中央银行宣布要协调行动，以此来应对短期融资市场出现的压力，其中包括建立美元掉期交易额度。

	2008年
3月16日	在一项由美国政府支持的交易中，摩根大通同意收购贝尔斯登银行。

6月4日	穆迪和标准普尔公司对专业保险公司 MBIA 和 Ambac 给出负评级,人们开始再次担心这些公司发行的证券会出现价值损失。
7月13日	美国政府宣布了它们对美国两大房地产抵押贷款金融公司(即房利美和房地美)的救助计划,其中包括购买这些机构的股票。
7月15日	美国证券交易委员会宣布一项法案,对裸卖空(naked short selling)做出限制。
9月7日	政府开始接管房利美和房地美。
9月15日	雷曼兄弟银行满足《美国破产法》第11章规定,开始进入破产保护程序。
9月16日	美国大型货币市场基金 Reserve Primary 的价值跌破 1 美元,引发大量的基金赎回行为;美国政府开始对保险公司 AIG 提供帮助(在之后的几个月里,美国政府被迫多次增加或者重新构造对 AIG 提供的救助措施)。
9月18日	中央银行通过联合行动来增加 1 600 亿美元的掉期交易额度,以此来缓解美元融资市场的紧张局面;英国政府开始禁止对金融股票进行卖空。
9月19日	美国财政部宣布对货币市场基金进行暂时的担保;美国证券交易委员会宣布禁止对金融股进行卖空;美国财政部提出的价值 7 000 亿美元的救助计划的细节开始出现,这一计划旨在帮助银行把问题资产从资产负债表中剥离(即"问题资产救助计划",Troubled Asset Relief Program,简写为 TARP)。
9月25日	政府接管了华盛顿互助银行,这家银行是美国最大的储蓄和贷款银行之一,拥有 3 000 亿美元的资产。
9月29日	英国抵押贷款商布拉德福德-宾利银行被国有化;银行和保险业巨头富通集团开始接受来自欧洲政府的资本注入;德国商业地产贷款商裕宝地产(Hypo Real Estate)从政府那里获得可以保证银行安全的一笔贷款额度;出现问题的美联银行被接管;酝酿中的"问题资产救助计划"没能获得美国国会的批准。
9月30日	德克夏金融集团接受政府资金注入;爱尔兰政府宣布对爱尔兰 6 大银行中所有的存款进行担保,其中包括债券以及高级和次级债务;在之后的几周中,其他政府也采取了类似的策略。
10月3日	美国议会通过了经过修改的"问题资产救助计划"。
10月8日	世界上主要国家的中央银行同时降低利率;英国政府宣布了一项涉及广泛的救助计划,其中包括对非英国银行进行救助。
10月13日	世界上主要的中央银行宣布,为了减轻货币市场压力,它们会向市场提供无限的美元资金;欧元区政府提出系统性的银行再融资计划;报告称美国财政部计划投资 1 250 亿美元来购买 9 家主要银行的股份。
10月28日	匈牙利从 IMF 和其他跨国组织中获得 250 亿美元的救助,目的在于阻止持续不断地资本流出,以减缓货币压力。
10月29日	为了抗击全球性的美元融资收缩,美联储同意与巴西、韩国、墨西哥以及新加坡完成掉期交易。
11月15日	G20 国家希望共同努力、加强交流,以此来保证全球经济增长以及对全球金融体系的改造。
11月25日	美联储创造了 2 000 亿美元的授信额度,以此来缓解消费者和小额商业贷款支持类证券;此外它还分配 5 000 亿美元用以购买美国住房中介机构发行的债券和抵押贷款支持类证券。
2009 年	
1月16日	爱尔兰官方接管了盎格鲁爱尔兰银行;与 2008 年 11 月份救助花旗集团的方式相同,美国官方同意以优先股的方式对美国银行进行救助,并对其问题资产进行担保。

1月19日	作为一揽子救助计划的一部分,英国官方提高了它在苏格兰皇家银行的股份比例。几天后其他一些国家当局也采取了类似的救助模式。
2月10日	美国官方为救助金融业提出了一个新的方案,其中包括一个"公私投资计划"(Public-Private Investment Program,简写为 PPIP),该计划希望筹措1万亿美元来购买有问题的资产。
2月10日	G7集团的财政部长和中央银行行长们再次重申他们会使用一切政策手段来保障经济增长和就业,同时增强金融部门的实力。
3月5日	英格兰银行提出一项价值大约等于1 000亿美元的方案,旨在买断3个月以上的私人部门和政府债券。
3月18日	美联储宣布购买最多不超过3 000亿美元,时间在6个月以上的长期国债计划,同时还提高了计划购买的美国房地产中介机构发行的证券数量。
3月23日	美国财政部为2月份提出的"公私投资计划"提出了具体的操作方案。
4月2日	在G20峰会上通过决议,各国宣布共同努力来恢复信心和经济增长,其中包括加强金融体系的一些措施。
4月6日	联邦公开市场委员会与英格兰银行、欧洲中央银行、日本中央银行以及瑞士国民银行一起为一个新的外汇流动性掉期提供暂时帮助。
4月24日	美联储提出了对19家最大银行的财务稳健性进行压力测试的具体细节,指出目前这些银行拥有的资本水平已经超过稳健经营所需要的资本金水平。
5月7日	欧洲央行委员会在原则上决定欧元体系将会购买以欧元为主的债券;美国官方发布了压力测试的结果,发现其中有10家银行存在总计为750亿美元的资本缺口,可以通过购买普通股的方式进行融资,以此来弥补这一缺口。

资料来源:BIS *Annual Report 2008/09*,pp.18-19,www.bis.org/publ/arpdf/ar2009e.pdf。

证券化以及它如何助推了金融危机

证券化的开始

有一个领域被人们广泛认为是导致这场金融危机主要原因,这个领域就是由银行推动的证券化业务的大规模增长。这一活动对居民房地产市场的融资产生重大影响,同时还提高了银行管理资产负债表上贷款数额的灵活性。很多人认为次级抵押贷款市场的崩溃以及相应的证券化产品是信贷危机的起源。

美国证券化业务开始于发生在20世纪80年代中期的储贷协会(savings and loans associations,简写为 S&Ls)的破产(这种协会在很多方面都类似于英国的建筑协会)。从传统上看,储贷协会吸收居民储蓄并使用这些资金为长期抵押贷款融资。在20世纪80年代中期,由于利率上升,储贷协会必须向居民支付更高的利息才能吸收存款,但是(由于各种限制)长期抵押贷款的利率则无法改变,于是储贷协会的收入无法补偿融资成本,整个行业面临崩盘的局面。正因如此,储贷协会开始进入风险更高的商业地产贷款,试图以此获得更高回报,但这一尝试的结果却是大规模的亏损。在当时,美国还对跨州经营的银行进行限制，因此很多储贷协会的贷款都集中在某个特定区域（也就是说，从地理上看，抵押贷款的资产组合没有做到完全的多样化），但是得克萨斯和加利福尼亚等地区在20世纪80年代又出现很高的违约率。

储贷协会面对的上述危机困境导致美国监管当局开始设立重组信托公司（Resolution Trust Corporation），这一公司开始着手剥离储贷协会的账面资产并将这些资产卖给投资者以及其他银行。在这一过程还是出现了相当大的成本——它导致美国纳税人损失大约1 500亿美元——但确实避免了银行系统可能发生的一场系统性崩溃。

上面提到的这一过程——储贷协会从资产负债表中剥离资产，然后将其卖给投资者——是第一次大规模进行的证券化。人们认为这种方式能够解决储贷协会面临的问题，它使得按揭贷款人可以放松资产负债表所带来的流动性约束。从另外一方面看，银行的贷款活动再也无需依赖储蓄，因为银行可以制造贷款，然后以证券的形式将贷款卖给投资者，以此达到为贷款活动融资的目的。上述两类为信贷融资的不同方式又被描述为：

● 贷放—持有模式（originate and hold model）：贷款人找到借款人，形成贷款并在资产负债表上持有这笔贷款，直到贷款到期——这是传统的贷款方式。

● 贷放—分发模式（originate-to-distribute model）：贷款人找到借款人，形成贷款然后将贷款（打包形成债券）卖给投资者——这就是证券化的方式。

在证券化之前，银行只能基于既有的资产负债表从事贷款业务，贷款数量受到限制；在为贷款进行融资的新模式下，银行可以将贷款卖给其他银行以及投资者，从而使这笔贷款从资产负债表中消失，释放出的资本金则让银行可以放出更多的贷款。

美国政府资助企业的作用

推动美国证券化业务发展的一个主要推力是由政府资助企业完成的抵押贷款支持证券（MBS）的快速发展。在美国，主要的政府资助企业是房利美和房地美。

在证券化业务开始发展之前，美国就存在政府资助企业，此类企业的目的在于帮助美国居民实现居者有其屋。只要满足一定条件，由银行或其他组织发放的抵押贷款就可以卖给房利美和房地美。这两家政府资助企业再将来自不同地区的贷款打包在一起后放在金融市场上以MBS的形式卖出。这是证券化过程的第一阶段，即投资者获得MBS等金融资产，这些资产的收益实际上是政府资助企业持有的抵押贷款池所产生的收益。对投资者而言，他们需要承担一些风险，其中主要是利率风险。但是，重要的是抵押贷款中存在的违约风险都由政府资助企业承担，这些企业向购买证券化抵押贷款的投资人作出担保，保证抵押贷款不会带来违约损失和还款损失（与提前还款相关的损失）。因此，至少从理论上看，投资者获得的是低风险的投资类证券，因为这些证券都由质量很好的抵押物/证券——即一个多样化的抵押贷款池——给予支持。而且，由于政府资助企业拥有隐性的政府支持——即使没有正式的担保协议，这些企业也被视为由联邦政府信用作担保——它们可以在最优惠的利率水平（只比国债高1~2个基点，因为投资者认为政府资助企业的信用等级和联邦政府接近）上完成融资（以债券的形式）。这意味着政府资助企业可以用低成本融来的资金去购买MBS，而此类证券实际上又是它们自己创造的。

在过去的这些年中，政府资助企业的证券化活动有着相当高的利润，因此它们经营的这类业务出现飞速发展，直到美联储主席格林斯潘以及其他一些监管者开始推动一系列的监管约束。在2000年早期，政府资助企业是抵押贷款市场上的主要参与者，同时也占优质抵押贷款市场的绝大部分份额。此外，为了体现政府担保所带来的资本优势，美国国会鼓励（有些人说是推动）政府资助企业为低收入家庭提供更多贷款，因此它们还购买了次级抵押贷款，并在2003年以后进一步扩大此类资产组合。

在2007年夏天，随着次级抵押贷款市场上违约现象的增加，政府资助企业开始大规模减记资产，于是这些企业开始亏损。根据住房服务企业的监管方——美国联邦住房企业监督办公室（Office of Federal Housing Enterprise Oversight）披露的信息显示，到2007年末房利美和房地美减记了大约150亿美元的资产。但是即使出现这类问题，到2007年末，房利美和房地美仍然是新增抵押贷款证券的主要购买者，在2007年第四季度，大约75%的新增抵押贷款由房利美和房地美购买。在2008年7月，随着投资者开始担心政府资助企业所持有的大规模MBS的价值（估计约有5万亿美元）可能会缩水，导致此类企业的股票价格出现大幅下跌，于是联邦政府只能介入，它在2008年9月收购了政府支持企业。

我们还需要注意到的是，虽然这里对证券化过程的讨论主要关注政府资助企业在其中扮演的角色，但是其他金融机构也在发行MBS。由于政府资助企业的初衷是提高美国公民的住房拥有率，所以它们只参与一定规模以内的抵押贷款，而且购买的抵押贷款的信用风险都比较适中。正因如此，另外一些机构则倾向于参与大额住房抵押贷款，或者具有较高风险的次级贷款市场。这段历史可以帮助我们回顾次级抵押贷款市场的发展。

次级贷款

美国次级抵押贷款业务（以及相应的证券化过程）的增长值得我们给予特别关注。次级（subprime）指的是具有较高风险的借款人——不能算作优质借款人的个人——借入的贷款。从2003年中期开始到2004年中期，向次级借款人提供的按揭贷款规模从2 000亿美元增加到5 000亿美元，并在2005—2006年之间达到顶峰6 000亿美元。在这一时期次级抵押贷款占美国居民新增抵押贷款的20%。

对银行来说，次级抵押贷款吸引人的地方在于它可以提供比优质抵押贷款更高的利率——大约比优质贷款的固定利率高2%。在低利率环境下，这对银行极具吸引力，而且银行还可以用证券化的技巧来为此类贷款行为融资。于是，将次级贷款作为MBS和CDO对应的基础资产，从事证券化的机构在为证券化产品提供富有竞争力的回报的同时，还提高了自身的盈利能力。

因此，无论是出于证券化的目的，还是处于投资的目的，次级贷款都是一类极有吸引力的投资品种。而且证券化业务开始成为金融中介机构的一个主要的利润来源，同时也被资产管理公司视为无可替代的收益增强机制。到 2006 年，大约 81% 的次级贷款都已经完成证券化。当次级抵押贷款的借款人开始由于房地产价格下跌而出现违约时，此类贷款的证券化业务规模突降，并进一步助推了信贷危机。

当代的证券化业务

在上文中我们解释了美国证券化业务的起源以及政府资助企业在这一业务发展过程中起到的作用。不过，政府资助企业并不是发起抵押贷款的机构，抵押贷款由银行发起，政府资助企业只是从银行购买抵押贷款并将这些贷款打包在一起后卖给其他投资者（或者自己直接投资于 MBS）。一般来说，证券化指的是将存在一定信用风险的资产、传统的居民按揭贷款（不过，现在的情况是还包括其他一些信用类产品，比如汽车贷款、信用卡应收款或者其他任何能够产生预期现金流的信用）混合在一起，然后再卖给一个特殊目的公司，由这个公司发行证券来为资产购买进行融资。由特殊目的公司发行的证券往往是固定收益类工具——比如，由按揭贷款支持的就是按揭贷款支持证券，由其他各种类型贷款支持的证券就是 ABS——这些证券都会卖给投资者，其本金和利率依赖于相应的金融资产池能够产生的现金流。图 9—1 就绘出了这一过程。

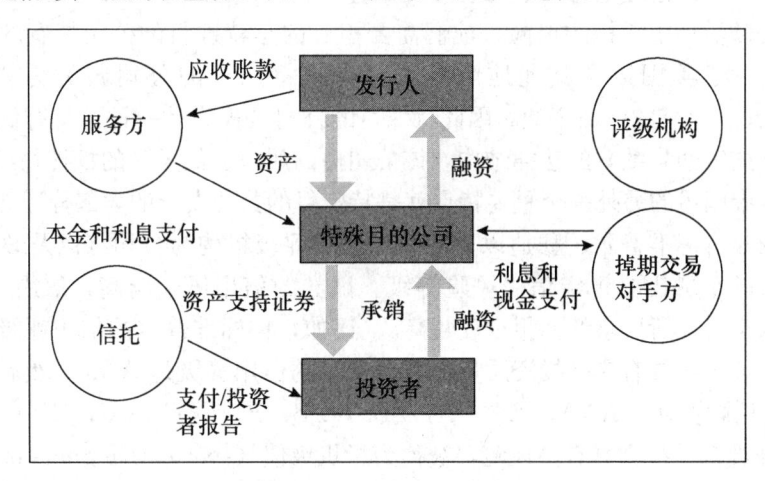

图 9—1　证券化过程

资料来源：Berger et al., 2009a.

下面的内容介绍了证券化过程的主要特征，来自于 Berger et al.（2009a）的精彩叙述。证券化过程的主要阶段是：

● 阶段 1：抵押贷款（或者也可以是其他类型的贷款）发起人发出这笔贷款。

● 阶段 2：特殊目的公司从贷款发起人手中购买抵押贷款（或者其他类型贷款），这一过程被称为"真实出售"（true sale）。（注意到很多大型银行为了完成抵押贷款证券化业务，都会创设自己的特殊目的公司。）"真实出售"的目标是保证基础资产（抵押贷款或其他类型的贷款)产生的现金流不再与贷款发起人的偿付能力相关。更简单地说,如果发起贷款的银行的偿付能力出现问题,从法律上看特殊目的公司是与贷款发起人独立的,于是被购买的贷款也会变得安全。除了持有和购买基础资产并将证券打包后出售之外,特殊目的公司不再执行其他任务。这种业务结构降低了特殊目的公司破产的可能。

● 阶段3:通过特殊目的公司,投资者购买证券(经过信用评级的)的资金可以转给贷款发起人。

● 阶段4:特殊目的公司会指派一个服务商来收集基础资产带来的本金和利息。

● 阶段5:参与交易的另外两个关键方,一是掉期交易对手方(一般而言,与基础资产池相关的任何利率风险以及货币风险都可以通过使用一系列的掉期交易来实现对冲)。二是受托人,他的任务是保证资金从服务商转移到特殊目的公司,同时也要保证投资人获得债券合约中承诺过的回报(依照不同的规则,受托人需要向购买资产支持类证券或者抵押贷款支持类证券的投资者按照不同利率完成多次支付,支付的时间和利率与证券背后的资产分割方式有关——不同份额的资产用来支撑不同风险水平的证券,下面进行解释)。

所有的一切看上去都相当复杂(确实也比较复杂),但有一点值得关注,如果发起贷款的机构(比如发放贷款的银行)破产,特殊目的公司持有的抵押物(基础资产)的价值将不会发生变化,服务商还是可以继续保障来自于基础资产的支付,从特殊目的公司处购买证券的投资人也还是可以获得利息和本金支付。因此(从理论上看),投资者不用担心银行在贷款活动中承担的风险,他们需要担心的是特殊目的公司持有的基础资产的信用等级——由于美国以及其他地区的监管方将特殊目的公司归类为"远离破产"(bankruptcy remote)的一类企业,因此特殊目的公司被视为是一种可持有低风险、分散化抵押贷款(或普通贷款)的法律结构,该公司由高质量、低风险的抵押物组成。

在阶段3中阐述的另外一个重要特点就是特殊目的公司发行的大部分证券都是经过评级机构评级的——标准普尔、穆迪以及惠誉。信用评级机构为公司(以及政府和其他公共实体)发行的金融工具评定信用风险等级。证券的信用风险越高,信用等级就越低,投资者持有这类资产所要求的回报也就越高。(比如,在标准普尔的信用评级分类中,最低信用风险,或者说具有最高投资质量的金融工具的信用等级是AAA。然后,信用评级从高到低可以排序为一AAA,AA,A,BBB,BB,B,CCC,CC,C,D。任何低于BBB评级的证券都被视为具有高风险,被称为投机级债(speculative grade bond)或者说垃圾债券。)为了向购买MBS或者ABS的投资者保证一个高的信用等级,特殊目的公司会要求评级机构对证券给出的信用评级要能够反映整个基础资产池的信用风险水平。也许资产池中贷款的信用质量较低,但是通过将所有这些存在一定信用风险的资产放在一起可以获得多样化的效果,特殊目的公司持有的整个资产组合的信用质量则可以得到提升。

此外,通过多种信用增级技巧,比如第三方担保(由保险公司来保障资产价值),超额抵押(overcollateralization,即资产池中的资产数量超过发行的证券价值)以及超额利差(excess spread,即贷款发起人,也就是说银行,向特殊目的公司注入一笔现金,这笔现金可用来支付最早出现的一些损失),资产组合的风险可以得到进一步改进。所有这些方法都能让 ABS 或者 MBS 变得可被评级，多种信用增级手段则被广泛地用于提高证券对投资者的吸引力。

另外一个重要特点与特殊目的公司的负债分割方式有关，由此得到的不同类型证券具有不同的风险和期限结构，从而满足不同投资者的需求。在最简单的情况下，由特殊目的公司发行的证券可以分成三个主要部分，每部分都可以拥有不同的风险/收益特征：比如，高级分券（senior tranche，风险最低，拥有最高信用等级，基本上是 AAA 或 AA）、夹层分券（mezzanine tranche，可以进行评级，信用级别在 BBB 或以下）以及无法评级的权益分券。

在实际中，对证券进行的分割会远大于三类，比如高级分券又可以进一步分割为次级分券（sub-tranches 或者 tranchettes），在次级分券中的资产往往具有相同的信用评级，但是到期日不同。在分割过程中的一个重要特点是所有的分券都由相同的资产池来支持，如果资产池中的一些资产出现违约，可能会出现一个付款瀑布的现象（cascade of payments），即风险最高的那个分券——权益分券——首先遭受损失。如果损失很大以至于超过权益分券的价值，那么夹层分券就会遭遇损失，以此类推到高级分券。资产组合中的资产获得的收入要首先支付给高级分券（投资者），如果资金有剩余，再支付给夹层分券，以此类推直到权益分券。

由于权益分券的高风险特征，传统上看贷款发起人（银行）会将一部分权益分券放在自己的资产负债表上——以此提高资产池中基础资产的信用水平。而且这样做还使得银行可以继续监控借款人的信用质量。但是在最近这些年，卖给类似对冲基金之类的投机者的权益类分券的数量在上升。因此，一旦贷款发放，证券发行人（银行）就不再有很强的激励去监控借款人的信用质量，因为所有风险都以证券化资产（MBS 和 ABS）的形式存在并由投资人（通过特殊目的公司）承担。

一般来说，与美国政府资助企业类似，特殊目的公司持有的贷款池主要是由大量规模相对较小的抵押贷款组成的，这种结构可以包含一系列范围广泛的信用产品，比如汽车贷款、学生贷款、信用卡支付以及其他一些资产。虽然可以通过信用增级技巧来降低此类基础资产的违约风险，但还是无法让资产与主要的冲击相隔离——例如房地产价格暴跌或者经济运行速度下跌等宏观冲击。

从 2007 年早期到中期，美国次级抵押贷款市场积累了一系列的违约事件，房地产价格开始下跌。正如我们在前面了解到的，80% 的次级抵押贷款都被证券化，它们和高质量的抵押贷款结合在一起，接受过信用增级并在特殊目的公司完成分割。抵押物价值降低后，投资者注意到他们拥有的投资价值正在快速蒸发。而且证券化后资产具有的复杂结构还意味着很难对证券进行定价，因为证券对应的抵押物价值几乎无法得到精确估计。那些被评级机构评定为低风险，信用等级在投资级的证券开始变得具有投机性，从而无法卖出。这就加剧了次级抵押支持证券市场的崩溃。由于不知道交易的对手方持有多少数量的证券化资产，也不知道它们将多少此类资产放在资产负债表外，所以银行之间也不再相互借钱。于是银行间市场停止运行，为此，中央银行不得不在 2007 年末向市场注入短期资金。在一股新的证券化浪潮下，情况变得更加复杂。我们在接下来的部分对此进行解释。

对证券化进行证券化：最近的发展

以 CDO 为首的一类证券的创造，形成了证券化过程的新潮流。CDO 的发行人可以购买 MBS 中的不同分卷，将它们与资产支持类证券（由汽车贷款、学生贷款、信用卡支付和其他一些资产支持证券）混合在一起。然后对此类证券进行分割，其方法和我们在上面提到的类似：高级 CDO 由评级较高的 MBS 和 ABS 所支持，夹层分卷则混合了相当比例的高级分卷。相比之下，MBS 的基础资产池由实际的抵押贷款组成，而对于 CDO 来说，基础资产池由获取抵押贷款收益的证券组成。因此，CDO 可被视为是经过二次证券化的证券。一旦 ABS 和 MBS 组成资产池，就可以对证券进行分割，还可以通过特殊目的公司来发行具有多种风险/收益组合和到期期限的 CDO。CDO 可以由一系列的资产构成，还被赋予过不同的名字，其中包括：

- 企业债——CBOs。
- 企业贷款/杠杆贷款——CLOs。
- BBB ABS——夹层 CDO。
- CDO 的其他分卷——双层担保债务凭证。

评级机构广泛参与了对 CDO 或类似证券中不同分卷的评级，证券发行人也使用信用增级技巧来降低各类分卷中存在的信用风险，以便于吸引投资者。在 2007 年，美国 CDO 的发行规模达到 3 000 亿美元。CDO 的出现——或者说对证券化资产（ABS 和 MBS）的再次证券化——使得当次级抵押贷款市场崩溃时，对此类金融工具的风险和价格进行的评估变得更为困难。在 2007 年，很多高级别 CDO 都遭遇重大损失，这反映出这些工具获得的高信用评级实际上是一种幻象。

另外一类重要的证券化产品**是资产支持商业票据**（asset-backed commercial paper，简写为 ABCP）。资产支持商业票据（从某些方面看）与传统的 ABS 类似，因为它们都是用一系列基于商业票据的融资而构造的 ABS。一般来说，资产支持商业票据使用短期债（到期日在一天到几个月之间）来为信用资产池进行融资，此类信用资产池主要由贸易中出现的应收账款、企业贷款、抵押贷款、CDO 的分卷或者其他一些来自市场的信用资产组成，其中还可能包括美国次级抵押贷款。此类产品的负债（也就是通过短期债融到的资金）期限较短，但是资产的期限较长，因此资产支持商业票据存在较大的期限错配（说得更平常一些，就是特定类型的由银行设立的特殊目的公司（如**特殊投资工具**（special investment vehicles））发行短期资产支持商业票据，来为资产池中的资产融资，通过不断借款来满足自己的发行）。特别的，发行人会为此类证券提供流动性支持（信用增级或者其他类型的担保），以便消除投资人对流动性不匹配的担心。很多银行（特别是美国的银行）利用这种类型的证券结构，在特殊目的公司中持有规模庞大的中期贷款资产池，然后通过发行短期商业票据来为特殊目的公司融资。它们可以在很具吸引力的利率水平上获得融资，然后在特殊目的公司中持有高收益资产，但在这种模式下它们不再受资本金要求的约束（如果它们将此类资产放在资产负债表上，将会消耗大量资本）。随着信贷危机的开始,资产支持商业票据市场中的流动性开始锐减,这迫使银行执行它们曾经向特殊投资工具承诺的流动性担保,这又进一步迫使很多银行将此类资产放回资产负债表(因此承受大量损失)。由于在2007年,资产支持商业票据市场的规模大约在1.4万亿美元,所以此类活动的下降对银行绩效带来严重危机,时至今日我们还在承受此类危害。

评级机构和专业保险公司起到的作用

如果没有下面两类重要的参与人——信用评级机构和专业保险公司(monoline insurers)——银行将无法通过证券化手段来广泛参与资本市场活动。正如我们早先解释过的,通过为特殊目的公司发行的证券中的不同分卷给出评级,评级机构在为很多证券化资产进行吹捧的过程中起到了关键作用。但是由于很多资产证券化过程缺乏透明度——特别是CDO和资产支持商业票据——投资人作投资决策时将十分依赖评级机构给出的评级,将其当作风险/收益特征的基本指引。主要的评级机构使用复杂模型来计算证券化资产的违约概率,同时还为发行人提供建议,告诉他们如何构造证券化资产(例如CDO等)以便于最小化融资成本。简单地说,与公司债或者其他债务市场(如银团贷款)流行的消极评级模式不同,评级机构积极参与了证券化过程,它们为创造结构更加复杂的产品提供建议并从中收取数量不菲的咨询费。证券发行人还可以到处物色评级机构,以便为其产品获取一个更具吸引力的评级。所有这些带来的就是信用评级机构利润的暴涨——从2002年到2006年,穆迪的利润增加了3倍,最终达到7.5亿美元,其中绝大部分来自于为证券化和结构化产品提供的咨询服务。

正如我们之前看到的,人们批评评级机构在为证券化交易中各类分卷(特别是对高级分卷)进行评级时太过仁慈。而且(从上文中也可以推断出)很多评论家也指出,当为证券化资产进行广告和评级成为评级机构收入的主要来源时,就出现了利益上的冲突,这可能导致评级机构对结构化证券发行人进行评级时不能得到十分准确的结果。最近美国政府提出要对评级机构设置更为严厉的监管措施。在2009年7月,《金融时报》的报道指出,这项提议可能会要求评级机构不可为它们进行评级的公司提供咨询服务,同时还要披露评级过程中的收费情况,不过这样做并不会使评级机构的业务模式发生重大变化。在欧洲,监管层推出了更为严厉的监管措施,旨在建立一个监管机构来全面监督评级机构的活动。

很多带有证券化结构的产品都要用到信用增级技术,这项技术的目的是在ABS、MBS以及CDO等证券化产品的发行过程中降低基础资产具有的风险。提供信用增级服务的企业被称为专业保险公司(monoline insurance companies),在这个市场上的主要运营商是MBIA和Ambac。这两家美国公司在20世纪70年代出现,当时它们为市政债提供保险。专业保险公司往往拥有强大的资产负债表,它们会向市政债发售违约保险——政府购买这个保险后可以获得更高的评级(类似于AAA),从而支付的债务成本可以得到降低。专业保险公司通过提供此类业务获取收入。

随着时间的推移,专业保险公司开始拓展它们的业务范围,逐渐涉足MBS的证券化过程，并在后来进一步涉足 ABS 和 CDO 的证券化过程。在 2008 年初，7 家（评级为 AAA）专业保险公司为与次级按揭抵押贷款相关的价值为 1 000 亿美元的 CDO 承保了违约风险。

专业保险公司可以通过两种方式来完成信用增级：通过传统的信用保险以及通过使用一些风险管理工具，比如**信用违约掉期**（credit default swap，简写为 CDS）。CDS 与信用保险十分相似，但是二者在监管上存在巨大差别。一项 CDS 的交易会包括违约风险保护买方（protection buyer，比如一个 CDO 的发行方希望提高信用评级，降低违约风险）和违约风险保护卖方（protection seller），这里违约风险保护卖方在承担违约风险的同时获得一笔固定的收入流，但是 CDS 不受任何监管机构的监督，从而在 CDS 的交易中无法保障卖方违约时它还能有足够资金来完成 CDS 中达成的支付承诺。

一般而言，通过购买信用保护（无论是通过信用保险还是通过 CDS）可以降低抵押贷款支持类证券的信用风险，使得此类证券可以获得 AAA 级的评级。而且，如果人们认为风险较低，那么信用保险的成本也会相应降低。但是，当次级抵押贷款危机导致各类资产支持类证券崩溃时，事情就不是这样了。比如，在 2006 年的时候，由瑞士信贷发放的一笔 CDO 出现违约的情况，这只证券总计 3.41 亿美元的价值几乎消失殆尽。但是，瑞士信贷为其高级分卷（但不是夹层分卷）向 MBIA 购买了信用保险。当时，夹层分卷持有人几乎丧失了所有价值，但是大部分 AAA 级分卷持有人则获得了 MBIA 的保护，因为 MBIA 公司不得不向他们赔偿 1.77 亿美元来弥补这笔投资上发生的损失。在 2007 年，由于次级抵押贷款市场的崩溃以及证券化业务的低落，专业保险行业损失巨大。在这个行业中最大的两个公司总计损失 45 亿美元，而且还失去了 AAA 评级。（在 2009 年 7 月，标准普尔将 Ambac 的评级降至投机级，当该公司警示当年会出现 24 亿美元的亏损后，评级从 BBB 降至 CC。）

在专业保险公司之外，对冲基金以及其他的一些主要的保险公司也积极参与了信用保险业务。在此过程中最有名的当属 AIG，当时有报道称该公司在信用保险业务上做了 4 460 亿美元的业务（主要以卖出 CDS 的方式）。到 2008 年底，该公司发出的 CDS 的账面损失已经达到 300 亿美元，因此联邦政府不得不在 2008 年 9 月进行救助。丹佛投资咨询公司（Denver Investment Advisors）的马克·麦基西克（Mark McKissick）在评价 2009 年 3 月 AIG 的破产事件时曾说："人们承担风险，但是市场没能完全反映出这些风险的价格，它走偏了……信用违约掉期市场就是泡沫的一部分。"

证券化的影响及其未来

证券化业务的增长增强了银行与资本市场之间的联系。从积极的方面看，证券化业务可以帮助银行更有效地管理资产负债表，以便于让银行承担它们最希望承担的风险，这带来的就是对资本金的更有效的使用以及在整个金融体系中对风险进行更好的分配。这一过程还为银行以及其他金融中介机构带来额外收益，提振了这些机构的财务表现。如果证券化过程受到很好的管理和正确的监督，那它确实可以带来收益，但是我们知道自信贷危机以来，证券化显示出严重负面影响。

美国财政部长蒂姆·盖特纳在 2009 年 7 月 23 日向众议院金融服务委员会（House Financial Services Committee）提交的书面证言中总结了证券化为什么出现问题以及未来需要加强监管的领域：

> 贷款发放人没能获得足够的信息来了解借款人的收入和偿付能力。券商没能为它们希望购买的贷款设置一个高标准，这导致承销标准降低。投资者则太过依赖评级机构，但是评级机构进行评估的流程被证明无法与它们面对的金融工具的复杂性相匹配。在各类案例中，缺乏透明度导致投资者无法完全理解他们所承担的风险。为此，总统准备对从事证券化的机构提出要求，要求它们持有被证券化的风险头寸的 5%；而且还要求提高贷款数据的透明度以及标准化程度，以便于投资者进行尽职调查并检查相应的金融工具是否符合市场规则；对信用评级机构来说，不允许它们向正在接受评级的公司提供咨询服务，要求它们对结构化产品和其他产品区别对待，同时披露任何证券发行人所进行的兜评揽评（rating shopping，即向给予最高评级的那个机构支付评级费用）行为。

随着次级抵押贷款市场的崩溃，证券化业务规模突降，那些大量参与此类业务（用自己的账户发行或者投资 CDO 以及其他资产支持类证券）的银行经历了严重亏损（如果没有因此而破产的话）。到 2008 年底，彭博社的报告指出银行在美国次级抵押贷款市场崩溃中遭受的损失达到了 7 446 亿美元——其中美联银行遭受的损失最大，达到 965 亿美元，排在其后的是花旗银行出现的 672 亿美元损失以及美林银行出现的 559 亿美元损失。

最近这次金融危机的最大特点就是银行遭遇的损失大多与证券化业务有关。因此，美国和欧洲的监管当局都宣布要进一步限制证券化业务。

美国的信贷危机

随着次级抵押贷款市场的终结以及此类市场中贷款和证券产品价值的损失，信贷危机开始爆发，从那时起美国的银行体系就开始遭遇创伤。在 2000 年，次级抵押贷款证券产品以及其他的按揭贷款支持类证券（也被叫做结构化信用产品）的发行数量是 1 500 亿美元，到 2007 年这些产品的发行数量上升到 1.2 万亿美元。正如我们刚才解释过的，这些产品数量的猛增都基于一个信念（即使有些产品十分复杂），即它们都是由信用状况良好的抵押物（主要是房地产价值）来支持的，在同一时期，房地产价格也出现猛增，导致人们觉得高风险抵押物的风险看上去也相对较小。在 2007 年年中之前，一切都是那么美好，结构化产品的需求一直十分景气。由于此类产品比其他同类评级的投资工具具有更高的收益，因而吸引了大批投资者。此类产品还吸引了银行业，因为它有助于剥离信用风险并将其卖给投资者，从而使银行可以降低为满足监管要求而设置的资本金。整个这一过程看上去都是有利可图的，因为它可以实现在大量的、不同类型的投资者之间分散风险。

在 2006 年美国信用循环达到顶点的时候，大约 20% 的抵押贷款是次级的，大约 75%

的抵押贷款都完成了证券化，其中有80％由AAA级商业票据支持。当2006年后期美国次级抵押贷款开始出现赎回和违约时，此类资产支持证券的价值开始大幅下跌，其中此类结构化产品的复杂程度起到了特别作用，而且银行的表外金融工具缺乏透明度，上述两点因素相互叠加，导致人们几乎难以对此类产品进行估值。持有次级抵押贷款支持证券的投资者不知道他的投资该值多少钱，银行也开始终止相互间的贷款，因为它们也不知道其他银行的表外结构化信用工具可能造成的损失规模。当美国房地产价格开始下跌时，就出现优级和次级借款人不断违约的情况，这进一步对证券化抵押品价格带来下跌压力，也对银行的不良贷款造成冲击。最终银行间市场的流动性全面枯竭并演化为"信贷崩溃"。美国信贷危机的一系列关键事件如表9—3所示。

表 9—3　　　　　　　　　　　美国信贷危机：关键事件

2007年12月	美联储引入"定期拍卖工具"（Term Auction Facility，简写为TAF）。这是一个暂时性的计划，由美联储管理，意在"缓解短期融资市场中不断上升的融资压力"。在"定期拍卖工具"下，当局将28～84天以内到期的抵押贷款向"财务状况总体良好并在TAF贷款续存期内继续保持良好财务状况"的存款机构进行拍卖。在"定期拍卖工具"中，合格的抵押物包括一系列金融资产。这一项目的目的是在银行间市场出现流动性停滞的情况下帮助银行融得短期资金。（最初的计划设想在定期拍卖工具下完成200亿美元的融资，但是到2008年11月，通过对多项抵押物开展融资，这一计划完成了1.6万亿美元贷款的交易量。）
2008年3月	贝尔斯登成为信贷危机最大诱因，在2008年3月，摩根大通先期为贝尔斯登注入流动性支持后，以名义数量（每股2美元，总额2.36亿美元）的价值收购了这家破产的投资银行（在3月24日，摩根大通提交了一项修改过的并购要约，其中每股10美元，并最终获得贝尔斯登39.5％的股权）。此外，美联储还拓宽了安全网安排，以确保摩根大通不会被贝尔斯登银行的贷款损失所牵连。
2008年6月	美国联邦存款保险公司接管了Indymac Bank，这家银行是一家大型次优级抵押贷款（英文记为alt-A mortgages，人们认为次优级抵押贷款的风险介于次级抵押贷款和优质抵押贷款之间，往往不需要贷款人的收入证明）提供商，但是在抵押贷款中遭受重大损失。这家银行总计有320亿美元的资产，从而使得它成为美国历史上第二大银行破产案例。在笔者写作这本书的时候，有人估计这家银行的破产成本大约在89亿美元。在2008年6月27日到7月10日之间，这家银行经历了一段温和的挤兑过程，储户提取走了总计13亿美元的储蓄，之后该银行便进入破产。后来参议员舒默（Charles Schumer）向公众发出银行业出现风险的警告。与此同时，持有以及担保了美国抵押贷款市场5万亿美元资产（大约占整个抵押贷款市场一半的份额）的房利美和房地美各自出现了问题，其公开发行的股票价格出现大幅波动，相比于一年前，这两家公司的市值已经下跌超过80％。
2008年7月	财政部长保尔森宣布一项保护房利美和房地美的计划，以便继续支持房地产市场。这个计划中的几项决议是：财政部可以暂时提高上述两个组织的信用水平；在一定条件下这两个机构可以向美联储借钱；如果必要，财政部拥有暂时购买上述两家公司股票的权利。
2008年9月	联邦住房金融局（Federal Housing Finance Agency）开始接管房利美和房地美。
2008年9月	雷曼兄弟银行倒闭，美林银行被卖给美国银行。剩下的两大投资银行——高盛和摩根士丹利——转变为商业银行。世界上最大的保险公司AIG得到美联储850亿美元紧急贷款的救助，作为交换，联邦政府拥有AIG 79.9％的股份。储蓄机构监管局（Office of Thrift Supervision）接管了华盛顿互助银行，其安全资产被卖给了摩根大通。

2008年10月	为了缓解正在发生的流动性担忧,美联储宣布它会扩大贷款范围,那些由商业票据支持的贷款也是美联储进一步进行担保的债务类型,以此来舒缓市场上出现的流动性危机。
2008年11月	花旗集团破产并受到美国政府救助。在一项结构复杂的交易中,美国政府宣布会购买花旗集团价值270亿美元的优先股,同时会购买4.5%的普通股用作担保。其中优先股支付8%的红利。这项收购之后,"问题资产救助计划"又进一步购买了价值250亿美元的同类优先股。"问题资产救助计划"是一项救助计划,美国财政部可以在这项计划中收购最高不超过7 000亿美元的MBS。在经过多轮修改之后,这项计划在2008年9月20日由美国财政部长保尔森推出。根据协议,花旗集团以及监管者将会在不超过3 060亿美元的范围内支持以住宅和商用住房贷款为主的资产(以及类似资产),这笔资产将会继续出现在花旗集团的资产负债表中。不过花旗集团需要承担最初发生的290亿美元损失。
2008年11月	美联储宣布推出价值2 000亿美元的资产支持证券贷款工具(Term Asset-backed Securities Loan Facility)——一项用以帮助ABS顺利发行的计划,此类证券主要以汽车贷款、信用卡、教育贷款以及中小企业贷款为主。在同一个月,美联储还宣布了一项价值6 000亿美元的计划,用以收购政府支持企业(比如房利美和房地美)发行的MBS,目的在于降低违约率。
2009年2月	美国政府提出一揽子新措施,用以支持金融业,其中包括价值约1万亿美元的用以购买有毒资产的"公私投资计划"。
2009年3月	美联储宣布在3 000亿美元的额度内,在6个月内购买长期国债,同时提高计划购买的与美国政府有关的证券的最大额度。在2009年2月份,美国财政部为"公私投资计划"给出了具体的操作细节。
2009年4月	美国联邦公开市场委员会与英格兰银行、欧洲中央银行(European Central Bank)、日本中央银行以及瑞士国民银行达成外汇流动性掉期协议。美联储给出了针对19家最大金融机构的金融稳健性进行压力测试的细节,指出大部分银行在当前的资本水平可以应对突发事件。

资料来源:引自Berger et al., 2009b;BIS, 2009, p.19。

在近代的银行业发展历史中,美国对危机的反应出人意料。虽然我们可能发现表9—3中给出的一些措施看上去相当复杂,但是要注意的是上述措施主要想做三件事情。定期拍卖工具的目的是将流动性注入银行,提振银行间市场的贷款。"问题资产救助计划"以及之后的资产支持证券贷款工具的目的是将问题资产和有毒资产从银行的资产负债表中剥离,以便于加强银行的财务稳健性——间接地帮助银行提高偿债能力(资本水平),同时希望为银行体系提供更大的信心,从而鼓励贷款。到2009年7月,美国财政部宣称在问题资产救助计划的7 000亿美元中,银行获得1 780亿美元,主要的保险公司AIG获得698亿美元。(实际上美国汽车行业也从问题资产救助计划中获益,大约获得850亿美元。)

类似于花旗集团或者AIG那样直接注入资本的案例实际上将这两个机构国有化——以便于这些机构可以继续运营。我们可以将这些不寻常的政府行为视作拯救银行业的命根子——流动性和资本金——的行动。如果没有充足的流动性,银行会无法满足储户的短期支取要求,如果没有合适的资本金水平,银行可能无力支付债务从而破产。美国政府所采取的所有措施(类似的措施也遍及欧洲)都是向濒临崩溃边缘的银行系统注入流动性和资本金。

欧洲的信贷危机

英国

零售银行北岩银行是造成英国金融危机的第一个主要原因。在 2007 年 9 月 13 日，北岩银行宣布它受到来自英格兰银行的紧急财务救助。之后北岩银行的分支机构开始出现挤兑现象，到 9 月 17 日，英国政府宣布对银行所有的零售存款给予担保。在 10 月 1 日，英国政府取消了对数额在 2 000～35 000 英镑的存款只给予 90% 的担保的规定，从而提高了存款担保计划的力度。到 2008 年 2 月 17 日，由于最终未能找到私人买家，北岩银行宣布被国有化。在 2 月 21 日，鉴于人们认识到政府在 2007 年 9 月进行干预的力度还不够，因此为了防止即将到来的银行倒闭潮，英国政府宣布将会加快干预速度。北岩银行的破产原因包括：它在抵押贷款业务的扩张中过于激进，过度依赖短期批发性融资以及监管失灵。

在 2008 年 4 月，英格兰银行宣布一项特别流动性计划（special liquidity scheme），允许银行可以暂时将高流动性的抵押支持类证券和其他证券与国债进行掉期交易。掉期期限最高为 3 年，最大价值不超过 500 亿英镑。在货币当局尝试将流动性注入银行系统的时候，多家银行宣布对不良资产进行减记。在 2008 年 4 月，苏格兰皇家银行宣布一项再融资 120 亿英镑的计划。同年 7 月，巴克莱银行披露在其进行的 45 亿英镑的融资计划中，只有 18% 的份额得到认购，哈利法克斯银行也披露了类似的情况，在其价值 40 亿英镑的股权再融资过程中，投资者只认购了其中 8% 的份额。

在 2008 年 9 月 17 日，劳埃德银行宣布它准备以 120 亿英镑的价格收购哈利法克斯银行，意在打造劳埃德银行集团，从而拥有英国储蓄和抵押贷款市场大约三分之一的份额。英国竞争委员会（UK competition authorities）认为阻止哈利法克斯银行倒闭的重要性超越了任何竞争政策的考量。在 9 月 29 日，经过几个月的不确定以及股票价格的暴跌之后，英国政府宣布收购布拉德福德-宾利银行旗下从事抵押贷款业务的机构。其他的储蓄业务和分行网络则被卖给了西班牙的桑坦德集团。在 10 月 6 日，英国政府将存款保险制度的上限从 35 000 英镑提高到 50 000 英镑，在 10 月 8 日，英国政府宣布对零售存款商 Icesave 的存款进行全额保险，这家银行隶属于已经破产的冰岛国民银行（Landsbanki），主要从事网上银行业务。

在 2008 年 10 月，英国政府宣布设立一只 500 亿英镑的基金，用来为出现问题的银行提供融资。与此同时，英国政府还进一步拓展了特别流动性计划，在 2 000 亿英镑的范围内提供国债，以兑换银行持有的低流动性、高质量的证券化资产。在 2 500 亿英镑批发融资的范围内，英国财政部保证提供商业票据。在 10 月 13 日，英国政府宣布向苏格兰皇家银行注资 200 亿英镑，向劳埃德集团注资 170 亿英镑，这两家银行的公众持股量分别达到

60%和40%。作为交换，这两家银行保证以具有竞争性的利率向家庭以及中小企业发放贷款，为存在还款困难的家庭重新安排抵押贷款支付时间，同时限制高管薪酬。

在2009年1月，英国政府宣布在200亿英镑的范围内向中小企业提供贷款担保，为了提振信心，英国政府还进一步推出了各种措施。其中包括：
- 扩大信用保险范围。
- 对资产支持类证券使用新的抵押物，以方便银行寻求用以支持抵押贷款的资金。
- 拓宽银行用低流动性资产换取国债的限制（重新设置了特别流动性计划）。
- 英格兰银行提供新的工具，来购买总额不超过500亿英镑的高质量资产。
- 为经过挑选的合格银行提供新的资本和资产保护措施。

在2009年2月，一个永久的"特别处置机制"（special resolution regime）得以建立，其目的是加强政府对面临财务困境的银行进行干预的力度。此后不久，由苏格兰皇家银行和劳埃德集团提出的资本和资产保护计划的细节被公布。苏格兰皇家银行拿出3 250亿英镑的资产参与这项计划，得到65亿英镑的费用。财政部还同意收购价值130亿英镑的股权，并获得未来还可继续收购60亿英镑股权的期权。如果这项期权得以执行，那么苏格兰皇家银行95%的股权都会置于公众控制。劳埃德集团随后宣布它拿出2 600亿英镑的资产参与这一计划，同时将公众持有的公司股份数额从43%提高到65%。

到2009年夏天，苏格兰皇家银行70%的股权由国家持有，劳埃德集团43%的股权由国家持有。汇丰集团和巴克莱银行没有参与政府的金融支持计划，看上去这两家公司比较担心当时的金融业氛围。毫不令人惊讶，我们会发现担心金融业氛围的这两家英国银行要比前面两个竞争者更多地参与国际性经营活动。一般来说，相比于业务集中于英国本土的英国银行，在英国之外拥有广泛业务的英国银行往往更加小心。渣打银行就是此类的典型代表，它在英国的收入只占其总收入的5%。

瑞士

按照国际标准，瑞士银行业的规模很大。在2007年，瑞士银行业的总资产是其GDP的9.2倍。在法国、德国、意大利以及英国，这一比例分别是3.1、2.9、1.6和3.6。瑞士银行业的主要经营者是瑞银集团和瑞士信贷，这两家机构都从事投资银行、私人银行以及资产管理等业务。瑞士银行业如此大的规模反映出它作为离岸银行中心的重要地位。瑞银集团和瑞士信贷在本国市场上的主导性都不是很强，两家机构加起来约占瑞士本土银行业的三分之一。瑞士银行业中剩下的三分之二份额由半政府性质的州银行（cantonal bank）以及一系列专门放贷和收取储蓄的区域性银行所拥有。

在2008年，由瑞士私人银行持有的离岸资产大约在2万亿美元左右。在吸引国外客户的过程中，经营能力和谨慎态度至关重要。但是，作为信贷危机的一种余波，包括瑞士在内的离岸银行中心的保密文化正在受到严厉拷问。在美国和其他一些地区，人们担心在客户隐私和公众利益之间进行平衡时，似乎对客户隐私过于看重，离岸银行中心可能在为某些客户的不正当动机提供安全天堂，比如逃税、避免离婚后的财产分割以及一些犯罪活动。

虽然瑞银集团曾经对 MBS 有所迟疑，但是它在信贷危机爆发期大量投资于此类工具，这使得瑞银集团遭受严重损失。在经历了一系列小幅不良资产减记声明之后，在 2008 年 4 月，瑞银集团宣布进一步减记在 MBS 上发生的 190 亿瑞士法郎不良资产。在瑞银集团主席离任之后，数家银行联合起来向瑞银集团注入 150 亿瑞士法郎的资本。瑞士政府在 2008 年 10 月以发行可转债的方式向瑞银集团注资 60 亿瑞士法郎，这使得政府在瑞银集团中所持有的股份份额达到 9.3%。与此同时，瑞银集团持有的价值 600 亿瑞士法郎的有毒资产被转移到一个新的基金，这只基金由瑞士国民银行管理并注资 90%，剩下 10% 由瑞银集团注资。到 2008 年末，瑞银集团已经减记了大约 500 亿瑞士法郎的资产，超过欧洲任何一家银行。相比于瑞银集团，瑞士信贷在次级抵押贷款中的风险暴露程度小得多。不过在 2008 年 10 月，瑞士信贷被迫出售包括国债和可转债在内的资产以便于筹措 100 亿瑞士法郎，如果可转债最后转成股份，那么它们出售的这些资产约占其总资产的 12%。

瑞银集团还遭受了相当的声誉损失，不过其恢复迅速而且比其他欧洲银行更具决断力，这也受到不少人的赞扬。瑞银集团开始调整资本的时间相对较早，当时一些私人资本还可资利用。将资产转移至一家由公众持有的"坏银行"，是瑞银集团清理其资产负债表的关键步骤。瑞银集团实施的内部重组措施包括重新树立领导力，削减员工，将投资银行、私人银行和资产管理机构分拆。在未来，瑞银集团答应会将其业务聚焦于核心的资产管理部分。不过在 2009 年 2 月，当美国政府为了侦查逃税阴谋而要求瑞银集团公布其所有 52 000 名美国客户的名字时，瑞银集团被争议包围。在一周以后，瑞银集团首席执行官辞职。

冰岛

冰岛银行体系的崩溃出现在 2008 年秋天，IMF 认为这是冰岛历史上发生过的最大规模银行业危机。自 2001 年金融业放松管制以来，冰岛的 3 家主要银行——冰岛国民银行、考普森银行（Kaupthing）和格里特利尔银行（Glitnir）为了摆脱冰岛经济体量太小对企业增长造成的约束，开始从国际资本市场吸引资金。2006—2008 年，冰岛国民银行和考普森银行都设立了在线银行，以 Icesave 的名称向英国和荷兰的储户提供高息网上账户，这项业务还以 Kaupthing Edge 的品牌名称向其他 9 个欧洲国家的储户提供服务。

在 2008 年银行业危机之前，冰岛经常账户赤字明显不可持续，在 2006 年达到 GDP 的 25%，在 2007 年达到 GDP 的 15%。在 2008 年 1—9 月间，消费者物价指数达到 14%，国内利率达到 15.5%。虽然在 2009 年的前 9 个月中冰岛货币克朗对欧元贬值 35%，但由于其价值由追逐高利率的短期资本支撑，所以实际价值仍然明显高估。当 2008 年 9 月中旬雷曼兄弟银行破产导致冰岛银行间市场流动性枯竭时，冰岛中央银行已经没有充足的储备资金来扮演为银行体系提供担保的最后贷款人角色。这时，欧洲中央银行、美联储、英格兰银行以及其他 3 家北欧中央银行集体谢绝了帮助冰岛的动议，没能对正在逼近的危机施以援手。

在 2008 年 9 月 29 日，冰岛政府宣布收购格里特利尔银行 75％的股份。但是这种半国有化的操作并不足够，几天之后格里特利尔银行进入破产程序。在 2008 年 10 月 4 日、5 日的那个周末，《金融时报》上的一篇文章似乎还引起了英国和德国网上储户对冰岛 Icesave 银行的挤兑，这导致 10 月 7 日冰岛国民银行破产。因为 Icesave 是冰岛国民银行的一个分行（注意不是子公司），所以该银行的英国储户不能受到英国储蓄保险的保护；不过 10 月 8 日，英国政府冻结了冰岛国民银行在英国的资产，宣布这些资产要全部用来补偿英国储户的损失。但是英国地方性部门和政府组织存放在 Icesave 的闲置资金却无法得到偿付保证，在写就本文的时候，人们尚不清楚这家银行的破产会导致多大程度的损失。在 2008 年 10 月 8 日这天，英国金融服务管理局接管了考普森银行在英国的分支机构并将其网络银行卖给荷兰银行集团 ING。在冰岛，考普森银行在同月 9 日进入破产程序，在之后的几天里考普森银行在其他国家的分支机构或者被关闭，或者被各自国家当局收归国有。

随着冰岛克朗对欧元的汇率继续快速下跌，冰岛政府在 2008 年 10 月下旬向 IMF 寻求帮助。在 11 月，IMF 同意在两年内向冰岛提供 21 亿美元的备用资助计划，这些资金由北欧国家、俄罗斯、波兰、英国、荷兰以及德国提供，提供方式为贷款和货币掉期，最终这一援助计划的总额超过了 100 亿美元。IMF 在提供该项援助计划的时候要求冰岛政府负责稳定该区域的货币并对通货膨胀进行控制，同时要求冰岛银行业进行重组并提供稳定的财政基础。2009 年，冰岛 GDP 下跌超过 10％，该国经济在未来很多年的衰退前景似乎已成定局。在 2009 年 4 月选举出的冰岛新政府承诺履行欧盟成员国的所有义务并尽快使用欧元作为货币。将一种国际储备货币当做本国货币似乎可以为冰岛银行体系避免进一步冲击提供保护，同时还能减轻冰岛银行业为偿还外债而进行短期融资的困难。

德国

与很多欧洲国家不同，在进入 21 世纪以后，德国的经常账户是盈余的，而且还避免了类似于美国、英国、西班牙和爱尔兰那样的房地产市场泡沫。不过在这场金融危机中德国银行遇到了与其他国家类似的困难。

德国工业银行（IKB Deutsche Industriebank）是德国信贷危机的第一个诱发因素。在 2007 年 8 月，德国工业银行的结构投资载体（Structured Investment Vehicle，简写为 SIV）莱茵兰基金（Rhineland Funding）需要一笔额度为 120 亿欧元的信贷，这个项目由德国工业银行以及其他多家银行承销。但是其中一家银行——德意志银行——执行了一项期权，这项期权允许德意志银行取消对该笔信贷做出的承销承诺。后来是德国的国家开发银行——德国复兴信贷银行出手拯救了德国工业银行。在 2007 年 8 月，德国的一家小型州立银行萨森银行（Sachsen LB）在次级抵押贷款市场中的风险头寸开始暴露，于是这家银行启动了与德国最大的州立银行巴登-符腾堡银行（Landesbank Baden-Württemberg）进行的收购谈判。最终结果是下萨克森州政府对萨森银行出现的第一笔

120亿欧元损失进行担保。在2008年1月，北莱因-威斯特法伦州政府联合一家地方性财团为西德意志银行（WestLB）价值50亿欧元的贷款进行担保，这家银行曾经是州立银行，后来在2002年改制成为商业银行。德国裕宝地产是一家拥有多家专业化房地产融资银行的控股集团，其中包括后来出现问题的戴普发银行（英文名为Depfa Bank，是一家总部在柏林，专门向基础设施建设投放贷款的银行），这家银行成为2008年秋天德国金融系统流动性危机的罪魁祸首。在2008年10月，德国同意推出第一笔价值500亿欧元的救助计划，其中包括提供给德国中央银行的价值200亿欧元的信用额度以及提供给其他德国银行价值300亿欧元的信贷额度。到2009年4月，加上政府向裕宝地产提供的支持，德国政府总共向银行体系提供了超过1000亿欧元的救助，于是，德国银行体系不可避免地走向公众持有。

在2008年10月，德国联邦议院通过一项法案，要求为所有来自非银行机构的银行存款实行非正式的保险制度，并建立了金融市场稳定基金（Financial Market Stabilization Fund，简写为SoFFin）。德国政府授权金融市场稳定基金可以在4000亿欧元的范围内向2009年之前（包含2009年）发生的债务提供贷款担保。而且在单个机构100亿欧元的范围内向银行提供融资。不过金融市场稳定基金向金融机构注资的前提条件是削减高管薪酬和暂停发放奖金。德国政府还授权金融市场稳定基金可以要求每个金融机构或者其结构投资载体在2008年10月13日之前持有的风险暴露头寸最多不超过50亿欧元。金融市场稳定基金可以为了进行市场干预而推动额度在1000亿欧元以内的融资。在2008年11月到2009年1月之间，德国第二大银行——德国商业银行——获得来自金融市场稳定基金的182亿欧元的救助，用以部分地弥补在2008年8月收购德累斯顿银行时发生的损失。

西班牙

在应对危机中出现的银行挤兑问题时，西班牙银行监管当局实施的两个具有鲜明特点的政策曾受到特别关注。第一个特点是它们在2000年引入的动态逆周期贷款损失准备金政策，在这项措施下西班牙的银行对事后信用风险的计算达到很高的精确度。在动态逆周期贷款损失准备金政策下，当经济扩张、银行贷款和收入增加时，银行预期未来会出现经济收缩和贷款损失增加，因此要多计提一部分准备金，这就在经济周期不同阶段纠正了银行利润和损失之间存在的误差，平滑了波动性。西班牙银行业监管的第二个特点是政府要求通过特殊投资工具导出的资产也要接受与资产负债表中资产相同的资本金约束。在这个要求下通过创立特殊投资工具进行监管套利的机会不复存在，因此大部分西班牙银行并未设立表外投资工具。

在2007年到2008年之间，西班牙最大的两家银行西班牙毕尔巴鄂比斯开银行和桑坦德银行都将它们的一小部分贷款资产组合移至资产负债表外，相比于很多欧洲同类型银行，这两家银行移至表外的资产要小很多。但是在2008年，西班牙经济出现快速下跌，还碰上了房地产市场价格暴跌，这导致西班牙银行业的不良贷款率上升并蚕食了资本金缓冲带。在2000年左右，西班牙银行业开始进军拉丁语系国家，因此在2008—2009年之间,毕尔巴鄂比斯开银行和桑坦德银行也不免受到这些地区经济衰退的影响。在 2009 年 3 月,西班牙政府接管了一家名为 Caja Castilla La Mancha 的地区性储蓄银行,这一行动导致人们开始担心房地产价格下跌对银行业造成的严重影响。在西班牙,由于储蓄机构向建筑商和房地产开发商发放大量贷款,所以人们对这两类机构的抵押贷款更加担忧。

比利时、荷兰以及卢森堡

在信贷危机之前,富通控股是一家业务主要集中于比利时、荷兰和卢森堡的大型金融服务集团。在 2008 年 9 月的后半段,市场谣传富通控股在银行间市场获取流动性资金时遇到问题,这导致该公司股票价格大跌。9 月 28 日,比荷卢经济联盟(Benelux)中的 3 个成员国宣布分别收购富通控股价值 47 亿欧元、40 亿欧元和 25 亿欧元的股票。不过到 10 月 3 日,比利时政府指控荷兰政府没有坚守之前达成的承诺,荷兰政府只好宣布以 168 亿欧元的价格全面收购富通控股在荷兰的银行和保险机构。荷兰政府还要收购富通集团在荷兰银行零售业务中持有的股份。在 10 月 5 日,媒体报道说法国巴黎银行愿意和比利时以及卢森堡政府联合起来收购富通银行,通过用法国巴黎银行的股份还换取富通银行的股份,将比利时和卢森堡政府在富通银行的持股份额降至小股东的级别。后来,对富通集团的分拆还遭到其他股东的诉讼。富通银行向法国巴黎银行出售其 75% 股份交易最终在 2009 年 4 月获得批准。

在 2008 年 9 月 30 日,比利时、卢森堡和法国政府联合宣布向德克夏银行提供价值 64 亿欧元的再融资计划。德克夏银行的资金困境主要是由它向戴普发银行授予的一笔大额贷款造成的。比利时政府还为德克夏银行的进一步借款行为提供担保并为保险公司 Ethias 提供了 15 亿欧元的资本注入。在荷兰,政府建立了 200 亿欧元的银行再融资基金,在 2008 年 10 月 13 日,荷兰降低了存款保险制度的门槛,向冰岛 Icesave 中存款资金不超过 10 万欧元的储户提供存款保险。在 10 月 19 日,荷兰国际集团接受荷兰政府提供的价值 100 亿欧元的再融资计划,为此,荷兰国际集团愿意向政府支付股权并接受政府参与运营和投资决策。荷兰政府还分别向荷兰全球保险集团(Aegon)以及 SNS Reaal 提供 30 亿欧元和 7.5 亿欧元的小额资本注入。荷兰政府为价值 2 000 亿欧元的银行债务提供担保,并建立了价值 500 亿欧元的用于购买高质量银行资产的基金,这种购买可以是长期的,也可以是短期的。

其他欧洲国家

爱尔兰

在 2006 年之前爱尔兰的经济出现快速增长,并在这期间经历了住宅和商业地产市场的繁荣,银行向房地产做出的贷款大部分来自银行间市场。在 2007 年房地产泡沫破灭以及2008年银行间市场贷款停滞后,爱尔兰银行体系的流动性和偿债能力受到严峻考验。在2008年9月20日,爱尔兰存款保险计划对个人存款的覆盖面从90%提高至100%,保险额度从2万欧元增加至10万欧元。9月29日政府宣布为所有存款提供两年期担保,某些银行的高级别债务也在担保之列。这项计划已于2008年10月24日在3家主要国内银行——爱尔兰银行,爱尔兰联合银行和盎格鲁爱尔兰银行——实施,同时也在国内其他3家银行和一家外商独资银行推动实施。在2009年1月15日,爱尔兰政府宣布对其第三大银行——盎格鲁爱尔兰银行——进行国有化,同时指控该公司隐瞒来自股东的贷款,存在不当或欺诈性的会计处理。到2月11日,政府宣布了一项针对爱尔兰银行和爱尔兰联合银行的价值为70亿欧元的重组计划。政府在注资35亿欧元后获得相应数量的优先股,同时获得购买每家银行25%普通股的期权。在2009年4月,爱尔兰政府宣布它打算成立一家资产管理公司(被称为坏账银行)来收购银行的不良资产。不过在公开场合中很多人都对该组织的角色表示出相当大的不安。

法国

在法国,经过数年的持续增长并具备较强的盈利能力后,其银行业在一个相对健康的状态下进入全球金融危机时期。然而,由于法国兴业银行投资了次级抵押贷款,其经营受到该项投资损失的冲击,而且在2008年初,公众开始知道法国兴业银行的一名交易员涉嫌欺诈。法国农业信贷银行和储蓄银行也在此期间蒙受重大损失。在2008年10月,法国政府宣布它会动用400亿欧元来为银行注资和购买资产。当时法国还成立了一只基金,用来为共计3 200亿欧元的银行贷款提供担保。在2008年10月至2009年3月之间,总额为105亿欧元中的两个分卷以次级债务的形式被分配到法国最大的6家银行,用以提高这些银行的偿付能力并帮助它们维持贷款的增长。在对比利时德克夏银行进行救助时,公众基金为这次救助提供了10亿欧元的资金。

意大利

由于意大利的银行体系在很大程度上放弃了证券化业务以及对结构性投资工具的使用,所以在信贷危机逐步升温的时期,意大利银行业在次级抵押贷款中暴露的风险头寸要比其他国家的小。但意大利银行业还是出现了例外,2005年意大利联合信贷银行在收购德国联合抵押银行时出现亏损。在意大利,政府没有公开宣布任何向银行注资的基金,但是仍然有人认为应该对银行提供支持。在2008年10月,意大利政府设立了一个总额为400亿欧元的掉期,以便于帮助银行将债券转换成国库券。意大利政府对所有新发行的银行债券提供5年期担保。在2009年2月,意大利政府为购买银行债券实施了一项新措施。

丹麦

在2008年10月,丹麦为银行债务推出了一项为期两年的全额担保计划。到2009年1月,丹麦政府设立了一个总额为1 000亿丹麦克朗的注资基金,以附属于主要债务的无限期贷款形式为银行提供混合资本,如果监管要求将这种债券转换为股票,那么金融机构可以在3年后赎回。

挪威

在2008年10月，挪威设置了一个价值为3 500亿挪威克朗的掉期安排，允许银行将贷款转换为政府债务。到2009年1月，总额为500亿挪威克朗的资金被分配给银行用以补充各家银行的资本金，但是具体条款要以个案方式进行协商。

瑞典

在2008年11月10日，瑞典政府将卡内基投资银行（Carnegie Investment Bank）暂时国有化，这是在信贷危机期间瑞典政府进行救助的第一家银行。在东欧，或者具体而言在波罗的海国家，人们开始担心数家瑞典银行在信贷危机中暴露出的风险头寸，这些银行包括瑞典银行以及在欧洲从事经营的SEB银行。在2009年2月，瑞典政府宣布拿出500亿瑞典克朗向银行注资。

奥地利

在2008年10月，奥地利宣布拨款1 000亿欧元以应对危机：其中150亿欧元用于向银行注资，100亿欧元用于提高存款保险的最高额度，剩下的750亿欧元主要用于对银行间市场发生的拆借行为提供担保。在中欧、东欧和东南欧，奥地利银行在这些地区的国家中广泛参与了银行业经营。

希腊

希腊成立了一只总额为280亿欧元的基金来支持其银行系统：其中50亿欧元会以购买优先股的形式为银行注资；150亿欧元用来为银行出现的新债务提供担保；剩下80亿欧元用以解决希腊银行持有的政府债券问题，从而使这些银行能够得到欧洲中央银行提供的流动性。但是有人对希腊银行在东南欧发放的贷款心存担忧。

葡萄牙

在2008年10月，葡萄牙宣布为银行的新增贷款提供价值为200亿欧元的担保。同年11月，该国政府宣布为银行注资可以使用的公共资金来源，同时还宣布了对陷入困境的葡萄牙商业银行（Banco Portugues de Negocios）提供的国有化计划。

日本的信贷危机

自1998年早期的金融危机爆发以来，日本的金融业企业就在经济缓慢增长，货币几近通缩的环境下从事运营。按照国际标准来看，虽然在过去十年中日本银行业经历了低利润时代，而且还面临资本金不足的问题，但是这期间日本银行还是重新整合了它们的经营活动并降低了不良贷款水平。在日本经济仍处于挣扎的情况下，其金融体系还受到信贷危机的重创。然而，与美国不同的是，日本并没有次级抵押贷款市场，抵押贷款证券化（或其他贷款）也不是很常见，而且在近二十年中其房地产价格走势也和美国、英国不同。虽然在2004—2008年之间日本房地产价格上升约25%左右，但是在20世纪90年代初日本房地产业便经历了泡沫的破灭，从那时起日本各大城市的房地产价格经历了持续下降。到2008年日本的住宅物业价格仍然不及2000年的水平。因此日本并没有遇到类似美国或英国那样的由过度贷款和证券化引起的房地产泡沫。

与此同时，日本的银行也没有大规模持有信贷危机后价值崩溃的次级抵押贷款和其他证券化产品。例如根据估计，在2008年3月底日本的三大银行集团（瑞穗，三井住友，三菱东京UFJ银行）持有的次级住房抵押贷款或者次级担保债务凭证都不到其资产负债表的1%。因此没有日本银行由于信贷危机而破产，不过全球经济的衰退对已经十分虚弱的日本经济造成进一步的负面影响，由此对该国银行体系产生持续压力。

日本银行不是次贷相关产品的大买家，但它们仍然在信贷危机中遭受重大影响。在日本，银行业利润极低，而且流向企业部门的信贷（相比于零售客户，企业客户为银行提供的利差更薄）构成了日本银行的主要业务。当贷款增长停滞时，银行的盈利水平更加难以保证。在2008年4月到2009年4月之间，日本股市下跌40%，由此造成的损失进一步降低了银行业的资本金水平。这一现象造成的主要后果就是日本所有主要银行都要在2008年1月至2009年4月间通过发行新股和优先股来设法筹集更多资本金——总计约340亿美元。日本中央银行愿意在一个适当数量上进行购买，大约可以提供100亿美元的资金，它同时还暗示可能会购买银行的次级债务——相比于银行危机后英国和美国向银行体系中注入的资金，日本中央银行能够提供的资金量实在太少了。但这也显示出日本银行在信贷危机期间表现相对较好，至少与美国和英国相比是这样的。来自IMF《全球金融稳定性报告（2009年）》的数据指出，在2007—2009年之间，美国银行业的损失约为2.7万亿美元，欧洲为1.193万亿美元，但是日本的损失只有1 490亿美元。

目前对日本的担心主要是其国内经济状况，这是日本金融企业面临的最大威胁。因此日本当局最近宣布了一项总额为1 000亿美元的财政刺激政策，以避免经济面临的通缩压力。

中国和印度的信贷危机

与西方同行不同的是，中国的金融体系并没有在信贷危机中受到太严重的影响，类似于中国银行等的一些银行只遭受到少量证券化资产的损失。然而，中国遭受到的是间接影响，即出口的暴跌。在2007年期间，中国的年出口增长超过25%，出口占GDP的36%。到2008年11月，中国的出口同比下降2.2%，并在进入2009年后出现进一步下跌。不同的估计数据显示，出口部门发生的这种急剧下降导致GDP增长比预测值低3%~5%。

面对这种财富逆转,中国政府在 2008 年 11 月迅速宣布了一项重大财政刺激方案,其总额达到惊人的 5 800 亿美元——占 GDP 的 14%。这个财政刺激方案有助于让中国经济保持在原有增长轨道上,在 2009 年,中国 GDP 增长超过 8%。由于中国政府债务只占 GDP 的 20%,所以它能负担得起这种经济刺激计划,但是越来越多的人开始担心这种刺激正在点燃资本市场,引起新一轮的信贷泡沫和自我实现的国内信用紧缩。

在 2009 年的前 6 个月中,中国的银行信贷增长了 73 000 亿人民币,已经超过官方的全年目标。信贷规模的飙升对银行体系中流动性过剩起到了推波助澜的作用,并进一步推高了楼市和股市的价格水平。过剩的流动性导致资产泡沫复苏,也引起很多金融评论家对调整经济结构和抵抗通胀压力的担忧。贷款的突增也拖延了银行业改革,原本中国银行业改革的目的是在国内零售市场引入更多竞争,并在更高层面对整个金融体系进行监管。就在中国银行业将要解决大量不良贷款问题之时,上述财政刺激政策可能会在未来造成一系列新的问题。话虽如此,但是在 2008—2009 年之间,中国各大银行都经历了盈利能力的健康增长。

相比于中国,印度在信贷危机中受到的冲击更大。该国国内股票市场在 2008 年下跌了 50%,由于市场中出现印度银行业过度暴露于有毒资产的传闻,印度第二大银行 ICICI 的股价遭受重大冲击。在 2007 年有 174 亿美元的投资流入印度,但是在 2008 年,国外的机构投资者从印度撤出了近 100 亿美元的投资。

此外,尽管印度储备银行在 2008 年 10 月对市场进行大规模干预,但卢比还是下降到 6 年来的最低点。这导致货币市场流动性短缺,也导致批发货币市场利率达到顶峰。

印度政府颁布了各项措施来稳定局面,其中包括在 2008 年 10 月降低存款准备金率,人们预期这项操作可以向银行体系注资约 40 亿美元的资金。和中国存在几分相似,信贷危机对印度造成了间接影响——对出口的特殊影响导致官方对 GDP 增长率的预测出现下调。官方估计值认为印度在 2009 年的 GDP 增长率会超过 8%。在信贷危机中,印度政府坚持遵守它们卖出国有银行股份不超过 49% 的政策,而此类银行占印度银行业资产的 70%。按照西方标准,印度在信贷危机中发生的贷款损失相当高,但这种做法有助于稳定其银行体系。然而,印度政府目前面临的主要问题仍然是缺乏足够的财政资源来处理银行业危机。这清楚地说明了为什么在 2009 年夏天穆迪会把印度所有的大型上市银行列入信用观察名单,因为考虑到了印度政府在信贷危机中向它们提供帮助的潜在能力之不足。

我们从危机中得到哪些教训

银行再融资以及对银行资产负债表的清理

在信贷危机期间,因为银行需要进行资本重组,所以各国政府和中央银行都采取了几种可供选择的方法,以此来处理银行资产负债表上的不良资产。如前所述,在 2008 年

10月,通过"问题资产救助计划",美国政府专门拨出 7 000 亿美元公共资金用于购买银行业的不良资产。但是不久之后对流动性差的不良资产进行估值时出现一个本质性的困难。按照市价计算的资产价格往往跌破它在资产负债表中的估值,因此很多银行都不愿意卖出此类资产。"问题资产救助计划"很快就被修改为一个利用公众资金推动银行进行资本重组的计划,这个计划涉及美国银行和花旗集团等大型金融机构。在 2009 年 3 月,修订后的"问题资产救助计划"得以推出,其中涉及公共部门联合私人部门的资金来购买不良资产,但这项修改后的计划似乎也出现了类似困难,即问题资产在交易时难以得到一个公平的价格。

英国政府赞成由银行保留不良资产,由政府提供信用保险的做法,而且政府还要从提供的信用保险中收取一定费用。自北岩银行破产导致的灾难以来,英国当局对银行困境做出了积极回应,但是有关人士提出英国的做法可能导致其重复日本在 20 世纪 90 年代遭遇的问题,当时,日本银行的不良资产也保留在银行业的资产负债表中,然后银行通过逐步去杠杆化来实施限制性贷款政策。此后日本经济便进入一个长期持久的通缩时期,而且可能在过去的 20 年中遭受了比金融危机更为严重的产出损失。日本的经验可以和瑞典的经历做一个对比,瑞典在 20 世纪 90 年代初遇到银行业危机,为此它们将不良资产转移到一个单独的"坏银行",这个银行负责持有问题资产,从而为其他银行创造了一个干净的资产负债表。如上所述,在当前的危机中,瑞士在处理瑞银集团时就使用了"好银行/坏银行"模式,后来爱尔兰当局也采取了相似路线,不过这种做法正在遭受越来越多的公众批评。

威廉姆·比特(Willem Buiter)——英国货币政策委员会前委员——认为,在美国、英国和其他地方出现的使用公众资金救助金融机构并对其进行资产重组的行为,是政府当局向游说人士的投降,整个金融体系崩溃的风险实际上被夸大了(Buiter,2009)。例如,养老基金并不具有高杠杆特性,通过调整其负债就可以达到资产减记的目的。比如,保险公司破产后进行的重组并不一定导致整个金融体系的崩溃,但这却是 2008 年 10 月美国救助 AIG 时所担心的。

资本和流动性监管

在金融危机期间,金融行业的资本金安排一直受到严格检查。在巴塞尔新资本协议的风险加权资本监管制度下,风险评估方式主要是向后看,这种评级机制的使用使得资本配置具有不稳定的倾向,并且趋向于扩大经济周期的波动趋势。在经济形势好的时候,观察到的借款人违约率下降,于是通过评估后,所有风险类别的银行资产要求的资本金都比较低。现有的资本缓冲就可以为新增贷款提供支持,于是银行体系在经济形势好的时候会向经济释放更多流动性,具有放大经济周期周期的倾向。相反的,在经济低迷时期,评估默认所有风险都会增加,于是银行或者需要进行资本重组并将现有资产变现,或者减少新增贷款以满足监管方对资本金配置要求。

如果银行短期债务(而不是长期的债务或股权)的比例较高,或者银行非流动性资产的比例较高（在急需资金时，这笔资产只能被降价甩卖），那么它会受到更高的资本金约束。在未来，随着一种使用起来更为简便的杠杆比率（资本与资产之比）的引入，以及监管方开始使用基于风险的资本监管模式，监管过程将会得到简化，而且监管套利也会变得更加困难（这是30国集团在2009年提出的建议）。

为了避免在正常或繁荣的经济环境下要求银行持有过多资本金，同时也为了给银行提供一个能让其在出现资本金压力时进行自动调整的机制，很多评论者认为可以建立一个长期债务工具，在特定情况（如根据银行经营业绩或资本金水平而确定的状况）或某些一般情况下（依赖于监管机构对全局性衰退可能性的判断）这种债务工具可以转换为股票。另一项建议是当出现系统性危机时，允许或者要求银行购买资本金保险。类似于主权财富基金或养老基金之类的投资者可以和保险公司结合起来为储蓄提供保险并收取由银行支付的保费，如果期末没有发生灾难性事件，则上述机构完全获得这笔保费。其他一些人则建议使用一些市场指标，例如CDS利差等，利用这些指标来触发再融资机制。此类方案的提出也带来一些复杂问题，比如如何清楚地制定合同，银行会以何种方式来和整个监管体系进行博弈，换句话说，银行有可能操纵原本用来保护整个金融体系的规则，从而使整个监管体系无法得到应有的结果。不过上述措施的核心出发点都在于银行应该在事前承担系统性风险造成的成本，而不应该在事后承担系统性风险造成的成本。

在2007—2008年，批发融资和银行间市场中资金的枯竭意味着过去的监管可能是以银行流动性为代价的，这种规则过分强调利用资本金约束来监管银行。但是就其本身产生的效果而言，针对资本金的监管并不足以保证金融机构的良好运行。为了卖出低流动性资产（也许是为了满足资本充足率的要求降低杠杆率）以回笼资金，银行往往要用低价来吸引买家，于是一场流动性危机可能会迅速演化为一场全面爆发的资本金危机，同时，对持有同类资产的其他金融机构来说，低流动性资产的低价还对其资产负债表产生不利影响。因此新的流动性监管要求应该和资本充足率标准相分离，监管应该注重流动性资产与总资产之间的比例以及流动负债和长期负债之间的比例。单个机构的流动性指标也应该纳入到对金融体系系统性联系的考察中。

埃德·凯恩（Ed Kane, 2009）指出虽然在2008年秋季发生的批发贷款市场和银行间市场的流动性枯竭是造成后来金融危机的直接原因，但根本原因还在于市场对次级贷款和资产证券化市场中危机的认知不足。因此，矫正并修复银行系统的一个必要条件是调整抵押贷款市场和证券化市场中的激励机制。通过要求资产证券化发行人保留部分风险，可以为监督贷款质量提供必要的激励——事实上，美国政府已经采纳了此项建议，其操作方法是银行必须持有其发行的证券化产品的5%，并将其体现在资产负债表上。更加关注相关资产的质量，更加注重一些复杂证券化产品的简化，推动对投资者实行更加严格的约束（通过资本和流动性要求）等等的措施，都是可以最终使资产证券化市场复苏的手段。

监管的边界以及银行功能的分离

显然，金融体系中对金融机构进行监管和监督时存在的空白和薄弱环节应得到解决。

不论其法律地位如何，所有系统性重要的金融机构都应当接受资本金监管，这一原则已经得到广泛的支持。在银行之外的系统性重要金融机构也应该受到监管，其中包括一些大的保险公司、对冲基金、私募股权基金及清算机构。结构性投资工具不应该继续成为逃脱资本金和流动性监管/披露的工具，这一要求也适用于其母公司。

更激进和有争议的看法是再次引入金融分业经营的监管手段，将投资银行业务从一般性银行的业务职能中分离出来，1934年美国《格拉斯-斯蒂格尔法案》最初引入了这一监管手段，但是这一监管方式最终在1999年被废除。受到严格监管的商业银行业将在中央银行作为最后贷款人的保护下提供基本的存款和贷款服务，而受到较少监管的投资银行将在不受政府保护的环境下进行高风险投资。危机带来的另一个教训是银行系统迄今为止已经获得了大量的公众补贴，但只有一部分公众认识到了这一事实，这使得一些大型银行大而不倒，盲目扩张其资产负债表。有人认为，回归到《格拉斯-斯蒂格尔法案》能够防止全能银行依赖大而不倒的地位躲在政府提供的保护伞下从事掩蔽的高风险投资活动。然而，为银行业设置绝缘地带也面临着巨大的技术和实践上的挑战，因此即使这个动议出现强大支持，至今也还没有得到实施。

系统性风险

来自金融危机的重要教训之一就是过去的金融监管措施过分强调维护单个金融机构稳健性的相应措施，但却忽视了金融机构之间的联系以及它对金融系统稳定性的影响。金融系统不稳定的主要来源包括对手方风险、场外交易市场中交易对手的违约风险以及甩卖低流动性资产带来的风险。在维持价格稳定（比如美联储）、最大限度提高就业等现有职责之外，中央银行应该专门负责监督金融体系的稳定性，监督的形式应包括按照标准化的格式收集金融机构的资产状况和风险暴露信息，以便于在不同机构之间进行比较，通过发布存在时滞的金融机构运营数据，在信息披露、提高透明度与保护金融创新/自营业务模式之间取得平衡，同时为金融系统的稳定性和风险发布年度报告。

信用评级机构

我们已经讨论了不恰当的激励机制如何扭曲了评级机构在证券化活动中的行为。通过使用向后看的模式来评估风险，同时低估金融机构之间存在的系统性联系以及与之相关的极端事件发生概率，评级机构错误地认为通过最近没有发生过金融危机的历史数据便可推断出未来发生金融危机的概率小到忽略不计。

人们已经针对这个问题实施了一系列的补救措施，其中既包括为评级数据设立一个自由市场（在美国，信用评级机构必须获得许可证），也包括对评级机构的国有化。通过将咨询服务完全从评级业务中分离，可以解决上文中提到的利益冲突问题，但是仍然很难阻止资产证券化发行人将使用多个评价方案作为获得咨询服务的一种替代手段。通过在信用评级系统的字母分类后加上对风险暴露和破产概率的估计值，以及通过明确声明评级数据适用的时间范围，人们认为这样可以提高评级系统的透明度。然而，现存模型还无法为复杂的结构化产品给出精度较高的估计数据。目前得到部分同意的一项建议是在发行人和评级机构之间设立一个中介机构，这个中介机构是由监管方运营的一个中央清算平台，依照证券化产品的特点和复杂性，这个中介机构向证券化发行人收取固定费用。然后该平台向提供评级服务的机构支付服务费。通过这一方案可以解决利益冲突问题，因为此时不再是证券化发行人选择评级机构，而是监管方选择评级机构，不过这种措施可能让监管方背上监督评级机构绩效所带来的沉重负担。

信用衍生品市场

如果要恢复信用衍生工具场外市场的信心，就需要提高这个市场的透明度并为其提供更好的监督。在这场信贷危机中，对手方风险一直是个严重的问题，因为CDS的投资者害怕当出现资产违约事件时，交易的对手方会选择不履行对其担负的责任。由于场外交易市场缺乏透明度，所以人们对对手方风险的顾虑进一步增大。在雷曼兄弟银行倒闭后，价值4 000亿美元的CDS面临清算，但是在扣除双边交易之后，这个数字降低到60亿美元。支持衍生工具外交易市场的配套基础设施也存在不足，其中包括：交易确认的延迟、交易报告、定价、合同收尾程序、估价实务、抵押品纠纷以及直接或间接出现的交易对手方信用状况不透明的情况。

针对信用衍生工具市场所设立的中央结算系统在维持金融体系稳定性中所具有的巨大优势已经得到广泛的认可。30国集团（2009）发布的报告说，信用衍生工具市场中的领导性参与者正在创造此类系统。设立中央结算系统的主要好处在于可以消除交易中存在的对手方风险。然而，由于一些信用衍生工具具有相当的复杂性，其交易量也很清淡，所以可能无法很容易地推出正规交易所需的标准化合约。而且，信用衍生工具市场未来的监管状况仍然是一个悬而未决的问题。

跨境监管和监督

在欧盟范围内（以及其他地方）出现的跨境银行业务的增长，还为监管者提出了更加复杂的问题。在不同国家设置一个统一的监管框架的要求十分紧迫，而且还要考虑到不同国家在金融业监督和监管中存在的巨大差异。在这场危机中，跨境银行集团的市场估值下跌超过了服务单一国家的银行集团，其中的一个因素就是监管不足。

跨境银行集团的法律结构决定了各国监管机构之间的职责分工：其中，分行受母国监管机构监管，而子公司则受东道国的司法管辖。这违反了监管措施应该尊重银行内部组织结构的原则。银行倒闭时对东道国产生的系统性破坏也为母国监管带来困难。冰岛银行的倒闭就说明了跨境银行业务规模和本国资源规模间错配所导致的后果，出现所谓的"大到不可救"(too large to save)的困境。即使不对 Landsbanki 银行的监督负责，英国和荷兰政府还是要为本国公民在 Icesave 银行的存款提供担保。

对富通的救助则表明，危机管理所要求的各国监管机构之间的合作有时是无效率的。国与国之间的争端可能会让救助行动推迟，但是在危机来临时刻救助速度至关重要，在国与国之间也很难平等地对待来自不同国家的债权人和债务人。金融监督的碎片化甚至可能对欧洲单一金融服务市场的完整性构成威胁。当使用国内公共资金对银行实行救助时，往往要求银行承诺先对国内进行贷款，这又进一步造成银行业的碎片化。

大多数评论者同意应该让欧盟范围内的银行监管和监督协调机制得到改善。针对欧盟和全球金融业监督和监管改革的《拉罗西埃尔报告》(de Larosière Report, 2009)建议设立一个新的协调监管结构。在这份报告给出的建议中，银行监管仍然保持各个国家的特征，监管实践则需要统一。例如，应该采取标准化的存款保险制度，在危机管理中应采用一致的原则和工具。对于每家跨国银行而言都应该建立一个由各国成员组成的监管委员会，该委员会在欧盟层面上具有约束力。三个欧盟层面的功能机构将分别负责协调对银行、保险和证券的监管。最后，欧洲系统性风险委员会将负责监督整个系统，并在宏观层面监控系统性风险。

然而，当跨国银行出现倒闭的情况时，国家之间如何分担责任的问题仍然十分棘手。查尔斯·古德哈特和德克·舍恩马克(Charles Goodhart and Dirk Schoenmaker, 2009)认为，用事后谈判的方式来解决跨境救助的费用分摊问题，会导致对所需资本金的低估，因为母国以外的国家有激励低估在危机中的参与程度，以此减少其承担的成本。于是，它们提出了两类事前责任分担机制。首先，一个全局化的机制就是参与国根据其 GDP 来提供救助资金。第二个是一个具体的机制，即参与国依照其国家参与跨国银行业务的人口分布来提供救助资金。后一个计划可能会更有效，因为它将每个国家在金融稳定性中获得的利益与这些国家为金融体系稳定性做出的贡献更紧密地联系起来。

概　要

信贷危机从 2007 年 6 月爆发，一直持续到 2009 年初。造成这场危机的主要原因可以从宏观经济因素和微观经济因素两方面入手理解。

来自宏观经济的原因包括全球金融失衡的出现以及较低的实际利率。后者助长了信贷热潮，尤其是按揭抵押贷款。

来自微观经济的原因是，消费者无法理解他们所承担的风险，金融机构管理人员通过提高杠杆率来获取较高回报，其薪酬体系的设计也鼓励了这些人让金融机构承担过多风险，信用评级机构面对的激励机制也是扭曲的，在风险的度量、管理和监管方面还存在诸多不足。

BIS 将金融危机的历程确定为五个阶段：第一阶段（2007 年 6 月到 2008 年 3 月中旬）——自 2007 年夏天开始，标志性事件是美国次级抵押贷款市场出现损失；第二阶段

(2008年3月中旬至2008年9月中旬)——各种事件的发生最终导致雷曼兄弟银行的破产;第三阶段(2008年9月15日至2008年10月底)——全世界失去信心;第四阶段(2008年10月底至2009年3月中旬)——投资者开始重点关注全球经济衰退;第5阶段(从2009年3月中旬开始)——全球经济开始出现稳定的迹象。

证券化的快速发展是造成这场危机的一个重要原因。这项业务对住宅房地产市场的融资行为产生重大影响,也为银行管理贷款提供了灵活性。在美国,次级抵押贷款市场和相关证券化产品的崩溃开启了信贷危机。

资产证券化涉及的过程包括银行找到借款人,发放贷款然后将贷款(重新打包为证券后)出售给投资者。这就是所谓的持有并证券化的经营模式,它和传统的贷款并持有的经营模式存在本质上的差别。证券化涉及到将信用风险资产、传统的住房按揭贷款(但现在出现了其他类型的资产,比如汽车贷款,信用卡应收账款以及任何能够产生可预见现金流的信用)集中在一起,随后将其出售给特殊目的公司,特殊目的公司通过发行证券来为购买的资产融资。由特殊目的公司发行的证券通常是一种固定收益类工具——例如,如果是由抵押贷款支持的证券,则被称为是MBS;由一系列不同类型贷款支持的证券则被称为是ABS——这些证券随后被卖给投资者,本金和利息则依赖于混合在一起的资产所产生的现金流。

在美国,第一波主要的资产证券化活动是由储贷协会推动的,它们将按揭贷款转移出其资产负债表并将这部分资产卖给投资者。类似于房利美和房地美这样的政府资助企业是美国抵押贷款证券化业务的主要操作者,到2008年中期,它们持有大约5万亿美元的MBS(到2008年9月,只能由美联储介入来帮助它们摆脱困境)。

次级抵押贷款是指贷款给高风险的借款人——也就是那些非优质借款人。向次级借款人提供的次级抵押贷款数量经历了快速的增长,从2003年年中的2 000亿美元增长到2004年年中超过5 000亿美元,在2005—2006年之间达到6 000亿美元左右的峰值。此时,次级抵押贷款已经占美国所有新住宅抵押贷款的20%左右。大约80%的次级抵押贷款都进行了证券化。对银行来说次级抵押贷款的吸引力在于它们可以提供高于优质抵押贷款2%的利率。使用次级抵押贷款做MBS和CDO的抵押物,使得债券发行人既能获得丰厚的利润,又能为它们的证券化过程提供富有竞争性的回报。

大部分由特殊目的公司发行的证券都由信用评级机构给予评级——这些机构主要是标准普尔、穆迪和惠誉等公司——以使证券化产品更加吸引投资者。虽然在基础资产池中某个特定贷款的质量可能较低,但是通过构造信用风险资产组合以获取多样化收益,特殊目的公司持有的整个资产组合的信用质量(也就是信用评级)可以得到提升。

此外,通过各种信用增级技术,例如第三方担保(来自专业保险公司的保险,以保障资产的价值)、超额抵押(持有超过发行证券所对应的资产池)以及其他的一些被称为超额利差(发起人,也就是银行,向特殊目的公司注入资金以承担早期亏损)的方式,可以进一步改善投资组合的风险。上述所有做法的目的都是让按揭抵押贷款支持证券或者债务担保凭证得到更高的信用评级,使用各种技巧实现信用增级的目的是为了提高证券对投资者的吸引力。

从2007年初到2007年中期,美国次级抵押贷款市场出现持续的违约浪潮,房地产价格开始回落。随着抵押品价值的下跌,投资者意识到他们持有的投资品价值正在迅速蒸发。此外,由于无法对作为基础资产的抵押物进行准确估值,结构化产品具有很高的复杂性,而且几乎无法对此类证券进行定价。于是,被信用评级机构评为低风险和投资级的证券开始变得难以卖出,或者其信用评级开始下跌,沦为投机级证券。这一过程推动了 MBS 市场的崩溃。之后,银行开始停止相互之间的贷款,因为它们不知道交易的对方在证券化资产中的风险暴露水平,也不知道它们从资产负债表中移出了多少资产。到 2007 年底,鉴于银行间市场的萎缩,美联储不得不向该市场注入短期资金。由于包括 CDO 和资产支持商业票据在内的证券又被二次证券化,情况变得更加复杂。

据彭博社报道,在 2008 年年底,在美国次级抵押贷款市场崩溃中受到影响的银行出现的损失累计达 7 446 亿美元——其中美联银行遭受的损失最大,为 965 亿美元,接下来是花旗集团遭受的 672 亿美元损失以及美林银行遭受的 559 亿美元。

信贷危机迅速在全球蔓延并对英国、爱尔兰和冰岛的金融体系造成灾难性影响。在这场危机中,欧洲的主要金融体系无一幸免,银行开始倒闭,或者必须进行资本重组和流动性注入。日本的银行业在危机中受到的影响似乎比大多数国家要小,但是其国内经济表现不佳,这种担心可能要持续十多年。各国政府和各类国际组织也针对金融体系的重大改革提出了多项动议,其中包括对银行资产负债表的清理、增加资本和流动性要求,提高对证券化业务、对冲基金(见第 8 章的讨论)以及信用评级机构的监督和管理。

参考文献

Berger, A., Molyneux P. and Wilson, J. O. (eds) (2009a) *The Oxford Handbook of Banking*, OUP, Oxford.

Berger, A., Molyneux, P. and Wilson, J. (2009b) Overview of banking, in Berger, A., Molyneux, P. and Wilson, J. O. (eds) *The Oxford Handbook of Banking*, OUP, Oxford.

BIS (Bank for International Settlements) (2009) *79th Annual Report* (1 April 2008 to 31 March 2009), BIS, Basel.

Buiter, W. (2009) Regulating the new financial sector, www.voxeu.org/index.php?q=node/3232.

Group of 30 (2009) *Financial Reform: A Framework for Financial Stability*, Group of 30, Washington.

De Larosière (2009) *The High-level Group on Financial Supervision in the EU Report*.

IMF (International Monetary Fund) (2009) *Global Financial Stability Report: Responding to the Financial Crisis and Measuring Systemic Risks*, IMF, Washington.

Kane, E. J. (2009) Incentive roots of the securitization crisis and its early mismanagement, *Yale Journal of Regulation*, 26: 504-516.

Tett, G. (2009) *Fool's Gold: How Unrestrained Greed Corrupted a Dream, Shattered Global Markets and Unleashed a Catastrophe*, Little, Brown, New York.

进一步阅读材料

Acharya, V. (2009) Some steps in the right direction: a critical assessment of the de Larosière report, www.voxeu.org/index.php? q=node/3185.

Bailey, M., Elmendorf, D. and Litan, R. (2008) *The Great Credit Squeeze: How it Happened, How to Prevent Another*, Brooking Institution, Washington DC.

Brunnermeier, M. K. (2009) Deciphering the liquidity and credit crunch 2007—2008, *Journal of Economic Perspectives*, 23: 77-100.

Calomiris, C. W. (2009) The subprime turmoil: what's old, what's new, and what's next, *Journal of Structured Finance*, spring: 6-52.

Caprio, G. and Honohan, P. (2009) Banking crises, in Berger, A., Molyneux, P. and Wilson, J. O. (eds) *The Oxford Handbook of Banking*, OUP, Oxford.

Caprio, G., Demirgüç-Kunt, A. and Kane, E. J. (2008) The 2007 meltdown in structured securitization: searching for lessons, not scapegoats, *World Bank Policy Research Working Paper*, WPS4756, October.

Goddard, J. P., Molyneux, P. and Wilson, J. O. (2009) The financial crisis in Europe: evolution, policy responses and lessons for the future, *Journal of Financial Regulation and Compliance*, 17 (4): 362-380.

Goddard, J. P., Molyneux, P. and J. O. Wilson (2009) Crisis in UK banking: lessons for public policy, *Public Money and Management*, 29 (5): 277-284.

Goodhart, C. and Schoenmaker, D. (2009) Fiscal burden sharing in cross-border banking crises, *International Journal of Central Banking*, March: 141-165.

Herring, R. and Carmassi, J. (2009) The corporate structure of international financial conglomerates: complexity and implications for safety and soundness, in Berger, A., Molyneux, P. and Wilson, J. O. (eds) *The Oxford Handbook of Banking*, OUP, Oxford.

Litan, R. and Bailey, M. (2009) *Fixing Finance: A Road Map for Reform*, Brooking Institution, Washington DC.

Milne, A. (2009) *The Fall of the House of Credit*, CUP, Cambridge.

Philippon, T. (2009) An overview of proposals to fix the financial system, www.voxeu.org/index.php? q=node/3076.

Tett, G. (2009) *Fool's Gold: How Unrestrained Greed Corrupted a Dream, Shattered Global Markets and Unleashed a Catastrophe*, Little, Brown, New York.

第四部分

外汇市场以及欧洲经济货币联盟

第 10 章

外汇市场

引　言

市场

  在交易活动高峰时间，外汇交易室会像个疯人院。穿长袖衬衫的交易员看着电脑屏幕，同时和多个电话交谈，而且向同事大声叫嚷。他们在数分钟的时间内就要和多个主要的外汇交易中心——伦敦、纽约、巴黎、苏黎世和法兰克福——进行沟通谈话。而且谈话的语言也简洁而神秘——"Cable 是多少？" "50/60"，"我的！"，"你的！"，"Cable 70/80——给出五，拿到三"，"隔日交易"。一位交易员可能会给出报价"Cable 70/80——给出五，拿到三"。这里，Cable 一词指的是英镑兑美元的汇率，"Cable 70/80——给出五，拿到三"是指外汇经纪商有位客户愿意在 1.737 0 美元的价格上买入 300 万英镑，或者在 1.738 0 美元的价格上卖出 500 万英镑。

  外汇市场是国际性的，它一天 24 小时开放，不断进行价格调整并完成巨量交易。在外汇交易中，"5"往往表示 500 万，和货币单位无关，这些货币单位可能是美元，也可能是日元或者英镑。"yards"表示 10 亿。现在，中央银行的银行家们已经形成一个习惯，即每三年调查一次外汇交易规模。1986 年的数据显示外汇市场每天的交易量为 3 000 亿美元。2007 年，根据 BIS 三年一度的中央银行外汇与衍生工具市场活动调查，外汇市场每天的营业额已经达到 3.21 万亿美元——相比 2004 年的情况已经是一个很大的增长了，当时全球外汇市场每天的营业额大约为 1.9 万亿美元。到目前为止，伦敦是世界上最大的外汇交易市场，每天交易量为 1.359 万亿美元，紧随其后的是纽约和东京，两个城市的外汇交易量分别为 6 640 亿美元和 2 380 亿美元。

买方和卖方

谁在买卖外汇呢？大家第一个想到的可能是进口商和出口商。BIS 对进出口商的日外汇使用量进行计算，发现进出口商对外汇的使用量只占全球外汇日交易量的 1/32！如今，推动外汇市场发展的是数额巨大的资本交易。考察一下外汇的买家和卖家，我们可以看到其中有：
- 进口商/出口商。
- 游客。
- 政府支出（例如，海外驻军）。
- 投机者。
- 银行和其他机构。

我们刚才已经提到过的进口商/出口商，以及旅游业和政府支出对外汇的使用，这些方面都是很容易理解的，但却不是理解巨量外汇交易的关键。

绝大多数主要国家都解除了对外汇交易施加的管制，养老基金管理人、投资基金经理以及保险公司都可以投资于外国的股票和债券。因此它们需要使用外币进行支付。

于是，拥有闲置资金的投资者会让资金在全世界流动起来。随着欧洲汇率机制的实施，人们认为西班牙、意大利和英国的货币具有低汇率风险和高利率收益的特征，于是人们将资金投入到此类货币上。例如，三菱银行驻伦敦的研究主管就曾估计，受高利率的吸引，在 1985—1992 年之间大约有 400 亿～500 亿英镑的资金流入英国。随着 1992 年欧洲汇率机制戏剧性地崩溃，汇率风险再次变为现实，资金开始从高收益货币中流出。这些投资者中可能存在跨国公司的企业财务主管，这些主管需要从整体出发来保护企业在外汇上持有的头寸。对于大量持有美元的企业来说，如果美元走弱，那么该企业的盈利将会下降，因此需要将一部分备用资金投入欧元。在 1997 年亚洲金融危机的时候，我们看到巨量外汇从远东国家——例如韩国——流出，导致巨大的麻烦。

银行不仅要代表其客户进行外汇交易，它们自己也要进行专门的外汇交易。银行要"持仓"（take a position），也有些人将这种操作称为"投机"。如果美元价值将会下降，那么银行会抛售美元并准备在 30 分钟后用更便宜的价格买回来。在 1992 年 9 月 1 日意大利里拉跌破其在欧洲汇率机制下的最低价后，交易商开始购入里拉，因为它们知道中央银行必须采取行动以维持里拉的价值。当里拉的价值重新回到 765.4 里拉兑换 1 德国马克时，交易商将其出售，获得一个有保证的利润。因为这时外汇交易所一直选择抛售里拉，所以里拉价值会再次下跌，中央银行又必须再次出手维持里拉价值。

在这段汇率波动期，银行通过出售英镑和里拉（这两个国家最终离开了欧洲汇率机制）赚取了数十亿美元的利润。一位美国银行的交易员不小心向电视台的记者透露了他为银行赚取的丰厚利润，后来这位交易员受到银行的处分！

在 2007 年的调查中，BIS 三年一度的中央银行调查报告指出，相比于 2004 年，按照固定汇率计算,当年的外汇交易规模增长了69%。资产管理机构、大宗商品交易员,特别是对冲基金(见第8章)利用外汇交易的规模也在上升,这进一步推高了外汇交易的整体规模。在全球外汇交易市场中,银行之间的交易占到市场份额的43%,其他金融机构的交易占到市场份额的40%(在2004年只有7%),非金融机构的客户(比如公司的财务主管)占17%。

银行利润

对于世界上主要的那些银行来说,从外汇交易中获取的利润对它们十分重要。美国货币监理署(US Comptroller of the Currency)的计算指出,来自外汇交易的利润占到大型商业银行利润的一半左右。

外汇交易的风险也在上升。大型企业客户自己进行外汇交易的能力得到了提升,其中一些企业已经有了自己的外汇交易室,新的《资本充足率指引》则提高了外汇交易中所持头寸的成本;对手方风险开始成为人们普遍担心的问题;在最近几年,美元价值的波动也变得越来越不可预测。因此,外汇交易的业务份额越来越集中在少数几家主要的银行。在美国,10家银行占据了75%的外汇市场交易份额,在英国,12家银行占据了75%的外汇市场交易份额。根据《欧洲货币》杂志的统计,顶级外汇交易机构名单如表10—1所示。

表10—1 按照外汇交易市场份额百分比计算的前10大外汇交易机构

排名	银行	市场份额(%)
1	德意志银行	58.66
2	瑞银集团	15.92
3	巴克莱集团	13.13
4	雷曼兄弟银行	3.24
5	花旗集团	1.74
6	德累斯顿银行	1.24
7	道富银行	1.06
8	瑞典北欧斯安银行	0.84
9	苏格兰皇家银行	0.57
10	汇丰银行	0.56

资料来源:*Euromoney*,May,2008。

什么决定了汇率

在经济学家内部最流行的用来解释汇率的理论是**购买力平价**(purchasing power parity,简写为PPP)。简单地说,如果给定一篮子商品在英国的售价为10英镑,在美国的售价为20美元，这表明汇率为1英镑＝2美元。如果实际汇率是1英镑＝1美元，那么美国人只用本国价格的一半便可在英国购买到一篮子商品，这将会带来以美元支付的进口数额的激增，于是导致美元贬值。随着时间的推移，导致美国商品比英国商品更贵或更便宜的另一个因素是通货膨胀。如果英国的通货膨胀率高于美国，那么它们卖给美国的商品数量会减少，但是如果英镑对美元的汇率向着有利于美元的方向移动，那么美国人还是会用相同的成本购买英国的商品。

至少，这是理论。和其他大部分经济学理论一样，它在实践中会引发严重的问题。首先，如果不同国家之间的购买习惯有差异，那么一篮子商品应该包括哪些商品？同样的，在一篮子商品中有很多都是不可进行国际间贸易的商品和服务。而且，这一理论还假定商品价格没有被税收方式的不同所扭曲（如增值税或销售税），还假定没有类似于关税这样的贸易壁垒。

《经济学人》杂志会周期性地测算麦当劳巨无霸汉堡的购买力平价：它会将世界上主要国家首都的汉堡价格进行比较，然后由此计算一个汇率值，这个汇率值可以和实际的汇率值进行比较。这件事情是从好玩开始的，但是确实引发了一系列不同类别的研究，比如Pakko和Pollard在2003年出版的《汉堡经济学：用巨无霸汉堡指导购买力平价理论》(Burgernomics: A Big Mac™ Guide to Purchasing Power Parity)。

如果一个国家的通货膨胀率持续高于另外一个国家，存在高通货膨胀的那个国家的汇率状况将会进一步恶化。我们如何说服外国人持有该国货币？答案就是——为他提供在本国拿不到的高利率。高利率可以为预期的高通货膨胀率做出补偿。因此，利率又进入了表达通货膨胀和国际收支平衡状况的方程式中。

在1992年10月9日，塞缪尔·布里坦（Samuel Brittan）为英国《金融时报》写了一篇文章，他对通货膨胀和汇率之间的关系给出了很好的说明（使用的原始数据来自Datastream）。布里坦绘出了1964—1992年之间英镑不断下降的购买力和德国马克对英镑的汇率之间的关系。其中的相关性是惊人的，揭示的事实是，在1950年可以用1英镑买到的商品，我们在1992年需要花17英镑才能买到。但是在1950年用1德国马克可以购买到的商品，在1992年用3.5德国马克即可买到。德国对通货膨胀风险的在意，反映出它在第一次世界大战后遭遇的可怕经历。在1918年，一块面包价值63芬尼（pfennigs），到1923年11月，一块面包价值2 000亿德国马克。

国际收支是指一个国家买入商品（服务）的价值和卖出商品（服务）的价值之差。因为每个国家都要购买和销售物质商品以及服务。这其中还隐藏着被称为"看不见"的金融科目。一家法国的投资银行可能会持有美国政府债券并从中赚取利息。一家德国公司也可能会向伦敦劳埃德保险公司支付保费。上述所有项目之间的差额，就是经常账户。持有的资产——国外证券、厂房、土地等等，被称为资本账户。国际收支永远是平衡的，因为在经常账户中出现的任何赤字都会被资本账户中的盈余所抵消。遗憾的是，国际收支并不总是平衡的，因此存在一个"平衡项"（balancing items），用以记录那些计算错误以及没有得到追踪的交易活动。有时，平衡项数额巨大，会降低其他项目下数字的可信度。

如果一个国家的经常账户存在长期赤字，那么可以推断出这个国家的竞争力不强，并预期该国汇率会在未来下跌。

由于在日常的外汇交易量中用于贸易销售和采购的份额只占一小部分，占据大头的还是资本流动，因此人们对汇率波动的思考从购买力平价转向对投资的考察。投资者寻找的是高实际利率，也就是去掉通货膨胀和货币风险后获得的回报。这一理论认为投资者会根据国际资产的相对价格、对通货膨胀的预期、对汇率稳定性和波动性的预期以及实际汇率，来安排在国家之间转移资产。这是投资组合平衡模型（portfolio balance model）。

从某种程度上说，如果我们看一下汇率的巨大波动，那么从投资的角度解释汇率可能要比从购买力平价的角度解释汇率更具吸引力。例如，在1991年1月美元大幅走弱——几乎达到2美元=1英镑的水平。但是在几周之内美元再次走强，变为1.70美元=1英镑。在此期间一篮子商品的价格发生了如此巨大的变化？当然不是。

所有这些理论存在的一个共同问题是它们没能考虑到一些人为加入的体系所起到的作用——类似于欧洲汇率机制——这些体系会对市场力量进行干预。例如，在1990年10月英国加入欧洲汇率机制，当时设定的汇率目标为2.95德国马克=1英镑。虽然在之后两年中英国的通货膨胀率有所下降，德国的通货膨胀率有所上升，但是在这一时期平均而言英国的通货膨胀率要高于德国，在制造业部门的生产率低于德国。在一场严重的经济衰退中，英国的经常账户出现大量赤字，这反映出的是该国经济中存在的结构性问题以及经济走出衰退所面对的严重困难。此外，在1992年9月，英国的利率还勉强高于德国。虽然有如此通胀，但是英国和德国的利率却还是相差无几，不过投资者对此却不这么认为。他们认为即使英国可以阻止通货膨胀率的进一步上升，但还是对德国出现更低通胀率抱有更大的信心。投资者对德国中央银行维持高利率（虽然此举在政治上不受欢迎，但德国中央银行是独立的）也抱有更大的信心，由于英国中央银行（在当时）不是独立的，所以他们对英国中央银行能够保持高利率的信心不足。

除此之外，在过去23个月内，相比于德国马克，英镑汇率的波动区间为±6%。然而市场情绪普遍认为英镑被高估，将在未来出现贬值。持有英镑的金融机构和企业开始出售英镑。投机者也加入了进来。最后，德国中央银行认为英镑应该寻求新的比价平衡的消息被泄露，这成为冲垮大坝的一个诱因。在9月17日星期三，英国政府将英镑撤出欧洲汇率机制，在两个星期内，1英镑兑换德国马克的比例从2.80下降到2.50，面对这种情况，经济学专家提出了著名的言论"你不可能逆势市场"。意大利里拉也有过类似的经历。这带来的是欧洲汇率机制在1993年7月出现进一步动荡，当时法国法郎等货币也遭遇袭击，并导致欧洲汇率机制出现根本性变化。

最后，我们也不能忽视汇率决定过程中存在的纯粹市场心理——比如，"从众"（herd）的本能，这将导致外汇交易员采取一致行动，在新数据披露之前出现市场"超调"的情况。比利时天主教鲁汶大学的Paul de Grauwe和Danny在1992年发表了一份题为《市场上的心理障碍》（*Psychological Barriers in the Market*）的研究报告。他们发现交易员倾向于规避特定的某些外汇，特别是那些汇率比价尾数为整数的外币。

也许是因为汇率波动存在心理因素，所以有一类被称为技术分析师的人通过研究历史价格数据以及其中的模式和趋势，来预测汇率在未来的动向。他们将这种模式称为"头和肩"，"双重底/顶"，"顶"等。这也被称为"技术分析"。技术分析师会讨论汇率波动的最高水平和最低水平。如果某一极限水平被打破，那么技术分析师认为这种突破将是决定性的。那些考察汇率波动背后的经济因素——利率、通货膨胀率、生产率和国际收支平衡表——的人又被称为基本面分析师。这两类方法也在股票和债券市场得到相同的运用。技术分析师和基本面分析师往往发生冲突，这类似于在中世纪的意大利的天主教徒和新教徒之间发生的冲突。事实上，所有银行都混合使用这两种分析技术。

布雷顿森林体系

在第二次世界大战后直到20世纪70年代初的时间里，货币价值并不像如今这样发生剧烈波动，因为当时是在一个固定比例的基础上完成货币兑换的行为。这一体系是1944年在布雷顿森林（新罕布什尔州，美国）召开的一次会议上确立的。当时，来自44个国家的财政部长以及主要的经济学家——如凯恩斯等——都出席了本次会议。这项会议的目的是讨论第二次世界大战后国际金融规则的制定。具体而言，它要完成以下安排：

- 汇率稳定系统。
- 国际货币基金组织。
- 世界银行。

汇率稳定

参加布雷顿森林体系的成员国将自己的货币与外部货币（价值）挂钩，这种外部货币（价值）是黄金或者美元。这种情况下美国别无选择，只能将美元面值与黄金挂钩；只要有需求，每35美元便可兑换一盎司黄金，其他成员国则将货币价值与美元挂钩。于是这个布雷顿森林体系又被称为是金汇兑本位制，其中美元价值和黄金挂钩，其他货币价值通过和美元挂钩，间接地实现与黄金挂钩。通过将货币价值和黄金挂钩，布雷顿森林体系的成员国中央银行必须经常干预外汇市场，以保证其货币兑美元的汇率在1％之内波动：当汇率上升幅度可能超过1％时，卖出货币买进美元；当汇率下跌幅度可能超过1％时再做相反的操作。IMF也会帮助各成员国中央银行将汇率维持在给定的比例之下——因此IMF也和汇率稳定性有关。

国际货币基金组织

1944年的布雷顿森林会议中，各国决定成立国际货币基金组织，但是直到1946年这一组织才开始进入运行。IMF的总部设在华盛顿特区。设立这个组织的初始目的是防止世界各国再次回到相互限制国际贸易的状况，同时也是为了控制两次世界大战之间的那段时间里的汇率波动。该组织的主要任务是主持一个固定汇率体系。在此之外它还为其成员国提供贷款功能，也允许贸易赤字国家逐步纠正政策，来降低这一过程对其贸易伙伴国产生的干扰。

当一个成员国出现国际收支逆差时，它可以向 IMF 贷款以弥补国际收支逆差，此外，它也可以获得国外货币，以便于在外汇市场用国外货币买回本国货币来防止本国货币汇率的下跌幅度超过 1%。在这种情况下，IMF 的借款功能是为维持稳定的汇率目标而服务的。当成员国耗尽其贷款额度后，它就不得不为本国货币设置一个新的、更低的面值。货币贬值（升值）是可能的，但必须与 IMF 进行讨论，以确保该会员国的国际支付确实处于"根本性不平衡"（fundamental disequilibrium）的状态。因此，虽然在布雷顿森林体系下的汇率是固定的，它却不是一成不变式的固定。

例如，英国曾大量出售海外资产来为本国战争进行支付，这就使得英镑币值处于弱势。战争结束后英国采取（可能是愚蠢的）4 美元＝1 英镑的汇率。但是到 1949 年，这一汇率已经下跌至 2.80 美元＝1 英镑。货币贬值总是很困难的。政府不可能提前宣布货币贬值，因为这将会使每个人都立即出售自己持有的货币。因此，政府始终会以十分强硬的方式来否认任何货币贬值的状况。然后，突然宣布货币贬值。其结果是到了最后，任何有关政府不会进行货币贬值的宣言都是不可信的。当有足够多的人不相信政府对货币不贬值作出的承诺后，他们开始大量卖出货币，贬值势不可当。1992 年 9 月发生于欧洲汇率机制下的混乱就可以说明这些力量真的在起作用。

布雷顿森林体系的成员国必须向 IMF 注资，注资规模与其战前贸易值相关。在这项注资中有四分之一为黄金，剩下四分之三为各成员国的货币。通过这种方式，IMF 获得一个巨大的由黄金和成员国货币组成的资产池，可以利用这个资产池来发放贷款。虽然注资额度很小的那些国家在 20 世纪 70 年代石油价格上升时期要求给予额外的贷款额度，但是每个成员国进行贷款的额度为其认购注资额的 125%。IMF 同意发放贷款的条件包括借款国同意采取一定的措施来纠正经济政策，不过这些条件并不常用，而且也存在诸多限制。

在 20 世纪 60 年代末，有人认为国际间的流动性（国际贸易的支付手段）可能已经跟不上贸易额的增长速度，这将会带来通货紧缩的压力。于是 IMF 开始执行一个新的功能，即通过特别提款权（special drawing rights，简写为 SDRs）的方式为国际市场注入人为的流动性。这是在 IMF 的资产负债表上创造出来的信用，这些信用将会分配给一些国家用以支付其国际收支赤字（国际收支盈余国可以积累特别提款权）。特别提款权最初发行于 1971 年，但此后人们对通货膨胀的担忧超过了对通货紧缩的担忧，因此进一步发行特别提款权的行动就受到制约。特别提款权的价值基于世界主要货币的平均汇率按日计算。由于在 1992 年以前瑞士并未正式加入 IMF，所以在计算特别提款权价值的时候没有使用瑞士法郎。

世界银行

世界银行的主要经营单位是国际复兴开发银行。国际复兴开发银行始运行于 1945 年，最初的目的是帮助欧洲进行战后"重建"。如今它主要关注的是帮助欠发达国家发展自己的经济。世界银行可以略低于商业贷款的利率提供最长期限达 20 年的贷款、这些贷款的偿还要由借款国政府进行担保。这些贷款中的大部分都提供给了农业，能源和运输领域中的具体项目。最近，更加一般性的"项目"以及"结构调整"贷款也开始向欠发达国家提供。国际复兴开发银行从其成员国处获得资金（其中有 100 多个国家也是 IMF 的成员国），也通过发行国际债券来获得资金。国际复兴开发银行是欧洲债券市场上的一个重要的借款人。在世界银行旗下，还有另外两个机构。

国际金融公司（The International Finance Corporation，简写为 IFC）成立于 1956 年，是一个为欠发达国家的私营部门企业提供风险资金（无政府担保的贷款）的多边投资银行，同时它也介绍一些其他来源的贷款。就后者而言，国际金融公司还会协助跨国公司在欠发达国家进行直接投资，它还会协助多边投资担保机构为非商业性风险提供保险。

国际开发协会（The International Development Association，简写为 IDA）成立于 1960 年，是世界银行提供软贷款的机构。它可以向发展中国家最贫穷的地区提供最长年限可达 50 年的免息贷款。国际开发协会用于贷款的资源来自于世界银行富裕成员国的捐赠，其中美国提供的资金不少于总资金额的 25%。

浮动汇率

到 1972 年 8 月，部分由于越南战争带来的成本，美元在维持固定汇率的过程中遭受巨大压力。在 8 月，美国当局放弃任何保证美元可兑换黄金的担保。各国领导人在华盛顿召开国际会议，试图共同合作以保持固定汇率制度，但这种努力最终宣告失败。欧洲共同市场担心自由浮动汇率会打乱共同农业政策（Common Agricultural Policy）的运行过程，于是设置了一个"蛇洞计划"，目的在于将汇率波动区间保持在 ±2.25% 之内。自 20 世纪 70 年代以来的石油价格上升让这一计划备感压力，愿意遵循这一制度安排的成员国逐渐变少。

浮动汇率制度的到来意味着中央银行无需按照以往的程度进行干预，也不需要 IMF 的帮助与干预。然而各国仍然需要资金来为其国际收支中出现的赤字进行融资。但实际上那些存在大量国际债务的欠发达国家往往会寻求世界银行的帮助，这一事实导致一些观察家认为 IMF 和世界银行的角色存在混淆，而且事实上还有一定的竞争。

在浮动汇率时期，美元成为汇率极不稳定的一类货币。美国的对外贸易占 GDP 的比例要比许多国家少得多，因此美国可以容忍美元汇率的波动，但是对其他国家则会造成严重影响。它对国际贸易造成的影响可能会让具有国际影响力的中央银行进行介入，我们会在后面的章节中研究这一问题。

英镑也不是一种价值稳定的币种。表 10—2 给出了在 1972—2009 年之间英镑兑美元的汇率，图 10—1 用图形的方式绘出了这种趋势。我们可以发现从 1999 年开始，英镑兑美元的汇率开始走强，在2008年年中达到高峰时期的1英镑兑换1.96美元。自那以后，英镑兑美元的汇率下跌了接近30%。

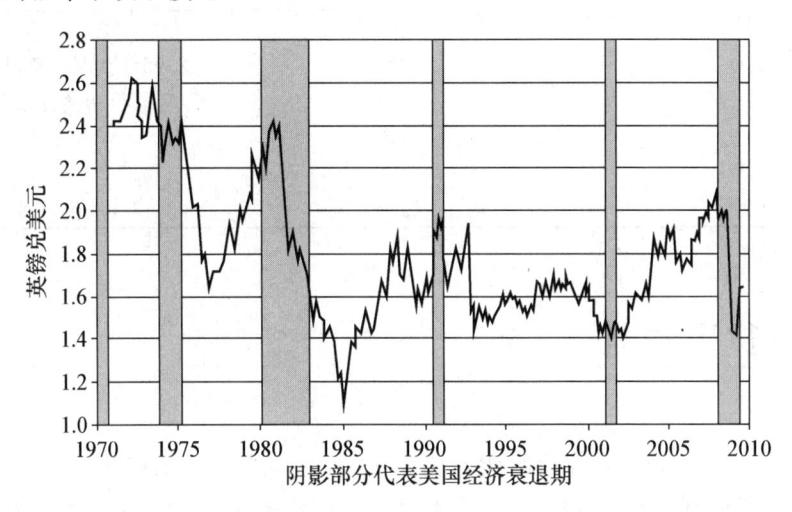

图10—1 英镑兑美元的汇率：1970—2010年

资料来源：Federal Reserve Bank of St Louis, stlouisfed.org.

表10—2　　　　　　　　　　英镑兑美元的汇率：1972—2009年

月份	年份	英镑兑美元的汇率
	1972	2.50
	1977	1.75
	1980	2.32
1月	1985	1.03
1月之后	1985	1.40
1月	1991	1.98
3月	1991	1.70
8月	1992	1.98
6月	1993	1.55
6月	1999	1.60
6月	2002	1.52
11月	2005	1.72
6月	2008	1.96
3月	2009	1.41

表10—3中列出了在1999年加入欧洲汇率机制之前英镑兑德国马克的汇率变动，我们可以从中看出汇率是如何对一个国家的高通货膨胀和低生产率造成影响的。

表10—3　　　　　　　　　英镑兑德国马克的汇率：1960—2002年

月份	年份	英镑兑德国马克的汇率
	1960	11.71
	1980	4.23
2月	1987	2.85

续前表

月份	年份	英镑兑德国马克的汇率
7月	1989	2.76
10月	1990	2.95（欧洲汇率机制的目标）
9月	1992	2.51（英镑离开欧洲汇率机制）
4月	1996	2.27
12月	1998	2.80
9月	2002	3.13（等价，欧元的引入）

欧洲经济货币联盟

欧洲国家加入欧洲经济货币联盟所带来的变化对外汇市场产生了重要影响——在1979年引入汇率机制，在1999年通过了包含11个国家的单一货币体制。这些举动非常重要，因此它们值得用单独一章的内容来进行描述（见第11章）。

在1996—2002年之间，英镑对很多货币的汇率比价都上升，其中包括德国马克，这些信息体现在表10—3中。比如，在1996年你可能会用2.27德国马克换取1英镑，但是到2001年你需要用3.09德国马克来兑换1英镑。英镑的走强对英国出口商造成负面影响，因为这使得它们的商品价格突然大幅上升。即使像丰田和本田这样在英国建立业务并进行出口的企业也必须降低其汽车的价格，以便于这些产品可以在欧洲具有竞争力。但是随着欧元的到来，这种情况出现变化，因为在2002—2009年之间欧元兑英镑的价格快速上升。欧元兑美元的汇率也出现类似的趋势。图10—2给出了最近这些年欧元兑美元的汇率变化，可以发现自2001年以来欧元的走强。

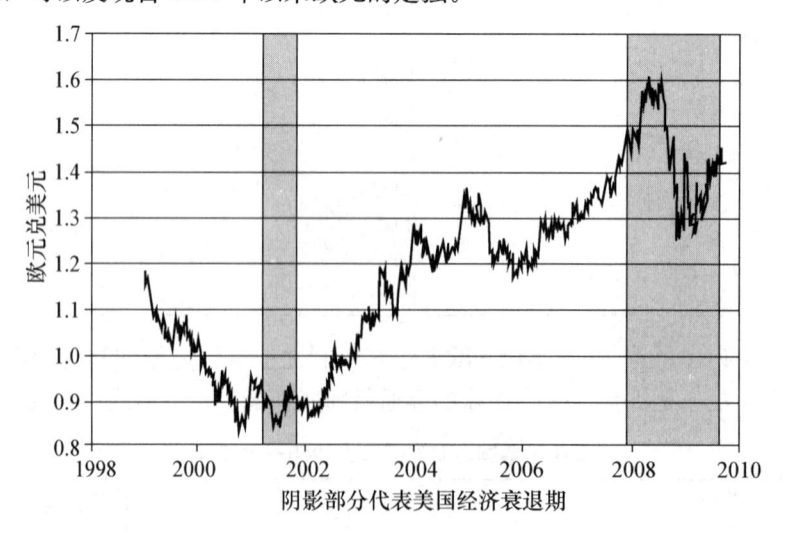

图10—2 欧元兑美元的汇率：1999—2010年

资料来源：Federal Reserve Bank of St Louis, stlouisfed.org。

企业的外汇风险

风险类型

在国际市场上竞争的公司都会面对外汇汇率变化造成的风险。这些风险有3种类型：交易风险、汇兑风险和经济风险。

交易风险

这是最明显也是最常见的一类风险。一位瑞士进口商需要用美元支付在6个月后进口但是在今天完成订单的商品。如果瑞士法郎兑美元贬值，那么这位进口商将花费更多的钱来购买该商品。一家向美国出口商品的瑞士企业则会得到更多的美元支付。到货物上船，钱货两清的时候，比如假设这是在9个月后，瑞士法郎兑美元可能走强，使得该笔交易的美元支付的价值下跌。

大多数公司会决定用对冲技术来减少这方面的风险。我们在本章集中关注的也将是这种类型的风险。

汇兑风险

一家法国公司的海外子公司要向母公司汇回以瑞士法郎表现的利润。而且这家子公司可能在瑞士还拥有土地和财产。如果瑞士法郎兑欧元贬值，那么在年度报告中以欧元计价的利润就会下降。土地和财产的价值可能是不变的，但兑换为欧元后这些资产似乎会失去一部分价值。是否应该对这些风险进行对冲？这是一个会引起巨大争议的主题。不对冲可能会扭曲资产价值和每股收益。但是从另一方面看，对冲意味着花费真金白银来让会计数字变得好看。无论如何，有经验的投资者都会考虑到风险暴露程度。如果他们知道我们的法国公司面对巨大的瑞士法郎汇率风险，那么他们可能会调整自己的观点。但是如果风险已被对冲，那么他们对公司的看法便不再正确了。有时也许人们很难理解一家法国公司大量购买瑞士法郎的行为，也许这不过是一种自然的抵消外汇风险的做法。

我们可以从两家十分类似的公司中听到两种完全相反的意见。史克必成——前英国上市的制药集团——90%的利润都产生自英国以外的地区。史克必成公司的财务主管（《金融时报》1991年11月27日）赞同利用对冲的方式来降低收益的波动性："对投资者来说，稳定和可预见的盈利更有价值。"但是在另外一个例子中，英国化学品和制药集团ICI的收入中有55%来自海外，但它并没有外汇风险进行对冲。该公司的财务主管（1991年《金融时报》的文章）认为："汇兑风险不会对现金流造成任何直接的影响，但是对冲活动则涉及现金支出。"

经济风险

经济风险没有之前提到的那两种风险那么明显。假设一家荷兰公司向美国销售商品，它的主要竞争对手是一家英国公司。如果英国货币兑美元贬值，那么荷兰公司会失去竞争优势。英国在 1992 年 9 月离开欧洲汇率机制。在几个星期内，英国货币兑德国马克下跌 15%，但荷兰盾没有。显然，对于那家荷兰公司而言这是严重的风险，但它可能不容易规避此类风险。因此对这个问题的思考，需要成为市场营销和竞争战略的一部分。

交易风险：远期汇率

让我们考虑一家德国的计算机软件公司，它需要从美国进口电脑并用美元支付。然后这家德国公司向其他人卖出其增值服务——软件、设备等等。比如德国企业刚刚与德国客户签署了合同，同时还从美国订购了两台计算机，以满足和客户签订的合同。在其自己的账户中这家德国公司使用欧元。欧元兑换美元的汇率存在波动。计算机的价格是 100 000 美元，汇率是 1 美元＝1.10 欧元。因此，计算机的成本就是 110 000 欧元。在计算机到达德国的时候，这家德国公司就要完成支付（比方说，在 3 个月的时间），这时美元可能走强，汇率变为 1 美元＝1.25 欧元。现在，按欧元计算的计算机成本是 125 000 欧元。如果这家德国公司在和其德国客户达成合同时将计算机的成本计为 110 000 欧元，那么 15 000 欧元就从利润中消失。如何才能防止这种情况的发生呢？

当然，这是所有进口商和出口商都面临的标准问题。买家在订单达成后付款，但它不知道汇率将会如何变化。出口商在钱物交割时赚取外汇，但它同样不知道汇率会如何变化。

对进口商来说，一个简单的解决方案就是在今天 1 美元＝1.10 欧元的时候购买美元。由于在未来 3 个月并不需要美元，所以这 10 万美元会存起来赚取利息。3 个月后，这笔存款可以取出来用于支付对机器的购买。

从原则上看，如果假设进口商现在就有 110 000 欧元来完成上述操作，那么上面提到的解决方案没有什么错误，但实际上进口商需要在 3 个月后客户支付结束才能拿到这笔钱。于是，还有另一种被普遍使用的解决方案。进口商向银行购买 3 个月的美元远期合约交易。

在这项交易中，银行被要求在 3 个月后用 10 万美元换取相应数量的欧元。假设今天的即期汇率为 1.10 欧元。那么和进口商进行远期合约交易的银行可以对该 3 个月的合约要价为 1.105 5 欧元。这时进口商就将不确定的汇率转化为确定性的汇率。也许 3 个月后汇率可能贬值为 1.25 欧元，但是进口商仍然可以在 1.105 5 欧元的价格上购买美元。和即期汇率相比，这个价格有点高，但是可以让进口商有一个稳定的预期。

现在的问题是，银行怎么决定 1.105 5 欧元是合理的远期汇率？银行是不是有一批分析师在研究主要汇率走势并对其进行预测？是不是在它的交易室一个不显眼的角落里有一个吉普赛水晶球？

当然，现在银行承担了汇率风险，进口商不再承担这一风险。如果银行在完成外汇远期合约后什么都不做，那么也许在 3 个月后它面临的问题就是以 1.25 欧元的价格买入美元，但是只能从客户那里得到 1.105 5 欧元。在之前的例子中，我们认为进口商可能在现在购买美元并将其转换为存款。银行也可以这样做。它可以在 1.10 欧元的价格下购买美元，然后在银行间市场借出 3 个月，直到它需要这笔钱的时候再行收回。现在的问题是——银行这样做的成本是多少？

银行经营行为的结果是，本来以欧元存在并赚取利息的资金（或者说借出去的款项——其实二者是一样的意思），现在变成以美元存在并赚取利息的资金。但是假设3个月期的美元利率为3%，而3个月期的欧元利率为5%，会出现什么情况？那么该银行持有美元就会损失2%（在3个月内会损失0.5%）。这就是经济学家所说的"机会成本"。该银行持有美元资金后就失去了持有欧元资金赚取利息的机会，这种机会的成本是0.5%。这笔机会成本会向客户收取，比如即期汇率从1.10欧元增加至1.105 5欧元。因此，当所考虑的两种货币的利率出现不同时，远期汇率合约的价格会上升。

我们可以从另一个角度来看考察这一说法。假设有一位美国的富人，他在美国有100万美元的存款，利息为3%，他发现欧元的利率是5%，因此将美元兑换为欧元并存入银行，希望获得额外2%的利息收入。但是其中存在的问题是如果欧元贬值，比如说贬值5%，原来的100万美元会变成950 000美元，这种损失会让利息上多出来的收益不存在。为了防止这种情况发生，这位美国人会考虑卖出1年期欧元远期合约（在未来按照事先约定的价格购回美元）。如果这笔交易收取的费用小于2%，那么这位美国富人就锁定了一个无风险利润。这种方式也适用于许多其他拥有闲置资金的美国人。最后的结果就是，数十亿美元的资金会流向欧元，直到在供给和需求的作用下将远期合约的成本抬升至2%，从而使得更多数量的类似操作不再有利可图。这种试图利用价格差异获得无风险利润的方式就被称为"套利"活动，但是，供给和需求当然会将这种可能性迅速消除——如果一开始确实有这种机会的话。

由于美元利率低于欧元利率，我们说美元存在溢价（相应的，欧元存在折扣）。但是需要注意到的是这也会对德国出口商产生影响。比如说一家德国公司会在3个月内赚取10万美元，它要求银行为它提供一个购买美元支付欧元的远期合约。为了规避风险，银行要做什么？由于这个例子比我们前面提到的那个例子更加复杂，所以让我们详细给出银行可以采取的步骤：

今天　　　　1. 借10万美元，为期3个月
　　　　　　2. 在今天以1.10欧元的价格，用11万欧元购买美元
　　　　　　3. 将11万欧元进行为期3个月的储蓄
3个月后　　1. 提取出11万欧元的存款并在市场上卖出换取美元以支付给客户
　　　　　　2. 客户将出口所赚取的10万美元给银行
　　　　　　3. 偿还美元贷款10万美元。

这样做的结果就是银行向客户拥有的美元支付3%的年利率，但是在3个月内对自己拥有的欧元赚取5%的年利率。于是，银行利用利率差赚钱，远期汇率比即期汇率更有利。（在所有这些例子中，为了保持问题的简明性，我们忽略了买入价/卖出价之间存在的价差问题。）

如果美元对欧元存在溢价，这意味着：
- 对进口商来说，远期汇率不太有利。
- 对出口商来说，远期汇率更有利。

进口商可能对完成支付时的汇率不很确定，于是要进行一个美元远期购买，比如说

期限是"2月28日或次月1日"。这是一个远期期权合约，但是请不要和期权的概念相混淆。（其实，在今天的外汇市场上，你可能会意识到美元和欧元利率之间的差别不可能这么大。然而，对于初学者来说，我们可以选择数字来说明道理。）

交易风险：期权

让我们回到德国进口商的那个例子。为进口支付的10万美元是以1.1055欧元的价格买入的远期合约。然而，在3个月后实际汇率为1.05欧元，从欧元的角度看实际上汇率有所改善。10万美元的即期汇率只相当于10.5万欧元。然而，由于进口商已经承诺在1.1055欧元的价格下买入美元，所以它无法再使用即期汇率进行购买。这就是关于购买远期的一个最重要观点：

> 购买远期可以防止汇率恶化造成的后果，但是购买远期也同样阻止了从利率走强中获利的机会。

进口商可能会不担心这个问题，只要利用计算机执行的交易能够锁定利润即可。其他人也可能不会同意这种观点，理由如下：

> 今天的即期汇率为1.10欧元。我希望避免在未来3个月中汇率下跌至1.25欧元的风险——这时我仍然可以在1.10欧元的价格上购买美元。另一方面，如果汇率上升到1.05欧元，我会忘掉上面合约提供的保护，而是以1.05欧元的价格购买美元。

换句话说，人们希望的是一个两全之策。市场的先进性和巧妙性正好可以提供做到这一点的方法，即所谓的期权。如果考虑到细节，期权可能会变得相当复杂。不过令人高兴的是，期权的基本原理是易懂的。进口商不承诺以1.10欧元的价格购买美元，但是通过购买一项期权来获得这种承诺。如果不久后汇率下跌，那么进口商就会执行这项期权，在1.10欧元的价格下购买美元。然而，如果汇率进一步上升到了1.05欧元兑换1美元，那么进口商可以选择放弃期权赋予的权利，而是以市场上更加合理的汇率购买美元。

显然，相比于购买远期，利用期权的操作方式要更加灵活，当然成本也会更高（否则谁会去购买远期？）。购买期权需要花费的成本被称为期权费（option premium），通常需要提前支付。因此，我们可以说：

> 期权购买者可以保护自己不受汇率下跌的影响，但他仍然可以从汇率上升中获利。但是要支付一个成本——期权费。

进口商（或出口商）可以在哪里购买期权？有两种可能性：
1. 通过交易所交易的期权。
2. 通过银行进行交易——也就是场外交易。

现在，在欧洲的证券交易所进行交易的货币期权合约数量已经很少了。这主要是场外交易市场力量的加强。在美国，最大的外汇期权交易量由芝加哥商品交易所（CME）或费城证券交易所（PHLX，美国最古老的股票交易所，创立于1790年）处理。

交易所交易的期权的特点是合约有标准的交易规模和到期日。如果我们现在考虑德国进口商，它可能会去芝加哥商品交易所或者费城证券交易所来购买美元/欧元期权，然后发现期权合约中的条款如表10—4所示。

表10—4　　　　　　　　　　美元兑欧元期权合约条款

美国的证券交易所	合同规模 美元/欧元	期权合约月份
芝加哥商品交易所	125 000	1月/3月/4月/6月/7月/9月/10月/12月以及其他即期月份
费城证券交易所	62 500	3月/6月/9月/12月加上两个相近月份

进口商遇到的第一个问题是它需要覆盖11万欧元的外汇风险，但是期权合约的规模是12.5万欧元（或者说是2×6.25万欧元）。接下来的问题是进口商希望这份合约在3个月后的2月18日到期，但是在交易所交易的期权合约都没有将这个日期作为到期日。

标准期权合同的优势在于此类业务中充满竞争。特别的，此类合约可以再卖出后进行再次交易，也就是"交易所交易的期权"。

最后，通过使用"结算所"，证券交易所可以防止合约对手方的违约风险，我们在第12章中将进一步解释。

如果和银行完成期权合约，那么可根据期权方的需求定制特定期权合约，比如关于11万欧元的一个到期日为2月18日的期权。银行也可能提供一些不同的交易（见下文）。然而，这种期权是无法像交易所交易期权那样正常进行交易的，如果银行破产清盘，那么将无法保证合约的执行。在有关汇率的期权市场中，银行和场外交易市场的交易量巨大。也许这是因为银行可能会帮助进口商/出口商进行贸易融资，于是很自然地企业会要求银行来处理期权业务。此外，银行也可以创建一些吸引力各异的期权类型，其中一些已被证明是非常受欢迎的。这里有三个例子。

可变式远期

可变式远期由美联银行发明。这种远期合约向客户提供了一个远期汇率（和正常的远期合约中确定的汇率相比，这个汇率不是那么好），但是这个远期汇率是预先确定的，这个合约可以是一种期权，因此客户仍然可以从未来更有利的汇率中获利。

例如，一家英国公司需要在3个月后进口美元计价的商品。远期汇率是1.89美元兑换1英镑。该公司希望能够在汇率下跌中得到保护，但是认为未来英镑兑美元的汇率很可能走高。

银行可以向这家企业提供一个封底汇率1.88美元兑换1英镑，以及一个破发汇率1.91美元兑换1英镑。其效果就是，在英镑兑美元的汇率超过1.91之前，这位客户会以1英镑兑换1.88美元的价格进行兑换。如果1英镑可兑换的美元超过1.91，客户可以不用再履行兑换义务，而是可以按照即期汇率的价格兑换美元（也就是说，银行用封底汇率和破发汇率之间的价差巧妙地构造出一种期权）。因此：

- 未来即期汇率为1.80美元时，客户按1.88美元的价格进行购买。
- 未来即期汇率为1.91美元时，客户按1.88美元的价格进行购买。
- 未来即期汇率为1.98美元时，客户按1.95美元的价格进行购买。

因此，该公司几乎得到完全的汇率下跌保护，但是在很大程度上也可以在远期汇率中获利。这自然带来分享式远期。

分享式远期

同样的，在确定未来的优惠汇率时，也可以制定一个封底汇率。让我们假设正常的远期汇率是 1.89 美元，分享式远期的参与方同意当汇率在 1.86 美元以上时，合约执行的汇率是 1.86 美元＋高于 1.86 美元的 80%。如果后来即期汇率下跌至 1.86 美元以下，那么客户可以在 1.86 美元处进行购买。如果汇率变为 1.96 美元，那么用户只能获得超过 1.86 美元的 80%。现在，即期汇率比 1.86 美元高出 10 个点，因此客户可以获得其中的 8 个点，也就是 1.94 美元。

因此：
- 当未来即期汇率是 1.80 美元时，客户可以在 1.86 美元的价格处进行购买。
- 当未来即期汇率是 1.91 美元时，客户可以在 1.90 美元的价格处进行购买。
- 当未来即期汇率是 1.96 美元时，客户可以在 1.94 美元的价格处进行购买。

同样的，客户也在汇率下跌时得到大幅保护，但是也能在很大程度上受益于汇率的上升。客户可以与银行讨论合意的参与度——参与度越高，封底汇率越低。

圆筒式期权或者领子期权

圆筒式期权或者领子期权使用相同的技巧。和上文相同，英国的进口商需要在 3 个月内购买美元。假设今天的即期汇率是 1.90 美元。进口商可以就未来在某个区间内购买美元和银行达成一项安排，比方说，1.85~1.95 美元。于是：
- 如果未来即期利率低于 1.85 美元，客户购买美元的价格为 1.85 美元。
- 如果未来即期利率高于 1.95 美元，客户购买美元的价格为 1.95 美元。
- 如果未来即期利率在 1.85 美元到 1.95 美元之间，那么客户按照实际价格进行支付。

现在，客户得到一定的汇率下跌保护，同时还能从汇率上升中获得一些收益。收益的多少依赖于兑换价格区间的定立，其中花费的成本可能很小，甚至可能无需花费成本。

银行如何为企业实现上述期权交易目标？答案在于使用期权技巧。本为会在第 12 章中详细讨论期权交易的各方面问题。

外汇交易

报价

外汇交易商被电脑终端所包围，这些终端为外汇交易商带来世界各地银行的汇率报价。目前，相关外汇信息的主要提供商是路透社以及最初由 13 家大型外汇交易银行所拥有的电子经纪服务（EBS）系统，这一系统现在由英国经纪商 ICAP 所拥有。对汇率的报价只是"指示性"的，目的在于确定汇率比价，外汇交易商必须打电话询问特定货币之间的报价。交易商只是要求给出一个报价，但是不会说在这个报价之下是出售还是购买。

对汇率来说，市场有其自身的奇怪术语，例如：

Cable——美元兑英镑汇率

Swissy——美元兑瑞士法郎的汇率

Stocky——美元兑瑞典克朗（来自斯德哥尔摩）的汇率

Copey——美元兑丹麦克朗（来自哥本哈根）的汇率

在伦敦，外汇交易中甚至使用了"敦伦佬"的押韵俚语。日元汇率则被称为是"比尔和本"（Bill and Ben）

和金融市场其他领域中的报价方式类似，外汇交易也存在买入价和卖出价。例如，如果要询问对 Swissy 的报价，回答可能是"SFr1.4250/SFr1.4260"（1.4250 瑞士法郎/1.4260 瑞士法郎），或者更加简单的"50/60"，外汇交易商在每一天的每一秒钟都会面对此类报价。如有对报价存在任何疑问，那么询问者会说："更大的数字是多少？"他得到的答复是，"1.42"。这意味着和这位询问者做生意的外汇交易商伙伴会在 1.4250 瑞士法郎处买入，或者在 1.4260 瑞士法郎处卖出。在买进和卖出报价之间存在的 10 个基点就是利润或者说"差价"。

我们可以一个更加详细的例子来说明这一点。考虑外汇经销商在一开始的时候愿意用 1.4250 瑞士法郎购买 1 美元。现在这位外汇交易商拥有 1 美元（它会说自己在美元上是多头）。在第二次询价过程中，外汇交易商在 1.4260 瑞士法郎处卖出美元。现在，外汇交易商以 1.4250 瑞士法郎开始交易，在买进并卖出美元后以 1.4260 瑞士法郎结束交易。

如果上面提到的这一切都十分地显而易见，那么我们是要道歉了。这里的问题在于对初学者而言，外汇交易可能会十分复杂。例如，会涉及两种货币，而不仅仅只是一种（在国内购买债券或股票时，只使用一种货币）。因此，如果外汇交易商以 1.4250 瑞士法郎的价格购买美元，这也是它卖出瑞士法郎的价格。如果外汇交易商以 1.4260 瑞士法郎的价格出售美元，那么这也是他买进瑞士法郎的价格。因此，买入价/卖出价也是美元的买入价/卖出价。对于瑞士法郎，它最好被看作是卖出价/买入价。

如果我们考虑英镑，那么情况会变得更加混乱。这里的惯例是用美元来标记英镑的价格，例如汇率为 1.70 美元。在其他地方我们会用美元来给出各货币的汇率。如果外汇交易商被要求对"cable"（英镑/美元）给出报价，那么外汇经销商的报价就是"60/70"，更完整地说是 1.7360 美元/1.7370 美元。这时买入价/卖出价是用英镑计算的，也就是说外汇交易商以 1.7360 美元的价格购买英镑，以 1.7370 美元的价格卖出。以美元计价，它就是卖出/买进汇率。

当我们考虑一位希望购买美元的进口商时，就可以看出这种对英镑进行报价的方式带来的结果。一位进口商在瑞士，另一位进口商在英国。报价均为（中点率）：

美元/瑞士法郎——1.50 瑞士法郎

美元/英镑——1.73 美元

后来，汇率分别变为 1.55 瑞士法郎和 1.78 美元。对瑞士进口商来说，汇率升至一个更加不利的水平，因为它必须为购买1美元支付1.55瑞士法郎，而不再是1.50瑞士法郎。对英国的进口商来说，汇率上升到更好的水平。对每英镑，它都能换得1.78美元，而不再是1.73美元。（请注意，对出口商来说，其结果将正好完全相反的。）

对于初学外汇市场的人来说，外汇汇率可能非常令人困惑，因此需要从一开始就牢记这些基本点：

> 市场以美元为导向。外汇交易商的报价通常是该货币对美元的买入价/卖出价，从美元的角度来看，也是买入/卖出。

> 英镑是一个例外，通常用1英镑兑换多少美元来衡量汇率。从美元的角度来看，现在买入价/卖出价对应的是卖出/买入。

交叉汇率

当一家瑞士公司打电话给银行要求购买加元时，该银行会用瑞士法郎购买美元，然后用美元购买加元。在外汇市场上，人们发现使用美元会让工作变得更加轻松、简单，外汇交易商只需要买进和卖出美元即可，即使在某些需要多重兑换的情况，也可以这样做。如果想要尝试直接处理任意两种货币之间的兑换，那么事情将会变得十分复杂。BIS在2007年4月对最大的外汇交易市场——伦敦市场——进行的调查中发现，超过89%的外汇交易涉及美元。美元是世界储备货币。世界上65%的外汇储备使用的是美元（外汇储备中，欧元占25%，日元占4%，英镑占3%，剩下的是以其他货币表示的）。作为储备货币，它需要该国经济在全球贸易和金融领域占相当大的份额。而且它还必须是让大家有信心的货币。

如果两种货币之间的汇率都没有包含美元，那么这个汇率被称为是交叉汇率。如果外汇交易商直接用瑞士法郎兑换英镑，那么这项交易就被称为交叉汇率直接交易，或者被称为交叉交易。随着欧元的出现，欧洲国家之间越来越多地进行着交叉汇率直接交易。随着16种货币被替换为欧元，交叉汇率直接交易的数目正在下降。

外汇掉期

当本文讨论德国进口商的问题时，我们建议在3个月后向顾客卖出美元的银行应该在今天买来美元并储蓄起来。对于一个希望银行在3个月后购买美元的客户来说，这个过程将更为复杂，可能包括了借入3个月期的美元，用其购买欧元，然后将欧元储蓄起来。

上面两种方式都是完全可行的，它们都可以将资产负债表中的资产和负债收紧。但是它对银行的信用产生的影响则不同，其中包含的是对手方风险以及在资本比率下对资本的使用方式。

因此，解决问题的方式往往包含对外汇掉期的使用。在进一步讨论之前我们首先要说明的是外汇掉期与利率掉期市场和货币掉期市场没什么关系。同一术语的使用可能会导致混乱。许多外汇交易商也将其简称为"远期",因为外汇掉期表达了它们对远期外汇要求的处理。

掉期是一种交易,它结合了两笔交易,一个是即期外汇交易,另一个是远期外汇交易。在第一笔交易中,银行购买货币,在第二个交易中,银行同时卖出一个货币远期,用来在之后的时间里进行支付。于是,银行的外汇头寸将不发生变化。因此一家有1 000万英镑的A银行可能和B银行就美元达成一个掉期交易:

1. A银行出售1 000万英镑,从B银行换得2 000万美元(该兑换比例是假设的)。
2. A银行出售一个远期合约,这个合约规定在3个月后用2 000万美元换取1 000万英镑。

在当期,A银行拥有2 000万美元。在3个月后,A银行用2 000万美元换取1 000万英镑,回到初始的外汇头寸。因此外汇掉期是一种即期交易和远期交易的综合。

当银行向客户承诺会在未来某一日期向其出售一种货币时,也有可能有些人希望在同一日期购买该种货币。然而,尽管通过这种方式可以将一些交易进行抵消,但是在大多数情况下外汇交易商不会如此幸运。例如它们已经在3月20日交付了200万美元,但可能会发现需要在3月30日购买200万美元——这就是外汇风险暴露中存在的缺口。或者说,这家银行需要在3月20日用美元购买英镑,但是交易规模只有100万美元,这使得外汇交易商在3月20日完成交割时还缺100万美元。

处理这个问题的方法之一是在今天购买200万美元,将其存起来直到3月20日。这可能意味着必须要通过借入英镑来完成购买。这涉及到寻找合适的贷款人和借款人,而且还会收紧和其他银行的信贷额度。

相反,如果用即期汇率购买200万美元,事情会变得简单。由于在3月20日之前并不需要这笔美元,所以交易商可以进行掉期交易:

1. 交易商按照即期汇率,用200万美元换取英镑,其外汇头寸回到初始状态。
2. 同时,交易商出售一个远期,这个远期可以要求在3月20日用一定数量的英镑换取200万美元。

掉期交易的对手方一开始持有英镑,需要在3月20日换取美元。如果美元利率低于英镑利率,外汇掉期的价格将反映出这种利率差。因此如果英国的利率比美国高6%,那么6个月的远期合约就存在3%的溢价费用(这里暂忽略收益率曲线的变化)。比如,如果即期汇率为1.80美元换取1英镑,那么6个月远期汇率溢价约为5.40美分。于是,即期汇率的报价可能是1.800 0美元/1.801 0美元,远期利润边际(或者是利差)是5.40美分/5.30美分(或者用基点来表示,540/530)。由于美元处于溢价,所以这些价格将从即期汇率中减去。

因此,如果进口商要在6个月后用英镑购买美元,那么报价将会如下:

即期汇率	1.800 0美元
溢价	540
远期汇率	1.746 0美元

如果出口商希望在6个月后用英镑换取美元,那么它的报价将是:

即期汇率	1.801 0 美元
溢价	530
远期汇率	1.748 0 美元

由于在将来只能用 1 英镑换取 1.746 0 美元，而不是 1.80 美元，所以这位进口商面对的汇率是在恶化。出口商则获得了一个更有利的汇率，因为用 1.748 0 美元便可换回 1 英镑，无需再花费 1.801 0 美元。

因此，汇率掉期处理的就是客户对汇率远期合约的需求。同时它也可以用来处理外汇交易商在当前处于美元多头但是在 3 个月后会处于美元空头的情形。外汇交易商会用即期卖出美元获得英镑（在美元头寸上不再持有多头），然后在 3 个月后卖出英镑换回美元。

那些思考速度很快的人会发现，利用外汇掉期虽然解决了汇率变化带来的风险，但是又带来了利率变动的风险。汇率掉期的成本取决于美元/英镑之间的利率差，例如美元/英镑之间的利率差可能会是 6%。但是，如果这个利率差变为每年 4% 或 7%，会出现什么情况？其实，这确实是个潜在的问题，但是处理这个问题的方法却超越这本入门书籍所能涵盖的范围。我只想说，存在一类风险——市场风险——如果不对冲便会带来损失，在制定银行风险管理政策以及实际操作时，需要考虑到这个问题，而且监管机构在设定资本比率时也要考虑到这个问题。

通常情况下，掉期交易是非常短期的。其中很多都是为了完成即期交易（两天），但是有些掉期交易也会保留几天，被称为"现货日期的次日"（spotnext）。其他的一些外汇掉期则是用来在第二天进行交割，并在第二天予以保留的，被称为"明日/次日"（tom-next）。这一切让外汇交易中十分难懂的行话又多了几个！

外汇掉期与本章前面部分提到的远期交易有所不同。BIS 2007 年的调查对即期、远期和掉期进行了分析。以美元计算，不同交易方式的日交易量分别是：

即期——10 050 亿美元。

远期——3 620 亿美元。

掉期——17 140 亿美元。

总计——30 810 亿美元。

上面 3 个数字加总起来得到的 30 810 亿美元和总计 32 100 亿美元的日外汇交易量之间存在差别，这是由于报告缺失造成的。

外汇经纪商

在外汇交易市场中，外汇经纪商得到广泛的使用。一位持有美元多头，急于将其出售的企业可能不愿意向其他人披露其持有的外汇头寸。这时它可以向外汇经纪商发出希望卖出 5 000 万美元的意图，于是外汇经纪商可以使用电脑或者语音系统，将这个信息以匿名的方式发布。对于另一家企业，如果它认为兑换比例是可以接受的，那么就会通过外汇经纪商来完成这笔交易。外汇经纪商没有承担任何风险。客户间直接进行交易，外汇经纪商获得一小笔佣金。

在1992年年中,路透社给出了它极富创造性的系统Dealing 2000/2。这个系统可以让计算机自动匹配即期外汇交易,而且还能做到匿名匹配,后来又出现了功能更加强大的系统——路透即期交易匹配系统(Reuters spot matching system)。和路透社的外汇交易系统进行竞争的主要对手是EBS系统,这个系统和世界上最大的外汇交易做市商银行形成了联盟,现在由ICAP公司拥有。由EBS处理的即期外汇交易额每天可达2000亿美元。(EBS在1990年左右创立,当时的主要目的是挑战路透社在银行间即期外汇交易中的垄断地位。)使用EBS还是使用路透社系统则依赖于交易的是哪类货币。EBS主要处理英镑兑美元、美元兑人民币、美元兑瑞士法郎以及英镑兑瑞士法郎,路透社交易系统则主要处理其他类别的银行间外汇交易。目前,EBS在银行间即期外汇交易中占据主导地位。

在1999年7月,彭博社宣布它将加入Tullett & Tokyo Liberty(现在的名字为Tullett Prebon),这是家总部在英国的外汇经纪商,彭博社希望通过此举来为客户提供外汇远期交易的电子经纪服务系统,这个系统被称为FXall。这一针对外汇远期交易的平台在2000年开始运营。后来它和大型外汇交易银行合并,到2009年末已经和800多家机构开始了合作。这个系统为客户提供即期和远期的外汇交易,在2008年总共处理了15万亿笔交易。

结算

得到报酬自然是极其重要的。用电话处理交易的部门被称为"前台"。通过协调账户等行为获得收入的被称为是"后台"。在某些系统中,外汇交易商将交易细节写在一张纸上。这些内容之后会被编码写入计算机的后台系统。在其他情况下,外汇交易商前台使用计算机系统进入交易,该系统打印交易单并将数据用电子化的方式传输给后台系统。

国内银行在外国银行存放外币的账户被称为往账账户(nostro account)。例如,法国巴黎银行会将它在纽约花旗银行的美元账户视为往账账户。同样的,它也将花旗银行在自己银行开设欧元账户视为来账账户(英文记为vostro account或者loro account)。这些术语都可以追溯到很多年前聪明的意大利银行家们的创举。

因此,进行结算和对账处理的部门就是往账部门(nostro department)。同意对存放在外资银行的外汇账户的价值计算就是"往账对账处理",这是一个重要但又烦琐的过程,现在逐渐开始用计算机系统来提高这一流程的处理速度。

如今,银行最为关注是对手方风险(counterparty risk,即使在建立BCCI之前,也已经对此有所考虑)。例如,所有现货交易都需要在两个工作日内完成结算。如果我们要完成外汇交易,但是不存在交易的对手方,会出现何种情况?在1974年6月26日德国赫斯特银行破产之后,银行家们便将此类风险称为赫斯特风险(Herstatt risk),当时这家银行在6个小时前完成交易中美元头寸的支付,但是却无法获得与这笔支付相对应的支付。这种风险的出现就带来了对净头寸进行交割的技术。颇具影响力的智库G30为结算给出了具有重要意义的报告。除了提及的其他一些额外事项之外，该报告建议使用净额结算以降低风险。

在伦敦出现的第一个双边净额外汇结算系统是 FXnex 系统，这个系统有 16 家参与银行。我们可以通过这个系统来阐述基本原理。净额外汇结算不再要求每两笔业务之间进行交易。参与交易的两家机构只需要在结算日相互支付外币净额头寸即可。例如，假设交易对手 A 和交易对手 B 之间在同一结算日要进行 4 笔交易，如图 10—3 所示。在传统的方法中，每个交易对手方都要完成 8 笔交易，即收到 4 笔支付，对外完成 4 笔支付。

在 FXnet 系统中，每个外汇账户还是照常，但是在内部完成 3 个净额结算，对外则只需要完成一笔外汇交割。运行中的账户如图 10—4 所示。

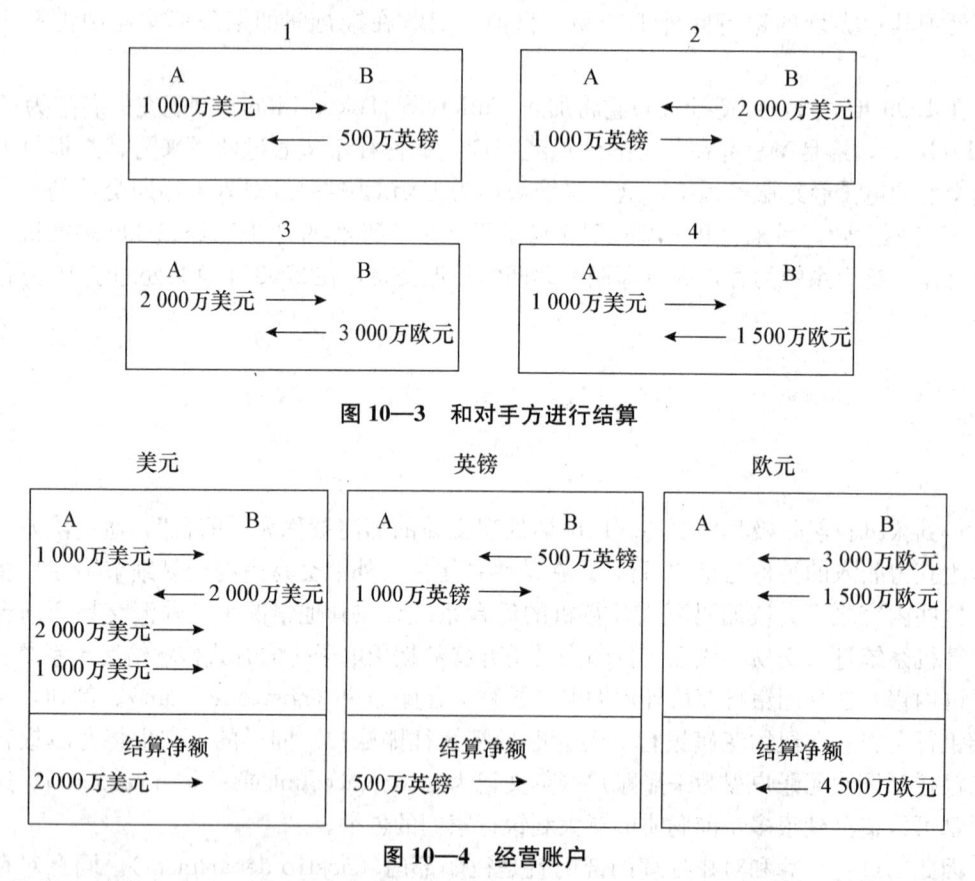

图 10—3 和对手方进行结算

图 10—4 经营账户

在每个结算日都要对发生的款项净额完成结算。使用传统的结算方法，如果我们采用美元账户，那么交易对手方 A 要支付 B 4 000 万美元，同时 B 又要向 A 支付 2 000 万美元。对于英镑账户来说，A 要支付 B 1 000 万英镑，B 要支付 A 500 万英镑。假设交易对手方 A 在这个过程中违约而无法完成支付，会怎样？交易对手方 B 将损失 4 000 万美元和 1 000 万英镑。在净额结算体系下，B 的损失将降低至 2 000 万美元和 500 万英镑。换句话说，推动净额结算的一个重要原因是大幅降低外汇交易中的潜在风险。

如果双边净额结算具有优势，那么多边净额结算带来的优势更大。一个名叫 ECHO 的多边净额结算系统在 1995 年开始运作，在美国也出现了类似的系统，被称为 Multinet。

在1996年3月，世界上20个主要银行宣布建立一个全球性的结算系统，以处理实时外汇结算。这是一个即时结算系统，一家银行完成的支付会立刻与另外一家银行的支付相抵消，以消除赫斯特风险。随着这项声明的宣布，ECHO系统和Multinet系统合并，之后它们还和新的系统完成了合并，得到的这个系统被称为是CLS服务（就是现在的CLS银行）。在2002年9月，这一系统开始运行，在2002年7月完成了所有测试。自那以后，通过CLS银行进行的交易数量开始上升。CLS银行由一组世界上最大的金融机构所拥有，它运营一个为成员银行提供支付结算的系统，这就显著地降低了这些成员银行之间的对手方风险。在这个系统的日常交易中，货币交易占到95%，这些交易都可以通过CLS银行完成，而且所有的大型银行都在使用这个系统。在2008年3月，CLS银行曾经创下了当月处理10万亿次交易的纪录。

信贷危机中出现的一个有趣特点就是外汇交易结算系统显示出了很强的弹性。只有一笔由德国银行完成的交易遇到了对手方风险——这导致的就是2008年9月15日雷曼兄弟的倒闭。在这一天，德国复兴信贷银行在一次和雷曼兄弟完成的掉期交易中支付了3亿欧元，但是它再也没有收到回款。根据《金融时报》2009年8月21日的报道，如果这笔交易是通过CLS银行系统进行的交易，那么德国复兴信贷银行就能拿回那笔钱：

> CLS银行为主要的银行提供实时的外汇结算，大约处理了全世界50%的外汇交易量。这个系统将外汇交易中的双方匹配在一起——但是它本身并不是一个中央对手方——因此CLS银行对每个成员银行的头寸进行结算。如果德国复兴信贷银行通过CLS系统进行外汇结算，它就可以拿回那3亿欧元，因为如果CLS系统将交易双方撮合在一起，那么这笔支付最终会返还给德国复兴信贷银行。

套　利

"套利"（arbitrage）这个术语最早用在外汇市场。在沟通程度不如现在这么好的那个年代，人们发现同一组货币的兑换比率会存在不一致的情况。或许美元/英镑在巴黎的兑换价低于在伦敦的兑换价，各个银行在对外汇交易的报价中都会出现这种不一致。于是，在巴黎购买一种货币，然后在伦敦卖出，便可轻易地赚取一笔钱。

一般来说，套利就是利用任何可能出现的定价异常进行获利。随着计算机的使用，而且这些计算系统往往和"专家系统"技术以及实时价格反馈联系在一起，这使得套利机会比以前更多，而且发现套利机会的方法也变得更加复杂。与此同时，矛盾点在于外汇交易商要更快地行动以便于获得套利机会，因为每个人都在使用电脑！

例如，外汇交易商可能会发现其他交易商的远期汇率并未消除利率差，于是，借入低利率货币，买进高利率货币并将它存起来，比如说存6个月。同时，为了避免货币风险，还要用远期来锁定6个月后对货币的回购，以便偿还一开始就答应支付的贷款。如果远期汇率的成本低于利率差，那么就可得到一个无风险利润。这就是所谓的抛补利率套利（covered interest rate arbitrage）。

如今，套利行为已经在各类金融市场上广泛存在，不再局限于外汇市场。因为它本质上是无风险的，所以如果你能找到它，这一定是门很好的生意。所有的银行都雇用了擅长于套利的专家来寻找此类机会，这种行为在衍生品市场尤其多。支持套利行为的人认为它可以保持价格的有效性。虽然如此，股票和期货市场（股票指数套利）上的套利行为却招致很大的怀疑，面对相当多的争议。

据史料记载，在1843年伦敦的罗斯柴尔德和德国汉堡的贝伦斯最早使用电报讨论套利机会，它们在股票价格、货币和汇票上进行套利。不过，丰富的套利机会快速从市场消失。

中央银行调研

在本章一开始的时候，我们解释了全球中央银行在1986年、1989年、1992年、1995年、1998年、2000年、2004年和2007年同时完成了对各自国家（地区）外汇市场的一次调研。在巴塞尔的BIS将所有这些数据收集并剔除了双重计算的情况（一笔和纽约银行在伦敦完成的交易会同时反映在两个国家（地区）的统计数据中）。表10—5给出了主要国家和地区的最新数据。

表10—5　　　　　　　中央银行外汇交易调查：日外汇交易额

国家和地区	2004 总量（单位：10亿美元）	比例（%）	2007 总量（单位：10亿美元）	比例（%）
英国	753	31.1	1 359	34.1
美国	461	19.2	664	16.6
瑞士	79	3.3	242	6.1
日本	199	8.3	238	6.0
新加坡	125	5.2	231	5.8
中国香港	102	4.2	175	4.4
澳大利亚	81	3.4	170	4.3
德国	118	4.9	99	2.5

资料来源：BIS，*Triennial Central Bank Survey*，2007。

首先要注意到的是上面给出的数字十分庞大。在每天，伦敦都要交易13 590亿美元的外汇。但是在1986年，总共加起来才只比3 000亿美元多一点，但是到2007年已经是3.21万亿美元了。

在1998年，12个欧盟成员国的货币与美元之间的交易占世界外汇交易量的37%；美元/欧元之间的外汇交易占28%。在本章附录中给出了不同货币之间的交易在外汇市场交易中的比例。注意到美元是主要的交易货币，大约在交易中占86%，之后是欧元（37%）、日元（17%）以及英镑（15%）。

中央银行在不同时期支持其货币的过程中面临的一个问题是，它们遇到的阻力越来越大。如果我们看一下在1992年8月到9月之间发生的欧洲汇率机制危机，会发现英格兰银行当时拥有的储备黄金和外汇的价值高达440亿美元。

每天的交易中涉及英镑，包括交叉汇率在内，总额达到790亿美元。即使得到德国中央银行的协助，英格兰银行阻止市场下滑的动作也被一扫而空。

我们曾经一度看到全球大的中央银行之间进行会议协商，这种协商往往在G7会议中制定协调一致的行动。这一切都开始于1985年初。美元汇率的上升使得美国出口缺乏竞争力，英镑/美元汇率已接近平价。经过一系列秘密电话后，在1985年2月27日（星期三）上午，世界主要中央银行一起打击美元。对外汇市场来说这简直是一场硝烟弥漫的战争，在一个小时内美元价值下跌6%，美元兑德国马克的汇率从3.50德国马克兑换1美元升至3.30德国马克兑换1美元。

在同一年的9月份干预再次到来。主要经济体组成的五国集团（G5，后来又加入加拿大和意大利，成为G7）于9月22日在纽约的广场酒店汇合。该会议发出一项声明，认为美元价值被高估，但是看上去这似乎只是一种文字游戏。在9月23日星期一，在各国中央银行未采取任何行动的情况下，美元汇率下跌3.5%。美元兑德国马克的汇率变成2.70。后来各国中央银行联手进行干预，到当年11月，美元兑德国马克的汇率变为2.50。这就是众所周知的"广场协议"，也许是自布雷顿森林体系以来的第一个国际性货币协议。

如果说"广场协议"标志着一个新的里程碑，那事实上并非如此。1987年2月，各国中央银行行长在巴黎卢浮宫再次会面，这次会议宣布美元贬值，同时还宣布要将世界主要货币的利率维持在一个较窄的波动区间中。这就是著名的"卢浮宫协议"。然而，之后的一系列提振美元的尝试几乎都未成功。尽管如此，在1998年6月美国和日本开始共同行动，支持日元汇率，使美元兑日元的汇率从143下降至136.8；到2002年，美元兑日元的汇率已经开始在120~125日元之间徘徊。在过去的十年中，世界主要中央银行协调一致行动已经很少见了，但是单个中央银行干预外汇交易的情况却变得很普遍。比如，《金融时报》在2009年6月19日就报道道：

> BIS代表瑞士国家银行开始狙击针对瑞士法郎进行的投机行为。交易员们宣称，他们看到BIS在货币市场给出报价要购买欧元卖出瑞士法郎。随着这个消息传播到世界各地的外汇交易中心，在几分钟之内，欧元兑瑞士法郎的价格从1.50上升到1.51。在同年3月份瑞士国家银行通过卖出瑞士法郎并购入欧元和美元以停止本国货币升值危害国内经济后，市场开始对瑞士国家银行可能采取的干预行为产生警觉。不过，瑞士国家银行和BIS最后都表示它们并未采取过什么行动。

为什么是伦敦

在上一节给出的数字显示，伦敦不仅是世界上最大的外汇市场，而且其规模远远超过世界上其他的外汇市场，因为它占全球外汇交易的34.1%。随着英国作为经济强国的地位开始逐渐下降，作为主要货币，英镑开始出现疲软，人们可能会问，为什么在这种情况下伦敦仍然是主要的外汇市场。

也许有4个因素可以解释这一现象：

● 伦敦所在的时区很特别。在早上，它可以与东京通话一个小时；此时的中东则正好是上午11时30分左右，纽约/芝加哥是下午1点半，洛杉矶/旧金山是下午4时30分。但是纽约和东京则不存在重叠的时区。

● 无论从传统上看还是从历史上看，伦敦都是主要的金融中心。这里有超过350家的外资银行进行外汇交易，而且拥有国际性外汇交易所需的基础配套——会计师、律师以及专业的印刷机构。

● 欧洲市场外汇交易产生重大影响。伦敦在外汇交易市场中的传统地位来源于它不推崇贸易保护主义，这使得整个欧洲的外汇交易业务和外资银行职员向伦敦汇聚。

● 英语。英语是国际金融中使用的主要语言。将英语作为第一或第二外语的人群越来越多。这使得伦敦比巴黎或法兰克福更有优势。实际上，法国坚持使用法语（将其视为最高荣誉）也使得巴黎没能成为国际金融中心。

概　要

外汇市场容量巨大，伦敦是最大的外汇交易市场，在2007年这个市场每天的外汇交易量为3.21万亿美元。

对外汇的需求来自贸易、旅游、政府支出、国际证券交易以及投机活动。

在伦敦的外汇交易中，按照价值计算银行间同业业务占50%，前10大银行在其中占主导地位。在美国最大的商业银行中，外汇交易占到其一半的利润。

一个用于解释汇率的经济理论被称为是购买力平价（PPP）。在两个国家的同一个篮子商品的不同价格反映出汇率比值。如果一个国家始终比另外一个国家的通胀率高，那么高通胀率的那个国家的货币应该贬值。为了让非本国居民持有该国货币，高通胀国家将不得不提供较高的利率。认为投资者根据这些因素来转换资产的理论被称为是资产组合平衡模型。

第二次世界大战后固定汇率体系是在1944年布雷顿森林会议上建立的。这次会议还同时成立了IMF和世界银行。企业面临的外汇风险包含三个要素——交易风险、汇兑风险和经济风险。

即期汇率是今天的汇率，按照该汇率完成的交易会在两天之后结算。远期汇率是为了将未来某个时点上的外汇交易汇率固定。远期汇率由两种货币的不同利率决定。在全球发生的外汇交易中，按照价值计算60%的外汇交易是远期交易，剩下40%是即期交易。

远期汇率是固定汇率，目的在于防止货币价值发生不利于买方/卖方的变动，但是它也使得买方/卖方无法从有利于自己的货币价值变动中获利。但是，利用货币期权可以在有利于自身的货币价值变动中获利。外汇期权可以在交易所交易，也可以在场外交易。

外汇交易的报价是使用买入价/卖出价的方式表达的。在外汇交易中美元居于核心地位，因为大部分交易都是买入美元或者卖出美元。对英镑和其他货币之间汇率的报价也是这样。剩下的货币则用美元来表示自身价值。如果两个货币之间的汇率不包含美元，那么这种汇率被称为交叉汇率。

在使用即期汇率购买货币的同时卖出一个远期，这种操作方式被称为外汇掉期。

外汇经纪商的活动十分活跃，它将买家和卖家以匿名的方式联系在一起。现在，路透即期交易匹配系统以及 EBS 等类型的电子外汇经纪系统已经得到使用。

一家银行在境外银行持有的外币被称为往账账户（nostro accounts）。外资银行的本币结余被称为是来账账户（vostro accounts）。为了降低结算风险，现在银行开始使用多边净额法。这一系统被称为 CLS 服务，它有 71 家银行作为股东。

套利是利用汇率中发生的异常变化获得风险利润。中央银行会每 3 年完成一次外汇调查，最后由 BIS 汇总调查结果。

参考文献

BIS (Bank for International Settlements) (2007) *Triennial Central Bank Survey of Foreign Exchange and Derivatives Market Activity*, BIS, Basel.

De Grauwe, P. and Decupere, D. (1992) *Psychological Barriers in the Foreign Exchange Market*, discussion paper no. 621, January, CEPR, London.

Pakko, M. R. and Pollard, P. S. (2003) *Burgernomics: A Big Mac™ Guide to Purchasing Power Parity*, Federal Reserve Bank of St Louis.

进一步阅读材料

Chen, J. (2009) *Essentials of Foreign Exchange Trading*, John Wiley & Sons, New York.

Copeland, L. (2008) *Exchange Rates and International Finance* (5th edn) FT/Prentice Hall, London.

Levi, M. D (2009) *International Finance*, Routledge, Abingdon.

Pilbeam, K. (2005) *International Finance*, Palgrave Macmillan, Basingstoke.

Sarno, L. and Taylor M. P. (2003) *The Economics of Exchange Rates*, CUP, Cambridge.

Shamah, S. B. (2003) *A Foreign Exchange Primer*, Wiley, Chichester.

附录：

按照货币组合给出的日均外汇交易量，时间为 2004 年 4 月和 2007 年 4 月，单位是 10 亿美元。

货币组合	2004 数量	2004 比例（%）	2007 数量	2007 比例（%）
美元兑欧元	501	28	840	27
美元兑日元	296	17	397	13
美元兑英镑	245	14	361	12
美元兑澳大利亚元	90	5	175	6
美元兑瑞士法郎	78	4	143	5
美元兑加拿大元	71	4	115	4
美元兑其他货币	292	16	572	19
欧元兑日元	51	3	70	2
欧元兑英镑	43	2	64	2
欧元兑瑞士法郎	26	1	54	2
欧元兑其他货币	39	2	112	4
其他货币组合	39	2	122	4
所有的货币组合	1 773	100	3 081	100

资料来源：BIS，Triennial Central Bank Survey，2007.

第 11 章

欧洲经济货币联盟

引　言

　　世界正在逐渐变成一个巨大的全球市场——这主要得益于广泛的监管放松，人为推动的贸易阻碍的减少以及现代电子通讯技术的发展——这些因素都让全球市场逐渐成为一种现实。

　　谈起全球化，首当其冲的例子就是欧洲经济货币联盟。16 个主权国家，总计 3.25 亿的人口已经开始共同使用一种货币和同一个中央银行。随着欧盟经济货币联盟逐渐变成（当然也是存在极限的）一个统一的市场，"跨国"这个词逐渐变得不那么重要。从很多方面看，这都是我们这个时代最重要的经济和政治发展历程。因此，在本章我们就对这一现象进行细致地讨论。

　　我们会先开始讨论有 27 个成员国、4.981 亿人口的欧盟（European Union，简写为 EU）的历史，然后考察欧盟的制度架构。之后，我们会讨论欧洲经济货币联盟的目标。在一开始创建这一联盟的初衷是什么？它具有何种优势？它存在什么问题？在这些讨论之中，我们会考虑从多个层面考察欧洲经济货币联盟对银行和证券市场带来的影响（实际发生的和预计要发生的）。

　　在欧洲的主要国家中，目前尚不是欧元区成员国的国家是英国以及丹麦、瑞典。在 2008 年发生的金融危机让丹麦和波兰很希望加入欧元区。爱尔兰残缺的银行和经济系统能否撑得住，也要看它是否能够加入欧洲经济货币联盟。这就是为什么爱尔兰说它愿意加入欧盟，并最终接受使用欧元这样一个前提条件。

　　最后，我们考察了支持和反对英国加入欧洲经济货币联盟的争论，勾勒出欧盟立法对金融行业的影响,并讨论了最近欧洲银行业的发展趋势。

欧盟历史

早期历史

我们中的大部分人都认为在 1945 年之后就形成了创建欧盟的动力。虽然这一事实大体上是真的,但是欧盟概念的出现则经历了很长的时间。很多人认为通过武力统一欧洲的想法可以从拿破仑一直追溯到神圣罗马帝国的查理曼大帝(Charlemagne)。之后人们普遍认为欧洲应该保持和平,防御敌人。

具有里程碑意义的事件是 1923 年由奥地利贵族卡雷尔基(Richard Coudenhove Kalergi)建立的"泛欧联盟"(Pan-European Union)。他为形成一个欧洲联邦而奔走,并吸引了多位年轻的政治家作为会员,这些政治家在后来产生了广泛的影响,其中包括康拉德·阿登纳(Konrad Adenauer)、乔治·让·蓬皮杜(Georges Pompidou)以及卡洛·斯福尔扎(Carlo Sforza)。

建立泛欧联盟的主要目的(和今天一样)是能够在世界经济市场上进行更好地竞争。有趣的是他们从没有将英国视为一个可能的参与者。虽然泛欧联盟的想法得到广泛的支持,但是却没有产生任何现实的行动。

1945 年

在 1945 年之后事情发生了变化。欧洲在第二次世界大战(1939—1945 年)中被摧毁。社会上广泛存在的看法是民族国家是没有前途的。而且人们还开始担心受到削弱的欧洲经济实力、美国在世界中逐渐赢得的主导地位以及苏联和共产主义的兴起。

在 1948 年,欧洲经济合作组织(Organisation for European Economic Co-operation,简写为 OEEC)得以建立,以此来监督美国援助在欧洲的分配。当时欧洲经济合作组织拥有一个委员会,每个国家都在这个委员会中占有一席,所有的决策都要一致投票通过才可达成。随着 1949 年大规模的货币贬值,欧洲经济合作组织在 1950 年设立了一个欧洲支付联盟(European Payment Union)来扮演中央银行的某种角色,为欧洲内部的贸易和支付提供帮助。

欧洲经济合作组织并未成为建立欧盟的一块基石。这个机构没有政治约束力,而且经济能力也有限。不过它仍然是欧洲进行协同生产的一个重要实践。在 1960 年,这个机构演化为内涵更加广泛的经济合作与发展组织,该组织从最初的 18 个成员国一直发展到 30 个成员国,其中包括美国、加拿大和日本。还有更多的国家得到了加入这一组织的邀请，其中包括中国和俄罗斯。

欧洲委员会

在 1947 年，推动欧洲一体化的一个国际性组织得以建立，并于 1948 年 5 月在海牙建立了欧洲议会。来自 16 个国家的数百位代表参加了这一组织。代表们希望建立一个欧洲联合体以及欧洲法庭。于是这种推动欧洲一体化的趋势开始得到辩论并对政治家施加了压力。

鉴于英国在第二次世界大战中的独特地位，很多人都希望英国能够担当欧洲一体化的领袖，但是英国最终并未接受这一角色。因为当时的艾德礼政府正受到执行社会主义经济措施带来的问题所困扰。

不过，欧洲一体化的想法还是受到了很多前欧洲政治家的支持，其中包括比利时的史巴克（Paul-Henri Spaak）以及法国外交部长罗伯特·舒曼（Robert Schuman）。

在 1949 年 5 月，各国代表在斯特拉斯堡同意建立一个欧洲委员会，以此来达到下述目标：

> 为了共同的防卫，在各成员国之间形成更大的团结，同时，还要在具有共同遗产的基础上实现理想和原则，以及经济和社会的进步。

欧洲委员会的部长委员会在 1949 年 8 月开会，约定每两年会面一次，同时还建立了协商会议。史巴克是欧洲委员会的第一任主席。

欧洲委员会并没有推动能够实现欧洲一体化的措施，而且部长委员会和协商会议都没能起到应有的作用。不过欧洲委员会在人权方面做出很大成绩并在 1959 年建立了欧洲法庭。在协调交通、民用航空和农业政策方面也起到了作用。在这个实体下，欧洲还是在努力实现共同合作。

欧洲煤钢共同体（1952—2002 年）

在 1950 年 5 月，法国外交部长罗伯特·舒曼提交了"舒曼计划"，希望将整个欧洲的煤炭和钢铁资源整合在一起。这些资源将会由一个超越国家的机构来整合和管理，这个超越国家的机构由多个涉及其中的国家共同建立。在这个机构下，关税壁垒将会逐渐取消。

但是，最重要的是要看到这里面的政治目的。人们逐渐认为一个稳定和安全的西欧需要法国和德国的合作。事实上一开始的计划就是要将法国和德国的煤炭、钢铁资源放在一起，然后再邀请其他国家加入（欧洲委员会在早些时候也提出了类似的建议）。这也是到当时能够看到的第一次政治上的一体化。

最后，法国规划委员会（French Planning Commission）主席让·莫内（Jean Monnet）起草了一份具体的计划。旨在建立欧洲煤钢共同体（European Coal and Steel Community，简写为ECSC）的《巴黎条约》（Treaty of Paris）在1951年4月得到签署，不过在得到本国政府批准上却又花了几年时间。欧洲煤钢共同体的成员有法国、联邦德国以及意大利、荷兰、比利时和卢森堡——这些国家是欧洲煤钢共同体的创始六国。虽然艾德礼政府在1951年的选举中失败，但是由丘吉尔（Churchill）建立的新政府没有像上一任政府那样对欧洲煤钢共同体表现出很大的热情，这让很多支持欧洲一体化的人很失望。

那些承诺为欧洲构建一个共同未来的人现在都已经处在掌权的位置上——法国的舒曼和莫内、德国的阿登纳、意大利的加斯贝利（de Gasperi）、比利时的史巴克以及卢森堡的贝克（Beck）。

对于英国人来说他们可能还会讨论欧洲政治和经济联盟背后的"隐藏计划"，也就是某种意义上的政治联邦制。确实，英国的一些赞成欧洲一体化的政治家在实现这个方向上努力，不过这一"隐藏计划"尚在讨论之中。欧洲煤钢共同体的建立者们希望推动经济扩张、就业率提高以及生活水平的改进，这确实是真的。但是其中也是有着深刻的政治动因——抑制德国发动战争的风险，并最终在欧洲实现一个政治上的联邦。舒曼曾在公开场合宣称："欧洲各国必须用联邦的方式联系在一起，欧洲煤钢共同体是走向欧洲联邦的第一步。"这并不是说欧洲人民支持建立欧洲联邦（正如现在我们看到的情况），而是希望认同这一目标的政治家们应该向这个方向努力。

让·莫内是欧洲煤钢共同体的第一任主席。这个共同体拥有78个会员、一个部长联席会以及一个新型的高级权威运作体系，在很多国家的议会同意欧洲煤钢共同体协议的条款之前，人们曾长期质疑这个运作体系拥有的超越主权国家的能力。欧洲煤钢共同体的第一次会议在1952年召开。

"条条大路通罗马"

欧洲煤钢共同体并没有取得完全的成功，但是它在削减贸易歧视，减低实际中发生的贸易阻碍的过程中发挥了重要作用。虽然这个共同体没有在政治上实现实质性的推动，但是它开启了欧洲为了核心利益而进行集体决策之先河。

不过，且不论政治家对欧洲一体化持何种态度，欧洲并没有为大幅推动政治联盟的建立做好准备。1952年，一项旨在为全欧洲提供国防服务的欧洲防务集团（European Defense Community）协约得到签署，但是它在1954年8月受到法国政府的强烈反对——因为法国政府警告这是一个让德国得到重新武装的机会。

欧洲煤钢共同体的建立也使得欧洲经济合作组织以及欧洲委员会内部开始讨论在其他领域的合作，比如运输、农业、健康、邮政服务和通讯。不过逐渐地，一开始组成欧洲煤钢共同体的"六大"国家意识到并不需要在上述领域中分别建立各自的欧洲合作组织，而是应该用单一实体来监督各个经济体的一体化过程。

在20世纪50年代中期，以某种形式在欧洲建立共同市场的想法得到加强，欧洲煤钢共同体6个成员国的外长于1955年年中在意大利的墨西拿举行会谈，会上发表了一项"构建欧洲新思路"的报告。他们同意由史巴克领衔来提出最终的完整方案。1956年3月，史巴克提交的报告在欧洲煤钢共同体议会上进行讨论，并在当年5月得到六国外长的同意。由史巴克率领的委员会之后便起草了两项协约——其中一项是为欧洲经济共同体（European Economic Community，简写为EEC）准备的，另一项是为欧洲原子能委员会（European Atomic Energy Authority，简写为EAEA）准备的。上述6国明确表示其他国家，特别是英国，可以加入。在1957年3月，上述两项协约在罗马得以签署。有关原子能的协约就是后来的欧洲原子能共同体（Euratom），现在基本上已经不再发挥作用。不过欧洲经济共同体的结局则大不相同（它以共同的欧洲市场著称）。

欧洲经济共同体（1958—1993年）

人们认为现代欧洲开始于1957年，当时6个国家签署了《罗马协议》（Treaty of Rome），在1958年，欧洲经济共同体联合议会（也就是后来的欧洲议会）第一次在斯特拉斯堡召开。第一届当选的主席是舒曼。法国支持建立欧洲经济共同体是因为它看到了出口农产品的潜力，德国支持欧洲经济共同体是因为它看到了出口工业产品的潜力。

在建立欧洲经济共同体的协议中，各国强调的一个原则是一国遇到的问题就是所有协约国遇到的问题。这项协议的特点是它发挥作用不受时间限制，也不可撤销。其主要目的是来自于经济上的动因——建立一个共同市场，消除价格限制、倾销、不公平补贴以及对自由竞争的制约。这一组织的建立完全出于政治上的推动。在该协约的序言中明确写道："它是欧洲人们结成更紧密合作的基础。"欧盟委员会（其前身是欧洲煤钢共同体的最高权力机构）的第一任主席沃尔特·哈尔斯坦（Walter Hallstein）曾说："我们不是在实现经济上的一体化，而是在实现政治上的一体化。"在1964年，史巴克再次对欧洲委员会说：

> 那些签署《罗马协议》的人……并不认为《罗马协议》出于纯粹的经济考虑；他们认为这是走向政治联合的一个阶段。

这就是所谓的"秘密计划"。

欧洲经济共同体的成员要相互之间承诺实现资本和劳动力的自由流动，以及相同的投资政策和社会福利政策的协调。为此它们设立了三个基金，一是欧洲社会基金，二是欧洲投资银行，三是欧洲发展基金。我们将会在下一节讨论欧洲经济共同体/欧盟的基本制度构架。

在之后的10~11年之间，欧洲经济共同体迈向共同市场的计划得到持续推动。在1968年该共同体宣布建立一个海关联盟，在共同体内部取消所有关税，只保留共同体和外部世界之间的关税。在那些年里还出现了共同农业政策。在20世纪60年代主要出现的是对欧洲经济共同体未来走向的疑虑。很多人担心欧洲经济共同体会增加成员国，对欧盟委员会的权威形成挑战。

成员国的扩大

在1961年，爱尔兰、丹麦和英国正式提交了加入欧洲经济共同体的申请，之后欧洲经济共同体还和挪威进行了谈判。但是在整个20世纪60年代，由戴高乐将军统领的法国政府在1963年否决了英国加入欧洲经济共同体的申请，并在1967年再次否决英国的申请。让法国的伙伴们感到特别愤怒的是，戴高乐在1963年否决英国加入欧洲经济共同体的申明是在一次记者招待会上宣布的，之前并未和其他成员国进行沟通。

在1969年海牙的一次峰会上，各国在扩大欧洲经济共同体的原则问题上达成一致并重新讨论了接纳爱尔兰、丹麦、英国和挪威的问题。这项协约在1972年得到签署，但是挪威公投却否决了该国加入欧洲经济共同体的申请，于是最终只有爱尔兰、丹麦和英国加入了欧洲经济共同体。（到目前为止，挪威仍然不是欧洲经济共同体的成员国。）最终，欧洲经济共同体的成员国增加到9个。希腊在1981年加入欧洲经济共同体，之后是1986年西班牙和葡萄牙的加入。成员国从9个变成12个。瑞典、奥地利和芬兰在1995年1月加入欧洲经济共同体，使得成员国增加到15个，之后在2004年一次性加入了10个国家，并在2007年再加入两个新的国家，如今，总计有28个欧盟成员国。下面是对欧盟成员国变化情况的一个扼要回顾：

- 1952年——比利时、法国、德国、意大利、卢森堡、荷兰。
- 1973年——丹麦、爱尔兰、英国。
- 1981年——希腊。
- 1986年——葡萄牙、西班牙。
- 1995年——奥地利、芬兰、瑞典。
- 2004年——塞浦路斯、捷克、爱沙尼亚、匈牙利、拉脱维亚、立陶宛、马耳他、波兰、斯洛伐克、斯洛文尼亚。
- 2007年——保加利亚、罗马尼亚。
- 2013年——克罗地亚。

正如我们在之前提到的，由于在2008年冰岛的银行业和经济出现崩溃，在遇到这些严重困难之后该国最近也宣布愿意加入欧盟。

戴高乐僵局

除法国总统戴高乐就是否接纳其他成员国加入欧洲经济共同体的过程中出现的争议之外，在20世纪60年代中期，欧洲经济共同体还就该共同体拥有的权力是否和成员国权力造成冲突等事项与法国产生严重分歧。撒切尔夫人并不是第一个对欧盟委员会的权力提出质疑的人。另外一个提出质疑的人是戴高乐。

在1965年，由沃尔特·哈尔斯坦统领的欧盟委员会提出欧盟应该拥有独立的收入和预算（而不是直接来自于各成员国的捐赠）的提案。他们同时提出欧盟委员会应该拥有更大的权力，特别是对各国预算的控制权。他们的第三个提案主要考虑到是否应该建立一个更加正式的农业政策。戴高乐希望有关农业政策的提案得到通过，但是对前两个提案提出反对。之所以提出反对意见，是因为戴高乐认为前两个提案将提高欧洲经济共同体的超主权权力。

于是，欧洲经济共同体遇到了迄今为止最大的危机。戴高乐对欧盟委员会拥有的权力进行了抨击，他认为这将削弱主权国家政府的权力。对他来说，一个联邦制的欧洲并无太大吸引力，当时撒切尔夫人也是如此认识。更糟糕的是，有人提议是否从1966年1月开始将《罗马协议》的投票机制转向多数人通过制。戴高乐对此也持完全的反对意见。于是，法国政府抵制欧洲经济共同体的部长议会长达7个月。不过这样做的后果是法国在自己想要的农业政策上也没有得到任何进展。这种僵局必须要找到一个可以相互妥协的方案。

在1966年1月，欧洲经济共同体的6个成员国在卢森堡签署同意一项声明，即如果一国认为某项政策会损害其现有的核心利益，那么它拥有一票否决权。于是，多数投票权变成一种法理上的原则但并不是实际运行中的普适原则。至此，欧盟委员会也宣布同意在任何新倡议的任何一个阶段，都要通知各国政府并保持部长会议的密切联系。

在1969年举行的海牙会议已经表现出十分积极的信号。在这次会议中各成员国同意对共同农业政策提供融资——这项政策最终在1968年得到通过——该政策还赋予欧洲议会预算权。在当时，欧洲议会在讨论直接选举的问题，并在1979年开始了直接选举。

海牙会议还就货币一体化的原则性意见达成一致，最终在1980年成为现实。我们会在下一部分讨论欧洲经济货币联盟的历史时进行更为仔细的考察。

欧洲理事会

欧洲经济共同体成员国的首脑们会定期举行会晤来讨论影响该共同体发展的重要问题。在1974年，成员国首脑进行会晤的机制被制度化为"欧洲理事会"（European Council）。这是个可以用来解决争端、设立新目标并决定共同体未来走向的实体。由于这个实体是在《罗马协议》之外进行设立的，因此它不受类似于欧洲法庭之类的管辖。

在20世纪70年代后期和80年代早期，欧洲经济共同体开始将未来形成一个在政治上有更多合作的联盟提上议事日程。这其中包括十分棘手的多数投票权问题。欧洲理事会在1983年6月的会议中通过《关于欧洲联盟的庄严宣言》解决了这一问题。欧洲理事会认为自己有责任为建设欧洲提供政治上的动力。这个宣言在辞藻上十分华丽，但却没有多少实际行动。

不过，欧洲理事会在1984年的米兰会议上决定设立一个政府间会议，以此来讨论欧洲经济共同体的未来以及多数投票权问题。在1984年10月向欧洲理事会提交的议案最终成为《单一欧洲法案》。

《单一欧洲法案》

《单一欧洲法案》在 1986 年得到签署，其目标是在 1992 年底从真正意义上建立一个统一的欧盟内部市场。为此该法案要消除所有仍在阻挠形成统一欧盟内部市场的阻碍。而且这个法案还在欧洲经济共同体内部提出了新的决策机制和立法程序，将可以讨论的范围拓展到一些外交政策和国防问题之上。

但是，构造单一市场的经济目的中包含了诸如税收、法律、会计、国家标准和社会福利的问题，同时还有各个成员国的国界问题。换言之，这又再次回到政治一体化。

就各个成员国拥有的否决权来说，人们同意这种否决权可以用在新成员国的加入以及新政策的一般性原则中。但是这些政策在实际执行中的细节则按照多数投票权的方式予以解决，也就是说，在实际中如果欧盟委员会的 76 名议员中有 54 名投赞成票，那么具体政策的执行细节便可获得通过。这也是一项根本性的转变，而且得到了撒切尔夫人的同意，她原本是一位反对欧洲一体化的人士。

由于很多人对欧洲议会的现状表示满意，所以针对该机构的改革没有走太远。在欧洲议会，部长联席会曾经用多数投票权的方式决定，欧洲议会可以对欧盟委员会通过的提案进行修改或者拒绝该法案。之后的改革将这项权利修改为只有全票通过的时候欧洲议会才可以无视欧盟委员会的提案——这是一项根本性的变化，但在当时并未赢得一致称赞。

最后，《单一欧洲法案》坚持认为其成员国应该规划一个欧洲外交政策，并在国防事务上进行更加紧密的合作。

在经过一些推迟之后，《单一欧洲法案》得到所有成员国议会的同意，在 1987 年 7 月开始生效。

欧洲自由贸易区

作为加入欧洲经济共同体后的另外一项选择，英国在 20 世纪 50 年代提出是否可以在欧洲经济共同体之间形成一个自由贸易区的问题。当这个提议失败之后，英国和奥地利、丹麦、挪威、葡萄牙、瑞典以及瑞士一起组建了欧洲自由贸易区（European Free Trade Area，简写为 EFTA）。设立这个自由贸易区的目的是降低并最终取消成员国之间在大部分工业品上存在的关税。不过该自由贸易区对渔业和农业有特殊待遇。欧洲自由贸易区在 1960 年 5 月建立。不过这个自由贸易区没有类似于欧洲经济共同体那样的野心，简单地说，正如其名，它就是个自由贸易区。

虽在 1992 年之后欧洲经济共同体要形成单一市场，很多成员国开始担心自由贸易区的未来。奥地利对此尤其担心，于是它决定加入欧洲经济共同体。这就开始了欧洲自由贸易区和欧洲经济共同体（现在可以简单地将其称为欧共体，即 European Community）

之间关于设立一个欧洲经济区（European Economic Area，简写为 EEA）的讨论。双方在 1991 年 10 月达成协议。本质上，欧洲经济区是一个内部各国之间不存在关税的自由贸易区，但是和欧洲经济共同体不一样，它没有一个总体对外的海关组织。比如，欧洲自由贸易区的成员国就不用接受欧洲经济共同体中推动的共同农业政策（在当时，丹麦、葡萄牙和英国都已经是欧共体成员国，但是冰岛不是欧共体成员国，却加入了欧洲自由贸易区）。在 1993 年，欧洲经济区的各项措施开始执行，但实际上却受到很多阻挠。瑞士就在 1992 年 12 月的一次公投中拒绝了欧洲经济区的各种措施，而且，原本属于欧洲经济区的各个成员国或者已经加入欧共体，或者即将加入欧共体。

《马斯特里赫特条约》、《阿姆斯特丹条约》与《尼斯条约》

1991 年 12 月在马斯特里赫特达成的一项最重要的决定就是推动货币一体化，正因为其重要，所以我们会在本章后面部分专门讨论这一问题。但是这里要再次强调的是，很多人都没有注意到当年达成的这项协议实际上由两部分组成——经济货币联盟以及政治联盟。本文现在先考虑后者。

《马斯特里赫特条约》的政治部分由以下几点组成：
- 一个跨政府的外交和国防政策。
- 引入一个"欧洲公民"的概念。
- 在针对"补贴"形成原则性意见时发挥主导作用。
- 一个新的"社会公约"（英国选择不加入）。
- 提高欧洲议会的权利——在特定事项上和部长委员会一起做出决定。
- 为推动公平以及解决国内问题建立一个跨政府的合作框架。

在 1993 年 11 月 1 日，当《马斯特里赫特条约》最终生效的时候，欧共体变成欧盟，没有比它更加令人激动人心的事情了。

后来，人们又在 1997 年签署了《阿姆斯特丹条约》，对已经认识到的《马斯特里赫特条约》中的一些不足进行修正。与《马斯特里赫特条约》不同，《阿姆斯特丹条约》完全关于政治问题。其中的要点包括：
- 保护人权，当成员国有所违反时进行惩戒。
- 要建立一个"自由、安全而且公平的欧洲"。
- 在同一个规则下推动收容所、签证、移民以及边境控制等制度的改进。
- 允许英国和爱尔兰不遵守上面前两条规则。
- 允许欧洲议会在各个国家议会之间进行协调并共同制定政策，这些政策的范围要超越《马斯特里赫特条约》中所规定的范围。
- 为欧盟主席选择欧盟委员赋予更大的权力。
- 将提高就业率当做整个欧盟的一项目标。
- 设立一个"高级代表团"并为其起个名字，并由其来负责欧盟外交政策。

《阿姆斯特丹条约》在 1999 年 3 月生效。

2000年12月达成的《尼斯条约》并不像上述两个条约那样是来解决欧洲经济货币联盟的问题的，而是在于解决12个新加入成员——保加利亚、塞浦路斯、捷克、爱沙尼亚、拉脱维亚、匈牙利、立陶宛、马耳他、波兰、罗马尼亚、斯洛伐克和斯洛文尼亚——的许可问题（当时这个条约只能考虑2004年之前的事情）。这个条约的关键点是：

- 扩大多数投票权，但是为成员国在关键领域保留否决权。
- 包括新加入的成员国后，将投票席位增加至342个。
- 用一章内容阐述人权问题。
- 建立一个欧洲快速反应部队。
- 将欧洲议会的席位增加至738个，以便于让所有的新加入成员国都可以进入。
- 改变欧盟委员会的组成。

但是，2001年6月爱尔兰公投拒绝了《尼斯条约》，这使得上述美好愿景遭遇挫折。但是在2001年12月，12个新的申请加入国中有10个已经准备好在2004年加入欧盟。罗马尼亚和保加利亚是两个例外。这两个国家最终在2007年得以加入。爱尔兰在2002年10月19日针对《尼斯条约》进行第二轮公投，这次支持《尼斯条约》的比例达到63%，公投通过。在这次公投中，一些被询问的关键性问题得到修改，以确保爱尔兰人可以在建立欧洲快速反应部队的问题上保持中立。这是欧盟在遇到挫折之后再一次通过改变目标来换取结果。

在2002年12月中旬的哥本哈根峰会上，欧盟在2004年将迎来新加入的10个成员国的决定得到最终确认。在这次会议中的大部分时间都用来讨论土耳其问题，因为土耳其强烈要求提前讨论该国加入欧盟的议题。一些国家（比如英国和意大利）对此表示赞同但是其他国家（德国和法国）则不然。在最后，会议将2005年10月定为开始讨论土耳其加入欧盟的时间点，即使不考虑在这件事情上存在的争议，土耳其最早也只能在2015年获得加入欧盟的资格。

在我们考察欧盟最近的发展动向之前，需要先看一下欧盟的制度构架以及欧洲经济货币联盟自身的发展。最后，我们来考虑最近出现的一些关键问题。

欧盟的制度框架

欧盟理事会

从某种意义上讲欧盟理事会并不是欧盟的一个机构，因为它并未出现在《罗马协议》中。在早期，为了解决关键性的原则问题，各国政府首脑需要经常举行峰会。在1974年9月的一次巴黎峰会中，各国首脑决定将这种会议常规化，并取名为欧盟理事会（European Council，不要将其和欧洲理事会相混淆，后者的英文名为Council of Europe）。欧盟理事会包括各成员国首脑以及欧盟委员会的首脑。欧盟理事会在1985年进行改革，将每年举行三次会议改为每年举行两次会议；会议主席由各个成员国主席轮流担任，每届半年。

部长会议

部长会议是欧盟主要的执政实体，代表的是 27 个成员国的当选政府。这个实体要制定主要的策略性决议，然后将具体的法案留给欧盟委员会进行制定。在部长会议中讨论的议题上，各个国家均有否定权。

欧盟委员会

欧盟委员会实际是欧盟的公务组织。这个委员会的委员是长期任职的政府官员。欧盟委员会的主席（目前是若泽·曼努埃尔·巴罗佐（José Manuel Barrosso））由部长会议选举。然后委员会主席再来决定 27 位委员，这个过程往往要保证每个成员国都获得了公平的份额。对委员的选择要获得欧洲议会的同意。欧盟委员会的职责还包括提供广泛的宏观经济政策指导意见以及监督各个国家的经济绩效表现。

欧洲议会

欧洲议会是一个通过选举产生的实体。直到最近其权力都是受到限制的，这也导致很多人批评欧盟具有不民主的本质。但是，通过《马斯特里赫特条约》(1993) 和《阿姆斯特丹条约》(1999)，欧洲议会的权力得到进一步加强。虽然人们没能通过一次正式的投票来表达不满，但是欧盟委员会委员们对欧洲议会能力不够和欺骗的批评，导致欧洲议会在 1999 年 3 月的整体辞职，其中包括议会议长雅克·桑特（Jacques Santer）。这是欧洲议会成立以来发生的最大一次变化，被称为巨变。（当时看来并不是什么重大变化，因为能力不足和欺骗的行为并未因此而减少。）

欧洲议会的权力可以总结如下：

● 《马斯特里赫特条约》赋予欧洲议会在 15 个领域和部长会议一起共同作出决策的权力。《阿姆斯特丹条约》将可共同作出决策的领域拓展至 38 个。没有赋予欧洲议会权力的领域是税收、农业以及欧洲经济货币联盟自身问题的决策。在这 38 个领域中，欧洲议会可以对欧盟委员会形成的草案进行修改，可以通过多数投票的方式拒绝欧盟委员会形成的草案，或者和欧盟理事会达成一项妥协。

● 欧洲议会可以修改欧盟委员会准备好的预算报告，还可以决定支持或不支持欧盟委员会对预算的安排。

● 欧洲议会有权来支持或否决对欧盟委员会主席以及委员会委员的任命。它还可以通过指责某位委员的弹劾。
- 欧洲议会有权批准任何的外交协议。

欧洲经济及财政事务理事会

欧洲经济及财政事务理事会的前身是欧盟货币委员会，现在一般都将其称为经济财政事务委员会（Economic and Financial Affairs Council）。它是讨论宏观经济政策的主要论坛，同时还监督成员国的预算、欧元（法律、实务以及国际三个方面）、金融市场和资本流动并负责一系列经济指导意见的制定。这个机构主要通过向欧洲议会进行咨询后，以多数投票的方式来做出决策，但是财政问题不在此列，因为这个问题的决定机制是全票通过制。在征得欧洲议会的同意后，欧洲经济及财政事务理事会会给出每年1 000亿欧元的预算。欧洲经济及财政事务理事会下面还有一个欧元集团（Eurogroup），代表的是欧洲经济货币联盟的成员国，任何与欧元国相关的问题都由欧洲经济货币联盟的成员国决定。

欧洲中央银行

虽然设立欧洲中央银行显然是欧洲迈向经济货币联盟的一个步骤，但是我们在这里要将它和另外一些欧盟监管制度联系起来考虑。总体而言，欧洲中央银行系统还包括了非欧洲经济货币联盟的成员，我们会在接下来的内容看到这一特点。

至少有不下三个名词可以用来描述发挥欧洲中央银行功能的部门。欧洲中央银行（European Central Bank，简写为ECB，其总部在法兰克福）加上27个成员国中央银行（National Central Bank，简写为NCB），就成为欧洲中央银行系统（European System of Central Bank，简写为ESCB）。注意到在欧洲中央银行系统中包括了不属于欧洲经济货币联盟成员国的国家。不过这些国家并不参与欧元区单一货币的货币政策决策过程，也不参与这些决策的执行。对了避免混乱，欧洲中央银行理事会将欧洲中央银行和16个欧元区成员国中央银行合在一起称为欧元体系（Eurosystem）。遗憾的是，这可能会带来更多的混乱，因为很多媒体都不知道各个名词之间的区别。

欧洲中央银行有两个决策实体：

1. **理事会**（governing council）：它是欧洲中央银行及其16个欧元区成员国中央银行——也就是欧元体系——的最高决策实体。这个理事会采取政策指导，通过做出决策来保障要求欧元体系达到的某些任务的执行。它还制定欧元区的货币政策——货币的数量目标、利率以及储备数额。

2. **执行董事会**（executive board）：执行董事会包含一个主席、一个副主席以及四个其他成员。他们由欧洲理事会会同欧洲议会以及欧元体系理事会商议之后提名，然后由16个欧元区成员国政府进行任命。该董事会的主要职责是为理事会的会议召开进行准备，在欧元区执行理事会通过的货币政策，并向欧洲中央银行汇报。

欧洲中央银行的主席以及副主席的任期最少为5年，其他四位成员的任期则是8年，不可连任。为了避免执行董事会所有成员在同一时间在任期满，在第一次任命执行董事会成员时就采取了一个错列的方式。在1998年7月，首先得到任命的6个人分别是：

1. 主席——维姆·德伊森贝赫（Wim Duisenberg）——荷兰。
2. 副主席——克里斯琴·莫耶（Christian Moyer）——法国。
3. 奥托马·伊辛（Otmar Issing）——德国。
4. 托马索·帕多阿·斯基奥帕（Tomasso Padoa Schioppa）——意大利。
5. 索兰斯（Eugenio Domingo Solas）——西班牙。
6. 哈马莱宁（Sirrka Hamalainen）——芬兰。

在2009年8月，欧洲中央银行执行董事会的成员分别是：

1. 主席——让-克洛德·特里谢（Jean-Claude Trichet）——法国。
2. 副主席——卢卡斯·帕帕季莫斯（Lucas Papademos）——希腊。
3. 斯塔克（Jurgen Stark）——德国。
4. 帕拉莫（José Manuel González-Páramo）——西班牙。
5. 洛伦佐·比尼·斯马吉（Lorenzo Bini Smaghi）——意大利。
6. 汤普-古格罗（Gertrude Tumpel-Gugerell）——奥地利。

欧元区的欧元体系需要执行的基本任务是：

- 定义并执行货币政策。
- 指导外汇操作。
- 管理官方的外汇储备。
- 增进成员国中央银行体系之间的协调性。

《马斯特里赫特条约》规定欧洲中央银行的主要目标是维持"价格稳定"。它同时也要求欧洲中央银行"为欧共体的总体经济政策提供支持"，但是"不可以为此而牺牲价格稳定性的目标"。欧洲中央银行自己可以决定价格稳定的含义。

欧洲中央银行货币政策制定考虑的是最大不超过2%的通货膨胀率以及包括货币供给在内的一系列经济指标。其中通货膨胀率主要来自调和消费者物价指数（Harmonized Index of Consumer Prices，简称为HICP）。这个指数制定时所基于的商品和服务的范围要比很多国家性通货膨胀指数小，从计算手段上看，它是一种几何平均值而不是通常用到的算术平均值，这样做的目的是为了减少一小部分商品价格的突然变化对该指数产生的影响。（以英国为例，调和消费者物价指数往往比英国本土的零售物价指数（Retail Price Index，简写为RPI）低1%，不过现在调和消费者物价指数和零售物价指数这两个指标都开始被英国所接受。）图11—1描绘出了在2007年之前，欧洲中央银行如何成功地对通货膨胀率进行控制，不过在2008年至2009年初，通货膨胀率突增至4%，之后又出现一个大幅下跌。

欧元区成员国的所有银行都需要在该国中央银行存放准备金，其数额等于合格负债的2%。在欧洲中央银行中，黄金大概占其国际准备金的24%。每个成员国的中央银行都要将自己持有的一部分黄金以及外汇储备放在欧洲中央银行。至于将多少比例的黄金和外汇储备放在欧洲中央银行，则由一个公式计算得出，这个公式要考虑各个成员国的相对 GDP 以及人口。最近这些年世界上的中央银行中出现了一个趋势，即卖出它们所持有的黄金，即使欧洲中央银行也不例外，它在 2009 年 8 月宣布了一个五年计划，希望每年卖出不超过 400 吨的黄金，"整个这个计划期卖出的黄金将不超过 2 000 吨"。

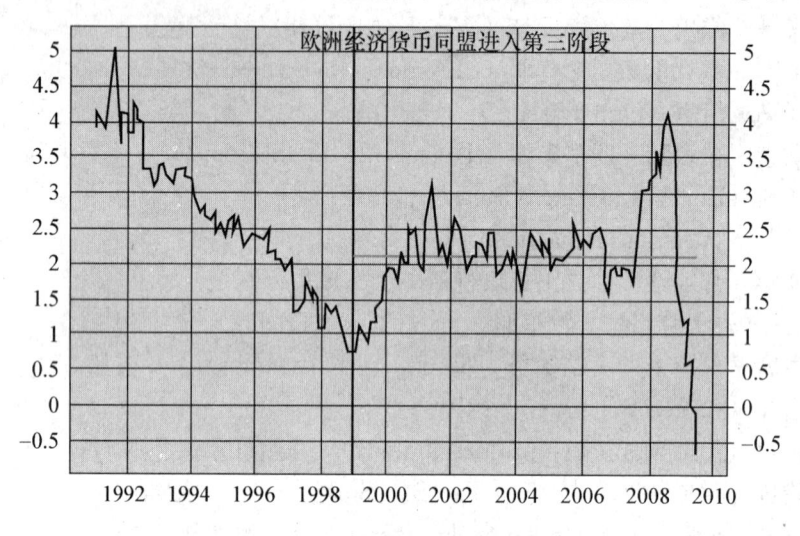

图 11—1 欧元区通货膨胀率

资料来源：ECB。

正如我们在第 6 章提到的，整个欧洲中央银行体系是一个分权制的体系。欧洲中央银行负责设定三类利率——固定利率或者说回购利率、贷款的边际利率以及中央银行为存放其处的存款支付的利息。（起初，在 1999 年 1 月 1 日的时候，上述 3 个利率分别是 4.5%、3% 以及 2%，在 2009 年 8 月份时，上述利率分别为 1.75%、1% 和 0.25%。）其中，欧洲中央银行给出的固定利率需要由 16 个成员国中央银行执行，这些中央银行同时还要执行欧洲中央银行要求的任何外汇交易。

欧洲中央银行运作下的货币体系与德国中央银行的运行机制类似，这反映出的是德国对最终决策的影响力，以及为了达到这个最终决策而必须征得公众同意以制约德国中央银行的强大力量。正如雅克·德洛尔（Jacques Delors）所说，"不是所有的德国人都相信上帝，但是他们却都相信德国中央银行"。

当然，欧元体系的多个方面也受到了批评。总体来说，欧洲中央银行是世界上最为独立，但是也最难以解释的一个中央银行。在美国，美联储主席必须每 3 个月到国会去一趟，而且他们知道如果政治家们愿意便可以改变法律。相应的，联邦公开市场委员会也会公开其议事记录。在德国，有关德国中央银行的法律可以在国会以简单的多数投票规则进行改变。

虽然欧洲中央银行必须回应来自欧洲议会的质询并发布年报和季报，但是上述提到的国家立法机关影响中央银行操作的机制却不存在于欧洲中央银行。《马斯特里赫特条约》中明确规定欧洲中央银行及其决策机构不可以"寻求或者接受成员国的某个组织、某个政府或者其他团体的指导"。任何对《马斯特里赫特条约》的修改，都需要获得 27 个成员国的一致同意。

欧洲中央银行体系也是分权化的。欧洲中央银行制定关键性利率，但是回购利率则由其他16个成员国中央银行执行，这些中央银行也会执行各种外汇干预。

在欧洲，管理货币和执行银行业监管的职能是分开的。但是随着在2008年对两家大型跨国银行（德克夏银行和富通银行）进行的救助，现在对设置一个单一欧盟银行业监管机构的呼声一直在上升。

迈向经济货币联盟的步骤

《魏尔纳报告》

早在1962年，欧盟委员会就开始讨论有关单一货币区的议案，并将其视为让最初六国联系更加紧密的一种方式。不过在1969年之前，这方面几乎没有得到进一步的发展，后来威利·勃兰特（Willy Brandt）对这份议案做了修改。在1970年，《魏尔纳报告》（Werner Report）再次重提这件事情，该报告建议初始六国应该在1980年之前形成一个单一货币。这份报告在1971年得到欧洲各国首脑的支持，但是在1971—1972年之间布雷顿森林体系的崩溃，让这件事情没能按照既定路径走下去。在1972年，欧共体实施"蛇洞制"方案，也是就通过德国中央银行来加强各国在汇率上的联系，允许的汇率浮动范围是±2.25％。由于在1973年出现石油危机，"蛇洞制"方案并没有取得很好的效果。英国在1972年5月加入这一机制，但是在6个月后即宣布退出。法国和意大利也加入了进来，但也曾两进两出。接下来的行动就是建立欧洲货币体系。

欧洲货币体系

欧洲货币体系（European Monetary System，简写为EMS）是在1979年3月建立的，它有三个组成部分：
1. 欧洲汇率机制。
2. 欧洲货币单位。
3. 欧洲货币合作基金组织。

欧洲汇率机制的前身是"蛇洞制"方案。在欧洲汇率机制下，汇率波动区间出现两类——波动区间较窄的为±2.25％，波动区间较宽的为±6％。这一机制为成员国之间的汇率设定目标汇率（也就是平价栅制度，英文记为parity grid），同时允许定期重新设定汇率目标。如果汇率波动已经接近极限，那么成员国中央银行就要考虑通过买入本币进行干预或者同时提高利率。在这个过程中可以向其他成员国银行借入货币以完成上述操作。到 1992 年，欧盟的 12 个国家中，希腊、英国、西班牙以及葡萄牙按照较宽的汇率波动区间设定汇率，其他 8 个国家则按照较窄的汇率波动区间进行设定。

欧洲货币单位是通过对所有欧洲货币（不仅仅是加入欧洲汇率机制的那些货币）进行一篮子加权平均后得到的。这就为整个欧洲提供了一个统一的计价单位，可以用在欧洲的所有统计指标、一部分货币交易以及欧洲内部的某些开票过程中，而且还可以成为某些国库券和债券（国家和企业的）的计价单位。显然，这样做的目的就是为未来的统一货币提供一个基础。如果加入欧洲汇率机制的所有国家在某个时点同时转向较窄的那个汇率波动区间，那么这就让加入欧洲汇率机制的所有国家在转向单一货币时变得更加方便。

在出台《魏尔纳报告》之后，欧洲货币合作基金组织便得以成立，而且在欧洲货币体系建立之前一直是《魏尔纳报告》中起到主导作用的机构。在欧盟的每个国家都要将其黄金和外汇储备的 20%存放在欧洲货币合作基金组织中，然后换取相应的欧洲货币单位。当时这笔资金放在巴塞尔的 BIS。这是所谓的官方欧洲货币单位，在国库券以及债券等领域使用的是私人部门的欧洲货币单位。在欧洲货币合作基金组织中存放的资金只能用于欧洲货币体系成员国的中央银行之间的交易，因此它又被称为是一个货币机构。

对汇率调整机制的改革

在 1992 年 9 月，人们普遍认为该到欧洲货币体系成员国重设汇率比价的时候了，于是基于市场认为英镑和意大利里拉存在高估，这两个货币的汇率出现较大幅度的波动。这导致英国和意大利不再参与欧洲货币体系，同时这一体系也允许了比塞塔（peseta，西班牙基本货币单位）和埃斯库多（escudo，葡萄牙货币单位）的贬值，随之而来的就是在这两个货币上的投机行为。在 1992 年 7 月，出现更进一步的汇率波动，这次的攻击目标是法国法郎以及其他货币。在 1992 年 8 月初，欧洲货币体系开始将汇率波动区间扩大至±15%（除了德国马克和荷兰盾，这两只货币的汇率波动区间仍然保持±2.25%）。这段时期是理想中的欧洲货币联盟的梦魇期。

德洛尔计划

欧洲的最终目标是建立一个经济货币联盟。在 1989 年，由德洛尔主事的欧洲中央银行最终将如何形成一个经济货币联盟的路线图勾勒了出来，当时他也是欧盟委员会的主席，因此这一计划又被称为是"德洛尔计划"。这个计划将经济货币联盟的实现设计为一个三步走的战略：

1. 加入欧洲汇率机制的所有成员国都不对汇率进行控制，同时要在金融服务业形成一个统一的市场。
2. 建立欧洲中央银行体系。

3. 将汇率固定，由欧洲中央银行体系控制货币政策，最终实现单一货币。

《马斯特里赫特条约》

在1989年于马德里举办的欧盟委员会峰会中，"德洛尔计划"绘制的蓝图得到各国的广泛签署，并将1990年年中设定为第一阶段的起始时间点。在1990年12月，人们开始在一个跨政府的会议上对上述蓝图进行进一步的讨论，并准备好在1991年于马斯特里赫特签署一项协议。马斯特里赫特峰会为经济货币联盟设立的时间表如下：

- 到1996年底，如果最少有7个国家可以达成一致条件，那么就约定在1997年建立一个可能的经济货币联盟。
- 到1999年，只要有两个国家能够最终达成一致条件，那么就开始设立经济货币联盟。
- 在设立经济货币联盟的前6个月设立欧洲中央银行，但是在设立欧洲中央银行之前还应该设立一个欧洲货币组织（European Monetary Institute，简写为EMI），来协调各国的货币政策。这个机构应该在1994年开始设立。
- 特别协议允许英国不参与最后一步——即实现统一货币的这一步，还允许丹麦在1992年6月就此事举行一次全民公投。
- 设立经济货币联盟需要达成的一致条件包括：

在经济发展水平最好的三个国家中，通货膨胀率保持在1.5%。

在经济发展最差的三个国家中，其平均长期利率应该在2%左右。

汇率波动区间应该在欧洲汇率机制中波动区间较窄的那个范围，即±2.25%，而且在前两年不可贬值。

预算赤字和GDP的比值不可超过3%，国债数量不可超过GDP的60%。

在1992年6月举行的丹麦公投以微弱多数的优势否决了《马斯特里赫特条约》。而且，另外还有一些国家决定继续由国会来最终决定是否加入经济货币联盟。在1992年9月，法国举行公投，以微弱多数的方式赞成加入经济货币联盟，德国国会也在同年10月通过了《马斯特里赫特条约》，不过这一过程仍然受到德国宪法法院的诘难。最终，经过妥协，丹麦在1993年5月举行的新一轮公投中接受了《马斯特里赫特条约》。

欧洲货币组织在1994年1月开始运作，建立于法兰克福。瑞典、芬兰和奥地利于1995年1月1日加入欧盟，而且奥地利还加入了欧洲汇率机制。之后，芬兰也加入，在1996年11月，意大利加入欧洲汇率机制，希腊于1998年初也加入。

在1995年11月，欧洲货币组织给出了更加严格的走向货币一体化的计划。

- 在1999年1月1日——开始推动货币一体化，对汇率进行固定。
- 在2002年1月1日——引入新的纸币和硬币。
- 在2002年7月1日——将新货币定为法定货币。

在马德里召开的12月会议决定将新的货币名称定为"欧元"（euro）（而不是ecu）。在1998年5月的一次会议中，规定各国货币和欧元的兑换比率以1999年1月1日的比率为准，这次会议同时还决定了哪些国家加入货币一体化组织。

欧洲经济货币联盟

如前所述，加入经济货币联盟的国家都应该满足《马斯特里赫特条约》所列举的条件。但是让人感到窘迫的是，作为构造经济货币联盟的关键国家，比利时和意大利的名义债务与GDP之比都大幅超过100%。基于1997年的数据，这两个国家的预算赤字与GDP之比也达到了3%。很多国家使用创造性会计（creative accounting）记账的方法才将预算赤字与GDP之比调低到3%。这样做也体现出推动经济货币联盟的政治意愿十分强烈，因此这些会计细节问题得以忽略，于是按照计划安排，在1999年1月欧洲经济货币联盟一共有11个成员国——奥地利、比利时、芬兰、法国、德国、爱尔兰、意大利、卢森堡、荷兰、葡萄牙以及西班牙。希腊、瑞典、英国和丹麦则留在联盟之外。希腊在2001年加入经济货币联盟。算上斯洛文尼亚（在2006年12月31日加入）、塞浦路斯（在2008年1月1日加入）、马耳他（在2008年1月1日加入）和斯洛伐克（在2009年1月1日加入），目前这一联盟的成员国已经扩充到16个。

表11—1给出了欧元区货币和欧元之间的永久兑换比例。

表11—1　　　　　　　　　　欧元与欧元区货币的兑换比例

国家	货币	欧元	国家	货币	欧元
奥地利	Sch	13.760 3	意大利	L	1 936.27
比利时/卢森堡	BFr/LFr	40.339 9	马耳他	Lire	0.429 300
塞浦路斯	CY£	0.585 274	荷兰	Fl	2.203 71
芬兰	FM	5.945 73	葡萄牙	Es	200.482
法国	FFr	6.559 57	斯洛伐克	Krr	30.126 0
德国	DM	1.955 83	斯洛文尼亚	Tol	239.640
希腊	GRD	340.750	西班牙	Pta	166.386
爱尔兰	I£	0.787 564			

正如表11—1中给出的数据所示，法国法郎（FFr）和欧元的兑换比例是固定的，意大利里拉（L）和欧元的兑换比例也是固定的，于是法国法郎和意大利里拉的兑换比例也就是固定的了，如此等等，皆可类推。

在2002年1月之前，经济货币联盟并未发行任何的纸币和硬币，但是在国内债券以及欧元债券中已经开始使用欧元进行计价，银行间市场的交易也是用欧元进行计价。而且它还被用在支票和信用卡结算，以及任何无需纸币和硬币便可进行的交易中。对利率和货币政策的控制权已经在新设立的欧洲中央银行手中。

《马斯特里赫特条约》为目标预算赤字/GDP设定了一个3%的目标，但是没有说清楚当经济货币联盟开始运作时这个指标可以在多大范围内变动。这一问题由《稳定与增长公约》（Stability and Growth Pact）解决，既然现在经济货币联盟已经存在，那么欧洲汇率机制就演变为欧洲汇率机制Ⅱ。我们在下面部分分别对这两块内容进行介绍。

《稳定与增长公约》

在1997年6月，各国在阿姆斯特丹进一步讨论了对欧盟法律的修改，这个讨论结果就是《阿姆斯特丹条约》，它在1999年5月变成法律。在阿姆斯特丹的时候，各国政府首脑讨论了经济货币联盟成立后对过多预算赤字的控制问题。各国政府首脑还对财政行为准则达成共识，以便为管理各国政府的融资行为给出一个原则。其中基本的要求就是财政预算必须保持平衡或者略有盈余。这样就可以保证即使在经济衰退时期财政赤字占GDP的比重最大也能够保持在3%左右。为了保持宏观经济稳定，稳健的政府融资行为具有不可替代的重要性。这些总体上的财政行为准则就是《稳定与增长公约》。

基本上，欧盟所有国家都应该遵守这一公约，而不仅仅是经济货币联盟中的16个成员国。所有国家都向欧洲经济及财政事务理事会提交未来几年的预算计划。这样做可以为将来可能出现的财政波动提供警告信号。只有在例外情况出现时才允许赤字占GDP的比重超过3%，比如一国GDP下滑幅度超过2%。

对那些可能破坏这一规则的国家如何进行惩罚的问题则引起了很大的争论，其中德国提出的惩罚措施比绝大多数国家都严厉。最后的意见决定当某个成员国破坏这项财政规则时，欧洲经济及财政事务理事会可以为此给出整改意见，而该成员国则必须在4个月内拿出相应的应对措施。这项决策只要经过特定多数投票通过即可，而且欧洲经济及财政事务理事会还可以对破坏财政纪律的成员国做出惩罚——如果成员国没有采取有效措施，那么一笔无息存款将会转换成罚金。

在1999年4月欧洲中央银行发布一项严厉警告，指责很多成员国政府正在试图破坏已经达成的预算上限要求，安全边际已经不够用了。在这个警告之后我们看到《稳定与增长公约》在1999年5月开始生效。意大利预测其财政赤字会达到2%，因此要求欧洲经济及财政事务理事会允许它将财政赤字提高至2.4%。增长乏力和高失业率使得意大利不得不这样做。在1999年，意大利的GDP增长率只有1.5%。欧洲经济及财政事务理事会同意了意大利的此项要求，很多人将此视为一种不祥之兆。于是此后欧元在外汇市场上暴跌。

更糟糕的事情还在后头。具有讽刺意味的是，曾经热衷于严格控制财政纪律的德国在2000年2月发现它自己也正面临着欧盟给出的一项正式警告，这项警告要求德国不要破坏公约。和以往一样，通过和欧盟进行斡旋，德国答应它会在2004年之前通过努力使财政预算平衡。奥托马·伊辛——欧洲中央银行的首席经济学家——在当时说："如果所有其他的欧洲国家都希望在未来能够获得和德国一样的待遇，那么早先达成的对财政收支进行警告的系统就没什么用了。"

之后，在2002年6月欧洲经济及财政事务理事会批评法国没能达到预算平衡。但是虽然在2002年3月的巴塞罗那峰会中法国答应在2004年实现预算平衡，但此时法国财政部长弗朗索瓦·梅尔（Francois Mer）开始拒绝答应这一承诺。在2002年6月的塞维利亚峰会上，欧盟再次对法国施压，法国很不情愿地答应在2004年之前基本实现预算平衡。

也是在2002年6月,葡萄牙承认其预算赤字占GDP的比重大约回到3.9%,远远地超过了《稳定与增长公约》中设定好的3%。

经过这些事情之后,一开始达成的《稳定与增长公约》在2003年后期被彻底破坏,当时德国和法国开始极力要求暂停最初的公约,以免由于存在持续性的预算赤字而受到罚款。在2005年3月,一个新的、更具弹性的《稳定与增长公约》开始浮出水面。在新的公约下,如果一国预算赤字占GDP的比例持续超过3%的上限,那么这个国家仍然要支付罚款,但是一系列的例外条款使得满足罚款要求的情况变得几乎不可能。新公约的主要特点就是强调"预防性措施"——也就是说当一国处在经济上升时期时,应该要求它执行一个能够平衡的预算,然后每年削减0.5%的预算赤字。从理论上讲,新公约的目的是阻止出现顺周期的政府花费行为,重点聚焦于平衡预算,以此来应对欧元区人口老龄化趋势下的成本问题。

自新公约达成以来,很多人都在争论欧元区财政政策的可信性,特别是在金融危机之后法国和其他国家的公共开支以及赤字出现大幅攀升。在2009年6月,《金融时报》注意到"德国总理安格拉·默克尔(Angela Dorothea Merkel)曾屡次批评欧洲存在的预算赤字下进行政府开支的行为,并且多次要求政府考虑退出策略,快速回到财政自律",通过这种方式来保留这一受到威胁的公约。在2010年早期希腊出现公共部门开支赤字以及其他一些问题后,《稳定与增长公约》(以及经济货币联盟的可行度)再次遭到挑战。经济货币联盟的成员国为此提供大量的金融资源,来帮助希腊经济渡过难关,也是为了保存欧元区。

欧洲汇率机制 II

在2008年9月1日,欧元体系中央银行的理事会和执行董事会同意用一项新的措施来代替最开始的欧洲汇率机制。在《马斯特里赫特条约》中有一个条款,要求加入经济货币联盟的成员国要在欧洲汇率机制的窄幅汇率波动区间中存在两年。这就带来了所谓的"欧洲汇率机制II"。希望加入经济货币联盟的国家必须同意在预先设定好的汇率波动区间维持一个和欧元的兑换率。如有必要,16国中央银行会进行干预,以此帮助一国的货币和贷款能够提供给欧洲中央银行的参与国家。只有当该国自己的准备金开始提取时此类贷款才可以支取。这些贷款需要在3个月内偿还,而且借款数量存在一个上限。

下一个成员国?

在2004年加入欧盟的10个新的成员国中,有4个国家加入了单一货币区(它们是塞浦路斯、马耳他、斯洛伐克和斯洛文尼亚)。剩下的国家再加上两个最近加入欧盟的成员国——保加利亚和罗马尼亚——也有很强的加入单一货币区的意愿。现在,爱沙尼亚已经宣布它将会在2011年使用欧元,不过考虑到这些国家目前的状况以及其他一些巴尔干半岛的国家,它们不可能很快实现单一货币——以拉脱维亚为例,该国很早就将加入欧洲单一货币区的时间推迟到2013年。到2009年年中,只有捷克看上去有希望加入欧洲单一货币区,因为它的各项经济指标都已经满足要求。匈牙利和波兰计划在2012年引入单一货币,罗马尼亚和保加利亚则计划分别在2014和2015年。鉴于目前这些经济体的状况,上述加入时间表仍然显得过于乐观。

对于可能加入欧盟的新成员国来说,人们谈论最多的就是土耳其,在2009年年中土耳其总理再次表达了希望加入欧盟的意愿。但是法国和德国对此则不是很热心,它们希望首先给予土耳其一个过渡性的成员国地位,并称其为"特殊伙伴关系"(privileged partnership),但是土耳其政府对此则不是很感兴趣。欧盟就土耳其加入欧盟的谈判中存在的一个主要的绊脚石是希腊和土耳其之间因为塞浦路斯而产生的紧张情绪,因为目前世界上只有土耳其承认北塞浦路斯土耳其共和国。其他可能加入欧盟的成员国还有克罗地亚和马其顿共和国。

为了能够加入欧盟,一国必须满足欧盟成员国提出的所有条件以及履行义务。记载所有这些要求的文件加起来会有80 000页——银行法案、竞争政策、国家补贴、兽医检验标准等等。这些国家还需要具有有效的公共部门执行能力,可以来执行上述条件并承担义务。

经济货币联盟的统计数据

表11—2给出了一些有趣的统计数据。我们可以看到按人口和GDP(名义值)计算,欧盟现在已经超过了美国,而且比日本大很多。表11—2还指出欧盟的名义GDP比美国大很多——一个是18.4万亿美元,一个是14.3万亿美元。欧盟目前占全世界30%的GDP,美国占24%。在欧元区内部占主导地位的市场是德国、法国和意大利,它们加起来占欧盟总GDP的63%——德国一个国家就占26%。相比之下,2008年中国的经过购买力平减之后的GDP为7万亿美元,基于不同的估计,其名义GDP大约在3.5万亿~4万亿英镑之间。

表11—2   欧元区以及欧盟的关键性特征,2008年

特征	报告年份	单位	欧元区	欧盟	美国	日本
人口	2008	百万	327.7	498.1	304.5	127.7
GDP(购买力平减后数据)	2008	万亿欧元	10.2	15.3	14.2	4.3
GDP(名义)	2008	万亿美元	13.6	18.4	14.3	4.9
劳动力参与率	2008	%	71.5	70.9	75.3	73.8
中央政府开支	2008	占GDP的百分比	46.6	46.8	35.0	34.6*
赤字(一)	2008	占GDP的百分比	1.9—	2.3—	5.9—	2.5—*
未清偿债务	2008	万亿欧元	13.2	16.3	20.1	6.1*
股票市场市值	2008	万亿欧元	3.5	5.2	9.0	2.3

注:带星号的数据为2007年的情况。
资料来源:ECB, *Statistics Pocket Book*, June, 2009;IMF。

我们还可以发现欧盟（以及欧元区）的公共部门也比美国和日本的大，但是美国的财政赤字（就是公共开支减去公共收入）则大于欧盟——可能这反映出在2008年金融危机的时候美国为了救助金融体系而进行的公共开支。

最后，表11—2还揭示出欧盟的经济规模要大于美国，但是其资本市场规模则比较小。这是因为很多欧洲国家都是银行主导型金融体系，商业银行是该国企业部门进行融资的主要提供方，资本市场发挥的功能相对较小（至少从传统上看是这样的）。在美国，股票市场市值和名义GDP的比值为63%，而欧盟和欧元区的这一指标分别只有25%和27%。

支付体系

欧元区的官方银行间支付体系是泛欧自动实时清算系统（Trans-European Automated Real-Time Gross Settlement Express Transfer，简写为TARGET）。在经过一些争议之后，这个系统向成员国中央银行开放，同时也向参与实时支付结算系统的非欧元成员国开放。非欧元成员国的中央银行必须在每天早上8点向欧元体系存入一笔钱（比如，英格兰银行存入30亿欧元）。这样做的目的是保证每天的交易流动性。

在2007年11月，这个系统被泛欧自动实时清算系统Ⅱ（TARGET Ⅱ）所替代，新的系统从技术上将27个欧盟成员国的中央银行联系在一起。瑞典和英国选择不加入这个体系（英国在2008年5月16日终止了与这个系统的连接），于是这两个国家的银行必须用另外的办法来完成大额跨境欧元交易。在2008年，TARGET Ⅱ平均每天要完成369 966笔交易，平均每天的交易规模为2.667万亿欧元。按照交易价值计算，这个系统处理的交易占到整个欧元区大额支付体系的90%。

在TARGET Ⅱ之外，还有一些清算系统和欧盟银行管理局清算公司的欧元交易系统相连，以及法国巴黎净头寸清算系统（French Paris Net Settlement）、芬兰中央银行在线交易系统和持续连接清算（continuous linked settlement，简称为CLS）系统。

（还存在一些由单个国家提供的用来完成高价值欧元支付的交易系统，比如英国的CHAPS-Euro清算系统。在运行了9年之后，这个系统在2008年5月关闭，因为通过该系统完成的交易量在一直下降。）

经济货币联盟：收益

在考察过欧盟的历史以及相关数据之后，我们仍然没有回答基本的问题：为什么要成立欧洲经济货币联盟？它的目标是什么？能够带来何种优势？

一个主要的看法认为，在总共拥有3.28亿人口的16个国家使用单一货币，可以带来更大的价格透明度，比如，这会让荷兰很难以高出意大利的价格来销售商品。这个观点实际上是在说，随着跨国贸易中存在的大规模障碍被削减，货币一体化可以让企业在不同成员国之间进行更好的竞争,在同一种货币下,消费者也可以更好地比较商品之间的价格。而且生产者面对的市场得到扩大,这就使得他们可以享受规模经济及其他一些效率改进的好处。从理论上讲,所有这些都应该对商品价格产生一个向下的推力。

很多研究开始关注欧元区汽车价格的不一致。这些汽车的税前价格差可能高达20%,为此,欧盟委员会甚至发布了一个年度汽车价格报告。在2008年的这一期报告中如下写道:

> 随着欧盟变成一个统一市场,有三个成员国货币对欧元的价格出现大幅贬值,这使得这三个国家成为欧元区价格最便宜的国家:首先是英国(其价格水平要比芬兰低19%,是欧元区价格最便宜的国家),之后是瑞典(其价格水平要比芬兰低10.3%),最后是波兰(其价格水平要比芬兰低8.3%)。需要注意到的是丹麦在2008年并没有对货币进行贬值。作为曾经是欧盟价格最便宜的国家,丹麦开始成为欧盟价格便宜水平排在第五位的国家,这反映出的事实是和欧元区相比,丹麦的价格水平并未发生变化。(在欧元区,德国生产的汽车价格最贵,大约比欧元区平均水平高5.5%。)

相比于区外国家,欧元区内汽车价格的变化幅度要小很多,这也许能为欧元区价格趋同提供一些证据。而且,很多来自欧元区以及区外的研究也考察了零售和批发金融服务的价格趋同状况。再次回到理论,我们的假设是单一货币区可以提振消费,这会让价格变低并且发生趋同。但是各项研究得到的典型结论是,批发金融服务的价格确实在趋同,但是零售金融的价格则没有发生这种变化——比如信用卡价格、抵押贷款利率、个人保险等等。零售银行业务及其他金融服务主要针对的还是本国居民,国外居民并未成为这个市场的主流(至少到现在为止是这样的)。而且,一些私人养老金和抵押贷款等产品还会受到特殊的税收政策的影响,这类政策在不同国家差别很大。简单地说,相比于更具国际特色的批发金融服务,零售金融服务很难形成一个单一市场。

总体而言,由于更激烈的价格竞争可以带来更低的价格和更多的贸易,人们对单一货币体系是认可的。由于不再担心货币的跨国流动,企业主可以更方便地将生产过程转移到成本更低的地区。对于生产成本高的地区而言,它们就有了降低税率,提高劳动市场弹性的压力。

上述讨论都基于单一货币可以让欧元区更像一个统一市场的观点,不过这个观点涵盖的范围更广,这里只是其中一部分。

这里有一个更加明显的例子来说明单一货币市场的好处,就是进出口商不必再进行外汇买卖。正如我们之前提到的,外汇的即期和远期买卖之间存在价差,如果进出口商选择使用期权,可能还要支付一笔额外的费用。在单一货币市场下不仅仅带来的是进出口商节省有用的资金,而且价格变得更加透明。特别的,它让欧洲债券的交易变得更加简易,可以在泛欧洲的范围内管理资金,留存货币以考虑利差分布,这带来更高的效率。

对企业而言,另外一个节省成本的领域就是资金成本的减少。我们知道欧洲比美国更加依赖于银行融资,美国主要依赖于资本市场融资。在引入欧元之前,当需要进行跨境的证券购买时,全欧洲的基金经理和投资者都要面对外汇风险(有时还要面对监管风险）。现在这些约束都消失了。如果欧元区在债券和股票的交易上得到进一步的统一，那么融资成本会更低，从而给企业带来好处。

当然，现在还存在一个基本问题：什么是欧洲？在上面的内容中我们提到过由16个国家组成的欧洲、由27个国家组成的欧洲以及包括瑞士在内的欧洲。瑞士拥有世界上两个最大的制药商（诺华公司（Novartis）以及罗氏制药（Roche））、两家世界上最大的银行（瑞士信贷以及瑞银集团）、两家世界上最大的保险公司（瑞士再保险和苏黎世金融服务集团）以及世界上最大的食品制造商（雀巢），但是这些都不属于欧盟。

有趣的是，在债券和股票之外，银团贷款市场在欧元区得到进一步发展。我们第一次看到大型并购基金使用银团贷款（为了提高并购速度和机密性）。后来这些行为都变成了债券发行。

由于在税收、消费者保护上存在差异，而且还存在另外一些阻止欧盟进行进一步融合的障碍，所以欧盟目前还不是一个真正的统一市场，不过毫无疑问的是，单一货币区的引入确实为欧盟范围内的商业活动去掉了一个很大的障碍。

反对意见

在考察过欧洲经济货币联盟带来的一些好处之后，很自然地会想到有人要表达不同的观点。也许最普遍的反对观点都与欧洲中央银行"一刀切"的行为方式有关，欧洲中央银行推行同一个利率和同一个汇率。但是不同国家可能处在经济周期的不同阶段，这一事实意味着有些国家需要提高利率但是有些国家则需要降低利率。在欧洲经济货币联盟开始运行之后出现了一个可用来阐述这一问题的完美案例。当时意大利和德国的GDP增长率都是1.5%，但是西班牙和葡萄牙的经济增长率是3%，爱尔兰的更高，达到7%。在加入欧洲经济货币联盟之前，爱尔兰的利率是6%，加入之后就降低到2.5%，之后又上升至3%。于是，爱尔兰开始出现通货膨胀，该国通货膨胀率曾达到7%的水平，但爱尔兰政府对此爱莫能助。

能够缓解这一问题的一个方法是改变财政政策。但是它又受到《稳定与增长公约》的限制。例如，如果一国处在衰退期，但是由于其他成员国处在繁荣期，所以经济货币联盟的利率无法下调，那么这个国家可以通过降低税收、提高政府开支等财政刺激政策来解决问题，但是在已经提前预定好的范围之外这个国家没有权利这么做。那些处在衰退期的国家最终发现，由于利率居高不下，失业率已经到了社会无法承受的地步。随着欧元成为单一货币，《增长与稳定公约》又再次得到进一步加强。

另外一个反对意见指出在经济货币联盟内部期望的价格趋同可能不会发生，而且也许就不可能发生。在不同的成员国有不同的通货膨胀率、失业率以及增长速度。如果一个国家陷入衰退而另外一个国家经历强劲的经济增长，那么一个可能的后果就是劳动力从一国流向另外一国。经济学家宣称货币一体化需要劳动力高流动性的支撑。毕竟，也可以将美国看作是一个单一货币联盟。得克萨斯州可以经历衰退但是新英格兰地区则也许会在繁荣之中。这正是欧元区面临的严重问题。美国的劳动力流动性很高，但是欧洲的劳动力流动性则较小。

另外一个和"一刀切"政策有关的是不同成员国对利率和汇率变化作出的反应可能不一样。比如在爱尔兰，80%的人口都拥有自己的住房，按揭抵押贷款利率设为可变利率的情况十分常见。因此，利率上升可能对爱尔兰的消费者造成严重影响，但是对德国来说可能就没有那么严重，因为德国家庭大部分都租住住宅。

上面提到的就是人们认为欧洲中央银行以及欧元体系所具有的弱点——要么缺乏可问责性，要么缺乏控制力，管理货币和监督货币的职能之间存在分离，欧洲中央银行的执行委员会和行长之间也存在发生冲突的可能性，因为后者可以通过投票来击败前者。

经济货币联盟宣称自己拥有的一个关键好处在于透明的价格，这可以提高竞争，提高效率并降低价格。但是批评意见指出增值税税率的变化以及可能存在的运输成本都会使上述好处消失。在西班牙生产的商品如果有更高的运输成本，那么它在芬兰的价格就不可能和在西班牙以及葡萄牙的价格相同。

现在，欧元区（以及整个欧盟）变成了一个可以和美国进行竞争的强有力的市场。但是这个市场仍然存在一些弱点。其中一个弱点就是高社会福利导致雇主背负过高的劳动力成本。摩根士丹利的一份研究报告估计得出，在美国，每小时工资中有28%是社会成本，但是在德国这一比例达到45%。这份报告还估计出欧元区制造业中每小时工资要比美国高12%。另外一项研究得出，在使用IT技术方面欧洲也远远地落后于美国，其中西欧花费在IT技术上的资金占GDP的2.26%，但是美国则是4.08%，在美国的白领工人中，每百人的电脑拥有量为103台，但是西欧则只有52台。

相比于美国，欧洲的劳动法更加呆板。在美国，重新招募以及辞退员工都更为简单。也许人们看到这种情况首先会觉得欧洲更好，但是仔细一想，欧洲的做法可能使其商业失去竞争力，其结果是所有人都失去工作。正是由于欧元区的企业很难解雇工人，所以现在欧元区的失业率为8.3%，但是美国则只有4.9%。此外，正如我们在表11—2中所见，欧元区政府开支占GDP的46.6%，但在美国则只占35%。高政府支出意味着高税收。

很多对单一货币体系持反对意见的人都会提出不同成员国经济周期的不一致性。经济周期的趋同性被广泛地认为是在所有单一货币成员国执行单一货币政策的必要条件。更进一步，当贸易阻碍被消除后，科技和知识的进步将更容易在国家之间传播；其结果就是需求冲击对各个国家的影响变得大致相同。保罗·克鲁格曼——2008年诺贝尔经济学奖获得者——曾指出各成员国专业化生产水平的提高可能导致国家之间经济周期的趋同性减弱。

当然，考虑到欧洲银行面对同样的产业、国家甚至是项目（通过银行间市场的贷款行为联系在一起），经济周期趋同性可能导致银行风险以及绩效表现的变化出现一致性。在2007年信贷危机之后，这种联系表现得相当明显。即使在零售银行业务领域（在这个领域，一体化远未完成），欧盟的银行业也更多地面对相同的冲击。最终，如果发生在一国的银行破产传导至国外，那么相同的外部冲击以及银行间市场中发生的联系可能降低金融体系的稳定性。很多人指出这种情况进一步凸显了对银行进行跨国监管和管理的重要性。

英国的位置

没有参与经济货币联盟的欧盟国家主要就是英国。我们下面将简要介绍支持和反对英国加入经济货币联盟的观点。

支持英国加入经济货币联盟的观点可以总结如下：
- 汇率稳定性。
- 如果不加入经济货币联盟，那么国外投资会变低。在最近这些年，欧洲40%的国外投资都流向了英国。
- 如果不加入经济货币联盟，英国对欧洲货币政策以及经济政策的影响力就会显著降低。欧洲中央银行已经在法兰克福了，它们用EURIBOR作为参考利率，但是没有使用LIBOR。
- 可以节省在外汇交易中花费的资金。
- 如果英国不加入经济货币联盟，那么它的经济规模和联盟相比就显得太小了——这将使英国逐渐失去商业及影响力。
- 从哲学的角度讲，英国应该加入这令人激动的历史进程，在欧洲占据独有位置。
- 对欧洲实行联邦制及政治一体化的恐惧被过分夸大了，因为从现实看这绝不可能发生。

反对英国加入经济货币联盟的意见如下：
- 汇率稳定只适用于欧元区。英镑和美元、日元以及瑞士法郎的汇率仍然是不稳定的。
- 决定国外投资的因素不仅仅是货币风险——相比于欧元区大部分国家，英国拥有较低的劳动力成本、灵活的劳动法以及低税率。
- 英国的GDP只占欧元区GDP的16%，因此即使英国加入欧元区，它能够发挥的影响力也是很有限的。
- 在伦敦发生的大部分货币交易都不再是英镑了。伦敦占到目前世界上外汇交易量的34%，但是法兰克福只占2.5%。国际债券市场中70%的交易量都发生在伦敦，而且伦敦的衍生品交易市场远大于欧元区其他国家（占世界衍生品交易量的40%）。伦敦既拥有熟练劳动力，还拥有低社保税率，良好的会计和法律基础设施，而且使用英语。
- 英国比较小，但是还是可以在欧元区之外生存的——看看瑞士。由于英国的经济周期和法国、德国的不同，所以"一刀切"式的政策可能会对英国的经济周期造成重大影响，而且在整个欧洲，英国未清偿可变利率住房抵押贷款占GDP的份额最高。
- 为了让经济货币联盟能够正常发挥作用，该同盟必须进一步推进政治一体化。

从官方的说法看，政府对经济货币联盟的态度是英国会在"合适的时间"加入该联盟。时间是否合适将需要定期对以下5个方面进行考察：
1. 在一段可以持续的时期内，经济货币联盟的各成员国的经济周期开始趋同。
2. 面对经济冲击，英国经济可以进行调整的灵活性。

3. 投资——经济货币联盟是否为联盟内部投资流向英国创造了更好的条件。
4. 对金融服务业的影响。
5. 能否带来更高的增长、能否让经济更加稳定,以及能够让就业率持续上升。

第五项基本上是前四项的一个总结。

对于是否加入欧洲经济货币联盟这一问题,典型的英国态度(对的或者错的)可以用下面的语言概述:

> 在一个更加富裕、更加自由、满意度更高的欧洲共同体,我们看到的都是好处和希望。但是我们也有自己的梦想和任务。我们和欧洲在一起,但是不成为它的一部分。我们和欧洲连在一起,但是无需签订协议。我们相互感兴趣,相互联系,但是不用吸收对方。

这是丘吉尔在1930年的一场美国演说中的讲话。虽然相比那时,英国的影响力和实力都已出现巨大的下滑,但是上面这句话仍然可以看做是当今很多英国人态度的一个总结。

欧盟委员会指令对金融行业的影响

欧盟委员会担负的一项重要职责是设立法律,这些法律最终会被成员国的法律所吸收,其目的是在金融服务业形成一个统一的市场。这是欧洲希望创建统一的资本、商品、服务以及劳动力市场的宏大愿望下的一个具体组成部分。表11—3给出了对欧洲金融行业产生影响的最重要的一些立法活动。

表11—3	立法对欧盟金融业的影响
1977	《第一号银行业指令》(First Banking Directive)。在整个欧盟成员国中取消限制银行提供服务和设立分支机构的障碍。统一了申请银行营业牌照的规则。建立了在欧盟范围内对银行进行监管的安排。
1988	《巴塞尔资本充足性监管要求》(Basel Capital Adequacy Regulation,简称为Basel I)。为银行设置了最低资本金充足性要求(8%)。对资本的定义为:一级资本(股权资本),次级资本(性质接近于股权的资本)。对风险进行加权的因子则基于银行业务的信用风险进行计算。
1988	《资本自由流动指令》(Directive on Liberalization of Capital Flows)。允许资本跨境自由流动,但是对成员国收支平衡问题进行保障。
1989	《第二号银行业指令》(Second Banking Directive)。为欧盟成员国银行提供单一银行牌照。建立跨国银行由母国控制的基本原则(即母国监管者对本国银行的国外业务有最终监管权),建立相互认可的机制(欧盟银行业监管者相互认可对方的监管操作)。各成员国联合推动自有资金和偿付能力指令,将与巴塞尔协议类似的资本充足率要求写入欧盟法律。
1992	《大额风险暴露指令》(Large Exposures Directive)。银行不可运用其自有资金的25%及以上进行单一投资。在单一投资上分配的总资金不得高于自有资金的800%。
1993	《投资服务指令》(Investment Service Directive)。为投资公司和证券市场设置立法框架,为投资服务提供适用于整个欧盟的单一牌照。

1994	《存款保险机制条例》(Directive on Deposit Guarantee Schemes)。在银行出现破产时为储户提供最低保障。
1999	《金融服务行动计划》(Financial Services Action Plan，简写为 FSAP)。为欧盟实现金融服务单一市场提供立法框架。
2000	《银行合并指令》(Consolidated Banking Directive)。为私人银行间的兼并提供监管。
2000	《电子货币指令》(Directive on E-Money)。允许非信用经营机构发行电子货币。将与移动电话、交通卡以及巴塞尔支付体系相关的规则/标准进行统一化。
2001	《信用经营机构重组和清算指令》(Directive on the Reorganization and Winding-up of Credit Institutions)。欧盟信用经营机构在母国确认的重组和清算过程可以得到整个欧盟的认可。
2001	《对欧洲企业地位监管规则》(Regulation on the European Company Statute)。将欧盟范围内设立企业的制度进行统一化。
2002	《金融企业集团监管指令》(Financial Conglomerates Directive)。提供对参与跨境经营的金融企业集团（银行、保险和证券）进行监管的框架。
2003	《养老金指令》(Pensions Directive)。在欧盟范围内对养老金设立最低监管要求，同时允许跨境提供养老金。
2004	《新欧盟并购指令》(New EU Takeover Directive)。对跨境并购交易进行监管。
2005	《欧盟储蓄税收指令》(EU Savings Tax Directive)。在欧盟成员国之间达成协议，对于在某个欧盟成员国工作但是居住在另外一个欧盟成员国的雇员来说，可以自动交换其收入信息（对某些信息的自动交换）。
2007	《支付服务指令》(Payment Services Directive)。为支付体系供应商的商业原则指定的法律框架。这项指令中有一部分是为了创建一个单一欧元支付区（single euro payments area，简称为 SEPA），其中包括创建一个将所有欧元的电子化交易都视为国内交易的体系，这样，国家之间和欧盟区内的支付之间就不再有区别。
2007	《金融工具市场指令》(Markets in Financial Instruments Directive，简写为 MiFID)。这项法案是用来代替《投资服务指令》的。在欧盟，用来管辖投资行为的立法体系包括了对金融机构发放牌照以及监管。这项指令包含了对价格透明度（交易前和交易后）、接待客户的最佳实践、对客户指令的最佳执行等方面的规定。
2005—2010	《金融服务政策白皮书》(White Paper on Financial Services Policy)。用来执行金融服务行动计划，以及对金融服务行业中的并购和合并行为进行监管和监督。
2006—2008	《资本要求指令》(Capital Requirements Directive)。对巴塞尔协议 I 资本充足率框架进行更新，并将巴塞尔协议 II 资本充足率框架吸纳进来。提高国际资本监管的一致性。提高监管资本的风险敏感度。在国际性银行中改进风险管理实践操作。

资料来源：ECB and authors' updates。

在上述立法中，最重要的一项是在 1999 年对《金融服务行动计划》(FSAP) 的引入，这项法案设定了一个为期 6 年的日程，希望在欧盟内部实现金融服务业市场的协调一致。最初计划要在 2004 年末之前完成涵盖 42 个立法领域的改革。《金融服务行动计划》有 4 个主要的目的：

1. 整合出一个单一批发金融市场。
2. 为零售金融业务提供一个开放而且安全的市场。
3. 保证欧盟金融市场的持续稳健。
4. 为了实现金融市场的一体化，削减税收阻碍。

在《金融服务行动计划》中存在范围广泛的首创之举，其中最为重要的可能就是《金融工具市场指令》，该指令于2007年得到执行。其他重要的立法还包括了单一欧元支付区的建设以及欧盟利息税指令。

《金融工具市场指令》的主要目的是通过提高透明度让跨境交易变得更加容易，以此来推动欧洲金融市场的开放。这就让在母国得到授权的银行和投资集团可以为整个欧洲提供金融服务，而不再需要进一步的认证。《金融工具市场指令》和一系列的事情有关——投资建议、股票市场透明度、利益冲突、最佳执行、合规、消费者保护以及交易记录的保持。随着巴塞尔协议Ⅱ和新的会计标准的出台，对《金融工具市场指令》的运用将使得银行面对相当数额的开发成本。德利佳华（Dresdner Kleinwort Wasserstein）的IT技术总监鲍勃·富勒（Bob Fuller）说《金融工具市场指令》是"世界上通过的最大的金融服务业立法"。最明显的变化就是不再要求投资公司只能通过股票交易所来提交买卖指令。欧盟在2009年3月发表的一份评估《金融工具市场指令》对经济造成何种影响的报告中指出，这项立法的主要影响在于通过降低证券交易成本提高了市场竞争水平，也提高了跨境证券交易业务量。最受益的要数证券交易中的批发类经纪商，但是对散户投资者来说几乎观察不到这一法案带来的收益。通过建立可供选择的交易平台，伦敦也在这项立法中受益。

单一欧元支付区的目的是让发生在欧盟的小额支付行为可以在一个单一银行账户中完成，同时让支付体系变得一致。其中包括直接的借记卡和信用卡业务。从传统上看，在国家之间转移资金往往会发生很大的费用——所有国家的支付体系都和其国外的交易对手方支付体系不同。比如，单一欧元支付区就是要让类似于寿险这样的产品变得更容易销售。欧盟国际市场和服务专员，同时也是欧盟委员会委员的麦克里维（Charlie McCreevy）认为这项法案为支付体系使用者节省的成本大约为每年500亿~1000亿欧元。自然，那些对国外支付收取高价格的银行就会失去这部分利润，而且还不得不花费约80亿欧元来开发新的系统。《支付服务指令》是对单一欧元支付区相关的立法进行整合后的一部法律，它在2007年得以设立，欧盟成员国希望在2009年能将这项法律吸纳进入各个国家的法律中。在2008年1月，为转移信用而设立的泛欧支付工具开始运行，但是借记卡和信用卡之间的转账等功能则要等到2011年以后才能使用。人们希望这项立法可以提高欧盟支付体系的竞争性——为了获得业务，所有国家的支付体系都要相互进行竞争，人们希望能够看到这一行业中出现并购（从规模经济中获益）。

在2005年年中，《储蓄税收指令》得到通过。欧盟成员国以及其他一些国家必须相互之间共享非本地居民在该国的储蓄状况，或者就要执行预扣所得税，这项税收一开始的税率是15%，后来在2008年7月1日上升到20%，并在2011年7月1日升至35%。奥地利、比利时和瑞士已经采用了《储蓄税收指令》，但是同意相互之间不共享面对预扣所得税的非居民储蓄者信息。卢森堡的非本地居民储蓄者可以自行决定披露本人信息还是缴纳预扣所得税。令人惊讶的是，类似于开曼群岛、英属维尔京群岛、泽西岛、根西岛（Guernsey）以及马恩岛（Isle of Man）等避税天堂也采用了这部法律。该法律适用于银行存款、公司和政府债以及一些投资基金，但是不适用于养老基金或者股利收入。

银行业的趋势

在引入欧元之后，欧洲银行业在何种程度上变得更加一体化尚存在争议。如上面提到的，欧洲金融市场一体化的最大障碍在零售金融业务。由于法律和税收体系的差别而造成的阻碍可以被认为是政策引致的，因此政府可以对此进行调整和维护，让银行在其母国获得一种竞争优势。由于一国经济条件、文化、语言和所处的不同地域而导致的差别，则会让银行很难进行跨国的业务提供，也难以为消费者提供更好的金融服务。这种差别也可以解释为什么到现在为止在金融服务业只发生了一小部分的并购活动。在1999年引入的金融服务行动计划，以及对很多类似建议的实施等，都基于一个认识，即欧盟银行业和金融市场没有实现完全的一体化。（有人说）相对而言，新的并购指令鼓励跨国并购，而且也加强了欧盟内部及其与区域外银行业的联系。

表11—4给出了欧盟银行体系在1985—2006年之间的一些特征，其中显示出一个重要的趋势。银行数量在下降，前5大银行资产所占的份额（也就是前5大企业的集中度）在上升，银行业雇佣人数总体而言在上升。

欧洲银行业的放松管制以及一体化对我们观察到的行业内部集中度的提高产生了影响。很多银行或者是通过并购，或者是通过内涵式的增长，来被迫提高资产规模，以便于在整个欧洲范围内进行竞争。另外一个趋势就是规模经济和范围经济的实现，以及为了消除无效率而进行的削减雇员及其他成本。在21世纪第一个十年的中期，金融行业中大约三分之二的并购都在同行业的竞争者之间进行。剩下三分之一则是银行和其他类型的金融机构之间的合并。不过当银行认为应该通过和保险公司结成联盟来实现规模经济后，金融业的跨国并购开始变得频繁起来。这导致的结果就是在很多国家出现金融集团。由于存在各种阻碍，大部分此类合并都发生在一国内部。不过，随着在一国内部通过并购实现增长的空间越来越少，银行开始寻找跨国并购的机会。通过金融服务行动计划，进行此类并购的机会空间得到提升，随着在巴塞尔协议Ⅱ《资本充足率指引》的实施，这一机会空间还会得到进一步的提升。

随着赚取净息差的模式不断受到激烈竞争的压力，相对于成本的营业收入在不断下降，于是银行希望更多地通过其他非利息收入来源来实现增长。银行通过多样化其业务而实现收入流提升的一个例子就是更多地获取费用和佣金。随着越来越多地参与保险业（也就是所谓的银保），以及更多地进行一些资产负债表外操作（类似于交易以及证券活动），银行进一步实现了通过非利息收入产生利润的经营模式。

银行业收入来源的发展趋势是明显的：息差收入的降低被非利息收入的上升所弥补。因此，通过收取费用、参与证券交易、服务并承担一些受托人义务，银行提高了非利息收入在总利润中所占的比例，这就使得银行可以通过多样化产品来实现增长。平均而言，银行的非利息收入在总收入中所占的比重从1992年的28%上升到2001年的43%，并在2007年底达到最高的50%。不过这也增大了银行收入的波动性。银行还通过提高跨境业务的收入，利用地理上的多样化来实现增长。在很多欧洲国家，外资银行所占的市场

表 11—4　欧盟 15 国银行业的结构性指标

国家	银行数量 1985	银行数量 1995	银行数量 2006	资产规模（单位：10亿欧元）1985	资产规模 1995	资产规模 2006	分支机构数量 1985	分支机构数量 1995	分支机构数量 2006	雇员数量（单位：千人）1985	雇员数量 1995	雇员数量 2006	集中度（前5大银行资产占行业总资产比重）1985	集中度 1995	集中度 2006
奥地利	1 406	1 041	809	—	—	789.8	—	—	4 258	—	—	76	—	39	43.8
比利时	120	143	105	285.9	589.4	1 121.9	8 207	7 668	4 574	71	77	68	48	54	84.4
丹麦	259	202	191	96.3	125.5	822.4	3 411	2 215	2 144	52	47	46	61	72	64.7
芬兰	498	381	361	—	—	255.1	—	1 612	1 598	—	31	24	—	70.6	82.3
法国	1 952	1 469	829	1 348.8	2 513.7	5 728.1	25 782	26 606	40 013	449	408	435	46	41.3	52.3
德国	4 739	3 785	2 050	1 495.1	3 584.1	7 122.8	39 925	44 012	40 282	591	724	693	—	16.7	22.0
希腊	41	53	62	69.2	94.0	315.1	1 815	2 417	3 699	27	54	62	80.6	75.7	66.3
爱尔兰	42	56	78	21.0	45.8	1 186.2	—	808	935	—	—	39	47.5	44.4	45.0
意大利	1 101	970	807	546.8	1 070.5	2 793.2	13 033	20 839	32 337	319	337	340	—	32.4	26.3
卢森堡	177	220	154	169.8	445.5	839.6	120	224	234	10	19	25	26.8	21.2	29.1
荷兰	178	102	345	226.7	650.0	1 873.1	6 868	6 729	3 456	92	111	117	72.9	76.1	85.1
葡萄牙	226	233	178	38.0	116.3	397.1	1 494	3 401	5 618	59	60	58	61	74	67.9
西班牙	364	506	352	311.3	696.3	2 515.5	32 503	36 405	43 691	244	249	262	35.1	47.3	40.4
瑞典	598	249	204	—	—	773.7	—	—	2 004	—	—	47	—	—	57.8
英国	772	564	401	1 293.6	1 999.5	9 651.5	22 224	17 522	12 880	350	383	483	—	28.3	35.9

注：法国的银行分支机构数量的大幅提高，是因为在 2005 年底建立了一家新的邮政银行，这家银行将大量前邮局（大约有 12 500 家）变成了银行分支机构。
资料来源：ECB。

份额一直在上升,导致传统银行业的竞争加剧。

直到信贷危机爆发之前,一些欧洲的银行业,比如类似于英国,都实现了史上最好利润,很多评论家也说欧洲银行业迎来了新的黎明。对很多银行来说这种舒适的经营环境在 2007 年底发展到了尽头,很多银行在 2008 年出现巨额亏损,我们在第 9 章已经讨论过这个问题。

概　要

我们如今看到的欧盟起源于 1952 年建立的欧洲煤钢共同体,这个组织将比利时、法国、意大利、卢森堡、荷兰和联邦德国的煤炭、钢铁资源合并在一起进行经营。这 6 个国家在 1957 年签署了《罗马协议》,开始探索欧洲共同市场和欧洲经济共同体的概念。在推动这一发展的力量中,既有经济力量,也有政治力量。

随着丹麦、爱尔兰和英国在 1973 年的加入,希腊在 1981 年的加入,西班牙和葡萄牙在 1986 年的加入,奥地利、芬兰和瑞典在 1995 年的加入,塞浦路斯、捷克、爱沙尼亚、匈牙利、拉脱维亚、立陶宛、马耳他、波兰、斯洛伐克、斯洛文尼亚在 2004 年的加入以及保加利亚和罗马尼亚在 2007 年的加入,欧盟成员国数量一直在扩大。

1987 年通过的《单一欧洲法案》(这个法案在 1993 年得以执行)的目的是消除在欧洲范围内进行贸易的所有阻碍,建立一个真正的有效而且富有竞争性的市场。

欧洲经济共同体(European Economic Community)这一名字曾被改为欧洲共同市场(European Community)。随着《单一欧洲法案》的通过,它又进一步变成欧盟(European Union)。

在 1970 年出台的《魏尔纳报告》中第一次提到在欧洲推动单一货币并且建立货币联盟,并认为应该在 1980 年之前实施单一货币。但是在 20 世纪 70 年代出现的突发事件(布雷顿森林体系的崩溃以及高油价造成的通胀),阻碍了这件事情的发展。

接下来的发展就是在 1979 年建立欧洲货币体系。这个体系用欧洲货币单位作为共同的结算单位,而且还通过了欧洲汇率机制,试图让欧洲货币单位和欧元区其他货币的兑换比例保持在某个目标比例上下。其浮动空间有两类,一类是 ±2.25%,另一类是 ±6%。到 20 世纪 90 年末,12 个欧洲国家中有 11 个国家都已经成为欧洲汇率机制的成员国。

在 1992 年和 1993 年对欧洲汇率机制成员国的货币的冲击,使得汇率波动区间调高到 ±15%(荷兰盾和德国马克的汇率波动区间仍然为 ±2.25%)。

在 1989 年,欧盟委员会主席德洛尔在一份报告中为构建一个经济货币联盟设定了实施步骤。《马斯特里赫特条约》给出了欧洲走向一体化的条件,在 1994 年设立了为欧洲中央银行做铺垫的欧洲货币组织,并在 1999 年设立了经济货币联盟。之后决定将欧洲单一货币命名为欧元。

在欧洲货币组织给出细节性的计划之后,经济货币联盟在 1999 年 1 月 1 日得以建立。

一开始，欧元用在银行间市场以及其他的批发金融市场，到2002年1月1日，纸币和硬币也开始使用欧元。同时，随着欧元的引入，经济货币联盟中各国货币之间的兑换比例也得以固定。

在1999年，有11个国家加入了这一新体系——奥地利、比利时、芬兰、法国、爱尔兰、意大利、德国、卢森堡、荷兰、葡萄牙和西班牙。但是希腊、瑞典、英国以及丹麦处于体系之外。之后，希腊在2001年加入经济货币联盟，使得该体系成员国增加至12个。在斯洛文尼亚（在2006年12月31日加入）、塞浦路斯（在2008年1月1日加入）、马耳他（在2008年1月1日加入）和斯洛伐克（在2009年1月1日加入）加入欧元区之后，该体系成员国增加至16个。

在1998年6月，欧洲中央银行开始运行。该机构有6个理事，他们共同组成了执行理事会。他们和16个成员国中央银行行长一起组成了行长理事会。欧洲中央银行和16个成员国中央银行行长共同组成了欧洲中央银行体系。但是，欧洲中央银行曾经指出从法律上看，它还应该将非经济货币联盟的成员国中央银行行长包含在内，即使这些行长本身不会发挥什么作用。而且，这一体系也更愿意使用欧元体系这一名称。

为了避免过多的预算赤字，经济货币联盟通过了《稳定与增长公约》，这个公约将成员国预算赤字控制在GDP的3%之内，但是不久之后，欧元区超过一半的成员国的预算赤字都超过了这一指标。对这一公约的有效性至今仍然存在争论。

在最初出台的欧洲汇率机制之后又出台了欧洲汇率机制Ⅱ来代替原先的欧洲汇率机制，这项机制要求任何希望加入经济货币联盟的国家都必须先在欧洲汇率机制下运行两年。

从名义GDP的角度看，欧洲的经济总量已经超过了美国——两个经济体的名义GDP分别是18.4万亿美元和14.3万亿美元。欧盟占全世界GDP的30%，而美国只占24%。欧元区的市场规模接近美国，其中主导这个市场的国家是德国、法国和意大利，这三个国家加起来占到欧盟GDP的63%——德国一家就占到26%。

为欧元建立的新的银行间支付和结算系统被称为TARGETⅡ。

建立经济货币联盟的目的是实现一系列的收益：价格更加透明可以带来更多的竞争；是构造一个有竞争力的单一市场的逻辑延伸；节省在外汇交易中花费的成本；通过更有效率的资本市场——债券、股票和衍生品——来降低资金成本；更加一体化的零售和批发银行体系。

但是，批评意见也指出单一市场在利率和货币等方面存在"一刀切"的问题：不同的经济周期；财政政策造成的约束；劳动力缺乏流动性；欧洲中央银行在结构上存在的弱点；税收的不同、高社会福利成本造成的竞争力不足、缺乏弹性的劳动力市场以及一个规模庞大的公共部门，都使得完全的价格透明度不能得以实现。

不属于经济货币联盟的主要欧盟国家是英国。希望英国加入经济货币联盟的人认为这一措施可以鼓励外商投资；实现更低的外汇交易成本；让货币更加稳定；认为英国不加入经济货币联盟可能会使其失去影响力，伦敦城也会在竞争中败给法兰克福。

另外一些持反对意见的人则认为不加入经济货币联盟对外商投资造成的损害被夸大了；相比于总体成本，外汇交易成本的降低只是很小的一部分；即使加入这一联盟，英镑对美元、日元和瑞士法郎的汇率仍然是不稳定的；而且伦敦在金融市场中的主导地位也不会受到影响。最后，他们认为英国会受到"一刀切"政策的伤害，而且对进一步的政治一体化也存在恐惧。

欧盟委员会通过了一系列的创举来解决上述问题。《金融工具市场指令》和单一欧元支付区是最近发生的最重要的一些变化。有一些证据指出伦敦作为欧洲主要的金融中心，从《金融工具市场指令》中获得了好处，因为这可以降低证券交易成本，并促进批发金融领域的跨境交易。

进一步阅读材料

Issing, O. (2008) *The Birth of the Euro*, CUP, Cambridge.

Tilly, R. Welfens, P. J. and Heise, M. (2007) *50 Years of EU Economic Dynamics: Integration, Financial Markets and Innovations*, Springer, Berlin.

Walter I. and Smith, R. C. (2002) *High Finance in the Eurozone: Competing in the New European Capital Market*, FT/Prentice Hall, Upper Saddle River, NJ.

第五部分

衍生品

第 12 章

交易所交易期权

衍生品

如今，金融市场中增长最快的部门可能是所谓的**衍生品**（derivatives）。之所以将其称为衍生品，是因为它们基于其他金融产品构造而来。可以将使用 100 万美元购买英镑看作一种金融产品。在今天同意的价格水平下，我们在未来的某个时间用 100 万美元购买英镑，这就演变成一种衍生品。可以将按照浮动利率借入为期 5 年的 100 万美元看作一种金融产品。那么由银行提供的（在收取一个费用之后）用以补偿未来 5 年借款利率上升时借款人多付利息的产品也是一种金融衍生品——如此等等。

汇率、利率、债券价格、股票价格以及股票指数都充满了**波动**（volatility）。只要存在波动，就有人认为他们知道未来的价格走势，并会基于此判断资金的运作方向。我们称这些人为投机者。还有一些人，他们可能在某种价格变动中亏钱，因此希望得到保护。我们称他们为对冲者。为了达成各自的目的，上述两类人都会使用衍生品市场。有趣的悖论是，其中一类人使用衍生品市场来承担风险，另一类人则使用衍生品市场来减少风险。最后，还有一些人会寻找产品定价中出现的异常，希望利用这种异常来赚钱——这就是**套利者**（arbitrageurs）。因此，有三类市场专业人士会使用衍生产品，他们分别是投机者、对冲者和套利者。

此外，衍生品正越来越多地与零售银行产品打包在一起提供给消费者，例如，固定利率抵押贷款或有担保的投资基金。

投机者使用衍生品的动机是很容易理解的，对冲者和套利者使用衍生品的动机则需要一些阐释，为此我们在考察这两类市场参与者之前首先来对一类衍生品进行解释。衍生品中主要的两类产品是期权和期货。因为其他类别的衍生品是期货和期权之上的一些简单变化，所以如果你对这些产品的作用原理有一个很好的理解，那么对其他衍生品（远期利率协议，掉期，上限）的理解就会变得容易，本章将讨论期权，在第13章会介绍期货，第14章介绍其他衍生品。

最后一点。在第9章中我们提到可以在交易所购买外汇期权，也可以在场外交易市场购买外汇期权，比如直接从银行或者外汇交易商处购买。虽然当时介绍的内容主要针对外汇期权，但是从总体上看这一区别也适用于其他类型的金融衍生品。人们既可以买到交易所交易的期权和期货，也可以在场外市场买到这些金融工具。

购买交易所交易的衍生品可以得到的优点是：此类衍生品具有大量的交易流动性，众多相互之间竞争的经纪商可以确保衍生品的价格是公道的，通过**结算所**（clearing house）提供的服务，市场参与者还得到隐性的保护，使它们远离交易对手方的违约行为。交易所交易的衍生品的缺点是产品过于标准化，可能不适合用户的具体需求。举一个我们已经提到过的例子，芝加哥商品交易所英镑期货合同的规模只能是62 500英镑的整数倍。这意味着如果为了换回美元或者卖出美元而需要价值75 000英镑的交易时，并不存在交易所交易的期权可以精确实现这一过程中的风险管理或者套利行为。

场外市场交易的一大优点是它具有灵活性。提供给用户的产品可以根据其具体需要而定制。但是，在交易所得到衍生品后，买家可以在之后的某个时点对衍生品进行交易——也就是说可以将该衍生品再次卖给交易所。有时，场外市场交易的衍生品无法在交易所进行交易，因为如果这些衍生产品可以在交易所交易，那么其市场价格很可能会被卖方掌控。人们往往指责说，即使对于标准化的产品，场外交易市场也会缺乏流动性。最后，用户必须考虑违约风险。如果卖方是德意志银行或者瑞银集团，那么它们可以比较放心。但是，如果卖方是在1990年2月破产的德崇证券，那么情况就很危急，在这次事件中德崇证券对其所有的未偿付场外衍生品都违约了。从另一方面看，当巴林兄弟在新加坡金融交易所（简写为SIMEX）对其负债出现违约时，由于结算所的保证金机制，其交易对手没有出现任何损失。

为了能够面对场外交易市场衍生品具有的灵活性所带来的挑战，一些交易所也推出了更加灵活的衍生品合约。在1995年，费城交易所推出对价格和到期日进行了量身定制的衍生品合约。在此之后其他交易所也开始向这个方面努力。

现在，让我们转向期权这一主题。

交易所交易期权：股票类

看涨期权和看跌期权

交易所交易期权（traded options）是标准化的期权合约，这一金融工具赋予买者在未来约定的某个日期以标准化的价格购买或出售金融工具的权利。获得这项权利是要缴费的，通常是在购买期权的时候完成支付。

让我们举一个简单的例子。假设我们在考察一家英国公司——XYZ 有限公司，其股价是 1.86 英镑。我们可能会对这个公司的经营状况保持乐观态度，认为其股价可能上升，比方说在未来 3 个月内上升到 2.10 英镑。于是在未来 3 个月内以 1.86 英镑的价格购买 XYZ 公司一定数量股票的期权应该是十分具有吸引力的。如果我们是正确的，该公司股票价格确实上涨到 2.10 英镑，那么我们可以对该期权行权，以 1.86 英镑的价格购买给定数量的股份，然后以传统方式，在 2.10 英镑的价格下将其卖出。如果我们的判断错了，3 个月后该公司股票价格下跌或者保持不变，那么我们无需做任何事情，因为该期权赋予了权利但并未要求义务。显然，这是一种特权，我们必须为这个特权付费，付出的价格就是期权费。这种在未来购买金融产品的权利被称为是看涨期权。如果我们希望在价格上涨中获利，那么我们应该购买看涨期权。

另外，我们可能会对 XYZ 有限公司的经营状况持悲观态度，觉得在未来 3 个月内该公司股价会从 1.86 英镑下降到 1.60 英镑。于是在 3 个月后以 1.86 英镑卖出 XYZ 公司给定数量股份的期权将非常有吸引力。如果我们是正确的，那么在 3 个月后我们可以用 1.60 英镑的价格买入 XYZ 公司的股份然后使用期权，以 1.86 英镑的价格将其卖出。如果我们是错的，也就是说 XYZ 公司股价出现上涨或保持不变，那么我们可以什么也不做，因为期权是一种权利但不是义务。同样，我们也要为获得这种特权支付一定的费用。可以在未来出售金融产品的权利就叫做看跌期权。当我们希望从价格下跌中获利时，就应该购买看跌期权。

让我们来看看一些数字。假设每份看涨或看跌期权合约的规模都是 1 000 股，在两种情况下需要为期权支付的费用为每股 10 便士。我们来顺次考察看涨期权和看跌期权。

看涨期权

我们有权利在 3 个月后以每股 1.86 英镑的价格购买 1 000 股 XYZ 公司的股票，需要预先为这个期权支付每股 10 便士（总计 100 英镑）的费用。

后来，XYZ 公司的股价是：

1.60 英镑？ ←———— 1.86 英镑 ————→ 2.10 英镑？

假设价格下跌到每股 1.60 英镑，时间已经到了 3 个月快要结束的时候。由于我们能够以 1.60 英镑的市场价格买入该公司股份，所以以 1.86 英镑的价格买入该公司股份的权利是没有价值的。该份期权将会自然过期。我们不会采取任何行动——也就是说我们放弃了该份期权。这是的损失是 100 英镑（已经支付的）期权费。请注意，无论发生什么事，我们的损失都不会超过期权费。

假设 3 个月后的股价上升至 2.10 英镑。现在可以联系经纪人，通知他我们会执行期权，在 1.86 英镑的价格下买入 1 000 股，然后要求经纪人帮忙按照正常的价格 2.10 英镑将买入的 1 000 股卖出（无需进一步支付任何资金）。我们已经赚得 1 000×(2.10 英镑－1.86 英镑)＝1 000×24 便士＝240 英镑。由于支付的期权费是 100 英镑，这样净收益额就是140英镑，或者说是140%（为方便起见，这里忽略交易成本）。

股价从1.86英镑起步上涨了24个便士，涨幅约为13%。但是这笔期权交易中13%的价格涨幅产生了140%的利润。这种效应被称为杠杆效应（gearing，美国人则使用leverage一词），我们在第1章就提到过这个概念。在一般情况下，杠杆会让给定的一笔钱赚得更多的钱。在第1章中我们已经看到资产负债表中的杠杆效应——通过借用其他人的钱来进一步赚钱。这里还有另一个例子。如果我们购买1 000份XYZ公司的股票，需要支付1 860英镑。但是通过支付100英镑的期权费也可以撬动价值1 860英镑的股份。此外（至少在理论上是这样的），余下的1 760英镑还可存入银行赚取利息。其结果就是，基础资产价格的小幅变化（13%），可能会导致利润的大幅变化（140%）。但是杠杆具有两面性。基础资产的价格出现小幅下降，比如说只是4%，可能会导致期权费完全损失。因此，衍生品的一大特征就是杠杆性。

看跌期权

现在，我们已经为出售1 000份XYZ公司股票的权利支付了100英镑，这个权利允许我们在3个月后以每股1.86英镑的价格卖出该1 000份股票，每股对应的期权费为10便士。

3个月后，XYZ公司股价可能会是：

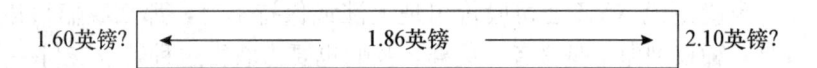

| 1.60英镑? | ← 1.86英镑 → | 2.10英镑? |

讲到这里，读者可能会问，我们如何可以在尚未拥有该1 000份股票的时候买入将来卖出这些股票的权利。我们会发现这不仅不是一个问题，而且还是看跌期权最美好的特征。假设股票价格上升到2.10英镑，我们就什么也不做，等待期权过期。我们有权利以1.86英镑的价格卖出1 000股。但是如果我们确实持有这些股票的话，我们会选择以2.10英镑的价格在市场上将其出售。因此，我们的期权是没有价值的，等待期权过期，我们会损失100英镑。

假设股票价格后来下降到1.60英镑。我们有权利以1.86英镑的价格卖出1 000股，但实际上并不拥有任何可以卖出的股份。我们要做的当然是以传统方式在1.60英镑的价格下买入1 000股，然后使用该项期权，在1.86英镑的价格下将这些股票卖出，于是每股赚得26便士，扣除期权费后，每股净赚16便士。虽然股价只变动了14%左右，但我们的利润是160英镑，或者说160%。

期权卖方

在第一个例子中的问题是，当股票的市场价格是2.10英镑时，谁会愿意在1.86英镑的价格水平下卖出股票？在第二个例子中的问题是，当股票的市场价格是1.60英镑时，谁会在1.86英镑的价格水平下买入股票？答案是，在第一个例子中向我们卖出期权的那个人被称为期权卖方（option writers）。他从我们的手里获得期权费，并认为这是对风险的一种合理补偿。

因此，有4种可能的期权博弈。人们可以购买看涨或者看跌期权，也可以卖出看涨或者看跌期权。对于期权的买家和卖家来说，上述四种方式下的风险特征是完全不同的：

	最大损失	最大收益
期权买家	期权费	无限
期权卖家	无限	期权费

由于期权卖家面临无限风险，所以他们需要向结算所交纳一笔存款，这笔存款被称为保证金。当交易开始时期权卖家支付初始保证金。如果价格变动对他们不利，那么他们必须支付更多的保证金——可变保证金——来弥补在期权交易中可能发生的损失。如果期权卖家最终破产清算，那么由结算所代理完成这笔交易。

期权交易

在上面给出的例子中，我们既可以放弃期权，也可以选择行使期权。在期权交易所还有进一步的选择，就是对期权进行交易。让我们通过考察XYZ公司在伦敦国际金融期货交易所（现在这一交易所属于纽约泛欧交易所集团）任一时点的可能报价，来说明如何对期权进行交易，在这个解释过程可能会存在一些实操细节带来的复杂性。伦敦国际金融期货交易所交易英国公司的股份，还提供针对主要股票指数的期权合约，其中包括富时100指数期权合约以及其他一些期权合约。

相比于我们之前提到的例子，这里的情况会复杂得多：

- 为了买进或卖出看涨/看跌期权，需要对股票价格作出一个选择。这个价格被称为履约价（exercise price）或者成交价（strike price）。此外还要对期权合约到期日进行选择。到期日可以是3天以后，但最长期限为9个月之后。
- 为了完成期权合约，还必须设定好合约倍数或者说标准合约规模（在泛欧交易所通常为1 000股，但是不同的交易所往往会不一样）。
- 期权可以在交易所进行交易——也就是说，在买入之后不久再次卖给市场，从其他人处收取期权费。
- 购买期权后可以在到期日之前的任何时间行权的期权被称为美式期权。（这和美国没半点关系。在欧洲交易所进行交易的期权大多数是美式期权。）

先来看看选择矩阵，假设我们在3月27日来到期权市场，希望寻找有关XYZ有限公司股票的期权（见表12—1）。

表12—1　　　　　　　　XYZ公司看涨期权，3月27日

市场价格	履约价	履约到期日		
		4月	7月	10月
1.86英镑	1.80英镑			
	2.00英镑			
	2.20英镑			

请注意，我们有标准化的履约价：1.80英镑、2.00英镑和2.20英镑（在现实中出现

的履约价可能会更多，但表12—1所列的这些往往是流动性最强的）。在表12—1给出的履约价中，除非巧合，否则不可能出现市场价格（1.86英镑）。我们还可以选择期权的到期日，比如4月、7月或者10月——到期日最长为7个月。如果我们在2月1日来到期权市场，仍然会看到在4月、7月和10月到期的期权，因此实际上能够获得的最长时期期权的时间跨度是9个月。

因此，我们面临9种选择，每种选择下都会出现一个期权费报价，该期权费是按照每股多少便士的方式进行计算的。假设在所有3个履约价下给出的期权费都是一样的。自然我们会选择履约价为1.80英镑的那个期权合约，因为我们都希望自己能以最便宜的价格买到股票。当然，如果价格为1.80英镑的期权费高于价格为2.00英镑或2.20英镑的期权费，那也无需奇怪。同样的，如果所有3个到期日的期权费都是一样的，会发生什么情况？当然，我们会选择在10月份到期的那份期权合约，因为这份合约为XYZ公司股价的上涨给出了更长的时间范围。出于同样的原因，相比于4月份到期的期权，期权卖家会对10月份到期的期权合约要求一个更高的期权费。

让我们现在来看在表12—2中给出的完整的价格列表。在3月27日以1.80英镑的价格购买XYZ公司股票并在4月份到期的期权价格为每股16便士。由于标准期权合约包含的最低股份数是1 000股，所以这份期权合约需要花费160英镑。在3月27日以2.00英镑的价格购买XYZ公司股票并在10月份到期的期权价格为每股21便士。由于标准期权合约包含的最低股份数是1 000股，所以这份期权合约需要花费210英镑。请注意这里是存在杠杆的。如果要在今天购买1 000份XYZ公司的股票，需要花费1 860英镑。

表12—2　　　　　　　　XYZ公司的看涨期权，3月27日

市场价格	履约价	4月	7月（看涨期权）	10月
	1.80英镑	16	24	32
1.86英镑	2.00英镑	7	14	21
	2.20英镑	3	7	12

我们应该选择这9份期权合约中的哪一份呢？并无特别的答案可供参考。具体的选择取决于你在多大程度上认为XYZ公司的股价被低估，也取决于你认为它会在多长时间内出现价格的上涨，以及你的风险厌恶偏好是怎样的。你可以选择1.80英镑的价格，因为这个价格已经比市场价格便宜，然后选择在10月份到期的那份期权合约，为XYZ公司股价上涨留出更大的时间余地。这份期权合约看起来很有吸引力，但是每份合约要花去320英镑，也是最昂贵的。在另一个极端，你也可以选择交易价格为2.20英镑，在4月份到期的那份合约。这份合约的价格比股票的市场价格高出34个便士，而且只有4周就要到期。这份合约看上去不是那么吸引人，但它的价格确实便宜，每份合约只需花费30英镑。

内在价值和时间价值

股票价格为1.80英镑的那份期权已经要比市场价格1.86英镑便宜6便士了。因此我

们可以说该期权对应的期权费至少应该是每股 6 便士。假设现在期权费是 4 便士。在能够支付的范围内你会买尽可能多的期权并立即行权，以 1.80 英镑的价格购买股票然后以 1.86 英镑的价格将其卖出。很明显，花费每股 4 便士的成本可以得到每股 6 便士的利润。不过，这样做是没门的。市场已经让这份期权合约的价格上涨到 6 便士——用行话说，这个价格是这份期权所谓的**内在价值**（intrinsic value）。当看涨期权的履约价格低于市场价格，或者看跌期权的履约价格高于市场价格时就会发生这种情况。

4 月份到期的那只期权的期权费是每股 16 便士。我们知道该期权的价格必须不低于 6 便士，另外 10 便士则来源于 XYZ 公司的股票价格在 4 月份到期之前上涨的可能性。我们称它为期权的**时间价值**（time value）。对于价格为 2.00 英镑的那个期权来说，它要比市场价格高，因此我们称其为不具有内在价值（我们不使用负的内在价值）。

我们可以使用类似的分类方法，将价格为 1.80 英镑，到期日分别在 4 月份、7 月份和 10 月份的期权合约价格划分为内在价值和时间价值，也可以对价格为 2.00 英镑的期权合约价格做出如上划分（见表 12—3）。可以看到，随着到期日的拉长，时间价值会越来越高。

表 12—3　在 4 月、7 月和 10 月到期，股票价格分别为 1.80 英镑和 2.00 英镑的期权价格

市场价格	到期日	内在价值（单位：便士）		时间价值（单位：便士）		期权费（单位：便士）
1.80 英镑	4 月	6	+	10	=	16
	7 月	6	+	18	=	24
	10 月	6	+	26	=	32
2.00 英镑	4 月	0	+	7	=	7
	7 月	0	+	14	=	14
	10 月	0	+	21	=	21

期权费的计算

期权费中的时间价值从何而来？期权费是如何计算出来的？通常情况下，在人类活动中，如果我们要预测未来，那就必须从过去开始，正如诗人埃利奥特告诉我们的："在我的开始，是我的结束。"我们会考察股价在过去的行为模式，比如说在过去 6 个月内的状况，然后用统计技术和概率论的方式对未来的股票价格做出预测。这些理论可能会给出在 10 月份时 XYZ 有限公司股价在某个区间的概率。

我们会考察履约价格、目前的市场价格以及一两个我们不会深入讨论的因素，然后使用统计计算方法，用过去的行为来给出期权费的一个理论价值或者说公允价值。这里还会出现一个问题，那就是期权卖方是否会觉得未来的价格走向会和过去的不一样，也许这纯粹是一种需求和供给之间的关系。如果期权的买家多于卖家，那么期权价格就会上升，反之亦然。专家们会对期权的市场价格和公允价格进行比较，然后来决定期权价格是便宜了还是贵了。

用来计算期权价格的公式是在 1973 年 5 月被发现的，当时费希尔·布莱克（Fischer

Black）和迈伦·斯科尔斯（Myron Scholes）为《政治经济学杂志》（*Journal of Political Economy*）写了一篇关于期权定价的论文。经过一两个可能的修改后，Black-Scholes公式如今仍然被广泛用来计算期权价格。布莱克和斯科尔斯是芝加哥大学的教授，这篇论文的发表也十分应景，因为芝加哥期权期交易所在1973年4月开始交易期权。几年后，出现更多的教授来研究这一问题——其中包括考克斯（Cox）、罗斯（Ross）和鲁宾斯坦（Rubenstein）。（他们得到了罗伯特·默顿教授的帮助。在1997年10月，布莱克和默顿因其工作而获得了诺贝尔经济学奖。由于布莱克先生在前一年去世，而诺贝尔奖从未追授过已经去世的人，因此获奖人中没有包括布莱克。）他们当时也得到了一个类似的公式（其研究利用了二项式展开）。概率论的其他领域也在期权定价中得到了应用，例如蒙特卡洛模拟。SuperDerivatives公司的行政总裁戴维·格申（David Gershon）给外汇及利率期权的交易给出了另外的定价公式。在2005年底，他在互联网上公开了这一公式，这使得投资者可以对来自经纪商的期权报价进行检查。专家们会对两个公式之间的优劣进行争论，但对于门外汉来说，不同公式给出的结果非常相似。（欲了解更多的技术性细节，可参阅在本书开始部分给出的参考网站。）

在考察两只股票在过去的价格特征时，可能会发现即使这两只股票的平均价格相近，但是其中一只股票的价格波动性可能显著大于另外一只。市场波动比较大的股票可能会带来更高或更低的价格，因此其期权费也会更高（见图12—1）。

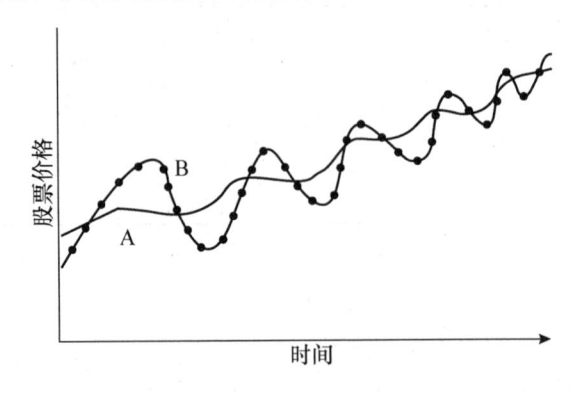

图 12—1　股票 A 和 B 的价格变化

对于期权卖家来说，即使在一段时间内的平均价格大致相同，股票 B 显然比股票 A 更加危险，风险程度也更大。即使不知道任何有关统计学的知识，我们也能接受股票 A 的期权价格高于股票 B 的期权价格。对于了解统计学的人来说，波动状况可以用标准差表示，它是期权定价公式中的一个关键因素。专家们通过分析期权的市场价格来考察隐含波动率。然后，他们在理解未来的波动性可能与过去或历史波动率不同的基础上，考虑决定是否同意这个数字。期权定价方面还有一些更加高级的知识，但是在这本引论性质的书中我们无需被这些知识所牵绊。但是请注意，在期权中，"波动"是非常重要的因素。事实上在2005年9月，欧洲期货交易所推出一个期权品种，该期权是基于德国、瑞士和泛欧市场股票指数合约的隐含波动率而设计的。这使得交易员可以对价格波动本身进行交易。

波动率往往使用一个百分数来表示的，例如20％。这可能意味着根据概率法则，在一年内股价高于或低于起始价20%的可能性是68%。假设一只股票的价格为1英镑，波动率为20%。1年期看涨期权——在未来一年内以1.00英镑的价格买入该只股票的权利——的价格可能会是9.9便士。如果波动率为40%，那么期权价格会是17.1便士。（以上结论都假设了利息率为10%，股息收益率为5%，还考虑了其他一些因素。）

发生于1998年8月的俄罗斯金融危机就是一个例子，可以用它来说明金融工具的波动性会发生改变。汇丰银行估计，在1998年7月，英国富时100指数的波动率为20%。两个月后发生的俄罗斯金融危机使得该指数的波动率变为40%。但是在1995—1996年之间，该指数的波动率变化范围为12%～15%。在经历过两年的日价格大幅波动，年度价格指数暴跌之后，市场人士在2002年估计富时100指数的波动范围为25%～30%。随着波动性上升，期权价格也会上升，这意味着由于情况变得更加不明朗，人们需要得到期权的保护。在2009年关于信贷危机的报告中，BIS指出当雷曼兄弟银行在2008年9月15日依照《美国破产法》第11章申请破产保护时，大量市场指标的隐含波动率都大幅上升。

行权还是交易？

回到3月27日XYZ公司股价的那个例子，假设我们可以买到一个履约价为1.80英镑的看涨期权，该期权在7月份到期。同时还假设该期权合约只包括1 000股。由于每股对应的期权费为24便士，所以我们要为该期权合约支付240英镑，同时还要支付经纪佣金以及结算所收取的少量费用。（在实际中，期权费是按照买入/卖出价的形式报价的，因此24便士可能只是一个中间价，真正的报价也许是23便士/25便士。为了简单起见，我们将忽略此类问题。）

让我们来到同一年的6月6日。我们可以在表12—4中看一下当前看涨期权的价格。可以看到，表12—4中不再有4月份到期期权的信息，代之以1月份到期期权，这是因为整个期权序列都进入到下一个时期。还可以注意到，这时XYZ公司的股价已上涨20个便士，在7月份到期，履约价为1.80英镑的那份看涨期权目前的报价为每股36便士。对于初次接触期权的人来说这种情况可能会引发困扰。我们可以说，由于股价上涨了20便士，所以在1.80英镑价格下购买股票的权利会变得更有价值。如果过去的期权价格是24便士，那么现在应该是44便士。要明白期权价格发生了什么样的变化，必须将该价格分解为内在价值和时间价值，然后对3月27日和6月6日的情况做比较。我们可以在表12—5中看到这些内容。

表12—4　　　　　　　　　　XYZ公司的看涨期权，6月6日

市场价格	履约价	7月（单位：便士）	10月（单位：便士）	1月（单位：便士）
	1.80英镑	36	44	52
2.06英镑	2.00英镑	18	28	38
	2.20英镑	6	13	24

表 12—5　　　　　　　　　　将期权价格分解为内在价值和时间价值

期权时间	市场价格	内在价值（单位：便士）		时间价值（单位：便士）		期权费（单位：便士）
3月27日	1.86英镑	6	+	18	=	24
6月6日	2.06英镑	26	+	10	=	36

我们可以看到内在价值已上升了 20 个便士，但是时间价值下跌了 8 个便士，于是总体价格上涨 12 个便士。时间价值的减少只是因为在 6 月 6 日的时候留给股票价格上涨的时间变得更少。正如我们前面看到的，时间越长，则时间价值越大；时间越短，自然时间价值越小。最重要的是把握时间价值。这意味着期权价格中存在一个时间价值，无论股价发生了什么变动，时间价值都会稳步降低。期权价格中还有一个元素叫做内在价值，这个价值可能上升也可能下跌——依赖于股价的变动。因为我们可能对期权进行交易，也就是说卖出期权获得当时的期权报价，所以必须理解它是如何变动的。

假设我们决定在此时获取利润，那么有两个选择——对期权行权或者对期权进行交易。让我们分别看看每种情况。如果我们选择对期权行权，那么可以在 1.80 英镑的价格下购买 1 000 股，然后以市场价格 2.06 英镑将其出售，如果忽略交易成本，每股收益是26 便士。由于期权成本是每股 24 便士，所以最终得到的利润是 2 便士。如果我们选择对期权进行交易，用 36 便士每股（今天的报价）的价格将其卖出。由于期权成本是每股 24便士，所以我们的利润就是每股 12 便士。

在第一种情况下我们赚得 20 英镑，在第二种情况下我们赚得 120 英镑。为什么对期权进行交易会更有利可图？当我们执行期权的履约权时，用 1.80 英镑的价格购买股票，然后以 2.06 英镑的市场价格将其出售。我们对这个价值给出了一个名称——内在价值。当我们执行履约权时，就可以得到内在价值，在这个例子中是 26 便士。当我们选择对期权做交易时，我们得到期权费，也就是内在价值加上时间价值。期权价格是每股 36 便士，因为每股 10 便士的时间价值也加了进来。换句话说，期权卖家因为提供了一定的保护而获得期权费，我们是从这个期权费中获利。事实上，当我们交易期权时我们就是期权卖家。

然而，由于这份期权是我们在之前买到的，因此交易不会增加市场中期权合约的数量。因此在到期日，期权不再有时间价值，执行期权抑或交易期权的结果是相同的。这里还要对时间价值做最后一点声明。我们注意到随着时间的推移，期权的时间价值在下降。然而，当接近到期日时这种下降趋势会加速。期权买家可能会推迟几个星期实现获利，以便让股票价格进一步上涨。然而，这样做的结果很可能时间价值的下降快过内在价值的上升，于是期权价格从总体上看是下降的。

对于那些还有几个星期就要到期的期权来说，这种现象尤为明显。

其他术语

我们已经注意到"内在价值"来自于看涨期权的履约价格低于市场价格，或者看跌期权的履约价格高于市场价格。这种情况也称期权处于实值（in the money）状态。如果履约价与市场价格相同，那么我们可以说它是平价（at the money）期权。如果看涨期权的履约价格高于市场价格，或者看跌期权的履约价格低于市场价格，那么就说它是虚值（out of the money）期权。然而请注意，使用标准的履约价意味着这个价格很难等于市场价格。因此，人们往往将履约价格与市场价格最近的那份期权称为平价期权。

我们将伦敦国际金融期货交易所的期权描述为美式期权，也就是说在到期日之前的任何时间都可行使这份期权。与美式期权不同，还有另一种期权被称为欧式期权，它只能在到期日行使。我们会针对这种期权给出一个简短的例子。通常情况下，在交易所交易的期权都是美式期权，但是在场外交易市场中欧式期权很常见。在任何时候，两类期权都可以在交易所进行交易。

针对指数的期权

在考察过针对个别股票的期权后，我们现在可以考察针对整个股票指数的期权，例如标准普尔100指数、富时100指数、CAC 40以及AEX等等。从总体上看，构造针对指数的期权是一个很好的想法。现在，我们可以基于对整个市场的看法进行期权交易，而不再局限于单个股票。另外，我们也可能是拥有所有最好股票的做市商或者基金经理。因此指数期权可能是一个很好的对冲市场风险的方式。初看上去，也许指数期权的做法会让人感到不解。我们可以很容易理解通过执行一个期权来购买XYZ公司的股票。但是如果我们执行指数期权，会买入整个富时100指数或CAC 40指数吗？在执行指数期权后，我们会得到什么？

这些期权合同以现金结算。由于不存在任何实物交割，因此指数期权合约通过支付现金完成结算。因此指数就被视为一种价格。如果考虑的是一个关于富时100指数的看涨期权，期权履约标准设置为富时100指数在6 000点，那么如果富时100指数上升到6 100点，则意味着该期权的价格会变高。如果期权买方执行这个期权，在6 000点买入并在6 100点卖出，那么就会得到100点。为了把这100点变成现金，我们规定每个合同中每1点代表10英镑。对于上面提及的那个指数期权合同，买家的收益为100×10英镑＝1 000英镑。如果他买入10份这样的合同，将会收益1万英镑，如此等等。如果要计算净利润，还需以通常的方式将购买期权合约支付的费用扣除。此外，这种合约也可以像我们之前提到的那样进行交易。

一位持有价值3 000万英镑股票的基金经理可能会害怕市场下行，但是并不担心实际出售股份。如果他认为其持有的股票与富时100指数（其相关系数可以度量出来）的变动类似，那么执行积极投资策略的基金经理就会购买该指数的看跌期权。如果市场下跌，看跌期权将获得一笔收益，以此弥补投资组合价值的下降。

那位基金经理应该买多少数量的期权合同？让我们假设该指数目前在6 000点的水平。如果该期权合约按照每点10英镑的价格进行结算，那么单个合约对应的价值就是6 000×10英镑＝60 000英镑。于是，为了保护价值为3 000万英镑的投资组合，该基金经理一共需要的合约数量是：

$$\frac{3\,000\,万英镑}{60\,000\,英镑}=500$$

基金经理购买 500 份履约价为 6 000 点的指数期权，为每份期权合约支付 500 英镑，也就是说会为所有的期权合约支付 500×500 英镑＝250 000 英镑。（期权价格也是用指数的点数来报价的。在这个例子中期权费按照 50 个点计算。由于每点 10 英镑，所以期权费总计 500 英镑。）

如果指数下跌 10%，跌至 5 400 点，那么价值 3 000 万英镑的投资组合的价值将会减少 300 万英镑。然而，基金经理可以行使看跌期权，也就是说在 6 000 点的水平卖出期权，然后在 5 400 点的水平买回，这就得到 600 点的收益。我们已知基金经理买入了 500 份期权合约，每手合约按照每点 10 英镑的价格结算，因此总收益是 600 点×10 英镑×500 手＝300 万英镑。此外我们还要扣除 25 万英镑的期权费，于是净收益为 275 万英镑（忽略交易成本）。对于投资组合 300 万英镑的价值下降来说，这是一个相当数量的补偿。这是一个典型的对冲操作。

如果指数上涨 10%，至 6 600 点，看跌期权将毫无价值，直到到期失效，由此带来的损失为 25 万英镑的期权费。另一方面，现在投资组合的价值是 3 300 万英镑，不再是 3 000 万英镑，这也弥补了期权费的损失。特别的，让基金经理高兴的是市场上出现的紧张情绪并没有让基金出现清盘。

在世界的各个地方，指数期权都是这样进行交易的。在泛欧交易所，许多指数期权与富时 100 指数、AEX 指数、CAC 40 指数以及 BEL 20 指数一起进行交易。例如，CAC 40 指数期权提供两个合约，一个的定价为每点 1 欧元，另一个的定价为每点 10 欧元。芝加哥期权交易所交易的标准普尔 100 指数期货的定价为每点 100 美元（美国）。芝加哥商品交易所交易的标准普尔 500 指数期权的定价为每点 250 美元，对迷你标准普尔指数（欧洲和美国）期权的定价为每点 50 美元。在美国，股票期权的主要市场是芝加哥期权交易所、纽约证券交易所、美国证券交易所和费城证券交易所。

在欧洲，股票期权的主要发源地市场如表 12—6 所示。

表 12—6   欧洲市场中主要的股票期权交易所（截至 1998 年）

交易所	国家
德意志交易所（DTB）	德国（1990 年）
欧洲期权交易所（EOE）	荷兰（1978 年）
伦敦期权市场（LTOM）	英国（1978 年）
法国国际期货及期权交易所（MONEP）	法国（1987 年）
瑞士期权和期货交易所（SOFFEX）	瑞士（1988 年）

从 1998 年起，上面给出的信息发生了巨大变化。在 1993 年，伦敦期货市场与伦敦国际金融期货交易所的期货交易所合并。之后，在 1998 年德国和瑞士的交易所合并组建欧洲期货交易所，该交易所逐渐开始提供一系列的衍生品——类似于 DAX、MDAX 和 SMI 的指数产品以及针对欧洲最好股票构造的 EURO STOXX 50 指数。这是道琼斯发明的，也涵盖了一定的市场。欧洲市场还开始提供德国国库券、长期债券以及利率类的期

货——1个月EONIA及3个月Euribor。它们拥有自己的清算公司——欧洲期货交易所结算所。

在2000年，阿姆斯特丹、巴黎和布鲁塞尔的交易所合并形成泛欧交易所，后来里斯本的交易所也加入其中。在巴黎、阿姆斯特丹和布鲁塞尔的三家主要证券交易所负责管理本国衍生品市场（表12—6中提到的MONEP与期货市场MATIF合并，并成为在巴黎证券交易所上市的一部分）。在伦敦，伦敦国际金融期货交易所被泛欧交易所接管。它被改名为泛欧交易所，在这个名字下完成所有的衍生品交易。在表13—1中列出了上述提及的全部变动。所有的这些产品都使用一个单一的电子交易平台Connect。后来，泛欧交易所结算公司Clearnet与伦敦结算所合并。所有这一切的结果就是，由于在欧洲期货交易所和伦敦国际金融期权期货交易所都有了1个月EONIA、3个月Euribor以及一些德国政府债券，所以这两个交易所之间开始出现一些竞争。

也许还应该提到西班牙的MEFF交易所，目前它仍是独立的，而且对包含西班牙主要股票和政府债券的IBEX 35指数进行期货和期权的交易。

在欧洲和美国之外，东京、大阪、新加坡、香港和悉尼等地也存在重要的交易所。从1984年开始营业的新加坡交易所一直做得特别好，并开始主导东南亚市场。

交易所交易期权：其他期权

货币期权

到目前为止，我们已经讨论了股票和股票指数的期权。在第8章中还讨论了货币期权以及进口商和出口商如何利用这些工具对冲风险。

在考察过期权的运行机制后，让我们回到在第8章解释过的中断远期期权（break forward option）。我们发现这个期权为3个月后使用英镑兑换美元的买家提供了最低兑换比率1.88美元和中断率1.91美元。如果在3个月后即期汇率低于1.88美元，进口商可以1.88美元的价格使用英镑购回美元。如果即期汇率高于1.91美元，那么进口商可以在即期汇率减3美分的价格水平上买进美元。因此，如果后来即期汇率为1.98美元，那么进口商可以在1.95美元的价格下买进美元，这样，他可以在汇率改善时获益，同时在任何的汇率恶化情况下得到实质性的保护。对进口商来说，这样做还没有成本。

让我们假设银行已经买入在1.91美元处卖出英镑的看跌期权。如果即期汇率是1.85美元，那么银行会执行这份期权，在1.91美元的价格处用英镑兑换美元，然后向客户以1英镑兑换1.88美元的价格卖出，赚得3美分。如果后来即期汇率是1.98美元，那么这份期权就被放弃。银行可以按照1英镑兑换1.98美元的价格自行购买美元，然后以1英镑兑换1.95美元的价格出售给顾客，再次赚得3美分。3美分可以在支付期权费后还能有所盈余。客户为能够得到风险保障而感到开心，而且银行和客户都能得到利润。这是一个以非常聪明的方式使用期权的简单例子。

债券期权

期权也可用于债券。许多主要的交易所既交易股票期权，也进行债券期权的交易。例如在泛欧交易所交易的那些期权就列示于表13—1中。这些债券期权的工作方式和我们前面所述的股票期权的工作方式是类似的。它们可被用来投机或对冲风险。

例如，在欧洲期货交易所交易的德国政府债券期权可提供标准的履约价格，如108.5、109、109.5、110、110.5和111。合约规模为10万欧元，期权费是以债券名义价值的某个百分比形式表现的，精确到小数点后两位。因此，3月期，履约价在110的看涨期权，其报价可能是3.25。以现金计算，就是10万欧元的3.25%，也就是3 250欧元。每1%对应1 000欧元。如果债券价格是112，我们可知相比合约中110的履约价，该期权合约的内在价值上涨了2%，因为这个合约为买家赋予了低于市场价格购买债券的权利。如果债券价格上升至114，期权买方可能获得4%的利润4 000欧元，净利润则要减去期权费。

如果这份期权还要一些时间才能到期，那么看涨期权的卖方可以对这个期权进行交易以获取更大的利润。如果市场价格是114，那么以110的价格进行购买的期权就拥有4.00的内在价值，此外还要加上时间价值。由于合约规模为10万欧元，而债券交易商希望利用这一期权合约来对冲价值1 000万欧元的投资组合，因此需要100份这种期权合约。（上述说明中存在一些简化。在此，我们忽略债券是名义债券，期权只是一个获得期货合约的权利之类的说明，以避免不必要的复杂性。我们会在第13章中对此进行解释。）

利率期权

上面提到过的股票、货币和债券期权都可以进行交割。也就是说，我们可以使用该期权来实际买入或卖出相关股票、货币或债券。

我们也见到了指数期权，它无法进行交割，因为这份期权合约并无真正的基础资产。此类合约被称为是现金结算的。利率期权就属于这一类。我们无法使用利率期权合同在给定的利率下借入或借出资金。类似于指数期权按照每点指数变化对应的价值进行结算，利率期权按0.01%的利率变动对应的价值进行结算。

以芝加哥商品交易所交易的3个月欧洲美元利率期权为例。这份期权合约的规模为100万美元。因此，如果潜在处于风险的资产总额为2 000万美元，那么期权买家可以交易20份合约。每0.01%的利率变动会造成每份合约损失或收益25美元。期权买家在给定的利率水平下买入一个看涨或者看跌期权并支付期权费。如果影响期权合约利润的利率变化了0.50%，那么每份合约的收益就是50×25美元=1 250美元。

在指数期权的例子中，每点对应的价格是任意的。挑选每点对应的价格，目的在于构造出一个合适的合约规模。在上述利率合约的例子中，每0.01%的利率对应于25美元则不是任意选择的，它来自于对合约规模为100万美元的考虑。如果整个合同（也就是100%）中基础资产的价值为100万美元，那么0.01%的变动就等同于100美元的价值。但是，由于这是一个3月期合同，所以0.01%对应的价值应该是四分之一，即25美元。

到目前为止，交易利率期权的过程似乎非常简单。3个月欧洲美元利率水平可视为价格，要么我们低买高卖，要么就在只能高买低卖时放弃期权。对于每份交易合约，价格水平每变化0.01%的收益就是25美元。我们可以使用这份期权合同进行投机或对冲利率风险。

遗憾的是，利率期权还有额外一点需要说明。这涉及到合约的定价。我们可能会看到像3.50%、5.00%或8.00%这样的价格。市场上实际的做法是从100中减去需要的利息率，所得结果视为合约的价格水平。因此，利率为4.00%的期权合约的价格为96.00，利率为8.00%的期权合约的价格为92.00。让我们来看看这种定价方式造成的影响：

利率　　　　合约价格
10.00%　　　100－10＝90.00
9.00%　　　 100－9＝91.00
11.00%　　　100－11＝89.00

请注意，随着利率从10%下降到9%，合约价格从90.00上涨到91.00。由于利率从10%上升至11%，合约价从90.00下降到89.00。

我们在之前就遇到过这种反向关系，当时讨论的是长期债券——利率下降，债券价格上升；利率上升，债券价格下降。芝加哥市场就是以这种明显的关系出发来交易利率期权的（1975年）。但是几个星期之后，交易商更愿意用我们刚才所描述的方式交易合约。它适合希望对冲风险的债券交易商，也适合交易员的心理。毕竟，总体而言高利率被看作是坏消息——会导致股票和债券价格下跌。于是合乎逻辑的结论就是，利率变高则合约价格下跌。

这意味着在利率期权合约中，我们前面学到的看涨/看跌逻辑必须反转。如果你希望在更高利率中获利，就应该购买看跌期权——期权合约价格会下降。如果你想从更低利率中获利，就应该购买看涨期权——合约价格将上涨。除此之外，对利率期权合约的其他特点的理解还是很容易的。

让我们来举一个例子。假设美国企业存在以浮动利率从银行借入的价值2000万美元的3月个期贷款。其浮动利率与欧洲美元LIBOR挂钩。我们还可以假设芝加哥商品交易所3个月期利率期权合约的期限正好与这笔银行贷款一致。该银行基于欧洲美元LIBOR，刚刚为这笔贷款设定了3.75%的年利率。企业认为利率会上升，因此希望使用芝加哥商品交易所的合约来寻求避险。

由于合约规模是100万美元，而该企业的贷款为2000万美元，所以需要20份合约交易。由于我们希望在利率上浮时获利，因此企业会购买20份到期利率水平在3.75%的看跌期权，于是期权的价格水平就是100－3.75＝96.25。期权费的报价为0.30，它和合约的计算计价是类似的，因此与每份合约0.01%变动对于25美元的价格方式类似。于是，企业购买了20份合约，总共支付20×750美元＝15 000美元。

假设在合同期满时，欧洲美元 LIBOR 为 4.75%。银行通知客户它们对 3 个月期 2 000 万美元贷款的利率上涨 1%——也就是说支付的利息增加了 50 000 美元。

在芝加哥商品交易所，此时利率期权合约的价格为 100－4.75＝95.25。企业在 96.25 的价格处购买 20 份看跌期权，也就是它拥有了可以在 96.25 处卖出的权利。于是，可以在 96.25 处执行该合约，然后在 95.25 买入，20 份合约中每份都可赚得 1% 的利润。由于利率变动 0.01% 对应于 25 美元，所以收益就是：100×25 美元×20 合约＝50 000 美元。扣除 15 000 美元的期权费，公司还有 35 000 美元，这笔钱可以帮助公司弥补 50 000 美元的额外利息费用。

假设利率已经降到 2.75%，会发生什么？芝加哥商品交易所的期权合同不再具有利润，只能被放弃，造成 15 000 美元的损失。然而，银行会通知企业 3 个月的利息费用减少 50 000 美元。于是，企业为利率上升购买了保险，但是仍然可以在利率下跌的过程中获利。

这就是期权的本质特征，我们在第 8 章讨论外汇的时候已经提到过。这是值得再说一遍的：

> 期权买家可以防止自己在利率恶化中受损，但是它仍然可以在利率改进中获利。这个过程会花费成本——期权费。

同样，芝加哥商品交易所的期权合约是一个可在未来获得期货合约的期权，不过这里将其忽略。

期权策略

期权市场中的专家们并不满足于在单个期权上建立头寸，比如购买一个具有特定履约价和到期日的看涨期权，而是会结合多个期权头寸来执行复杂的策略。

例如，在上面提到的 XYZ 公司股票期权的例子中，我们可能会购买一个在 7 月到期的看涨期权或看跌期权。如果股价上涨，那我们可以获得保护；如果股价下跌，我们也能获得保护。至少从原理上看是这样的。问题是需要支付两笔期权费。看涨期权是每股 24 便士，看跌期权可能是每股 18 便士，加起来就是每股 42 便士。如果为一个履约价为 1.80 英镑的看涨期权支付 42 便士，那么股票价格只有涨到 2.22 英镑（1.80 英镑＋42 便士）时才能达到盈亏平衡，而且这里还忽略了交易成本。如果要为履约价为 1.80 英镑的看跌期权支付 42 便士，那么股价只有下跌到 1.38 英镑（1.80 英镑－42 便士）才能实现盈亏平衡。换句话说，只有当股票价格波动异常大时，才应该使用这种策略。

人们预期股票价格会出现大幅变动，或者上涨，或者下跌。这可能由一场并购战引起。如果并购方失败，那么股价将会大幅下跌，或者并购方用一个更高的价格实现并购，于是股价大幅上涨。

对期权买方来说，最危险的情况是价格保持稳定在 1.86 英镑。那么看涨期权的价值将只值6便士，看跌期权变得毫无价值。于是损失就是42便士－6便士＝36便士；对于一手合同对应于1000股的情况下，在420英镑的期权费中会损失360英镑。这忽略了在到期前交易期权，以减少损失并利用期权费中的剩余时间价值。这是一个相当有名的期权策略，被称为**跨式期权组合**（straddle）。跨式期权组合的买家预测股价会出现波动；而其卖家则认为买家的看法是错误的。

另一种策略是购买在7月到期，履约价为1.80英镑的看涨期权以及在7月到期，履约价为2.20英镑的看涨期权。其中为7月到期，履约价为1.80英镑的期权支付的费用为每股24便士，为7月到期，履约价为2.20英镑的期权支付的费用为每股7便士。如果后来股票价格超过2.20英镑，那么由于我们已经买了一手看涨期权，因此可以在这个价格上买入股票并将其卖出，但是不会得到进一步的收益，购买和再次卖出可以相互抵消。当我们卖出履约价为2.20英镑的看涨期权时，可以获得7便士，从而部分抵消为履约价1.80英镑的那个看涨期权支付的24便士期权费。于是净成本就是24便士－7便士＝17便士，每手合约对应1000股的成本就是170英镑，而不再是单独购买1.80英镑看涨期权时花费的240英镑。我们已经将每手合同上出现的亏损从240元英镑降低至170英镑，使得盈亏平衡点从1.80英镑＋24便士下降到1.80英镑＋17便士。我们实现这一目标的方式就是放弃了股价高于2.20英镑时的利润。

这种策略被称为牛市套利。我们放弃了无限的盈利可能以降低成本和风险。这种策略非常流行，以至于芝加哥市场在它提供的期权产品中嵌入这个策略。如果我们对XYZ公司持悲观态度，那么我们就反向操作，购买履约价为1.80英镑的看跌期权，同时卖出履约价为1.40英镑的看跌期权——一个牛市套利。

此类方式的排列和变化无穷无尽。有关期权策略的书可能会列出超过50种可能的策略。通常情况下，这些策略的名字都和其图形有关，与之相关的各类图形给出了在未来市场价格变动下可能的盈利和亏损状态，比如，有叉状闪电、墨西哥帽子、神鹰、蝴蝶和其他许多策略。

让我们来看一下参与的所有变量：
- 合约数目。
- 看涨/看跌。
- 买进/卖出。
- 履约价。
- 到期日。

除了这样的交易策略之外，还有其他一些期权的变形。在这本介绍性的书籍中无法对它们一一涉及，但我们还是可以介绍一些，让读者了解到其中存在的惊人创造力和想象力。

一些市场针对股票价格比例进行交易，也就是说期权标的不是股票价格，而是股票价格相对于其他股票价格的变动。例如，在澳大利亚证券交易所为龙头股提供此类期权合约（如布罗肯希尔，澳新银行（ANZ Bank），新闻集团（News Corporation）），这些合约基于股票价格与普通股指数之间的价格变动比例。

价差交易也是相似的，它基于两个价格之间的差异构造期权合约。其他的价差还包括日历价差（calender spread），也就是不同到期日之间的期权费之差——例如3月和6月之间。我们可能以为期权费之间的差距会变大或变小，并由此进行交易。

还有一类在场外交易市场进行交易的期权被称为奇异期权，比如曾经非常流行的障碍期权。在这种例子中我们的目的是通过附加一些条件来降低期权费。通常情况下只有当市场价格达到一定水平时该期权才会生效。假设一只给定股票在今天的价格是1.00英镑。我们可能希望在短期内将其出售，准备负担90便士的损失。我们可以购买在90便士水平上的看跌期权。或者另外一种做法就是购买一个履约价为1.00英镑的看跌期权，只有在股票价格达到90便士的时候才生效。

另外，我们也可以购买履约价为1.00英镑的看跌期权，但是同意如果价格上涨至1.05英镑则取消该期权。如果股价达到1.05英镑，基于股价可能会继续上涨的看法，我们可以接受取消期权，从而换得一个更低的期权费。

风险在于，可能出现盘中触及1.05英镑，之后价格下跌到低于1.00英镑的情况。通常情况下，只要在到期前的任意时间里达到股价门槛，期权就会被激活，而且此类期权往往是欧式期权。一个改进就是价格门槛只与当天收盘价有关，而不与一天之中任意股价水平相关。

在期权的名单中还有其他一些期权，比如复合期权。这时，也许再多讲一些期权会让大家的大脑不再转动，所以我们就到此为止。实际上你已经从本章的叙述中看到了这一特征。市场上存在很多奇异期权，银行的研发团队还在定期推出新的期权合约类型——回望期权、数字期权、二元期权、涨跌期权、阶梯期权、彩虹期权等。有时一些期权会持久存在并成为市场主流（例如回望期权），有些则会消失。现在，亚式期权（行权价是期权生命期中股价的平均值）已经在伦敦金属交易所进行交易。

为了对期权进行必要的计算，以得出利润/亏损图，并在交易员的期权交易池中控制风险暴露程度，电脑是必不可少的工具。

遗憾的是，据称巴林的衍生品交易员尼克·利森（Nick Leeson）的行为已经造成8.6亿英镑的损失，并让银行出现破产，这也让很多人认识到衍生品交易就是一项赌博。但是将衍生品交易简单地视为一种更加高级的赌博则犯了相当大的错误。如今，风险管理是一个重要课题，在其中期权发挥了它自己的作用。第9章的内容描述了银行可以巧妙地利用期权来提供进口商和出口商需要的风险管理服务，这还为银行带来利润。我们会在第13章对另一种可能的期货交易工具进行讨论。

概　　要

衍生品的使用者是投机者、对冲者和套利者。主要的产品有期权和期货。所有其他衍生品（如远期利率协议及掉期）都是对上述两类产品的一种变形。

期权赋予买方在约定的价格、约定的日期或时间段内买入或卖出金融工具或商品的权利，但并不要求相应的买卖义务。

期权可以在交易所进行购买,也可以在场外市场购买。交易所购买的期权合约的优点在于它拥有结算所,可提供针对对手方风险的保护,但是场外市场的优点在于可以按照使用者的需求来定制期权合约。

在未来购买给定产品的期权被称为看涨期权。希望卖出某个产品的期权被称为看跌期权。期权存在买方和卖方。期权价格就是期权费,期权买方可以执行的产品价格就是执行价或者履约价。期权也可以进行交易。

期权买方的损失不可能超过期权费,期权卖方的收益不可能超过期权费。

为防止期权出现违约,结算所要求期权卖家支付初始保证金,每天还要缴纳可变保证金。

如果期权合约中买入或卖出的价格比市场价格更合算,那么就说期权存在一个内在价值。平衡期权费的因素是期权的时间价值,随着到期日的临近,这一价值将会下降。

相比于执行期权,交易期权可以获得更多的利润,因为期权有时间价值。

基础资产价格的小幅变动就会引起期权费的大幅变动。这是一种杠杆效应。

期权费是根据过去的股价表现决定的。股票价格越不稳定,则期权费越高。

当期权合约中约定的价格比市场价格更有利时,我们说期权处于实值状态。如果合约中约定的价格不如市场价格有利,那就称这个期权处于虚值状态,如果价格和市场价格相同,则称此类期权合约为平价期权。

还有针对股票、股票指数、债券、货币、利率及商品构造的期权。

将各类期权头寸结合起来还能得到不同的期权策略,比如跨式期权组合(straddle)、牛市套利组合(bull spread)以及蝶式期权组合(butterfly)。

还存在其他一些非标准期权,比如奇异期权、障碍期权(barrier options)、回望期权(lookback options)和数字期权(digital options)等等。

在欧洲,交易所中的期货和期权市场曾出现过动荡,之后,这些产品只在两个机构经营——欧洲期货交易所和纽约泛欧交易所。

进一步阅读材料

Chisholm, A. (2004) *Derivatives Demystified: A Step by Step Guide to Forwards, Futures and Options*, John Wiley & Sons, New York.

Haug, E. G. (2007) *The Complete Guide to Option Pricing Formulas* (2nd edn), McGraw-Hill, New York.

Hull, J. C. (2008) *Options, Futures and Other Derivatives* (8th edn), Prentice Hall, Upper Saddle River, NJ.

第 13 章

金融期货

期货交易

背景

如今,期货和期权合约的交易非常类似于已经存在了几百年的在大宗商品市场中发生的交易。在 17 世纪曾经出现过一个惊人的荷兰郁金香热潮。随着郁金香逐渐成为时尚的代表,人们在郁金香成熟前几个月就开始购买。随着郁金香价格的上升,在原有价格上达成的合约变得越来越有价值,于是,人们在郁金香收获之前便可将购买合约卖给其他人以获利。最终,随着郁金香购买合约的数量远远大于可以实际生产的郁金香数量,政府不得不介入,一些人出现大规模损失。(对这一事件以及其他金融投机行为的详细描述,请见 Mackay(1980)出版的一本书——《非同寻常的大众幻想和群众性癫狂》(*Extraodinary Popular Delusions and the Madness of Crowds*)。)

大宗商品的价格往往会出现波动,有价格波动的地方就能发现从事投机和对冲的人。郁金香的收成可能好也可能坏,而且这个产品每年只收获一次。由于郁金香的价格会上升或下降,所以很自然地,人们会选择提前买入或卖出在未来才能收获的郁金香,而且其中一些合约的价值会上升,人们可以直接将其卖出以获利。金属不是农作物,但是它的价格也会波动,因为从海外收取金属货物需要一段时间。在苏伊士运河开通投入使用后,**伦敦金属交易所**(London Metal Exchange)开始提供 3 个月的合约,可以针对类似于铜、锌之类的金属完成 3 个月内的交易。世界上最大的商品市场落户于芝加哥商品交易所。正是在这里出现了现代意义上的期货合约。芝加哥商品交易所的前身——贸易委员会成立于1848年，之后芝加哥商品交易所成立于1874年。

在考察期货不同于期权的作用机制之前，让我们再看看对冲技术。

对冲者与投机者

如果给定的潜在价格发生变动，对冲者就处于风险之中。对冲者希望从另一个市场的价格变化中获利，以便于对价格变动可能带来的损失进行部分补偿。一位糖交易商可能会为了完成未来的产品交割而提前卖出糖。也就是说，在糖交易商提前卖出糖的时候，它可能并不真正拥有那批糖。如果在购买之前糖价上涨，那么糖交易商将面临亏损。

图13—1提供了一个有关对冲结构的示意图：

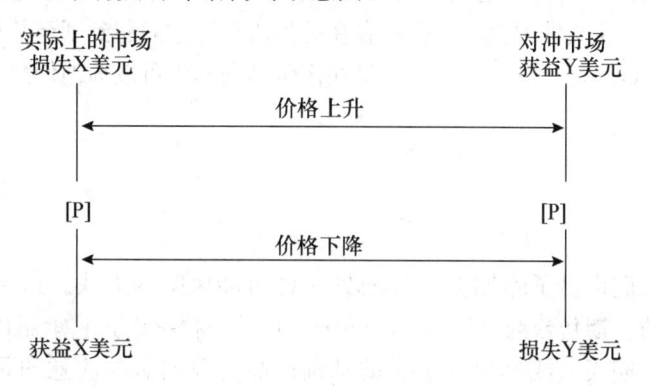

```
实际上的市场                          对冲市场
损失X美元                             获益Y美元
    |←————————— 价格上升 —————————→|
   [P]                              [P]
    |←————————— 价格下降 —————————→|
获益X美元                             损失Y美元
```

图13—1　对冲结构

如果糖价出现给定数量的上涨，经销商在实物交易中会发生X美元的损失，那么它可以在芝加哥的咖啡、糖和可可交易所购买糖的看涨期权。这将为它带来Y美元的利润，至少可以对现货交易损失的X美元作出部分补偿。如果糖的价格下降，那么经销商会在看涨期权中赔钱，但是它还是会很高兴，因为已经将糖出售了，它可以在糖的实物交易中赚取更多的利润。这就解释了为什么一些交易商出现大的损失时还能微笑着走在期货或期权交易所里。他们必须是对冲者。这些人所担心的价格变动并没有发生。当然，投机者真正赔了钱。

这是一个简单且最重要的原则，但常常被误解。因此，它值得重复：

> 如果对冲者在对冲市场中赔钱，那他必须在被对冲的市场上赚钱，因为他们担心的价格变动并未发生。

我们会发现，期货和期权的不同之处在于期货涉及的风险是无限的。基于刚才解释的原因，对冲者才可以接受这种风险。事实上，期货对冲中发生的亏损越大，则越能对现货市场的交易产生抵消作用。

这里另外一个重要的原则是——对冲交易的交易对手方是谁？可能是另外一个对冲者，他希望持有的仓位正好相反——一些人可能会在糖价格下跌的过程中赔钱。这意味着无论价格发生什么样的变动，双方都得到了他们想要的对冲结果。于是，这个过程中经纪商赚到了钱,交易所获得了利润,所有人都变好了。

在金融市场上人们的行动太快了,以至于很多人将这种行为看作"零和博弈"——也就是说,有人赢便会有人输。有时是这样的,但不意味着一直都是这样。因为市场上往往存在着大量希望持有相反头寸的对冲者。那些以浮动利率贷款的人希望利率下降,以浮动利率进行投资的人则希望利率上升。

这一切似乎好得有些不真实,但实际上就是这样的。问题是,除非出现奇迹,否则不会出现价值相同、头寸相反的需求。对冲者希望做一笔交易,也许他找不到愿意做对手方的人,或者至少没人愿意在一个合理的价格上给出一个相反的交易头寸。这时投机者的作用开始发挥。他们为交易提供流动性,使对冲者可以降低风险,完成想要的交易。通常情况下,投机者又被称为当地人(locals),这个名词来自芝加哥市场,在这个市场中超过一半以上的成员是当地人。甚至在只有进行金属实物交易才能成为会员的保守的伦敦金属交易所,它在文件中也承认投机者在提供流动性方面起到了至关重要的作用。在多数人看来,投机者是个完全贬义的词,但是在衍生品交易中可以为他们赋予全新的含义。

商品期货

期货交易为人们提供了除期权之外的另一种对冲风险的方式。这两类衍生品工具之间的特点是不同的。**期货合约**(futures contract)是一种承诺,它承诺以现在约定的价格在未来某一特定日期买入或卖出一定量的基础产品。我们需要注意的是,期货交易是一种承诺,而不是一种选择权。如果价格向错误的方向变动,期权的买方可以放弃执行合同。这是因为期权是一种特权,期权购买者为得到这种特权而支付了额外的费用。期货合约则不能以这种方式放弃执行。由于期货中没有特别的权利,所以期货合约无需支付任何溢价。出于同样的原因,期货合约也是有风险的。期权有看涨、看跌,也有买家和卖家。期货合约则只有买家和卖家。从某种程度上说期货合约更加简单。

假设我们在上面提到的糖交易商担心糖价上涨,于是它在芝加哥交易所(或者在伦敦交易所,现在它已经是泛欧交易所的一部分)持有一定数量白糖期货头寸。考虑糖交易商承诺在下一个到期日以每吨 250 美元的价格购买 100 吨糖。很显然,如果糖的价格上升到每吨 280 美元,那么可以 250 美元购买一吨糖的合同就具有了价值,因为它可以创造利润。这一点不是很难理解,但是人们觉得很难理解的是在上述交易中糖交易商并无购买糖的意向。

如果糖的价格上升到每吨 280 美元,会发生什么事?交易者关闭和对手方的合约头寸——也就是那个承诺以每吨 280 美元的价格卖出 100 吨食糖的交易商。合同的结算并不是真正进行糖的实体交易,而是对每吨 30 美元的差价进行结算,也就是说,我们的交易商可以获得 100×30 美元=3 000 美元的利润。这是为了抵消卖出糖并且必须以高价买回糖的过程中出现的亏损。

人们往往会针对这一点开始发问:交易中涉及的糖去哪里了?人们可能会认为,在合同到期日,有某个人会试着将所有看上去没人要的糖收购回来。不过,我们需要认识到的是，如果无人出售卖出合约，则无人可获得买入合约。同样的，除非有人给出买入合约，否则无人可获得卖出的合约。如果每个人都和它的期货对手方关闭交易（如上述），那么没有人会在到期日执行合约，当然，这时即使有人想在到期日执行合约，也是无法做到的。

如果糖交易商没有关闭头寸，那么它就必须以每吨250美元的价格购买100吨糖。但是如果它在到期日还没有关闭买方头寸，那么卖方头寸也没有关闭。如果在到期日还有三个买方没有关闭交易，就会有三个卖方也没有关闭交易，可依此类推。进行糖交易只是完成期货交易的一种方式——基于对冲或投机的目的。无论哪种方式，除了偶尔的例外，大部分期货交易都接受现金结算。

期货合同可以进行交割，这一点至关重要。这意味着在期货交易所，糖的价格必须与真实的糖价相联系。如果糖价便宜，交易商会通过期货交易所购买糖，然后在现货市场卖出获利——套利。

期货合同不是期权，如果假设糖价下降到每吨220美元，那我们就能看到其中的区别。如果这是一个期权，那么这个合同可以被放弃执行——以250美元的价格买入糖，然后以220美元的价格出售，这样做是没有意义的。作为期货合约，交易者承诺在每吨250美元的价格下购买。之后交易商通过买入一个相反头寸的期货合约——即以220美元的价格卖出100吨糖的方式结束交易，损失3 000美元。

损失不是问题。随着糖价的下降，在糖的现货市场中的空头可以赚取更多的利润，因为它可以用低于之前卖糖的价格买到更便宜的糖。正如之前观察到的，对于对冲者来说，在对冲市场上的亏损必然对应着在被对冲市场上的收益。请注意，期货合约具有对称性——价格上涨30美元/吨，可以获利3 000美元，价格下跌30美元/吨，可会亏损3 000美元。期权不是对称的，因为当价格向错误的方向变动时，这个合约可以不执行。

最后，我们现在有两个名词——远期和期货——也许大家认为这两个词具有相同的意思，但实际则不然：

- 远期是指在未来某一日期按照现在约定好的价格买进或卖出，但是完成的是真正的交割。
- 期货类似于远期，但通常期货合约的参与方并无意完成或执行实物交割，他们通过买入一个相反头寸的合约，用支付现金的方式关闭头寸。

远期是为那些想要购买实物商品的人准备的，期货则是为投机者以及对冲者准备的，因为这类人对实物交割并不感兴趣，希望以现金进行结算。

因此，我们需要期货交易所，在那里每个人都知道各自购买期货的最终目的是什么。在期货交易所中会有正式的标准规模期货合约、固定交割日期及对结算提供的担保。其中担保功能中持有的是存在亏损危险的交易双方的保证金（存款）。从法律上看，所有的期货合约都是和结算所达成的。在签订第一份期货合约时，交易双方会支付初始保证金。如果合约出现损失，需要按日扣除因亏损引起的额外保证金，这个保证金又被称为可变保证金，如果合约出现利润，那么可变保证金计入保证金账户。实际上，期货交易所的主要参与者会通过一个银行账户和结算所联系起来。本地交易商会通过结算所的完全会员来完成结算。

第13章 金融期货 375

金融期货

如果说从本质上看,商品价格波动带来了期货和期权,那么让人惊讶的是在经过很长时间后这一概念才被应用到金融合约。看看利率、汇率、股票价格、股票指数和债券价格,它们的价格会出现很大的波动,因此参与各方面临的风险也是巨大的。

有4种主要类型的金融合约——债券期货、利率期货、货币期货及股票指数期货,此外还有商品期货甚至是天气期货。正如我们将要看到的,期权就是持有某种期货合约的权利。这些期货合约列于表13—1。(在这些期货合约中存在一类掉期交易。我们将在第14章中对掉期进行讨论。)

表 13—1　　　　纽约泛欧期货交易所中存在的期货合约,2009年6月

债券	长期债券以及日本国债期货
利率	3月期欧元银行同业拆放利率、欧洲美元利率、英镑利率、瑞士法郎利率、针对3月期欧元银行同业拆放利率的收益率曲线中间值期权、欧洲美元和英镑的利率期权
股票	股票指数期货——AEX、BEL20、CAC 40、富时100指数、泛欧富时80/100/300指数、Eurotop 100、FTSE 100 Flex期权、富时250指数、MSCI欧洲指数、MSCI泛欧指数、PSI 20以及针对250家企业的个股给出的期权
掉期交易	针对2、5、10年期的欧元和美元
货币	欧元兑美元和美元兑欧元
另外,还有许多商品期货	

注:上面给出的衍生品合约中有些是期权,有些是期货,有些二者兼有。
资料来源:NYSE Liffe。

很多期权实际上是拥有期货合约的权利。如果买方交易期权但是最终执行的是期货合约,那么这不会有任何区别。期货合约和期权之间的主要区别是,在直接的期权合约中,存在一个购买商品的看涨期权,这个看涨期权可以市场价格出售。期权的卖方必须去购买该商品。如果期权是拥有一份期货合约的权利,那么买方会发现他实际上就是期权合约的买家(处于多头期货的位置)。这时他可以不用完成合约所对应的商品交易。现在,该期权的卖方就是期货合约的卖方(处于空头期货的位置)。但是,如果他不希望出售合约对应的实物产品,那么通过购买另外一份期货合约就可关闭交易,让其他人去完成实物交割。在直接期权的情况下,人们没有这种选择。大多数期货交易所提供的期权合约,都是拥有一个期货合约的权利。

从上面的最后一句话中读者可能注意到,在某些情况下,如果持有的期货头寸没有关闭,那么需要进行实物交割。考虑一个规模为10万英镑的猪肉期货合约。一位购买了20份猪肉期货合约的买家可以不关闭头寸,然后在实现约定的价格下购买价值200万英镑的猪肉。除了日本政府债券,其余的债券期货合约也都可以这种方式完成交割。期货合约的价格将与现货市场价格保持一致,否则会出现套利的机会。

富时100指数期货不能进行交割(因为没有提供什么可以交割的东西),利率期货合约也不能进行交割，利率期货合约是不可用来在给定利率下进行借款的。由于合同不能进行交割，那么当买家不通过购买相反的期货合约来关闭交易时，会发生什么情况？出于同样的原因，我们怎么知道价格是与现货市场的基础产品价格相关？

任何没有关闭交易的买方或卖方都会被结算所自动关闭交易，因为金融期货合约是无法进行交割的。如果期货合约的买方或卖方任由合约到期，他们也无需采取任何行动，其交易头寸将会被自动关闭。

由于期货合约中的到期价格往往就是市场价格，所以期货与现货价格之间的联系可以自动建立。富时100指数的到期价格称为交割结算价。在到期日上午10时10分，交易所会对该指数中每个份额举行一场拍卖会，然后该期货合约的交割结算价会在10时30分得到宣布。过去的方法是对这20分钟内的价格进行简单的平均，但是由于技术的原因，自2004年11月起这一方法不再使用。

短期英镑利率期货合约的到期价格是16家提名银行在到期日上午11时的英镑LIBOR平均值，其中最高和最低的4个值不会进入计算过程。

指数期货

在第12章中，我们讨论了股票指数期权——标准普尔100指数期权、富时100指数期权、CAC 40以及其他一些类似的指数期权。上述指数的期货合约也是存在的，由于我们已经见过指数期权，所以现在的讨论有了一个很好的起点。

期货合约是一种承诺，无需缴纳费用，只需将保证金存在清算所。

一家保险公司的投资经理可能计划在3个星期内出售价值2400万英镑的股份，以满足对暴风损害提出的索赔。这位投资经理不希望在出售时正好遇到市场环境下行。他在等待3个星期后卖出股票的过程中担心的是，到时候相同股份的价值可能少于2400万英镑。问题的答案可能是使用富时100指数的期货合约进行一个完全的对冲。这是一种锁定今天的指数水平但无需卖出股份的方法。

第一个问题是——需要多少期货合约？富时100指数的期货合约如果用现金进行结算，那么该指数每个点价值10英镑。也就是说，如果指数为6 000点，那么整个指数的期货合约价值为6 000×10英镑＝60 000英镑。由于进行对冲的股票价值是2400万英镑，因此需要的合约的数量为：

$$\frac{2\,400\,万英镑}{60\,000\,英镑}=400$$

该投资经理可以为下个到期日卖出400份合约。在这个过程中第一复杂的问题是，即使股票指数为6 000点，但是在交易所进行交易的指数可能是6 020点（这反映了供给、需求、市场预期和一定的技术因素）。因此，我们的投资经理有400份期货合约，希望在股票指数在6 020点时卖出这些合约。

3个星期后市场下跌了10%，现在股票指数为5 400点。在该市场水平下投资经理出售股份。如果不是在三周前将股票卖出，那么现在这位投资经理只能获得2 160万英镑的资金，而不再是2 400万英镑，损失了240万英镑。

在交易所的仓位已经关闭。如果在交易所交易的合约是在5 430点，那么就需要在5 430点买入400份合约以便完成平仓。这么做的收益就是：

卖出合约	在6 020点
买入合约	在5 430点
每份合约的收益	590点

股票指数的合约以现金结算，每点10英镑，于是收益就是10英镑×590＝5 900英镑。对于总计的400份期货合约，总收益就是400×5 900英镑＝236万英镑。因此，三周之后出售股票会造成240万英镑的损失，但是期货合约则赚得236万英镑。

一开始需要对每份合约支付2 000英镑的保证金，因此需要2 000英镑×400份合约＝80万英镑。然而，由于这只是为了支付可能发生的损失而缴纳的一笔存款，所以这笔钱将被返还。此外，人们通常还可以就保证金的利息进行谈判。还需要向经纪人支付成本并向结算所支付一笔费用。这些成本可能是每个期货合约4英镑，因此在这个例子中就是4英镑×400＝1 600英镑。

如果在未来3个星期的时间内指数上涨，这份期货合约也不能被抛弃，这和期权的情况不同。如果指数上涨了10%，至6 600点，那么期货合约现在的头寸是亏损的。如果目前交易所的指数水平是6 610点，那么就需要购买400份在6 610点的合约。这是例子和刚才的正好相反：

卖出合约	在6 020点
买入合约	在6 610点
每份期货合约亏损	590点

总损失是：每一点10英镑×590点×400份合约＝236万英镑。在之前我们已经就期货合约的基本对称性进行过讨论。股票指数下跌590个点，可以带来236万英镑，但是如果上涨590个点，就会造成236万英镑的损失。和期权不同，期货合约面临着潜在的无限损失。然而，我们在这里考虑的完全是对冲者，不再是投机者。当投资经理出售股票时，市场上涨10%，现在卖出的股票价值就是2 640万英镑，而不再是2 400万英镑。在股票交易中多赚取的240万英镑就抵消了在期货合约的损失236万英镑。这就是我们在本章着重强调的地方。对于一个对冲者来说，期货合约上出现损失，意味着它可以用现货市场获得的收益进行对冲。

请注意这里有很重要的一点。虽然投资经理可以避免从市场下跌中出现损失，但他也无法从市场上涨过程中获利。

让我们简要写出期货和期权的基本不同点：

> 期货可以保护客户不受价格变动带来的危害，但是也阻止了他们从价格变动中获益。风险是无限的，而且并未对风险付费。

投资经理可以放弃一部分来自期货的保护，来为市场上涨后获益提供空间。与出售400份期货合约相比，投资经理可以售出200份期货合约。这样做的结果就是，如果市场下跌10%，那么由此造成的240万英镑的损失中，可以得到118万英镑的弥补。当然，如果市场上涨10%,该投资经理在期货合约上的损失118万英镑,但是可以在现货市场获得240万英镑的收益。于是,投资经理实际上有一系列的选择,他可以选择完全不对冲,也可以选择100%的对冲。

最后一点。在上述情况下存在一个隐含假设,即投资经理的对冲组合是和市场行为同向变动的,也就是说市场下跌10%,那么投资经理卖出的对冲组合的价值也会下跌10%。这并非一个不合理假设,但它实际上不会被投资经理使用。利用计算机技术,投资经理可以度量出投资组合波动性和富时100指数波动性之间的相关性——这就是所谓的 β 因子。如果股票价格和指数价格同向变动,那么 β 值为1.0。如果股票价格变动和指数价格变动有90%的重合,那么 β 值为0.9。如果股票价格变动和指数变动有110%的重合,那么 β 值为1.1。于是,投资经理需要买卖的期货合约数量将由 β 系数决定。(α 因子是指单个股票价格的变动情况,比如反映英国石油公司股票价格和壳牌公司股票价格变动的不同之处,这是一种约定俗成的记法。)

债券期货

从原理上看,债券期货的构造并不困难。例如,在芝加哥期货交易所的美国国债期货合约所基于的基础资产的价值为10万美元。债券价格的最小变动幅度是1/32。如果该期货合同的价值是10万美元,那么其中的1%就是1 000美元,1 000美元的1/32就是31.25美元。如果以高于买入价格10/32的水平出售10份债券期货合约,那么得到的利润就是10×31.25美元×10份=3 125美元。

此类期货合同未必一定要通过关闭交易来完成,也可以不关闭交易而进行实际的债券交割。其中交割日期是给定的。以国债期货合约为例,在交割月份的任何营业日都可完成交割。在德国政府的债券期货合约中,交割日为交割月份的第10天(如果这一天是工作日的话)。将哪一天设为交割日是由卖方决定的。

虽然构造债券期货的原理并不难,但实际操作会比较困难。大多数债券期货合约是基于名义债券价格构造的——也就是说该期货合约并不对应一份真实的国债。初涉债券期货市场的人会发现对一份原本不存在的债券进行交易是一件很奇怪的事情,但是市场就是这么超前。期货交易所会提供一份可供交割的债券名单。作为交易的单位,国债的票息利率是6%。市场参与者可以从一份离到期年限还有15年的债券名单中选择债券进行交割。如果其中一只债券的息票利率是8%,那么这只债券肯定比息票利率为6%的那只债券更有吸引力,因此它的价格也会更高。交易所会据此计算一个转换因子,以此来计算交割时的债券价格。如果债券期货合约是针对面值10万美元,息票利率6%的债券设定的,那么面值10万美元,息票利率8%的债券也可以用于交割,但是交割的价格会更高。在期货交易所给出的债券列表中,会出现最便宜的可交割债券。期货交易所会根据最便宜的那个债券进行交割——如果不这么做,那就会出现期货市场和现货市场的套利机会。例如,有人会购买相应的债券,然后在当前价格和利润水平下出售期货合约,最后用实际拥有的债券进行交割并获得利润。

因此，期货交易所给出的可供交割的债券名单对价格有着显著的影响，而且会随时更新。例如，德国的债券期货合约交易在欧洲期货交易所进行，已成为欧洲规模最大的交易所期货合约。相比之下，可供交割的债券数量就要少很多。虽然进行实际交割的合约数量占比很小，只有5%，但是市场对此仍然感到担忧，因为如果进行实际交割的合约数量上升，那么很有可能出现爆仓。债券期货合约是基于一个名义息票利率为6%的债券构造的。有人提出建议说债券息票利率应该降低到4%，同时提高可交割债券数量。这些担忧并非来自理论。如果有好几家期货经纪商不关闭其头寸，而是要求交割，它们就会发现另外的一家或两家期货经纪商拥有大量可供交割的最便宜债券，于是这些不关闭头寸的经纪商就会爆仓。现在，要求交易对手方进行实物交割，实际上达到的效果就是"绑票"。在2005年6月，美国10年期国库券期货交易过程中就遇到这个问题，当时的交易量突然增大。

利率期货

利率期货合约为那些遭受利率风险的人提供了宝贵的对冲风险的机会。泛欧交易所可以提供做空英镑、欧元、欧洲美元、欧洲瑞士法郎以及欧洲日元的利率期货合约。其他交易所（如西班牙期货和期权交易所、欧洲期货交易所等）也提供了欧元利率期货合约，但是泛欧交易所的3个月期欧元利率期货合约是欧洲规模最大的。

利率期货合约是以现金结算的——因为此类期货无法交割。在到期日，结算所会按照到期日价格对任何未平仓的合约进行平仓，其中到日价格往往就是市场价格。正如我们在第11章中提到的，利率期货合约的定价方式是减去隐含利率，例如，如果利率为10.00%，那么利率期货合约的交割价格就是90.00。

交易利率期货合约的正常规则是，如果可以从价格上涨中获益，那么利率期货就被购买。如果是从价格下跌中获益，那么就卖出利率期货合约。如果要进行对冲操作，那么购买利率期货合约是多头对冲，卖出利率期货合约是空头对冲。

需要再次提醒的是，利率期货合约的运行机制是相反的。为了从价格上涨中获益，我们需要卖出合约（因为如果价格上升，则合约价格会下降）。为了从价格下跌中获益，我们要买入合约（因为如果价格下跌，该合约价格会上升）。

在第12章中我们使用一个企业以浮动利率获得2 000万美元贷款的例子，在这个例子中浮动利率与欧洲美元 LIBOR 相关，每3个月完成一次付息。为了对冲利率风险，这家企业买入利率期权合约。这样做的效果是，当利率上升时需要多支付的5万美元银行票据可由3.5万美元的期权合约收益进行抵消。当利率下跌时银行票据上降低的5万美元利息支付则可以用来抵消期权合约中出现的1.5万美元损失。这样期权买方仍然是受益的。

让我们来看看在相同情况下如何用期货进行对冲。简单起见，假设目前在交易所交易的期货合约的利率水平与实际利率相同（因为这是构造利率期货合约时使用的假设，我们在这里与其保持一致）。

由于贷款规模为2 000万美元，而芝加哥期货交易所的单个利率期货合约规模为100

万美元，因此该企业需要交易 20 份此类期货合约。由于该企业希望从利率上升中获利，所以它在 3.75% 的利率水平下卖出 20 份合约，于是该合约的价格就是 100－3.75＝96.25。这笔交易无需支付费用，但是每份合约需要交纳 500 美元的初始保证金，所以该公司总计要向结算所支付 20×500 美元＝10 000 美元。和之前一样，假设在合同期满时欧洲美元 LIBOR 为 4.75%。这时，银行通知客户它需要为 3 个月期的 2 000 万美元贷款支付的利息费上升了 1%——也就是说利息支出上升了 50 000 美元。在芝加哥商品交易所，该企业之前购买的期货合约的价格变为 100－4.75＝95.25。于是该企业可以在 95.25 的价格下购买 20 份合约来完成平仓。它在这一交易过程中的仓位状况是：

卖出 20 份合约	@96.25
买入 20 份合约	@95.25
每份合约的收益	1.00

由于利率每发生 0.01% 的变化就对应于 25 美元的结算，所以收益就是 100×25 美元×20 份合约＝50 000 美元。由于不用缴纳费用，所以银行收取的额外 50 000 美元利息正好可以和芝加哥商品交易所的期货合约上赚取的 50 000 美元相抵消。于是，期货合约完美地完成对冲利率变动风险的任务。

但是如果利率下降至 2.75% 会发生什么？银行通知企业对 3 个月期贷款支付的利息下降 50 000 美元。在芝加哥商品交易所，利率期货合约的价格是 100－2.75＝97.25。于是企业要在 97.25 的价格水平上通过购买 20 份利率期货合约来完成平仓。它在这一交易过程中的仓位状况是：

卖出 20 份合约	@96.25
买入 20 份合约	@97.25
每份合约的亏损	1.00

损失就是：100×25 美元×20 份合约＝50 000 美元。当然，这就是期货的对称性。利率上升 1%，可以获得 50 000 美元，但是利率下降 1%，也会损失 50 000 美元。其结果是，企业没有从利率下降中获益，因为利率下降的收益被期货合约中的亏损所抵消。这里，期权合约可能会带来利润，因为当利率下跌时，人们可以不用去管这份合同，这使得企业可以从利率下降中获益。

货币期货

我们在第 8 章已经提到了在外汇交易中外汇期货发挥的威力。在 1990 年，伦敦交易所已不再进行货币的期权和期货交易。现在只有很少量的货币期权、期货尚在欧洲市场交易。

货币期货的交易也满足我们在本章中对期货作出的解释。例如，芝加哥商品交易所的欧元期货合约所基于的欧元规模是 125 000 欧元，它将美元兑欧元的汇率作为报价。这份合约最小价值变动为 0.01 分，对应于 12.5 美元。人们可以在美元兑欧元汇率为

1.038 4 美元下买入合约，然后在美元兑欧元汇率为 1.048 4 美元下卖出合约——可获得 100 份最小价格变动对应的收益，也就是每份合约获得 1 250 美元的收益。如果需要的话，货币期货可以不用平仓，直接进行实物交割。

有关期货交易所的几个问题

在一般情况下，企业对使用交易所期货的积极性不高。因为交易所期货合约的规模是标准的，因此对于只需贷款 80 万美元的小企业来说，规模为 100 万美元的期货合约显然会带来不便。合约的到期日也可能无法满足现实生活的需求。保证金要求则会打乱企业对现金流的计算，缴纳的可变保证金也不会支付利息。对于利率期货合约以及货币期货合约，银行提供了一系列具有吸引力的场外市场产品，我们会在第 14 章对这些内容进行讨论。

然而，对于银行来说，交易所也拥有一个关键优势——结算所可以保证安全性。在对手方风险成为期货交易一大隐忧时，交易所的优势会变得越发突出。

基金经理也是一样的，指数期货合约可以提供安全的、具有流动性的交易，而且为平滑资产配置提供了机会。假设一个基金的资产有 1 亿英镑。基金经理可能会采取措施，将用于股票的投资份额降低 2%，将用于债券投资的份额提高 2%。打一个电话，基金经理便可以出售价值 200 万英镑的富时 100 指数期货合约，同时买入相同价值的债券期货合约。随着时间的推移，基金经理会逐步出售股票，同时逐步买入债券，以便对期货头寸交易实现平仓。

公开喊价还是电脑？

当前得到广泛关注的焦点问题是期货合约交易者应该继续在交易所进行买入和卖出交易，还是将市场转移到由电脑自动匹配的电子化平台上。

庞大的美国期货市场采用的是公开喊价交易，但是在欧洲，最近建立的利用公开喊价完成交易的期货交易所还要追溯到 1986 年在巴黎成立的法国国际期货及期权交易所（简写为 MATIF）。该交易所支持公开喊价机制所基于的论据是，它是交易高价值标准化期货合约的最快捷方式。然而，随着电子化交易的发展，人们不再需要通过昂贵的期货交易所完成交易，企业审计措施的执行也让造假行为变得更加困难。（在 1989 年，人们发现芝加哥商品交易所的 47 个交易商都在造假，这个问题最后由美国联邦调查局利用卧底才完成调查。）

期货交易所的组织结构往往沿用芝加哥商品交易所的做法。在组织交易时需要考虑三个变量：合约数量、买进还是卖出以及价格。与外汇交易类似，只有后两个代表价格的数字会成为报价。如果利率期货合约的价格水平为 92.55，那么报价就是"55"。如果期货交易员要去购买，那么他就把手放到远离脸的地方，然后逐渐移动到前额。在手远离脸的时候，交易员会喊出交易价格，当手逐渐移动到前额时，表示的是交易的合约数量。如果一位交易员想要在 92.55 的价格水平下购买 10 份合约，那么他会喊道："55，10"。如果交易员想要出售合约，那么他的手会首先放在额头上，然后逐渐移开，同时先喊出希望出售的合约数量，再喊出价格："10 @ 55"。如果这笔交易没有对手方，那么价格可能上升到 56 或 57，直到对手方大喊"卖！"。然后两位交易员填写交易单，交易通过计算机进行匹配，匹配后的交易信息被电脑传输至结算所。

芝加哥商品交易所十分繁忙，充满了喊叫和推搡。经典的故事是交易员死了但是尸体却没有倒下来，因为交易所里实在是太忙了。后来，其他交易员就开始在字条上写字然后放在口袋中，如果交易中身体出现问题，就让保险公司依据纸条来支付相应费用。

计算机系统更为枯燥，因为它是电子化指令匹配型。例如由芝加哥商品交易所和路透社联合开发的名为 GLOBEX 的系统。当交易所关闭后，交易员还可以通过这一体系继续进行欧洲和日本的跨时区交易。芝加哥期货交易所也开设了一个夜间工作组，费城期货交易所每天营业 18 个小时。

伦敦的伦敦国际金融期货交易所推出了名为 Connect 的电子交易系统，这个系统十分成功，以至于它在 2000 年初的时候关闭了交易大厅。正如上一章提到的，Connect 系统现在已经是泛欧交易所的交易平台之一，可为所有的衍生品提供服务。

在 2003 年，芝加哥期货交易所决定使用 Connect 系统，这一决定在 2004 年 1 月成为现实，与此同时，它还宣布和芝加哥商品交易所共同进行清算服务，以迎接来自欧洲期货交易所的挑战。现在，大约 90% 的美国国债期货都开始使用电子化交易。相比之下，芝加哥期货交易所中 90% 的农产品期货交易仍然使用公开喊价机制，不过在 2006 年也推出了针对此类期货交易的电子化交易系统。在芝加哥商品交易所，大部分的期货交易都已经转移到 GLOBEX 系统。期权交易实现电子化还比较困难，但总体规模也在上升。

在金融期货合约之外，伦敦国际石油交易所（简写为 IPE）开始交易布伦特原油期货，该产品是石油期货行业的基准。在 2005 年 5 月，这一交易开始从公开喊价变为电子交易。来自美国的竞争对手——纽约商品交易所——于 2005 年 5 月在伦敦开设了一个办事处，直接在欧洲的期货交易市场开始竞争，它们使用的是公开喊价系统，希望以此吸引对伦敦国际石油交易所的电子交易系统不满意的顾客。截至 2005 年底，这个办事处的交易量尚未得到显著提高。纽约商品交易所是世界上最大的能源和金属期货交易所，有 130 多年的场内交易历史——但是在 2006 年，它也开始提供电子化交易。早在 2005 年，其竞争对手洲际期货交易所（ICE）已经这样做了。最后，世界上最古老的交易所——伦敦金属交易所——也在 2005 年开始了电子化交易。

另外一个对期货交易所产生影响的因素是有些交易所作出了公开上市的决定。在 2002 年底，芝加哥商品交易所上市，芝加哥期货交易所也于 2005 年 10 月上市。伦敦国际石油交易所被亚特兰大的洲际交易所收购，并于 2005 年 11 月公开上市发行股份。通过公开上市，这些交易所也显著巩固了各自在行业中的位置。在 2007 年 7 月，芝加哥商品交易所和芝加哥期货交易所合并，在 2008 年 8 月，合并后的实体进一步和纽约商品期货交易所合并。在 2007 年，洲际期货交易所收购了纽约期货交易所。

期货合约数量

在2008年，主要交易所的期货合约数量可见表13—2。如果将数以百万计的期货合约数量作为衡量各类交易所规模的指标，那么可能会存在一些误导，因为各类交易所的期货交易的规模还和合约本身的规模有关。在期权交易中最大百分比上升出现在1998年的巴黎期权交易市场，但是这一时期碰巧也出现了期权合约规模下降的事情，当时单个股票的期权合约规模从100下降到了10。这也解释了韩国和巴西的巨量期货交易。

表13—2　　　　　　　　　全球衍生工具交易，2008年　　　　　　单位：百万合约

	交易所	总计
1	芝加哥商品交易所*	3 278
2	欧洲期货交易所*	3 172
3	韩国交易所	2 865
4	泛欧证券交易所，包括所有欧盟和美国市场*	1 676
5	芝加哥期权交易所	1 195
6	巴西圣保罗交易所*	742
7	纳斯达克-OMX集团，包括所有欧盟和美国市场*	722
8	印度国际证券交易所	590
9	南非约翰内斯堡交易所	514
10	大连商品交易所（中国）	313

* 表示不包括场外交易或欧洲气候交易所的产品。

资料来源：Futures Industry Association。

概　　要

期货交易开始于每年一次的农作物交易，当时的农作物价格波动幅度较大。

通过利用期货合约进行对冲，买家和卖家可能希望降低价格的不利变动带来的风险。

期货合约是一项协议，它规定了在未来某个时期按照一个约定价格买入或卖出产品。和期权不同，期货合约是一项承诺。因此，进行期货合约交易的投机者也会暴露在无限风险中，但是对冲者可以利用实物交易中得到的利润来对冲期货交易中发生的亏损。

通常情况下，期货合约无需进行交割。对于一个尚未平仓的买入期货合约来说，可以在未来某个时期购买一个卖出期货合约来实现平仓。头寸变化的结果可以用现金进行结算。对于股票指数期货合约以及利率期货合约来说，进行实物交割是不可能的。

远期交易的目的是完成实物交割。

一项期货交易很可能通过买入相反头寸的期货合约来完成平仓，然后进行现金结算。人们在期货交易所交易标准规模、设定好到期日、对手方风险由结算所解决的标准期货

合约。

在有期权的地方几乎都可以有期货,但是针对股票的期货合约要少得多。

许多在期货交易所交易的期权合约本质上都是在未来拥有一项期货合约的权利。

一些交易所使用交易大厅,用公开喊价的方式完成交易。另外一些交易所使用由电脑完成的指令匹配系统。如今,由电脑完成的指令匹配系统正在逐渐蚕食公开喊价系统的市场。

参考文献

Mackay, C. (1980) *Extraordinary Popular Delusions and the Madness of Crowds*. Harmony Books, New York.

进一步阅读材料

Chisholm, A. (2004) *Derivatives Demystified: A Step to Step Guide to Forwards, Futures and Options*, John Wiley & Sons, New York.

Hull, J. C. (2008) *Options, Futures and Other Derivatives* (8th edn), Prentice Hall, Upper Saddle River, NJ.

Dunsby, A., Eckstein, J., Gaspar, J. and Mulholland, S. (2008) *Commodities Investing: Maximizing Returns Through Fundamental Analysis*, John Wiley & Sons, New York.

Fabozzi, F. J., Fuss, R. and Kaiser, D. G. (2008) *The Handbook of Commodity Investing*, Frank J. Fabozzi Series, John Wiley & Sons, London.

第 14 章

其他衍生品

引　言

我们将在本章描述的所有衍生产品从本质上讲都是以另一种形式表现的期货和期权。但是它们不在交易所进行交易，而是在场外市场进行交易。此外，利率作为资金的价格，居于金融市场核心地位，一开始的时候，几乎所有的其他类衍生品都和利率风险有关。然而，近年来信用风险变得越来越重要，这催生了信用衍生产品；我们在本章后面部分对此进行叙述。

远期利率协议

作为开始，我们首先考察"远期"。这是两个交易对手之间的合约安排，他们针对某笔数目已经约定的资金，按照事先约定好的利率和时间段进行借入或借出，但是这种借贷时期不是指现在，而是指未来。例如，A 借给 B 100 万美元，利率为 5%，期限为自 6 个月后算起的 6 个月，这种情况可以简单地称为"6 个月对 12 个月"，或者"6×12"。

可能是一家企业需要在 6 个月后获得一笔 100 万美元的银行贷款，但是担心到时利率会上涨。于是它要求银行现在为 6 个月的贷款给出一个利率报价。这有点像进口商要求银行为 6 个月后美元兑欧元给出一个汇率报价。在外汇交易一章中，我们认为银行通过购买美元并储蓄 6 个月后供给客户需要来规避风险。

在利率市场中，如果要对远期报价，那么银行也同样要按照今天的利率借入资金，将这笔资金存起来直到客户需要它的时候。在上述情况下，银行会借入为期 12 个月的资金，在前6个月存起来，在后6个月将其借给客户。银行提供的利率报价将取决于：
● 银行借钱的成本和贷款的收益。
● 收益率曲线：如果收益率曲线斜率为正，那么银行进行长期借款所花费的成本将超过短期借款花费的成本。
● 在前6个月得到的利息的再投资。

这是在20世纪80年代之前处理此类交易的方式，自那以后很多金融技术得以发展出来。现在，银行不再热衷于为远期利率给出报价，因为借和贷都要使用它与其他银行之间的信贷额度，而且也会使用它和自己客户之间的信用额度。

远期利率协议（forward rate agreement，简写为FRA）是银行完成远期利率交易的新方式。

FRA与资金的借出无关，而是与未来的利率水平有关。未来的利率水平和合约商定的利率水平之间的差额就是需要交割的内容。伦敦市场中未来的利率水平将根据LIBOR确定——在这个例子中，就是欧洲美元LIBOR。

例如，企业和银行协同安排6个月后面值为100万美元的资金的"目标利率"是5%。如果在6个月后利率确实是5%，那么什么都不会发生。如果利率为4%，那么企业要向银行支付100万美元的1%（但是如果它不用这种方式，那么实际发生的利率会更低）。如果利率为6%，那么银行向企业支付100万美元的1%，以帮助抵消企业发生的超额借贷成本（见图14—1）。

FRA：目标利率 5%
资金面值：100万美元

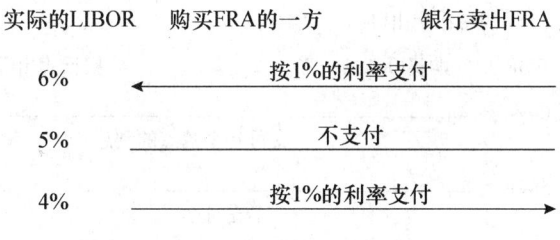

实际的LIBOR	购买FRA的一方	银行卖出FRA
6%	← 按1%的利率支付	
5%	不支付	
4%	按1%的利率支付 →	

图14—1 对不同方式间差异的计量

这种方式的优点在于信用风险较小。例如，银行并未借入或贷出100万美元，所发生的一切都只是和5%的目标利率之间的差异。

通过这种方式，企业就间接锁定了6个月后的借款利率。如果利率上升，企业支付更多的钱，但可以通过FRA来补偿额外的利息支出，如果利率下降，公司也不会受益，因为向FRA提供的支付抵消了利率下降带来的利息支付减少。

如此的解释可能听起来很熟悉。在第13章中提到的利率期货合约交易能够达到同样的效果。如果卖出履约价格为3.75%的期货合约，那么公司同意在到期时对市场利率和3.75%的利率水平之间的差异进行结算。当利率水平为4.75%时，企业获得期货合约基础资产2 000万美元中的1%。当利率水平为2.75%时，企业向期货交易所支付基础资产2 000万美元的1%。FRA确实是一种场外期货合约，它由银行进行安排，不再通过交易所，其优点是在日期和金额方面的灵活性较强。

典型的FRA一般都是"3个月对6个月"或者"6个月对12个月"。这是因为浮动利率贷款和浮息票据的修订都是每3个月或6个月进行一次。对于一家在资产和负债之间不匹配的银行来说，可以关闭它在FRA中的头寸。FRA存在一个针对企业客户的市场，在这个市场中企业和商业银行会围绕最小金额在100万美元或100万英镑的资金规模进行FRA交易，此外还有一个专业性市场，在这个市场中银行相互之间进行交易，FRA中的典型交易金额为5 000万到1个亿，交易货币可以是英镑、日元、瑞士法郎以及欧元。

银行如何赚取利润呢？和其他产品一样，FRA也是一种产品，在销售中存在买入/卖出差价。类似于做市商会买入股份然后希望以一个更好的价格将其卖出，银行也希望以优惠的利率水平买入FRA然后将其卖给别人。银行会基于存款市场利率曲线或交易所期货合约的价格来确定远期利率水平。假设一个"3个月对6个月"的美元FRA的报价为5.54/5.50。银行将按照5.54%的利率水平卖出FRA，以5.50%的水平买入FRA。如果在3个月后利率为6%，那么银行需要为它卖出的FRA支付46个基点的利息，同时从它买入的FRA中获得50个基点的利息。如果利率水平为5%，那么银行从其卖出的FRA中获得54个基点的利息，并为买入的FRA支付50个基点的利息（见图14—2）。对于管理成本和风险（风险的资本金比例）来说，4个基点似乎看上去并不多，实际上也是如此。市场竞争非常激烈，银行必须充分达到效率才能赚钱。因此，交易员可能不会选择通过购买相反的FRA来完成对冲，而是希望得到的收益超过支付的资金。当然，现在这会涉及利率风险，因此必须设定风险限额。

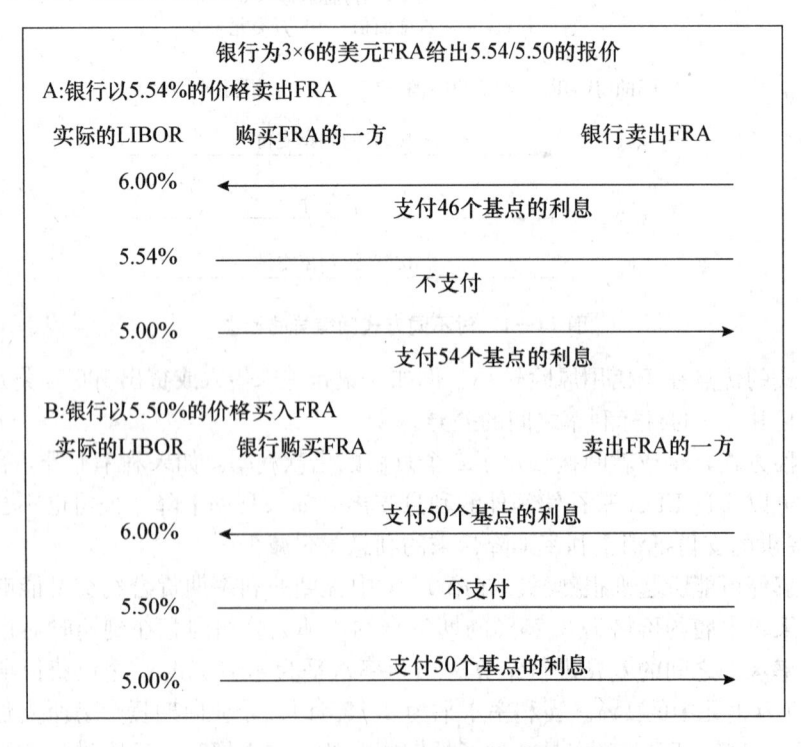

```
             银行为3×6的美元FRA给出5.54/5.50的报价
    A:银行以5.54%的价格卖出FRA

       实际的LIBOR      购买FRA的一方              银行卖出FRA

       6.00%        ←─────────────────────────────
                           支付46个基点的利息

       5.54%        ─────────────────────────────
                                不支付

       5.00%        ─────────────────────────────→
                           支付54个基点的利息

    B:银行以5.50%的价格买入FRA

       实际的LIBOR      银行购买FRA               卖出FRA的一方

       6.00%        ←─────────────────────────────
                           支付50个基点的利息

       5.50%        ─────────────────────────────
                                不支付

       5.00%        ─────────────────────────────→
                           支付50个基点的利息
```

图14—2　银行如何从FRA中赚取利润

这里需要提及一个技术性的地方。比如说对于一个 3 个月后生效，期限也是 3 个月的 FRA，其支付要在第二个 3 个月开始的时候就完成。因此实际支付的只是净现值。

也许 FRA 的卖方并不确定利率的走向。FRA 可以帮助他防范利率上升，但是如果利率下降，他也无法从中获取收益。如果不能接受这一结果，那么答案就是付钱购买一个期权，这个期权赋予客户获得一个 FRA 的权利。如果利率上升，获得一个 FRA 的权利就可以得到行使。如果利率下降，该期权被放弃。

FRA 解决了未来一段时间内的利率风险，但是如果要解决 5 年内的利率风险应该如何做呢？为此，我们转向对掉期的讨论。

掉　期

比较优势

利率掉期发掘的益处可以被称为"套利机会"，为此，需要建立一个市场，在这个市场中人们可以对利率变动进行对冲或投机。

利率掉期市场起源于 19 世纪经济学家大卫·李嘉图和他的"比较优势理论"。李嘉图认为，即使一个国家在所有产品的生产上都比另外一个国家有效，两国仍然可以从国际贸易中获益。让我们以两个国家 ABC 和 XYZ，以及两种产品 A 和 B 为例来进行解释。如图 14—3 给出了这两个国家生产产品 A 和 B 所需花费的劳动时间。

	国家 ABC		国家 XYZ
产品 A	100	产品 A	50
产品 B	100	产品 B	70

图 14—3　国际贸易：比较优势

李嘉图认为 ABC 国应集中生产产品 A，XYZ 国应集中生产产品 B，然后两国进行贸易。这是因为虽然国家 ABC 在生产产品 A 和 B 的过程中都比另一个国家有效率，但是国家 ABC 在生产产品 A 的过程中拥有比较优势，因此，国家 ABC 应该完全从事产品 A 的生产，将不能消费掉的产品 A 出口给国家 XYZ。国家 XYZ 则应该完全生产产品 B，将不能消费掉的出口给国家 ABC。由于国家 ABC 充分利用了它在生产产品 A 中的比较优势，因此两个国家都能从中受益。通过学习金融市场中的相应案例，这个观点应该可以表现得更清楚（见图 14—4 以及相应的解释）。

我们可以将上面提及的劳动时间转化为借款利率。这两个产品就变成固定利率金融产品和浮动利率金融产品。两个国家变为两家公司，这里可以仍然沿用 ABC 和 XYZ 的名称。投资者在固定利率市场和浮动利率市场上对风险的感知是不一样的。也就是说，无论在固定利率市场还是在浮动利率市场公司 ABC 都能够以低于公司 XYZ 的利率水平借到资金，但是低于公司 XYZ 的程度是不一样的——这就是需要进一步发掘的比较优势。

ABC 公司可以按照 7％的固定利率进行融资，也可基于 LIBOR 支付浮动利率（但它真正想要的是浮动利率资金）。XYZ 公司为固定利率融资支付 10％的利息，也可在 LIBOR＋1％的利率水平上获得浮动利率资金（它更喜欢固定利率融资）。ABC 公司在固定利率和浮动利率市场都可以用比 XYZ 公司更低的成本完成融资，但是在固定利率市场具有更大的优势。因此，ABC 公司以 7％的利率水平获得固定利率融资，然后向 XYZ 公司支付 LIBOR 水平下的利率。XYZ 公司以 LIBOR＋1％的水平借入浮动利率资金，然后答应向 ABC 公司支付 8％的固定利率（见图 14—4）。

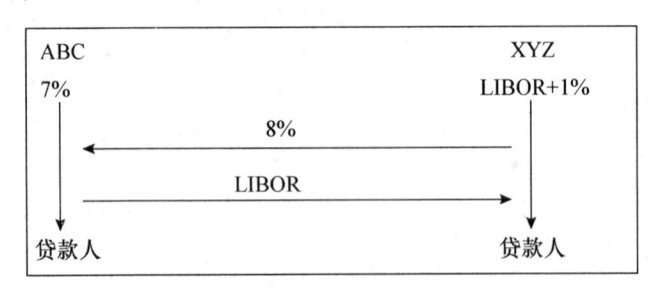

图 14—4　对掉期技术的使用

这时：ABC 公司支付 7％的固定利率，但是从 XYZ 公司处获得 8％的固定利率。它向 XYZ 公司支付 LIBOR，但实际上支付的却是 LIBOR －1％的利率，这个利率要低于一开始借入资金所支付的浮动利率。XYZ 公司支付 LIBOR＋1％的利率，但是从 ABC 公司处获得 LIBOR，因此 XYZ 公司实际支付了 1％的利率。XYZ 公司支付 8％的固定利率给 ABC 公司，但实际上支付的利率为 9％——但这小于它直接按照固定利率借钱时支付的 10％利率水平。（这是用技术手段实现非"零和游戏"的另外一个例子。）

通过使用掉期的方法，ABC 公司和 XYZ 公司各自节约了 1％的借贷成本。掉期交易机会的出现是因为浮动利率贷款人不能像固定利率贷款人那样来把握借款人的信用水平。我们可以想象一下，对于一个拥有 AAA 信用评级的借款人和一个拥有 BBB 信用评级的借款人而言，无论固定利率还是浮动利率，它们之间的借款利率之差都应该是相同的。但事实上并非如此。如果信用评级较低的公司希望按照固定利率借款而不是浮动利率进行借款，那么该利率就不是很有吸引力了。

利率掉期

在上面的例子中，我们对不同利率之间的差异做了一些夸张，在现实世界中，不同利率之间的差异不会这么大。这只是为了让初学者在面对复杂概念时能够得到简化。不过，其原理是一样的，现实世界和例子中利率的差异只是几个基点的问题。

因此，利率掉期有两方面的含义。一方面，利率掉期实际上就是一个合约，在这个合约中一方同意为向另一方就某个名义金额支付固定利率，而另一方也同意向对方就该金额支付浮动利率。在我们给出的 FRA 的例子（见图 14—2）中，一个交易对手方会从银行购买利率水平为 5.54% 的 FRA。实际上，这个交易对手方相当于是同意支付一个固定利率（5.54%），然后从银行换取浮动利率（LIBOR）。因此，从逻辑上看，掉期和 FRA 是相同的。FRA 的特点是它只能针对未来的某个时间段，但利率掉期则可以针对未来的多个时间段，比如，在 5 年之内，每 6 个月完成一次利率掉期。

另一方面的特点就是利用比较优势的概念可以获得利润，我们在上面已经对此进行了说明。即使不出现任何"利润"，支付浮动利率的一方通过掉期可以将利率支付转化为固定利率，这也是一件很好的事情。

在掉期合约中出现的要点分别是：
- 固定利率。
- 可变利率。
- 结算期。
- 总体到期日。
- 名义本金

例如，利率掉期的参与方可以约定按照 5 000 万美元的名义本金计算，一方向另一方支付 5.5% 的利率，另一方则向对方支付欧洲美元 LIBOR。掉期合约为期 5 年，每半年结算一次。也就是说，按照年利率 5.5% 每半年计算一次，然后和同期欧洲美元 LIBOR 相比，完成二者之间差额的结算。如果差额为 1%，那么 6 个月内 5 000 万美元的 1% 合计就是需要支付 25 万美元。但是这笔钱是在每半年期结束时支付的，而不是开始。这是因为利息是以欠款的方式支付的。例如，一家银行会按照实际贷款利率 5.5%，按照 6 个月期计算，在 6 个月结束时支付。

为掉期提供一个市场

ABC 公司和 XYZ 公司是如何发现对方的？显然，直接的相互接触存在一定的困难。因此，需要银行发挥作用，将各方联系在一起共同行动。在图 14—4 中，银行可以从 XYZ 公司中收取 8% 的利率，但是只支付给 ABC 公司 7.75%。它可以向 ABC 公司收取 LIBOR，然后只向 XYZ 公司支付 LIBOR-0.25% 的利息。ABC 公司和 XYZ 公司仍然会从这笔交易中获利，但银行现在可以从它提供的撮合服务中收取 0.5% 的费用。

掉期市场开始于 1982 年，随着这个市场的发展，银行开始为单一对手方提供掉期合约，然后再去寻找另一个对手方。这就是所谓的掉期堆栈（warehouse swap）。银行准备积累掉期，直到它发现另外一个交易对手方，才能将这个掉期合约消耗掉，与此同时，银行还会进行对冲活动，我们在稍后解释这一概念。需要进行对冲的掉期合约就是所谓的"未匹配掉期"。因此，掉期便成为银行市场提供的另外一种产品，也会标出买入/卖出价格。例如，银行可能会为 5 年期美元掉期给出 5.80/5.75 的报价（见图 14—5）。

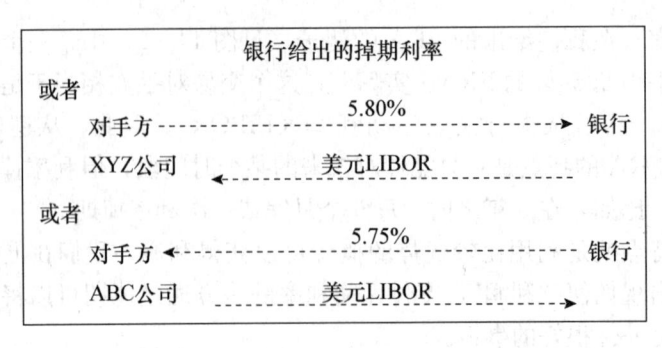

```
                    银行给出的掉期利率
        或者
        对手方  ----------- 5.80% ----------→  银行
        XYZ公司 ←---------- 美元LIBOR ----------
        
        或者
        对手方  ----------- 5.75% ----------→  银行
        ABC公司 ----------- 美元LIBOR ---------→
```

图14—5　银行掉期报价

如果银行来沟通掉期交易中两个交易对手之间的联系（匹配掉期），那么银行并不承担利率风险，还能锁定5个基点的利润。如果LIBOR上升，银行要向交易对手方XYZ公司提供更多的支付，但是会从ABC公司处获得这笔支付。如果利率下降，银行从ABC公司处收到的支付会变少，但是给XYZ公司的支付也会减少。XYZ公司支付5.80%的利率给银行，银行支付5.75%的利率给ABC公司，自己保留5个基点（见图14—6）。

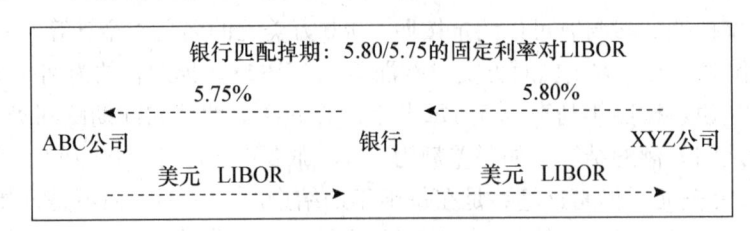

```
           银行匹配掉期：5.80/5.75的固定利率对LIBOR
              5.75%                    5.80%
        ←----------------        ←----------------
   ABC公司                    银行                    XYZ公司
        ----美元 LIBOR----→        ----美元 LIBOR----→
```

图14—6　使用匹配掉期

银行可能没有利率风险，但它确实存在交易对手方风险。如果ABC公司或者XYZ公司出现破产清算，银行则会持有一个未匹配掉期。按照目前监管机构要求的规则，银行必须为这种风险提供资本金。

如果为市场提供一个掉期，那么银行就会暴露在风险之中，直到它找到愿意做相反交易的对手方。在此期间银行可以采取对冲策略：

1. 如果银行面临利率下降的风险（因为它按固定利率支付，按浮动利率收取），它会购买固定利率证券，当利率下降时此类证券的价格上升。

2. 如果银行面临利率上升的风险（因为它按浮动利率支付，按固定利率收取），那么它可以在期货市场卖出一个利率期货，获得在未来某个时期按照现行利率借款的权利。当利率上升时，这种权利就具有了价值，银行可以从期货合约中赚钱。

请注意上面使用的语言。银行获得LIBOR可以称为借入该利率，支付5.75%的固定利率则可以成为贷出该利率（反之亦然）。其他还在使用的语言还包括了支付方和收款方。这往往和固定利率相关。

在给定时期内，向AAA评级的借款人提供的报价和向A评级的借款人提供的报价之间的实际市场利率差会缩小。如果合约名义金额为美元计价，那么掉期合约中的利率就会表示为美国国债利率之上某个基点；如果合约名义金额为欧元计价，那么掉期合约中的利率就会表示为欧元或者LIBOR之上某个基点。

掉期使用者

假设一个 5 年期美元掉期利率报价为 5.80/5.75，那么谁是这些掉期的使用者？我们发现市场上主要是负债掉期和资产掉期。
- 负债掉期是指借款人资金的掉期。
- 资产掉期是指贷款人资金的掉期。

比如一家公司的财务部得到一笔银行贷款，利率按美元 LIBOR 制定（见图 14—7）。由于担心利率会上升，该财务部使用掉期将浮动的银行贷款利率转化为固定利率。

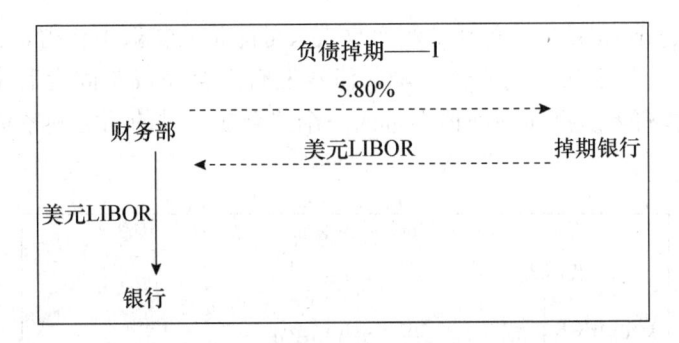

图 14—7　将浮动利率银行贷款转换为固定利率银行贷款的掉期

还可以设想的情况是，获得固定利率贷款的财务部可以获得 5.75% 的固定利率，然后支付 LIBOR，将固定利率转化为浮动利率。更进一步的变化也是可能的。如果说贷款规模为 1 亿美元，该财务部可以只对其中的 5 000 万美元进行掉期——也就是说一半的贷款支付固定利率，一半的贷款支付浮动利率（这种做法相当普遍）。

使用掉期技术，欧洲债券的发行人不仅可以将支付的固定利率转化为浮动利率，还可以根据比较优势原理获得 10 个基点的利润率（见图 14—8）。

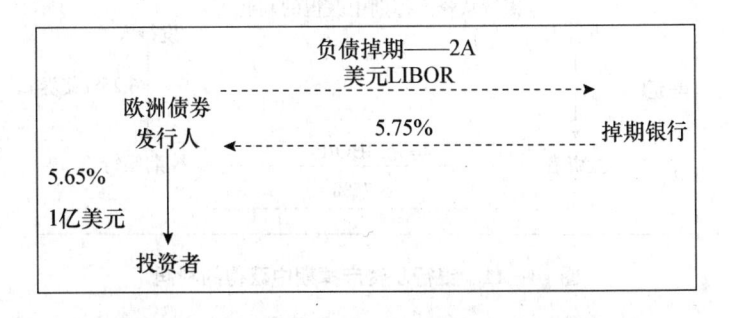

图 14—8　将固定利率债券转换为浮动利率债券

该债券发行人可能做的就是让固定利率的收取和支付相等，然后用利润来降低它要支付的 LIBOR（见图 14—9）。发行人同意接受 5.65% 而不是 5.75% 的固定利率，然后支付 LIBOR－10 个基点的浮动利率。我们的意思是说，发行人可以获得"低于 LIBOR 的资金"。

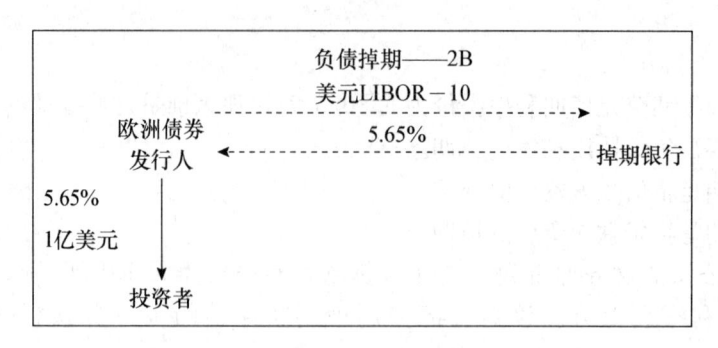

图 14—9　让固定利率的收取和支付等同

投资者基于美元 LIBOR 获得浮动利率收入（可能是从贷款中获得，也可能是从浮动利率债券中获得）。如果认为利率会下降，债券发行人会完成与固定利率相关的掉期交易。我们可以说投资者从浮动利率债券进入一个"合成"过的固定利率债券（见图 14—10）。

图 14—10　合成过的固定利率债券

银行往往购买评级水平较低的公司的固定利率债券（也就是说这种债券支付的利率水平较高），然后用资产掉期建立一个远高于 LIBOR 的浮动利率收入（见图 14—11）。

图 14—11　银行从资产掉期中获得的利润

在图 14—11 中，银行收到来自债券的 6.25% 的利率，但只需要为掉期支付 5.75% 的固定利率。它也接受 LIBOR，因此总共获得的是 LIBOR＋50 个基点。它可能会是个"一揽子"协议，银行会将浮动利率再次转移给某个希望获得更好的浮动利率收入的基金，银行在此过程中会留存一些利润。

掉期和期货

掉期实际上是持续时间长达几年之久的一系列期货或者说远期利率合约。当然，它具有场外市场产品所具有的全部灵活性。当企业以 3.75% 的利率卖出利率期货时，我们看到其效果就等同于在 3.75% 的基础上的一个 FRA。同样的，按照 3.75% 的利率卖出期货就是在选择借入固定利率，贷出浮动利率（我们在掉期中使用的另外一种语言）。不过这只是一个针对单一时间段的掉期（或者说 FRA）。同样的，利率期货的买方选择了借入浮动利率，贷出固定利率——这是掉期的另一方。

因为在 FRA 及掉期中使用的语言和术语与期货合约中的不一样，所以初学者可能认为它们是完全不同的东西，但实际上它们只是同一类产品的不同变化而已。因此，它们和期货具有同样的本质特征——对冲者可以从利率的不利变动中获得保护，但是也无法从利率的有利变动中获益。

期货针对的是 3 个月的时间（但是我们可以约定 8 个季度后的合约）。FRA 也是针对一个时间段，但不一定是 3 个月，因为可以对一系列的 FRA 进行买进或卖出。对于两年或两年以上的时间区间，掉期更具有吸引力。大多数掉期覆盖的时间范围是 2~10 年。然而，前英国哈利法克斯建筑房屋互助协会发行了一只 25 年期债券，据说已经完成了为期 25 年的浮动利率掉期。

其他掉期

一项掉期合约的买家可能只想要覆盖时期为 6 个月的掉期。这将成为远期掉期。在 6 个月的时间内，远期掉期的买方对利率的看法不一定是正确的。然而，买方对掉期作出了承诺。因此，另一种可能性是支付一笔钱，获得一个在未来得到掉期的权利（类似于获得 FRA 的掉期）。有一个奇怪的术语来描述这个产品——**掉期期权**（swaption）。

也许在掉期中的名义本金不是固定的，而且可以不断减少。例如，掉期的名义本金为 1 000 万美元，为期 5 年，但是本金总额可逐年减少。对于本金可能会被逐渐偿还的贷款，或者逐渐沉淀资金以偿还债券本金的情况下，这项掉期就有了用武之地。这就是所谓的摊销掉期（amortizing swap）。

名义本金也可能存在风险，比如该本金的价值会上下波动，而不会一直处于下降趋势。这就是过山车式掉期。存在一种掉期合约，双方支付浮动利率，但是所基于的名义本金水平不同。例如，也许交易的一方支付欧洲美元 LIBOR，另一方支付 3 个月期美国国库券利率。这就是基差掉期（basis swap）。

掉期票据和掉期收益曲线

在泛欧交易所交易的合约名单（见第13章的表13—1）中包括掉期票据。这里存在一些可能引起混淆的问题，该合约实际上是一个债券期货合约，而不是一个掉期合约。该债券是一种每年支付6%息票利率的名义债券，并在最后到期时支付本金（我们在第13章曾遇到过这种金融工具）。你可能还记得债券的净现值就是按照收益率曲线中的利率对未来的现金流进行贴现。**掉期票据**（swapnote）合约的相同之处在于其结算价是以同样方式得到的，但是使用的收益率曲线不同——被称为**掉期率曲线**（swaps yield curve）。正常的收益率曲线则是根据政府的借贷利率计算出来的，如果你想要使用期货来降低政府债券的风险，那么这是一种好选择。

但是公司债券怎么办？掉期率曲线是基于高品质的非政府机构借款人的适当利率计算出来的。由于掉期涉及信用风险，人们对掉期率曲线进行研究以确定掉期合约的合适利率。对于那些风险落在公司债券或抵押贷款债券（如德国抵押债券，德文记为 Pfandbriefe）的机构，用掉期收益率取消计算债券期货要比利用传统政府债券计算更加合理。

其他用户可能是掉期交易商，目的在于对冲掉期收益率曲线未来变化造成的风险。掉期票据也可用来追踪企业债券收益率和政府债券收益率之间的差别。例如，在经济衰退的时候人们会希望这种利差变大。

当然，许多企业并不具有一流品质——实际上，现在市场上发行了很多非投资级的债券。当它们开始发行时，人们使用的语言是"该债券利率比掉期收益率曲线高 x 个基点"。

货币掉期

掉期市场开始于货币掉期。也许一个总部设在美国的债券发行方希望获得瑞士法郎的投资，但是它并不为瑞士投资者所熟知。一家瑞士的知名企业或公共机构可能需要美元，但不为美元的投资者所熟知。于是来自美国的债券发行人在获得瑞士法郎的时候必须支付一定的费用，来自瑞士的债券发行人也需要支付一笔费用以获得美元。这件事情的答案就是，来自美国的发行人筹集美元，来自瑞士的发行人筹集瑞士法郎，然后二者进行货币掉期。这是典型的货币掉期。

第一次重大货币掉期案例发生在1981年，当时世界银行希望进一步发行瑞士法郎计价的债券，但面对的问题是需要支付一笔费用来说服瑞士投资者持有更多的世界银行票据。IBM希望发行美元计价的债券，也面临同样问题。所罗门兄弟公司为此安排了一项掉期。世界银行募集美元，IBM募集瑞士法郎。美元投资者很愿意持有世界银行发行的票据，瑞士法郎投资者也很愿意持有IBM发行的票据。于是这两个实体之间完成了本金的掉期。在赎回（1986年）的时候，所罗门兄弟公司又安排在相同的汇率下完成本金的再次掉期。

在此期间，IBM向世界银行支付美元利息，世界银行向IBM支付瑞士法郎计价的利息。

同样，随着市场的增长，银行开始承接未匹配的掉期交易，为货币掉期提供了一个市场。但有时候也会比较幸运，因为掉期交易中两个对手方可能会同时来到市场完成匹配。在1996年9月，欧洲投资银行和田纳西流域管理局就同时出现在掉期市场中。欧洲投资银行希望获得10年期的德国马克，田纳西流域管理局希望获得10年期的美元。但是，欧洲投资银行能以低于田纳西流域管理局7个基点的利率水平借到美元，也能以低于田纳西流域管理局4个基点的利率水平借到德国马克。因此，欧洲投资银行借入10亿美元，田纳西流域管理局借入15亿德国马克，然后它们进行本金掉期。这是利用比较优势的一个典型案例。双方通过直接的掉期交易，既能将买入价/卖出价之间的价差保留在内部，还节省了交易成本。

利率上限协议、利率下限协议以及利率上下限协议

概述

有时，掉期市场中的客户可能希望只在一个方向上获得保护。例如，企业可能会寻求不被利率上升所影响的保护，但仍然试图从利率下跌中获益。按照浮动利率进行投资的投资者可能会寻求不被利率下跌所影响的保护，但仍然希望从利率上升中获益。实际上，他们可以通过交易所的利率期权合约来实现这个目标。如果利率变动的方向对我们所持有的资产头寸产生不利影响，那么期权合约就会得到执行，从中获得补偿。如果利率变动的方向对我们所持有的资产头寸产生有利影响，那么我们会选择放弃执行期权合约，转而从利率的有利变动中获益。

正如本文之前所提到的，交易所提供的期权自然是有缺点的。场外市场提供的两类非常具有灵活性的产品可以满足借款人和投资者的需要——利率上限协议和利率下限协议。

利率上限协议

利率上限协议为短期实际利率设定了一个最高水平。如果利率超过一个特定水平（行权水平），买家会得到补偿。例如，该协议可能会基于3个月期LIBOR进行设定，合约期限为3年。合约的行权利率水平为5%，按季度对行权利率水平进行修订，名义本金

为1 000万美元。因此，如果3个月期LIBOR为6%，那么卖方就按照1 000万美元的本金支付买方1%的利息——也就是说25 000美元（见图14—12）。

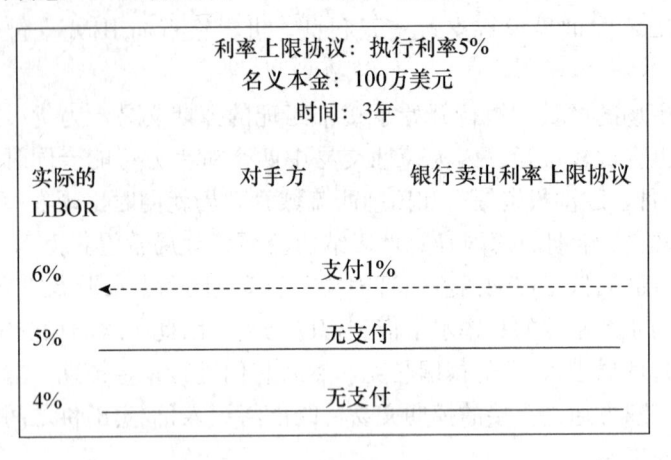

```
            利率上限协议：执行利率5%
             名义本金：100万美元
                 时间：3年

实际的              对手方           银行卖出利率上限协议
LIBOR

6%      ←------------支付1%------------

5%                  无支付

4%                  无支付
```

图14—12 使用利率上限协议

如果利率为5%或更少，则什么事情都不会发生，利率上限协议买家可以从更低的借贷利率中获益。当然，其中会出现一笔费用。场外交易市场的利率上限协议不仅可以按照人们的需求提供准确的合约覆盖时间段，而且还能提供一个连续的合约安排，而不仅仅只针对未来的某一个事情，这和掉期类似。

与期权相关的主题上还会出现很多变化。如果买方愿意承担一部分利率风险，那么上面例子中提到的行权利率水平可以上升到6%。那就这就是一个虚值期权，其价格会更加便宜。

利率下限协议

利率下限协议是一种刚好方向相反的产品。一位获取浮动利率收入的投资者可能会购买利率下限协议。该协议为利率水平设置了一个最低水平。如果市场利率低于该水平，则买者获得补偿（见图14—13）。利率下限协议的条款可以按照支付数量得到精确设定，一旦利率低于行权利率，那么就能获得付款。这可能是因为用户对未来一年的利率走向相当确定，但之后的利率则不能确定。利率上限协议或利率下限协议都可以覆盖一年以后的时期——即利率上限远期或者利率下限远期。

利率上下限协议

从上面的内容中我们可以看到利率上限协议买方要支付一个费用，如果利率上升超过一个给定水平，则获得支付。利率下限协议的卖方收取费用，但是如果利率低于给定水平，则需作出支付。

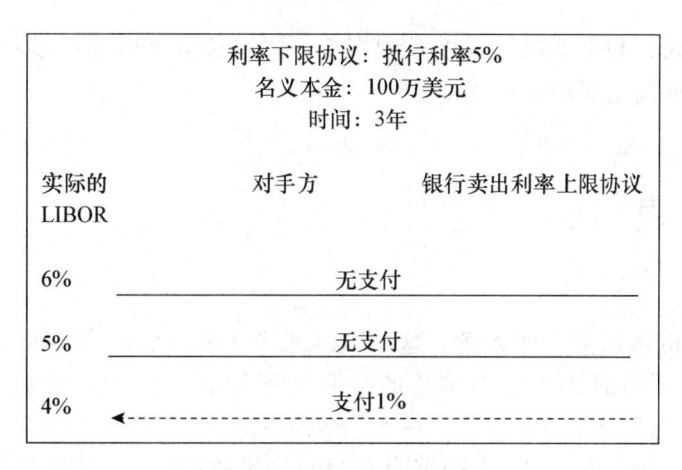

```
┌─────────────────────────────────────────────────────────┐
│              利率下限协议：执行利率5%                      │
│                名义本金：100万美元                        │
│                   时间：3年                              │
│                                                         │
│  实际的           对手方         银行卖出利率上限协议      │
│  LIBOR                                                  │
│                                                         │
│  6%  ──────────────── 无支付 ──────────────────────     │
│                                                         │
│  5%  ──────────────── 无支付 ──────────────────────     │
│                                                         │
│  4%  ◀─────────────── 支付1% ─────────────────────      │
└─────────────────────────────────────────────────────────┘
```

图 14—13　使用利率下限协议

想象一下，同时购买一个上限为 6% 的利率上限协议和下限为 4% 的利率下限协议。这样做的效果显示在图 14—14 中。其最终的效果是为未来 3 年锁定一个利率区间——也就是利率上下限协议。

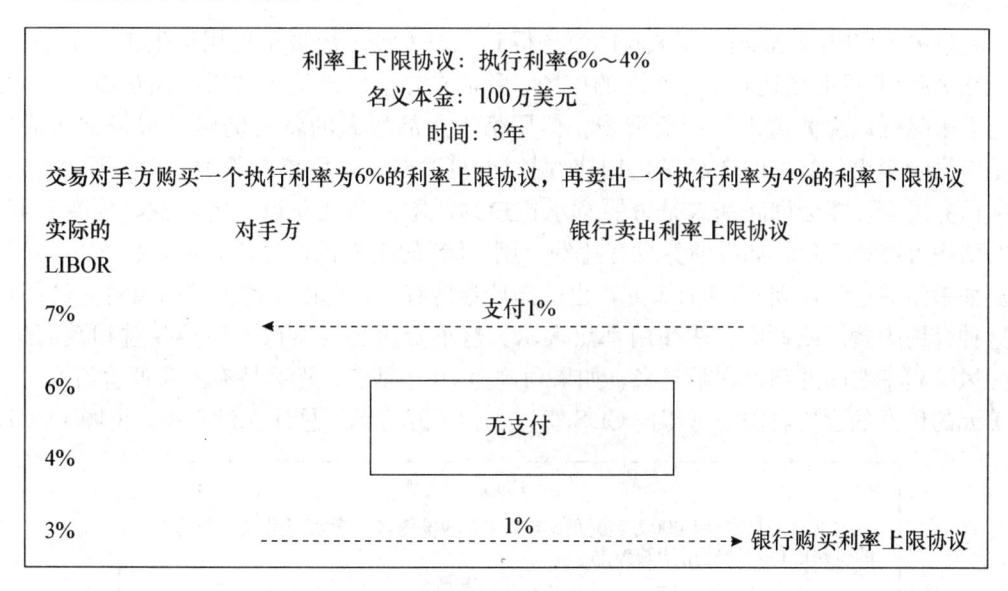

```
┌─────────────────────────────────────────────────────────┐
│            利率上下限协议：执行利率6%~4%                  │
│                名义本金：100万美元                        │
│                   时间：3年                              │
│  交易对手方购买一个执行利率为6%的利率上限协议，             │
│  再卖出一个执行利率为4%的利率下限协议                      │
│                                                         │
│  实际的          对手方              银行卖出利率上限协议  │
│  LIBOR                                                  │
│                                                         │
│  7%  ◀──────────────── 支付1% ──────────────────        │
│                                                         │
│  6%                  ┌──────────┐                       │
│                      │          │                       │
│  4%                  │   无支付  │                       │
│                      │          │                       │
│                      └──────────┘                       │
│  3%  ─────────────────── 1% ─────────────▶ 银行购买利率上限协议│
└─────────────────────────────────────────────────────────┘
```

图 14—14　使用利率上下限协议

如果利率 4% 到 6% 之间，那么我们按照市场利率进行借款。如果利率超过 6%，那么我们得到了保护。如果利率低于 4%，我们并没有从中受益。支付费用的效果是可以降低成本。当两笔费用相同的时候，可以选择利率——这就是无成本的利率上下限协议。这种机制非常有吸引力，曾一度十分流行。我们在上面提到的所有机制都是围绕某个给定的利率水平进行的，但现在可以选择一个利率区间。实际上我们在之前就曾遇到过此类产品。在第 8 章讨论外汇交易的时候，就出现过区间远汇（range forward）。美元期权的买家不会在低于 1.85 美元的价格下兑换英镑，但也不会在高于 1.95 美元的价格下兑换英镑。这只不过是将相同的逻辑运用于不同的市场。

利率上限协议、利率下限协议以及利率上下限协议都是覆盖一段时间的利率期权。目前，最流行的时间范围是2~5年。

信用衍生工具

我们已经对市场风险有所熟悉，这些风险来自于利率、汇率以及股票和债券的价格——但是你知道信用风险吗？如果你的对手方是可信赖的公司，比如雷曼兄弟，但它突然在2008年9月陷入破产清算怎么办？如果你的债券违约风险被AIG担保，但突然AIG也要违约怎么办？在20世纪70年代欠发达国家的危机、后来发生的亚洲金融危机和俄罗斯金融危机，以及最近发生的信贷危机中，我们都看到了其中发生的巨大损失。最初的"巴塞尔协议"中就包括了信用风险，在巴塞尔协议Ⅱ中这一风险得到进一步强调。在此之外，当债券违约，借款人无法向投资者完成利息或本金的偿付时，也会出现信用风险。

在过去10年中，处理信用风险的市场得到飞速发展。出现了信用衍生工具市场——一个在2000年的时候还几乎不存在的市场。我们在之前已经提到过银行通过将贷款卖给其他人来降低风险并清理资产负债表。信用衍生产品所做的就是仍然保留贷款或债券，但是将风险卖出。基本的产品是信用违约掉期（CDS）。一位持有价值1 000万美元的5年期债券买家可能会询问别人是否愿意承担违约风险并为此获得一笔收益。债券买家支付的费用可覆盖5年，如果债券没有违约，则CDS的卖方保留这笔费用，什么也不用支付。如果债券违约，则CDS的买方，也就是债券持有人，可以获得债券面值对应的回报。在这种合约中费用或者价差往往用基点表示。这笔费用会与发行人债券收益和政府债券或无风险利率之间的利差联系起来。如果利差为70个基点，那么持有5年期价值为1 000万美元的债券的投资者需要每年向CDS卖方支付7万美元，总计支付5年，见图14—15。

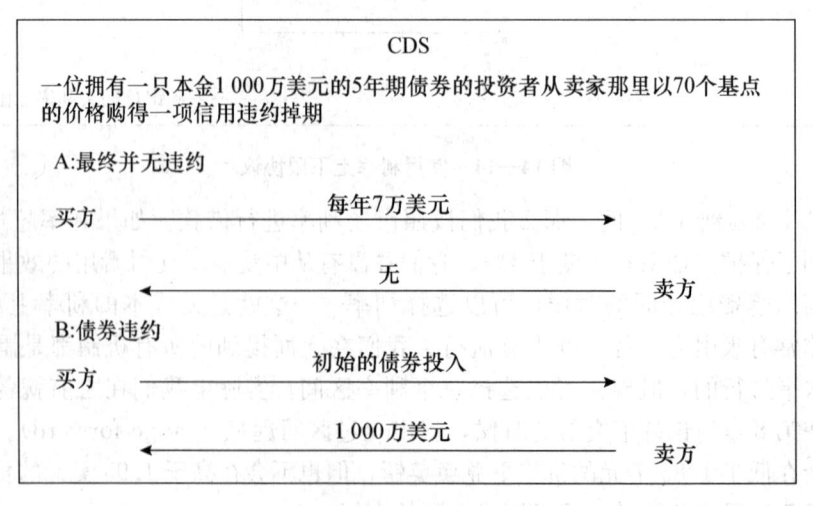

```
                          CDS
        一位拥有一只本金1 000万美元的5年期债券的投资者从卖家那里以70个基点
        的价格购得一项信用违约掉期

        A:最终并无违约

    买方 ─────────每年7万美元─────────▶

                         无
         ◀──────────────────────────── 卖方

        B:债券违约

    买方 ─────────初始的债券投入────────▶

                      1 000万美元
         ◀──────────────────────────── 卖方
```

图14—15 信用违约掉期

让我们假设无风险利率为 5%，在发行时投资者持有的债券可以支付 5.7% 的利率。于是债券的风险溢价是 0.7%。投资者承担违约风险并从中获得 0.7% 的支付。为什么不将这个风险卖给别人呢？这就是所谓的 CDS。但是市场上的利差可能只有 0.6%。在这种情况下投资者可以从该债券中获得一个 5.1% 的无风险回报。但是这种情况不会持续很长时间，因为套利者会从中牟利，利率逐渐被拉平。一个评级为 AAA 级的债券的利差可能是 20 个基点，但是非投资级债券的利差可能是几百个基点。当丹麦电信集团被一个使用高杠杆的私募股权投资集团接管后，市场为其中的债券提供的溢价是 253 个基点。因此，为了保证不在价值为 1 000 万欧元的债券上发生违约，需要每年支付 25.3 万欧元。当然，这和个人每年向保险公司支付 400 美元以防止汽车受损没有任何区别。事实上，许多 CDS 的卖方都是保险公司。所不同的是，CDS 市场具有相当的复杂性。

例如，正如债券期货的卖方可能并不真正拥有债券那样，CDS 的买方也可能并不真正拥有债券，他只是为了投机。当然，如果出现违约，我们会发现一个相当尴尬的局面，那就是 CDS 中覆盖的债券规模超过了市场中真实存在的债券规模。这是美国汽车零部件供应商德尔福在 2005 年 10 月 8 日申请破产时出现的情况。市场参与者聚集在一起找到了一种现金结算方式。他们通过拍卖来决定德尔福公司债券的价格，当时是 1 美元名义价格对应于 30 美分的实际价格。然后 CDS 的卖方用美元支付剩下的 70 美分。卖家获得 CDS 卖方的 70 美分，再加上估计出的价值 30 美分的债券残值，这样就弥补了该债券在卖出过程中出现的风险。

市场的进一步发展就是出现了违约指数——比如标准普尔公司和 Markit 公司开发的指数。标准普尔公司开发出三种指数来跟踪美国 CDS 市场的违约风险状况：
- 美国投资级 CDS 指数（US Investment Grade CDS Index），该指数对 100 家达到投资级的美国企业赋予相同的权重，然后对这 100 家企业的信用评级进行加权平均，以此来度量违约风险。
- 标准普尔美国高收益债券的 CDS 指数（S&P US High Yield CDS Index），这个指数对 80 家高收益信用评级的美国企业赋予相同权重，然后对这 80 家企业的信用评级进行加权平均，以此来度量违约风险。
- 标准普尔 100 CDS 指数，这个指数中包含了 80～90 家存在于标准普尔 100 股票指数中的企业，用来度量拥有足够现金流的企业的信用违约掉期状况。

Markit 公司还按照多个分类标准给出了信用违约状况。它针对北美地区给出的指数主要是下面这些：
- Markit 北美投资级企业的 CDS 指数（涵盖 125 家企业）。
- Markit 北美投资级企业的 CDS 高波动性指数（涵盖 30 家企业）。
- Markit 北美高收益企业的 CDS 指数（涵盖 100 家企业）。
- Markit 北美高收益企业的 CDS 波动指数（涵盖 30 家企业）。
- 北美新兴市场指数（涵盖 15 家企业）。
- 北美新兴市场多样化指数（涵盖 40 家企业）。

在欧洲，可能最知名的指数要数针对 125 家信用评级在投资级以上的企业给出的

Markit iTraxx Europe 指数以及针对 44 家信用评级为高收益级的企业给出的 iTraxx Europe Crossover 指数。

上面给出的指数都是跟踪特定某一类企业的信用状况。因此可以作为特定评级水平下债券市场信用风险的代理指标——主要的指数都关注投资级（类似于美国投资级 CDS 指数）或者高收益级（类似于 iTraxx Europe Crossover 指数）。编制这些指数的供应商往往每 6 个月重新对指数进行设定。如果信用评级水平发生重大变化，那么一些企业会在这一变动过程中被移出某个指数，然后进入另外一个指数。能够诱发单个企业进入清算程序的事件为破产和无法偿付。于是，人们会通过拍卖的方式来完成这一清算过程。在指数中存在的某家公司的违约事件会诱发部分的清算。这与单一 CDS 中某部分名义价值出现问题一样。

信用衍生品市场不止针对债券的信用风险。比如，银行可能就希望通过卖出一些信用风险来改善自己的资本比率。在第 6 章中，我们已经提及了一些结构化金融产品，当时解释按照风险的不同，一只债券可以被划分为多个分卷。这在信用违约市场十分常见。比如，第一个分卷是权益分卷，代表着最高的违约风险。银行往往会持有这个分卷。第二个分卷是夹层分卷，比第一个分卷的风险小一些。最后，我们会来到风险最小的高级债券分卷。例如，在 2005 年 12 月，花期集团购入价值 5 亿欧元的新兴市场国家债券，将其划分为 100 个相同的等份。高级债券分卷可以获得 AAA 级的信用评级，只需要支付高于 EURIBOR 35 个基点的利率；相比之下，信用评级为 BB 级的债券分卷要支付美元利息，利率是 EURIBOR 外加 425 个基点；花期银行将最具风险性的股权分卷保留，该部分占整个资产包的 6.5%。

上面提及的信用衍生品都是依据银行业务完成的结构化产品。实际上，还可以根据债券或者 CDS 来构造信用衍生品。此类衍生品可以按照风险的不同为不同分卷持有人提供不同的收入。实际上，我们已经进入了合成担保债务凭证（synthetic collateralized debt obligation）时代。是谁在买进和卖出这类风险？显然，银行和保险公司是这一市场的主要参与者。而且，其中还会出现对冲基金以及养老基金。对冲基金是执行积极投资策略的市场参与者——有些人估计出对冲基金为信用衍生品市场提供了 70% 的交易量。对冲基金的行动十分迅速，可能会在付钱确定交易之前进入或退出交易。有时候它们也会和其他参与人签署协议，将第三方引入交易之中。所有的这些特征，加上市场中此类交易的规模巨大，导致人们对后台处理程序产生担忧，而且如果出现危机还可能引发法律问题。由于此类市场缺乏透明度，所有很多帮助解决上述问题的措施都帮不上忙，为此，在信贷危机之前就有人建议为此类市场提供一些新的监管措施。

以前美联储主席格林斯潘为代表的很多权威人士在 21 世纪第一个 10 年中期指出信用衍生品市场让范围广泛的风险得到了管理，是一件好事。但是，号称"奥马哈圣人"的沃伦·巴菲特则认为信用衍生品是个定时炸弹。在英国，英国金融服务管理局前首席执行官约翰·蒂纳（John Tiner）在媒体上曾这样说道：

> 信用衍生品将对冲者和投机者带到市场上来，这意味着他们将信息带入市场。我认为这可以使市场更加透明，对所有参与方来说都应该是件好事。

我们会在稍后讨论信贷危机之后针对 CDO 业务的监管得到了怎样的加强。

正如本文前面提及的，由于信用衍生品交易量过剩，很多交易员不得不取消相互之间达成的交易。因此，就需要为交易提供一个清算机制，这种清算机制完全类似于第 9 章提到的外汇交易清算机制。一家名叫 TriOptima 的金融技术公司目前就在运营这样一个交易清算系统。该系统从不同的经纪商处收集交易信息，然后从中找出可以完成清算的交易，留给经纪商那些剩下无法得到清算的交易。不过，大型证券经纪商仍然会完成大规模衍生品的买卖。

国际掉期和衍生品协会为信用衍生品市场规模给出了估计数据。这个估计数据包含两类指标，一类是名义本金价值，一类是实际的市场价值。以图 14—15 给出的交易为例，其中名义本金价值为 1 000 万美元，但是实际的市场价值则只有 $5 \times 70\ 000$ 美元 $= 350\ 000$ 美元。在 2002—2003 年期间，CDS 市场发展迅速，到 2007 年，估计该市场的名义本金价值达到了 62 万亿美元。不过，信贷危机对这个市场造成了毁灭性的打击，在 2008 年末，市场上的名义本金价值只剩下 38.6 万亿美元。不过需要重点关注的一个特点是，从历史上看，在绝大部分 CDO 中，由于违约是一件很少发生的事情，主要发生的支付是买方向卖方支付的衍生品费用。因此，虽然根据市场上名义本金价值计算出的市场规模数据十分巨大，但是实际发生的现金流交易只占很小的一个比例。在 2008 年 9 月 15 日雷曼兄弟银行倒闭的案例中发生的 CDO 支付是用来阐述这一特征的一个很好的例子。当时，未偿付 CDO 的名义本金总额达到了 4 000 亿美元，但是在衍生品之间进行清算后，最终的支付只有 52 亿美元。

市场上对雷曼兄弟银行在 CDO 中的风险暴露头寸的担心开始蔓延，只用了一天，这种担心就转递到 AIG。这家公司是美国最大的全牌照保险公司，它卖出的 CDO 没有得到对冲——因为这家公司认为任何大规模的信用违约都是不可能发生的。AIG 持有名义本金价值超过 4 400 亿美元的 CDO——主要是专业保险公司完成的交易。人们开始担心 CDO 市场中出现的问题会外溢到 AIG 并导致其破产，这带来的就是 2008 年 9 月 16 日美国政府为 AIG 提供救助计划。根据 BIS 在 2009 年给出的一份报告（BIS，2009a）：

> 这个救助计划可以重复构造，而且在未来的数个月中可以重复展期，从而帮助 AIG 不至于倒闭。此举也让 CDO 相关风险不至于最终影响到客户的资产负债表，毕竟，当时的经济环境已经相当不妙。

沃伦·巴菲特的担心最终成为现实。美国和欧洲的监管者开始快速行动，为 CDO 市场提供一系列的监管措施。特别的，监管者担心投机者的行为会对银行造成更大的压力，可能导致更多银行破产。要记得，CDO 的持有人是希望信用降级或者违约的，因为这样才能有收入。而且，CDO 市场的场外交易特性，又使得这一市场缺乏透明度。因此，人们一致同意在美国和欧洲为 CDO 交易建设一个中央结算体系。在这个体系中，清算所作为中央交易对手方，为 CDO 交易中的实际对手方提供合约，这样就能降低实际对手方的违约风险。在 2009 年 3 月，美国的 CDO 清算所开始运行，这个系统由美国洲际交易所负责运营。在同年 7 月，美国洲际交易所宣布它设立在欧洲的分支机构已经将清算服务拓展到了欧洲，比欧洲自己提出的 2009 年 7 月 31 日的最后期限还早。

衍生工具市场

BIS 会定期调查在交易所和场外交易市场进行的衍生产品合约交易的数量和价值，然后在季度总结中对这些数据进行更新。

表 14—1 和表 14—2 阐释了 2005 年和 2009 年衍生品市场的增长状况。如果我们回到 1985 年，当时的增长看上去更加可观。在 2009 年 6 月，当时的未偿付合约的名义本金价值为 604.621 万亿美元，在 1985 年这一数字为 47.412 万亿美元。在 2009 年 6 月，交易所交易的未偿付合约的名义本金价值为 69.453 万亿美元，在 1985 年则只有 9.187 万亿美元。如果我们考察一下交易所交易的利率期权，会发现从 1985 年到 2009 年，未偿付合约的名义本金价值从 2.742 万亿美元上升到 42.031 万亿美元。我们可以看到，虽然自 1985 年以来衍生品活动出现快速增长，但是到目前为止，过去 5 年里增长最为迅速的是场外衍生品市场，但是自 2005 年以来交易所交易的衍生品价值发生了变化。

表 14—1　　按照风险类别和工具类别划分的未偿付场外衍生品名义本金价值　　单位：10 亿美元

金融工具	2005 年 6 月	2009 年 6 月
外汇		
直接远期汇率和外汇掉期	24 267	23 107
货币掉期	8 236	15 072
期权	6 809	10 596
利率类合约		
FRA 和掉期	77 322	388 684
期权	27 071	48 513
和股票联系的合约		
远期和掉期	176	1 709
期权	527	4 910
商品	1 694	3 729
CDS	10 211	36 046
未分类	29 086	72 255
加总	185 399	604 621

注：在未分类一栏主要包括无法按照上述分类纳入统计的场外衍生品合约。
资料来源：BIS，2009b。

表 14—2　按照工具类别划分的交易所交易衍生工具（名义本金价值的单位是 10 亿美元）

金融工具	2005 年 6 月	2009 年 6 月
外汇期货	110	136
外汇期权	63	104
利率期货	19 860	20 096
利率期权	32 795	42 031
股票指数期货	727	951
股票指数期权	4 726	6 135
总计	58 281	69 453

资料来源：BIS，2009c。

在 20 世纪 90 年代早期，巴林银行以及其他银行发生的丑闻使得评论家们认为到了指出衍生品市场泡沫破灭的时刻，或者至少说那种快速增长时期该告一段落了。但事实表明明显不是这样，在 2008 年中期，受到信贷危机的影响，场外衍生品市场的规模达到历史新高后开始下跌，直到 2009 年初为止。自 2009 年初以来，由于人们认为违约会继续上升，所以 CDS 市场发展乏力，但是除此之外的其他衍生品市场开始复苏。这一市场的快速发展以及金融工具复杂性的进一步提升，开始吸引 BIS 以及其他人关注控制风险过程中的危险性以及整个风险控制体系的缺陷。用来阐述衍生品中存在的风险的一个很好的例子就是 1995 年早期巴林银行的倒闭事件，这家银行曾是英国历史最为悠久的商人银行，该银行的破产完全归咎于一位名叫尼克·利森的交易员的不当行为。当时，巴林银行的内控不足，管理也存在漏洞，从而使得一位交易员的行为就毁掉了这家银行，造成 8.6 亿美元的损失。在美国，在基德尔皮博迪的一位名叫约瑟夫·杰特（Joseph Jett）的交易员被起诉，称其在两年的时间里累计造成 3.5 亿美元的损失。在 1996 年，位于纽约的大和证券的一位无赖交易员将自己在 11 年间造成的损失隐瞒。住友集团的 Hamanaka 先生也被起诉，因为他使用衍生品在国际铜市场囤积商品，最终造成大约 24 亿美元的损失。

其他一些令人震惊的在衍生品上出现的损失包括：

- 1994 年，德国最大的工业集团 Metallgesellshaft 在原油期货交易中损失 15 亿美元。
- 2001 年，美国第七大公司安然——也是世界上最大的能源贸易商——广泛地使用了能源和信用类衍生品。在尝试系统性地减记衍生品交易中发生的损失时破产，这是美国历史上最大的破产案。
- 在 2002 年，由于一位在美国的交易员约翰·拉斯纳克（John Rusnak）使用伪造的期权合约来隐瞒在现货和远期外汇市场中发生的损失，爱尔兰联合银行损失了 7.5 亿美元。
- 2004 年，中航油在新加坡进行投机性的衍生品交易，造成 5.5 亿美元的损失。
- 2005 年，世界上最大的衍生品经纪商瑞富公司（Refco）破产。
- 2006 年，一家名叫 Amaranth Advisors 的美国对冲基金在天然气期货交易中损失 60 亿美元。

● 2008 年，法国兴业银行在一次未授权的期货交易中损失 49 亿美元。当时，一位名叫杰洛米·科维尔（Jerome Kerviel）的只有 31 岁的初级交易员隶属于设立在巴黎的法国兴业银行期货交易部，他的职责是对欧洲股票指数进行普通的对冲交易，他成为迄今为止最大的银行舞弊案的策划人。

虽然上述提及的这些教训都十分惨痛，但还是需要将它们放入我们的讨论中。其中大部分教训都源自过度的风险承担行为或者是弄虚作假行为——后者往往是由于内控不力和监管不够。在 2008 年期间世界主要银行发生的损失也可以放在这个语境下进行解读。单个损失可能会对某家银行或者企业造成重大影响，但是衍生品将银行和其他范围广泛的企业相互联系了起来，而且这种联系还是在一种不透明的方式中进行的，于是重大的系统性问题开始出现，比如 AIG 和它在 CDO 业务上的损失。

遗憾的是，由于理解衍生品的运行机制需要一些专门的知识背景，所以一些人在没有这些知识背景时会将衍生品等同于赌博。假设我们有两家公司在未来 3 年将会面临重大的利率风险。其中一家选择通过利率掉期来支付固定利率，但是另外一家企业则什么也不做。那么，究竟是谁在赌博？很显然，什么也不做的企业在赌博，该企业将自己置于利率风险的无限变动之中。

衍生品中存在的矛盾在于，使用衍生品能够将风险转出，就意味着银行需要承担更多的风险。只要银行能够承担更多的风险，那么它就能为衍生品使用者提供更多的产品。随着市场的发展，涌现出越来越多的各类衍生品，可以让更大范围内的风险以一种更有效率的方式转移。因此，出现越来越多的产品而且这些产品变得越来越有吸引力。这些都是衍生品市场有利的一面。当然，市场上还存在喜欢赌博的人（投机者），离开他们市场也转动不起来，但是如果将整个市场视为一种赌博行为，这将是一种相当错误的观点。

在消费者市场中，我们也能看到衍生品，比如个人可以购买为期 20 年的固定利率抵押贷款产品，此外还有一些利率上限抵押贷款产品和奇异期权的变种。这些产品的出现，都有利于个人更好地安排自己的预算。所有这些类型的抵押贷款产品都是用衍生品的结构化方式构造的。同样的，投资产品也可以带有一系列的担保条款，此类条款主要以期权的方式存在，其目的是保护投资者远离市场下行的风险。这种方式可以帮助普通人避免长期储蓄受到风险的侵蚀。

概　要

FRA 是一种将未来给定时段的利率固定下来的方式。

如果在给定日期市场利率超过某个行权水平，那么合约的卖方为买方作出补偿。然而，如果市场利率低于某个行权水平，那么合约的买方必须赔偿卖方。

通过购买 FRA，借款人可以获得保护。银行通过给出买入价/卖出价，可以从这种合约中赚取利润。

从本质上讲，FRA 相当于交易所交易的利率期货合约，只不过它是在场外交易市场进行交易的。

FRA 只是一种针对单一时间段的远期合约。掉期则是针对未来多个时间段的一种远期合约（例如，在未来 10 年中每年都有一个掉期合约）。同样，将市场利率（通常为 LIBOR）和某个行权利率进行比较，即可判断是否交易中的一方要向另一方完成支付。

在 FRA 中的买方往往在掉期合约中被称为支付人（也就是说支付固定利率的那一方）。在 FRA 中的卖方往往在掉期合约中被称为收款人（也就是说获得固定利率支付的那一方）。

以上是利率掉期，市场上还存在货币掉期。

应用比较优势理论，掉期合约的两个参与方都可能获得利润。通过为掉期合约给出买入价/卖出价，银行可以从价差中获取利润。

为借款人提供的掉期被称为负债掉期；为投资者提供的掉期被称为资产掉期。

掉期本质上是一系列的 FRA。在未来某一日期开始生效的掉期被称为远期掉期；可以获得一个掉期合约的权利被称为掉期期权，如果掉期合约双方都是浮动利率，那么可以称其为基差掉期。

通过使用利率上限协议，借款人既可以不受利率上升带来的负面影响，还能在利率下降过程中获益；通过使用利率下限协议，投资者既可以不受利率下跌带来的负面影响，还能在利率上升过程中获益。

如果将利率上限协议和利率下限协议结合起来使用，就能得到一个利率上下限协议。

利率上限协议、利率下限协议和利率上下限协议都是期权合约的不同变化。

在 2009 年 6 月，BIS 对场外衍生品市场进行了调查，初步估计未偿付的名义本金价值为 605 万亿美元。与这些衍生品相联系的现金流则少得多，因为市场上的很多参与方的目的是通过买入或卖出衍生品来对冲自己持有的头寸——其中的现金流大约在 20 万亿美元左右。BIS 估计，在 2009 年 6 月的交易所交易衍生品的未偿付合约本金总额为 69 万亿美元。

在交易所衍生品市场和场外衍生品市场中，利率衍生工具所占比重最大。

CDS 是针对债券违约风险进行的合约安排，通过支付一笔费用可将这个风险卖出，CDS 也可能针对一篮子债券。它是信用衍生工具市场的一部分，目前成为该市场增长最快的部分。在 2008 年 9 月，对 AIG 进行救助的原因是监管者担心如果该集团倒闭的话，将会造成价值 4 400 亿美元的未偿付 CDS 合约的违约。

参考文献

BIS (Bank for International Settlements) (2009a) *79th Annual Report* (1 April 2008 to 31 March 2009) BIS, Basel.

BIS (Bank for International Settlements) (2009b) *Semiannual OTC Derivatives Sta-*

tistics at end-June 2009, BIS, Basel.

BIS (Bank for International Settlements) (2009c) *Statistics on Exchange Traded Derivatives*, December, BIS, Basel.

进一步阅读材料

Chisholm, A. (2004) *Derivatives Demystified: A Step by Step Guide to Forwards, Futures and Options*, John Wiley & Sons, New York.

Hull, J.C. (2008) *Options, Futures and Other Derivatives* (8th edn), Prentice Hall, Upper Saddle River, NJ.

Flavell, R. (2009) *Swaps and Other Instruments* (2nd edn), Wiley, Chichester.

第六部分

新亚洲两小龙

第 15 章

新亚洲两小龙：中国和印度

引　言

2006年1月在达沃斯举办的世界经济论坛中，占据主导优势的议题是中国和印度的崛起。为了不被中国代表团抢风头，印度派出一支由150名商人和政治家组成的代表团。高盛也破纪录地预测在2050年世界上最强大的三股经济力量将是中国、印度和美国。虽然传统上看，人们对这个预言的顺序安排都是"中国……印度"，但是也有人打赌印度会在长期中胜出。高盛也说，到2015年印度的经济增长率会超过中国。我们会在后面部分对中国和印度进行比较。

首先来看一些基本的事实，这样可以对认为中印两个经济体会拔得头筹的原因有个更加清楚的了解：

- 中国的人口是13亿，印度的人口是11亿。
- IMF预测中国在2008年的名义GDP为4.4万亿美元，印度是1.2万亿美元。
- 中国经济以每年9%的速度增长，印度在过去十多年的增长率为7%左右。中国国家统计局公布的2009年经济增长率为8.7%，预测在2010年可以超过10%。
- 在过去的五年中，中国的出口增长了130%，印度的出口增长了110%（在2008年底，中国的出口总值为1.465万亿美元，是世界第三大出口国）。

美国已经开始担心中国。2008年美国的贸易逆差是8 130亿美元，其中美国从中国进口商品的价值为3 700亿美元，但是出口商品的价值只有770亿美元。因此，单独中国就占美国贸易逆差的36%（在2005年是28%）。这可以解释为什么美国会向中国施压要求对人民币进行重新估值。在整个2008年，我们看到中国在向美国和欧洲出口衣服时出现了各类纠纷。到2009年6月末，中国的外汇储备已经达到2.13万亿美元。这个数字远远超过世界第二大外汇储备持有国日本——日本持有9 740亿美元的外汇储备。

当然，中国的工业化水平比印度强很多，因此其制造业产出占GDP的46%，而印度只占19%。中国是世界上最大的钢铁生产国，不过印度则拥有世界上最大的钢铁生产商米塔尔公司。这种大规模的制造业生产活动带来的后果就是，中国是最大的原材料进口国，大约占全球铜、铝、锡和锌需求的25%。中国大陆也从亚洲进口大量零部件，其中来自日本的占14%，来自韩国的占11%，来自中国台湾的占10.5%。在2007年底，从美国和德国进口的零部件只分别占零部件总进口的7.3%和4.7%。

根据国际能源组织的数据，在2007年中国占全球石油消费的9%（印度是3.2%），已经成为全球第二大石油消费国（第一大是美国）。

麦肯锡预测中国会在10年之间成为世界上最大的汽车生产国——目前它已经是全球第三大汽车生产国，仅排在美国和日本之后。这种扩张速度类似于美国在20世纪30年代的情况。在2000年，中国有1.7万公里的高速公路，但是到2005年这一数字就翻了一番，变成了4.1万公里。中国在2001年加入世界贸易组织，这使它得以降低进口壁垒。

上面我们提到了中国出口衣服，但这并不代表中国的出口商品都是低成本、低技术含量的——来自亚太经合组织的数据显示，中国在2007年出口了价值3 900亿美元的电脑、数字手机以及其他类似产品。美国出口此类产品的价值则只有4 600亿美元，中国开始超越日本，成为世界上向美国出口IT产品最多的国家。

也许印度更为人所知的是它的创业型经济（entrepreneurial economy），其中服务业占GDP的比重达到52%，但是中国的这一比例只有40%（这一比值正在上升）。毫不惊奇的是，印度的零售业产值占GDP的11%，而中国的则只有6%。外包经济是印度的一大商业形态，但这一商业形态的产值只占GDP的3%。在为美国服务但是外包到世界其他地区的IT服务中，大约75%的份额流向印度。实际上，外包服务不仅仅是呼叫中心，这种商业形态正在走向高级化。现在使用更为广泛的一个词语是商务流程外包（business process outsourcing，简写为BPO）。这包括了医疗、精算、研究等高价值的商业服务，有时候人们也将其称为知识过程外包。印度的软件服务游说团体——全国软件服务公司协会——给出一份报告，该报告估计到2011年印度的IT外包和商务流程外包产值可能会从2005年的170亿美元（约合102亿英镑）增加到600亿美元（约合360亿英镑）——年复合增长率可达28%，但是这个增长率仍然低于最近几年印度外包行业实际达到的增长率。印度最大的IT公司包括塔塔集团、印孚瑟斯（Infosys）公司以及威普罗（Wipro）公司。

中国本身也对这些公司很感兴趣。在2005年9月，印孚瑟斯公司宣布它在上海的公司计划雇用6 000名程序员。塔塔集团也和微软以及中国多个省政府代表机构签订了协议。在这些协议宣布之初，塔塔集团便已经在中国雇用了300名程序员。

印度的人口十分年轻，但是中国实行的"一胎化"政策会在未来引起较大的麻烦。大约52%的印度人口年龄在25岁以下，而且这些人是在有卫星电视、移动电话和电脑的环境中成长的。印度每年毕业的大学生有 400 万（中国是 300 万，美国是 130 万）。目前，印度中产阶级的人口数量已经接近美国全国人口数量。万事达国际集团（MasterCard International）预测，在未来 15 年，中国的中产阶级人数会从 6 500 万上升到 6.5 亿。

看到上述事实，我们就可以理解为什么中国和印度在希望被 G8 接纳后形成 G10 的过程中存在如此大的压力。

除此之外，我们也不能忘记其他的亚洲新兴经济体——韩国、中国台湾、新加坡、马来西亚和泰国。在 2008 年，这些经济体的总出口额为 12.85 亿美元（约合 7.96 亿英镑），而中国的总出口额为 14.65 亿美元（约合 8.98 亿英镑）。欧洲和美国曾经主导世界，后来只被日本挑战。如今，我们看到中国、印度及其他亚洲新兴经济体。

当然，从世界范围看中国和印度仍然是贫穷的，不断发展壮大的中产阶级背后也隐藏着不断拉大的贫富差距。在中国，8 亿人生活在农村，印度则是 7 亿。在 2008 年中国人均 GDP 只有 3 300 美元，印度的更低，只有 1 016 美元。相比之下英国的人均 GDP 是 43 000 美元。中国城市人口的收入是农村人口收入的 3 倍，整个国家的人均收入只有 120 美元/月。印度的平均工资是 500 美元/月，很多人估计印度有 28% 的人口每天的收入不足 1 美元。

在结束本节之前，也许我们应该提一下中国香港和中国台湾。

虽然香港已经显然是中国的一部分，但它拥有自治权，当人们说"中国"时，他们往往指的是中国内地。这种自治性使得香港仍然成为外来投资的热土，也保持了其证券市场的自由，没有让证券市场受到类似中国内地那样的限制和更加严格的标准。在 2008 年香港证交所中 75% 的融资来自中国内地的企业，这些企业的市值已经占香港证券交易所总市值的 48%。

中国台湾所处的位置特别有趣。当然，从官方来看，这两个经济体的关系是比较暧昧的，台湾希望不要过分依赖于大陆的贸易。但是，台湾人则热心于在中国大陆投资，在过去 15 年大约投资了 1 000 亿美元（约合 600 亿英镑），台湾的出口中大约五分之二的份额流向中国大陆。

需要注意到的一个地方是信贷危机以及随之而来的经济下行对中国出口造成了负面影响。在 2008 年 8 月到 2009 年 8 月之间，中国出口下跌约 24%，贸易盈余下跌约 45%，跌至 150 亿美元。在此期间，中国与日本、美国和欧盟的贸易出现了最大幅度的下跌。不过这种下跌也有助于减轻中国货币重新估值的压力，伴随着总额约 6 000 亿美元的大规模财政刺激政策，中国政府希望通过此举来帮助中国经济达到预定的增长目标。在信贷危机中，印度的出口似乎没有受到类似于中国这样的大规模冲击。根据 IMF 的报道，在 2009 年，印度经济的增长率为 5.6%，预期在 2010 年可以达到 7.7%。

在下面部分我们会考察中印两国的金融市场——银行业以及各类资本市场。之后会进一步考察中国和印度并对二者作出比较，以此来分析两个国家各自的长处和弱点。最后我们通过考察与中国和印度相关的一系列关键事项来结束本章的讨论。

金融市场

银行业：总括

中国和印度的银行体系之间存在大量相似之处。两国银行都在资本账户管制的环境下运营，都为自己没有受到1997年亚洲金融危机的影响而感到骄傲。两国的银行体系都是国有银行占据主导地位，在中国的银行体系中国有银行控制了几乎所有的资产，不过这一状况正在发生改变，因为银行业的股份制改革，而且一些主要的大型银行开始在香港上市，可以为外部投资者提供小部分股份，比如大约为12%。印度的国有银行控制了印度银行业大约75%的资产，而且银行业私有化方案受到议会里共产团体的反对，而且这些团体有决定政府权力归属的实力。但是，印度存在纯粹私营的银行，这些银行大约占印度银行业总资产的18%。在中国，完全私营的银行几乎不可能出现，唯一的例外应该是中国民生银行，它是通过向私人部门以及中外合资企业借款而成立的。

中国和印度都在小心翼翼地控制国外资本在其银行业中所持有的股份比例，不过相比之下印度对银行业中国外资本的占比额度放得更宽。而且，印度是存在国外银行业的，它们占印度银行业总资产的7%，开放程度要高于中国。

中国和印度银行业的一个重大不同之处在于中国银行业中大型银行占据很大的份额，而且它们拥有大量的分支机构。中国四大银行的资产总计为45 700亿美元，但是印度前四大银行的资产总计为4 620亿美元。中国工商银行拥有超过24 000家分支机构，中国建设银行拥有约14 000家分支机构，中国银行的分支机构数量也超过了10 000家。相比之下印度国家银行只有11 500家分支机构，排在次位的旁遮普国民银行只有4 497家分支机构。当然，上述区别完全可以由两国不同的历史背景解释。

银行业：中国

在中华人民共和国成立的最初几十年，国有化是一个被特殊强调的优先政策。当时中国人民银行完全控制银行业。在1979—1987年之间，中国开始推动对银行业的重构，这带来的是其他银行机构的设立，这期间存款增加到原来的3倍，银行贷款也有了大规模增长。到1987年，目前中国存在的主要银行都已经设立，其中包括中国银行、中国农业银行、中国投资银行以及中国建设银行。同时得以设立的还有合作银行以及中国人寿保险公司。在1948年设立的中国人民银行也在1983年重新定位为中国的中央银行。目前中国人民银行的行长是周小川。

到目前为止，中国有4家主要的国有银行，分别是：中国银行、中国工商银行、中国建设银行以及中国农业银行。还有另外3家被认为是政策性银行的国有银行，分别是——中国国家开发银行、中国进出口银行以及中国农业发展银行——它们为基础设施建设以及其他长期政府支持项目的建设提供融资。在此之外还有其他一些国有银行，可以被认为是第二梯队的银行以及10家混合所有制银行，这些银行的股东中既有国家也有私人部门企业。其中包括上海浦东发展银行、深圳发展银行以及中国招商银行。之后中国还出现了完全私营的中国民生银行。最后，中国有100家左右的小型区域性商业银行。在中国，最大的前20家银行的资产规模可见表15—1。

作为一个大型的农业国，中国银行业体系中发挥重要作用的是35 000家村镇信用合作社以及1 000家城镇信用合作社。其中很多机构正在完成相互之间的合并，目的是形成少数几家实力更强的银行。

还需要提及的是经营租赁业务的几家银行或者非银行金融服务机构。中国有6家汽车融资企业，其中包括了大众、通用和丰田公司。

对于投资银行业务来说，建设银行、摩根士丹利（占股34%）和其他3家小股东共同在1995年建立了中国国际金融有限公司（China Investment Capital Corporation）。中国银行也有提供投资银行服务的历史，目前中国所有的国有银行都在这个领域拓展业务。很多国外银行也在北京和上海建立了代表处。

一些国外的投资银行也开始参股中国国内的投资银行，这一动向受到中国政府当局的严密控制。在摩根士丹利公司参与成立中金公司之后，法国农业信贷银行的亚洲投资银行部作为一个合资方，持有了中国华欧国际证券（China Euro Securities）33%的股份。在同年法国巴黎银行持有了长江证券33%的股份，并将长江证券更名为长江巴黎证券。在2004年，高盛集团和方风雷一起合作收购高华证券，在2005年美林银行以合资方的身份收购了华安证券33%的股份。之后在2005年出现一个有趣的动向，即瑞银集团和世界银行私人部门以及另外三家国有企业与北京市政府联合起来，对一家证券经纪商进行重组，其中瑞银集团占股20%。这家新重组的公司是从北京证券剥离出来的，当时北京证券有130家分支机构，发生了20亿美元（约合12亿英镑）的亏损。新成立的公司中包含了北京证券最好的分支机构，还继承了北京证券的经营牌照但是不对过去的债务承担责任。在很多时候，外资投资银行能否进入中国取决于政府当局对外商投资的态度，正如我们在上面看到的。当本地银行或者证券经纪商的经营出现问题，需要新鲜资本注入的时候，外资银行就开始受到欢迎。

表15—1　　　　　　　　按照总资产排序，中国最大的前20家银行，2008年

银行名称	总资产（单位：10亿美元）
中国工商银行	1 427
中国建设银行	1 105
中国农业银行	1 026
中国银行	1 018
交通银行	392
招商银行	230
上海浦东发展银行	192

续前表

银行名称	总资产（单位：10亿美元）
中国中信银行	174
中国民生银行	154
兴业银行	149
中国光大银行	125
华夏银行	107
广东发展银行	79
北京银行	69
深圳发展银行	69
上海银行	54
北京农村商业银行	33
江苏银行	33
上海农村商业银行	25
深圳平安银行	21

资料来源：*The Banker*，July, 2009。

对中国整个的银行体系而言，其中一个重要问题是搞清楚邮局的地位。中国有76 000家邮局，其中有33 000家都可以提供邮政储蓄服务，这些机构一共运营着2.6亿个邮政储蓄账户。中国政府希望将邮政储蓄系统变成一家真正的银行并将其从邮政系统中分离出来。在邮政储蓄系统中产生的利润被用来补贴全国的邮政服务，因为邮政服务衍生到了数不清的偏远地区。中国邮政储蓄系统中的大部分存款都交给了中央银行。

中国银行体系的一大特点是主要的国有银行开始逐渐上市。在2005年6月，交通银行成为第一家在香港上市的银行，一共募得资金22亿美元（约合13亿英镑）。之后中国建设银行在2005年10月在香港上市，让渡其12%的股权后共募得80亿美元（约合48亿英镑）资金，中国银行在2005年5月让渡其10.5%的股份后募得97亿美元（约合58亿英镑）资金。不过，很明显，中国仍然希望在上述银行的股份中，国有股占据绝大部分比例。后来，这些银行不断攀升的股价也导致很多人的批评，人们声称这些股票以过于便宜的价格卖给了外国人。于是，外资银行进入中国银行业的准入受到某种程度上的收紧。其中一个例子就是新加坡银行淡马锡控股（Temasek Holdings）希望持有中国银行10%的股份，但最终中国监管当局只批准让渡5%的股份。这个案例我们在后面还会提到。

外资在银行业的状况

中国对外资银行的投资行为有着严格的限制。如果是多家外资银行持股一家国有银行的话，这些外资银行总共的持股比例不可超过25%，如果是单一外资银行希望对一家国有银行持股，则持股比例不可高于20%。外资银行可以用东道国货币进行交易，也可以提供外汇。如果它要开分支机构（这需要获得监管层批准），也可以提供和中国国内银行相同的服务。但是，除非作为中国银团贷款的一分子，否则它们不可以向中国企业贷款，也不可承销股票或者提供债券发行服务。

到2009年中期，已经有29家外资银行在中国运营，总资产达到1 200亿美元——只占中国银行体系的2%。主要的外资银行是以下这几家：

- 汇丰银行。
- 渣打银行。
- 花旗银行。
- 德意志银行。
- 高盛。
- 摩根大通。
- 摩根士丹利。

表15—2给出了由普华永道对顶级外资银行作出的一项排名。我们可以看到这些外资银行可以参与承销，可以在零售银行市场上向中产阶级提供信用卡、抵押贷款以及储蓄等产品。自信贷危机爆发以来，一些外资银行已经开始收缩在华业务。在过去几年，苏格兰皇家银行、美国银行以及瑞银集团等都降低了它们在中国贷款市场上的业务规模。在2009年4月，高盛否认了它可能出售持有的工商银行股份的市场传闻。虽然出现这些情况，但中国市场仍然为外资银行提供了大量机会。比如，据一家世界性的管理咨询公司奥纬（Oliver Wyman）估计，到2015年，中国在全球个人金融资产中所占的份额可能达到10%，仅次于美国，高于日本、德国和英国。但就零售型基金来看，其规模会从700亿美元上升到1万亿美元。如果不找到中国伙伴，外资银行可能很难分得一杯羹。

表15—2　　　　　　　　　　中国的外资银行各类业务排名

	第一名	第二名	第三名
外汇交易	汇丰银行	花旗银行	渣打银行
衍生品	花旗银行	汇丰银行	德意志银行
公司贷款	汇丰银行	渣打银行	花旗银行
项目融资	汇丰银行	法国兴业银行	花旗银行
投资银行	高盛	摩根士丹利	摩根大通
私人银行	汇丰银行	花旗银行	瑞银集团
公司金融	汇丰银行	花旗银行	摩根士丹利
并购	高盛	摩根大通	摩根士丹利
贸易融资	汇丰银行	渣打银行	花旗银行
现金管理	花旗银行	汇丰银行	渣打银行
股权资本市场	高盛	瑞银集团	摩根士丹利
债券资本市场	摩根士丹利	高盛	汇丰银行
零售银行	汇丰银行	渣打银行	花旗银行
信用卡	汇丰银行	东亚银行	花旗银行
品牌知名度	汇丰银行	花旗银行	渣打银行
企业社会责任	汇丰银行	渣打银行	花旗银行

资料来源：PricewaterhouseCoopers, HK, 2009。

外汇

中国的外汇是另外一个关键性论题。在新千年头10年中期的时候，这个问题开始引起大量关注,特别是美国对中国拒绝提高人民币兑美元汇率表现出愤怒。中国(印度也是这样)对于成功抗击曾对亚洲经济造成沉重打击的1997—1999年货币危机感到自豪。中国对资本账户的控制使得它可以实现货币币值稳定,这在一定程度上避免了经济问题,当然这种方式也有一些破绽,其间还出现过一到两次的资本投机性流入。中国的中央银行使用国债来为任何多余的人民币资金流入进行免疫。在2006年4月,对资本账户的控制出现些许放松,个人和企业可以更加容易地购买外汇并进行海外投资,但是这种举动离完全开放中国资本账户还很远。在中国,对外汇进行远期购买也受到严密的控制——只有提供企业证明,说明这种远期购买具有真实的贸易背景才行。在2005年5月,中国开始使用新的外汇交易系统,允许外汇交易员在不包括人民币在内的8种货币之间进行交易,比如美元对英镑等。另外还有4组包括人民币的交易已经得到允许。为此路透社还专门设立了一个交易平台。中国新的外汇交易系统被称为中国外汇交易系统(Chinese Foreign Exchange Trading System,简写为CEFTS),这个系统中包含11家银行。对于以债券为主的国外货币交易,电子交易系统MTS已经和CEFTS达成协议,将其作为发展电子化债券交易的一个推动。在将人民币和美元挂钩10年之后,中国在2005年7月对此进行改革,宣布将采用一个新的系统,其中将以一篮子货币作为参考来制定人民币汇率,之后中国宣布一篮子货币中包括中国的几个关键贸易伙伴国的货币——美元、欧元、日元以及韩元。在这个一篮子货币中还包括马来西亚林吉特(ringgit),但是这一货币具有的权重最低。在一开始,允许汇率波动的区间为2.1%。这种改革很难让美国人满意,他们希望改革的步伐应该更大。中国的价格优势在于,即使人民币升值10%也几乎不影响其价格竞争力,而升值10%明显是不可能的事情。有趣的是在中国作出如上改革之后,马来西亚立刻作出反应,不再将其货币与美元挂钩,而是宣布与一篮子货币挂钩。

当中国发布改革汇率体系的声明时,中国中央银行行长周小川说这种改革只是试探性的一步。这让人们觉得中国会在未来的几个月进一步提高其货币价值。这种观点后来被证实过于乐观,因为自那以后直到2006年初的几个月里中国都没有进一步采取新的措施,人民币只升值了0.8%。当中国在2006年5月的当月贸易盈余达到130亿美元后,美国开始再次吹响要求中国对货币进行重新估值的号角,在2009年8月中美贸易逆差达到210亿美元时人们对贸易以及其他的不平衡表现出很大的担忧。自那以后IMF总裁卡恩(Dominique Strauss-Kahn)开始发表一系列的公众讲话,对全球不平衡提出警告并建议中国对其货币进行升值。

当然,中国拥有巨额外汇储备。在2006年1月,中国中央银行行长宣布计划放缓外汇储备的积累速度。他说中国正在着手鼓励消费,希望用净出口之外的方式来调整全球不平衡。但是外汇储备积累速度降低的情况并没有立刻出现,在2006年12月,外汇储备总额(减去黄金储备)达到1.1万亿美元,到2009年6月,这一数据已经攀升至2.1万亿美元。

自20世纪90年代以来,为了给中国的发展提供一臂之力,大量资金通过银行体系注入到产业中。当时资本市场还很弱小,无力承担这一重任。在这一过程中很多贷款被浪费,导致当时中国的不良贷款率极高。因此,政府只能向银行体系注入资金以缓解银行出现的困境——到2005年底总计注入大约4 300亿美元(约合2 580亿英镑)的资金。之后官方才开始公布银行的不良贷款率,当时是3.9%,虽然有不少人接受了这一估计数字,但是也还有人认为非官方估计的不良贷款率应该是8%。当时,瑞银集团在亚洲的首席经济学家乔纳森·安德森(Jonathan Anderson)对此发表了反对意见,他说根据他的研究,中国对历史上积累下来的不良贷款的清理几乎接近完成,而新增不良贷款并未有显著上升。他预计剩下没有解决的那部分不良贷款会在2007年底之前得到完全清理。虽然在2007年之前中国银行体系中的不良贷款率在逐年下降,但是由于国内和国际经济形势恶化,之后又有所攀升。这对一些银行带来压力,迫使监管者将最低资本金要求从8%提高至2008年末的10%。不过话又说回来,在当时,世界其他地方的银行体系遭遇重大问题,相比于许多西方的金融机构,中国银行业看上去十分强健,而且仍然保持了大幅增长潜力。

银行业:印度

在1949年,印度主要的银行都被国有化,剩下的银行在1961—1991年之间也完成了国有化。印度的中央银行——印度储备银行建立于1935年。一开始该储备银行是一家私人银行并在1949年被国有化。表15—3给出了按照资产对印度银行进行的排序:

表15—3　　　　　　　　　　按照总资产排序,印度最大的银行

银行名称	总资产(单位:10亿美元)
印度国家银行	256
印度工业信贷投资银行	121
旁遮普国家银行	50
巴鲁达银行	46
卡纳拉银行(Canara Bank)	45
印度银行	44
印度住房开发金融公司(Housing Development Finance Corp,简写为HDFC)	36
印度工业发展银行(IDBI)	33
艾克塞斯银行(Axis Bank)	27
印度联合银行(Union Bank of India)	31
印度中央银行(Central Bank of India)	31
印度辛迪加银行(Syndicate Bank)	27
印度海外银行(Indian Overseas Bank)	24
东方商业银行(Oriental Bank of Commerce)	23
印度合众银行(UCO Bank)	22
阿拉哈巴德银行(Allahabad Bank)	21
印度银行	18

资料来源:*The Banker*,July,2009。

如今,27家公共部门银行以及国有合作银行控制了印度银行体系中75%的资产。其

中规模最大的是印度国家银行,它拥有2560亿美元的资产(约合1530亿英镑)。在这些国有银行中,国家银行集团拥有16 000家分支机构,旁遮普国家银行拥有4 500家分支机构,印度中央银行拥有3 168家分支机构,巴鲁达银行拥有3 000家分支机构,印度银行和卡纳拉银行则分别拥有2 884和2 641家分支机构。

在20世纪七八十年代,印度的银行业得到进一步发展,可以为公共开支融资,也可以满足大企业的投资需求而且其融资方式也不再受国家控制。其中印度有21家银行没有被国有化,人们将其称为"传统的私人部门银行"。之后又出现了新式的私人部门银行,其中最重要的要属印度工业信贷投资银行,按照资产规模计该银行是印度第二大银行,此外还有印度住房开发金融公司,它排名第9。整个印度的私人部门银行占其银行总资产的18%。

从历史上看,印度一直都存在一定数量的外资银行,比如渣打银行(拥有83家分支机构和6 500名雇员)以及汇丰银行。此外现在还出现了花旗银行、荷兰银行、美国运通银行(American Express Bank)、美国银行、法国巴黎银行、东京三菱银行、德意志银行、东方汇理银行(Calyon Bank,来自于法国农业信贷银行)和其他很多外资银行。这些外资银行掌控了印度银行体系中大约7%的资产。(这些数据中没有包括邮政储蓄系统中的资产。)任何外资参股印度的国有银行,其参股比例都被限制在10%以下。

和中国一样,印度也有一个规模庞大而且十分重要的农业经济部门,这部分市场是由大约2 000家城市合作银行和超过10 000家农村合作信贷机构提供服务的。这些机构不单单向农户提供贷款,还向棉花行业、零售贸易、小规模商业、专门服务机构以及住房等提供贷款。

与中国的情况十分相似,印度的邮政储蓄系统也在其经济发展中扮演了重要角色,而且还可能得到进一步发展。目前印度有155 000家邮局,其中89%都不在城市里。因此,从分支机构数量和银行账户数量看邮政储蓄银行体系是印度最大的银行网络。这一银行体系可以处理各类储蓄存款、一系列的国民储蓄凭证、销售共同基金以及使用西联金融服务进行资金转账。其中有840家邮局被认定为一级邮政储蓄机构,有1 450家邮局被认定为二级邮政储蓄机构。这些机构都已经用电脑相连,可以运行后台处理程序。在很多村庄还建设了电子邮件和互联网服务,而且这些服务向当地居民开放。最终,类似于印度工业信贷投资银行这样的银行也看到了网络的价值,它们和印度的邮政储蓄银行体系合作,通过为该体系提供IT支持来实现提供更广范围银行产品服务的目的。

印度也存在提供租赁、租购(hire purchase)、一般性贷款以及投资服务的银行类金融机构和非银行类金融机构。其中包括花旗金融,该机构在印度有250家分支机构,1 500万信用卡使用者,通用金融也有120家分支机构。

根据世界银行的估计,大约有79%的农村家庭居民无法从正式渠道获得贷款,只能转而寻求高利贷。这其中有着广泛的市场空间但是银行却无力向这些居民收取与风险相匹配的费用。目前印度还有很多村庄没有通电,而且有一大批村庄通了电但是电力不稳定。为了对印度经济中如此薄弱的环节给予帮助,印度的银行都有一个"优先贷款目标"。

在城市地区以及规模较大的村庄,那里自然会有ATM机以及网络连接。在印度的支票结算中,大约有83%使用磁墨水字符识别技术,而且还有一个覆盖近200个中心的电子资金转账系统。目前,人们正在引入电子机器来减低纸质支票处理流程的复杂性,这种机器可以对支票上的支付信息进行扫描，然后将信息传递至中央清算系统的某个分支机构（这过程又被称为支票阶段，即 cheque truncation）。在 2004 年 3 月，一种实时加总结算系统开始完成银行间转账的任务。到 2007 年末，这个系统可以为 10 000 家银行的分支机构提供互联服务。

在印度，信用卡的使用也在快速增加，到 2008 年信用卡持有人数达到 1.01 亿人。在 21 世纪第一个十年中期，印度中央银行宣布对大规模的信用卡销售进行制约，同时为了控制风险，将此类业务的资本比率从 100% 提高到 120%，但即使这样，也没能限制印度信用卡市场的发展。在 2005 年 4 月，印度还成立了银行业标准制定委员会，该委员会针对大规模销售行为以及消费者保护事项起草了银行业行为准则。

外资在银行业的状况

正如在前面已经提到的，印度银行业中的外资控制权受到制约。在 2005 年早期，印度储备银行建议外资机构对印度国有银行的持股比例应该保持在 5%～10% 之间。尽管如此，在 2005 年 7 月印度政府允许荷兰合作银行在私人部门银行 Yes Bank 持股 20%，因为当时 Yes Bank 急需额外的资本金。以相同的方式，在 2002 年 10 月荷兰国际集团完成了对一家传统私人部门银行 Vysya 控股股份的收购，因为这家银行在当时需要重组。

在印度，外资银行可以按照自己的意愿设立机构，但是分支机构的牌照开始受到严格控制。2009 年印度储备银行答应允许出现 100% 私人控股的银行。随着印度中产阶级人数的增加，消费金融业务的前景一片广阔，外资银行正在这一点上深挖细耕。来自花旗银行的桑杰·纳亚（Sanjay Nayar）说："既然我们面对的是一种内生增长的市场，那么我们需要比现在多 3 倍的分支机构。"法国兴业银行也加入这一过程，它在德里和孟买开设分支机构，也为新兴的印度高净值客户提供私人银行服务。

虽然印度的银行也从事投资银行业务，但是总体来看它们提供服务的能力不如外资银行，印度的外资银行在证券承销、托管服务、资产管理以及一般性的非商业银行业务中都表现出良好的增长势头。在涉嫌价格垄断丑闻后四年，瑞士信贷第一波士顿银行重返印度市场。它希望不要以合资银行的方式来提供股票和经纪商业务服务。在印度，汇丰银行和渣打银行有着为高净值客户提供服务的长期经验。这些年德意志银行在这方面也取得了长足进步。

外汇

印度的货币价值波动较大，但是在资本账户交易中仍然有外汇管制。类似于中国，印度也为自己能安然度过 20 世纪 90 年代末期爆发的亚洲金融危机而感到骄傲。印度储备银行对货币的完全兑换不设目标，只是希望能够维持"在一定条件下"的可兑换。

在 2000 年 6 月，印度国会通过了《外汇管理法案》（Foreign Exchange Management Act），意在推动"印度外汇市场的有序发展"。印度政府负责管理经常账户中的外汇交易，印度储备银行则负责管理资本账户中的外汇交易。在征得印度储备银行的同意后，外国投资者可以向国内汇回资金，企业也可以在国际债券市场上融资。但是印度的居民和企业无法以投资国外或者向国外借钱的目的实现货币自由兑换。

印度总理曼莫汉·辛格（Manmohan Singh）曾经鼓吹说印度的银行体系要领先于中国——更加稳健而且更加健康。但是其他人则对此不甚同意。印度有让人印象深刻的储蓄规模，但是政府牢牢掌控着银行业。高赤字融资也挤出了私人部门投资。政府和国家由于财政赤字带来的利息支付已经分别占到政府支出的12%和22%，这就限制了向整个经济中更加需要的基础设施建设、健康和教育等领域投资的空间。印度政府为银行设定了法定流动率，这意味着银行必须用资产的25%持有政府债券。人们认为在实际中这一比例会高很多，这反映出印度政府过多的政府开支。

印度的契约执行环境不佳、破产法的约束力不强，而且还急需要一个信用信息库（正在建设中）。公平地说，这些问题也是其他人批评中国的地方。上述情况导致的结果就是国有银行的经理人员在面对私人部门进行贷款时往往十分保守。我们在上面已经提到，印度对银行业的严格监管使得很多穷人都没有银行账户。来自世界银行的Pria Basu对此评论道："印度的银行体系因为要保持稳定而丧失了太多效率"。印度国有银行的效率低下完全是因为该国对竞争的限制。即使到2009年，印度超过三分之二的银行仍然是国有的。

资本市场

股票市场：中国

中国有两个主要的证券交易所，分别是上海证券交易所和深圳证券交易所。在中国，股票被分为三大类别：

1. A股，以人民币计价，面向国内投资者，只对79个合格国外投资者开放。
2. B股，以硬通货计价，主要是美元和港币。
3. H股，在香港证券交易所上市的股票。

中国证券市场的监管部门是中国证券监督管理委员会（Chian Securities Regulatory Commission，简写为CSRC，简称证监会）。

一直以来，中国股票市场上的绝大部分股票都来自国有企业。通过让私人企业和外资企业在中国股票市场上市，中国政府在推动证券市场自由化方面下了很大功夫。在2006年1月，中国证监会放松了对国外投资者投资于A股的限制。但是它要求在中国股票市场上投资的外国投资者必须是战略投资者，要持有最低10%的股份，而且持有期最短为3年。市场上也有很多传闻说中国证监会将尝试将A股和B股合在一起，不过传言并未对何时合并给出说明。因此这也许只是一种乐观估计。还有另外的一些有趣信息。已经在香港上市的中国国际航空公司（Air China）2006年经同意在上海证券交易所挂牌上市。

在中国证券市场，薄弱的会计标准和公司治理一直是个问题。实际上在2005年12月，中国国有资产管理委员会主任李荣融公开宣称，由于国际性的证券交易所有着更加详尽的公司治理标准，这可以改善国有企业的经营水平，所以中国的国有企业可以通过在类似于香港证券交易所（在伦敦证券交易所，已经有超过20只中国股票在交易中）这样的证券交易所上市来获得经营水平的提升。

当然，中国股票市场的一大特点是波动水平十分高。在 2005 年 7 月，通过政府干预制止了一场持续四年，下跌幅度超过 55% 的股灾，当时上证指数已经下跌到 1 000 点。之后股票市场开始强力反弹，到 2007 年 10 月上证指数冲破 6 000 点，但是到 2008 年 10 月上证指数又再次下跌 72%。基本上，中国股票市场充满着泡沫以及泡沫的破灭，它和中国经济总体走势基本无关。由于国外投资者目前还很难投资于中国股票市场，所以这种泡沫主要对国内投资者产生重大影响。

中国应该解决其股票市场上表现出的这种波动性，特别是中国正在面临不断严峻的养老金危机，养老基金需要向股权和债券资产进行投资。

股票市场：印度

印度有 22 家证券交易所，在孟买还设有一个国家证券交易所（National Stock Exchange，简写为 NSE）。印度国家证券交易所设立于 1993 年，是针对国库券、国债以及企业债而设立的第一个债券交易所。孟买证券交易所有两个英文名字，一个是 Bombay Stock Exchange，另一个是 Mumbai Stock Exchange，不过现在主要称为 BSE。它是印度主要的股票交易市场，建立于 1875 年，因此也是亚洲历史最古老的股票交易所（东京股票交易所建于 1878 年）。孟买证券交易所主要的指数是孟买敏感 30 指数（SENSEX 30）。此外印度还有场外交易市场，它为中小企业提供上市服务。印度股票市场的监管者是印度证券交易委员会（Securities and Exchange Board of India），该股票市场十分透明并且得到了很好的监管。

孟买证券交易所交易大约 6 000 家企业的股票，目前还处在爆发期。在 2003 年 3 月，孟买敏感指数为 3 300 点，到 2006 年 2 月就上升到了 10 400 点，但是在 2006 年 5 月到 6 月之间，和世界其他地区的股票市场一样，孟买证券交易所也经历了一次下跌。自那以后孟买敏感指数再次大幅上涨，在 2008 年 1 月的时候达到破纪录的 21 078 点，但是在 2009 年 2 月又跌至 8 800 点——在 2009 年 9 月，该指数再次上升至 16 883 点。在印度的股票市场中存在大量的并购活动，而且国外投资者也可以向私人企业进行大量投资。在 2007 年，流向印度的资本达到高峰。实际上印度股票市场上需要的是更多的国内投资。印度家庭部门的储蓄占 GDP 的 14.8%，但是股票和债券市值大约占 GDP 的不到 45%。

印度的证券交易已经完成了去纸化，人们可以使用和孟买证券交易所连接的 BLOT 系统完成股票交易。孟买证券交易所的成员可以充当经纪商，也可以作为做市商，交割期限为 T+2。对于债券交易，则既可以在孟买证券交易所进行，也可以在国家证券交易所进行。印度也进行衍生品交易，我们会在后面具体说明此类内容。

我们在前面已经提到过，国大党需要获得共和党的支持。而共和党又强烈反对国有企业的私有化。从这个角度讲，孟买证券交易所本该获得更大的发展。

债券和货币市场：中国

在中国，债券市场主要由国家发行的债券主导。这些债券通过拍卖的方式卖给银行、非银行金融机构、保险公司以及企业。在证券市场，此类债券还有电子化的一、二级交易市场。中国第一只通胀挂钩债券发行于1988年，比美国在1997年发行第一只通胀挂钩债券早了很多。在2004年中国政府也在香港证券交易所发行了价值17亿美元（约合10.2亿英镑）的欧洲债券，这只债券分为5年期和10年期两档。在中国国内还存在零息债券。也有一些企业可以发行债券，比如可转债之类的，但是这个市场规模很小，亟需发展成企业补充资本金的一个来源。亚洲开发银行和国际金融集团（世界银行负责私人贷款项目的机构）在2005年成为第一只人民币债券的国外发行人。也许无可避免的是，这些债券会被称为"熊猫"债券。

根据中国人民银行发布的指导意见，中国在2005年11月发行了第一只资产支持证券。这只资产支持证券是由中国建设银行发行的价值为30亿人民币的居民住房抵押贷款支持证券，发行过程由渣打银行组织。之后，中国国家开发银行又发行了一只贷款抵押证券。在上述例子中各类抵押物都经过评级机构的仔细检查。这些债券的主要发行对象是国内投资者。

中国也存在一个企业债市场，但是这个市场的流动性不高。在企业债市场中的债券期限较短，而且发行之前会面临一个漫长的审批过程。

对于货币市场来说，中国已经有了国库券的交易市场，但是存款凭证以及商业票据等的交易市场还在孕育之中。人们对中国货币市场的发展充满期待。在2006年，来自英国的投资银行高林斯特（Collins Stewart）与国有企业上海国际集团有限公司以及毅联汇业（ICAP）合资成立了中国第一家国际性的交易商经纪公司。这一动向明确反映出中国的外汇、债券和商业票据市场将会迎来进一步发展。

债券和货币市场：印度

和中国一样，印度的债券市场也以政府债券为主，这个市场上的国库券期限从14天到12个月不等，也有5年期、10年期和20年期的债券。此类金融工具的交易主要依赖孟买证券交易所和国家证券交易所的指令匹配型交易系统。其中也存在一些零息债券。在这个市场中，印度的各个邦也可以发行债券。在一级市场，印度储备银行曾经要通过拍卖的方式收回所有没有卖出的债券，但是随着一级交易商（共17位交易商）市场的建立，这种情况正在消失。在债券市场，政府债券的交易占主导地位。

资产支持证券也有交易。比如，在花旗银行的安排下，印度铁路金融公司就在2005年4月将租赁活动的应收账款打包成10年期债券进行发售。在印度，抵押贷款支持证券也很流行。在印度的证券市场中已经有相当数量的抵押贷款支持证券，而且还有其他类型证券的发行，在这个市场中资产证券化的技巧也相当普遍。在信贷危机之前，印度的资产证券化市场持续活跃——但是从2008年以来，此类金融工具的发行几乎销声匿迹。

在货币市场，印度有回购、逆回购、商业票据以及存款证。由于印花税的取消，存款证的使用大大增加。在印度的货币市场，人们还使用FRA，银行间市场的参考利率为MIBOR。

衍生品市场：中国

之前提到的对冲基金损失以及丑闻让监管者对衍生品交易存在极端警惕的态度。比如在 2004 年 11 月，中国航油（China Aviiation Oil）——一家从事燃油进口的公司——就在一次衍生品交易中损失了大约 5.5 亿美元。在 2004 年 3 月中国银监会发布指导意见，对企业使用衍生品给出了规则约束。2009 年 7 月 31 日，中国银监会发布了《关于进一步加强银行业金融机构与机构客户交易衍生产品风险管理的通知》，该通知为银行和企业客户参与衍生品交易提出多项约束，还对银行和客户提出了另外的一些新的管理要求。在中国，金融衍生品的交易目前尚不明晰，不过利率掉期和期权之类的交易已经在考虑之中。

中国的衍生品市场相对比较浅白，既无股指期货，也无固定收益合约。目前市场主要关注的是与商品关联的衍生品。根据中国期货业协会的信息，在 2008 年，中国 3 家主要的商品期货交易所交易合约总价值为 71.9 万亿人民币（约合 10.5 万亿美元），比 2007 年高出 76%。

中国人民银行在 2009 年 3 月通过了一项以管理衍生品交易的总协定。该协定希望衍生品交易所依赖的法律文件可以进行标准化，这将有助于拓宽目前只关注于商品期货的衍生品市场。在 2009 年 4 月，郑州商品交易所开始对大米期货进行交易。作为世界上最大的大米生产国，中国正在拓宽其期货交易品类，以便于生产者对冲价格波动。

在 2009 年早期，毅联汇业与中国外汇交易中心以及国家银行将交易市场联合成立了一个合资公司，这一举动宣布它们开始从事以人民币计价的外汇衍生品交易。

在这些动向之外，中国的监管层推迟引入股票指数期货，由于出现多起企业在场外衍生品市场交易亏损的事件，监管层还在 2009 年提高了对国有企业衍生品交易的监督水平。

在中国，三个主要的衍生品交易所分别是位于上海、大连和郑州的商品期货交易所。其中，上海商品期货交易所的主力合约是铜、铝、橡胶以及原油。这家交易所有 200 多个会员，在全世界设有 250 个远程交易终端并与芝加哥商品交易所建立了联盟。

考虑到中国大陆可能允许进行金融衍生品的交易，泰国和中国台湾也开始了它们各自的衍生品交易，以便在中国大陆开始交易时占领领先地位。纽约泛欧交易所和芝加哥商品交易所也和新加坡设立了电话联系。

衍生品市场：印度

在印度，金融衍生品的交易已经得到很好的推进。印度有利率期权、期货以及掉期，这些产品主要是在场外交易市场进行交易。进行衍生品交易的主要交易所是国家证券交易所以及孟买证券交易所。其中，自 2000 年开始孟买证券交易所为孟买敏感指数提供相应的指数期货和期权。感受到市场对期限更短的期权存在需求后，印度在 2004 年引入了期限为一周的股票期权。债券期货以及期权已经在国家证券交易所开始交易。与股票交易类似，这两个交易所针对衍生品的交易也已经电子化。

保险业：中国和印度

新兴市场在保险业中逐渐表现出强劲增长势头，其中寿险的增长率为 11.6%，非寿险的增长率为8.2%。但是工业化国家中相应的增长率则只有3%（Swiss Re，2009）。在中国和印度，保险业从一个适中的起点开始快速增长。虽然说增长率很高，但从世界水平看两国的保险市场发展还很不够。在2008年，中国保费占GDP的比重为3.3%，印度是4.6%，世界平均水平是7.1%。表15—4给出了2008年两国保费总收入。

表15—4　　　　2008年中国和印度在寿险和非寿险保险业的总保费收入情况

类别	中国（单位：100万美元）	印度（单位：100万美元）
寿险	95 831	48 860
非寿险	44 987	7 329

资料来源：Swiss Re，2009。

在中国，保险市场由建立于1998年的中国保险监督管理委员会（China Insurance Regulatory Commission，简写为CIRC）监管。在印度则是由建立于1999年的保险监管发展局（Insurance Regulatory and Development Authority，简写为IRDA）监管。

这两个国家的保险市场都从国有化的历史中走出，走向更加自由化的经营体制。中国在2001年加入WTO，作为加入WTO的一项承诺，中国答应提高外资保险公司在中国市场的份额，其中AIG在1992年进入中国，是中国的第一家外资保险公司。来自中国保险监督管理委员会的数据显示，中国已经有了来自15个不同国家的47家具有外资背景的保险公司，此外外资保险公司还在中国设立了121个办事处。到2008年底，外资保险公司在中国保险市场的份额为8%，比中国加入WTO之前提高了6个百分点。目前，中国保险市场中仍然是国有保险公司占据主导地位，其中最大的几家公司分别是中国人民保险公司、中国人寿保险和平安保险集团，这些公司都是上市公司。

在印度，外资保险公司在本地保险公司中的持股比例最高为26%（印度答应将其提高至49%），目前印度有19家合资保险公司。在2004年3月，印度成立了第一家完全私人所有、无外资背景的撒哈拉人寿保险公司（Sahara Life）。和中国一样，印度的保险行业也是以国有企业为主导，其中非寿险企业主要有新印度保险公司（New India Assurance）、国民保险公司（National Insurance）、东方保险公司（Oriental Insurance）以及联合印度保险公司（United India Insurance）。在寿险行业有3家成功的私人企业（得到了外资的帮助）。它们分别是印度工业信贷投资银行信诚人寿保险公司（ICICI Prudential）、百嘉安联保险公司（Bajaj Allianz）以及比尔拉永明人寿（Birla Sun Life）。其他的国外非寿险公司包括安联、AIG、东京海上火灾保险（Tokyo Marine and Fire），国外寿险公司则包括安联、AIG、英杰华集团（AVIVA）、标准人寿（Standard Life）。此外，劳埃德保险集团也已经在印度开设了办事处。

在中国，主要的非寿险外资保险公司有：安联、东京海上火灾保险、丰泰保险（Winterthur Insurance）、英国皇家太阳联合保险集团（RSA）等；在寿险领域有荷兰全球保险集团（AEGON）、AIG、安盛（AXA）、忠利（Generali）、日本生命保险（Nippon Life）、瑞泰（Skandia）以及英杰华集团。在2005年11月，劳合社得到允许在中国经营再保险业务，它和中国的保险公司以及瑞士再保险、慕尼黑再保险等公司一同被视为是本地公司。在同一个月还出现了外资持股份额超过50%的特例，当时韦莱集团得到允许，可以在韦莱浦东保险经纪有限公司中持股51%。

在中国和印度，银保（用银行的渠道来销售保险产品）广泛存在，大约占中国寿险销售的67%，占印度寿险销售的25%。

中国和印度的保险业中都存在相同的问题，即自然灾害带来的问题——这些风险大部分尚未得到保险。这些业务需要国外有关承保方面的专家，而且还需要进一步加强资本实力。

此外，中国和印度的保险业都在经历着价格控制。在中国，汽车保险价格放开后（中国对汽车消费的增长如此之快，以至于政府当局希望这个市场有所降温）的竞争热潮让价格管制再次降临。印度对75%的保险市场都实行价格控制。中国为保险业中很多产品制定了最低价格，以免保险公司进行恶性竞争。印度则为很多产品设定最高价格，目的在于保护消费者，这导致的结果就是在不同业务线上存在交叉补贴的问题。

养老金是两国保险业面对的另外一个问题。随着人口老龄化的快速发展，中国的一胎制会在未来带来巨大麻烦。在中国有6亿工人没有得到养老金的保障，一些人为了在退休后更好地生活还需要购买私人养老保险。为了解决养老问题，政府出台了一个新的法律框架，该法律框架支持机构为养老金提供托管、资产管理以及基金的服务。此外还存在一些税收上的优惠。在2005年年中，中国监管当局向15家投资机构发放了第一批可管理企业年金的牌照。在这15家投资机构中有4家是合资公司。根据信托法，职工向养老金的缴费由一个在法律上独立的实体持有。

在印度，不存在统一的养老金或者社保体系。大量的农业人口和劳动力没有得到养老金的保障。那些生活水平比较好的工人可能拥有雇员公积金组织，此外中央政府和地方政府的公务员还存在养老金计划。在印度，大约有16%的雇员没有得到养老金的覆盖。新的政府雇员现在要加入的是缴费确定型、完全基金制的养老金体系。设立于2003年的养老基金监管和发展局负责养老金体系的改革事项。

私人部门的养老金提供商显然可以在中国和印度的养老金市场上发挥自己的作用。目前两国市场上都有旨在提高退休人员生活水平的养老金产品。但是，中国和印度面临的重大挑战是大量的没有养老金安排的农村人口，政府不知道如何向这些人提供养老金。而且由于此类人口的收入可能极不稳定，所以还带来额外的问题。

中国和印度的保险市场都有巨大的发展潜力。目前需要对保险业的标准进行提高，而且还要提高保险公司的资产负债管理能力。要允许这些公司接受来自外国的帮助。

为了能让保险行业有进一步的增长，两国都需要一个稳定而可预期的环境，这其中包括经济的稳定、法律的确定、制度的稳定以及对产权保护的执行。

中国和印度：一个比较

中国和印度承载着世界上五分之二的人口，也是世界上发展最快的两个经济体。从GDP来看，中国是印度的3倍，但是目前的这种经济增长速度是无法一直持续下去的。

一些人从某些特征出发认为印度的经济增长速度将会超过中国。

有很多支持中国的理由指出，如果中国政府决定做一件事情，它就一定能做到。这并不是说中国政府内部是铁板一块。一些中国企业在香港证券交易所上市后，其股价得到进一步上升，这导致人们开始批评政府过于仓促地将国有资产卖给国外投资者。这种批评也导致中国政府放慢了国外投资者进入银行业的审批速度。而且很多杰出的中国共产党员都对纠正贫富差距速度太慢表达了顾虑。不过总的来说，中国政府是可以作出决定纠正这种状况。中国目前已经有130个机场，每年运送旅客一百万人次，它计划在2020年之前再建设55个飞机场，在2008年，来自中国的飞机订单占波音公司总订单的五分之一。

印度经济发展的一个主要包袱是落后的基础设施。印度的公路是堵塞的，路上的垃圾无人清理，污物也污染了水，平民窟很少能通电。印度最大的软件公司，被誉为"皇冠上的明珠"的塔塔公司、印孚瑟斯以及威普罗等，都计划未来在印度之外的地方进行扩张。对于印度的基础设施而言，电力系统是一个关键要素。在印度，电力的供应往往断断续续，而且只有56%的家庭与电网相连。印度的中央政府和邦政府对此都负有一定的责任，在印度，中央政府愿意改变现状但是邦政府缺乏行动力。在2003年颁布的《电力法》允许基础设施可以更多地私有化，但是这一法案收效甚微。其中只有两个邦对电力网络进行了私有化，印度的共产党愿意看到这一法案在执行过程中被削弱。

在电力之外，印度在公路、飞机场、电话、铁路运输以及港口方面都存在问题。世界银行为印度提供资金以帮助它修建大规模的公路和铁路投资项目。印度的铁路运输成本比中国高三分之二，全社会对飞机场的现代化存在迫切需求，目前印度对飞机场的改造已经开始。政府还为私人部门使用铁路基础设施向社会运送货物给予多种牌照上的奖励。

这并不是说相比于印度，中国的一切都好。这两个国家都幅员辽阔，而且在基础设施方面存在一系列问题。不过一个不同之处在于印度在基础设施建设上的投入只占GDP的3.5%，而中国大约占10%左右。那么这些钱从哪里来？中央和地方政府担负的赤字占10%，此外在基础设施上投资的任何资金都无法用作他用。朱利航运咨询公司（Drewry Shipping Consultants Ltd）的估计指出，印度因为基础设施落后以及党派政治，每年会损失GDP的1.2%。其他还有一些研究给出的估计高达3%，这说明问题确实相当严重。

印度能够得分的一个领域是高等教育。印度每年有400万大学毕业生，中国则是300万——都是一个很大的数字。但是，在一个英语作为全球语言的世界中印度人有着更大的优势。虽然在印度，教授和使用印地文的范围正在不断扩大，但是在印度对英语的使用使得这个国家的任何一部分都可以和世界进行交流。当然，除了高等教育的规模之外还有质量的问题。由于接受了太多的人们认为是"理论化"的知识，中国的大学毕业生质量受到一些人的批评。在2005年麦肯锡的一份报告中总结到，由于大学毕业生缺乏良好的教育，中国服务业发展可能因此受到阻碍，比如IT行业。一份研究发现中国的大学毕业生中只有不到10%的人具有在外企工作的能力，相比之下印度的这一比例是25%。

在这两个国家中，资本市场——股票和债券市场——都需要得到进一步的发展。中国已经为证券市场的发展奠定了基础，但是股票市场的极端波动性以及国内投资者的大量投机行为都成为制定政策时需要考虑的问题。在中国，企业债和衍生品市场的发展仍然滞后。印度的证券市场看上去波动性要小一些，而且发展得也更好，但这个市场由国外投资者的资金支撑。虽然印度有很多私人公司，但是企业债市场发展不足，从企业债市值和GDP的比例来看这一市场比中国还小——但是从绝对值看要比中国的企业债市场大，因为印度的GDP比中国小很多。在马来西亚，企业债市场的市值大约占GDP的38%，在韩国这一比例为33%。中国只有1.2%，印度只有0.8%——中国和印度的企业债市场还有很长的路要走。在两个国家中，以国有银行为主的银行业在金融业中占据主导地位。

印度深受腐败的困扰。根据2007年世界银行集团创业数据库（World Bank Group Entrepreneurship Database）显示，平均而言在印度开办一项商业活动需要花费89天，在中国需要41天，在英国只需要18天。在印度存在大量的注册制和牌照制，而且还存在严格的劳动法限制。任何雇员超过100人的企业在没有得到当地劳动委员会的同意之前都不可以进行裁员。世界银行曾经对在各个国家进行商业活动的难易程度进行排序，在155个国家中印度排名116，处在印度尼西亚和阿尔巴尼亚之间。

显然，中国也没能逃离腐败的问题。比如，在中国，一系列的价格都受到控制——水、石油、有线电视费用、土地、教育、医疗、电信、黄金和贵金属、机票甚至是汽车和自行车的停车费。这些价格由中国国家发展和改革委员会进行控制。限价会造成短缺。中国比印度吸引的外资要多得多，制造业产值占GDP的44%，印度只占18%。中国似乎意识到外国投资者和外资是有益的，所以做好了接纳的准备。在金融领域我们看到中国开始允许外国企业在出现经营困难以及需要进行重组的银行和证券企业中持有更大份额的股份。有趣的是自从清朝以来中国就有一句格言："古为今用，洋为中用"。目前沃尔玛在中国已经经营了一段时间，估计在中国的投资已经达到220亿美元。

印度在航空、保险、煤炭挖掘和媒体等行业对外商直接投资实施了上限控制，只有在零售行业中的加盟连锁行业是个例外。在这个行业中国外企业只能只对单一商品（比如路易威登）开设零售或批发机构。在2007年以前，虽然类似于特易购和沃尔玛之类的公司在进入印度后可以创造工作机会，而且它们销售的商品大部分都购买自印度，但是印度仍然不允许这些企业进入该国市场。在印度，所有零售行业中大约96%的业务仍然是以小卖部或者集市的形式完成。现在印度已经有了180多个购物商场，但是对于像印度这样的一个大国，这些数量还是太少了。

在中国和印度，贫困都是一个重要问题，农村人口的贫困和城市中产阶级的富裕形成了贫富差距，这种差距进一步成为社会不和谐的来源。中国已经取消了直接的农业税，这个税种在中国曾经存在了两千多年，在2006年中国还宣布了农业新政。不过，对没有生产力的农业组织进行补贴具有一定的矛盾性。印度著名作家阿兰达蒂·洛伊（Arundhati Roy）曾说，她将印度视为一个憔悴劳动者点着蜡烛挖壕沟铺光纤电缆的国家。这种繁荣已经让印度三分二的人口受益。认为印度的民主对经济发展有所帮助的观点也站不住脚。民主过程应该可以让政策执行与民众期望更加一致，但是印度的民主是否带来了政府的英明决策还很难说。

总之，两个国家都宣称要进行进一步的改革以解决当前经济社会发展中存在的缺陷。

印度认为它要解决的问题是官僚化、文盲以及落后的公路体系。它同时也宣称能够使用英语、具有自主思考能力的管理人员和工程师是个加分项。对中国而言，劳动力数量将会减少，而印度将会越来越多。由于一胎化的政策，中国在未来将会遇到很大的问题。联合国的计算指出，目前中国是9个工作人口供养1个退休人员，但是在40年以后将会是2.1个工作人口供养一个退休人员，到那时中国年龄超过80岁的人口将超过1亿。这将会带来巨大的资源需求压力，也会到一个印度劳动力超过中国的时点。在中国，以汽车和钢铁行业为代表存在的大量的过剩产能将是它要面对的另外一个问题，当这些因素稳定之前也许中国将会面对一个更低的增长率。中国政府当局引入了多项金融改革措施：

- 废除农业税。
- 提高个人所得税的起征点。
- 废除了坚持达11年之久的人民币和美元挂钩的汇率形成机制，汇率转向有管理的浮动机制。
- 货币交易推出做市商制度，扩大非人民币外汇交易数量。
- 商业票据和抵押贷款支持证券的出现。
- 允许银行进行货币掉期和远期交易。
- 成立第一个货币经纪公司。
- 向国际贷款人发行第一只由人民币计价的熊猫债券。
- 开始了股权市场重组。
- 同意国家会计标准与国际接轨。
- 计划将上海建设成为国际金融中心。

上述这些改革正在进行中，但是在很多领域还需要做出重大改进，其中包括对国有部门的重构，改革公司法（移除新企业进入市场的障碍），更好的产权、合适的破产法以及金融市场的进一步发展。

上面提到的这些都是未来需要做的事情，但是中国一直以来就是一个耐心地关注长远的国家："千里之行，始于足下！"而且，毫无疑问的是，当中国的发言人被问及法国大革命对中国产生了何种影响时，他回答说现在回答这个问题还太早。如果中国现在还持有这个观点，那么它需要改变的地方还很多。

中国和印度：是威胁吗？

由印度和中国引领的亚洲的经济增长逐渐被视为一种威胁。美国人对中国威胁论有着近乎偏执的执着。而且这种恐惧还被货币低估后导致的贸易和其他不平衡所加剧，美国的鹰派担心中国军事力量的崛起，而且在中石油尝试并购优尼科公司（Unocal）时美国政府也出现了过激反应，因为优尼科公司只是美国市场上一个相对较小的企业。当看到优尼科可能成为由中石油拥有的一个战略性资产时，美国国会感到了恐慌。中国还在巴西投资了钢铁行业，购买了汤姆森的电视机制造业务、阿尔卡特的手机制造业务以及

IBM 的电脑制造业务。但是中国对美国企业美泰克（Maytag）的并购以失败告终，对加拿大的 Norands 以及巴基斯坦电讯的并购也宣布失败。在德隆集团因为巨额债务而倒闭之前，它曾购买了多个国外品牌，其中包括 Murray 割草机以及飞机制造商 Fairchild Dornier 公司破产后的部分资产。在现在看，认为中国正在购买世界的看法是比较幼稚的。对中国来说，这是学习现代商业实践——管理技巧、市场营销、品牌以及策略性思维的过程。这有点像日本在 20 世纪 80 年代的一系列购买行为，比如他们在纽约买下了洛克菲勒中心，并将其称为是不公平交易——在 1991 年甚至出现一本由 George Friedman 和 Meredith Lebard 写的书：《下一次美日战争》（*The Coming War With Japan*）。

来自凯投集团（Capital Economics）的董事长 Roger Bootle 则表达了更加积极性的看法，他在 2003 年出版了一本名为《金钱无用》（*Money for Nothing*）的书，这本书中有一章也是关于相同的主题——我们应该害怕亚洲吗？他选择强调可以向亚洲出售商品的机会，以及亚洲正在崛起的中产阶级对汽车、电脑、食物、饮料、专业服务、零售金融产品、医药产品、奢饰品以及知识型服务的需求。比如，以英国为例，他们就认为虽然向中国出口商品目前正面临着最好的时机，但是自 1997 年以来向亚洲的服务出口增长了 60%。亚洲新兴的中产阶级需要零售金融产品——贷款、抵押按揭贷款、保险以及养老金。在金融之外的机会也在增长。Roger Bootle 让我们回忆李嘉图的比较优势理论。即使中国人证明他们在所有的制造业上都能达到生产更有效率，他们也还是会选择其中比较优势更加明显的领域进行生产。无论如何，在繁荣增长了 20~30 年之后，中国商品的价格需要上升了。

面对中国和印度的发展，我们可能失去影响力，但是不会失去繁荣。我们必须允许工人从他们不擅竞争的领域转移出来，进入他们擅长竞争的领域。我们也别忘了，在过去的 10 年中，衣服和鞋子的价格下跌了 40%，这带来的是真实收入的上升。这是个非常好、非常积极的事情，我们可以在这里结束讨论了。

概　要

中国和印度占世界总人口的五分之二，也是世界上增长最快的两个国家。中国人口是 13.3 亿，印度为 11.5 亿。中国年均 GDP 增长率为 9.5%，印度为 7%，印度的 GDP 只是中国的三分之一。

在 2009 年 7 月，华盛顿最为关心同时也最具政治敏感性的议题——中美双边贸易逆差——上升到 204 亿美元。美国和日本、欧洲的贸易逆差也在上升，但是和墨西哥的贸易逆差有所减少。

中国是世界上制造业占整个经济比重最大的国家（制造业占 GDP 的 49%），其增长带来对石油的大量进口，同时也带来对亚洲其他经济体生产的零部件的进口。出口的则不仅仅是低成本、低技术含量的产品，还包括计算机、电话以及类似产品。

印度是一个创业型国家，拥有大量会说英语的高技能人才，而且其 IT 产业享有很高的声誉。印度正在逐渐变为一个外包中心。印度同样也是一个年轻的国家（25 岁以下人口占总人口的 53%）。中国在未来将会面对一胎政策造成的严重后果。

中印两国都存在大量的农业人口，也面对着中产阶级的兴旺发达和农村地区极端贫困的鲜明对比。

中国香港目前是一个自治地区。当人们提到中国二字时，主要指的是中国内地。

中印两国的银行业都以国有银行为主导，这导致的结果是流向企业的很多贷款最终实际上被浪费。外商在银行业中的投资被政府严密地控制。中国的国有银行在逐渐利用香港证券交易所进行上市，但是它们只将少部分股份卖给投资者。

中国和印度都有很多城镇和村镇合作银行，还有成千上万的邮政所，两国都希望利用好这些机构来为更大的人群提供银行服务。

通过将人民币汇率和一篮子货币联系起来，中国政府对汇率的控制仍然十分严格，印度卢比的汇率则可以自由浮动；不过两国都对资本账户进行严格管制。人民币的强势已经受到美国和欧洲的批评，因为它们认为这是推动全球金融不平衡的一个重要因素。

中印两国资本市场的发展也不充分。中国的股票市场受国内投资者投机活动的影响，波动性极高。中国内地最好的企业选择在中国香港上市。印度孟买证券交易所要更加发达，但是证券市场也存在剧烈波动。中印两国都存在一个由国家债券占主导地位的债券市场，但是企业债市场十分弱小。对两国来说，银行在社会融资来源中占据绝对的主导地位，因此它们都迫切需要一个更加强大的资本市场。

在中国，衍生品市场主要以基于商品构造的衍生品合约为主。在印度已经有一定的金融衍生品。

在中印两国，保险业市场得到了快速发展，而且很多国外保险公司也进入了这个市场。如何为农业人口提供养老金是两个国家在未来面对的主要问题。

中国和印度的发展被美国和欧洲视为是对其就业率的一大挑战。但是，低成本商品也降低了美国和欧洲的通货膨胀水平，提高了这两个国家的生活水平。目前的机会在于，向两国快速发展、不断增长的中产阶级提供服务，其中包括一般化的服务以及金融服务。

参考文献

Angela Wang & Co. (nd) *Easing of Restrictions on Foreign Participation in PRC Securities Joint Ventures*, www.hg.org/article.asp?id=5323.

Bootle, R. (2003) *Money for Nothing: Real Wealth, Financial Fantasies and the Economy of the Future*, Nicholas Brealey, London.

Friedman, G. and Lebard, M. (1991) *The Coming War with Japan*, St Martin's Press, New York.

NASSCOM (National Association of Software and Services Companies) (2009) *Strategic Review*, Delhi, NASSCOM.

PricewaterhouseCoopers (2009) *Foreign Banks in China*, PWC, HK, www.pwchk.com/home/eng/fs_foreign_banks_china_jun2009.html.

Swiss Re (2009) *World Insurance in 2008: Life Premium Fall in the Industrialised Countries*, sigma No3/2009, Swiss Re Economic Research and Consultiing.

进一步阅读材料

Avery, M., Zhu, M. and Cai, J. (eds) (2009) *China's Emerging Financial Markets: Challenges and Global Impact*, John Wiley & Sons, Singapore.

Green, S. (2003) *China's Stock Markets*, Profile Books/The Economist, London.

Shah, A., Thomas. A. and Gorham, M. (2008) *India's Financial Markets: An Insider's Guide to How the Markets Work*, Elsevier, Amsterdam.

第七部分

全球金融市场
的未来趋势

第 16 章

关键趋势

　　自2007年年中信贷危机爆发以来，全球金融市场仍然深陷其中，但是也有一些迹象表明全球金融市场正在复苏，比如在2009年上半年，许多国家开始较强增长的势头。投资者变得更加厌恶风险，银行开始限制贷款，美国、英国以及其他国家的政府都在思考如何将救助银行系统时花去的纳税人的钱拿回来，全球经济增长也在放缓。人们达成的共识是，用来保护储户、投资者和金融体系的全球（国内）监管框架完全不适应现在的情况。激励被错配，导致个人和机构承担过多的风险但却无视后果。危机期间采取的政策应对是迅速而且有效的——不过这些措施目前已经都不再实施。在雷曼兄弟倒闭之后，市场传言华尔街的中坚力量——高盛集团——离破产只有几小时距离。但是，在危机中也涌现出一批经营稳健的银行和金融体系。在危机中倒闭的银行都表现出一个共同特征，即这些银行都依赖于波动性很大的批发性融资业务，而不是依赖于更加稳定的零售储蓄业务和企业存款业务。银行参与金融市场越深——特别是MBS以及其他一些创新领域——则受到危机的影响越大。在银行、投资者和评级机构之间，风险被大规模地错误定价。风险管理体系也不再起作用。新兴世界银行业的规则发生了改变，这主要是由美国、英国、爱尔兰和冰岛引起的。类似于加拿大、日本、西班牙、中国和印度以及其他新兴市场经济体的银行体系则没有受到如此严重的影响。但是，美国金融体系中发生的危机对未来金融市场活动产生了特别重大的影响，因为在过去10年中美国大约占全球证券市场市值的45%～50%。随着美元的贬值，金属和大宗商品市场的价格开始上升。

　　我们在第9章已经仔细说明了金融危机的产生原因和后果，因此我们在这一章就不再赘述，但是有必要对这场危机的政策含义进行讨论。

来自金融危机的教训

自2007年年中以来，出现了一连串规模巨大的政府对银行业进行救助以及由此而来的资产重组、流动性注入和信用担保计划，使人们对发达国家银行业的商业模式产生重大顾虑。很显然，这个行业接受了太多的社会补贴，但是在危机之前很少有人清晰、明确地认识到这一点。对于大型银行来说，不论其绩效如何，都充分利用了"大而不倒"（too big to fail）或"尾大不掉"的地位，用一种事后补救的态度来快速扩张其资产负债表。政策制定者面临的一个重要问题就是是否应该对银行规模、增长率和业务集中度进行限制，以此来降低银行在达到"大而不倒"的规模后出现的道德风险。

显然，银行业进行监管和监督过程中出现的问题和空白必须得到解决：

● 所有大型金融机构，无论其法律地位如何，都应接受监督管理。特别的，以资产证券化为目的设立的资产负债表外结构化投资工具不应该逃脱资本和流动性的监管，还应该对其母银行提出信息披露的要求。

● 对国际性银行进行监督和管理的协调机制应该得到进一步加强，而且要进一步厘清母国和东道国各自需要承担的监管责任。应该消除大型银行在国家之间进行监管套利的机会，其中存在的对离岸银行业中心的监管盲区应该得以消除。

在金融危机期间，G7和G20成为讨论各种政策干预措施的国际性论坛。很显然，各个政府对干预措施的重点和执行方式各有不同，相互间政策的协调也很难达到一致。不过，在最近一系列政策事件中表现出的时间安排，则反映出美国、英国和其他欧洲国家在政策干预过程中的强相关性，这种状况不太像是一种纯粹的偶然现象。发达国家之所以实施干预政策，一个直接的担忧是害怕发生螺旋式通货紧缩，这将使消费者在预感到价格下跌后推迟消费，而且当抵押物价值显著低于其真实价值时，还会刺激贷款人违约。此外，处理债务国和债权国（美国和中国）之间的宏观经济不平衡则成为更加根本性的措施，但是需要长期努力。

信贷危机凸显出当前对银行进行监管的体系中广泛使用的资本约束的不足之处，资本约束是指银行股本金和总资产之间的比例，这个指标的重要性在于银行股本是银行在减记不良资产时可以用的资金缓冲带。在巴塞尔协议Ⅱ中推行的风险加权资本监管体系中，对风险进行度量时使用向后看型监管模式，在这一模式下对资本金的要求出现一种顺周期（不稳定）特征，这会放大经济周期的波动性。在经济繁荣时期，可以观察到的违约率会下降。因此所有风险类别中的银行资产所具有的风险都会比较小，于是对银行资本金的要求就少。进而，银行现有的资本金缓冲可以支撑更多的贷款行为，这会放大经济周期中的上升趋势。现在，大部分人都同意银行应该在繁荣期积累更多的资本金，当经济周期处于下行过程中时这些资本金可用来吸收损失。银行业对资本金的配置应该具有一种逆周期（稳定）的特征。

过去的监管可能过分强调了银行资本金的重要性，但是对银行流动性的关注较少。

在信贷危机的加速期,大量银行在运营过程中出现流动性危机,也就是说流动资产和总资产之间的比例过小。现在事实清楚地表明,流动性危机可以很轻易地诱发一场全面性的资本金危机。在未来,资本充足率标准很可能会进一步得到提高,流动性标准则主要关注银行是否持有大量高流动性的资产组合并降低对批发融资的依赖性。将简易的杠杆比例(资本金和资产之间的比例)引入监管,同时基于风险进行资本金监管等措施,也许会带来风险管理水平的进一步提升。

监管的有效性还受制于银行商业模式的不透明。虽然信贷危机迫使银行对其风险暴露头寸作进一步披露,但是对商业模式的披露以及风险管理和估值实操过程的透明度则仍然十分不足。类似的,为了恢复对证券化资产和信用衍生品场外交易市场的信心,也需要进一步提高透明度,降低复杂性并提高监管水平。以信用衍生品为例,CDS 的持有人害怕交易对手方的基础资产违约后,该对手方会选择对 CDS 进行违约,于是对手方风险成为一个重要的顾虑。在雷曼兄弟倒闭后两天,美联储对 AIG 进行救助,就是因为它担心 AIG 可能和雷曼兄弟达成过 CDS,于是雷曼兄弟的倒闭可能会进一步引起 AIG 的倒闭,如果事情向这个方向发展,则可能导致美国整体银行业体系接近崩溃。

鉴于向市场参与者提供的评级数据的质量和清晰度不高,信用评级机构成为导致信贷危机爆发的另一个原因,因此,这些机构饱受社会批评。由于错配的激励以及利益冲突,评级机构为很多债券发行人给出的贷款标准后来被证明效果很差,而且这些评级机构还为证券化资产给出了不可靠的评级。为了解决上述问题而进行的规则修改包括对国际证监会组织的行为准则进行修改,欧盟委员会提出要对评级机构重新发放牌照并对其进行监管。更为关键性的步骤是已经有人在着手创办一家国有评级机构,以便于向社会提供评级数据。不过,无论如何银行和专业投资者都不应该过分依赖于评级数据,而是应该发展自己的风险度量和压力测试模型。这种模型应该基于对破产概率的极端情况进行的实际性评估,而且应该避免如下谬论:如果上一年没有出现危机,那么今年或来年出现金融危机的概率几乎可以忽略不计。

风 险

很多人至今还对信贷危机的发生感到目瞪口呆。很显然,盲目依赖于概率分布的风险评估模型存在重大缺陷。看上去风险管理人员太容易忽略概率分布的极端情况:"这是极不可能发生的事情,我们可以将其忽略。"风险管理人士和他们的老板现在意识到应该这样发问:"是的,但是如果这个极端事件真的发生,会怎样?让我们在风险评估模型中反映这一事实吧。"难道长期资本管理公司的那帮聪明人从来没问过下述问题:"如果俄罗斯违约,事情会怎样?"相同的,资产由 AIG 担保的那些人从来没有想过 AIG 在何种程度上会出现违约并导致无法偿还债务?在 2009 年夏天当印度银行体系出现危机时,考虑到印度政府可能没有能力去拯救其银行体系,穆迪公司将印度所有的大型银行列入信用观察级别,这反映出穆迪公司的风险评估体系正在发生变化。

当前，我们正在经历一段低利率、低通货膨胀时期。在20世纪90年早期，平均实际利率（也就是名义利率减去通货膨胀率）在4%左右，现在美国和英国的实际利率是负的，世界其他地区的实际利率也很低。这是信贷危机的结果——政府必须执行扩张性货币政策（通过降低官方利率）。当然，由于在金融危机来临之前来自中国和其他一些新兴市场国家的资金要在西方世界寻找投资机会，所以很多国家的利率已经很低，进一步降低利率的空间并不大。这种过量的流动性拉低了利率并导致信贷狂潮——最明显的就是全球房地产市场。便宜的资金可以为银行贷款热潮提供融资，房地产价格的上升又使得银行和其他投资者的杠杆水平更高，于是人们认为风险可以忽略不计。只要房地产市场价格持续上升，就不会出现任何问题。抵押物价值稳定，可以支持人们承担更多的风险。当美国次级抵押贷款市场出现违约时，抵押物的价值第一次出现下跌，于是危机随之而来。全球金融市场开始下跌，银行以及其他金融机构倒闭，从迪拜到拉斯维加斯的房地产市场都陷入危机。很显然，风险度量和风险管理方式值得反思。

我们已经描述了银行如何受到信贷危机的打击，也描述了银行在资本要求、流动性、高管薪酬、金融创新以及风险管理方面会如何被进一步监管。所有这一切都可能限制银行贷款的增长，我们在2004—2008年也看到过这种情况；这会对经济增长带来负面影响，并且正在导致失业率的快速上升，从长期看会挫伤市场活动的积极性。下面部分会考察其他企业和部门的遭遇。

去杠杆化

在本书第五版（2007）中，我们突出讨论了杠杆率的上升是一个关键性趋势，并且注意到很多评论人士都对杠杆率的不断攀升忧心忡忡。而且当时还注意到信用评级机构预料到了这一趋势所带来的问题。但是，随着杠杆率的上升——银行减少资本，杠杆交易盛行，主要经纪商的借贷等多种行为又进一步推动了私募基金规模的飙升，当时这一担心似乎烟消云散。但是最终所有这一切都轰然倒塌。总而言之，高杠杆化交易的未来前景暗淡。在投资界，资本配置规则正在收紧，高杠杆化交易的好日子已经一去不返。在业界，人们正在对风险进行重新认识，对资本金的更高要求也会带来成本的上升。这会遏止金融市场的快速增长。

对场外衍生品交易市场的监管

当然，如果风险可以传递下去，那么人们愿意承担更多的风险。在信用和资产支持类证券市场，风险找到了可以传递下去的市场，以非常危险的速度扩张，然后积累至崩溃。正如在本书第五版中提到的，我们可以从一只公司债券开始，这只债券的持有人可以通过支付一笔费用来将信用风险转移给别人。然后就演化出用债券池来卖出风险的想法。根据承受风险的不同,可将这个资产池划分为多个分卷,这就进一步提高了事情的复杂性。这种做法的第一个产物就是CDO。我们将资产池中不同分卷的风险作为债券卖出,但是为什么要停止这一过程呢?为什么不将一组类似债券进一步打包——也就是由一组CDO为基础的CDO,即CDO 2?这一过程可以不断进行,其结果就是此类金融工具的最终持有人开始和支持该工具的抵押物的整体情况联系起来,比如,和公司债券的整体信用水平相联系。这就是担保抵押市场当时发生的过程——由于银行知道相应的风险可以卖出,所以它们忽略了美国次级抵押贷款市场中贷款人的信用风险。正如我们在第9章提到的,如果持有此类风险,那么我们可以通过购买CDO来防范相应的破产问题——于是一切都好。本书第五版(2007年,第429页)预言了可能出现的问题:

> 传递风险的方式越简单,则人们越愿意持有更多的风险,这正是目前市场上正在发生的事情。在过去,此类事情往往以泪水终结。人们会说,这次情况不一样了,但事实上历史总是在重演。

对场外衍生品交易市场爆炸性发展的顾虑——特别是对CDO的担忧——导致美国、英国以及G8集团要求对此类金融工具实行更多的监管和监督,希望将它们纳入证券交易所,这样就可以让这些金融工具得到更加严密的监控。至少从理论上看如果将此类金融工具的交易纳入证券交易所,那么可以提高其透明度,于是过多的风险暴露头寸以及过高的杠杆率都将得到遏制。目前的争论在于以何种方式,在哪个时间点上进行这种监管变革,但这种趋势不可逆转。

对冲基金

对冲基金为了寻求更高收益会选择承担更大风险,这其实已经不是什么新鲜事了。在20世纪第一个十年,各类投资者支持对冲基金活动,他们向对冲基金投资的意愿一直在提升。这些投资者中既包括高净值个人,也包括大学基金、保险公司甚至是养老基金。投资对冲基金的基金更是可以吸引散户投资者加入。到2007年底之前,这一行业持续繁荣,资产规模达到破纪录的2.1万亿美元,但是到2009年初资产规模则缩水至1.5万亿美元。这一期间大约有2 000家对冲基金消失。当然,麦道夫丑闻也玷污了这个行业的清誉。不过人们还批评说对冲基金大规模地卖空股票,在2008年前三个季度助推了银行业的破产。于是监管者不得不介入,制止对主要金融机构股票的卖空行为。

人们普遍认为,对冲基金可能会对经济产生不可知的危害,而且面对的监管也太松,这导致了加强对对冲基金监管的要求。目前,对冲基金的运营过程仍然不透明,而且它们在金融市场形成纵横交错的联系中发挥了重要作用。对冲基金是CDO的主要经营方——由于AIG承保了几十亿美元的CDO但是没有对冲此类风险,所以它只好得到美国政府的救助,这类似于保险公司承保大量的保单但是却不希望有人索赔。对冲基金还是范围广阔的场外衍生品市场以及交易所衍生品市场的主要参与者。十分异常，此类机构居然没有得到类似传统投资公司那样的监管。对对冲基金加强监管几乎一定会发生，这将限制其业务活动（至少在短期内会是这样）。

黄金以及其他贵金属

当资本市场蹒跚而行的时候，对贵金属以及其他类似商品的投资开始起飞。在 2005 年，黄金价格为每盎司 500 美元，到 2007 年年中其价格便达到破纪录的 1 000 美元以上，之后有所回落，但是在 2009 年 10 月再次冲高至 1 050 美元。人们用各种理由来解释这种价格上升，其中包括对通货膨胀的预期在增加以及对股市的不确定。虽然人们对通货膨胀的预期在增加，但是从国债价格的走势中可以看出在过去 20 年，平均的通货膨胀率在 2% 以下——很难将其视为高通货膨胀率。在 2008—2009 年之间黄金的产出只提高了 1%——对珠宝的需求（传统而言，这是黄金价格上升的重要推动力）大约下跌了 13%。根据英国《经济学人》杂志（2009 年 10 月 8 日）的报道，黄金价格上涨的主要原因是人们害怕石油生产国不再将美元作为石油的定价货币。这种顾虑带来美元价值下跌的压力，也促使风险规避型投资者持有黄金。黄金的长期目标价格一直在剧烈变化中——基于大量不确定因素的考虑，经济环境可能表现为持续的低利率（持有黄金的机会成本变低），一种预测指出黄金价格可能达到每盎司 3 500 美元，而主要的纸币（类似美元之类的）可能会贬值，于是持有黄金就是一种很好的对冲。美元走弱还带来其他贵金属价格上升：在 2009 年 10 月，白银价格涨至 15 个月内的最高值，为每盎司 17.92 美元，铂金价格涨至每盎司 1 338 美元，而钯的价格也上升了 2.2%，达到每盎司 319 美元。类似于铅、锌和铝之类的贱金属（base metal）的价格也经历了更大幅度的上涨。

伊斯兰银行

在银行业领域中，一个几乎未受全球信贷危机影响领域就是伊斯兰银行。在 2008 年，遵循《古兰经》教义的银行所持有的资产接近 7 000 亿美元。伊斯兰银行及其金融活动遍及全球，而且世界上所有的大型商业银行全部都开设有伊斯兰分行，大型的投资银行也帮助安排和发行伊斯兰债券，同时也提供另外一些符合《古兰经》教义的投资服务。

从 20 世纪 60 年代开始，伊斯兰银行从很小规模开始兴起，表现出超乎寻常的增长速度。当时，伊斯兰银行是在埃及一个偏远村庄开始的村镇银行实验，最终变成所有大型国际银行都参与其中提供服务和金融产品。伊斯兰银行的经营也从东方传播到了西方——从印度尼西亚到马来西亚，从欧洲到美洲。40 年前，人们认为伊斯兰银行还只是一种设想，但是今天伊斯兰银行变成了现实。伊斯兰银行的经营实践表明，它可行又现实，而且能够达到和西方式金融中介一样的高效产出。这些金融机构的成功经营，以及来自巴基斯坦、伊朗、马来西亚、沙特阿拉伯、巴林以及全球伊斯兰世界的经验表明，伊斯兰银行可以成为西方商业银行和金融体系的一个参照和补充。很多传统银行也在使用伊斯兰式的银行和金融技巧，这成为伊斯兰式金融之可行性的更进一步佐证。虽然伊斯兰银行的兴起是为了满足穆斯林顾客的需求，但是它已经不再是一种区域性金融机构。和其他的金融机构类似，伊斯兰金融也追求利润。人们对伊斯兰银行业的最大兴趣，在于它们使用一种不同的金融中介模式，这种模式既吸引了来自全球的融资者，也吸引了政策制定者的目光。在最近这些年，伊斯兰银行业出现了新的变化，这证明该行业在吸引全球16亿穆斯林的同时，还吸引到了更多的关注，而且还表明有更多的人开始理解伊斯兰银行和金融业的独有特点。伊斯兰银行业能够提供的独特魅力在于它的贷款行为更加保守，而且在客户关系管理方面具有更好的道德操守。

虽然在这些年伊斯兰银行有了快速的发展，但是前500家伊斯兰银行的资产只占前500家西方银行资产的0.7%（2007年）。不过，伊斯兰银行业的关键要素——不支付利息、共担损失和盈利以及强调有资产支持的交易——使得它们远离复杂的资产证券化业务，而正是此类业务对西方的金融机构造成重大负面影响。伊斯兰银行依赖充裕的穆斯林储户来实现自己的增长，而不是依赖于国际债券市场，所以其利润一直十分雄厚。随着目前仍然占主导地位的世俗金融体系在金融危机中受到重创，越来越多的评论人员开始关注伊斯兰银行业的成功原因，他们认为可以从中找到些许经验，以此来帮助西方银行业构建一个新的、更安全的操作和监管框架。

对经济发展模式的再思考

在过去几年中发生的主要事件激发了大量对危机的研究和分析，也导致很多人开始质疑现代经济学政策和分析中存在的缺陷。在大规模财政刺激政策、垂死的货币政策和市场崩溃的现象背后，是约翰·梅纳德·凯恩斯（John Maynard Keynes，1883—1946）的复活，这些观点在最近的著作中得到强调，如Robert Skidelsy（2009）以及Paul Davidson（2009）。凯恩斯的思想框架是，在一个不确定的世界里，往往会出现有效需求不足的问题。自大萧条以来，凯恩斯的理论看上去似乎和今天的情况最为吻合。不过人们目前正在争论的问题是：是应该对关注财政刺激政策（这也是最近应对危机的政策的最大特点）的凯恩斯主义宏观经济学进行重新定义并将其作为未来经济政策的基础呢，还是它只是在危机中有用，但不适用于"正常"的经济环境。

凯恩斯思想中另外一个有趣的观点是他对于使用统计学来度量概率的看法。根据Skildelsy（2009）：

> 折中地看，凯恩斯认为对统计学的使用主要是一种装饰。这符合他对概率统计理论的排斥。只有在非常严格的条件下，才能用过去推断将来。

显然，凯恩斯是不可能通过观察银行业风险管理操作来得出上述看法的。而且，还有另外一些非正统的观点来解释为什么金融专家以及其他的评论人员没有预测出这场危机。大量讨论集中于解释风险和不确定性之间的区别，正如芝加哥大学的经济学家弗兰克·奈特（Frank Knight, 1885—1972）所指出的那样——这被称为"奈特的不确定性"。奈特（1921）注意到风险可以被量化，也能得到度量，但是有些事情发生得如此之少以至于它们是不确定的，因此无法得到量化，也不能进行度量。Jack Guttentag and Richard Herring（1986）关于人们乐观估计灾害的研究论文将这一观点纳入了金融行业中。他们的论文指出，无论建模手段有多么高级，如果潜在冲击很少发生，那么这种不确定性事件就很难在风险评估中得到准确的定价，与不确定性事件相联系的风险就没能完全反映在银行贷款定价、市场定价以及各类贷款条件中。如果市场是竞争性的，加上银行会低估冲击的可能性，其他人就会跟风，以便维持在市场中所占的份额：

> 在融资条件优越的时期，对灾难的短视可能影响一系列的决策，例如对资本金的分配、对信用风险的定价以及具有良好信誉水平的借款人区间的设定，当危机出现时，这会让金融体系陷入重大风险。（Herring, 1999, 第63页）

与美国抵押贷款市场面临的问题联系起来，对灾难的短视和抵押贷款定价以及承销规则有关，这些规则基于的假设是房地产价格已经经历了长期增长，在未来它将会继续增长下去。于是，房地产价格上升乏力就对贷款人和借款人带来冲击，因为二者都没有为此做好准备。正如Guttentag（2007, 第2页）写到的：

> 在激进的次级贷款发行人中，对灾难的短视尤为普遍，因为只要房价一直上涨，它们就能在短时间内从中赚取大笔的钱。另外一些对灾难本不短视的人也只能被迫像激进的次级贷款发行人那样操作以便保持市场竞争力。在次级抵押贷款市场，承销规则由投资银行订立，投资银行同时又购买贷款并将其打包成证券。也许投资银行不是那种对灾难短视的人，但是人们都会注意到和激进的次级贷款发放人可以做更多的生意（只要房价一直上升，就会是这样）。

虽然，奈特的不确定性、对灾难的短视以及凯恩斯对概率分析缺点的看法都有助于我们解释为什么金融危机会发生，但是这些理论几乎没能告诉我们经济学家、金融人士和政策制定者如何再次开发出一种方式，来应对未来的危机。也许从危机中获得的关键教训就是不确定的事情确实会发生，因此人们习以为常的经济学理论会分崩离析，不存在好得让人觉得不可思议的事情。

参考文献

Davidson, P. (2009) *The Keynes Solution: The Path to Global Economic Prosperity*, Palgrave Macmillan, Basingtoke.

Guttentag, J. (2007) Shortsighted about the subprime, *Washington Post*, May, 26,

F02.

Guttentag, J. and Herring, R. J. (1986) *Disaster Myopia in International Banking*, Essays in International Finance No. 164, Princeton University Press, Princeton.

Herring, R. J. (1999) Credit risk and financial instability, *Oxford Review of Economic Policy*, 15: 63-79.

Knight, F. H. (1921) *Risk, Uncertainty, and Profit*, Hart, Schaffner & Marx/Houghton Mifflin, Boston, MA.

Skidelsky, R. (2009) Keynes: *The Return of the Master*, Penguin Allen Lane, New York.

进一步阅读材料

Maloney, M. (2008) *Rich Dad's Advisors: Guide to Investing in Gold and Silver: Protect your Financial Future*, Grand Central Publishing, New York.

Spall, J. (2008) *Investing in Gold: The Essential Safe Haven Investment for Every Protfolio*, McGraw-Hill, New York.

经济科学译丛						
序号	书名	作者	Author	单价	出版年份	ISBN
1	统计学:在经济中的应用	玛格丽特·刘易斯	Margaret Lewis	45.00	2014	978-7-300-19082-2
2	产业组织:现代理论与实践(第四版)	林恩·佩波尔等	Lynne Pepall	88.00	2014	978-7-300-19166-9
3	计量经济学导论(第三版)	詹姆斯·H·斯托克等	James H. Stock	69.00	2014	978-7-300-18467-8
4	发展经济学导论(第四版)	秋山裕	秋山裕	39.80	2014	978-7-300-19127-0
5	中级微观经济学(第六版)	杰弗里·M·佩罗夫	Jeffrey M. Perloff	89.00	2014	978-7-300-18441-8
6	平狄克《微观经济学》(第八版)学习指导	乔纳森·汉密尔顿等	Jonathan Hamilton	32.00	2014	978-7-300-18970-3
7	微观银行经济学(第二版)	哈维尔·弗雷克斯等	Xavier Freixas	48.00	2014	978-7-300-18940-6
8	施米托夫论出口贸易——国际贸易法律与实务(第11版)	克利夫·M·施米托夫等	Clive M. Schmitthoff	168.00		978-7-300-18425-8
9	曼昆版《宏观经济学》习题集	南希·A·加纳科波罗斯等	Nancy A. Jianakoplos	32.00	2013	978-7-300-18245-2
10	微观经济学思维	玛莎·L·奥尔尼	Martha L. Olney	29.80	2013	978-7-300-17280-4
11	宏观经济学思维	玛莎·L·奥尔尼	Martha L. Olney	39.80	2013	978-7-300-17279-8
12	计量经济学原理与实践	达摩达尔·N·古扎拉蒂	Damodar N. Gujarati	49.80	2013	978-7-300-18169-1
13	现代战略分析案例集	罗伯特·M·格兰特	Robert M. Grant	48.00	2013	978-7-300-16038-2
14	高级国际贸易:理论与实证	罗伯特·C·芬斯特拉	Robert C. Feenstra	59.00	2013	978-7-300-17157-9
15	经济学简史——处理沉闷科学的巧妙方法(第二版)	E·雷·坎特伯里	E. Ray Canterbery	58.00	2013	978-7-300-17571-3
16	微观经济学(第八版)	罗伯特·S·平狄克等	Robert S. Pindyck	79.00	2013	978-7-300-17133-3
17	克鲁格曼《微观经济学(第二版)》学习手册	伊丽莎白·索耶·凯利	Elizabeth Sawyer Kelly	58.00	2013	978-7-300-17002-2
18	克鲁格曼《宏观经济学(第二版)》学习手册	伊丽莎白·索耶·凯利	Elizabeth Sawyer Kelly	36.00	2013	978-7-300-17024-4
19	管理经济学(第四版)	方博亮等	Ivan Png	80.00	2013	978-7-300-17000-8
20	微观经济学原理(第五版)	巴德、帕金	Bade,Parkin	65.00	2013	978-7-300-16930-9
21	宏观经济学原理(第五版)	巴德、帕金	Bade,Parkin	63.00	2013	978-7-300-16929-3
22	环境经济学	彼得·伯克等	Peter Berck	55.00	2013	978-7-300-16538-7
23	高级微观经济理论	杰弗里·杰里	Geoffrey A. Jehle	69.00	2012	978-7-300-16613-1
24	多恩布什《宏观经济学(第十版)》学习指导	鲁迪格·多恩布什等	Rudiger Dornbusch	29.00	2012	978-7-300-16030-6
25	高级宏观经济学导论:增长与经济周期(第二版)	彼得·伯奇·索伦森等	Peter Birch Sørensen	95.00	2012	978-7-300-15871-6
26	宏观经济学:政策与实践	弗雷德里克·S·米什金	Frederic S. Mishkin	69.00	2012	978-7-300-16443-4
27	宏观经济学(第二版)	保罗·克鲁格曼	Paul Krugman	45.00	2012	978-7-300-15029-1
28	微观经济学(第二版)	保罗·克鲁格曼	Paul Krugman	69.80	2012	978-7-300-14835-9
29	微观经济学(第十一版)	埃德温·曼斯费尔德	Edwin Mansfield	88.00	2012	978-7-300-15050-5
30	《计量经济学基础》(第五版)学生习题解答手册	达摩达尔·N·古扎拉蒂等	Damodar N. Gujarati	23.00	2012	978-7-300-15091-8
31	国际宏观经济学	罗伯特·C·芬斯特拉等	Feenstra, Taylor	64.00	2011	978-7-300-14795-6
32	卫生经济学(第六版)	舍曼·富兰德等	Sherman Folland	79.00	2011	978-7-300-14645-4
33	宏观经济学(第七版)	安德鲁·B·亚伯等	Andrew B. Abel	78.00	2011	978-7-300-14223-4
34	现代劳动经济学:理论与公共政策(第十版)	罗纳德·G·伊兰伯格等	Ronald G. Ehrenberg	69.00	2011	978-7-300-14482-5
35	宏观经济学(第七版)	N·格里高利·曼昆	N. Gregory Mankiw	65.00	2011	978-7-300-14018-6
36	环境与自然资源经济学(第八版)	汤姆·蒂坦伯格等	Tom Tietenberg	69.00	2011	978-7-300-14810-0
37	宏观经济学:理论与政策(第九版)	理查德·T·弗罗恩	Richard T. Froyen	55.00	2011	978-7-300-14108-4
38	经济学原理(第四版)	威廉·博伊斯等	William Boyes	59.00	2011	978-7-300-13518-2
39	计量经济学基础(第五版)(上下册)	达摩达尔·N·古扎拉蒂	Damodar N. Gujarati	99.00	2011	978-7-300-13693-6
40	计量经济分析(第六版)(上下册)	威廉·H·格林	William H. Greene	128.00	2011	978-7-300-12779-8
41	国际经济学:理论与政策(第八版)(上册)国际贸易部分	保罗·R·克鲁格曼等	Paul R. Krugman	36.00	2011	978-7-300-13102-3

经济科学译丛

序号	书名	作者	Author	单价	出版年份	ISBN
42	国际经济学:理论与政策(第八版)(下册)国际金融部分	保罗·R·克鲁格曼等	Paul R. Krugman	49.00	2011	978-7-300-13101-6
43	国际贸易	罗伯特·C·芬斯特拉等	Robert C. Feenstra	49.00	2011	978-7-300-13704-9
44	经济增长(第二版)	戴维·N·韦尔	David N. Weil	63.00	2011	978-7-300-12778-1
45	投资科学	戴维·G·卢恩伯格	David G. Luenberger	58.00	2011	978-7-300-14747-5
46	宏观经济学(第十版)	鲁迪格·多恩布什等	Rudiger Dornbusch	60.00	2010	978-7-300-11528-3
47	宏观经济学(第三版)	斯蒂芬·D·威廉森	Stephen D. Williamson	65.00	2010	978-7-300-11133-9
48	计量经济学导论(第四版)	杰弗里·M·伍德里奇	Jeffrey M. Wooldridge	95.00	2010	978-7-300-12319-6
49	货币金融学(第九版)	弗雷德里克·S·米什金等	Frederic S. Mishkin	79.00	2010	978-7-300-12926-6
50	金融学(第二版)	兹维·博迪等	Zvi Bodie	59.00	2010	978-7-300-11134-6
51	国际经济学(第三版)	W·查尔斯·索耶等	W. Charles Sawyer	58.00	2010	978-7-300-12150-5
52	博弈论	朱·弗登博格等	Drew Fudenberg	68.00	2010	978-7-300-11785-0
53	投资学精要(第七版)(上下册)	兹维·博迪等	Zvi Bodie	99.00	2010	978-7-300-12417-9
54	财政学(第八版)	哈维·S·罗森等	Harvey S. Rosen	63.00	2009	978-7-300-11092-9
55	社会问题经济学(第十八版)	安塞尔·M·夏普等	Ansel M. Sharp	45.00	2009	978-7-300-10995-4

经济科学译库

序号	书名	作者	Author	单价	出版年份	ISBN
1	克鲁格曼经济学原理(第二版)	保罗·克鲁格曼等	Paul Krugman	65.00	2013	978-7-300-17409-9
2	国际经济学(第13版)	罗比特·J·凯伯等	Robert J. Carbaugh	68.00	2013	978-7-300-16931-6
3	货币政策:目标、机构、策略和工具	彼得·博芬格	Peter Bofinger	55.00	2013	978-7-300-17166-1
4	MBA微观经济学(第二版)	理查德·B·麦肯齐等	Richard B. McKenzie	55.00	2013	978-7-300-17003-9
5	激励理论:动机与信息经济学	唐纳德·E·坎贝尔	Donald E. Campbell	69.80	2013	978-7-300-17025-1
6	微观经济学:价格理论观点(第八版)	斯蒂文·E·兰德斯博格	Steven E. Landsburg	78.00	2013	978-7-300-15885-3
7	经济数学与金融数学	迈克尔·哈里森等	Michael Harrison	65.00	2012	978-7-300-16689-6
8	策略博弈(第三版)	阿维纳什·迪克西特等	Avinash Dixit	72.00	2012	978-7-300-16033-7
9	高级宏观经济学基础	本·J·海德拉等	Ben J. Heijdra	78.00	2012	978-7-300-14836-6
10	行为经济学	尼克·威尔金森	Nick Wilkinson	58.00	2012	978-7-300-16150-1
11	金融风险管理师考试手册(第六版)	菲利普·乔瑞	Philippe Jorion	168.00	2012	978-7-300-14837-3
12	服务经济学	简·欧文·詹森	Jan Owen Jansson	42.00	2012	978-7-300-15886-0
13	统计学:在经济和管理中的应用(第八版)	杰拉德·凯勒	Gerald Keller	98.00	2012	978-7-300-16609-4
14	面板数据分析(第二版)	萧政	Cheng Hsiao	45.00	2012	978-7-300-16708-4
15	中级微观经济学:理论与应用(第10版)	沃尔特·尼科尔森等	Walter Nicholson	85.00	2012	978-7-300-16400-7
16	经济学中的数学	卡尔·P·西蒙等	Carl P. Simon	65.00	2012	978-7-300-16449-6
17	社会网络分析:方法与应用	斯坦利·沃瑟曼等	Stanley Wasserman	78.00	2012	978-7-300-15030-7
18	用Stata学计量经济学	克里斯托弗·F·鲍姆	Christopher F. Baum	65.00	2012	978-7-300-16293-5
19	美国经济史(第10版)	加里·沃尔顿等	Gary M. Walton	78.00	2011	978-7-300-14529-7
20	增长经济学	菲利普·阿格因	Philippe Aghion	58.00	2011	978-7-300-14208-1
21	经济地理学:区域和国家一体化	皮埃尔-菲利普·库姆斯等	Pierre-Philippe Combes	42.00	2011	978-7-300-13702-5
22	社会与经济网络	马修·O·杰克逊	Matthew O. Jackson	58.00	2011	978-7-300-13707-0
23	环境经济学	查尔斯·D·科尔斯塔德	Charles D. Kolstad	53.00	2011	978-7-300-13173-3
24	空间经济学——城市、区域与国际贸易	保罗·克鲁格曼等	Paul Krugman	42.00	2011	978-7-300-13037-8

经济科学译库

序号	书名	作者	Author	单价	出版年份	ISBN
25	国际贸易理论:对偶和一般均衡方法	阿维纳什·迪克西特等	Avinash Dixit	45.00	2011	978-7-300-13098-9
26	契约经济学:理论和应用	埃里克·布鲁索等	Eric Brousseau	68.00	2011	978-7-300-13223-5
27	反垄断与管制经济学(第四版)	W.基普·维斯库斯等	W. Kip Viscusi	89.00	2010	978-7-300-12615-9
28	拍卖理论	维佳·克里斯纳等	Vijay Krishna	42.00	2010	978-7-300-12664-7
29	计量经济学指南(第五版)	皮特·肯尼迪	Peter Kennedy	65.00	2010	978-7-300-12333-2
30	管理者宏观经济学	迈克尔·K·伊万斯等	Michael K. Evans	68.00	2010	978-7-300-12262-5
31	利息与价格——货币政策理论基础	迈克尔·伍德福德	Michael Woodford	68.00	2010	978-7-300-11661-7
32	理解资本主义:竞争、统制与变革(第三版)	塞缪尔·鲍尔斯等	Samuel Bowles	66.00	2010	978-7-300-11596-2
33	递归宏观经济理论(第二版)	萨金特等	Thomas J. Sargent	79.00	2010	978-7-300-11595-5
34	剑桥美国经济史(第一卷):殖民地时期	斯坦利·L·恩格尔曼等	Stanley L. Engerman	48.00	2008	978-7-300-08254-7
35	剑桥美国经济史(第二卷):漫长的19世纪	斯坦利·L·恩格尔曼等	Stanley L. Engerman	88.00	2008	978-7-300-09394-9
36	剑桥美国经济史(第三卷):20世纪	斯坦利·L·恩格尔曼等	Stanley L. Engerman	98.00	2008	978-7-300-09395-6
37	横截面与面板数据的经济计量分析	J.M.伍德里奇	Jeffrey M. Wooldridge	68.00	2007	978-7-300-08090-1

金融学译丛

序号	书名	作者	Author	单价	出版年份	ISBN
1	国际金融市场导论(第六版)	斯蒂芬·瓦尔德斯等	Stephen Valdez		2014	978-7-300-18896-6
2	金融数学:金融工程引论(第二版)	马雷克·凯宾斯基等	Marek Capinski	42.00	2014	978-7-300-17650-5
3	财务管理(第二版)	雷蒙德·布鲁克斯	Raymond Brooks	69.00	2014	978-7-300-19085-3
4	期货与期权市场导论(第七版)	约翰·C·赫尔	John C. Hull	69.00	2014	978-7-300-18994-2
5	固定收益证券手册(第七版)	弗兰克·J·法博齐	Frank J. Fabozzi	188.00	2014	978-7-300-17001-5
6	国际金融:理论与实务	皮特·塞尔居	Piet Sercu	88.00	2014	978-7-300-18413-5
7	金融市场与金融机构(第7版)	弗雷德里克·S·米什金 斯坦利·G·埃金斯	Frederic S. Mishkin Stanley G. Eakins	79.00	2013	978-7-300-18129-5
8	货币、银行和金融体系	R·格伦·哈伯德等	R. Glenn Hubbard	75.00	2013	978-7-300-17856-1
9	并购创造价值(第二版)	萨德·苏达斯纳	Sudi Sudarsanam	89.00	2013	978-7-300-17473-0
10	个人理财——理财技能培养方法(第三版)	杰克·R·卡普尔等	Jack R. Kapoor	66.00	2013	978-7-300-16687-2
11	国际财务管理	吉尔特·贝克特	Geert Bekaert	95.00	2012	978-7-300-16031-3
12	金融理论与公司政策(第四版)	托马斯·科普兰等	Thomas Copeland	69.00	2012	978-7-300-15822-8
13	应用公司财务(第三版)	阿斯沃思·达摩达兰	Aswath Damodaran	88.00	2012	978-7-300-16034-4
14	资本市场:机构与工具(第四版)	弗兰克·J·法博齐	Frank J. Fabozzi	85.00	2011	978-7-300-13828-2
15	衍生品市场(第二版)	罗伯特·L·麦克唐纳	Robert L. McDonald	98.00	2011	978-7-300-13130-6
16	债券市场:分析与策略(第七版)	弗兰克·J·法博齐	Frank J. Fabozzi	89.00	2011	978-7-300-13081-1
17	跨国金融原理(第三版)	迈克尔·H·莫菲特等	Michael H. Moffett	78.00	2011	978-7-300-12781-1
18	风险管理与保险原理(第十版)	乔治·E·瑞达	George E. Rejda	95.00	2010	978-7-300-12739-2
19	兼并、收购和公司重组(第四版)	帕特里克·A·高根	Patrick A. Gaughan	69.00	2010	978-7-300-12465-0
20	个人理财(第四版)	阿瑟·J·基翁	Athur J. Keown	79.00	2010	978-7-300-11787-4
21	统计与金融	戴维·鲁珀特	David Ruppert	48.00	2010	978-7-300-11547-4
22	国际投资(第六版)	布鲁诺·索尔尼克等	Bruno Solnik	62.00	2010	978-7-300-11289-3
23	财务报表分析(第三版)	马丁·弗里德森	Martin Fridson	35.00	2010	978-7-300-11290-9

An Introduction to Global Financial Markets, 6e by Stephen Valdez, Philip Molyneux
Copyright © Stephen Valdez and Philip Molyneux 2010.
First published in English by Palgrave Macmillan, a division of Macmillan Publishers Limited under the title An Introduction to Global Financial Markets by Stephen Valdez and Philip Molyneux. This edition has been translated and published under license from Palgrave Macmillan. The authors have asserted their rights to be identified as the author of this work.
Simplified Chinese version © 2014 by China Renmin University Press.
All Rights Reserved.

图书在版编目（CIP）数据

国际金融市场导论：第 6 版/（美）瓦尔德斯著；郎金焕译. —北京：中国人民大学出版社，2014.4
ISBN 978-7-300-18896-6

Ⅰ.①国… Ⅱ.①瓦…②郎… Ⅲ.①国际金融-金融市场 Ⅳ.①F831.5

中国版本图书馆 CIP 数据核字（2014）第 057443 号

金融学译丛
国际金融市场导论（第六版）
斯蒂芬·瓦尔德斯
菲利普·莫利纽克斯　　著
郎金焕　译
Guoji Jinrong Shichang Daolun

出版发行	中国人民大学出版社		
社　　址	北京中关村大街 31 号	邮政编码	100080
电　　话	010－62511242（总编室）	010－62511770（质管部）	
	010－82501766（邮购部）	010－62514148（门市部）	
	010－62515195（发行公司）	010－62515275（盗版举报）	
网　　址	http://www.crup.com.cn		
	http://www.ttrnet.com（人大教研网）		
经　　销	新华书店		
印　　刷	涿州市星河印刷有限公司		
规　　格	185 mm×260 mm　16 开本	版　次	2014 年 5 月第 1 版
印　　张	29.5 插页 1	印　次	2014 年 5 月第 1 次印刷
字　　数	645 000	定　价	59.80 元

版权所有　侵权必究　印装差错　负责调换